关税法
GUANSHUIFA
解读与应用

GUANSHUIFA
JIEDU YU YINGYONG

李　鑅　孙　兴　蒋大为　陈　锋　蒋薇倩　夏彦丰◎编著

团结出版社
UNITY PRESS

图书在版编目（CIP）数据

关税法解读与应用 / 李繇等编著 . -- 北京 : 团结
出版社 , 2024. 12. -- ISBN 978-7-5234-1479-8

Ⅰ . D922.221.5

中国国家版本馆 CIP 数据核字第 2024YH6915 号

出　　版：团结出版社

　　　　　（北京市东城区东皇城根南街84号　　邮编：100006）

电　　话：（010）65228880　65244790

网　　址：http://www.tjpress.com

E-mail：zb65244790@vip.163.com

经　　销：全国新华书店

印　　装：三河市华东印刷有限公司

开　　本：185mm × 260mm　　16开

印　　张：46.25

字　　数：800千字

版　　次：2024年12月第1版

印　　次：2024年12月第1次印刷

书　　号：ISBN 978-7-5234-1479-8

定　　价：380.00元

序

纵观过去 40 多年，关税的作用处于深刻的演变过程中。虽然海关非传统职能不断增加，关税已成为保护环境和社会越来越依赖的手段，但从全球范围看，海关税收作为传统上重要财政来源的作用依然重要。近几年来，地缘政治紧张不断加剧，面对全球价值链重塑、贸易数字化转型和贸易"绿色化"的挑战，世界主要经济体空前频繁地将关税作为推行贸易保护政策和产业政策的首选工具，积极利用关税的调节作用来扭转贸易逆差，应对电子商务的"海啸"，促使制造业回归以及加快本土新能源战略部署，如此等等做法都凸显了关税对于维护国家安全和重大经贸产业利益以及应对供应链中断和气候变化等全球议程的至关重要性。

经过数十年的发展，构成关税制度基础的商品归类、海关估价和原产地规则等三大技术均得到不同程度的完善。虽然要真正达到相关国际规则设定的全球统一实施的目标仍然任重道远，但坚持维护多边贸易规则并致力于其改进完善以及加强国际合作比任何时候都更加重要。经过 30 多年的持续维护和更新，《协调制度》（HS）已成为国际贸易的通用语言。同时，面临 21 世纪技术的迅猛发展和国际贸易格局的巨变，国际社会对 HS 是否仍然适应 21 世纪的需要提出了更高的期待，世界海关组织（WCO）对 HS 改革的探索工作也已在积极展开中。世界贸易组织（WTO）《海关估价协定》（以下简称《协定》）的估价方法已被各成员广泛采用，但在若干复杂的技术问题上仍然需要提高统一性、公正性和透明度，新的商业模式带来的新问题也亟需解决方案。同时，全面实施《协定》对许多发展中国家仍然是个挑战，需要通过加快超出估价技术的广泛能力建设和海关现代化的努力才能够实现。由于 WTO 协调非优惠原产地规则工作计划长期陷入停顿，国际统一原产地规则的缺失将导致各国各区域的原产地规则制订仍然各行其道。在原产地规则的实施方面，由于约束性国际标准缺失，原产地签证与核查程序多种模式并存，需要强化 WCO《经修订的京都公约》的基本原则并持续提供实用指引，逐步实现趋同和整合。

《中华人民共和国关税法》（以下简称《关税法》）作为我国第一部《关税法》，将于今年 12 月 1 日正式实施。从 44 年前，即 1980 年中央恢复海关对进出口货物征收关税到 1985 年《中华人民共和国进出口关税条例》（以下简称《关税条例》）的正式实施，从 1992 年我国加入《协调制度国际公约》到 2001 年正式加入 WTO，从 1987 年《中华人民共和国海关法》（以下简称《海关法》）实施到今年《关税法》的出台，可以说一部《关税法》浓缩了 44 年来中国海关关税制度的从探索到完善，从学习到创新，从改革到总结的过程。

在外贸高速发展的 40 年多年中，我国从理解和适应国际规则出发，坚定不移地走开放和发展道路，积极参与经济全球化。如今，我国海关的关税制度已经与国际标准全面接轨并在一些相关领域引领创新。在国际海关舞台上，我国参与关税规则制订的能力逐步增强，影响力和话语权不断提高，在归类、估价和原产地三项重要关税技术领域积极提出"中国方案"，贡献了大量修订建议、指导性文件和技术援助。近十年间，中国海关官员在 WCO 的这三项关税技术领域的委员会均担任了主席，在 WCO 秘书处担任高级管理者和技术官员，多名中国海关专家获得这些领域的 WCO 认证。中国海关还主持制订了首个世界海关跨境电商监管与服务指导性文件——《世界海关组织跨境电商标准框架》。《关税法》的制订也体现了我国对"税收法定"原则的遵循，在中央对于涉外法治建设不断重视的背景下，它也是我国涉外法治制度开放的重要一环。

对于关税制度的介绍性著作，大多由高校学者、海关专家执笔，更关注于规则的介绍、理论的发展以及政策的解读。由实务工作者对关税制度进行解读，特别是在《关税法》作为新法实施的背景下，相对系统、全面地介绍关税制度内容，无疑具备独特的价值，更加难能可贵。

本书作者大部分都有一二十年的海关、关税相关工作经验，在内容上比传统法律专家更有自己的独特理解和创新视角，具体表现在：

一、对归类、原产地、估价三大关税技术做了充分解读，这种解读不仅仅是规则介绍，而且是融入了作者长久以来在实践中积累的工作方法和体会，这也让本书具备了较强的实务应用价值。

二、本书对立法创新做了深度回应。例如，《关税法》对于跨境电商、商业秘密的规定是比较有亮点的，但从法律角度来说没有展开。本书作者拓展了解读视角，从整个跨境电商与关税相关的业务风险、问题以及商业秘密法律制度与关税制度的衔接入手，让读者不再是管中窥豹，而是可以全局把握《关税法》与这两项创新规定的关系。此外，在对企业分立规定的展开解读中也有体现，有助于加强企业理解。

三、本书在制度层面的解读上做了有益的尝试，比如第十一章、第十三章，在法律逻辑、法律救济程序层面，剖析了关税法律制度在实务中应用的场景，很有启发性。

当然，本书也由于这种创新的写作方式，导致在体系性、全面性和严密性方面有所取舍，但我很欣喜地看到有这么多的实务工作者能从理论、实务相结合的层面上研究关税法律，也希望这种研究能帮助广大从业者加深理解，最终为我们推进高水平对外开放，打造市场化、法治化、国际化营商环境作出贡献。

世界海关组织关税与贸易事务司原司长

前 言

2024 年 4 月 26 日，《关税法》经全国人大常委会审议通过正式发布，12 月 1 日施行。《关税法》的出台引发了广泛的学习和讨论。随之而来的，是实务界对于《关税法》解读的迫切需求。

通常来说，一部新的法律发布后，全国人大法工委都会组织专家编写相应的立法解读和释义。例如，海关总署海关法修改工作小组在《海关法》2000 年重大修订后编写的《〈中华人民共和国海关法〉释义》一书，至今仍是研究、讨论海关法疑难问题的重要参考。但与其他部门法有所区别的是，《关税法》所调整的货物进出口问题，往往有着复杂的国际贸易背景，个案差异较大，难以形成普适化的解释意见。《关税法》公布后，我们自己在实务和学术交流中遇到与之有关的讨论，均以一些具象化的问题居多。在日常工作中我们也发现，通过案例解读来剖析关税制度，有助于准确理解法律规定，也更容易实际解决问题。

因此，我们联合几位专家，从实务观察角度编写一本以案例解析，力求帮助读者理解《关税法》具体规定，并能为进出口行业提供参考。

在我们看来，《关税法》的内容既小又大，既传统又新颖，既封闭又开放。

说小，是因为关税仅是国家诸多税种中的一项，而关税相关法律规定之前也仅作为《海关法》中的一章出现。说大，则是因为关税制度不仅贯穿海关监管的全流程，也与国际贸易规则、财务规则、税务制度、知识产权制度等互相印证；不仅和中国海关各项监管制度深度交融，更与世贸组织、世界海关组织的规则及政策密切相关。

说传统，是因为《关税法》是在原《海关法》《关税条例》以及一系列规章、规范性文件已经相对成熟运行的基础上，吸收通关便利化改革经验和关税征收管理成熟做法而成，大部分内容仍是大家日常通关过程中熟悉并使用的规则。说新颖，则是因为《关税法》中出现了很多新的制度和概念，例如跨境电商贸易方式下的代缴义务人规定、税额确认制度的设计、追补税期限的重构等。这些新概念的出现不仅仅是简单的规则调整，并可能在未来进出口关税征收和海关监管中引发很多新的案例和讨论。此外，大家耳熟能详的"完税价格"也被调整为了"计税价格"。第一次读法条的时候，还有点不太习惯。但这实现了国内税与关税在概念上的统一，也有助于减少初次接触关税问题的相对人因"完税价格"文字而产生这是指含税价格的误解。

说封闭，是因为《关税法》作为单行法，其条文充分涵盖税收法定原则要求的关税税目税率设置、调整和实施等内容，规范了从征收、管理到法律责任、权利救济的完整程序，形成了独立的价格评估规则，逻辑严谨、制度完备，能够起到关税立法体系的奠基和引领作用。说开放，则是因为法律规定相对简约，很多创新制度的落实尚待下位法修订的细化。同时，《关税法》与海关执法、财税管理、贸易关系密不可分，其中大量内容都会涉及与有关法律规则的交叉适用或者制度衔接。因此，《关税法》又必须是一个开放的体系。

基于上述特点，我们在本书的写作中很难遵循教义学或者一般法律解读的体例对《关税法》进行分类和拆解，针对不同的法律条目也很难采用统一的解读方式，再加之对《关税法》会有权威的立法释义，本书中做此工作殊无必要。因此，本书采用了侧重实务领域、视各章需要的相对独立的写作模式。例如，跨境电商的代缴义务人概念，仅从法律规定来说并无太多解读价值，国内税收制度中已经有较为成熟的法律规范可以借鉴。但是在关税征管层面，近年来跨境电商行业违规案件多发，如果仅停留在代缴义务人概念层面，无法让跨境电商从业者或者想要了解跨境电商在关税制度中特点的读者真正获得实用信息。基于此，我们选择从跨境电商的违规案例出发，总结出其中与关税相关的法律问题进行深入分析，以求帮助读者更立体地理解跨境电商这种贸易模式在具体关税制度应用场景中的问题和风险。再如，商业秘密相关规定在《关税法》中只是不起眼的一条，对企业来说却至关重要。因我们在实务中曾遭遇大量相关案件，深知其中法律争议之多，故大大拓展了解读范围，更多地从商业秘密保护而非税收角度进行剖析，希望能让读者在关税场景中寻得更优的商业秘密保护路径，并借此促进贸易便利化水平的提高。另如归类和原产地是确定关税税率的两个关键要素，虽然技术含量都非常高，也都自成体系，但其内在逻辑完全不同。"归类"是一个拟制的商品体系，需要基于商品知识进行严密推理和论证；而"原产地"则更多地体现在已有生产工序基础上对规则的应用。这些区别反映到写作中，两章内容呈现出的是完全不同风格的两种解读模式，目的即是为让读者能更准确地捕捉两类制度的特点和实务要点。除此之外，针对价格调整、估价等大量涉及财务知识和贸易基础知识的概念，作者们也精心挑选和设计了案例，以更全面、深入地展示关税法的内涵和应用场景。

　　本书作者团队分别拥有关务律师、财务、税务、国际贸易等方面的背景，且都有多年实践经验，可以很好地汇聚并尽可能全面地展示大家对于《关税法》以及关税实务问题的认知和理解，从不同专业角度进行解读并引发思考。在具体分工上，李鷝承担第一、二、三、十、十一章的写作任务，陈锋负责第七、八章，孙兴负责并参与第四、十二章，蒋薇倩和夏彦丰负责和参与第九、十二、十三章，蒋大为负责第五、六章的写作。除了几位作者之外，还要特别感谢来自君合与国浩事务所的陈克炳、卢智虞，他们为本书的资料检索、校对、统稿都付出了巨大心血。

圃于有限的写作时间及各位作者的实务经历，我们深感本书内容难以全面体现关税法实务领域的问题。期望伴随着《关税法》的实施，未来出现更多案例印证、丰富、乃至反驳本书的观点，成为各位读者研读《关税法》、精进关税规则应用水平的素材。书中若有错漏之处，欢迎大家批评指正。

目　录

目 录

目 录

第一章 跨境电商扣缴义务人及零售进口的责任义务

【《关税法》关联条款】

第三条　从事跨境电子商务零售进口的电子商务平台经营者、物流企业和报关企业，以及法律、行政法规规定负有代扣代缴、代收代缴关税税款义务的单位和个人，是关税的扣缴义务人。

典型案例 1：闵某等人购买信息走私奶粉案[1]

2019 年 3 月起，闵某 1 和闵某 2 通过向成都某公司提供其购买的大量个人身份信息，包括姓名、地址、电话号码等，伪装为个人消费者购买奶粉、保健品等货物。成都某公司明知涉案货物应当以一般贸易方式申报进口的情况下，仍通过跨境电商平台以个人消费的名义申报税率，共同利用优惠税率政策逃避海关监管，走私货物入境。闵某 1 闵某 2 将走私入境的货物在国内市场销售，通过微信等方式联系客户，并使用个人支付宝或微信账户收付货款。经 N 海关计核，上述涉案奶粉、保健品等货物偷逃税额共计 415.441503 万。

---

[1] 见（2023）赣 71 刑初 5 号。

【案例解读】

本案是利用跨境电商平台实施走私犯罪的典型案例之一。近年来，不法分子利用行业监管漏洞实施跨境电商类走私犯罪易发、多发。根据商务部、海关总署等六部门发布的《关于完善跨境电子商务零售进口监管有关工作的通知》（商财发〔2018〕486号，以下简称486号文）要求，与海关联网的跨境电商企业、跨境电商平台及支付、物流企业均应当向海关实时传输施加电子签名的跨境电商零售进口交易、支付、物流电子数据。现实中，一些不法分子为牟取利益，利用跨境电商零售进口税费优惠政策，采取伪造"三单"信息的方式，将本应以一般贸易进口的货物、物品伪装成跨境电商零售进口货物、物品申报进口，以此来逃避海关监管，给国家造成巨大的税收损失，应以走私普通货物、物品罪予以惩处。

根据486号文，在走私案件中，参与主体一般包括货主、代理商、物流公司、报关行、跨境电商平台等。这些主体可能因参与或协助走私活动而成为案件的被告人。对于跨境电商行业海外购用户的条款，法律关系可能因具体情况而异。如果用户是通过跨境电商平台购买商品，那么平台作为提供交易的场所，负责向消费者提供商品信息、交易信息等，境外企业负责处理订单并发货，在此种情况下境外电商企业和境内消费者之间通常构成销售者与消费者的法律关系。如果用户是通过代理商购买商品，那么用户与代理商之间可能构成代理关系的法律关系，代理商代表用户与销售者进行交易。

第一节 《关税法》中扣缴义务人的相关规定

在 2016 年，海关总署等三部门发布的《关于跨境电子商务零售进口税收政策的通知》（财关税〔2016〕18 号）规定，跨境电商零售进口商品按照货物征收关税和进口环节增值税、消费税，购买跨境电商零售进口商品的个人作为纳税义务人，实际交易价格（包括货物零售价格、运费和保险费）作为完税价格，电子商务企业、电子商务交易平台企业或物流企业可作为代收代缴义务人。

其后，根据跨境电商发展需要，海关总署等六部门发布的 486 号文，重申跨境电商零售进口商品税款的纳税义务人为消费者，同时明确税款代扣代缴义务人为跨境电商平台、物流企业或报关企业。之后，海关总署发布《关于跨境电子商务零售进出口商品有关监管事宜的公告》（海关总署公告 2018 年第 194 号），根据 486 号文规定，代收代缴义务人为跨境电子商务平台企业、物流企业或申报企业。

为便于税款缴纳和征收，486 号文和海关总署 2018 年第 194 号公告删除了"电子商务企业"，增加了"报关企业"。本次《关税法》将此规定的效力提升至法律层级。

一、扣缴义务人概念及特征

扣缴义务人在并非《海关法》体系中的法律概念，仅在跨境电商的相关政策法规中使用，并在本次《关税法》制定中确定为关税征收体系中的明确法律概念。因此，在《关税法》语境下解读扣缴义务人的概念和特征，既要结合跨境电商这种贸易形式分析，也需要根据《中华人民共和国税收征收管理法》（以下简称《税收征管法》）中对于扣缴义务人的规定予以解读。《税收征管法》第四条规定："法律、行政法规规定负有纳税义务的单位和个人为纳税人。法律、行政法规规定负有代扣代缴、代收代缴税款义务的单位和个人为扣缴义务人。纳税人、扣缴义务人必须依照法律、行政法规的规定缴纳税款、代扣代缴、代收代缴税款。"

按照本条第二款的规定，扣缴义务人有三个特征：其一，扣缴义务人是法律、行政法规确定的，设定扣缴义务的法律位阶较高，法律及行政法规对多个税种的扣缴义务人进行了详细的规定，如印花税、企业所得税、个人所得税以及《关税法》中规定的关税等[1]；其二，扣缴义务人是法律或行政法

---

[1]《企业所得税法》：

第三十七条　对非居民企业取得本法第三条第三款规定的所得应缴纳的所得税，实行源泉扣缴，以支付人为扣缴义务人。税款由扣缴义务人在每次支付或者到期应支付时，从支付或者到期应支付的款项中扣缴。

第三十八条　对非居民企业在中国境内取得工程作业和劳务所得应缴纳的所得税，税务机关可以指定工程价款或者劳务费的支付人为扣缴义务人。

《个人所得税法》：

第九条　个人所得税以所得人为纳税人，以支付所得的单位或者个人为扣缴义务人。

第十四条　纳税人为境外单位或者个人，在境内有代理人的，以其境内代理人为扣缴义务人；在境内没有代理人的，由纳税人自行申报缴纳印花税，具体办法由国务院税务主管部门规定。

证券登记结算机构为证券交易印花税的扣缴义务人，应当向其机构所在地的主管税务机关申报解缴税款以及银行结算的利息。

《增值税暂行条例》：

第十八条　中华人民共和国境外的单位或者个人在境内销售劳务，在境内未设有经营机构的，以其境内代理人为扣缴义务人；在境内没有代理人的，以购买方为扣缴义务人。

规规定负有代扣代缴、代收代缴税款义务的主体；其三，扣缴义务人可以是自然人，也可以是法人。扣缴义务人经法律、行政法规确定后，应当依法履行自己的义务。扣缴义务人必须依照法律、行政法规的规定代扣代缴税款。扣缴义务人违反法律规定不履行义务的，将要承担相应的法律责任。

二、扣缴义务人的法定义务

在税法体系中，扣缴义务人扮演着关键角色，在税的征收和管理过程中占据着举足轻重的地位。为了确保税收的有效征收，法律对非纳税人的第三方规定了代扣代缴或代收代缴税款的职责。在这一过程中，纳税人与税务机关之间并不直接接触，而是通过扣缴义务人这一中介进行联系。纳税人没有直接支付税款的责任，他们只需向扣缴义务人支付与税款相当的金额。扣缴义务人则负责从纳税人那里收取税款或扣除应纳税额，并将其上交给税务机关。也就是说，纳税义务转化为代扣代缴、代收代缴税款的义务，或者说，代扣代缴、代收代缴是纳税义务的延伸。

《税收征管法》第三十条规定："扣缴义务人依照法律、行政法规的规定履行代扣、代收税款的义务。对法律、行政法规没有规定负有代扣、代收税款义务的单位和个人，税务机关不得要求其履行代扣、代收税款义务。"

纳税义务人的代扣代缴是指税收法律、行政法规已经明确规定负有扣缴义务的单位和个人在支付款项时，代税务机关从支付给负有纳税义务的单位和个人的收入中扣留并向税务机关解缴的行为。代收代缴是指税收法律、行政法规已经明确规定负有扣缴义务的单位和个人在收取款项时，代税务机关向负有纳税义务的单位和个人收取并向税务机关缴纳的行为。

三、扣缴义务人未履行法定义务的行政责任

（一）未缴、少缴的追补税款期限及滞纳金

《税收征管法》[1]规定，扣缴义务人未按照规定缴纳税款的，需要补缴税款以及加收滞纳金；因税务机关的责任，致使扣缴义务人未缴或者少缴税款的，税务机关有三年的追征期限且不得加收滞纳金；因纳税人、扣缴义务人计算错误等失误，未缴或者少缴税款的，税务机关有三年的追征期限且可以加收滞纳金；此外，对偷税、抗税、骗税的，税务机关追征其未缴或者少缴的税款、滞纳金或者所骗取的税款，不受前款规定期限的限制。

（二）未代扣、代缴

《税收征管法》第六十九条规定："扣缴义务人应扣未扣、应收而不收税款的，由税务机关向纳税人追缴税款，对扣缴义务人处应扣未扣、应收未收税款百分之五十以上三倍以下的罚款。"

---

[1]《税收征管法》：

第三十二条　纳税人未按照规定期限缴纳税款的，扣缴义务人未按照规定期限解缴税款的，税务机关除责令限期缴纳外，从滞纳税款之日起，按日加收滞纳税款万分之五的滞纳金。

第五十二条　因税务机关的责任，致使纳税人、扣缴义务人未缴或者少缴税款的，税务机关在三年内可以要求纳税人、扣缴义务人补缴税款，但是不得加收滞纳金。

因纳税人、扣缴义务人计算错误等失误，未缴或者少缴税款的，税务机关在三年内可以追征税款、滞纳金；有特殊情况的，追征期可以延长到五年。

对偷税、抗税、骗税的，税务机关追征其未缴或者少缴的税款、滞纳金或者所骗取的税款，不受前款规定期限的限制。

（三）不缴、少缴

典型案例 2：不缴、少缴税款案[1]

某能源有限公司在经营期间隐匿销售收入，在账簿上少列收入并进行虚假的纳税申报，造成 2020 年至 2022 年少缴增值税、城市维护建设税、企业所得税等合计 4738248.65 元。并且某能源有限公司未按规定保管 2020 年至 2022 年的账簿、记账凭证和有关资料，在 M 税务局向其发出《责令限期改正通知书》后，公司已出具说明无法改正。M 税务局根据《税收征管法》第六十三条第一款的规定，认定某能源有限公司上述行为是偷税，处以 2020 年至 2022 年各个所属期少缴的税款总和百分之六十的罚款，罚款金额 2842949.19 元。根据《税收征管法》第六十条第一款第二项，对公司未按规定保管账簿等资料的行为处 1000 元罚款。

【案例解读】

《税收征管法》第六十八条规定："纳税人、扣缴义务人在规定期限内不缴或者少缴应纳或者应解缴的税款，经税务机关责令限期缴纳，逾期仍未缴纳的，税务机关除依照本法第四十条的规定采取强制执行措施追缴其不缴或者少缴的税款外，可以处不缴或者少缴的税款百分之五十以上五倍以下的罚款。"

与前文的应扣未扣（应收而不收）相比，扣缴义务人不缴或少缴的行为恶劣程度和社会危害性更高。对于纳税人来说，其税款已经被扣取或收取，相当于已经完成了缴纳税款的义务，而对扣缴义务人来说，扣（收）的行为

---

[1] 见茂税一稽罚〔2024〕7 号。

已经完成，但未进行解缴，税款已经流到了扣缴义务人，因此税务机关是直接对其进行追缴税款，还会对其处以罚款。

此外，若扣缴义务人"伪造、变造、隐匿、擅自销毁账簿、记账凭证，或者在账簿上多列支出或者不列、少列收入，或者经税务机关通知申报而拒不申报或者进行虚假的纳税申报，不缴或者少缴应纳税款的"，是偷税，由税务机关追缴其不缴或者少缴的税款、滞纳金，并处不缴或者少缴的税款百分之五十以上五倍以下的罚款；构成犯罪的，依法追究刑事责任[1]。

四、扣缴义务人未履行法定义务的刑事责任

《税收征管法》第七十七条规定："纳税人、扣缴义务人有本法第六十三条、第六十五条、第六十六条、第六十七条、第七十一条规定的行为涉嫌犯罪的，税务机关应当依法移交司法机关追究刑事责任。"

《中华人民共和国刑法》（以下简称《刑法》）第二百零一条规定："纳税人采取欺骗、隐瞒手段进行虚假纳税申报或者不申报，逃避缴纳税款数额较大并且占应纳税额百分之十以上的，处三年以下有期徒刑或者拘役，并处罚金；数额巨大并且占应纳税额百分之三十以上的，处三年以上七年以下有期徒刑，并处罚金。扣缴义务人采取前款所列手段，不缴或者少缴已扣、已收税款，数额较大的，依照前款的规定处罚。"

根据 2024 年 4 月颁布的最新司法解释《关于办理危害税收征管刑事案件适用法律若干问题的解释》的第一条规定，扣缴义务人采取"（一）伪造、变造、转移、隐匿、擅自销毁账簿、记账凭证或者其他涉税资料的；（二）以签订"阴

---

[1] 见《税收征管法》第六十三条。

阳合同'等形式隐匿或者以他人名义分解收入、财产的",不缴或者少缴已扣、已收税款,数额较大的,应当认定为《刑法》第二百零一条第一款规定的"欺骗、隐瞒手段",依照其定罪处罚。扣缴义务人承诺为纳税人代付税款,在其向纳税人支付税后所得时,应当认定扣缴义务人"已扣、已收税款"。

"数额较大",根据《关于印发〈最高人民检察院 公安部关于公安机关管辖的刑事案件立案追诉标准的规定(二)〉的通知》第五十二条第三款,扣缴义务人采取欺骗、隐瞒手段,不缴或者少缴已扣、已收税款,数额在十万元以上的,应予立案追诉。

第二节 零售进口的价格申报要求

一、完税价格的认定

对于跨境电商零售进口商品完税价格的认定，根据海关总署发布《关于明确跨境电商进口商品完税价格有关问题的通知》（税管函〔2016〕73号）：

其一，完税价格认定原则是按照"财关税〔2016〕18号"以及《关于跨境电子商务零售进出口商品有关监管事宜的公告》（海关总署公告2016年第26号）有关规定，跨境电子商务零售进口商品按照货物征收关税和进口环节增值税、消费税，实际交易价格（包括商品零售价格、运费和保险费）作为完税价格。

其二，关于"商品零售价格"常见的优惠促销行为，按照实际交易价格原则，以订单价格为基础确定完税价格，订单价格原则上不能为零；对直接打折、满减等优惠促销价格的认定应遵守公平、公开原则，即优惠促销应是适用于所有消费者，而非仅针对特定对象或特定人群的，海关以订单价格为基础确定完税价格；在订单支付中使用电商代金券、优惠券、积分等虚拟货币形式支付的"优惠减免金额"，不应在完税价格中扣除，应以订单价格为基础确定完税价格。关于运费和保险费的认定方式，在确定跨境电子商务零售进口商品的完税价格时将运费[1]都计入。保险费也按照同样标准执行。

二、限额管理和税率优惠

"财关税〔2016〕18号"规定："三、跨境电子商务零售进口商品的单次交易限值为人民币2000元，个人年度交易限值为人民币20000元。在限值以内进口的跨境电子商务零售进口商品，关税税率暂设为0%；进口环节增值税、消费税取消免征税额，暂按法定应纳税额的70%征收。超过单次限值、累加后超过个人年度限值的单次交易，以及完税价格超过2000元限值的单个不可分割商品，均按照一般贸易方式全额征税。"

《财政部 海关总署 税务总局关于完善跨境电子商务零售进口税收政策的通知》（财关税〔2018〕49号）对个人购买限值等问题进行调整和补充，文件中规定："一、将跨境电子商务零售进口商品的单次交易限值由人民币2000元提高至5000元，年度交易限值由人民币20000元提高至26000元。二、完税价格超过5000元单次交易限值但低于26000元年度交易限值，且订单下仅一件商品时，可以自跨境电商零售渠道进口，按照货物税率全额征收关税和进口环节增值税、消费税，交易额计入年度交易总额，但年度交易总额超过年度交易限值的，应按一般贸易管理……"

综上可以看出，对于跨境电子商务零售进口商品，如单次交易限额在5000元，个人年度交易限值为人民币26000元以内的，按照法定应纳税额70%征收，超过单次限值、累加后超过个人年度限值的单次交易，以及完税价格超过5000元限值的单个不可分割商品，均需按货物税率全额征税。

---

[1] 网购保税模式指从特殊监管区域及保税物流中心（B型）送交到消费者期间的运输费用。

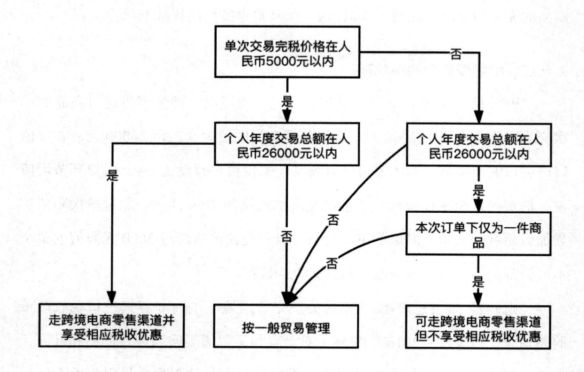

图 1-1 跨境电商零售进口限额管理

根据上述"财关税〔2018〕49 号"规定，单次完税价格不超过人民币 5000 元且个人年度交易总额不超过人民币 26000 元的，可以自跨境电商零售渠道进口，关税税率为 0%，进口环节增值税、消费税无免征税额，按法定应纳税额的 70% 征收。就进口环节增值税而言，目前大部分跨境电商零售商品适用的税率为 13%，根据上述政策，进口环节增值税按照 9.1%（即 13%×70%）的税率征收。而进口环节消费税有从量计征、从价计征、复合计征的不同计算方式，不能简单等同于"消费税税率 ×70%"。

表 1-1 跨境电商进口税率优惠表

	关税	进口环节增值税	进口环节消费税
1. 单次完税价格≤人民币 5000 元；且 2. 个人年度交易总额≤ 26000 元	0	按法定应纳税额的 70% 征收	按法定应纳税额的 70% 征收
1. ＞单次限值（5000 元）；或 2. 累加后＞个人年度交易限值（26000）的单次交易；或 3. 完税价格＞ 5000 元限值的单个不可分割商品	全额征收	全额征收	全额征收

第三节 跨境电商零售进口商品条件及违规类型

典型案例3：通过跨境电商平台走私普通货物、物品案[1]

案涉A公司主要有"推单"和"刷单"两方面犯罪事实：第一，A公司与B公司签订了《某某平台跨境电商订单推送服务合同》，委托后者推送跨境电商订单及支付单。之后A公司收集其在京东、淘宝等多个平台产生的跨境电商订单，通过B公司的跨境电商平台推送给海关。在推送订单过程中，A公司调低了线上订单销售价格。第二，A公司联系线下母婴店货主，通过搜集到不同的身份证信息，将本应以一般贸易方式申报进口的奶粉、营养粉等货物以跨境电商贸易方式向海关申报进口，同样交给B公司推单，货物从保税仓出仓并发给母婴店老板进行二次销售。认定A公司等主体偷逃应缴税额：2017年1月至9月间，A公司等主体采取低报价格手法，以跨境电商贸易方式走私进口奶粉共50余万罐；采取低报价格手法，将本应以一般贸易方式进口的奶粉伪报成跨境电商贸易方式进口，销售给纪某（母婴店货主）28余万罐、销售给黄某（母婴店货主）24余万罐。经海关关税部门核定，上述三部分偷逃应缴税额共计649余万元。法院在回应辩护律师的辩护意见时认为："虽然当时关于跨境电商的相关规定尚需完善，但是A公司实施的低报

---

[1] 参见（2019）粤01刑初167号：广东天某供应链有限公司、广州市惠某贸易有限公司走私普通货物、物品一审刑事判决书。

价格行为是一种明显的不法行为，该行为的违法性依照普通认识即可明确判断，对于这种行为不能以相关业务属新兴业务、相关规定尚不完备为名而谋求从宽处罚。"

【案例解读】

根据《海关法》第八十二条，构成走私需要满足三个条件：

1. 行为人违反《海关法》以及相关法律法规；

2. 逃避海关监管；

3. 偷逃应纳税款、逃避国家有关进出境的禁止性或者限制规定。

上述三方面需均满足才能构成走私行为。

从上述案例可知，法院在审理时，区分了跨境电商的"推单"与"刷单"行为。法院认为，A公司等单位以其"采取低报价格"偷逃应缴纳税款并且将"本应以一般贸易方式进口的奶粉伪报成跨境电商贸易方式进口"而构成走私犯罪，而非"推单"行为导致"三单"不一致而构成走私犯罪。B公司推送母婴店货主订单以及推送京东及淘宝订单的行为，是披着"推单"外衣的典型"刷单"行为。B公司的两种行为前者消费者身份以及消费订单是虚假的，后者消费者以及订单是真实，所以前者是因为"刷单""低报价格"行为而被认定为走私，后者则仅是因为"低报价格"被认定为走私。但是，两者都不是因为"推单"行为被认定走私犯罪的。"推单"模式从实质上看未造成国家税款损失，不构成走私意义上的国家税收流失的社会危害后果，因此主流观点不将"推单"认定为走私行为。判定是否构成走私犯罪，应以是否造成国家税款损失为标准。该案虽被称为"推单"走私犯罪首案，但实际上是因为"低报价格"和"刷单"行为造成税款损失而被定罪，而非单纯的"推单"行为。

一、跨境电商零售进口商品条件

根据"财关税〔2016〕18号"和486号文[1]，本通知所称跨境电商零售进口，是指中国境内消费者通过跨境电商第三方平台经营者自境外购买商品，并通过"网购保税进口"（海关监管方式代码1210）或"直购进口"（海关监管方式代码9610）运递进境的消费行为。

上述商品应符合以下条件：

1. 属于《跨境电子商务零售进口商品清单》内、限于个人自用并满足跨境电商零售进口税收政策规定的条件。

2. 通过与海关联网的电子商务交易平台交易，能够实现交易、支付、物流电子信息"三单"比对。

3. 未通过与海关联网的电子商务交易平台交易，但进出境快件运营人、邮政企业能够接受相关电商企业、支付企业的委托，承诺承担相应法律责任，向海关传输交易、支付等电子信息。

二、违规类型

（一）伪报品名、税号

伪报品名，是指将不符合"正面清单"的商品通过跨境交易模式申报进口。"正面清单"是指国家允许进口的跨境电商零售进口商品目录，在486号文的《跨境电子商务零售进口商品清单》中予以明确。具体范围是：以《关于调整扩大跨境电子商务零售进口商品清单的公告》（财政部、发展改革委、工

---

[1] 见《财政部 海关总署 国家税务总局关于跨境电子商务零售进口税收政策的通知》（财关税〔2016〕18号）二；海关总署等六部门发布《关于完善跨境电子商务零售进口监管有关工作的通知》（商财发〔2018〕486号）一。

业和信息化部、生态环境部、农业农村部、商务部、人民银行、海关总署、税务总局、市场监管总局、药监局、密码局、濒管办公告 2019 年第 96 号）中的《跨境电子商务零售进口商品清单（2019 年版）》为基础，并且以《关于调整跨境电子商务零售进口商品清单的公告》（财政部、发展改革委、工业和信息化部、生态环境部、农业农村部、商务部、海关总署、濒管办公告 2022 年第 7 号）中的《跨境电子商务零售进口商品清单调整表》为调整对象的所有商品。

在跨境电商领域，企业在拓展业务范围、采购新的跨境商品品类时，必须严格遵守以《中华人民共和国进出口税则》（以下简称《税则》）为基础的商品归类相关规定进行申报。若企业在商品归类上存在故意，导致不属于正面清单的商品错误地归类到正面清单商品的税号下，这将被视为伪报贸易方式。伪报贸易方式不仅会导致企业面临行政处罚，如罚款、货物扣押等，情节严重的还可能涉及刑事责任，对企业的声誉和经营造成严重影响。

（二）二次销售[1]

根据"财关税〔2018〕49 号"，已经购买的电商进口商品属于消费者个人使用的最终商品，不得进入国内市场再次销售。

486 号文规定："消费者购买的商品仅限个人自用，不得再次销售"；"建立防止跨境电商零售进口商品虚假交易及二次销售的风险控制体系，加强对短时间内同一购买人、同一支付账户、同一收货地址、同一收件电话反复大量订购，以及盗用他人身份进行订购等非正常交易行为的监控，采取相应措

---

[1] 参考《国浩视点 | 行走在钢丝上的创业者——跨境电商合规风险及"二次销售"争议漫谈》，李颢，https://mp.weixin.qq.com/s/XZ5xQZ2eNbzxCoqWpe5g0w。

施予以控制";"海关对违反本通知规定参与制造或传输虚假'三单'信息、为二次销售提供便利、未尽责审核订购人身份信息真实性等,导致出现个人身份信息或年度购买额度被盗用、进行二次销售及其他违反海关监管规定情况的企业依法进行处罚"。

海关总署 2018 年 194 号公告进一步规定:"跨境电子商务企业及其代理人、跨境电子商务平台企业应建立商品质量安全等风险防控机制,加强对商品质量安全以及虚假交易、二次销售等非正常交易行为的监控,并采取相应处置措施。"

上述规定中,对于涉嫌"二次销售"的行为描述仍是通过虚构订购人和伪造三单信息向海关申报,该行为属于司法判例中业已明确的刷单、拆单等违法行为方式。

1. 二次销售的情形

（1）情形 1：线下经销售模式

跨境电商经营者在线下发展大量的经销商,通过其拥有的庞大客户开拓市场。

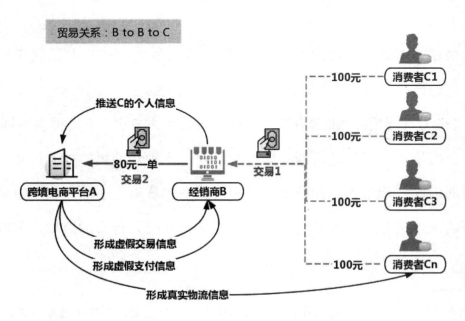

图 1-2 线下经销售模式

在该情形中，实际消费者 C 通过经销商 B 的网店、微商下单购买所谓的海淘、代购产品并支付费用后，经销商 B 扣除差价后将采购需求发送给跨境电商平台 A，跨境电商平台 A 虚构三单信息向海关申报，并通过跨境电商零售进口模式进口。

（2）情形 2：线上用户群模式

跨境电商平台 A 为鼓励消费者 B 多采购，允许甚至协助消费者 B 在账户下挂靠多个身份信息，用以突破个人年度交易限值，该种情况下支付账户和收货地址较为集中。

（3）情形 3：线上社交推广模式

跨境电商平台 A 为了拓宽销售渠道，鼓励会员发展新会员，通过社交媒体推广商品链接，会员会因为发展会员和推广而产生的购买行为获得一定的折扣或报酬。

（4）情形 4：线上导购模式

跨境电商平台通过流量较高的购物推荐网站、网络购物主播推广产品，引导消费者在其平台购买跨境电商产品，并根据销售支付提成或者佣金。

2. 二次销售的违规分析

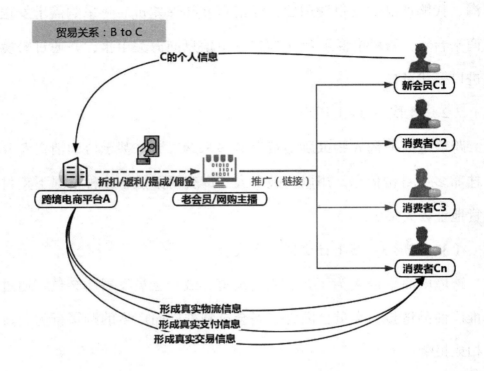

图 1-3 二次销售违规分析

由于海关和相关部委对于二次销售的行为模式及违法标准没有明确的规定，上述 4 种情形在何种条件下符合进出口海关监管规定，在什么情况下又会构成违规甚至走私，在实务中也存在较大争议。结合《海关法》实务经验，笔者认为可以从买卖合同关系是否形成和是否实质上偷逃了海关税款两个角度来进行合规分析。

（1）从买卖合同关系是否形成的角度，要界定是否存在违反《海关法》的二次销售行为，则必然存在着应当向海关申报的"第一次销售"行为。

从民商事法律关系上看，构成一次销售行为，应当至少具备三个要素：

①要存在交易双方之间的购销合意。即交易双方应当对交易商品的种类、

数量、金额形成确定一致的意思表示。情形 1 中，经销商 B 和消费者 C，经销商 B 与平台 A 之间各自达成了购销合意，并成立了两个独立的买卖合同，该交易实际上是 B2B2C 的两段贸易关系；情形 2 中，消费者账户下添加多个身份证，该身份证对应的个人是否真正与平台达成购销合意仍须具体分析，而此时该消费者恐涉嫌盗用个人跨境电商额度，平台恐涉嫌为二次销售提供便利，故平台制定完善的交易规则及合规方案就显得尤为重要；情形 4 则更像居间行为，跨境电商企业支付其广告佣金；情形 3 是否存在购销合意则更为复杂，需要结合具体订单的情况界定。

②要存在与商品价值匹配的货币支付行为。买卖合同中最直接的支付方式即选购商品后直接付费，情形 1、2 大多都属于这种情况。但实务中，情形 1 也存在经销商转推订单给跨境电商企业，由最终消费者直接向平台支付全部价款后，经销商收取差价而不直接向电商平台付款的可能。在该种情况下，也应该认为发生了与商品价值匹配的货币支付行为；而在情形 3、4 中，线上会员和推广网站、主播显然是不会向跨境电商企业支付货款的，但其行为与经销商只收取差价的行为如何区分？笔者认为一个重要的考量标准，是跨境电商平台向海关申报的商品价格是消费者实际支付的价款还是扣除差价后的跨境电商平台的净收入。如果跨境电商平台申报的不是消费者实际支付的金额，那么就可以认为经销商、推广商已经完成了一次交易，只不过该次交易是从消费者的支付款项中进行了分流。

③商品所有权要发生转移。在情形 1、2 中，跨境电商会将商品发送给经销商或消费者，而在情形 3、4 中，平台显然不会将跨境电商商品寄送给推广会员和导购网站、主播。但这里需要注意的是，笔者仅仅是分析了第一次销售是否构成，如果要构成违法二次销售，还需要有第二次销售行为。在情形

2 中，并不存在第二次商品所有权转移，所以本质上说，情形 2 可能涉嫌伪报贸易方式的刷单或拆单走私行为，而不是二次销售的违法或走私行为。

（2）从是否实质上偷逃了海关税款角度分析。

情形 1 中，实际消费者支付的商品价格高于向海关申报的价格，仅从价格上就偷逃了海关税款，如构成二次销售，贸易方式申报不实，则偷逃税款金额更高。但值得关注的是，如果认定情形 1 构成二次销售，则可能属于伪报贸易方式的走私，那么计核偷逃税款时的完税价格应当以申报价格为基础还是以消费者实际支付的价格为基础呢？情形 2 如情节严重，是典型的通过刷单、拆单伪报贸易方式的行为，显然也偷逃了海关税款。情形 4 已经属于广为接受的互联网推广和广告行为，实践中未见监管机关作为涉嫌进出口违规进行调查，因此实务中争议最大的是情形 3 是否偷逃了海关税款。而恰恰这种情形，在目前的监管规定中没有涉及，无论是企业还是监管部门，都难以给出定论。为避免给企业造成误导，笔者此处对该行为的合规性也不做预判和推测，留待监管和执法机构在执法实践中进一步验证。

（三）"刷单"和"推单"

1. "刷单"和"推单"的相关规定

2022 年 7 月，广州发布并实施了《广州市跨境电商行业合规指引（试行）》，其中第十四条对 "刷单"进行了明确的定义："虚假上架商品、自行或协助他人将需要通过一般贸易方式进口的货物在跨境电商平台上生成虚假的个人消费者订单，将大宗货物拆分并伪报成跨境电商零售进口商品申报进口。"对 "推单"也进行了明确的定义："虚假上架商品、自行或协助他人将非跨境电商平台上交易的商品订单信息导入跨境电商平台并伪造成在跨境电商平台上交易的订单信息向海关推送，或者将其他跨境电商平台的交易数据导入并向海关推送。"

"推单"的"三单"，具体是指：

（1）交易单（订单）：订购人信息、订单号、支付单号、物流单号及商品信息等。由电商企业推送电子订单数据。

（2）支付单：支付人信息、支付金额、订单号、支付单号等。由支付企业推送支付单数据。

（3）运单（物流单）：分物流单号、订单号、商品信息、收货人等。由仓储物流服务商推送运单数据。

2. "刷单"和"推单"违规分析

跨境电商进口中的"刷单"行为，若进口批发商为了享受跨境电商的税收优惠，伪造或购买虚假身份信息向海关申报，囤积货物后在境内转卖，这是典型的刷单走私；但个人为帮助亲朋好友购买跨境电商商品而借用他人身份信息下单，是否构成违规则存在不同理解，但是若存在明显逃避海关监管，偷逃国家税款的故意，且造成偷逃国家税款的危害后果，则很有可能会被认定为走私。

跨境电商进口中的"推单"行为，其订单非直接产生于跨境电商平台，所推送的支付单也就只能是形式支付而非真实交易，难以避免存在"三单"中支付单虚假的问题[1]，但只要"推单"行为商品的申报价格为真实的交易价格、商品的购买人及收件人是实际消费者、商品的价格在优惠税率的额度

---

[1] 参考《跨境电商"推单"走私研究》，梅丹，https://mp.weixin.qq.com/s/nR-XPffNiKyxP1jZd8wxVg。

内未超过消费者的个人交易限额的，只能说"推单"行为形式上存在瑕疵，从实质上看对国家税款征收无实质性损害。因未造成税款流失，因此即使在报关中使用了虚假的身份、支付或物流信息，也仅应认定为违规，不应将对其处罚上升至刑事处罚层面。但因"推单"过程常伴随低价申报导致国家税款流失的行为，最终实质上侵害了"国家的货物、物品出入境管理和关税制度"的法益，因而存在被追究刑事责任的风险。[1]

---

[1] 参考《跨境电商"推单"是否构成走私，两高应尽快出台明确意见》，龚卓，https://mp.weixin.qq.com/s/KkeyvbrSR5sHQT4qTmk-7w。

第四节 跨境电商零售进口合规建议

一、如实申报

在跨境电商活动中，如实申报义务是确保贸易合规性的关键。这包括平台企业、支付企业和物流企业在内的所有参与方，都必须确保其申报的价格、贸易方式、三单信息、商品税号等信息的准确性。

1. 如实申报价格是避免税务违规和走私违规的前提之一。企业必须确保申报的价格真实反映了商品或服务的价值，任何低报或高报价格的行为都可能导致承担法律责任。

2. 如实申报贸易方式对于确保税收政策的正确实施至关重要。跨境电商企业应当根据实际的交易模式，选择正确的贸易方式进行申报，如一般贸易、跨境电商零售进口等。错误的贸易方式申报可能会导致不当享受税收优惠，从而引发税务风险。

3. 三单一致性是海关监管和税收征管的重要依据。订单、支付单和物流单的一致性，不仅关系到税收的正确性，也关系到货物的合法流通。任何不一致都可能引起监管部门的注意，导致货物被扣留或交易被调查。

4. 跨境电商企业在进行进出口申报时，必须高度重视商品归类工作，避免企业因错误的商品归类导致申报不实。首先，企业需要对商品进行准确的归类，这不仅涉及对商品名称、规格、用途等基本信息的准确理解，还需要对《税则》相关规范和标准有深入的了解。其次，企业应当定期更新和学习最新的税则变化和正面清单的调整，以确保商品分类的时效性和准确性。

综上所述，跨境电商企业在扩展采购新品类跨境商品时，必须重视如实申报义务，确保申报的价格、贸易方式、三单信息、商品税号等申报因素的准确性，以避免税务违规和走私风险，保障企业的合法利益。

二、加强合规管理体系建设

面对跨境电商行业新兴的经营模式，企业会遇到很多存在违法风险的合规灰色地带。对于法律尚未明确规定的经营模式，企业不能单纯依赖"法无明文规定即自由"的原则来冒险行事。相反，企业应当重视对贸易和经营模式的合规性进行论证，这包括但不限于获取监管机构的认可。

为了确保合规性，企业首先需要加强内部宣传和教育，明确告知员工哪些行为是合规的，哪些是违规的，以及哪些可能构成违法犯罪。对于违法犯罪行为，企业应采取坚决措施予以打击；对于违规行为，则应促进其及时转变。此外，企业应与政府主管部门和地方政府合作，通过降低电商平台的费用和抽成，推动支付工具的兼容性，以及便利电商平台向海关传输数据等措施，为"海淘"和"代购"业务的合规转型提供支持。同时，企业应拓展合规渠道，加强进出境快件运营人和邮政企业的合规操作。

在这一过程中，企业应当建立健全的内控体系，以风险管理为导向，合规管理监督为重点，通过"强监管、严问责"和加强信息化管理，严格落实各项规章制度。同时，企业应强化集团管控，明确专门职能部门或机构统筹内控体系工作职责，落实各业务部门内控体系有效运行责任，并加强内控体系监督检查工作。此外，企业还应完善管理制度，确保在具体业务制度的制定、审核和修订中嵌入统一的内控体系管控要求。

第二章　商业秘密保护

【《关税法》关联条款】

第八条　海关及其工作人员对在履行职责中知悉的纳税人、扣缴义务人的商业秘密、个人隐私、个人信息，应当依法予以保密，不得泄露或者非法向他人提供。

第一节 商业秘密保护在《关税法》中的体现

典型案例 4：李某诉公开原产地证明信息案[1]

李某向 X 海关申请公开进口货物的四款食品备案信息，包括原产地证明等。X 海关受理申请后，就原产地证明是否涉及商业秘密征询了 F 公司的意见。F 公司认为原产地证明载明了国外发货人的信息、国外生产商负责签字的人员信息等，这些信息能为 F 公司带来经济利益且不为公众所知悉，不同意公开，并向海关提交了《文件资料控制程序》《情况说明》等文件证明案涉原产地证明涉及商业秘密且已对其采取保密措施。X 海关对原产地信息作出的不予公开决定，但公开了其他信息。李某对 X 海关的决定不服，认为原产地证明是食品安全来源的重要依据，应当向消费者公示，向海关总署申请行政复议。海关总署维持了 X 海关的决定。李某仍不服，提起行政诉讼。

法院根据《中华人民共和国政府信息公开条例》和《中华人民共和国反不正当竞争法》(以下简称《反不正当竞争法》)的规定，指出商业秘密是指不为公众所知悉、具有商业价值并经权利人采取相应保密措施的技术信息、经营信息等商业信息。X 海关在征求 F 公司意见并审查后，认定原产地证明信息构成商业秘密，决定不予公开，符合法律规定。法院还认为，X 海关已

---

[1] 见福建省高级人民法院（2019）闽行终 1208 号。

经依法向李某公开了除原产地证明之外的其他政府信息，并且不公开原产地证明信息不会对消费者造成隐瞒或误导，也不会对公众利益造成重大影响。因此，李某的上诉理由不能成立，二审法院维持了一审判决，驳回上诉，维持原判。

【案例解读】

在这类案件中，往往涉及四个主体：希望公开商业秘密的主体、涉及商业秘密的主体、海关以及法院。海关在处理政府信息公开申请时，依据《反不正当竞争法》[1]中的相关规定对商业秘密进行法律定性，并且在实践中海关需要在审查信息是否属于商业秘密，并在必要时征询权利人的意见，若商业秘密的公开不会对第三方权益造成重大影响，且不违反法律规定的情况下，依据《关税法》中的规定海关可考虑公开。

对于企业来说，希望公开商业秘密的企业需要了解相关法律法规，合理行使信息公开请求权；涉及商业秘密的企业应当明确界定哪些信息属于商业秘密，并采取适当的保密措施。

一、商业秘密保护趋势

商业秘密是维护企业创新发展、保持竞争优势的重要资源。加强商业秘密司法保护，对于接轨国际经贸规则、保障企业创新创业活力、优化法治化营商环境都具有重要意义。

---

[1]《反不正当竞争法》：

第九条　经营者不得实施下列侵犯商业秘密的行为：

本法所称的商业秘密，是指不为公众所知悉、具有商业价值并经权利人采取相应保密措施的技术信息、经营信息等商业信息。

党的十八大以来，党中央高度重视商业秘密保护工作，作出一系列重要战略部署。

一是完善商业秘密的立法。为进一步强化商业秘密保护，适应国际竞争新趋势，鼓励和保护创新，2019年《反不正当竞争法》、《民法典》及"两高"司法解释相继修改了"商业秘密"有关条款；2020年《刑法修正案（十一）》对侵犯商业秘密罪做了重大修改。2020年9月，最高人民法院发布了《关于审理侵犯商业秘密民事案件适用法律若干问题的规定》，对商业秘密的构成要件、保密义务、侵权判断、民事责任等进行了全面规定，这标志着司法保护的进一步加强。最高人民法院、最高人民检察院发布的《关于办理侵犯知识产权刑事案件具体应用法律若干问题的解释（三）》（法释〔2020〕10号），在侵犯商业秘密的定罪门槛、商业秘密的商业价值、刑事诉讼中的保密措施等方面都进行了相应的修改与创新。

二是加强商业秘密保护的战略意义。党的十八大以来，总书记从党和国家战略全局的高度对知识产权保护工作提出了一系列重要要求，总书记在多个场合强调了保护知识产权的重要性。在中央政治局第二十五次集体学习时他强调指出："创新是引领发展的第一动力，保护知识产权就是保护创新。"商业秘密作为企业宝贵的知识产权和创新成果，直接关系到企业的生存发展。保护商业秘密，就是保护企业的核心竞争力，对于激发创新活力、优化营商环境、促进高质量发展具有重要意义。

三是持续强化监管执法[1]。从2018年开始，市场监管总局连续6年在

---

[1] 参见《市场监管总局召开"企业商业秘密保护能力提升服务月"新闻发布会》，https://mp.weixin.qq.com/s/YDbU1cDVDA4O4ClKLPFGWA，访问时间2024年10月30日。

全国范围内部署开展反不正当竞争专项执法行动，重点查处侵犯商业秘密等不正当竞争行为，维护公平竞争市场秩序。在开展专项行动的过程中，各地查办了一批侵犯商业秘密典型案件，有力维护了各类经营主体合法权益，产生了积极宏观效应和良好国际影响。2023 年 7 月，市场监管总局开展了"企业商业秘密保护能力提升服务月"活动，旨在帮助企业提升商业秘密保护意识和能力，打造商业秘密保护的"生态圈"。

四是强化商业秘密司法保护。最高人民法院在审理侵犯商业秘密案件中，展现了司法审判实践的新趋势和新亮点。例如，在 2024 年 7 月审理的一起新能源汽车技术秘密侵权案中，最高人民法院判赔 6.4 亿人民币，体现了对商业秘密侵权行为的严厉打击。

二、商业秘密保护在《关税法》中的体现

随着商业秘密保护的重要性日益凸显，新修订的《关税法》进一步强化了对企业商业秘密的法律保护力度。《关税法》的出台不仅是对税收法定原则的落实，也是对企业合法权益保护（包括商业秘密保护）的加强。

首先，《关税法》通过将一系列关税法规、规章及规范性文件的相关规定上升为法律，优化和调整了关税现行制度和有关政策内容，为企业提供了更加明确和稳定的法律环境。这有助于企业在进行国际贸易时，更加注重商业秘密的保护，因为法律的明确性增强了企业对商业秘密法律保护的预期和信心。

其次，《关税法》在征收管理章节[1]指出，关税征收管理应当适应对外

———

[1]《关税法》第四十一条。

贸易新业态新模式发展需要，提升信息化、智能化、标准化、便利化水平。这种管理方式的优化，为企业在进出口环节保护商业秘密提供了更加有利的条件，因为它减少了商业秘密在申报过程中的泄露的风险。

再次，《关税法》新增了对不具有合理商业目的而减少应纳税额的行为实施反规避措施的条款。这意味着，企业在进行供应链筹划和税收筹划时，必须更加重视商业秘密的保护，避免因筹划被认定为规避行为而受到法律的不利影响。这一点尤其重要，因为在全球经济形势多变的背景下，企业的供应链筹划涉及的因素更多、链条更长，商业秘密的保护成为供应链安全的关键组成部分。

《关税法》的实施，为商业秘密保护提供了更加坚实的法律基础的同时，也要求企业在进出口贸易中的合规性更加重视自查及风险评估。企业应积极响应法律的要求，加强商业秘密的保护，以维护自身的核心竞争力和市场地位。

第二节 商业秘密保护的要求

一、商业秘密的定义

根据《反不正当竞争法》第九条的规定，"商业秘密"是指不为公众所知悉、具有商业价值并经权利人采取相应保密措施的技术信息、经营信息等商业信息。作为"商业秘密"，其构成要件有三：一是该信息不为公众所知悉，即该信息是不能从公开渠道直接获取的（秘密性）；二是该信息具有商业价值，即该信息具有确定的可应用性，能为权利人带来现实的或者潜在的经济利益或者竞争优势（价值性）；三是权利人对该信息采取了保密措施，包括订立保密协议，建立保密制度及采取其他合理的保密措施（保密性）。概括地说，不能从公开渠道直接获取的，具有商业价值，并经权利人采取保密措施的信息即为商业秘密。

根据《最高人民法院关于审理侵犯商业秘密民事案件适用法律若干问题的规定》（法释〔2020〕7号），"商业秘密"中的技术信息包括与技术有关的结构、原料、组分、配方、材料、样品、样式、植物新品种繁殖材料、工艺、方法或其步骤、算法、数据、计算机程序及其有关文档等信息；经营信息包括与经营活动有关的创意、管理、销售、财务、计划、样本、招投标材料、客户信息、数据等信息；与经营活动有关的创意、管理、销售、财务、计划、样本、招投标材料、客户信息、数据等信息。同样由于进出口主体、行为和监管对象的复杂性，海关监管和行政执法行为种类也极为丰富。

典型案例 5：邢某、GH 公司被指控侵犯 G 公司商业秘密案[1]

邢某在任职于 G 公司期间，与他人共同成立了 GH 公司并担任总经理。邢某、GH 公司被指控在保密合同约定的保密期内，侵犯了 G 公司的商业秘密。邢某、GH 公司与 G 公司的客户签订了合同，这些客户在 G 公司的合同到期后选择与 GH 公司合作。邢某、GH 公司主张二审判决对商业秘密的认定错误，提交豆丁网证书信息、中国食品农产品认证信息系统对客户认证信息的公示等材料，主张涉案客户的信息可以在公众平台和渠道获取，公众可以知悉并容易获取，应认定"有关信息不构成不为公众所知悉"。邢某、GH 公司不服高级人民法院的二审判决，向最高人民法院申请再审。

最高人民法院认为，涉案客户名单属于商业秘密，因为 G 公司对客户名单采取了保密措施，且刑某与 G 公司签订了保密协议。刑某和 GH 公司的主张是对商业秘密中的客户名单这一概念的误解，商业秘密中的客户名单，区别于普通民事主体的名称、地址、联系方式等公知信息。"客户"概念有别于普通民事主体概念，包含着存在某种交易机会的内容。普通民事主体的公知信息确实容易从公开渠道获取，但认定交易机会，例如有无交易需求、分析价格接受程度以及交易习惯等，需要付出成本。换言之，从大量普通民事主体信息中筛选、分离出具有交易机会的少量客户，需要花费时间、资金与劳动，尤其是汇集众多客户的客户名单，需要更高的成本，与容易获取的普通民事主体信息是不同的概念。法院认定邢某、GH 公司存在侵害商业秘密的行为，因为邢某在 G 公司任职期间成立了 GH 公司，并与 G 公司的客户签订了合同。最终，最高人民法院裁定驳回刑某、GH 公司的再审申请。

---

[1] 见最高人民法院（2017）最高法民申 1092 号。

【案例解读】

《反不正当竞争法》第九条有对商业秘密的定义，关于秘密性为"不为公众所知悉"。而对"不为公众所知悉"的解释在《最高人民法院关于审理侵犯商业秘密民事案件适用法律若干问题的规定》第三条中要求，企业信息在被诉侵权行为发生时不为所属领域的相关人员普遍知悉和容易获得。有关价值性，即要求企业信息有可确定的应用性，能够为权利人带来现实的或者潜在的经济利益或竞争优势。上述案件，最高院明确客户信息通过公开渠道并非"容易获得"，并可以给权利人带来"竞争优势"。在此案外贸公司的运营模式下，在全球范围内获得一份有交易意向的客户信息，即便该客户信息仅为客户名称及联系方式的简单罗列，对外贸行业从业者而言也不容易获得，极具商业价值。首先，有些案件中，在类似客户信息类商业秘密纠纷中，被告会根据外贸公司所主张的客户信息进公开领域检索，但基于结果反向找客户信息出处，相较正向检索客户信息所付出的成本完全不一样，尤其是使用涉外多语种检索；其次，即便能轻易检索到该客户信息，但通常也无法判断出该客户交易意向有无，而这些信息却是外贸公司通过不断的推销、询盘、发盘方式获得的。因此在具体案例中对于企业的信息构成商业秘密的三性（同时满足秘密性、保密性及价值性），需要结合具体情境具体分析。

二、海关对商业秘密的保护义务和责任

在《关税法》《海关法》[1]等法律中均有对海关商业秘密保护的要求，

---

[1]《海关法》：
第七十二条　海关工作人员必须秉公执法，廉洁自律，忠于职守，文明服务，不得有下列行为：
（五）泄露国家秘密、商业秘密和海关工作秘密；

由于商业秘密会给管理相对人带来经济利益，而行政机关在工作中又会不可避免地知悉管理相对人的商业秘密，虽然行政机关不是《反不正当竞争法》所指的"经营者"，但是如果不恰当地使用、披露商业秘密，仍可能给权利人造成无法挽回的损失。因此，在行政法律规范中也越来越多地出现对于行政机关在行政行为中获悉的商业秘密应负有保密义务的原则性规定，例如《关税条例》[1]《海关行政处罚实施条例》[2]《海关稽查条例》[3]《海关统计条例》[4]《海关进出口货物征税管理办法》[5]等海关行政法规。中国海关作为国务院直属机构，除了传统海关监管、进出口关税和其他税费征管职能外，还负责出入境卫生检疫、出入境动植物及其产品检验检疫、进出口商品法定检验、国家进出口货物贸易等海关统计以及海关领域国际合作与交流。在履行职责的过程中，海关必须承担依法为纳税义务人保守商业秘密的义务。

---

[1]《关税条例》：
第七条　纳税义务人有权要求海关对其商业秘密予以保密，海关应当依法为纳税义务人保密。

[2]《海关行政处罚实施条例》：
第三十四条第四款　调查、收集的证据涉及国家秘密、商业秘密或者个人隐私的，海关应当保守秘密。

[3]《海关稽查条例》：
第四条　海关根据稽查工作需要，可以向有关行业协会、政府部门和相关企业等收集特定商品、行业与进出口活动有关的信息。收集的信息涉及商业秘密的，海关应当予以保密。
第五条　海关和海关工作人员执行海关稽查职务，应当客观公正，实事求是，廉洁奉公，保守被稽查人的商业秘密，不得侵犯被稽查人的合法权益。

[4]《海关统计条例》：
第十八条　海关统计人员对在统计过程中知悉的国家秘密、商业秘密负有保密义务。

[5]《海关进出口货物征税管理办法》：
第四条第一款　海关应当按照国家有关规定承担保密义务，妥善保管纳税义务人提供的涉及商业秘密的资料，除法律、行政法规另有规定外，不得对外提供。

所谓"依法"保守商业秘密，是指海关应当按照有关法律、行政法规的规定予以保密，如果海关工作人员未经纳税义务人同意，故意或者过失泄露了商业秘密，则应受到《关税法》第六十七条规定的违反保密义务行为的相应处罚。

另一方面，海关也可能在履职过程中依职权主动要求市场主体提供或者披露商业秘密。在海关的行政行为中，可能要求相对人提供或者披露包含商业秘密信息的海关监管和执法行为主要有两类，一类是强制性要求披露商业秘密的，如海关稽查、行政处罚调查程序中，拒不提供相应材料的可能导致进一步的行政处罚和其他行政责任；另一类是非强制性要求披露商业秘密的，如各类申请、申报程序中，市场主体如不披露相应资料，可能导致货物无法进口或者无法取得相应的备案、许可等。[1]

三、企业申请商业秘密保护的规定

在《进出口货物征税管理办法》[2]《海关行政裁定管理暂行办法》[3]中均对收发货人或代理人申请商业秘密保护进行了相关规定，在《中华人民共和国海关进出口货物商品归类管理规定》（海关总署令第252号，以下简

---

[1]参见《商业秘密在海关执法中的披露义务和制度规制初探》，李颢，《海关法评论》，第12卷。

[2]《海关进出口货物征税管理办法》：
第四条第二款　纳税义务人可以书面向海关提出为其保守商业秘密的要求，并且具体列明需要保密的内容，但不得以商业秘密为理由拒绝向海关提供有关资料。

[3]《海关行政裁定管理暂行办法》：
第九条　申请人为申请行政裁定向海关提供的资料，如果涉及商业秘密，可以要求海关予以保密。除司法程序要求提供的以外，未经申请人同意，海关不应泄露。申请人对所提供资料的保密要求，应当书面向海关提出，并具体列明需要保密的内容。

称《归类管理规定》）[1]中明确指出，收发货人或者其代理人向海关提供的资料涉及商业秘密、未披露信息或者保密商务信息，要求海关予以保密的，应当以书面方式向海关提出保密要求。该条规定并未局限于法律认定标准较为明确的商业秘密，还包括了未披露信息或者保密商务信息，并对相对人声明保密内容、保密要求、披露义务以及海关保密义务都有概括，虽然其中的法律概念、适用条件和具体程序并未有进一步规定，但仍为海关监管以及企业申请商业秘密保护中涉及商业秘密问题的处置提供了极有参考机制的先例，在《海关行政许可管理办法》[2]《海关经核准出口商管理办法》[3]中均有类似规定。

---

[1]《归类管理规定》：
第十条 收发货人或者其代理人向海关提供的资料涉及商业秘密、未披露信息或者保密商务信息，要求海关予以保密的，应当以书面方式向海关提出保密要求，并且具体列明需要保密的内容。收发货人或者其代理人不得以商业秘密为理由拒绝向海关提供有关资料。

[2]《海关行政许可管理办法》：
第十五条第二款 申请材料涉及商业秘密、未披露信息或者保密商务信息的，申请人应当以书面方式向海关提出保密要求，并且具体列明需要保密的内容。海关按照国家有关规定承担保密义务。

[3]《海关经核准出口商管理办法》：
第五条 企业申请成为经核准出口商的，应当向其住所地直属海关（以下统称主管海关）提交书面申请。书面申请应当包含以下内容：……申请材料涉及商业秘密的，应当在申请时以书面方式向主管海关提出保密要求，并且具体列明需要保密的内容。海关按照国家有关规定承担保密义务。

第三节 海关要求市场主体披露商业秘密的情形

根据上文，海关可能要求相对人提供或者披露包含商业秘密信息的海关监管和执法行为主要有两类，一类是强制性要求披露商业秘密的，另一类是非强制性要求披露商业秘密的，由于海关监管和执法的复杂性，在难以穷尽列举的情形下，通过以下示例尝试分析。

一、以发现违法行为为主要目的的调查、稽查行为

《海关稽查条例》第四条规定，可以向有关行业协会、政府部门和相关企业等收集特定商品、行业与进出口活动有关的信息。收集的信息涉及商业秘密的，海关应当予以保密。在海关行使调查、稽查职权过程中，并无因需要获取或者了解的信息包含商业秘密而存在例外的情形。海关稽查、贸易调查、行政处罚调查等是海关后续监管发现相对人违法行为或者做出追补征税款等决定的重要行政手段。因此，在这些程序中，要求相对人提供可能包含商业秘密的与生产经营、进出口货物有关的资料，是行政程序的强制性要求。如不提供海关可以采取强制查封、扣押、扣留等强制措施，也可以对相对人拒不提供资料的行为直接处罚或者对被调查的违法行为从重做出行政处罚等。

在稽查和调查程序中，有可能因为核实归类申报是否正确、进口商品是否逃避检验检疫规定而要求企业提供产品具体成分等技术信息；因特许权使

用费或转移定价调查需要，要求企业披露技术协议、价格信息、关联关系、财务信息等经营信息；因调查企业其他违法行为而要求提供其他相关可能包含商业秘密的信息。但在这些程序中，对于相对人提供的资料如果包含商业秘密的处理并无特殊规定，更无例外规定。

二、以开展正常进出口活动为目的的申报行为

如上文前言部分所述，为满足海关进出口监管过程中归类、审价、许可证监管和检验检疫的要求，海关对于进出口货物的申报非常具体，除了一般情况下应具体申报规格、型号外，对于特定贸易方式、特定商品还有更详细的要求。而如未能根据海关要求提供相应资料或者申报信息，则可能无法顺利通关放行或者无法办理相应海关手续，但一般不会导致进一步的行政处罚或其他法律责任。

比如《税则》第二十一章项下的 21069090 税号，其申报要素包括"成分含量"，即是属于对于食品监管的特定要求。海关对该类商品做出额外申报要求的立法目的也很容易理解，进口食品涉及人类身体健康和生命安全，如不要求企业具体申报，可能导致进口食品中含有有害成分。除此之外，由于不同国家立法的差异，进口食品中又可能含有我国保护和限制进口的濒危物种[1]，同样以上述 21069090 税号下的商品为例，虽然属于国家《跨境电子商务零售进口商品清单》中第 111 项"其他税号未列明的食品"，但备注要求"列入《进出口野生动植物商品目录》且不能提供《中华人民共和国濒危物种进出口管理办办公室非〈进出口野生动植物商品目录〉物种证明》的

---

[1]《关于调整跨境电子商务零售进口商品清单的公告》（财政部、发展改革委、工业和信息化部、生态环境部、农业农村部、商务部、海关总署、濒管办公告 2022 年第 7 号）。

商品除外"。

再如《海关加工贸易货物监管办法》第十一条规定，经营企业办理加工贸易货物的手册设立，应当向海关如实申报贸易方式、单耗、进出口口岸，以及进口料件和出口成品的商品名称、商品编号、规格型号、价格和原产地等情况，并且提交经营企业对外签订的合同。其中单耗等信息，也是特定贸易方式中额外要求申报的信息。《海关加工贸易单耗管理办法》第十五条则规定，加工贸易企业申报单耗应当包括以下内容："（一）加工贸易项下料件和成品的商品名称、商品编号、计量单位、规格型号和品质；（二）加工贸易项下成品的单耗；（三）加工贸易同一料件有保税和非保税料件的，应当申报非保税料件的比例、商品名称、计量单位、规格型号和品质。"

值得注意的是，《海关经核准出口商管理办法》规定企业申请成为核准出口商，应提供企业主要出口货物的中英文名称、规格型号、HS 编码、适用的优惠贸易协定及具体原产地标准、货物所使用的全部材料及零部件组成情况等信息，其中生产货物使用的全部材料和零部件组成情况等信息显而易见会涉及企业的商业秘密。

三、可能平行获取商业秘密的海关行政管理行为。

除了直接要求提供可能包含商业秘密的海关监管、执法行为外，在海关其他行政管理行为中，还有可能平行的获取企业商业秘密。比如，进出口贸易企业的客户信息、商品及价格信息可能构成该类企业重要的商业秘密，而海关进出口统计工作不经企业另行披露可以直接获得这些信息，甚至可能比企业自行保管的经营信息更为准确全面。海关统计数据的保密要求更为严格，泄露的后果更为严重[1]，因此《海关统计条例》明确规定了海关统计人员的保密义务，也规定了当事人仅有权在海关统计数据保存期限内查询自己申报的海关统计原始资料及相关信息。但何种统计数据属于商业秘密，相关规定则没有进一步明确。

---

[1] 参见《海关总署称正调查外贸数据遭泄露事件》，https://news.cctv.com/china/20090114/105531.shtml，2009 年 1 月 14 日中国中央电视台网站转载人民网新闻，最后访问日期 2024 年 10 月 30 日。

第四节 企业进行商业秘密保护的措施

一、经营过程中的商业秘密保护

在企业的经营过程中，从人民法院商业秘密诉讼实践看，根据《最高人民法院关于审理侵犯商业秘密民事案件适用法律若干问题的规定》第五条第二款，"商业秘密及其载体的性质、商业秘密的商业价值、保密措施的可识别程度、保密措施与商业秘密的对应程度以及权利人的保密意愿等因素认定权利人是否采取了相应保密措施"，第六条则列举了七种应当认定权利人采取了相应保密措施情形[1]来判断权利人是否采取了保密措施。

具体而言，对上述规范第六条的（一）、（二）和（六）款因为涉及具体的"人"的保密措施，企业在经营过程中需要更加予以重视。

---

[1]《最高人民法院关于审理侵犯商业秘密民事案件适用法律若干问题的规定》（法释〔2020〕7号）：

第六条　具有下列情况之一在正常情况下足以防止商业秘密泄露的，应当认定权利人采取了相应保密措施：（一）签订保密协议或者在合同中约定保密义务；（二）通过章程、培训、规章制度、书面告知等方式，对能够接触、获取商业秘密的员工、前员工、供应商、客户、来访者等提出保密要求的；（三）对涉密的厂房、车间等生产经营场所限制来访者或者进行区分管理的；（四）以标记、分类、隔离、加密、封存、限制能够接触或者获取的人员范围等方式，对商业秘密及其载体进行区分和管理的；（五）对能够接触、获取商业秘密的计算机设备、电子设备、网络设备、存储设备、软件等，采取禁止或者限制使用、访问、存储、复制等措施的；（六）要求离职员工登记、返还、清除、销毁其接触或者获取的商业秘密及其载体，继续承担保密义务的；（七）采取其他合理保密措施的。

1. 企业应确保与员工、合作伙伴、供应商等签订的合同中包含明确的保密条款。这些条款应详细规定保密信息的范围、保密期限、违约责任等内容。此外，保密协议还应包括对第三方的约束，确保任何通过合同关系接触到商业秘密的第三方也承担相应的保密义务。

2. 企业应定期对员工进行保密培训，提高员工对商业秘密保护的意识。培训内容应包括商业秘密的定义、重要性、保护措施以及违反保密义务的后果。同时，企业还应制定严格的保密规章制度，明确员工在处理商业秘密时的行为规范，如不得将商业秘密带回家、不得在公共场合讨论商业秘密等。

3. 对于离职员工企业应实施严格的保密管理。这包括要求离职员工签署离职保密协议，明确其在离职后仍需承担的保密义务。企业还应采取措施确保离职员工在离职时返还所有涉及商业秘密的资料，并在必要时，要求其销毁或清除所有存储在个人设备上的商业秘密信息。

二、企业申报过程中的商业秘密保护

（一）进出口申报中涉及商业秘密的材料

在进出口申报过程中，企业往往需要提供敏感的商业信息，在《关税法》中体现为进出口货物的商品归类信息、成交价格信息、原产地信息、知识产权状况、许可证信息、暂时进出境货物信息等，在《海关进出口货物申报管理规定》[1]中也规定企业再进行报关时需要提供合同、发票、运输单据、装箱单等商业单据，这些都是企业的核心竞争力所在。

---

[1]《海关进出口货物申报管理规定》第十二条。

（二）就商业秘密提出书面保密请求

根据《归类管理规定》中的规定，要求海关予以保密的，应当以书面方式向海关提出保密要求，并且具体列明需要保密的内容。企业在被海关稽查、执行行政强制措施、行政处罚等与海关监管有关的执法行为时，企业有义务对海关就上述涉及商业秘密的文件提出书面的保密请求。

企业向海关申请商业秘密保护，需要企业（具有披露义务的当事人）明确告知海关商业秘密的范围和载体并且提供有效的证明文件，如司法裁判文书、公证文书、鉴定结论、法律意见书等，该项义务不仅有利于海关对于获悉的商业秘密进行形式上的审查，避免过度保护和资源浪费，也有利于在后续的管理过程中采取合理、对应的管理措施。并且商业秘密应当以保密的形式提交，而不能仅仅注明。参考美国联邦《保护商业秘密法案》（Defend Trade Secrets Act of 2016），其在"向政府或法院披露商业秘密的免责条款"中规定，向政府或法院披露商业秘密应当以保密的方式直接或间接地向联邦、州或地方政府官员、律师作出，或者以保密形式在起诉状或其他法律文书中披露商业秘密。向海关提交关于商业秘密的书面保密要求，可以有效避免后续海关要求企业反复提供额外资料以作补充说明和验证，同时，这种做法还能提高海关的执法效率，并增强企业保护自身商业秘密的力度。

第三章　商品归类

【《关税法》关联条款】

第九条　关税税目由税则号列和目录条文等组成。

关税税目适用规则包括归类规则等。进出口货物的商品归类，应当按照《税则》规定的目录条文和归类总规则、类注、章注、子目注释、本国子目注释，以及其他归类注释确定，并归入相应的税则号列。

根据实际需要，国务院关税税则委员会可以提出调整关税税目及其适用规则的建议，报国务院批准后发布执行。

典型案例6：进口韩国产烷烃溶剂商品编码案[1]

H公司与J公司签订代理进口协议，进口韩国产烷烃溶剂。J公司以一般贸易方式向N海关申报进口上述货物，申报商品编码为2710129990。D海关对J公司实施稽查，后认定涉案货物应归入税号2710123000，并作出补征税款的决定。J公司不服稽查结论，向P海关申请行政复议，H公司作为第三人参加行政复议。P海关作出行政复议决定，维持D海关的稽查结论。H公司因诉被告D海关、P海关稽查结论及行政复议决定一案，向法院提起行政

---

[1] 见（2019）粤71行初271号。

诉讼。本案的争议焦点是涉案进口韩国产烷烃溶剂的正确商品编码以及 D 海关的稽查结论及 P 海关的行政复议决定是否合法。最终法院驳回 H 公司的诉讼请求；法院认为 D 海关的稽查结论及 P 海关的行政复议决定合法，驳回 H 公司要求撤销稽查结论和行政复议决定的请求。

【案例解读】

在海关行政管理中，商品归类是一个重要的环节，它直接关系到关税的征收、贸易统计的准确性以及进出口监管的有效性。海关作为国家的进出关境监督管理机关，负责确定进出口货物的正确分类，并以其适用的税率和监管条件进行监管。归类确保了关税的正确征收，防止税收流失；它有助于实现贸易统计的准确性，为政府提供贸易政策制定的数据支持；此外，归类还涉及货物能否顺利通关，以及是否符合国家的进出口管理政策。同时，正确的归类有助于企业享受税收优惠政策，提高通关效率，降低运营成本。如果企业申报的商品编码与海关认定的编码不符，可能会导致关税补征、罚款甚至货物被扣留。在行政诉讼中，如果法院认定海关的归类决定合法，企业可能会面临败诉的风险，需要承担额外的经济负担和信誉损失。此外，归类不当还可能涉及走私、逃税等违法、违规行为，企业及相关责任人可能会因此承担刑事或者行政责任。因此，企业在进行进出口贸易时，应高度重视商品归类工作，确保申报的准确性和合法性。

第一节 商品归类的一般逻辑

一、税则简要介绍

《中华人民共和国进出口税则》（以下简称《税则》）是《关税法》的附件，《税则》包括规则与说明、进口税则、出口税则三个部分。国务院关税税则委员会负责定期编纂、发布《税则》，解释《税则》的税目、税率。

（一）进口税则

进口税则包括税目税率表与归类总规则、类注、章注、子目注释、本国子目注释。税目税率表设置序号、税则号列、货品名称、最惠国税率、协定税率、特惠税率、普通税率等栏目。

关税税目以世界海关组织发布的《商品名称及编码协调制度》（以下简称《协调制度》）为基础，由税则号列（以下简称税号）和目录条文等组成。其中，税号在税则号列栏中列示，目录条文在货品名称栏中列示。税号采用8位数字编码结构，前6位数字及对应的目录条文与《协调制度》保持一致：第7、8位数字及对应的目录条文是依据《协调制度》的分类原则和方法，根据我国实际需要而制定的。

关税税目适用规则包括归类规则等。进口货物的商品归类，应当按照《税则》规定的目录条文和归类总规则、类注、章注、子目注释、本国子目注释，以及其他归类注释确定，并归入相应的税号。

（二）出口税则

出口税则包括税目税率表与归类总规则、类注、章注、子目注释、本国子目注释。税目税率表设置序号、税则号列、货品名称、出口税率等栏目。归类总规则、类注、章注、子目注释、本国子目注释与进口税则相同，不单独列明。出口货物的商品归类，按照进口税则的相关规定执行。

出口关税税目与进口税则关税税目相同。税目税率表中仅标示征收出口税率或实行暂定税率的税目。

二、商品归类逻辑

国务院根据《海关法》制定了《中华人民共和国进出口关税条例》（以下简称《关税条例》）。《关税条例》的第三十一条规定："纳税义务人应当按照《中华人民共和国进出口税则》（以下简称《税则》）规定的目录条文和归类总规则，类注、章注、子目注释以及其他归类注释，对其申报的进出口货物进行商品归类，并归入相应的税则号列；海关应当依法审核确定该货物的商品归类。"

中国海关总署根据《海关法》《关税条例》以及其他有关法律、行政法规的规定，制定了《归类管理规定》。《归类管理规定》第二条规定："商品归类是指在《商品名称及编码协调制度公约》商品分类目录体系下，以《税则》为基础，按照《进出口税则商品及品目注释》（以下简称《品目注释》）《中华人民共和国进出口税则本国子目注释》（以下简称《本国子目注释》）

以及海关总署发布的关于商品归类的行政裁定、商品归类决定的规定，确定进出口货物商品编码的行为。除此以外，进出口货物相关的国家标准、行业标准等可以作为商品归类的参考。"《归类管理规定》第十一条规定："必要时，海关可以依据《税则》《品目注释》《本国子目注释》和国家标准、行业标准，以及海关化验方法等，对进出口货物的属性、成分、含量、结构、品质、规格等进行化验、检验，并将化验、检验结果作为商品归类的依据。"

因此结合《关税法》和以上规定，对于进出口商品的归类应该参照下表的归类步骤、归类依据和归类相关规范来进行判断，归入正确的税则号列。

表 3-1 商品归类逻辑及依据

归类顺序	归类依据	归类相关规范
归类先看（第一步）	进出口货物的基本属性（包括成分、含量、结构、品质、规格等化验、检验的结果）	归类总规则及目录条文
归类基本条目（第二步）		类注、章注、子目注释、本国子目注释以及其他归类注释确定（品目注释）
归类其他规范（第三步）		海关总署的商品归类行政裁定、商品归类决定
归类参考（第四步）		国家标准、行业标准等

第二节 有约束力和既判力的归类文件

典型案例 7：M 公司进口 PVC 印花彩膜案[1]

M 公司在 2018 年 10 月 25 日至 2019 年 10 月 24 日期间，以一般贸易方式在 P 海关申报进口 PVC 印花彩膜。当事人申报的商品编码分为两种（3926909090 和 3920430090），但海关调查后认为当事人进口的 PVC 印花彩膜与 2006 年海关总署发布的编号为"D-1-10000-2006-1319"的归类决定所描述商品"塑胶印刷皮"相同，由于该商品是以花色、图案体现其主要用途及特征，并非铺地制品，根据《税则》第七类类注"除税目 39.18 或 39.19 的货品外，印有花纹、文字、图画的塑料、橡胶及其制品，如果所印花纹、字画作为其主要用途，应归入第四十九章"，商品编号应申报为 4911999090。当事人申报的商品编码与海关认定的编码不符，导致漏缴税款 83081.09 元。X 海关认定当事人的商品编号申报不实，违反了《海关法》相关规定。根据《海关行政处罚实施条例》第十五条第四项规定，对当事人科处罚款 4.5 万元的从轻处罚。

---

[1] 见宣关违字〔2020〕0002 号。

【案例解读】

此案例强调了企业在进行商品归类时必须确保申报的准确性和合法性。错误的商品编码申报不仅可能导致额外的经济负担，还可能涉及行政或刑事责任。在本案中海关判断企业是否归类正确依据的是商品归类决定。依据《归类管理规定》[1] 第二十一条，海关总署可以依据有关法律、行政法规规定，对进出口货物作出具有普遍约束力的商品归类决定，这些归类决定在国内对相同货物将具有普遍约束力。在企业货物进行进出口申报的过程中，也可参考公开的具有约束力的归类文件，以确保进出口的合规性，避免不必要的法律风险。

一、商品归类决定

（一）商品归类决定的产生[2]

商品归类的产生通常有以下两种主要路径。首先，依据《归类管理规定》，海关总署制定并发布相关的商品归类决定。其次，基于我国进出口商品的实际情况以及国际贸易的需要，海关总署将世界海关组织协调制度委员会所公布的部分商品归类意见转化为具体的商品归类决定，并对外界进行公告。以下将详细阐述第二种方式的具体操作流程。

世界海关组织（World Customs Organization，以下简称 WCO）是各国间为促进海关制度标准化、便利国际贸易发展而建立的机构，总部位于布鲁

---

[1]《归类管理规定》：
第二十一条 海关总署可以依据有关法律、行政法规规定，对进出口货物作出具有普遍约束力的商品归类决定，并对外公布。

[2] 参考《解决海关商品归类争议的实践与探索（一）：WCO 商品归类意见的国内法转化》，孙兴、张文怡、范家达，引自金杜研究院知识专题。

塞尔。WCO 的前身是海关合作理事会（Customs Cooperation Council，以下简称 CCC）。在此框架下，各国间存在多项公约，其中《商品名称及编码协调制度公约》（The International Convention on the Harmonized Commodity Description and Coding System，以下简称 HS 公约）约定，各国进出口使用的商品编码 6 位数字需要统一，而在 6 位数字之后可以细化分类[1]。

　　WCO 是政府间组织，企业并不能直接向其申请对产品的税号进行讨论；企业需要先向一缔约方的海关主管机构提出。获得该国海关主管机构支持的情况下，由该国代表将事项提交给 WCO 秘书处（the Secretariat），由秘书处将事项排入协调制度委员会的日程（agenda），再根据《协调制度委员会程序规则》（Rules of Procedure of the Harmonized System Commitee，以下简称《程序规则》）作出归类意见。但归类意见即使被 WCO 理事会通过，理论上也仅是建议，对缔约方并无强制力。为了推动归类意见的应用，2001 年 6 月《海关合作理事会关于应用协调制度委员会决定的建议》（Recommendation of the Customs Co-operation Council on the Application of Harmonized System Committe Decisions）中建议，如果缔约方无法应用协调制度委员会的决定，其应于该决定被理事会依据 HS 公约第八条第二段通过后的 12 个月内尽快通知秘书长，秘书长将向 HS 公约的缔约方传送该通知。而根据 WCO 网站信息显示[2]，自 2001 年至 2023 年 11 月，此种公开的不应用通知仅有 30 项（数量很少，相对于数量繁多的协调制度委员会决定而言），中国更是没有传送一次公开

---

［1］HS 协调制度公约：第三条。

［2］https://www.wcoomd.org/-/media/wco/public/global/pdf/topics/nomenclature/instruments-and-tools/classification-decisions/harmonized-system-committee-decisions/application-of-hsc-decisions-notifications-en.pdf?la=en。

的不应用通知。

（二）商品归类决定的转化和应用

实践中，海关总署基本每年会将 WCO 协调制度委员会的部分归类意见转化为归类决定，并以海关总署公告的形式对外发布。一般情况下是集中将世界海关组织协调制度委员会的部分商品归类意见转化为商品归类决定，如《海关总署关于发布 2024 年商品归类决定（Ⅱ）的公告》（海关总署公告 2024 年第 116 号）等。相较于集中的商品归类决定公告，例如《海关总署关于发布"导热液体"商品归类决定的公告》（海关总署公告 2023 年第 131 号）针对单一商品的归类意见转化为归类决定，是比较少见的。

一般情况下，海关总署归类决定的公告明确公告实施执行之日。同时为了海关执法的稳定和权威，上述海关归类决定没有溯及力。企业不能依据该归类决定，向海关申请对已经申报进口缴税的货物进行修改报关单、退税等。

二、商品归类行政裁定

（一）概述

2001 年，海关总署发布了《中华人民共和国海关行政裁定管理暂行办法》（海关总署令第 92 号，以下简称《海关行政裁定管理暂行办法》），但直到 2015 年才有了第一个海关商品归类行政裁定（《海关总署关于公布商品归类行政裁定的公告》，海关总署公告 2015 年第 28 号），迄今为止行政裁定的总数量是：2015 年两个，2016 年 5 个，2017 年 3 个，2018 年 1 个。

根据《海关行政裁定管理暂行办法》，我国的海关行政裁定有三类，分别是商品归类的行政裁定、原产地确定的行政裁定和禁止进出口措施和许可证件适用的行政裁定。进出口商品归类的行政裁定是由海关备案的进出口经营单位自行或委托他人，在货物实际进出口前3个月向海关总署或直属海关提交书面申请，海关依据有关海关法律、行政法规和规章，对与实际进出口活动有关的海关事务作出的具有普遍约束力的决定。[1]

（二）海关行政裁定申请书

根据《海关行政裁定管理暂行办法》，申请人应当按照海关要求填写行政裁定申请书，主要包括下列内容：

1. 申请人的基本情况；

2. 申请行政裁定的事项；

3. 申请行政裁定的货物的具体情况（包括商品名称、价格、重量、规格、型号、结构原理、性能指标、功能、用途、成分、加工方法、分析方法、化验结论等）；

4. 预计进出口日期及进出口口岸；

5. 海关认为需要说明的其他情况。

（三）商品归类行政裁定的流程和效力

根据《海关行政裁定管理暂行办法》[2]，行政裁定自公布之日起在中华人民共和国关境内统一适用；进口或者出口相同情形的货物，应当适用相同的行政裁定；对于裁定生效前已经办理完毕裁定事项有关手续的进出口货物，

---

[1]《海关行政裁定管理暂行办法》：第二、三、四和五条。

[2]《海关行政裁定管理暂行办法》：第十七条。

不适用该裁定。

同时行政裁定没有法定有效期，只能因失效或海关总署撤销原裁定而失效。根据《海关行政裁定管理暂行办法》[1]海关作出行政裁定所依据的法律、行政法规及规章中的相关规定发生变化，影响行政裁定效力的，原行政裁定自动失效；原行政裁定错误的、因申请人提供的申请文件不准确或者不全面，造成原行政裁定需要撤销的、其他需要撤销的情形，由海关总署撤销原行政裁定并书面通知原申请人，对外公布。

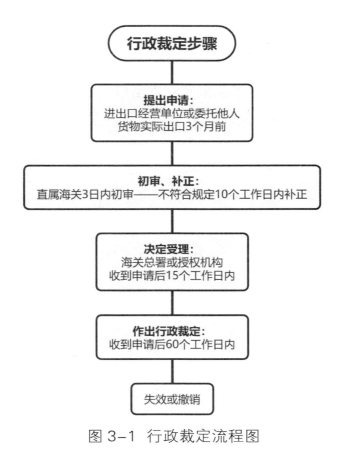

图 3-1 行政裁定流程图

---

[1]《海关行政裁定管理暂行办法》：第十八、十九条。

三、海关归类预裁定

（一）预裁定概述

根据《中华人民共和国海关预裁定管理暂行办法》（海关总署令第 236 号，以下简称《海关预裁定管理暂行办法》），在海关备案的对外贸易经营者的申请，对其与实际进出口活动有关的海关事务作出预裁定。申请人可就四类事项申请预裁定，分别是：商品归类、原产地或者原产资格、完税价格相关要素、其他海关事务。申请人在申请时应当提交《中华人民共和国海关预裁定申请书》（以下简称《预裁定申请书》）以及海关要求的有关材料。填写和提交《预裁定申请书》时需要注意需要保密的内容，应书面向海关申请；应当提交企业进出口计划，包括所涉及拟实际进出口货物的相关材料，如进出口合同或意向书等；商品描述应当按照申请书中的备注尽量详细的描述商品性能；若提供的材料为外文，申请人应当同时提交符合海关要求的中文译本。

中华人民共和国海关预裁定申请书

（商品归类）

申请人基本信息		
申请人		
企业代码		
统一社会信用代码		
通讯地址		
联系电话		
电子邮箱		
与货物关系	□收货人	□发货人
是否已就相同商品申请商品归类预裁定	□是	□否
是否就相同商品持有《海关预裁定决定书》	□是　　决定书编号：	□否
货物基本信息		
商品名称（中、英文）		
其他名称		
拟进出口日期		
拟进出口口岸		
拟进出口数量		
贸易方式		
商品描述（规格、型号、结构原理、性能指标、功能、用途、成份、加工方法、分析方法等）： 注：商品描述，包括商品名称、规格型号、原理、功能、用途等，不同类别的商品描述重点不同，如：材料类商品重点描述商品的外观（形状、形态），商品的规格（特殊要求的技术参数、尺寸、成份含量），商品的加工方法，商品的来源和最终用途等；产品类商品重点描述商品的型号、状态和结构（组成、组分），商品功能、工作原理（各组分部分工作情况或加工方法）及用途等；化工产品还应提供分子式、CAS 号、结构式或材料安全数据表（MSDS）；申请商品如有条形码（GTIN）的，应一同提供；		
随附材料清单（有关材料请附后）： 结构式、CAS 号、图片、条形码（GTIN）、二维码、出厂商品序列号等：		
申请人（章） 年　　月　　日	海关（章）： 签收人： 接受日期：　年　　月　　日	

图 3-2 预裁定申请书

（二）预裁定的流程

根据《预裁定管理暂行办法》，预裁定的具体流程如下：

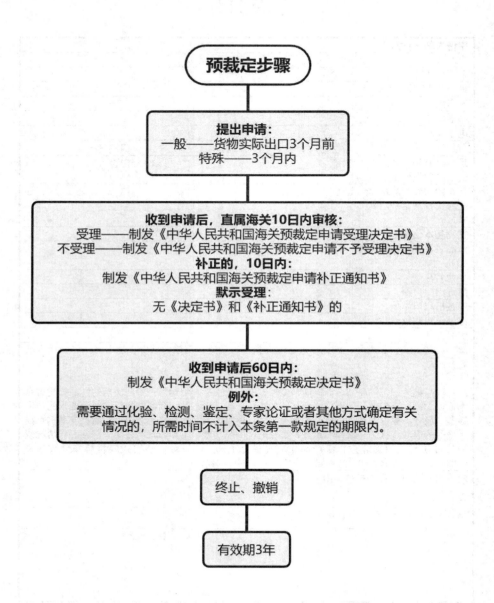

图 3-3 预裁定流程图

（三）预裁定的终止和撤销

预裁定的终止，根据《海关预裁定管理暂行办法》第十二条："有下列情形之一的，海关可以终止预裁定，并且制发《中华人民共和国海关终止预裁定决定书》：（一）申请人在预裁定决定作出前以书面方式向海关申明撤回其申请，海关同意撤回的；（二）申请人未按照海关要求提供有关材料或者样品的；（三）由于申请人原因致使预裁定决定未能在第十一条第一款规定的期限内作出的。"预裁定的有效期，根据第十三条，"预裁定决定有效期为3年"。预裁定的撤销，根据第十六条："已生效的预裁定决定有下列情形之一的，由海关予以撤销，并且通知申请人：因申请人提供的材料不真实、不准确、不完整，造成预裁定决定需要撤销的；预裁定决定错误的；其他需要撤销的情形。其中撤销决定自作出之日起生效。依照前款第（一）项的规定撤销预裁定决定的，经撤销的预裁定决定自始无效。"

四、三个归类文件的对比

对于商品归类行政裁定和商品归类决定，在全国范围内具有普遍适用性，企业可依据公告中对于具体税号的描述，对商品进行归类。但对于归类预裁定的效力，在实践中的争议比较大。《海关预裁定管理暂行办法》第十五条规定，"申请人在预裁定决定有效期内进出口与预裁定决定列明情形相同的货物，应当按照预裁定决定申报，海关予以认可"，其中"与预裁定决定列明情形相同的货物"，因为货物的性质很多，且不同海关对于货物不同特性的判断标准不一，所以实践中大多数企业做的预裁定不能适用于其他企业进出口的类似商品，但在有些情况下企业可依据其他企业的预裁定进行进出口申报。

典型案例 8：R 公司错误参考预裁定导致商品编号申报不实处罚案 [1]

R 公司于 2021 年 1 月 1 日至 2022 年 12 月 31 日以边境小额贸易和一般贸易方式分别向 D 海关和 Q 海关申报进口春卷皮 136760 千克，共计 1129208 元人民币。其中的四份报关单第一项商品申报商品编号均为 1902190010（其他未包馅或未制作的生面食），东盟优惠协定关税税率为 0，增值税税率 9%。根据 R 公司提供的春卷皮加工工艺流程说明可知，申报进口的春卷皮已经烘干已熟。参考南宁海关 2022 年 12 月 12 日签发的 R-2-7200-2022-0016 号归类预裁定决定书，并根据 1905 项下品目注释及归类总规则一和六，上述报关单进口的春卷皮应归入 1905900000 项下，此项东盟优惠协定关税税率为 0，增值税税率 13%。R 公司申报的商品编号与实际应归类的商品编号两者之间存在 4% 的增值税税率差。经 Y 海关计核，R 公司申报的四份报关单第一项商品少征税款共计 1.896355 万元人民币。经查，R 公司的主管因工作疏忽，未与报关公司沟通清楚加工工艺，导致商品编号申报不实。

R 公司作为进口货物的收货人，未向海关如实申报，导致少征税款，该行为违反了《海关法》第二十四条第一款的规定，构成《海关法》第八十六条第三项所列之违规行为，影响国家税款征收。

对于三种具有约束力和既判力归类文件的特征，笔者进行了如下归纳：

---

[1] 见东关缉违字〔2024〕25 号。

表 3-2 三种归类文件对比表

	做出主体	效力及生效范围	法律依据	提交	作用
海关归类决定	1. 由海关总署或总署授权机构按职责制发; 2. 由总署公告执行,世界海关组织协调制度委员会做出	具有普遍适用性,全国范围内生效	《归类管理规定》	根据第二主体的提交步骤为:企业提交给海关总署,海关总署提交给WCO	进出口相同货物,应当适用相同的商品归类决定
海关行政裁定	海关总署或总署授权机构,由海关总署统一对外公布	与海关规章同等效力,全国范围内有效	《海关法》《海关行政裁定管理暂行办法》《归类管理规定》	《行政裁定申请书》	进出口相同情形的货物,应当适用相同的行政裁定
海关归类预裁定	直属海关	分情况讨论	《进出口货物征税管理办法》《归类管理规定》	《预裁定申请书》	申请人在预裁定决定有效期内进出口与预裁定决定列明情形相同的货物,应当按照预裁定决定申报,海关予以认可

第三节 商品归类造成申报不实的情形

典型案例9：Y公司进口"天然橡胶胶乳"申报不实案[1]

Y公司委托西双版纳X报关公司于2021年2月8日以一般贸易方式申报进口"天然橡胶胶乳"。申报的商品编号为4001100000（进口关税税率10%），重量68.44吨，申报总价人民币35.5888万元。根据2017年版《进出口税则商品及品目注释》，申报的"天然胶乳"应为液态，但Y公司进口的"天然橡胶胶乳"为"不规则块状、干胶"，应归入税则号列4001.2900（进口关税税率20%）。经海关核算，漏缴税款共计人民币4.02153万元。Y公司未向报关企业提供所委托报关事项的真实情况，X公司未对委托人提供情况的真实性进行合理审查，导致税则号列申报不实。根据《海关法》第八十六条第（三）项、《海关行政处罚实施条例》第十五条第四项、第十七条的规定，对Y公司罚款人民币1.21万元，对X公司处以暂停从事报关业务2个月的处罚。

【案例解读】

在进出口货物中，不论是作为进出口货物的收发货人还是报关企业，都应履行相应的法律义务。作为进出口货物的收发货人不仅应该按照《税则》

---

[1] 见版纳关缉违复字〔2022〕0003号。

《品目注释》等规定将货物归入正确的税则号列，并且也应该按照规定向报关企业提供所委托报关事项的真实情况；报关企业也应该对委托人所提供情况的真实性进行合理审查。收发货人对于未对照《税则》《品目注释》等描述，对实际进出口货物的税则号列进行申报、审查确认，导致税则号列不正确，影响了国家税款的征收的，构成商品归类申报不实的违规行为。

一、根据海关行政解释的具体情形

在向海关申报的进出口货物税则号列与应当申报的税则号列不符的情形下，若被认定存在申报不实，企业很有可能面临巨额行政罚款。但若被认定该申报行为不构成税则号列申报不实的违规行为，海关则不予以行政处罚，而是以修改报关单或者补征税款的方式进行纠正。在实践中，企业和海关就涉案货物申报税则号列不正确的行为是否构成申报不实通常存在较大争议。

根据《海关总署关于发布第2号行政解释（试行）的决定》（署法发〔2012〕495号，以下简称《2号行政解释》），判断商品归类申报不实的主要依据是《税则》《品目注释》《本国子目注释》及海关商品归类行政裁定、商品归类决定。商品若被认定为《2号行政解释》第一条"应当认定为税则号列申报不实"中的五种情形的，即使商品属于第二条"不应当认定为税则号列申报不实"中的三种情形，则也可能会被认定为申报不实。

表 3-3 认定为申报不实的情形分析

	认定为税则号列申报不实	不认定为税则号列申报不实
1	商品在《中华人民共和国进出口税则》品目条文中有具体列名的或有关类注、章注和子目注释明确写明的	当事人依据海关预归类决定向海关申报，但海关预归类决定内容存在错误导致申报错误的
2	商品属《进出口税则商品及品目注释》具体列举的品目商品范围	海关对当事人申报的税则号列曾进行过实质性归类审核，进出口货物已通关放行，海关在事后审核认定或者当事人就同样货物再次申报过程中又认为其归类错误的；实质性归类审核包括化验检测商品成分且未对归类认定提出疑义、查验核对归类、补充申报归类事项或修改报关单归类事项等形式
3	商品与《中华人民共和国进出口税则本国子目注释》中所述商品相同的	当事人进出口货物的归类属于海关商品归类疑难问题，经总署归类职能部门审核已提交协调制度商品归类技术委员会研究决定的
4	商品与海关总署已公布的商品归类行政裁定、商品归类决定所述商品相同的	
5	有证据证明海关曾通过预归类决定书等方式，向特定当事人书面告知过该商品完整的正确归类，则该商品视同对特定当事人已明确商品归类事项	
认定标准	有以上之一	不属于应当认定的5种&有上述情况之一

需要注意，在"应当认定为税则号列申报不实"五种情形的第五条和"不

应当认定为税则号列申报不实"的三种情形第一条中的海关预归类决定已经废止。根据《海关总署关于海关预归类决定后续有关事项的公告》（海关总署公告 2018 年第 138 号）中明确表明，自 2019 年 1 月 1 日起，各直属海关以往制发的《中华人民共和国海关商品预归类决定书》（以下简称《预归类决定书》）停止使用；本公告发布之日起至 2018 年 12 月 31 日为过渡期；企业需要申请海关商品归类预裁定的，可按《预裁定管理暂行办法》和《海关总署关于实施〈中华人民共和国海关预裁定管理暂行办法〉有关事项的公告》（海关总署公告〔2018〕14 号）的有关规定办理。由于《2 号行政解释》依然有效，其预归类决定是否能够理解为海关预裁定在实践中存在争议。

虽然上述《2 号行政解释》不可能涵盖所有情形，但可以看出当事人是否存在主观过错系海关在判定是否构成申报不实时综合考量的要素之一。《2 号行政解释》最后也明确，不属于前述所列情形的案件，应在对案件事实、证据进行全面、综合分析的基础上，结合商品归类事项的具体情况，参照前述条款体现的精神对案件性质作出准确认定。

《中华人民共和国海关办理行政处罚案件程序规定》第五十七条也规定："当事人有证据足以证明没有主观过错的，不予行政处罚。法律、行政法规另有规定的，从其规定。"即行政机关是否对于企业（相对人）的商品归类申报错误给予行政处罚，此可罚性需要考虑过错问题。"无过错则无责任"是行政处罚的一般原则，在商品归类问题上，海关也须遵循该原则开展工作。综上，企业的归类申报是否构成申报不实，主要是看企业是否存在主观过错。

二、对于申报不实主观错误的认定

具体来说，对于申报不实主观过错的认定可以从以下三个方面进行判断：

（一）归类申报错误

虽然企业可以根据《税则》《品目注释》《本国子目注释》，以及海关总署发布的关于商品归类的行政裁定、商品归类决定的要求对其申报的进出口货物进行商品归类，确定相应的税号，但这些文件仍然无法涵盖所有商品，企业正确申报税号存在一定的困难。

既然已有的规定和相关文件无法完全确定进出口商品的税号，那么就只能由海关归类主管部门进行判断。从司法案例中，我们也可以发现关于商品归类的权威意见主要是由海关或者海关专业机构作出。因此，企业申报的商品税号与海关方认定的意见不同，就构成归类申报错误。

（二）是否属于明确的商品归类事项

如果是明确的商品归类事项，可以比较容易认定企业存在故意或过失，推定企业存在主观过错，而海关对于这种行为的处罚就不存在太大争议。但如果商品归类不明确，就不可直接认定企业在归类错误上具有主观过错。明确的商品归类事项就是企业负责报关的人员或者企业在将税号给到报关公司时对商品归类尽到合理的注意义务，就能申报正确的税号。如果进出口货物的归类属于海关商品归类疑难问题，如不同海关或不同部门对相同商品的归类意见不同、所涉商品归类问题已提交海关归类技术委员会讨论决定等，那么该商品的归类事项就不是明确的，企业申报错误也不具有可归责性。

此外，《关税法》和其他相关规定在平衡企业利益方面作了一些制度设计安排，企业应当特别注意。《关税法》第四十六条规定："因纳税人、扣缴义务人违反规定造成少征或者漏征税款的，海关可以自缴纳税款或者货物放行之日起三年内追征税款，并自缴纳税款或者货物放行之日起，按日加收少征或者漏征税款万分之五的滞纳金。"第十五条规定："自纳税人、扣缴义务人缴纳税款或者货物放行之日起三年内，海关有权对纳税人、扣缴义务人的应纳税额进行确认。海关确认的应纳税额与纳税人、扣缴义务人申报的税额不一致的，海关应当向纳税人、扣缴义务人出具税额确认书。纳税人、扣缴义务人应当按照税额确认书载明的应纳税额，在海关规定的期限内补缴税款或者办理退税手续。"因此，如果企业的商品归类错误，在纳税人没有违反规定的情形下，海关可追征三年，超过三年，海关无权强行责令补税。同时，纳税义务人多缴税款的，可以自缴纳税款之日起三年内要求海关退还。

（三）其他要素：是否已经被实质性归类审核[1]

《2号行政解释》明确指出，如果海关对当事人申报的税则号列曾进行过实质性归类审核，进出口货物已通关放行，海关在事后审核认定或者当事人就同样货物再次申报过程中又认为其归类错误的，不应当认定为税则号列申报不实。根据行政法律上的信赖保护原则，被海关对所涉商品实质性审核过的企业不具有主观过错，也不应当被处罚。

多起案例中，企业都主张其一直按某税号缴纳税款，海关对所涉商品放行使得其有理由相信海关对所涉商品税号已经进行过审核。如果海关放行意

---

[1] 因为《2号行政解释》中的归类疑难的确认标准过高，并且归类争议是否被"提交协调制度商品归类技术委员会研究决定"完全在海关掌握下，企业无法推动这一程序的发生，因此这个因素不在申报不实主观过错的认定范围中。

味着对商品归类已经审核过，那么企业可以从此时开始对归类的审核结果享有信赖利益。但《海关进出口货物征税管理办法》第八条规定，海关可以根据口岸通关和货物进出口的具体情况，在货物通关环节仅对申报内容作程序性审核，在货物放行后再进行申报价格、商品归类、原产地等是否真实、正确的实质性核查。该规定表明放行并不代表海关已对归类进行过实质性审核，这也是在相关行政诉讼案例中海关所持的观点。同时，许多海关主张放行只经过程序性审核是为了提高通关效率，营造优良的营商环境。

经过上述分析，可以知道放行不意味着归类已经审核确定，海关的实质性核查也具有特定的含义。《2号行政解释》第二条第二款指出，实质性归类审核包括化验检测商品成分且未对归类认定提出疑义、查验核对归类、补充申报归类事项或修改报关单归类事项等形式。实践中，企业大多并不知道其进出口的商品是否通过归类审核和何时通过，造成一种影响企业正常经营的不确定性。因此，对于归类审核认定，未来可能需要海关在认定时，及时让企业知道海关是否已经审核确定归类，什么时候可以完成审核确定，并从可以被知悉的审核完成时刻起企业享有信赖利益，这样才能够创造更好的营商环境。

第四节 归类申报不实的法律后果

典型案例 10：某包芯线公司归类申报不实案[1]

某包芯线公司在 2009 年 4 月至 2013 年 12 月期间，将当归入税则号 7202 项下的硅镁包芯线（20% 出口关税，零出口退税）、硼铁包芯线（20% 出口关税，零出口退税）以税则号 3824 项下的硅钙包芯线（零出口关税，5% 出口退税）出口。在 2010 年，S 海关出具的某包芯线公司申报硼铁包芯线归类的商品编码确认告知单等，证明包芯线内芯成分铁含量大于 4%，应作为铁合金类归入海关税则号 7202 项下。根据南京某合金公司向某包芯线公司出具的产品质量保证书所载硅镁合金中余量共计超过 20%，其他元素含量比例很低，则铁含量远远大于 4%。……根据以上证据，某包芯线伪报出口，逃避出口关税，导致公司偷逃应缴税款共计人民币 433178.99 元。

某包芯线公司为牟取非法利益，违反国家法律法规，逃避海关监管，采用伪报出口包芯线品名和税则号的方法走私出口，其行为已构成走私普通货物罪。符某作为公司直接负责的主管人员，对走私行为负有直接责任，构成走私普通货物罪。

---

[1] 见（2016）苏刑终 1 号。

【案例解读】

归类申报不实可能导致企业或个人面临行政责任和刑事责任，还可能给企业带来如违法所得没收、信誉受损、业务受限以及被列入海关失信企业名单等一系列法律后果，其中行政处罚可能包括罚款等，刑事责任可能涉及罚金、有期徒刑或缓刑。税款追缴则要求补缴偷逃的税款，违法所得可能会被没收并上缴国库，企业的信誉和商业竞争力可能因违法行为而受损，业务活动可能受到限制，如限制进出口业务。此外，还可能影响企业未来的融资、招投标等商业活动。

一、行政责任：违反海关监管规定

根据《海关行政处罚实施条例》第十二条、第十五条、第十七条规定，进出口货物的品名、税则号列申报不实，但不构成走私行为的，是违反海关监管规定的行为，按规定将面临警告、罚款的行政处罚。《海关行政处罚实施条例》第十五条规定："进出口货物的品名、税则号列、数量、规格、价格、贸易方式、原产地、启运地、运抵地、最终目的地或者其他应当申报的项目未申报或者申报不实的，分别依照下列规定予以处罚，有违法所得的，没收违法所得：（一）影响海关统计准确性的，予以警告或者处1000元以上1万元以下罚款；（二）影响海关监管秩序的，予以警告或者处1000元以上3万元以下罚款；（三）影响国家许可证件管理的，处货物价值5%以上30%以下罚款；（四）影响国家税款征收的，处漏缴税款30%以上2倍以下罚款；（五）影响国家外汇、出口退税管理的，处申报价格10%以上50%以下罚款。"

在违反海关监管的情形下，将依据《海关行政处罚裁量基准（一）》中的具体情形对违反监管规定的主体进行行政处罚。

从行为上看,违反海关监管法律法规的行为是除"走私行为"和"走私犯罪"以外的违反海关监管规定的行为。从主观方面看，这种违法行为与走私行为以及走私犯罪的最大区别就在于当事人没有逃避海关监管以及偷逃税款的主观故意（走私故意）。

二、行政责任：走私行为

《海关法》第八十二条对走私行为作出了明确的规定，概括起来主要包括以下四点：

第一，从违法性上讲，走私行为是违反《海关法》及有关法律、行政法规的行为。

第二，从客观危害性上讲，走私行为具有偷逃税款的危害，或者具有逃避国家贸易管制的危害，或者是两者兼而有之。

第三，从行为目的角度上讲，走私行为是一种主观故意违法行为，任何过失都不可能构成走私行为。

第四，从走私的实现手段来理解，走私行为是故意逃避海关监管的行为，是走私主观故意的客观表现。

三、刑事责任：走私犯罪、骗取出口退税

根据《刑法》第一百五十三条规定，归类错误，既可能造成税款漏缴，也可能造成出口退税多报。还有可能造成禁止、限制类货物逃避海关监管（如固体废物等），进而构成走私国家禁止进出口货物与物品罪。走私犯罪必须是《刑法》明文规定的，如果当事人具备了前述"伪报走私行为"的主观故意和客观危害，且该行为对海关监管秩序造成的危害程度已经达到《刑法》

规定的走私刑事案件的追诉标准或定罪标准，则可能被认定涉嫌构成走私犯罪。

根据《刑法》第二百零四条规定，以假报出口或者其他欺骗手段，骗取国家出口退税款，如果当事人主观上以"假报或欺骗手段"骗取出口退税数额达到《刑法》的起刑数额，则可能被认定涉嫌构成骗取出口退税罪。

第五节 企业商品归类合规建议

一、申请海关预裁定

申请海关预裁定，是最大限度降低海关与企业就商品归类不一致，增强企业对进出口贸易活动可预期性的有效途径。申请海关预裁定的主要优势有两点：一是在于提高企业与海关就进出口货物商品归类的一致性，最大程度的减少商品归类争议；二是日后若出现预裁定中的税则号列出现错误，可以作为《2号行政解释》中不属于申报不实的抗辩理由，避免遭受行政处罚。

根据上文，通常在货物实际进出口3个月之前（特殊情况可以在货物拟进出口前3个月内），进口货物收货人或出口货物发货人可以作为申请人就进出口货物的商品归类向其注册地直属海关提出预裁定申请。《预裁定申请书》及相关材料，比如进出口订单（合同）或进出口意向书、保密声明、介绍进出口商品的材料——材料为外文的还要同时提交符合海关要求的中文译本，可以通过电子口岸"海关事务联系系统"（QP系统）或"互联网＋海关"提交。

海关自收到《预裁定申请书》以及相关材料之日起10日内审核决定是否受理，并制发《海关预裁定申请受理决定书》；如果受理，海关应当自受理之日起60日内制发《预裁定决定书》，有效期限为3年。申请人对于预裁定决定不服的，可以向海关总署申请行政复议；对复议决定不服，可以向人民法院提起行政诉讼。

二、申请主动披露

近年来，中国海关与国际通行的做法接轨，推动贸易便利化，促进国家诚信体系建设，推出如"主动披露"等重要改革措施，体现了"守法容错"和"宽严相济"的执法理念。比如，企业在自查中发现税则号列归类错误的情形时，通过向海关主动披露，可以从轻、减轻行政处罚甚至不予行政处罚；可以申请减免滞纳金；在符合条件的情况下，也可以不记录企业信用档案。

早在2016年，《海关稽查条例实施办法》就明确规定："对主动披露的进出口企业、单位，违反海关监管规定的，海关应当从轻或者减轻行政处罚；违法行为轻微并及时纠正，没有造成危害后果的，不予行政处罚。对主动披露并补缴税款的进出口企业、单位，海关可以减免滞纳金。"但该规定相对原则较宽泛。为了进一步引导进出口企业、单位自查自纠，近年来关于主动披露陆续出台了《关于处理主动披露违规行为有关事项的公告》（海关总署公告2023年第127号）等法律规范，但是海关认定有关企业、单位主动披露是有条件的。进出口企业、单位主动向海关书面报告其违反海关监管规定的行为并接受海关处理的，可以认定为主动披露，而享有上述从轻、减轻行政处罚，甚至不予行政处罚。但是，如果单位报告前海关已经掌握违法线索，或海关已经通知被稽查人实施稽查的，或报告内容严重失实或者隐瞒其他违法行为的，则不被认定为主动披露的情形。

关于主动披露制度的具体介绍，参见本书第十三章。

三、启动 WCO 归类意见程序

因为商品归类的技术性较强，在实践中也常存在难以判断的情形。极端情况下，甚至出现企业、不同海关之间对相同进出口货物海关编码归类各不相同的情形。编者认为在海关系统内部就商品归类问题达成一致意见的情况下，并不能完全保护企业在进出口商品归类问题中的合法权益。企业若能在处理争议过程中，借助独立第三方机构的专业力量，例如将相关案件材料通过提交给海关总署的方式提交至世界海关组织（WCO），利用 WCO 协调制度委员会的归类意见程序对涉案进出口货物商品归类从技术层面作出准确判断，并转化为我国国内的商品归类决定，将利于最终解决商品归类纠纷的技术性争议。

第四章 原产地与关税税率的适用

第一节 关税税率的设置

【《关税法》关联条款】

第十条 进口关税设置最惠国税率、协定税率、特惠税率、普通税率。

出口关税设置出口税率。

对实行关税配额管理的进出口货物，设置关税配额税率。

对进出口货物在一定期限内可以实行暂定税率。

一、进口税率的设置

根据不同原产地，对进口货物可适用协定税率、特惠税率、最惠国税率、普通税率等。

（一）协定税率

原产于与我国签订含有关税优惠条款的区域性贸易协定的国家（地区）的进口货物，适用协定税率。

目前我国已签订20个自贸协定，涉及国家（地区）27个，可享受协定税率。具体分别为：

1.《区域全面经济伙伴关系协定》（RCEP），成员国有文莱、柬埔寨、老挝、马来西亚、缅甸、菲律宾、泰国、越南、印尼、新加坡、日本、韩国、新西兰、澳大利亚；

2.《亚太贸易协定》，成员国有韩国、印度、孟加拉、斯里兰卡、老挝；

3.《中国－东盟自贸协定》，成员国有文莱、柬埔寨、老挝、马来西亚、缅甸、菲律宾、泰国、越南、印尼、新加坡；

4.《海峡两岸经济合作框架协议》（ECFA）；

5.《内地与香港关于建立更紧密经贸关系的安排》（香港 CEPA）；

6.《内地与澳门关于建立更紧密经贸关系的安排》（澳门 CEPA）；

7.《中国－巴基斯坦自贸协定》；

8.《中国－智利自贸协定》；

9.《中国－新西兰自贸协定》；

10.《中国－新加坡自贸协定》；

11.《中国－秘鲁自贸协定》；

12.《中国－哥斯达黎加自贸协定》；

13.《中国－冰岛自贸协定》；

14.《中国－瑞士自贸协定》；

15.《中国－澳大利亚自贸协定》；

16.《中国－韩国自贸协定》；

17.《中国－格鲁吉亚自贸协定》；

18.《中国－毛里求斯自贸协定》；

19.《中国－柬埔寨自贸协定》；

20.《中国－尼加拉瓜自贸协定》。

此外，还有"台湾农产品零关税措施"，该措施下进口货物享受协定税率。

（二）特惠税率

原产于与中华人民共和国签订含有特殊关税优惠条款的贸易协定的国家或者地区的进口货物，适用特惠税率。

目前特惠税率主要针对最不发达国家享受特别关税待遇，涉及44个国家（地区）：尼日尔、索马里、埃塞俄比亚、贝宁、布隆迪、厄立特里亚、吉布提、刚果（金）、几内亚、几内亚比绍、科摩罗、利比里亚、马达加斯加、马里、马拉维、毛里塔尼亚、莫桑比克、卢旺达、塞拉利昂、苏丹、南苏丹、坦桑尼亚、多哥、乌干达、赞比亚、莱索托、乍得、中非、阿富汗、尼泊尔、也门、瓦努阿图、安哥拉、塞内加尔、冈比亚、布基纳法索、基里巴斯、圣多美和普林西比、所罗门群岛、东帝汶、缅甸、老挝、柬埔寨、孟加拉国。

（三）最惠国税率

原产于共同适用最惠国待遇条款的世界贸易组织成员、与我国签订含有相互给予最惠国待遇条款的双边贸易协定的国家或者地区，以及原产于我国境内的进口货物，适用最惠国税率。目前除个别国家或者地区外，进口货物一般可适用最惠国税率。

（四）普通税率

不属于上述三种情况的进口货物及原产地不明的进口货物，适用普通税率。

例如，表4-1为2024年进出口税则无色光学玻璃块料对应关税税率，其中最惠国税率是12%，特惠税率为0，普通税率50%。根据不同协定，协定税率不同。

表 4-1 进口无色光学玻璃块料对应关税税率

税则号列	货品名称	最惠国税率(%)	协定税率(%)		特惠税率(%)		普通税率(%)
70.01	**碎玻璃及废玻璃，来源于阴极射线管或税目85.49的其他活化玻璃除外；玻璃块料：**						
7001.0010	---无色光学玻璃块料	12	0	东盟AS,智CL,新西兰NZ,新加坡SG,秘PE,哥CR,瑞CH,冰IS,韩KR,澳AU,格GE,毛MU,柬KH,港HK,澳门MO	0	受惠国LD	50
			6	巴PK			
			8.4	东盟^{R}AS^R,澳^{R}AU^R,韩^{R}KR^R,新西兰^{R}NZ^R			
			8.7	日^{R}JP^R			
			11.2	尼NI			

二、出口关税税率的设置

对出口货物，一般是鼓励出口，所以不对出口货物征收关税。但为了保护本国需求数量比较大的工业原料、不可再生的自然资源，通过征收出口关税可以限制出口，防止资源耗竭，或是利用出口关税调节出口，稳定市场价格。

根据 2024 年关税调整方案，我国继续对铬铁等 107 项商品征收出口关税，对其中 68 项商品实施出口暂定税率。

例如，对于鳗鱼苗，出口关税税率为 20%。

表 4-2 出口鳗鱼苗关税税率

税则号列	货 品 名 称	出口税率（%）
03.01		
03019210	鳗鱼苗	20

三、暂定税率的设置

在一定期限内，对进出口货物可以实行暂定税率。暂定税率，是在进口优惠税率和出口税率的基础上，对进口的某些重要的工农业生产原材料和机电产品关键部件（但只限于从与中国签订有关税互惠协议的国家和地区进口的货物）以及出口的部分资源性产品实施的更为优惠的关税税率。这种税率一般按照年度制订，并且随时可以根据需要恢复按照法定税率征税。实行暂定税率的商品，主要有临时性和试用性两类。例如，针对一定时期内国内供需缺口较大的商品，可以实行临时性的调整税率。对于一定范围内，进行调查研究后，需要对部分商品进行税率水平的调整，但在税率调整后对其他行业的影响难以准确预测的情况下，可以通过试用性的暂定税率。通过一定时间的试运行，再对商品的税率做正式调整和修正。

例如，为支持国内煤炭安全稳定供应，国务院关税税则委员会按程序决定，自 2023 年 4 月 1 日至 2023 年 12 月 31 日，继续对煤炭实施税率为零的进口暂定税率。

下表为毛制男士大衣、斗篷对应税率表，设定暂定税率为 5%。

表 4-3 进口毛制男士大衣、斗篷暂定税率

税则号列	货品名称	最惠国税率(%)	协定税率(%)		特惠税率(%)	普通税率(%)
62.01	男式大衣、短大衣、斗篷、短斗篷、带风帽的防寒短上衣（包括滑雪短上衣）、防风衣、防风短上衣及类似品，但税目62.03的货品除外：					
6201.2000	-羊毛或动物细毛制	6	0	东盟AS,智CL,新西兰NZ,新加坡SG,秘PE,哥CR,瑞CH,冰IS,韩KR,澳AU,格GE,东盟^{R}AS^R,澳^{R}AU^R,新西兰^{R}NZ^R,柬KH,尼NI,港HK,澳门MO	0 受惠国LD	130
			1.6	毛MU		
			3.9	亚太AP		
			8	巴PK		
			11.2	韩^{R}KR^R		
			11.6	日^{R}JP^R		
ex62012000	毛制男式大衣、斗篷	Δ5				

四、关税配额税率的设置

关税配额税率指对实行关税配额管理的进口货物，关税配额内的，适用关税配额税率；关税配额外的，按不同情况分别适用最惠国税率、协定税率、特惠税率或普通税率。

根据 2024 年关税调整方案，我国继续对小麦等 8 类商品实施关税配额管理，税率不变。其中，对尿素、复合肥、磷酸氢铵 3 种化肥的配额税率继续实施 1% 的暂定税率。继续对配额外进口的一定数量棉花实施滑准税。

例如，2024 年承诺的食糖的年度关税配额数量为 194.5 万吨，包括税号：17011200、17011300、17011400、17019100、17019910、17019920、17019990。

第二节 原产地与关税税率的适用

【《关税法》关联条款】

第十一条　关税税率的适用应当符合相应的原产地规则。

第十二条　原产于共同适用最惠国待遇条款的世界贸易组织成员的进口货物，原产于与中华人民共和国缔结或者共同参加含有相互给予最惠国待遇条款的国际条约、协定的国家或者地区的进口货物，以及原产于中华人民共和国境内的进口货物，适用最惠国税率。

原产于与中华人民共和国缔结或者共同参加含有关税优惠条款的国际条约、协定的国家或者地区且符合国际条约、协定有关规定的进口货物，适用协定税率。

原产于中华人民共和国给予特殊关税优惠安排的国家或者地区且符合国家原产地管理规定的进口货物，适用特惠税率。

原产于本条第一款至第三款规定以外的国家或者地区的进口货物，以及原产地不明的进口货物，适用普通税率。

原产地是海关征收关税的要素之一。不同的原产地的货物，进出口时可能适用不同的关税税率。因此确定进口货物原产地是适用相对应关税税率的前提。只有确定了正确的原产地，才能正确有效地实施国家关税政策。

在 GATT/WTO 体制里，原产地和进口关税税率是紧密相连的，一成员方应对原产于 WTO 另一成员方的产品无条件地给与最惠国税率待遇。在区域协定安排下，缔约方之间是相互承诺协定税率待遇的，但受惠产品仅限于符合该区域贸易安排下的优惠原产地规则的产品。

一、原产地

原产地，是指获得某一货物的国家（地区）。其中"获得"是指捕捉、捕捞、搜集、收获、采掘、加工或者生产等。原产地也被称为货物的"经济国籍"，是确定货物"国籍"的一个重要属性。世界上多数国家和地区根据进口产品的不同原产地，分别给与不同的待遇。

例如，表 4-4 为 2024 年进出口税则无色光学玻璃块料对应关税税率。不同的原产地，则适用的进口关税税率不同。原产于秘鲁，则可以适用中国和秘鲁自贸协定，适用协定税率 0；如果货物原产于埃塞俄比亚的，则可适用特惠税率 0；如果来源于德国，中德之间没有签订自贸协定，但都是 WTO 成员国，因此可以适用最惠国税率 12%。

表 4-4 进口无色光学玻璃块料不同原产地对应关税税率

税则号列	货品名称	最惠国税率(%)	协定税率(%)		特惠税率(%)		普通税率(%)
70.01	碎玻璃及废玻璃，来源于阴极射线管或税目85.49的其他活化玻璃除外；玻璃块料：						
7001.0010	--无色光学玻璃块料	12	0	东盟AS,智CL,新西兰NZ,新加坡SG,秘PE,哥CR,瑞CH,冰IS,韩KR,澳AU,格GE,毛MU,柬KH,港HK,澳门MO	0	受惠国LD	50
			6	巴PK			
			8.4	东盟^RAS^R,澳^RAU^R,韩^RKR^R,新西兰^RNZ^R			
			8.7	日^RJP^R			
			11.2	尼NI			

二、原产地规则

原产地规则，指一国根据国家法令或国际协定确定的原则制定并实施的，以确定生产或制造货物的国家或地区的具体规定。原产地规则的主要内容包括原产地标准、直接运输原则和证明文件等。其中最重要的是原产地标准。

原产地规则分为优惠原产地规则和非优惠原产地规则。优惠原产地规则是为了实施国别优惠（关税）政策而制订的原产地规则，比如自由贸易协定成员国间适用的即属于此类；非优惠原产地规则适用于除此以外的其他目的，包括实施最惠国待遇等。我国的优惠原产地规则主要体现在我国与相关国家和地区签订的含有关税优惠条款的区域性贸易协定。非优惠原产地规则的法律规定主要有《中华人民共和国进出口货物原产地条例》（国务院令第416号，以下简称《原产地条例》)和《关于非优惠原产地规则中实质性改变标准的规定》（海关总署第122号令）。

优惠原产地规则和非优惠原产地规则在原产地标准方面都可以分为"完全获得标准"和"非完全获得标准"，但这两种标准的具体内容存在着不同。

1. 关于完全获得标准：完全获得标准的一般性要求是指产品在出口国完全获得或者生产。由悬挂英国国旗并在英国注册的船只在公海捕获的鲑鱼，经过初步冷冻处理后出口到中国。这些鲑鱼被视为英国完全原产的产品，适用于"在一成员方完全获得或者生产"。

2. 关于非完全获得标准：非完全获得标准适用于在出口国完成部分或者主要加工、生产过程，或者完成主要增值部分的货物。我国实施的非优惠原产地规则关于非完全获得的主要标准是实质性改变标准，按照《原产地条例》规定，非优惠原产地规则实质性改变标准，以税则归类改变为基本标准，税则归类改变不能反映实质性改变的，以从价百分比、制造或者加工工序等为补充标准。由于《原产地条例》的规定比较原则，为统一执法尺度、增强可操作性，根据《原产地条例》的授权，制定了《关于非优惠原产地规则中实质性改变标准的规定》（海关总署令第 122 号），对税则归类改变标准、制造／加工工序标准、从价百分比标准的具体含义进行了进一步明确，同时将《适用制造或者加工工序及从价百分比标准的货物清单》作为该规章的附件一并公布。

（一）优惠原产地标准

目前，我国法律规定的优惠原产地规则关于非完全获得或者生产的标准一般分为：税则归类改变标准、区域价值成分标准和制造或加工工序标准。

1. 税则归类改变标准

典型案例 11：中国某企业从日本进口无纺布原产地确认案例

中国某企业从日本进口无纺布（HS 编码 5603.91）。该日本企业生产无纺布所需的原材料聚丙烯短纤（HS 编码 5503.40）为比利时原产。其原产地如何确定？

【案例解读】

中国和日本是 RCEP 成员方，比利时为非 RCEP 成员方，比利时原产的聚丙烯短纤属于非原产材料。含非原产材料的无纺布在特定原产地规则清单的原产地标准为"章改变"。无纺布归入第五十六章，相较于非原产材料聚丙烯短纤归入的第五十五章，已经发生了变化，满足原产地标准"章改变"的要求。

根据 RCEP 规则，无纺布满足原产地标准"章改变"要求，可以获得 RCEP 项下原产资格。由这些聚丙烯短纤生产的无纺布符合 RCEP 的原产地规则，被视为日本的完全原产产品。这样，无纺布在进口到中国时可以享受 RCEP 项下的优惠关税待遇。

此时判断原产地标准为税则归类改变标准，指在某一国家（地区）对非该国（地区）原产材料进行制造、加工后，所得货物税目归类发生了变化。税则归类改变标准目前主要有章改变标准、4 位级税号改变标准和 6 位级税号改变标准等几种形式。目前我国的非优惠原产地标准指的是货物在《税则》中的四位数级税目归类发生了变化。

2. 区域价值成分标准

典型案例 12：中国某企业生产木制装饰线条原产地确认案例

中国某企业生产木制装饰线条（HS 编码 4420.10）出口至菲律宾，FOB 价格为 8.6 元人民币／米，原材料情况如表 4-5 所示。其原产地如何确定？

表 4-5 木制装饰线条原材料情况表

原材料名称	原材料 HS 编码	单位产品所含原材料价格	原产国（地区）
聚乙烯醇	3905.30	2.02 元人民币／米	中国
轻质碳酸钙	2836.50	0.98 元人民币／米	中国
木芯	4420.10	1.16 元人民币／米	加蓬
全亮白面漆	4403.98	1.02 元人民币／米	德国

【案例解读】

中国和菲律宾都是 RCEP 成员方。加蓬和德国为非 RCEP 成员方，原产于加蓬和德国的原材料木芯和全亮白面漆属于非原产材料。使用非原产材料的木制装饰线条在特定原产地规则清单的原产地标准为"品目改变或区域价值成分 40%"。根据间接 / 扣减公式计算，木制装饰线条的区域价值成分为：

$$RVC = (FOB - VNM) \div FOB \times 100\%$$

$$= (8.6 - 1.16 - 1.02) \div 8.6 \times 100\% = 74.65\%$$

该货物满足特定原产地规则清单中原产地标准"区域价值成分 40"的要求，可以获得 RCEP 项下原产资格。

判断上述原产地适用的是区域价值成分标准，即产品在使用非原产材料进行生产时，最终产品的区域增值达到一定比例的便可获得原产资格。

对于非优惠原产地规则，根据《关于非优惠原产地规则中实质性改变标准的规定》，在适用制造或者加工工序及从价百分比标准的货物清单的货物时，如果某一国家（地区）对非该国（地区）原产材料进行制造、加工后的增值部分超过了所得货物价值的 30%，即可获得原产资格。

对于优惠原产地规则，几乎每一项自贸协定关于区域价值成分的要求均不相同，比如《中国－东盟自贸协定》关于区域价值成分的要求是，原产于中国－东盟自由贸易区的产品的成分占其总价值的比例不少于 40%；原产于非自由贸易区的材料、零件或者产物的总价值不超过所生产或者获得产品离岸价格的 60%，并且最后生产工序在东盟国家境内完成。《中国－亚太自贸协定》关于区域价值成分的要求是非原产材料成分不超过 55%，且最后生产工序在该国境内完成；如果该成员国为最不发达国家的，非原产材料成分的比例可以放宽 10 个百分点，即不超过 65%。《中国－巴基斯坦自贸协定》关于区域价值成分的要求是原产成分的比例不低于 40%；《中国－智利自贸协定》关于区域价值成分的要求是不少于 50%。《中国－新西兰自贸协定》关于区域价值成分的要求分为几种，有些货物需符合 40% 的标准，有些则为 50%，这些不同的要求通常均在协定正文之后以附件形式进行列明。

需要强调的是，如果具备一方原产资格的产品在该方被用作生产另一产品的材料，则在确定后一产品的原产资格时，该材料中包含的非原产成分不应被计入后一产品的非原产成分中。这意味着，如果含非原产成分的中间材料满足适用的原产地标准并已获得原产资格，则在计算区域价值成分以判定后续生产产品的原产资格时，已经获得原产资格的中间材料中包含的非原产成分价值，应被视为原产成分。换句话说，区域价值成分计算公式里的非原产材料价值，不包含原产材料中包含的非原产成分。

3. 制造或加工工序标准

制造或加工工序标准是指在某一方进行制造、加工后赋予货物基本特征的主要工序。在此标准下，当产品经过了特定原产地规则清单中所规定的某种加工工序，则产品被认为发生了实质性改变，此时不考虑产品税号相比其原材料税号是否发生改变，亦不考虑产品从原材料加工而来时所产生的增值幅度。

RCEP项下原产地规则的制造或加工工序标准只采用化学反应（CR）标准一种方式。化学反应是指通过分子键断裂并形成新的分子键，或者通过改变分子中原子的空间排列形成新结构分子的过程。适用化学反应标准的货物，如果是在一成员方通过化学反应制备的，则应当视为原产货物。溶于水或其他溶剂、去除包括水在内的溶剂、添加或去除结晶水不属于化学反应范畴。

在RCEP原产地规则中，可以通过适用化学反应标准获得原产资格的货物主要集中在第二十九章、第三十八章等章节。

典型案例 13：中国某企业生产有机水溶肥料原产地确认案例

中国某企业生产有机水溶肥料（HS 编码 3824.90）出口至越南，FOB 价格为 106 元人民币／千克，加工工序为"搅拌—加热—络合反应—酸化—冷却—包装"。原材料情况如表 4-6 所示。其原产地如何确定？

表 4-6 肥料原材料情况表

原材料名称	原材料 HS 编码	单位产品所含原材料价格	原产国（地区）
乙二铵盐	2921 21	4.86 元人民币／千克	美国
钼酸铵	2841.70	9.72 元人民币／千克	美国
减水剂	3824.40	1.28 元人民币／千克	德国
氢氧化钾	2815.20	3.26 元人民币／千克	德国
氧化锌等其他原材料	2817.00 等	10.16 元人民币／千克	中国

【案例解读】

中国和越南是 RCEP 成员方，美国和德国为非 RCEP 成员方，美国和德国原产的乙二铵盐、钼酸铵、减水剂和氢氧化钾属于非原产材料。含非原产材料的有机水溶肥料在特定原产地规则清单的原产地标准为"品目改变，区域价值成分 40，或化学反应"。

有机水溶肥料的生产加工工序为"搅拌—加热—络合反应—酸化—冷却—包装"，络合反应是指分子或者离子与金属离子结合，形成稳定的新离子的过程，符合化学反应关于"通过分子键断裂并形成新的分子键，或者通过改变分子中原子的空间排列而形成新结构分子的过程"的加工工序标准，满足原产地标准"化学反应"的要求。

该货物满足特定原产地规则清单中原产地标准"化学反应"要求，可以获得 RCEP 项下原产资格。原产地证明（RCEP）原产地标准填写"CR"。

（二）运输要求

优惠原产地规则一般均要求由出口成员国直接运输至进口成员国，同时对可以视为直接运输的情形也有明确的限定；非优惠原产地规则对运输环节没有要求。

直接运输一般包括两种情况，第一种是未经过成员国以外国家或者地区的运输，这是直接运输的基本形式；第二种是视为直接运输，主要指运输途中经过了成员国以外的国家或者地区的情形。可以视为直接运输的情形必须满足规定条件，即仅出于地理原因或者运输需要、未做任何增值性处理、未进入途经国消费或者贸易领域等。有的自贸协定还要求在视为直接运输情形下，进口货物收货人应当按照进口国海关的要求提交途经国家或者地区海关出具的证明文件，如中国 – 智利、中国 – 巴基斯坦、中国 – 新西兰等协定。

（三）申报要求

在优惠原产地规则中，收发货人提交原产地证明是申报的基本要求，即进出口货物必须提交指定机构签发的原产地证明，并申报适用相应协定项下的优惠税率，否则不能享受相应的税收优惠；而非优惠原产地规则中，收发货人仅在海关要求的情况下提交原产地证书，其余情况下均无须提交。在目前的管理措施中，非优惠原产地规则下需要提交原产地证书的情形主要为"两反一保"，即实施反倾销、反补贴及保障措施的进出口货物需要提交原产地证书。

（四）其他情形

另外，在优惠原产地规则中，也存在免于提交原产地证书的情形。如《中国－智利自贸协定》项下原产地规则规定，"原产于智利的货物，价格不超过600美元的，免予提交原产地证书"；《中国－巴基斯坦自贸协定》项下原产地规则规定，"原产于巴基斯坦的进口货物，每批船上交货价格（FOB）不超过200美元的，免予提交原产地证书"等。这些规定都属于优惠原产地规则中的特殊优惠措施。

三、原产地申报错误的法律责任

准确确定原产地，是正确适用关税税率的前提。原产地申报错误，会构成申报不实。如果影响税款征收，根据《海关行政处罚实施条例》规定，将被认定为申报不实影响税款征收的行为。

典型案例 14：某企业委托某快递公司申报进口光缆连接器案

某企业委托某快递公司于2023年2月至2024年6月期间以一般贸易方式向海关申报进口货物6票，申报品名均为光缆连接器，申报商品编号均为8536700000，申报总价共计为EXW112117.5欧元，申报原产国均为瑞士，申报享用中瑞协定税率（关税税率1.6%）。经海关事后核查发现，该企业未提供由瑞士关境授权机构签发的有效原产地证书正本或者经核准出口商出具的原产地声明，上述进口货物不适用中瑞协定税率，实际关税税率均应为8%，与实际情况申报不符。

经海关核定，上述货物的完税价格为人民币889325元，应纳税款为人民币196007.22元，当事人漏缴税款人民币64315.81元。

海关认定上述事实业已构成违反海关监管规定的行为。根据《海关法》第八十六条第三项、《海关行政处罚实施条例》第十五条第四项的规定，对企业作出科处罚款人民币 32000 元的决定。

申报原产地需要提交原产地证书或者原产地声明。如果提供的是虚假原产地证书，或者在申领原产地证书过程中提交虚假资料，在主观上将被认定为故意。如果行为人伪报原产地偷逃应纳税款或逃避国家有关进出境的禁止性或限制性管理，将被认定为构成走私。

典型案例 15：某公司伪报多晶硅原产地进口案

在某公司伪报多晶硅原产地进口案例中，该公司于 2014 年 8 月至 10 月期间，在进口原产于美国的太阳能级多晶硅材料过程中，为偷逃进口环节反倾销税和反补贴税，经该公司总经理、进出口部部长等人商议后，伙同美国、中国台湾公司，经该公司购买的、原产于美国的太阳能级多晶硅由美国公司先行出口至中国台湾地区，由台湾公司进行清洗加工，再将货物由台湾公司出售给该公司。在中国台湾转运加工并未对货物进行实质性改变，货物实际原产地应仍为美国的情况下，该公司隐瞒货物原产于美国的事实，以中国台湾公司提供的中国台湾原产地证明，将中国台湾作为货物原产地将原产于美国的三票太阳能级多晶硅货物委托相关公司向海关申报进口。

最终被海关查获，经海关计核，共计偷逃海关进口环节应缴反倾销税和反补贴税共计人民币 300 余万元。最终法院认定公司构成走私普通货物罪，总经理和进出口部部长分别作为单位直接负责的主管人员及直接责任人员，参与走私，构成走私普通货物罪。

第三节 多种关税税率的适用

【《关税法》关联条款】

第十三条 适用最惠国税率的进口货物有暂定税率的，适用暂定税率。

适用协定税率的进口货物有暂定税率的，从低适用税率；其最惠国税率低于协定税率且无暂定税率的，适用最惠国税率。

适用特惠税率的进口货物有暂定税率的，从低适用税率。

适用普通税率的进口货物，不适用暂定税率。

适用出口税率的出口货物有暂定税率的，适用暂定税率。

一、有两种及以上税率可适用的进口货物的关税税率

典型案例 16：深圳某公司进口冷水机关税计算案例

2024 年 9 月，深圳某电子产品公司从澳大利亚进口一批价值人民币 13377 元的冷水机（HS 编码：8418692010）。中国和澳大利亚签订了《中国－澳大利亚自贸协定》（以下简称中澳自贸协定），同时双方都是《区域全面经济伙伴关系协定》（RCEP）成员国。该企业如何享受更高的优惠待遇？

【案例解读】

1. 查询产品最惠国税率以及是否落入关税减让表及关税减让幅度。

首先，HS 编码 8418692010 对应的最惠国税率为 9%。

其次，查询 HS 编码 8418692010 均落入到上述两协定关税检查表中。经查询，进口产品冷水机（HS 编码：8418692010）的税号在中澳自贸协定项下协定税率为 0，在 RCEP 项下税率为 0。因此该产品优先适用协定税率。下一步，判定商品是否满足相关协定的原产地规则，这也是决定产品能否享受关税优惠的核心步骤。

2. 判定产品是否符合相关的原产地规则。

产品物料清单如表 4-7 所示。

表 4-7 产品物料清单

原材料 / 零部件名称	原材料 / 零部件 HS 编码	原材料 / 零部件产地	原材料 / 零部件单位价值(人民币 / 元)	原材料 / 零部件用料数量	原材料 / 零部件价值（ 人民币 / 元 ）	原材料 / 零部件 FOB 价与商品 FOB 价比率
冷凝器	841899	中国	3893.81	1	3893.81	29.11%
压缩机	841430	不明产地	2654.87	1	2654.87	19.85%
卧室导管泵	841430	不明产地	1850	1	1850	13.83%
蒸发器	841899	韩国	1200	1	1200	8.97%
模具温度控制机	903289	中国	256.64	1	256.64	1.92%
电机风扇	841459	日本	250	2	500	3.74%

根据企业提供的产品物料清单（如上图所示）可知，生产冷水机（HS：

8418692010）所用的原材料中含有进口成分的非原产材料。因此，我们需用相关协定的产品特定原产地规则分别进行判定。

（1）中澳自贸协定产品特定原产地规则。

该出口产品在中澳自贸协定产品特定原产地规则中所适用的原产地判定标准为：从任何其他子目改变至本子目，即子目改变。子目改变是指产品在生产中，所有使用的非原产材料的 HS 编码与成品的 HS 编码前六位发生改变。

本案例中，因企业无法提供原材料压缩机（HS 编码 841430）和卧室管道泵（HS 编码 841370）的增值税购销发票、买卖合同等相关资料作为有效的原产材料证明，所以，这部分原材料只能作为不明产地计入非原产材料中。从表中可以看出，非原产材料有四种：压缩机（HS 编码 841430，不明产地）、卧室管道泵（HS 编码 841370，不明产地）、蒸发器（HS 编码 841899，韩国）以及电机风扇（HS 编码 841459，日本），这些非原产材料的 HS 编码与出口产品的 HS 编码虽然都在同一章（84 章），但前六位税号均发生了改变，符合子目改变标准。

因此，出口产品冷水机（HS 编码 8418692010 ）符合中澳自贸协定产品特定原产地规则。

（2）RCEP 协定产品特定原产地规则。

该出口产品在 RCEP 产品特定原产地规则中所适用的判定标准是：子目改变或区域价值成分 40%。这是一个可选择性标准，只要满足其中任意一个标准即可视为符合原产地规则。

日本和韩国都是 RCEP 成员国，根据 RCEP 协定累积规则，原产于韩国的蒸发器和原产于日本的电机风扇均可视为原产材料。

①子目改变的判定。

由于不明产地的原材料计入非原产材料中，因此，只需对不明产地的压缩机（HS：841430）和卧室管道泵（HS：841370）进行子目改变的判定即可，判定方法与前述的中澳自贸协定产品特定原产地规则中的子目改变判定方法一致。该产品符合子目改变标准。

由于是选择性标准，原则上我们无需再考虑该产品是否满足另一个标准，但可以通过该标准的判定，帮助企业进一步了解 RCEP 协定中区域价值成分的运用。

②区域价值成分 40%。

区域价值成分 40% 是指产品在利用非原产材料进行生产时，区域价值成分大于或等于 40%。在该案中，日韩作为区域内成员国，其所产的原材料（中间品）可以进行累积并计入原产材料，只有不明产地的两个原材料计入非原产材料价值中计算。

根据公式：

$$RVC = \frac{13377 - 2654.87 - 1850}{13377} \times 100\% = 66.32\% > 40\%$$

通过计算，区域价值成分大于 40%，因此，该产品亦符合区域价值成分 40% 的标准。

因此，无论是使用"子目改变"还是"区域价值成分 40%"，出口产品冷水机（HS 编码：84186900）均符合 RCEP 协定特定原产地规则。

综上所述，无论是选择中澳自贸协定还是 RCEP 协定，产品均符合两个自贸协定的原产地判定标准，也都可享受零关税待遇。但就本案中出口产品所适用的原产地标准来说，RCEP 的原产标准为选择性标准，显得更为灵活，程序上也更为便利。最终应该怎么选择，企业还是要综合考虑自身的需要选择最适合的协定。

典型案例 17：进口韩国毛制男士大衣税率适用判断案例

2024 年 9 月，上海一家贸易公司拟进口韩国毛制男士大衣（HS 编码：62012000）。中国和韩国签订了《中国 - 韩国自贸协定》，同时双方都是《区域全面经济伙伴关系协定》（RCEP）成员国。毛制男士大衣税率情况如下，如何适用税率，让企业享受更高的优惠待遇？

表 4-8 毛制男士大衣进口税率

税则号列	货品名称	最惠国税率(%)	协定税率(%)		特惠税率(%)		普通税率(%)
62.01	男式大衣、短大衣、斗篷、短斗篷、带风帽的防寒短上衣（包括滑雪短上衣）、防风衣、防风短上衣及类似品，但税目62.03的货品除外：						
6201.2000	-羊毛或动物细毛制	6	0	东盟AS,智CL,新西兰NZ,新加坡SG,秘PE,哥CR,瑞CH,冰IS,韩KR,澳AU,格GE,东盟^{R}AS^R,澳^{R}AU^R,新西兰^{R}NZ^R,柬KH,尼NI,港HK,澳门MO	0	受惠国LD	130
			1.6	毛MU			
			3.9	亚太AP			
			8	巴PK			
			11.2	韩^{R}KR^R			
			11.6	日^{R}JP^R			
ex62012000	毛制男式大衣、斗篷	Δ5					

【案例解读】

由上表可知，毛制男士大衣最惠国税率为 6%，暂定税率为 5%，《中国 - 韩国自贸协定》项下协定税率为 0，RCEP 项下协定税率是 0。根据法律规定，当最惠国税率低于或等于协定税率时，协定有规定的，按相关协定的规定执行；协定无规定的，二者从低适用。适用协定税率的进口货物有暂定税率的，应当从低适用税率。由上可知，协定税率都是 0，低于暂定税率，此时根据从低适用原则可以适用《中国 - 韩国自贸协定》或者 RCEP 项下协定税率。下一步，根据两个协定的原产地规则确定可以适用的协定税率。

二、进口货物原产地不明时适用的关税税率

对于原产地不明的进口货物，由于无法确定是否来自与我国有互惠协议的国家或地区，一般会按照普通税率进行征税。

需要注意的是，原产地不明和原产地无法查明是不同情况。在走私案件办理过程中，对于原产地无法查明的货物，在部分判例中，法院认定适用最惠国税率。

典型案例 18：涉嫌走私坚果案

2014 年，某海关缉私分局查获了一起涉嫌走私坚果案件。坚果经过越南绕关走私进入我国境内。由于现场抓获的是运输人员，不了解坚果的原产地和贸易往来，办案部门未查获涉案货物的相关原产地证。但坚果外包装显示坚果原产于美国。

【案例解读】

对于上述情况，一种观点认为无原产地证书，无贸易合同等认定原产地相关资料，应当认定原产地不明，而适用普通税率。另一种观点认为，原产地的举证责任应由公诉方承担，在现有证据是包装上显示原产于美国，且公诉方无法举证否认的情况下，应承担举证不能的不利后果，因此应当认定原产国为美国，适用最惠国税率。

三、无法排除原产于特定国家或者地区时适用的关税税率

在通关过程中，无法提供原产地证书，而无法适用协定税率。因为此时原产地的举证责任在申报人，申报人未尽充分举证责任的，依法承担举证不

能的不利法律后果。在走私案件办理过程中，原产地的举证责任在侦查机关和公诉机关，如果侦查机关可以查明原产地，且该原产地国家与中国签订有自贸协定的，对于适用的税率有两种意见。一种意见认为适用协定税率，必须在通关环节主动申报原产地，同时提供优惠原产地证书，并符合直接运输规则，如果不符合上述要求的，则只能适用最惠国税率。另一种意见认为，侦查机关负责查明原产地，而货物原产于协议国家或者地区这一事实成立，那就应当按照查明原产地适用协定税率。

典型案例 19：绕关走私大米案

2015 年，某海关缉私局查获了绕关走私大米案件。大米是经过越南绕关走私进入我国境内。经查实，大米的原产地是越南，没有优惠原产地证书。

对于是适用最惠国税率还是中国东盟协定税率，存在不同的理解。

【案例解读】

一种观点认为不满足适用协定税率的条件，只能适用最惠国税率。在正常通关过程中，适用协定税率应当符合以下条件：一是货物落入协定的关税减让清单范围内；二是认定货物原产国为协定国家的规定符合协定项下的原产地规则，即符合判定货物原产地的原产地标准，也符合直接运输规则等；三是获得并提交协定成员方指定机构签发的特定原产地证书，并且在进口时主动申报原产地，适用协定税率。对于绕关走私，既没有申报，也没有获取优惠原产地证书，因此不能适用协定税率，只能适用最惠国税率。

另一种观点认为正常通关申报，原产地的举证责任在申报人，申报人未尽充分举证责任的，依法承担举证不能的不利法律后果。因此，正常通关环节不能充分证明原产地（例如不提交原产地证），不适用协定税率。而走私货物偷逃应缴税款计核，举证责任在办案机关，适用《刑事诉讼法》有关证据的程序性规定。货物原产地作为案件待证事实，是决定应缴税款税率适用的案件关键事实，依法由办案机关举证。在"原产地"这一客观事实已经有各种证据证实和确定的情况下，以缺少某一正常通关程序中的特定单证（如原产地证）来否定客观事实，是违反《刑事诉讼法》的有关规定，应当根据"疑点利益归于被告"的原则，适用协定税率。

可以看出，主张适用协定税率的主要理由是依据《刑事诉讼法》对举证责任的分配，侦查部门对证明案件事实负有举证责任，在举证不能，又无法排除涉案商品属于相关贸易协定项下优惠商品范畴的合理怀疑时，根据"疑点利益归于被告"的原则，应当从低适用税率。

典型案例 20：低报价格走私大米案

2015 年，某海关缉私局查获了低报价格走私大米案件。在通关过程中企业提供了非优惠原产地证，申报原产地为越南，但价格低报了 1/4。海关缉私部门查获后，未能调取到优惠原产地证。

在本案中，对于是适用最惠国税率还是中国东盟协定税率，存在不同的观点。

【案例解读】

如果按照案例 19 所述的"疑点利益归于被告"的原则意见，认为在无法排除涉案商品属于相关贸易协定项下优惠商品的合理怀疑，且能证明该货物原产于越南，进而主张适用协定税率。但这一方面会造成对于申报价值部分是适用最惠国税率进行计征，低报部分适用协定税率的现象，导致同一批货物适用不同税率；另一方面协定税率低，导致惩罚力度不够。因此也有观点认为原产于协定国的货物并非当然的就能取得优惠原产地证，无法获得优惠原产地证，且企业在申报过程中未提供优惠原产地证，因此应当适用最惠国税率。但这又造成了案例 19 和 20 因为是走私方式不同，导致偷逃税款计核时适用的税率不同。

综合上述案例 19 和 20，建议通关中和走私案件中的原产地适用标准应当有所区分。对于通关过程中，既要审核实质的原产地标准，又要遵循形式上的程序要求，例如申报、递交原产地证书等等。对于走私案件中，原产地的认定只应遵守实质性的原产地标准，如果相关证据不能排除可能性，不妨"疑点利益归于被告"。

四、非设关地走私成品油、白糖、冻品等案件适用的关税税率

根据《最高人民法院最高人民检察院海关总署关于印发〈打击非设关地成品油走私专题研讨会会议纪要〉的通知》（署缉发〔2019〕210 号）要求，自 2019 年 10 月 24 日起，非设关地成品油走私活动属于非法的贸易活动，计核非设关地成品油走私刑事案件的偷逃应缴税额，一律按照成品油的普通税率核定，不适用最惠国税率或者暂定税率。纪要同时明确办理非设关地走私白糖、冻品等刑事案件的相关问题，可以参照本纪要的精神依法处理。因此，对于非设关地走私白糖、冻品等的，适用的关税税率为普通税率。

典型案例 21：海上走私柴油案

2018 年初，被告人刘某友为牟取非法利益，有意为沙船寻找海上走私柴油的渠道。为此，其在被告人王某宝的介绍下认识了走私团伙成员蔡某贤（另案处理），并经与王某宝、蔡某贤共同商议后，于 2018 年 3 月至 2019 年 9 月间，多次合作组织沙船在东山附近等海域向蔡某贤走私柴油团伙购买走私柴油。期间，被告人刘某友负责联系对接沙某方，被告人王某宝在刘某友和蔡某贤之间居中传递购油需求、加油联系方式以及当天加油数量和价格等信息，沙某方向刘某友付款后，再由刘某友扣除利润向蔡某贤走私团伙指定账户支付油款。经统计，刘某友通过王某宝、刘某棋、张某鸣的银行账户向蔡某贤走私团伙指定的邱某炫、蔡某泼等人银行账户支付购油款项共计人民币 34490000 元。经厦门海关关税部门核定，所涉偷逃税款共计 14281894.33 元，并被一审法院认定。刘某友、王某宝及其辩护人上诉提出一审认定偷逃税款数额有误，认为本案应当优先按照国内倒扣价格确定计税价格，并适用本案走私行为终结时即 2019 年税则规定的暂定税率认定刘某友、王某宝偷逃税款数额为 9211349.36 元的诉辩意见。

二审法院认定，上诉人刘某友、王某宝伙同上游走私团伙绕关走私成品油，不是正常、合法的市场经营者，其不能在逃避海关监管的情况下主张只有在接受海关监管条件下才享有的经济利益，所偷逃的应缴税额应按照成品油的普通税率核定，并无不当。刘某友、王某宝及其辩护人此节诉辩意见不能成立，不予采纳。

第五章　保税货物

【《关税法》关联条款】

第三十六条　保税货物复运出境的，免征关税；不复运出境转为内销的，按照规定征收关税。加工贸易保税进口料件或者其制成品内销的，除按照规定征收关税外，还应当征收缓税利息。

第二十一条　有下列情形之一的，应当适用纳税人、扣缴义务人办理纳税手续之日实施的税率：

（一）保税货物不复运出境，转为内销；

（二）减免税货物经批准转让、移作他用或者进行其他处置；

（三）暂时进境货物不复运出境或者暂时出境货物不复运进境；

（四）租赁进口货物留购或者分期缴纳税款。

保税货物的重要特征之一是货物进口申报时暂缓向海关缴纳关税、进口环节海关代征税[1]。但是，一方面，保税货物在进入境内后的储存、加工、装配过程中会因各种原因发生短少、灭失，针对这些因为短少、灭失而无法

---

[1]《海关法》第七十条规定："进口环节海关代征税的征收管理，适用关税征收管理的规定。"为使文章更加简洁，本文以下部分提及的关税统一指代"关税及进口环节海关代征税"。

复运出境的保税货物，经营企业需要向海关补缴关税；另一方面，随着国家鼓励加工贸易面向国内、国际两个市场政策的推出，保税货物内销现象日益普遍，这些内销的保税货物在内销前或内销后的一定期限内需要向海关办理纳税手续。同时，随着近年来转口贸易、跨境电商等新保税业态的蓬勃发展，这些保税物流货物也产生了大量保税货物纳税需求。因此，保税货物的涉税业务处理在企业纳税、海关征税管理中也日益重要，保税应税货物数量的核定、完税价格的确认、税率的适用以及纳税时间管理较一般贸易货物而言更为复杂，如何做好保税货物涉税管理也成为广大保税货物经营企业合规管理的重要一环。本章在保税货物涉税法理分析的基础上，列举保税货物涉税的情形及相关税收征管规定，通过一系列实际案例阐述保税货物涉税风险并给出合规建议。

第一节 保税货物及涉税分析

一、保税货物

保税货物，是指经海关批准未办理纳税手续进境，在境内储存、加工、装配后复运出境的货物。从定义中我们可以将保税货物分为两大类：一类是加工贸易货物（加工、装配），另一类是保税物流货物（储存）[1]。

加工贸易货物又可以根据贸易方式细分为进料加工货物和来料加工货物。保税物流货物涉及的货物种类更为多样，包括传统的国内出口货物、转口货物和国际中转货物、外商暂存货物、加工贸易进出口货物、供应国际航行船舶和航空器的物料及维修用零部件、供维修外国产品所进口寄售的零配件和未办结海关手续的一般贸易进口货物，也包括近年来兴起的一些新贸易业态项下货物，诸如：研发、加工、制造、再制造、检测、维修、物流分拨、跨

---

[1]先前业内一般根据《海关法》对保税货物的定义，将保税货物分为加工贸易货物（加工、装配）和保税仓储货物（储存）两大类。事实上，近年来随着新的保税业态的涌现，海关特殊监管区域功能不断增加，除了仓储之外，还拓展到了研发、检测、转口贸易等，保税仓储货物这一概念已不能全面涵盖涉及海关特殊监管区监管业态下的保税货物。海关总署发布的贸易统计资讯中，也通常会单列一项"保税物流方式"进出口货物，与加工贸易货物并列，包括了保税监管场所进出境货物、海关特殊监管区域物流货物和海关特殊监管区域进口设备三类货物。为了更好地体现进出口业务实践，本文用"保税物流货物"这一概念替代先前的常用说法"保税仓储货物"，其范围涵盖保税监管场所进出境货物、海关特殊监管区域物流货物和海关特殊监管区域进口设备三类货物。

境电商、商品展示等。保税物流货物涉及的海关特殊监管区域主要包括保税物流中心、保税物流园区、综合保税区等。

（一）加工贸易货物

加工贸易，是指经营企业进口全部或者部分原辅材料、零部件、元器件、包装物料，经过加工或者装配后，将制成品复出口的经营活动，包括来料加工和进料加工[1]。

来料加工，是指进口料件由境外企业提供，经营企业不需要付汇进口，按照境外企业的要求进行加工或者装配，只收取加工费，制成品由境外企业销售的经营活动。

进料加工，是指进口料件由经营企业付汇进口，制成品由经营企业外销出口的经营活动。来料加工和进料加工的主要区别在于来料加工的进口料件由境外企业免费提供，境内企业不需要付汇进口，货物的所有权属于境外企业，境内企业只收取加工费；进料加工的进口料件由境内企业付汇进口，货物所有权属于境内企业。

来料加工在改革开放初期一度占据加工贸易的主力地位，随着国际以及我国经济形势的变化，进料加工目前已成为加工贸易的主要贸易方式。

加工贸易货物，即加工贸易项下的进口料件、加工成品以及加工过程中产生的边角料、残次品、副产品等。

加工贸易项下进口料件，除按照规定在进口时先行征收税款的，加工成品出口后，海关根据核定的实际加工复出口的数量退还已征收的税款以外，

---

[1]《海关加工贸易货物监管办法》（海关总署令第 219 号）第四十条。

在办理进口通关手续时，均实行保税管理，无需向海关缴纳关税及其他通关环节税。

加工贸易长期以来一直是我国国际货物贸易中的一个主要贸易方式，以进出口金额计算，一度占据中国进出口货物贸易的半壁江山，近年来随着国际贸易形势的变化，加工贸易在货物进出口贸易中的比重有所下降，但依然占据着一定的比例，是我国国际货物贸易的主力军之一。

（二）保税物流货物

改革开放以来，因应经济发展的需要，我国陆续建立了保税区、出口加工区、保税物流园区、跨境工业园区、保税港区和综合保税区等六种海关特殊监管区域。各海关特殊监管区域功能、政策不一，但都有一个共同的特征，即对符合相关规定的入区货物可以享受保税。

近年来，海关积极推动海关特殊监管区域整合为综合保税区，目前全国有 172 个海关特殊监管区域，其中综合保税区有 165 个[1]。以目前数量最多的综合保税区为例，按照《中华人民共和国海关综合保税区管理办法》（海关总署令第 256 号，以下简称海关总署令第 256 号）的相关规定，对于准予入区的货物海关适用征税、免税和保税三种税收征管方式。征税适用于境外进入综合保税区，供区内企业和行政管理机构自用的交通运输工具、生活消费用品，对上述货物海关依法征收进口关税和进口环节税；免税适用于：（1）区内生产性的基础设施建设项目所需的机器、设备和建设生产厂房、仓

---

[1]《170 多个海关特殊监管区域贡献全国近五分之一进出口值》，新华社。链接：https://www.gov.cn/lianbo/bumen/202407/content_6965270.htm，访问日期：2024-09-03。

储设施所需的基建物资；（2）区内企业开展海关总署令第 256 号第五条所列业务所需的机器、设备、模具及其维修用零配件；（3）综合保税区行政管理机构和区内企业自用合理数量的办公用品。除以上适用征税和免税的少量货物外，所有准予进入综合保税区的货物均适用保税措施。

随着近年来跨境电商等新业态的快速发展，保税物流货物也取得了飞速增长。海关总署于 2024 年 8 月 7 日发布的 2024 年 1~7 月我国进出口商品统计表显示，"保税物流方式"进出口货物货值达到 3.52 万亿元，同比增长 16.9%，远高于我国货物进出口贸易整体增长幅度 6.2%，占进出口货物比例也达到了 14.18%[1]。

鉴于加工贸易货物涉及进口、存储、加工、检测、出口和内销等众多环节，通常情况下其涉税情形较保税物流货物更为复杂、更加多样化，而涉税的完税价格确认、税率适用又具有一定共性，因此本文将重点围绕加工贸易货物的涉税问题及合规管理进行讨论，下文提及的加工贸易货物和保税货物有时意思一致，需结合上下文语境理解。

二、保税货物涉税分析

根据《海关法》的定义："保税货物，是指经海关批准未办理纳税手续进境，在境内储存、加工、装配后复运出境的货物。"[2]《海关法》第五十九条规定："暂时进口或者暂时出口的货物，以及特准进口的保税货物，在货物收

---

[1]《2024 年 1 至 7 月进出口商品贸易方式总值表（人民币值）》，海关总署官网。链接：http://www.customs.gov.cn/customs/302249/zfxxgk/2799825/302274/302275/6031256/index.html，访问日期：2024-09-03。

[2]《海关法》第一百条。

发货人向海关缴纳相当于税款的保证金或者提供担保后,准予暂时免纳关税。"从以上两条规定可以看出,保税货物在进入中国关境时没有按照通常的一般贸易进口货物作业流程完成纳税手续,但这只是海关准予暂时免纳,并不是免税。具体是否纳税,需待货物最终流向确定后,海关再决定征税或免税。所以说,保税货物的保税具有暂时性,其最终免税与否取决于一定的前提条件,保税不等同于免税。

《关税法》第三十六条规定:"保税货物复运出境的,免征关税;不复运出境转为内销的,按照规定征收关税。加工贸易保税进口料件或者其制成品内销的,除按照规定征收关税外,还应当征收缓税利息。"由该条规定可以看出,保税货物免税的前提条件是经存储、加工、装配后"复运出境"(保税货物通过向境外或者海关特殊监管区域、保税监管场所出口,或通过深加工结转方式转出均属于复运出境范畴),如果保税货物不复运出境转为内销的,需要按照规定缴纳关税,且保税货物中的进口料件或其制成品内销的,除缴纳关税外,还需要缴纳缓税利息。

加工贸易俗称"两头在外"贸易,指的是加工贸易所使用的原材料来自境外,同时原材料加工的成品销往境外,也就是复运出境。开展加工贸易业务的国家通常是利用本国的土地、劳动力等成本优势,吸引外商将加工、装配环节放在该国,从国外进口原材料,并将加工后的制成品返销国际市场,外商通过降低成本赚取更高的利润,加工、装配业务所在国通过参与国际分工,解决本国就业的同时赚取外汇支持国家经济发展。因此,加工贸易项下的制成品通常都会复运出境,复运出境是加工贸易的基本特征之一。但是,考虑到加工贸易涉及的制造环节多、从料件进口到成品出口时间跨度大等特点,并非所有的加工贸易货物最终都能复运出境。保税货物无法复运出境的原因多种多样，而其中最主要的一个原因是内销，即在国内销售。尤其是随着国家近年来对加工贸易政策的调整，鼓励加工贸易企业开拓国际、国内两个市场，保税货物内销取得了快速的发展。保税料件在进口时保税，未像一般贸易进口货物一样缴纳关税，如果不予征税即可内销，在保税货物和一般贸易进口货物共同参与国内市场竞争时，保税货物较一般贸易进口货物少承担了进口环节的关税，将享受明显的竞争优势，显失公平。因此为了维护关税征收环境，同时也为了保障市场公平竞争秩序，保税货物在进入国内市场前需要向海关缴纳关税。同时，加工贸易进口料件在实际进口时是处于保税状态的，当保税料件及其制成品最终不复运出境转为内销时，与货物进口时便缴税的一般贸易货物相比，内销的保税进口料件或其制成品在进口到内销的这一段时间内实际上是缓交了关税，减轻了加工贸易企业的资金占用。因此，需要计征缓税利息，以确保贸易公平。

综上所述，保税不等于免税，保税货物同样具有涉税性，是《关税法》管辖的重要对象之一。

第二节 加工贸易货物种类及不复运出境情形

保税料件在进入国内以后，从其投产开始，按照货物的不同形态，相关法规将其进一步细分为剩余料件、边角料、残次品、副产品、制成品和受灾保税货物。这些货物因其产生的原因、实物状态不一，其适用的税收政策也有所区别。因此，在了解保税货物的相关税收政策之前，我们先逐一了解下这些加工贸易货物以及无法复运出境情形。

一、加工贸易货物种类

1.剩余料件，是指加工贸易企业在从事加工复出口业务过程中剩余的、可以继续用于加工制成品的加工贸易进口料件。一方面，一个产品从备料、生产到成品投入市场有一定的周期，大部分加工贸易企业都是按照预测的市场需求进行备料，进口保税料件，通常情况下会多备一些库存，这会导致剩余料件的产生；另一方面，市场需求随时变化，部分预测的需求未能实现，甚至客户已经确认的需求也会取消，或者因生产安排发生问题，无法在手册、账册结案前完成生产，这些情形也会导致剩余料件的产生。

2.边角料，是指加工贸易企业从事加工复出口业务，在海关核定的单位耗料量内（以下简称单耗）、加工过程中产生的、无法再用于加工该合同项下出口制成品的数量合理的废、碎料及下脚料。这里有一个加工贸易业务中重要的概念——"单耗"，单耗是指加工贸易企业在正常生产条件下加工生产单位出口产品所耗用的进口料件数量，单耗包括净耗和工艺损耗。净耗，是指在加工后，料件通过物理变化或者化学反应存在或者转化到单位成品中的量；工艺损耗，是指因加工工艺原因，料件在正常加工过程中除净耗外所必需耗用、但不能存在或者转化到成品中的量，包括有形损耗和无形损耗。边角料的形态为废、碎料及下脚料等实物，因此我们可以将边角料简单理解成工艺损耗中的有形损耗。以一份服装生产加工合同为例，该合同下主要进口原料是布匹，出口成品为服装。原料布都是成匹的规则形状的，在生产衣服的过程中需要按照制成品的款式进行裁剪，此时裁剪剩下的无法再用于加工该合同项下出口制成品的碎料即为边角料。同样在服装加工过程中，如果因为工人操作不当，剪坏了一块布匹，且该布匹无法再用于加工该合同项下的出口制成品，此时，虽然该剪坏的布匹表现为废料，但其为非正常生产损耗，不属于工艺损耗，不是正常单耗内产生的废料，因此不能当作边角料处理。

3. 残次品，是指加工贸易企业从事加工复出口业务，在生产过程中产生的有严重缺陷或者达不到出口合同标准，无法复出口的制品（包括完成品和未完成品）。

需要注意的是，虽然边角料和残次品都是在生产过程中产生的，且表现形式均为不能再投入相应的加工贸易合同下出口成品的生产，但两者存在本质上的区别。边角料是在单耗内的，即在正常加工过程中除净耗外所必须耗用、但不能存在或者转化到成品中的量，是生产成品的客观需要而产生的；而残次品并非加工过程中必须耗用的，是由于企业自身生产过程中的生产、质量控制等主观因素造成的。

4. 副产品，是指加工贸易企业从事加工复出口业务，在加工生产出口合同规定的制成品（即主产品）过程中同时产生的，并且出口合同未规定应当复出口的一个或者一个以上的其他产品。副产品常见于食用油加工、金属冶炼和化工等行业，以大豆食用油加工为例，进口料件为大豆，制成品为大豆油，在生产大豆油过程中产生的豆粕就属于副产品。

5.受灾保税货物，是指加工贸易企业从事加工出口业务中，由于不可抗力原因或者其他经海关审核认可的正当理由造成灭失、短少、损毁等导致无法复出口的保税进口料件和制品。这个概念比较好理解，加工贸易企业需要注意的造成保税货物受灾的原因，是否因不可抗力导致，不同原因导致的受灾保税货物海关将适用不同的征税管理规定。

二、加工贸易货物不复运出境情形

上述加工贸易货物，按照《关税法》的规定，如果复运出境的，则免征关税。比如，剩余料件可以采取进料料件复出或来料料件复出的方式退运出境，也可以通过余料结转的方式结转到同一经营企业、同一加工企业、同一加工贸易方式的另一加工贸易合同使用；副产品可以按出口成品在手册、账册中进行备案，按照实际状态或报验状态，在手册、账册中备案实际品名并正常申报出口，也可向海关申请退运出境；边角料、残次品和受灾保税货物也同样可以在获得海关批准后复运出境。通过上述途径处理的加工贸易货物，可以享受免税，但在加工贸易业务实践中，加工贸易货物往往因为各种原因最终没有复运出境，主要包括国内销售和其他原因不复运出境。

（一）国内销售

自1978年我国开展加工贸易以来，保税货物内销从无到有，在政策层面上经历了从消极限制、逐渐放开到积极鼓励的转变。

在 1999 年之前，并无明确的法规要求限制保税货物内销，只是在实践中对保税货物内销不予鼓励。1999 年"国办发〔1999〕35 号"的公布，正式从政策层面对保税货物内销予以限制，紧接着外经贸部、海关总署相继出台了一系列法规[1]，将限制保税货物内销推向了顶峰。上述文件规定除特殊情况外，保税货物应该复运出口，不得销往国内市场。当时制定此政策的主要目的是保护国内市场，因为在改革开放初期，国内物资缺乏，进口的保税货物普遍存在质优价廉的现象，如果任由其进入国内市场，将对国内的相关产业造成严重冲击。对于确实有特殊原因需要将保税货物在国内销售的，需要事先向商务部门申请，获得《加工贸易保税进口料件内销批准证》（以下简称《内销批准证》），企业只有拿到《内销批准证》后才能向海关申请补税，然后向国内销售保税货物[2]。

逐渐放开阶段大概从 2001 年到 2010 年，2001 年我国正式加入了 WTO，对外贸易尤其是加工贸易取得了突飞猛进的发展，因外销订单取消以及保税货物报废、丢失等原因，保税货物内销的现实需求日益增长。同时，在贸易全球化的背景下，相关国内产业也取得了长足的发展，竞争力显著提升，保税货物内销的限制政策开始逐步放开，海关开始允许部分资信良好的企业开

---

[1] 相关法规有《对外贸易经济合作部关于印发〈加工贸易保税进口料件内审批管理暂行办法〉的通知》（1999 外经贸管发第 315 号），《中华人民共和国海关关于违法内销加工贸易保税货物处罚办法》（海关总署第 76 号令）。

[2] 对于金额小于 10000 元人民币，或小于合同备案金额 3% 的内销保税货物，免于办理《内销批准证》。

展先销后税，商务部也下放了保税货物内销的审批权限[1]，《内销批准证》的取得与之前相比要容易许多。

随着 2008 年金融危机的进一步恶化，外贸形势日趋紧张，我国进出口金额出现下滑，加工贸易的发展也遇到了瓶颈。国家为了稳定外贸形势，促进加工贸易健康发展，出台了一系列文件推动加工贸易转型升级，鼓励保税货物内销是加工贸易转型升级的诸多措施之一，国务院各部委相继发布了多个政策鼓励保税货物内销。其中，海关总署扩大了可以开展保税货物先销后税、集中报关的纳税义务人的范围，降低了缓税利息并在现场海关专门设立了处理保税货物内销的窗口；商务部在广东进行了取消《内销批准证》的试点，并最终于 2016 年 8 月 25 日发布《商务部 海关总署公告 2016 年第 45 号》，正式于 2016 年 9 月 1 日取消《内销批准证》。

随着国家关于保税货物内销政策的转变，以及自贸区和保税电商的发展，保税货物内销取得了突飞猛进的发展，2013 年保税货物内销补税金额达到了 2581 亿，仅次于关税税收[2]。国内销售已成为当前保税货物不复运出境的主要原因。

（二）其他不复运出境的情形

加工贸易货物从料件进口、来料检验、料件入库、试生产/生产领用、投入生产、成品检验、成品入库到成品发运，涉及环节多、链条长、时间跨

---

[1] 参见《关于加强加工贸易管理有关问题的通知》（商产发〔2007〕133 号）。

[2] 谭宁：《破冰"审价"困局——访海关总署加工贸易及保税监管司司长张皖生》，载《中国海关》2014 年 第 3 期。

度大，在整个流程中的每一个环节都可能造成货物的非工艺损耗或灭失，从而导致无法复运出境或者从成本控制角度考虑企业主动选择不复运出境。

来料短装导致料件盘亏，无法复运出境。在料件进口环节，经常会发生供应商短装的现象，即货物的实际数量少于单证上显示的货物数量。企业在办理进口报关手续时，通常是按照单证显示数量申报，当发生短装时，申报数量与实物数量不符，造成保税料件短少。一般情况下，无论是海关现场查验还是货物放行后企业入库，海关及企业都无法做到所有货物开箱点货，所以短装很难及时发现，最终表现为在手册/账册核销盘点时出现盘亏。

来料、成品破坏性检测导致无法复运出境。来料、成品检验是企业生产实践中质量控制的重要活动，质量部门在保税料件入库时或投入生产前对料件进行检验，其目的是通过检验以确保相关保税料件符合质量要求，进而避免将不良料件投入生产，在料件加工成成品后，质量部门会对成品开展检验，避免不良品流入市场。根据保税货物的自身属性，不同的货物适用不同的检验方法，有些货物只需进行外观、规格上的检验，这样的检验不会破坏保税货物，不影响保税料件在检验后继续投入生产使用或保税制成品销售。但有些检验涉及功能、成分含量的检测，需要对保税货物进行破坏性测试，经过检验的保税货物将失去原有功能，只能做报废处理，无法继续投入生产使用或销售。

另外，研发部门根据研发需要领取保税料件，这些料件通常不会再投入生产适用；销售部门应客户需求领用保税货物作为样品送给客户，这些样品不会做出口报关复运出境处理；在加工贸易货物的仓储、生产过程中也会产生保税货物丢失。

对于以上这些因来料短装产生盘亏、品质检验灭失、丢失或给客户送样的保税料件,实物已不存在或不再为加工贸易企业所管控,显然无法复运出境。

此外,加工贸易企业也会出于处理的便利性及经济型考虑,选择在境内销售保税货物,而不是复运出境,主要体现在保税边角料、残次品和受灾保税货物的处理。按照相关规定,经过海关批准,加工贸易企业可以将保税边角料、残次品和受灾保税货物退运出境,但在实践中,生产过程中产生的保税边角料,残次品和受灾保税货物,复运出境产生的运杂费可能会超过相关货物本身价值,或者加工贸易企业很难在境外找到相关货物的需求方,因此从货物处理的便利性及经济性考虑,企业更倾向于选择内销而不是复运出境。

综上可以看出,一方面,随着加工贸易监管政策的变化,保税货物内销业务越来越多;另一方面,在生产加工的过程中,部分保税货物灭失无法复运出境,或者企业出于经济及便利考虑选择不复运出境。在上述多重因素的作用下,保税货物内销补税业务已取得快速增长,保税货物的涉税问题在海关、企业双方业务中的重要性也在不断地提高。

第三节　保税货物内销涉税监管规定及完税价格审定

《关税法》作为关税的根本大法，对保税货物的涉税管理规定较为抽象。对于保税货物的应税情形、税率适用、完税价格确认、纳税手续办理、关税免除、缓税利息等具体管理要求散见于海关总署部门规章及规范性文件中，主要文件有《中华人民共和国海关关于加工贸易边角料、剩余料件、残次品、副产品和受灾保税货物的管理办法》（海关总署第 111 号令，以下简称海关总署 111 号令）、《中华人民共和国海关审定内销保税货物完税价格办法》（海关总署第 211 号令，以下简称海关总署 211 号令或《保税审价办法》）、《中华人民共和国海关加工贸易货物监管办法》（海关总署第 219 号令，以下简称海关总署 219 号令）、《关于加工贸易保税货物内销征收缓税利息适用利息率调整有关问题的公告》（2009 年第 13 号公告）、《关于全面推广加工贸易边角废料内销网上公开拍卖共管机制的公告》（海关总署公告 2018 年第 218 号）、《关于调整加工贸易内销申报纳税办理时限的公告》（海关总署公告 2020 年第 78 号）等。其中海关总署 111 号令和海关总署 211 号令两份部门规章和保税货物内销尤为紧密，海关总署 111 号令对保税货物内销的税率适用、缓税利息征免、是否提交许可证件以及内销通关手续办理进行了详细的规定，海关总署 211 号令则对内销保税货物完税价格的审定进行了全面的规定。

一、保税货物内销涉税监管规定

海关总署 111 号令第四、六至九条分别对边角料、剩余料件及其制成品、残次品、副产品和受灾保税货物的内销补税的税率适用、缓税利息征免、是否提交许可证件进行了详细的规定。

加工贸易企业办理边角料内销业务的，海关按照边角料的报验状态归类后适用的税率和审定的边角料价格计征税款，免征缓税利息；加工贸易企业办理剩余料件及其制成品、残次品内销业务的，海关按照剩余料件的商品编码和制成品、残次品所耗用进口料件对应的商品编码适用的税率及进口料件的价值计征税款和缓税利息；加工贸易企业办理副产品内销业务的，海关按照内销副产品的报验状态归类后的适用税率和审定的价格，计征税款和缓税利息。

受灾保税货物包含两类：一是因不可抗力造成的受灾保税货物，二是因海关认可的正当理由导致的在运输、仓储、加工期间灭失、短少、损毁的保税货物。对于前者，该受灾保税货物灭失或者虽未灭失但是完全失去使用价值无法再利用的，海关免予征税；虽失去原使用价值，但可以再利用的，海关按照审定的受灾保税货物价格、其对应进口料件适用的税率计征税款和税款缓税利息。对于后者，海关凭有关主管部门出具的证明文件和保险公司出具的保险赔款通知书，按照规定予以计征税款和缓税利息。

除了正常关税外，部分内销保税货物按照其对应的商品编码可能涉及关税配额，也可能涉及加征反倾销税、反补贴税、保障措施关税或者报复性关税（以下统称特别关税），对于内销保税货物涉及关税配额及特别关税的处理，海关总署 111 号令进行了详细的规定。

对实行进口关税配额管理的边角料、剩余料件、残次品、副产品和受灾保税货物，按照下列情况办理：边角料按照加工贸易企业向海关申请内销的报验状态归类属于实行关税配额管理商品的，以及因不可抗力因素造成的受灾保税货物，其对应进口料件属于实行关税配额管理商品的，海关按照关税配额税率计征税款，无需提交有关进口配额许可证件；副产品、剩余料件、残次品对应进口料件、因其他经海关审核认可的正当理由（非不可抗力因素）造成的受灾保税货物属于实行关税配额管理按照加工贸易企业向海关申请内销的报验状态归类属于实行关税配额管理的，企业如果能够按照规定向海关提交有关进口配额许可证件，海关按照关税配额税率计征税款；企业如果未能按照规定向海关提交有关进口配额许可证件，海关按照有关规定办理。

边角料按照加工贸易企业向海关申请内销的报验状态归类属于加征特别关税的，因不可抗力因素造成的受灾保税货物，如果失去原使用价值的，其对应进口料件属于加征特别关税的，海关免于征收需要加征的特别关税；剩余料件／残次品对应进口料件、副产品按照加工贸易企业向海关申请内销的报验状态归类以及因其他经海关审核认可的正当理由（非不可抗力因素）造成的受灾保税货物，其对应进口料件属于加征特别关税的，海关按照规定征收需加征的特别关税。

为便于更直观地理解，将上述边角料、剩余料件、制成品、残次品、副产品和受灾保税货物的涉税规定作进一步归纳，如表5-1所示：

表 5-1 内销保税货物涉税规定

内销保税货物种类		申报品名	商品编码	审价基础	关税	关税配额税率适用	特别关税	缓税利息
边角料		内销报验状态	内销报验状态归类	边角料价格	征	免证适用	免	免
剩余料件		对应进口料件	对应进口料件	原进口价格	征	提交配额证明适用	征	征
制成品		对应进口料件	对应进口料件	对应进口料件	征	提交配额证明适用	征	征
残次品		对应进口料件	对应进口料件	对应进口料件	征	提交配额证明适用	征	征
副产品		内销报验状态	内销报验状态	副产品价格	征	提交配额证明适用	征	征
受灾保税货物	因不可抗力完全失去使用价值且无法再利用	无需报关	无需报关	无需报关	免	免证适用	免	免
	因不可抗力失去原使用价值且但可再利用	对应进口料件	对应进口料件	受灾货物价格	征	免证适用	免	征
	非不可抗力导致，经海关审核认可具备正当理由	对应进口料件	对应进口料件	对应进口料件	征	提交配额证明适用	征	征

二、保税货物内销完税价格审定

海关的保税货物及一般贸易货物的审定完税价格办法曾数次分合。在 1997 年之前，加工贸易内销的量不大，所以有些简单的问题就通过一般贸易完税价格的个别条款予以特殊处理，并制订了一些特殊的审价条款。比如，在 211 号署令之前的第 148 号令中就有一个特殊货物的审价，加工贸易就作为一个特殊情况放到这里面处理[1]。1997 年海关总署发布了《中华人民共和国海关审定加工贸易进口货物完税价格办法》（署税〔1997〕172 号），并于 1999 年以海关总署令第 76 号对其进行了修订，将保税货物海关估价与一般贸易货物海关估价分离开来。由于当时我国正处于申请加入世界贸易组织的过程中，上述法规对保税货物海关估价的原则参考了《WTO 海关估价协议》，采用了成交价格方法。虽然上述规章整体比较粗糙，但"成交价格"海关估价原则的采用，相较于 1992 年 9 月 1 日起实施的《中华人民共和国海关审定进出口货物完税价格办法》（以下简称《审价办法》）中规定的"正常价格"，已经有了根本的进步。这是保税货物和一般贸易货物海关估价制度的第一次由合到分。

在 2001 年修订的《审价办法》（海关总署令第 95 号）中，再次将一般贸易和保税货物海关估价制度综合到了一起，在第三章对保税货物内销海关估价进行了规定。

随着保税货物内销的发展，在执行过程中海关发现加工贸易内销货物和一般贸易货物有些本质的差异，海关总署第 95 号令已无法满足快速增长的保

---

[1]谭宁：《破冰"审价"困局——访海关总署加工贸易及保税监管司司长张皖生》，载《中国海关》2014 年第 3 期。

税货物内销估价需要，业内对制定保税货物内销海关估价法规的呼声日益加强，为此，由当时的海关总署加贸司负责，历时数年，经过广泛深入调研，海关总署最终于 2013 年 12 月 25 日发布了《保税审价办法》，于 2014 年 2 月 1 日正式生效。同时海关总署还修订了《审价办法》（海关总署令第 213 号），将保税货物与一般贸易货物的海关估价制度再次分离开来。《保税审价办法》也成了当前保税货物内销海关估价的主要法规依据，至此，保税货物内销海关估价再次有了量身定做的法律文件，自成一家。需要注意的是，涉嫌走私的内销保税货物的计税价格的核定不适用《保税审价办法》。

《保税审价办法》第三条确定了内销保税货物完税价格审定的基本原则，即以该内销保税货物的成交价格为基础审查确定，这一规定遵循了当时海关估价领域的上位法《中华人民共和国进出口关税条例》（国务院令第 392 号，简称《关税条例》）。但是考虑到不同保税货物具有不同特性，其成交价格也各有特点，《保税审价办法》第四条、第六条对进口料件、制成品（含残次品）、边角料以及需要以残留价值征税的受灾保税货物审定完税价格的基础进行了分别规定。

进料加工项下的进口料件或者制成品（含残次品）内销时，海关以料件原进口成交价格为基础审定完税价格。加工贸易手册一个核销期通常是一年，账册核销期一般是六个月或一年，在手册、账册有效期内，料件的进口是持续的，一些规模较大的加工贸易企业一年甚至有数十万份报关单，这就导致企业在内销时往往无法对应原进口批次，为此《保税审价办法》提出了加权平均价格方法，对于料件分批进口，在内销时不能确定料件原进口——对应批次的，海关可按照同项号、同品名和同税号的原则，以其手册有效期内或电子账册核销周期内已进口料件的成交价格计算所得的加权平均价为基础审查确定完税价格。

因来料加工的进口料件由外商免费提供，不存在销售行为，货物的所有权属于国外供应商，因此料件进口时的申报价格不构成海关估价意义上的成交价格，因此，对于内销的来料加工的进口料件或制成品（含残次品），海关以接受内销申报的同时或者大约同时进口的与料件相同或者类似的保税货物的进口成交价格为基础审查确定完税价格。

加工贸易企业内销生产过程中产生的边角料、副产品，海关以其内销价格为基础审定完税价格，如副产品并非全部使用保税进口料件生产所得，海关以保税料件在该副产品投入成本中的占比计算结果为基础审定完税价格。

按照规定需要以残留价值征税的受灾保税货物，海关以其内销价格为基础审查确定完税价格。按照规定应折算成料件征税的，海关以各项保税料件占构成制成品（包括残次品）全部料件的价值比重计算结果为基础审查确定完税价格。

对于以拍卖方式交易的内销边角料、副产品和按照规定需要以残留价值征税的受灾保税货物，海关以其拍卖价格为基础审查确定完税价格。

三、税率适用及缓税利息

《关税法》第二十一条明确规定："保税货物不复运出境，转为内销的，应当适用纳税人、扣缴义务人办理纳税手续之日实施的税率。"因为内销保税货物的进口时间跨度比较大，手册有效期或账册核销期跨年比较常见，国务院关税税则委员会每年年末会根据国家经济建设需要对进出口货物适用的关税率进行调整，并于次年1月1日实施，因此同一个货物在不同年份适用的关税率可能不一样，所以有必要对内销保税货物适用的关税率进行统一，以避免给保税货物内销业务的关税征缴带来困扰。

保税内销货物和一般贸易进口货物税收征纳一个重要区别就是保税内销货物涉及缓税利息，《关税法》第三十六条规定："加工贸易保税进口料件或者其制成品内销的，除按照规定征收关税外，还应当征收缓税利息[1]。"上文我们已提及，除内销边角料外，料件、成品、残次品、副产品及应税的受灾保税货物内销时需要缴纳缓税利息。

缓税利息计算公式为：

应征缓税利息 = 应征税额 × 计息期限 × 缓税利息率 /360

其中应征税额即内销保税货物的应征税额，包括关税、增值税、消费税等所有进口环节税。

根据海关总署 2009 年第 13 号公告，加工贸易保税货物内销征收缓税利息适用利息率参照中国人民银行公布的活期存款利率执行，根据填发海关税款缴款书时海关总署公布的最新缓税利息率按日征收。

计征期限的计算详细规定于《关于加工贸易保税货物内销缓税利息征收及退还》（海关总署 2009 年第 14 号公告），海关按照保税货物内销是否事先获得海关批准对缓税利息计征期限进行了分别规定。

保税货物内销事先获得海关批准的，手册项下的料件或成品内销时，缓税利息计息期限的起始日期为内销料件或制成品所对应的加工贸易合同项下

---

[1]为支持加工贸易发展，纾解企业困难，促进稳就业、稳外贸、稳外资，经国务院同意，中国海关先后两次暂停征收保税货物内销缓税利息：海关总署 2020 年第 55 号公告规定，自 2020 年 4 月 15 日至 2020 年 12 月 31 日（以企业内销申报时间为准），对企业内销加工贸易货物的，暂免征收内销缓税利息；海关总署 2021 年第 121 号公告规定，自 2022 年 1 月 1 日起至 2022 年 12 月 31 日（以企业内销申报时间为准），对企业内销加工贸易货物的，暂免征收内销缓税利息。

首批料件进口之日；E 账册项下的料件或制成品内销时，缓税利息计息期限的起始日期为内销料件或制成品所对应 E 账册的最近一次核销之日（若没有核销日期的，则为 E 账册的首批料件进口之日）。对上述货物征收缓税利息的终止日期为海关填发税款缴款书之日。

加工贸易保税料件或制成品未经批准擅自内销，违反海关监管规定的，手册项下的料件或成品擅自内销的，缓税利息计息期限的起始日期为内销料件或制成品所对应的加工贸易合同项下首批料件进口之日；若内销涉及多本合同，且内销料件或制成品与合同无法一一对应的，则计息的起始日期为最近一本合同项下首批料件进口之日；E 账册项下的料件或制成品擅自内销的，则计息的起始日期为内销料件或制成品所对应 E 账册的最近一次核销之日（若没有核销日期的，则为 E 账册的首批料件进口之日）；按照前述方法仍无法确定计息的起始日期的，则不再征收缓税利息。违规内销计息的终止日期为保税料件或制成品内销之日。内销之日无法确定的，终止日期为海关发现之日。

加工贸易边角料、剩余料件、残次品、副产品和受灾保税货物等内销需征收缓税利息的，亦应比照上述规定办理。

第四节　保税货物涉税风险

保税货物可以享受保税料件进口时暂缓纳税、复运出境后免于纳税的税收优惠政策，并可享受相关许可证件的豁免。缓征关税降低了企业经营成本，缓征增值税减少了企业资金占用，证件豁免便利了企业办理进出口通关，这些税收优惠和证件豁免政策为广大从事保税业务的进出口企业带来了实实在在的便利和实惠。但是，在享受上述税收优惠及证件豁免政策的同时，保税货物也面临着海关的严格监管。是否可以开展保税，保税货物进口后的存放，保税货物生产工序的安排，保税边角料、残次品、剩余料件、副产品的处理等等都面临着一系列的法律规范的规制，保税业务经营企业在保税货物的管理过程中稍有不慎，便可能违反相关法规，发生违规行为。这些违规行为轻则使上述企业面临行政法律风险，如果该违规行为涉及主观故意且涉税达到一定金额还会涉及刑事法律风险。在行政法律风险方面，往往会给企业带来行政处罚、补缴税款、缴纳利息、信用等级降低等负面后果，在刑事法律风险方面，则会导致企业及其主要负责人和其他责任人员被追究刑事责任。因此，保税货物的合规管理，历来是保税货物经营企业的管理重点，尤其是保税货物涉税情形的管理，因为其不仅会导致行政法律后果，严重的甚至会带来刑事法律后果，应引起广大保税业务经营企业的重视。

在海关公示的海关行政处罚案件中，我们可以看到涉及保税货物的违规案件在全部海关行政处罚案件中占据着很大的比例，基本上仅次于 HS 编码申报不实违规案件。在这些涉及保税货物的违规案件中，除了一部分程序性违规案件外，其余大部分案件均涉及税收的征管。本文接下来将选取涉及保税料件、保税成品、边角料、残次品和副产品的几个现实中的案例，通过真实案例说明不同保税货物的涉税风险点，通过案例分析，为广大保税货物经营企业合规管理提供一些参考建议。

一、保税料件

典型案例 22：保税料件内销价格、对美加征关税排除编号申报不实案

当事人于 2019 年 3 月 26 日向海关申领了加工贸易 E 账册一份，账册号码 E0007，备案料件为聚丙烯粒子、二极管、集成电路、晶体管等，备案成品为电源适配器、交流稳压电源、充电器等。该账册已办结两次核销手续，目前正处于第三核销期使用期间。

当事人在账册执行期间，向海关申请办理了多票料件内销补税手续，经查，在上述内销补税业务中，当事人存在以下违规情形：

1. 价格申报不实

2019 年 12 月 13 日至 2022 年 6 月 16 日期间，当事人向海关办理聚丙烯粒子内销补税手续时，其中 12 票报关单项下共计 5891112.61 千克聚丙烯粒子申报价格有误，申报价格为 6337820.41 美元，实际价格为 6570651.24 美元，价格低报导致漏缴税款人民币 325661.29 元（其中两年内发现的低报价格行为漏缴税款人民币 280863.29 元）。经查，因当事人业务人员对保税货物内销业务不精，确定内销补税完税价格时错误采用了上个月进口同种料件的加权平均价，从而导致该价格申报错误行为发生。

2021 年 5 月 14 日至 2022 年 9 月 5 日期间，当事人向海关申报的 30 票进料料件内销报关单项下的货物价格申报错误，当事人在计算上述内销货物的价格时，按照"料号级"计算得到加权平均单价，并以此价格向海关进行申报，实际应使用"项号级"平均单价，导致上述内销货物价格申报错误。该价格申报错误行为导致漏缴税款人民币 109398.59 元。

2. 加征关税排除编号申报不实

2021 年 9 月 17 日，当事人以进料料件内销的监管方式向海关申报一票报关单，该报关单项下共有 13 项货物，其中第 1~5、7、8、10、12、13 项货物已申请对美加征关税排除，第 6、9 项货物未申请对美加征关税排除，第 11 项货物无需申请对美加征关税排除。当事人在填制报关单时，未根据是否申请排除将进口货物进行分别申报，而是将所有 13 项货物录入同一份报关单，并录入已申请的排除编号 PC0080099220917002X。系统根据排除编号默认将该报关单项下所有货物进行排除，致使第 6、9 项进口货物发生了漏缴对美加征关税及对应的增值税的违规行为。经计核，该部分涉案货物价值总计人民币 143398.86 元，漏缴税款人民币 12152.44 元。

处理结论：

当事人料件内销补税价格申报不实，影响国家税款征收，行为已违反《海关法》第二十四条第一款之规定，构成违规。鉴于当事人配合海关查出违法行为，且认错认罚，低保价格及关税排除编号申报错误违法行为危害后果较轻，根据《行政处罚法》第三十二条第五项、《海关行政处罚实施条例》第十五条第四项、《中华人民共和国海关行政处罚裁量基准（一）》（总署公告 2023 年第 182 号，以下简称《海关总署第 182 号公告》）第九条第二项、第九条第四项第一目、第十四条第二项之规定，决定对当事人从轻处罚，对当事人低保价格、错报排除编号影响国家税款征收的行为科处罚款 123000 元。

【案例解读】

1. 价格申报不实。

当事人价格申报不实的违规行为均系确定内销价格方法不当导致，其中 12 票申报错误是因计算内销料件价格时选错了用于计算加权平均单价的进口料件的时间区间，30 票价格低报则是选错了计算内销料件价格的原进口料件的种类。

海关总署 211 号令第四条规定：

"进料加工进口料件或者其制成品（包括残次品）内销时，海关以料件原进口成交价格为基础审查确定完税价格。

属于料件分批进口，并且内销时不能确定料件原进口——对应批次的，海关可按照同项号、同品名和同税号的原则，以其合同有效期内或电子账册核销周期内已进口料件的成交价格计算所得的加权平均价为基础审查确定完税价格。"

加工贸易企业的生产是持续进行的，且根据市场变化不断调整产能，而出于库存周转、资金利用的考虑，企业也不可能一次性备足一个核销期内所需要的生产用料，所以保税料件通常都是分批按需进口，料件的进口价格也会随着市场的变化而变化，这就导致企业在后续内销保税料件时无法一一对应到原进口报关单，亦即无法依据海关总署 211 号令第四条第一款规定的按照原进口成交价格向海关申报补税。所以，在实践中，企业在办理保税货物内销补税时，通常都是按照海关总署 211 号令第四条第二款的规定，以合同有效期内或账册核销周期内已进口的同项号、同品名和同税号的料件的加权平均单价向作为内销料件的价格向海关申报。

海关总署 211 号令第四条第二款对用于计算内销保税价格的范围进行了明确规定：一是时间区间为"合同有效期内或电子账册核销周期内"，即从手册（对应上述的"合同"）启用日期或电子账册当前核销期的开始日期至货物内销日；二是用于计算的进口料件需满足"同项号、同品名和同税号的原则"，亦即加工贸易手册 / 账册中某一项下的所有进口料件。

加工贸易手册和账册备案时有一个"料号级"备案和"项号级"备案的概念，一个产品通常由若干个料件组成，在企业的生产管理中，每一个料件都会赋予一个料号，"料号级"备案指的是企业在办理加工贸易手册 / 账册备案时，每一个料号单独备案一项，料号和手册 / 账册项号是一一对应的关系。料号级备案手册 / 账册项号和企业内部的料号一一对应，便于管理，但这一模式一般适用于料号较少的企业，对于动辄数千上万个料号的企业，其缺点非常明显：一方面，导致手册 / 账册备案项号过多，因为生产需求变化而导致的手册变更会更加频繁，增加了手册 / 账册管理难度；另一方面，因一份报关单最多申报 50 项，如果一批货物涉及的料号超过 50 个，企业申报时就需要拆分成多票报关单申报，加大了企业的工作量也增加了企业的成本。"项号级备案"则指在办理加工贸易手册 / 账册备案时，将多个同品名、同税号、不同料号的物料备案到同一个手册 / 账册项号下。这种备案方式可以解决上述"料号级"备案存在的缺点。因此，在企业办理加工贸易手册 / 账册备案时，一般情况下涉及物料少的中小型企业，更多选用 "料号级"备案，而涉及物料多的大型企业，则更倾向于选择"项号级"备案。

所以，保税料件的内销价格应该取自该料件所属项号在手册有效期或电子账册核销周期内的所有料件的加权平均单价，业内也通常将此价格称作"项号级"加权平均单价。

本案中，当事人12票价格申报错误的违规行为选择时间区间时选用了补税前一个月进口同种料件，显然不符合"电子账册核销期内"的规定，明显缩小了时间区间，减少了样本数量，容易导致计算出的加权平均单价误差偏大。30票价格申报错误的违规行为在选择用于计算内销价格的货物种类时，当事人采用了料号级平均单价，即选取了相同料号的料件在该账册核销周期内的加权平均单价，而不是该料件所属项次的项号级加权平均单价，不满足采用"项号级加权平均单价"的规定。最终被海关认定为违规行为，受到了相应的行政处罚。

另外，对于内销时不能确定料件原进口——对应批次的保税料件，内销补税的价格应该采用"料号级"加权平均单价还是"项号级"加权平均单价在业内存在一定争议。海关总署211号令的规定是采用"项号级"加权平均单价，但如上文提及，加工贸易企业在采用"项号级备案"方式设立手册时，同一项号下涉及多个不同料号的料件，这些料件满足同品名、同税号的规定，但是海关并未对归并料件的价格作明确要求，事实上归并在同一个项次下的不同料件的价格通常并不一样，有时甚至相差甚大。因此同一个料件的"项号级"加权平均单价和"料号级"的加权平均单价会存在差异，有时差异甚至很大。比如，现在有一个需要内销的料件，该料件是所属项号项下所有料件中进口单价最低，此时该料件的"项号级"加权平均单价一定高于该料件的"料号级"加权平均单价；反之，如果该料件在所属项次中进口单价最高，则该料件的"项号级"加权平均单价一定低于该料件的"料号级"加权平均单价。因此，"料号级"加权平均单价较"项号级"加权平均单价更接近于该料件实际成交价格，采用"料号级"加权平均单价向海关办理内销补税手续较使用"项号级"加权平均单价更接近客观现实。但鉴于目前海关总署 211 号令对于内销时不能确定料件原进口——对应批次的保税料件明确采用"项号级"加权平均单价，企业仍需按该规定执行，但如果某一料件的"项号级"加权平均单价与"料号级"加权平均单价出入较大，建议企业在正式办理内销补税申报前与属地海关沟通，确定该料件的补税单价。此外，企业可以考虑从源头上解决问题，在办理手册、账册进口料件备案时，除了遵循同品名、同税号的归并原则外，同时将价格接近作为一项参考要素。

2. 加征关税排除编号申报不实。

按照海关总署 111 号令的规定，除边角料以及因不可抗力造成的受灾保税货物，其他保税货物内销时，除了正常缴纳关税、增值税之外，如果涉及加征反倾销税、反补贴税、保障措施关税或者报复性关税等特别关税的，需要依法向海关缴纳对应的特别关税。

2018 年以来，美国为了自身利益，公然违反 WTO 规则，分多轮对自中国进口的绝大部分产品加征关税，为了捍卫国家核心利益和人民根本利益，我国也对原产于美国的进口货物采取了对等的加征关税措施。该加征关税即属于 111 号令规定的特别关税，加工贸易企业在办理除边角料以及因不可抗力造成的受灾保税货物以外的保税货物内销手续时，如果该保税货物涉及对美加征关税，则需要按规定向海关缴纳相应的特别关税。

在 2018 年开展对美国进口的产品加征关税之后，为了更好地满足我国消费者日益增长的客观需要，增加高品质、价格竞争力强的美国商品的进口，以及支持企业按照自身生产经营需要，按市场化和商业化原则自主开展自美采购和进口，国务院关税税则委员会（简称税委会）先后于 2019 年 5 月 13 日和 2020 年 2 月 18 日发布了两份公告：《国务院关税税则委员会关于试行开展对美加征关税商品排除工作的公告》（税委会公告〔2019〕2号）和《关于开展对美加征关税商品市场化采购排除工作的公告》（税委会公告〔2020〕2号），开展对美加征关税商品市场化采购排除工作（简称市场化排除）。中国境内申请市场化排除的利益相关方，包括从事相关商品进口、生产或使用的在华企业或其行业协（商）会，可以通过税委会指定的排除申报系统向税委会申请对美加征关税排除，对符合条件、按市场化和商业化原则自美采购的进口商品，经税委会审批通过后，在一定期限内不再加征对美301措施反制关税。

为了配合市场化排除工作的实施，2020年2月24日，海关总署发布了《关于对美加征关税商品市场化采购排除工作通关事项的公告》（海关总署公告〔2020〕36号，简称海关总署36号公告），该公告对开展对美加征关税商品市场化排除工作进口通关手续事宜进行了详细规定。申请主体在税委会排除申请系统申请市场化排除时，系统会生成一个排除编号。在办理进口报关手续时，已获得市场化排除编号的收货人，申报排除商品时应当在报关单"随附单证及编号"项下的"单证代码"栏选择反制措施排除代码"0"，并在"单证编号"栏输入18位排除编号，相关商品将不再加征对美301措施反制关税。原则上，一个排除编号应对应一票报关单，且该报关单中涉及加征对美301措施反制关税商品和货值应全部属于对应排除编号已核准的商品及金额范围内。另外，企业在申报时，如已填报排除编号，则应确保该报关单中相应涉及加征对美301措施反制关税商品全部属于此排除编号已核准涵盖商品范围。

本案中，该当事人进料料件内销报关单共有13项货物，其中第1~5、7、8、10、12、13项货物已申请对美加征关税排除，对应的排除编号为PC0080099220917002X。第6、9项货物未申请对美加征关税排除，第11项货物则不涉及对美加征关税。当事人在填制报关单时，未按照海关申报规范要求，将已申请排除和未申请排除的货物分别向海关申报，而是将所有13项货物录入同一份报关单，并录入其中已申请市场排除的部分货物对应的排除编号。进出口申报系统根据排除编号默认将该报关单项下所有货物进行排除，致使未申请市场排除的第6、9项进口货物发生了漏缴对美加征关税及对应的增值税的违规行为。

该案例的当事人在办理保税料件内销手续时，犯了确定内销价格方法不当和涉特别关税货物申报不规范两个错误。在确定保税料件内销价格时选错了用于计算加权平均单价的进口料件的时间区间以及计算内销料件价格的原进口料件的种类，而在办理涉特别关税保税料件内销时未能将已申请市场排除的内销保税料件和未申请市场排除的内销保税料件分开单独申报。上述申报不规范行为，影响了国家税款征收，构成了违反海关监管规定行为。当事人保税货物涉税违规行为，给该企业的财务、声誉及信用带来了负面影响。

典型案例23：未按期办理保税料件内销补税手续案

当事人是实施联网监管的加工贸易企业，于2013年向海关申领了E账册，当事人是海关A类管理企业，根据"署加发〔2013〕162号"《海关总署关于印发〈加工贸易集中办理内销征税手续管理办法（试行）〉的通知》，当事人满足先行内销加工贸易保税货物，再集中向海关办理内销纳税手续条件要求，可以按相关规定办理保税货物集中内销补税手续。

当事人于2013年9月至2014年5月期间在开展加工贸易E账册项下保税货物集中征税业务过程中，未按规定期限向海关办理内销集中征税申报手续。其中，当事人于2013年8月28日至2013年10月31日期间内销的保税制成品线束和线束组件于 2013 年 12 月 10 日向海关申请内销集中征税手续，内销保税货物价值人民币 42619.59 元，涉及税款人民币 7952.58 元；当事人 2013 年 11 月 1 日至 2013 年 12 月 31 日期间内销的保税制成品线束和线束组件于 2014 年 2 月 8 日向海关申请内销集中征税手续，内销保税货物价值人民币 103210.47 元，涉及税款人民币 19464.47 元；当事人 2014 年 2 月 24 日至 2014 年 3 月 31 日期间内销的保税制成品线束和线束组件于 2014 年 4 月 28 日向海关申请内销集中征税手续，内销保税货物价值人民币 40954.19 元，涉及税款人民币 7704.19 元；当事人 2014 年 4 月 13 日至 2014 年 4 月 30 日期间内销的保税制成品线束和线束组件于 2014 年 5 月 26 日向海关申请内销集中征税手续，内销保税货物价值人民币 199542.49 元，涉及税款人民币 32835.49 元。

造成上述行为发生的原因是当事人内部管理缺陷、公司领导不重视海关监管规定，导致未在海关规定时限内办理内销补税手续。经计核，当事人加工贸易 E 账册项下超期办理内销补税手续的保税货物价值人民币 386326.73 元，涉及税款人民币 67956.73 元。

处理结论：

当事人在开展加工贸易内销集中征税业务过程中，未按规定向海关办理内销征税申报手续的行为，违反了《海关法》第三十二条第二款之规定，根据《海关法》第八十六条第十三项之规定，已构成违反海关监管规定的行为。鉴于当事人上述违规行为属于程序性违规，具有减轻处罚情节。根据《行政处罚法》第二十七条第一款第四项、《海关行政处罚实施条例》第十八条第一款第四项之规定，决定对当事人上述违规行为减轻处罚，科处罚款人民币 1.6 万元。

【案例解读】

加工贸易内销集中征税是指符合条件的加工贸易企业先行内销加工贸易保税货物，再集中向主管海关办理内销纳税手续。

《海关加工贸易企业联网监管办法》（海关总署第 150 号令）规定，经主管海关批准，联网企业可以按照月度集中办理内销补税手续；联网企业内销加工贸易货物后，应当在当月集中办理内销补税手续。为支持加工贸易转型升级，引导企业更好地面向国际国内两个市场，延长加工贸易国内产业链，在前期试点的基础上，2013 年 12 月 16 日，海关总署发布了《关于加工贸易集中办理内销征税手续的公告》（海关总署 2013 年第 70 号公告），将加工贸易集中内销征税模式进一步推广到所有加工贸易 B 类以上企业[1]。加工贸易内销集中征税给加工贸易企业带来了极大实惠：一方面，便利了企业保税货物内销业务的开展，助力企业拓展国内市场；另一方面，集中补税也减少了企业办理内销补税申报的频次，降低了企业经营成本。但是，加工贸易内销集中征税在便利了加工贸易企业的同时，也给海关监管带来了挑战，先销后税的模式增加了保税货物脱离海关监管、进而造成税收流失的风险。因此为了更好地管控风险，海关也对适用加工贸易集中内销征税的企业范围、业务办理流程、业务办理时限等进行了严格的规定。

该案当事人为区外联网监管企业，按照海关总署第 150 号令的规定，可以开展集中内销补税手续。但是当事人在办理保税货物内销后，未能按照相关法规的要求在海关规定的时间内向海关申请办理内销补税手续。海关总署

---

[1] 该案例发生时，海关对加工贸易企业进行分类管理，信用等级由高到低分为 A、B、C、D 四类。

150 号令对联网监管企业开展加工贸易集中内销征税的补税时限要求是"内销保税货物后当月内办理内销补税手续",海关总署 2013 年第 70 号公告对区外 B 类以上加工贸易企业开展加工贸易集中内销征税的补税时限要求是"在内销当月月底前向主管海关集中办理《加工贸易内销征税联系单》,且不得超过手册有效期"。案例发生于 2013 年至 2014 年期间,当事人为区外联网监管企业,适用海关总署第 150 号令的规定,应该于内销当月办理内销补税手续,但从海关公布的案情描述中,当事人实际补税时间均在保税货物内销的次月以及次月的次月,不符合内销当月办理内销补税手续的规定,构成了违规行为。

二、保税成品

典型案例 24：保税成品出口监管方式申报不实案

2020 年 7 月至 2021 年 7 月期间,当事人以一般贸易(0110)的监管方式向海关申报出口 217 票报关单,总计出口管道 11970 个、不锈钢储罐 28 个及加长结构件 8 个。其中涉及保税成品管道 7298 个、保税成品不锈钢储罐 18 个,以上保税成品耗用了编号为 C0222 手册项下的保税料件不锈钢接头 14601 个、保税不锈钢无缝管 3094.98 米、保税钢铁防尘盖 720 个、保税螺母 15712 个、保税铁质管接头 720 个、保税铜管接头 360 个及保税针阀 120 套。

经查,因全球新冠疫情严重,空运货物订仓难,运费大幅上涨。同时因国外许多半导体生产企业关闭,当事人加工贸易订单和一般贸易订单同时增加,订单料号繁杂、成品形状大小各异。当事人为节约运费,最大化利用装载成品的木箱内部空间,按照货物大小形状将两种监管方式的货物进行混装后,统一以一般贸易的监管方式向海关申报出口,致使发生上述保税料件生产的成品以一般贸易方式出口的违规行为。

经计核，上述涉案保税料件货物价值总计人民币4429673.3元，漏缴税款人民币796356.51元。

处理结论：

当事人未经海关批准且未办理补税手续，擅自将保税料件制成品以一般贸易方式申报出口，其行为违反了《海关法》第三十二条第二款、第三十七条第一款之规定。根据《海关法》第八十六条第十项之规定，已构成违反海关监管规定的行为。鉴于当事人认错认罚，能够积极配合海关开展调查，如实提供全部资料，并于2024年6月18日交纳了案件保证金人民币350000元，符合《第182号公告》第九条第二项之规定，具备从轻处罚情节。

根据《行政处罚法》第三十二条第五项、《海关行政处罚实施条例》第十八条第一款第一项之规定，参照第182号公告第十二条第二项之规定，决定对当事人予以从轻处罚：科处罚款人民币222000元。

【案例解读】

监管方式是以国际贸易中进出口货物的交易方式为基础，结合海关对进出口货物的征税、统计及监管条件综合设定的海关对进出口货物的管理方式，企业在办理进出口货物通关时需要根据进出口业务的实际情况选择适用的监管方式。不同监管方式项下的进出口货物适用的征税、统计及监管的要求不尽相同，海关都有严格的规定。

对于保税货物而言，海关设立了一系列适用于保税货物进出口的专用监管方式。进料加工的监管方式主要有进料对口（0615）、进料深加工（0654）、进料料件内销（0644）、进料余料结转（0657）、进料料件复出（0664）、进料料件退换（0700）和进料边角料内销（0844）等，来料加工的监管方式主要有来料加工（0214）、来料深加工（0255）、来料料件内销（0245）、来料余料结转（0258）、来料料件复出（0265）、来料料件退换（0300）和来料料件内销（0845）等。以上监管方式基本涵盖了保税料件、成品、边角料等进出口通关业务，其中进料对口（0615）主要适用于进料加工项下的料件进口和成品出口业务。

加工贸易企业在办理保税货物进出口通关时，应按照业务的具体情况，选择相应的监管方式向海关申报。在手册/账册执行完毕向海关申请办理报核手续时，只有上述加工贸易监管方式项下的进出口报关单涉及的货物才可以纳入核算，其余监管方式，比如一般贸易（0110），报关单项下的货物则不能纳入核销核算。

在上述案例中，当事人向海关申请的是 C 手册，属于进料加工。当事人在办理手册项下的成品出口业务时选用了一般贸易（0110）监管方式，海关对一般贸易（0110）的定义为：一般贸易是指我国境内有进出口经营权的企业单边进口或单边出口的贸易。其适用范围包括：以正常交易方式成交的进出口货物、贷款援助的进出口货物、外商投资企业进口供加工内销产品的料件、外商投资企业用国产原材料加工成品出口或采购产品出口、供应外国籍船舶、飞机等运输工具的国产燃料/物料及零配件、保税仓库进口供应给中国籍国际航行运输工具使用的燃料/物料等保税货物、境内企业在境外投资以实物投资带出的设备/物资、来料养殖/来料种植的进出口货物。显然，一般贸易（0110）监管方式的适用范围并不包括进料加工货物，当事人应该选择的正确监管方式是适用于进料加工项下料件进口和成品出口的进料对口（0615）。

当事人在出口 C 手册项下的保税成品时选错了监管方式，构成违反海关监管规定行为。这一违规行为给企业带来了严重的经济损失：一方面，因为擅自处置保税货物而被海关处以高额罚款；另一方面，因为监管方式申报错误，案例中提及的申报错误报关单所涉及的保税成品在手册报核时无法纳入核销，当事人需要向海关补缴这些成品所耗用的保税料件涉及的关税、增值税及缓税利息。

海关在对保税货物的定义中明确提出保税货物在境内储存、加工、装配后要复运出境，这是开展保税业务的前提条件之一，也是保税货物最终免于缴纳关税、增值税的条件。但对这里的复运出境不能简单地理解成把货物申报出境即可，这里的"复运出境"其实省略了一个前置定语——"以正确的监管方式"，亦适用于保税货物出口的监管方式，如适用于进料加工的进料对口（0615）、进料深加工（0654）、进料料件退换（0700）等。对此，加工贸易企业需要特别予以重视，一旦申报错误，将会像案例中的当事人一样，给企业带来重大损失。

三、边角料

典型案例 25：边角料内销价格申报不实案

2010 年当事人 T 公司向 S 海关申领了 H 账册，主要进口原料为铜箔基板，经过酸性蚀刻，最终产生铜结晶废液和含铜污泥。

2014 年 12 月，当事人将 20 吨含铜结晶废液置于苏州市加工贸易交易平台进行拍卖。2015 年 1 月 6 日，废品收购公司 F 以人民币 5 元 / 千克全部竞拍成功。当事人于 2015 年 1 月 12 日分 2 票向海关办理了上述含铜结晶废液的内销补税手续，申报数量均为 10 吨，申报单价均为人民币 5 元 / 千克。事后，当事人向 F 公司销售了上述含铜结晶废液，其中一票含铜结晶废液的销售价格是人民币 5.79 元／千克、另一票含铜结晶废液的销售价格为 5.56 元／千克。

2015 年 3 月，当事人将含铜污泥 200 吨置于苏州市加工贸易废料交易平台进行拍卖。2015 年 4 月 16 日，废料回收公司 W 以人民币 2.36 元／千克全部竞拍成功。2015 年 4 月 21 日，当事人分 10 票报关单办理了上述含铜污泥的内销补税手续，每票申报数量均为 20 吨，申报单价均为人民币 2.36 元／千克。事后，当事人将上述含铜污泥销售给 W 公司，实际销售价格为人民币 2.79 元／千克、2.80 元／千克等 10 个不同价格（其中 6 票报关单项下的含铜污泥申报价格低于实际成交价格，3 票报关单项下的含铜污泥实际申报价格高于实际成交价格，另有 1 票申报价格和实际成交价格一致）。

经计核，当事人上述低报价格申报不实的含铜结晶废液 20 吨、含铜污泥 120 吨，货物价值人民币 516736.94 元，应缴纳税款人民币 102036.94，漏缴税款人民币 12671.58 元。

处理结论：

当事人上述 8 票货物价格申报不实，影响了国家税款征收，其行为违反了《海关法》第二十四条第一款之规定。根据《海关法》第八十六条第三项之规定，已构成违反海关监管规定的行为。

鉴于当事人自查发现，并主动向海关报明申请补税，根据《行政处罚法》第二十七条第一款第四项之规定，具备减轻处罚情节。根据《海关行政处罚实施条例》第十五条第四项、第十六条之规定，决定对当事人予以减轻处罚：科处罚款人民币 3000 元。

【案例解读】

加工贸易边角废料内销网上公开拍卖共管机制是指经海关允许，加工贸易企业通过与海关联网的拍卖平台，委托具有法定资质的拍卖机构依法公开拍卖加工贸易边角废料，海关和相关主管部门共同对该交易行为实施管理。上述边角废料，包括加工贸易边角料、副产品和按照规定需要以残留价值征税的受灾保税货物，以及海关特殊监管区域内企业保税加工过程中产生的边角料、废品、残次品和副产品等保税货物。

2012 年苏州市政府在全国率先发起设立苏州加工贸易废料交易平台，该平台由苏州市产权交易中心有限公司建设运营，接受海关、环保、财政、监察等多个部门共同监管。平台为加工贸易废料统一市场化公开交易提供服务，实行统一信息发布和统一交易组织，将审批监督、网络竞价、资金结算等功能通过网络实现。该平台的设立，一方面，拓展了企业边角废料内销渠道，通过竞价企业可以以更高的价格成交，在为企业提供便利的同时也实现了为企业增收创效；另一方面，拍卖流程全程透明公开，有助于维护公开、公正、公平的加工贸易边角废料内销交易秩序，实现了阳光政务，也为海关审定边角料完税价格提供给了有力的参考。加工贸易边角废料内销网上公开拍卖共管机制真正实现了国家与企业的双赢。苏州市的试点获得积极的市场反馈，也得到了海关总署的肯定，海关总署于 2018 年 12 月 29 日发布了《关于全面推广加工贸易边角废料内销网上公开拍卖共管机制的公告》（海关总署 2018 年第 218 号公告），在全国正式推广加工贸易边角料内销网上公开拍卖机制，该公告由发布当日正式实施。自此，加工贸易边角废料内销网上公开拍卖共管机制在全国海关逐渐推广实施。

按照海关总署 2018 年第 218 号公告的规定，对以网上公开拍卖方式内销的边角废料，海关以拍卖价格为基础审查确定完税价格。本案中，当事人在指定的平台上通过网上公开拍卖的方式销售铜结晶废液和含铜污泥，并以平台拍卖价格向海关进行了申报。从表面上看，处理方式为通过平台拍卖，申报价格为拍卖价格，当事人的操作完全符合海关总署2018年第218号公告的规定，不存在违规情形。通常情况下，企业通过平台成交的拍卖价格即为最终实际成交价格，以拍卖价格向海关申报没有问题，但是本案存在一定的特殊性。本案当事人拍卖的铜结晶废液和含铜污泥均为含铜废料，由于铜的市场价格波动较大，每天都有变化，按照行业惯例，当事人与竞拍人签订的废品回收合同是期货合同，实际成交价格随着交货日期的变化而变化。当事人的实际销售行为发生在拍卖之后，并非与拍卖同时发生，因此案例中涉及的铜结晶废液和含铜污泥的最终实际成交价格大部分情况下与平台拍卖价格并不一致，或高或低，偶有相同。当事人在涉案期间申报的共计12票内销报关单中，共有8票拍卖价格低于实际成交价格，3票拍卖价格高于实际成交价格，只有1票拍卖价格和实际成交价格一致。可见，当事人的拍卖价格并非实际成交价格，当边角废料的平台拍卖价格和最终实际成交价格不一致时，企业该如何处理，应该采用哪个价格向海关申报呢？

海关总署2018年第218号公告规定，对以网上公开拍卖方式内销的边角废料，海关以拍卖价格为基础审查确定完税价格。一方面，从字面上看，确实是企业应以拍卖价格申报，但是，客观上立法不能穷尽社会生活中的所有情形，笔者推测立法者在制定该规定时是基于朴素的理解，即平台拍卖价格即为最终成交价格，并未考虑期货合同这一特殊类型；另一方面，以货物的成交价格为基础确定完税价格一直是海关估价中的一项基本规则，这是《WTO海关估价协定》明确约定的，不仅中国适用，WCO的所有成员国均适用这一规则。海关总署2018年第218号公告是一份规范性文件，作为其上位法、同时也是保税货物内销管理综合性法规的海关总署211号令明确规定，内销保税货物的完税价格，由海关以该货物的成交价格为基础审查确定。在本案发生时有效的《关税条例》第十八条也明确规定进口货物的完税价格以成交价格为基础审查确定。因此，当边角废料的平台拍卖价格和最终实际成交价格不一致时，企业在办理边角废料内销补税时，应当以实际成交价格向海关申报补税。本案中当事人便是因为使用了拍卖价格向海关申报，而拍卖价格与最终实际成交价格不一致，从而导致内销补税价格申报不实，被海关认定为违规行为，并实施了行政处罚。

边角废料交易复杂多变，除了案例中的期货交易外，在边角料交易中也存在其他可能导致拍卖价格和最终成交价格不一致的情形，比如拍卖成交后交易取消等。此案提醒企业在开展通过平台拍卖方式销售边角废料时，不能简单地以拍卖价格向海关申报补税，而是应该以实际成交价格向海关申请补税。

典型案例 26：边角料内销未按期办理内销补税手续案

2015 年 4 月当事人向海关办理了进料加工 C 手册一份，该手册主要进口原料为机箱中间壳（毛坯）、机箱外壳（毛坯）等，出口成品为机箱中间壳和机箱外壳，生产工艺为将毛坯件经粗加工、车铣、钻孔、攻丝等工序加工成成品，期间产生边角料铸铁废碎料，当事人对这些铸铁废碎料采取内销补税措施予以处理。

2015 年 11 月至 2016 年 4 月期间，当事人将上述手册项下的铸铁废碎料经苏州市加工贸易废料交易平台网上拍卖程序后，即开始分批操作实际销售工作，未在实际销售前办理保税废料内销申报、补税手续。具体情况如下：2015 年 11 月 14 日，当事人在网上拍卖成交 200 吨铸铁废碎料，网上拍卖及实际销售客户均为废品回收公司 Y。当月 13 日，当事人向 Y 销售上述铸铁废碎料，并开具增值税发票。当月 26 日，当事人向海关申报完成上述废碎料内销补税手续。2015 年 12 月 4 日，当事人在网上拍卖成交 250 吨铸铁废碎料，网上拍卖及实际销售客户均为废品回收公司 Y。当月 22 日，当事人向 Y 销售上述铸铁废碎料，并开具增值税发票。2016 年 1 月 19 日，当事人向海关申报完成上述废碎料内销补税手续。2016 年 3 月 2 日，当事人在网上拍卖成交 600 吨铸铁废碎料，网上拍卖及实际销售客户均为废品回收公司 Y。当月 7 日，当事人向 Y 销售上述铸铁废碎料，并开具增值税发票。2016 年 4 月 12 日，当事人向海关申报完成上述废碎料内销补税手续。

经计核，上述涉案货物价值人民币 724710.69 元，涉及税款人民币 105299.68 元。

处理结论：

当事人将 C 手册项下的保税铸铁废碎料在实际销售完成后完成申报、补税手续的行为违反了《海关法》第三十七条第一款之规定，根据《海关法》第八十六条第十项之规定，已构成违反海关监管规定的行为。

鉴于当事人已完成内销补税手续，其行为未造成实质性危害后果，系程序性违规行为。根据《行政处罚法》第二十七条第一款第一项之规定，具备减轻处罚情节。根据《海关行政处罚实施条例》第十八条第一款第四项之规定，决定对当事人上述违规行为予以减轻处罚：科处罚款人民币 22000 元。

【案例解读】

加工贸易边角废料内销网上公开拍卖共管机制，是由海关、商务、供销社、公安、生态环境、市场监管等部门根据实际需求与平台联网运作，并按照各自职责依法对平台数据及交易过程进行审核、查询、实时监控。

这个拍卖的过程，从海关监管的角度，是在海关及其他监管部门的共同监管下，实现了加工贸易边角废料的公开拍卖，得到一个公允的边角废料成交价格，为海关后续的审定边角废料完税价格提供重要参考。海关参与审核并决定是否批准加工贸易企业可以开展边角废料平台拍卖业务，经海关审批通过后，企业可以开展边角废料平台拍卖业务。需要注意的是，海关在上述边角废料网上公开拍卖过程中执行的审核、批准行为，是审核并决定是否批准加工贸易企业可以开展边角废料平台拍卖业务，并非审核、批准加工贸易企业是否可以开展边角废料销售业务。因此，加工贸易企业获得海关的审核、批准，将边角废料发布到拍卖平台公开拍卖，并不意味着已经获得海关对边角废料销售的许可，加工贸易企业在边角废料拍卖成功后，依然需要按照海关对边角废料内销的管理要求办理相关手续。

四、残次品

典型案例 27：残次品未税先销案

当事人于 2013 年 11 月 14 日、2016 年 4 月 21 日分别向海关申领了 E2013、E2016 账册。E2013 账册已于 2016 年 12 月 31 日核销结案，E2016 账册尚在使用中。

2015 年 5 月 22 日至 2016 年 8 月 2 日期间，当事人将 E2013 和 E2016 等两本账册项下的成品柔性印刷线路板以深加工结转方式出口给 S、F、D 等客户。当事人生产的柔性印刷线路板，为整张连片生产工艺模式，一张大片的母版上会生产出多个柔性线路板，在加工过程中会产生不良品，当事人因生产工艺的限制，无法将整张母版上的柔性线路板不良品单独切割出来。因此，在办理成品柔性线路板深加工结转出口时，将整张母版出货给客户，而其在办理深加工结转出口申报时，只申报了柔性线路板良品的数量，未申报柔性线路板不良品的数量。在此期间共涉及柔性线路板不良品 28156 个。另当事人办结深加工结转手续后已在 232420141×××× 等 18 票报关单下，对上述柔性线路板不良品做料件内销补税处理。

经计核，当事人上述经营保税业务不依照规定办理海关手续行为，涉案货值人民币 291345.6 元。

处理结论：

当事人经营保税货物不按照规定办理海关手续行为，违反了《海关法》第三十二条第二款、219 号令第二十三条第一款之规定，构成违规行为。根据《行政处罚法》第二十七条第二款、《海关法》第八十六条第十项及《海关行政处罚实施条例》第十八条第一款第四项之规定，拟对当事人上述经营保税业务不按照规定办理海关手续行为不予行政处罚。

【案例解读】

保税不良品属于保税货物，对保税不良品的处理需要获得海关许可并办理相关手续，未经海关许可，任何企业、单位、个人不得擅自销售或者移作他用。当事人在以深加工结转方式出口保税成品给客户时，因为生产工艺的原因，将不良品一起出货给客户，在办理报关手续时只申报了良品，不良品没有按照规定向海关办理相关手续，构成违规。

本案中，因当事人事后已办理了不良品补税手续，海关最终决定对当事人不予行政处罚，但是不予行政处罚只是避免了企业经济方面的损失，该行为本身依然被认定为违规行为，该违规行为将在海关系统予以记录并公示，且对企业的海关信用等级构成潜在的影响。因此加工贸易企业应该重视保税不良品的处理的程序规定，不能认为只要后续完成补税即可，应该按照规定的程序，在规定的时间内办理相关补税手续。

五、副产品

典型案例 28：擅自销售保税副产品案

当事人分别于 2020 年 9 月、2021 年 9 月向海关申领了两本编号为 C2020 和 C2021 的进料加工手册，上述两本手册进口料件均为溴苯，出口成品均为联苯醇。在生产加工过程中，进口料件溴苯与氯化 2- 甲基 -3- 氯苯基镁通过浓缩反应产生副产品溴化镁，因当事人初次办理加工贸易业务，对海关加工贸易法规缺乏了解，致使上述两本手册设立时未向海关备案副产品溴化镁。C2020 手册项下成品已于 2021 年 6 月申报出口完毕，C2021 手册项下成品于 2023 年 2 月出口完毕，截至案发，上述两本手册均未核销。

经查，在生产过程中，C2020 手册共产生溴化镁 273066.41 千克，C2021 手册共产生溴化镁 218129.97 千克。2020 年 10 月至 2022 年 10 月期间，当事人未经海关许可，擅自将上述副产品 491196.38 千克溴化镁分批销售给 J、C 等公司。

经计核，当事人擅自转让的副产品溴化镁的完税价格共计人民币 1354471.90 元，涉及税款人民币 232107.96 元。

处理结论：

当事人作为加工贸易经营单位和生产单位，未经海关许可，擅自转让海关监管货物，违反了《海关法》第三十七条第一款的规定，构成违反海关监管规定的行为。鉴于当事人在海关调查期间能够如实说明违法事实、主动提供材料且足额缴纳担保，具有从轻处罚情节。根据《海关法》第八十六条第十项、《海关行政处罚实施条例》第十八条第一款第一项之规定，决定科处当事人罚款人民币 111100 元。

【案例解读】

加工贸易生产过程中产生的副产品属于保税货物，对保税副产品的处理需要获得海关许可并办理相关手续，未经海关许可，任何企业、单位、个人不得擅自销售或者移作他用。当事人未经海关许可，擅自销售两本手册执行过程中产生的副产品溴化镁，构成违规，虽然具备从轻处罚情节，但因涉案货值较高，最终被海关处以高额罚款，给企业带来经济损失。

对于加工过程中产生的副产品，企业可以选择内销，但需要获得海关批准并及时办理相关手续。另外企业还可以选择将副产品按出口成品在手册、账册备案，按照实际状态或报验状态，在手册中备案实际品名、商品编号，并在规格型号栏备注"副产品"字样，完成备案手续后，即可正常办理出口手续。

第五节　保税货物涉税合规

通过上述的保税货物涉税违规案例，我们可以看到保税货物涉税问题具有涉税情形众多（内销、短少、丢失、损坏等等）、数量核算复杂（成品、残次品、边角料、副产品等内销均需通过核算确定进口保税料件数量）、价格确认困难（很难找到内销保税料件原对应的进口批次）等特点，这些特点增加了加工贸易企业保税货物涉税管理难度，保税货物涉税管理已经成为加工贸易企业在贸易合规方面的重要风险之一。因此，加工贸易企业需要采取措施，提升保税货物涉税管理水平，降低保税货物涉税合规风险。笔者建议，加工贸易企业可以从以下几个方面着手，实现保税货物涉税管理合规。

一、知己知彼

要做到保税货物涉税合规，加工贸易企业需要做到"知己知彼"。"知己"是了解企业自身的加工贸易业务，"知彼"是了解海关的监管规定。

首先，加工贸易企业要做到"知己"。加工贸易业务复杂多样，产品、加工工艺、业务模式不一。不同的产品会有不同的加工工艺，不同的公司会有不同的业务模式。在工艺方面，有装配、注塑、冲压、化学反应等；在业务模式方面，有些企业只开展外销业务，有些公司则同时开展外销及内销业务。以上不同的工艺会产生不同的保税货物涉税业务，装配工艺通常不会产生边

153

角料，冲压一般都会产生边角料，注塑工艺是否会产生边角料则取决于加工产生的料头是否可回收利用，如果料头可回收利用则不会有边角料产生，否则也会产生边角料，而化学反应则通常会产生副产品；在业务模式方面，如果公司只开展外销，所有的制成品全部外销，则不会有保税制成品涉税业务，如果公司同时开展外销、内销，产品销往国外的同时也在国内销售，内销则会产生保税制成品涉税业务。

由上可见，不同的产品、加工工艺、业务模式会产生不同的保税货物涉税业务。加工贸易企业关务人员需要熟知公司的加工贸易业务，通过对公司产品、加工工艺、业务模式的了解，去识别可能存在的保税货物涉税情形，比如，公司加工业务涉及注塑、冲压，就需要留意边角料，涉及化学反应，就需要关注副产品，在识别好潜在的保税货物涉税情形基础上，采取相应的管理措施，以降低保税货物涉税风险。

其次，加工贸易企业要做到"知彼"。保税货物因其"保税"属性，历来是海关监管重点。从手册、账册备案，到料件进口、货物存储、生产加工，成品复运出境或内销，直至最后的手册、账册核销结案，保税货物在整个过程中都面临着海关的严格监管，企业稍有不慎便可能发生违规情形。加工贸易业务相关法规数量多、更新快，"数量多"要求企业在学习、了解相关法规时要做到全面了解，不能有所遗漏，"更新快"则要求加工贸易企业随时关注法规变化，了解其对公司业务的影响并对公司加工贸易管理措施做相应调整。

加工贸易企业在学习、了解加工贸易法律法规时，不仅关务人员需要"知彼"，关务人员还需对公司内部其他涉及保税货物管理的部门、人员开展业务培训，使相关业务部门了解保税，在相关人员的脑海中植入保税的概念，知道自己部门在保税货物管理中职责，这样可以使得保税货物管理的整个链条建立共同的认识，形成合力，避免保税货物涉税违规行为的产生。这样的培训需要根据公司业务变化以及海关政策法规的更新不定期开展，

做好"知己知彼"，才可以为加工贸易企业做好保税货物涉税业务打下业务能力基础。

二、建章立制

要做到保税货物涉税合规，在做好"知己知彼"的基础上，加工贸易企业还需要 "建章立制"。

保税货物涉税管理从手册、账册备案，到料件进口、货物存储、生产加工，成品复运出境或内销，直至最后的手册、账册核销结案，整个管理环节多、链条长，除了关务部门之外，还会涉及采购、质量、生产、仓库、销售等其他部门。做好保税货物涉税管理需要关务部门和其他相关业务部门的通力合作，仅靠关务一个部门孤军作战，必然无法做好保税货物涉税管理。

以手册、账册备案为例。在手册、账册备案环节，关务需要从采购部门获得保税料件的准确价格，这样在备案料件时才能做好归并，将同品名、同HS 编码的料件中价格相近的进口料件归并到一个项次中，这样可以避免后续料件内销补税时，项号级加权平均单价大幅偏离某一料件的实际成交价格；关务部门需要从工程部门拿到准确的 BOM 表、物料的材质、功能、用途等信息，BOM 表中的工艺损耗将直接影响后续内销边角料数量的核算，物料的材质、功能、用途等信息将直接决定物料的 HS 编码，进而决定后续内销补税时适用的税率；关务部门还需从销售部门获得手册（E 账册不需要备案数量）执行期间的预测销售数据以及制成品的内外销比例，为后续的制成品内销补

税安排做好计划。

以上只介绍了手册、账册备案环节，在保税涉税业务方面关务部门需要得到的其他部门的配合，在其他生产、存储、销售环节，关务部门同样需要其他诸如仓库、生产、销售等部门的配合，才能获得准确的保税货物涉税情形及具体数据，从而按规定程序及期限办理相关内销补税手续。因此关务部门要牵头建立相关制度文件，全面包含保税货物涉税业务的识别，到数据的提供，到内销补税的安排等环节，明确各相关部门在保税货物涉税业务管理中职责分工。

做好"建章立制"，可以为加工贸易企业做好保税货物涉税业务管理做好制度保障。

三、数字赋能

有了前面的"知己知彼"和"建章立制"，加工贸易企业涉税管理已经打下了业务能力基础和建立了制度保障。要做到保税货物涉税合规，加工贸易企业还需做好"数字赋能"。

保税货物涉税业务牵扯部门多，涉及数据量大。如果相关数据的传递、处理基于传统的邮件沟通、手工作业，一方面，工作效率低下；另一方面，容易产生计算错误，尤其是人为错误，将会导致内销申报数据有误，进而导致违规行为。

海关总署 2020 年第 78 号公告规定，对符合条件按月办理内销申报纳税手续的海关特殊监管区域外加工贸易企业，在不超过手册有效期或账册核销截止日期的前提下，最迟可在季度结束后 15 天内完成申报纳税手续。这一集中内销补税模式减少了企业办理内销补税手续的频率，为企业带来了便利，当前绝大部分经常开展保税货物内销业务的企业均选择集中内销补税。集中内销补税在给企业带来便利的同时，也对企业的内销数据统计、价格计算带来了挑战。

以成品内销为例，内销申报的准备工作包括获取内销保税成品数量、通过 BOM 表折算成品耗用的保税料件种类 / 数量、计算涉及的保税料件的项号级加权平均单价，整个过程涉及大量的数据收集、整理、计算工作，如果这些工作都由手工完成，难免会发生错误。销售部门在提供内销成品数据时，可能遗漏掉部分内销订单数据，料件折算和内销补税价格计算错误也屡见不鲜，在海关公示的保税货物内销违规案例中，就有很多因为单耗计算错误导致数量申报不实[1]，以及通过 Excel 表计算价格时发生错误导致价格申报不实的案例[2]。

成品内销、边角料内销等保税货物内销业务，关务部门尚且可以通过其他部门获得内销数据。对于一些未知的保税货物短少的涉税情形，关务部门则无法直接获得相关数据，需要通过定期的模拟核销（平衡表核算）去发现、确认。模拟核销是非常精细化的保税货物管理方式，一方面，可以通过模拟核销及时发现短少的保税料件并尽早向海关申请办理内销补税手续；另一方面，也可以通过查发短少的原因，制定相应的改进措施，以避免类似的短少情况再次发生。模拟核销涉及的数据收集、整理、计算工作更为复杂，对于进出口量大的加工贸易企业，通过手工处理几乎无法完成。而如果不进行定期的模拟核销去发现潜在的保税料件短少，全部集中到手册、账册报核时再

---

[1] 见苏关缉违字〔2017〕47 号。

[2] 见苏园关缉违字〔2023〕105 号。

去处理，这些丢失、短少的数量经过一个手册、账册执行周期的累积，数据可能会非常庞大且难以发现造成短少的原因，给企业向海关解释短少带来困难。

在实践中，很多加工贸易企业，尤其是进出口业务量较大的企业已上线关务系统，通过和公司 ERP 的对接，可以实现内销保税货物数据的自动生成，提升效率的同时，还通过减少人工干预，避免了因人为失误而导致申报错误。

做好"数字赋能"，可以为加工贸易企业做好保税货物涉税业务更好地保驾护航。

综上所述，保税货物并非免税，保税货物会因为内销、短少、受灾等原因而需要向海关申请办理补税手续，保税货物受到《关税法》的管辖。除了一般贸易货物涉税的三大重要因素价格、归类、原产地之外，保税货物还有其独有的涉税重点要素，诸如内销保税货物数量的确认、内销补税申报时间的限制、税率的适用、缓税利息等等。通过海关公示的行政处罚案例，我们可以看到很多加工贸易企业在保税货物涉税业务方面犯错，受到了海关行政处罚，给企业的声誉、资信、经济带来了负面影响。加工贸易企业，尤其是有内销业务的加工贸易企业，需要重视保税货物涉税业务，加强保税货物涉税业务管理，以降低保税货物涉税业务风险。

第六章 减免税货物

【《关税法》关联条款】

第三十五条 减免税货物应当依法办理手续。需由海关监管使用的减免税货物应当接受海关监管，在监管年限内转让、移作他用或者进行其他处置，按照国家有关规定需要补税的，应当补缴关税。

对需由海关监管使用的减免税进境物品，参照前款规定执行。

第二十一条 有下列情形之一的，应当适用纳税人、扣缴义务人办理纳税手续之日实施的税率：

（一）保税货物不复运出境，转为内销；

（二）减免税货物经批准转让、移作他用或者进行其他处置；

（三）暂时进境货物不复运出境或者暂时出境货物不复运进境；

（四）租赁进口货物留购或者分期缴纳税款。

第一节 减免税货物概述

减免税，是指海关依法部分或全部免除关税纳税义务人缴纳关税义务的行政执法行为。其中部分免除纳税义务称为减征关税，全部免除纳税义务称为免征关税[1]。减免税货物，即指满足相关法律规定的进出口减免税优惠政策，在办理进出口通关手续时享受了减征、免征关税待遇的进出口货物。

对于绝大部分进出口货物，国家通常会通过征收关税的方式来增加财政收入和保护国内经济。与此同时，为了应对国内外经济形势的变化以及履行国际义务或执行国际通行规则，国家通过对关税的减征、免征对某些纳税义务人和征税对象给与照顾和鼓励，这一调节手段兼顾了关税政策适用的普遍性和特殊性、原则性和灵活性。因此，关税减免是国家关税政策的重要组成部分之一。

我国目前的进出口货物减免税体系包括法定减免、特定减免和临时减免，对应的减免税货物分别为法定减免税货物、特定减免税货物和临时减免税货物。

---

[1] 海关总署关税征管司编著，《〈中华人民共和国海关审定进出口货物完税价格办法〉及其释义》，中国海关出版社，2006年版，第175页。

一、法定减免税货物

法定减免税是指法律中明确列明的减税、免税。法定减免税货物是根据《海关法》、《关税法》等法律的规定，在办理进出口通关手续时减征、免征进口关税或出口关税的进出口货物，法定减免税货物主要包括以下几类：

一是法定免征关税货物：无商业价值的广告品和货样；外国政府、国际组织无偿赠送的物资[1]；在海关放行前遭受损坏或者灭失的货物；中华人民共和国缔结或者参加的国际条约、协定规定减征、免征关税的货物；国务院规定的免征额度内的一票货物、进出境运输工具装载途中必需的燃料、物料和饮食用品；法律规定减征、免征关税的其他货物。

以上列明的法定减免税范围内的进出口货物，除特殊情况外，在进出口之前一般不需要向海关提出减免税申请，可以直接享受关税的减免，且海关一般不对法定减免税货物实施后续监管。

二是法定暂不缴纳关税货物：经海关批准且按照海关要求在货物进境或者出境时向海关缴纳相当于货物应纳税款的保证金或者提供其他海关接受的担保的暂时进境或者暂时出境的下列货物，可以依法暂不缴纳关税，但该货物、物品应当自进境或者出境之日起六个月内复运出境或者复运进境，需要延长复运出境或者复运进境期限的，应当根据海关总署的规定向海关办理延期手

---

[1] 1999 年 8 月 5 日海关总署令第 77 号公布的《中华人民共和国海关对外国政府、国际组织无偿赠送及我国履行国际条约规定进口物资减免税的审批和管理办法》详细规定了外国政府、国际组织无偿赠送的物资的范围、减免税审批单位、办理程序等，该总署令自 1999 年 9 月 15 日起实施。根据工作实际，2023 年 3 月 7 日海关总署令第 261 号废止了海关总署令第 77 号，目前在规章层面没有关于外国政府、国际组织无偿赠送的物资管理办法。现行有效的海关总署公告中有对其的相关规定，见《关于对外国政府、国际组织无偿赠送及我国履行国际条约规定进口物资减免税审核确认事宜的公告》（海关总署公告 2023 年第 20 号）。

续——在展览会、交易会、会议以及类似活动中展示或者使用的货物、物品；文化、体育交流活动中使用的表演、比赛用品，进行新闻报道或者摄制电影、电视节目使用的仪器、设备及用品；开展科研、教学、医疗卫生活动使用的仪器、设备及用品；在本款第一项至第四项所列活动中使用的交通工具及特种车辆；货样；供安装、调试、检测设备时使用的仪器、工具；盛装货物的包装材料；其他用于非商业目的的货物、物品。

上述暂不缴纳关税的货物，在货物进出口之前，纳税义务人通常需要向海关提出申请，获得海关批准，且货物在进口或者出口后的一定期限内需要复运出境或者退运进境。

三是其他法定免征关税货物：因品质、规格原因或者不可抗力，出口货物自出口之日起一年内原状复运进境的，不征收进口关税；因品质、规格原因或者不可抗力，进口货物自进口之日起一年内原状复运出境的，不征收出口关税。特殊情形下，经海关批准，可以适当延长上述规定的期限。

因残损、短少、品质不良或者规格不符原因，进出口货物的发货人、承运人或者保险公司免费补偿或者更换的相同货物，进出口时不征收关税。需要注意的是，如果被免费更换的原进口货物不退运出境或者原出口货物不退运进境的，海关应当对原进出口货物重新按照规定征收关税。

这一类免征关税的进出口货物在办理进出口通关手续时往往需要向海关递交相应的第三方机构出具的证明文件，以证明其满足免征关税的条件。

二、特定减免税货物

特定减免税是在法定减免税之外，国家根据经济发展需要或按照国际通行规则，对特定进出口货物减免关税的优惠政策。特定减免税货物是指由国务院规定的特定地区、特定企业或者有特定用途的进出口货物，在进口时减征或免征进口关税，进口后只能用于特定地区、特定企业或者特定用途，直至海关监管年限届满后解除海关监管。未经海关核准并补缴关税，不得移作他用。

特定减免税货物包括以下几大类：减免税设备、不作价设备、科教用品[1]、残疾人专用品[2]、慈善捐赠物资[3]、边境小额贸易货物，对于广大进出口企业而言，这其中尤以减免税设备最为常见。

为进一步扩大利用外资，引进国外的先进技术和设备，促进我国产业结构的调整和技术进步，保持国民经济持续、快速、健康发展。1997年12月29日，国务院发布了《国务院关于调整进口设备税收政策的通知》（国发〔1997〕37号），决定自1998年11月1日起，对国家鼓励发展的国内投资项目和外商投资项目进口设备，在规定的范围内，免征关税和进口环节增值税。上述的规定范围通常由国务院相关部门通过不定期更新相关国家鼓励产业目录以及国家鼓励进口的装备和产品目录予以公布，国家特定减免税政策随着社会经济发展需要而不断调整，上述目录也会随之更新[4]。进出口企业可以

---

[1] 参考《财政部 海关总署 税务总局关于"十四五"期间支持科技创新进口税收政策的通知》（财关税〔2021〕23号）、《关于"十四五"期间支持科技创新进口税收政策管理办法的通知》（财关税〔2021〕24号）和《关于"十四五"期间进口科学研究、科技开发和教学用品免税清单（第一批）的通知》（财关税〔2021〕44号）。

[2] 参考《残疾人专用品免征进口税收暂行规定》（海关总署令第61号）。

[3] 参考《慈善捐赠物资免征进口税收暂行办法》（2015年第102号公告）。

[4] 当前有效的鼓励进口的装备和产品目录是2021年12月10日工信部等五部委工信部联合发布的《国家支持发展的重大技术装备和产品目录（2021年版）》、《重大技术装备和产品进口关键零部件、原材料商品目录（2021年版）》（联重装〔2021〕198号）。

通过查询相关目录确定拟进口的设备用途是否属于鼓励项目，以及设备是否在相关国家支持的装配和产品目录内，如果设备用途属于鼓励项目且列于相关国家支持的装配和产品目录内，则进出口企业可以在设备进口前向相关部门办理审批、备案手续从而享受减免税优惠待遇。审批、备案流程分为两步：首先，减免税申请人需要取得相关政策规定的享受进出口税收优惠政策资格的证明材料。减免税申请人向发改委相关部门申请办理鼓励类项目确认，符合条件的，发改委将制发《国家鼓励发展的内外资项目确认书》（以下简称《鼓励项目确认书》），该《鼓励项目确认书》即为享受税收优惠政策资格的证明资料；其次，减免税申请人凭《鼓励项目确认书》及其他相关资料向海关申请减免税审核确认手续，符合条件的，海关将向减免税申请人制发《中华人民共和国海关进出口货物征免税确认通知书》（以下简称《征免税确认通知书》）。在相关设备进口时，减免税货物申请人可以凭《征免税确认通知书》享受减免税优惠。根据上述特定减免税政策进口的设备通常称为减免税设备。

三、临时减免税货物

临时减免税由国务院根据维护国家利益，促进对外交往、经济社会发展、科技创新需要或者由于突发事件等需要，制定临时专项关税减免优惠政策，上述政策需报全国人民代表大会常务委员会备案。临时减免税货物是进出口时适用上述临时关税减免优惠政策的进出口货物。临时减免税货物一般有种类、数量、单位、金额、期限方面的限制。

如为支持举办中国国际进口博览会（以下简称进博会），经国务院批准，2020 年 10 月 12 日，财政部、海关总署、税务总局联合发布了《关于中国国际进口博览会展期内销售的进口展品税收优惠政策的通知》（财关税〔2020〕38

号），对进博会展期内销售的合理数量的进口展品免征进口关税、进口环节增值税和消费税。文件对每个展商展会期内享受税收优惠的销售数量或销售金额设定了限制：机器、机械器具、电气设备及仪器、仪表享受税收优惠数量不超过 12 件；牵引车、拖拉机享受税收优惠数量不超过 2 件；船舶及浮动结构体享受税收优惠数量不超过 3 件；医疗或外科用仪器及设备和艺术品、收藏品及古物享受税收优惠数量不超过 5 件；其他展品享受税收优惠政策的销售限额不超过 2 万美元。享受上述税收优惠的展品不包括国家禁止进口商品，濒危动植物及其产品，烟、酒、汽车以及列入《进口不予免税的重大技术装备和产品目录》的商品。

另外，为进一步支持疫情防控工作，财政部、海关总署、税务总局于 2020 年 2 月 1 日联合发布了《关于防控新型冠状病毒感染的肺炎疫情进口物资免税政策的公告》（2020 年第 6 号公告），在 2020 年 1 月 1 日至 3 月 31 日期间，扩大《慈善捐赠物资免征进口税收暂行办法》规定的免税进口范围，对捐赠用于疫情防控的进口物资，免征进口关税和进口环节增值税、消费税。

在以上述及的减免税货物中，绝大部分法定减免税货物在进出口通关时可以直接享受关税减免，临时减免税货物则具有临时性，在减免税货物中占比较少，除特殊情况外，海关一般不对法定减免税货物和临时减免税货物实施后续监管。但是和广大进出口企业息息相关的特定减免税货物则不一样，特定减免税货物进口后的一定期限内需要继续接受海关的监管，只能用于特定地区、特定企业或者特定用途，未经海关核准并补缴关税，不得移作他用。进出口企业在特定减免税货物的使用管理过程中，稍有不慎，便可能违反海关相关管理规定，给企业带来合规风险，而其中最重要的是涉税风险，本章接下来将围绕特定减免税货物分析减免税货物的涉税风险及应对措施。

第二节 特定减免税货物涉税情形

符合关税优惠政策，享受减征或者免征关税的进口减免税货物，只能用于特定地区、特定企业或者特定用途，在海关监管期内需要接受海关监管，未经海关核准并补缴关税，不得移作他用。海关监管年限一般为——船舶、飞机：8年；机动车辆：6年；其他货物：3年，监管年限自货物进口放行之日起计算。在监管年限内移作他用、转让或者进行其他处置，按照国家有关规定需要补税的，应当补缴关税。

减免税货物的涉税情形主要包括移作他用，转让、提前解除监管和主体变更、终止运营等。

一、移作他用

减免税货物在监管期限内应该用于特定企业、特定用途或特定地区，在海关监管年限内，减免税申请人需要将减免税货物移作他用的，应当事先向主管海关提出申请。经主管海关审核同意，减免税申请人可以将减免税货物移作他用。

减免税货物移作他用包括以下情形："（一）将减免税货物交给减免税申请人以外的其他单位使用；（二）未按照原定用途使用减免税货物；（三）未按照原定地区使用减免税货物。"上述三种情形分别改变了减免税货物使用的特定企业、特定用途和特定地区。

除海关总署另有规定外，在监管期内将减免税货物移作他用的，减免税申请人应当事先按照移作他用的时间补缴相应税款；移作他用时间不能确定的，应当提供税款担保，税款担保金额不得超过减免税货物剩余监管年限可能需要补缴的最高税款总额。

二、转让、提前解除监管

在减免税货物的海关监管年限内，经主管海关审核同意，并办理有关手续，减免税申请人可以将减免税货物转让或提前解除监管。

在海关监管年限内，减免税申请人需要将减免税货物转让给进口同一货物享受同等减免税优惠待遇的其他单位的，减免税货物的转出、转入申请人需要向各自主管海关申请办理结转手续，无需缴纳关税。如果减免税申请人需要将减免税货物转让给不享受进口税收优惠政策或者进口同一货物不享受同等减免税优惠待遇的其他单位的，则减免税申请人应当事先向主管海关申请办理减免税货物补缴税款手续。

对海关监管年限内的减免税货物，减免税申请人要求提前解除监管的，应当向主管海关提出申请，并办理补缴税款手续。

三、主体变更、终止运营

在海关监管年限内，减免税申请人发生分立、合并、股东变更、改制等主体变更情形的，应该向海关报告。经原减免税申请人主管海关审核，权利义务承受人可以继续享受减免税待遇的，权利义务承受人按照规定申请办理减免税货物结转等相关手续即可，不需要向海关补缴关税。但如果海关审核认定权利义务承受人不具备继续享受减免税待遇的，权利义务承受人则需要向海关补缴关税。

在海关监管年限内，因破产、撤销、解散、改制或者其他情形导致减免税申请人终止运营，有权利义务承受人的，按照上述的减免税申请人发生分立、合并、股东变更、改制等主体变更情形办理有关手续；没有权利义务承受人的，原减免税申请人或者其他依法应当承担关税及进口环节税缴纳义务的当事人，应当自资产清算之日起 30 日内，向原减免税申请人主管海关申请办理减免税货物的补缴税款手续。

综上，对于监管期内的减免税货物，减免税申请人将减免税货物移作他用、提前解除监管、终止运营的情况下，均需向海关补缴关税。减免税申请人在发生主体变更或转让减免税税货物时，则根据主体变更后的权力义务人或减免税货物受让单位是否可以享受同等优惠待遇来判断是否需要向海关补缴关税：享受相同的关税优惠待遇，办理相关手续后无需补缴关税，反之则需要向海关补缴关税。

第三节 特定减免税货物涉税监管规定

鉴于减免税货物的特殊性，其在办理补税手续时货物已经使用了一段时间，货物的价值发生了变化，另外货物适用的税率也有可能与原进口时的税率不一致，为此，海关为其专门制定了完税价格确认方法并规定了适用税率。

一、完税价格确认

海关根据减免税货物的不同涉税情形，分别制定了移作他用涉税减免税货物和其他情形涉税减免税货物完税价格确认方法。

（一）移作他用涉税减免税货物完税价格

移作他用的减免税货物，需要补缴税款的，补税的完税价格的基础为货物原进口时的完税价格，在货物原进口价格的基础上按照需要补缴税款的时间与监管年限的比例进行折旧，其计算公式如下：

$$补税的完税价格 = 减免税货物原进口时的完税价格 \times 需要补缴税款的时间 / (监管年限 \times 365)$$

上述计算公式中需要补缴税款的时间为减免税货物移作他用的实际时间，按日计算，每日实际使用不满 8 小时或者超过 8 小时的均按 1 日计算。

（二）其他情形涉税减免税货物完税价格

减免税货物因转让、提前解除监管以及减免税申请人发生主体变更、依法终止情形或者其他原因需要补征税款的，补税的完税价格以货物原进口时的完税价格为基础，按照减免税货物已进口时间与监管年限的比例进行折旧，其计算公式如下：

$$补税的完税价格 = 减免税货物原进口时的完税价格 \times (1 - 减免税货物已进口时间 / (监管年限 \times 12)$$

减免税货物已进口时间从货物放行之日起按月计算，超过15日但不满1个月的，按1个月计算；不超过15日的，免于计算。

货物已进口时间的截止日截止时间按照以下方法计算：

1. 转让减免税货物的，应当以主管海关接受减免税申请人申请办理补税手续之日作为截止之日；

2. 减免税申请人未经海关批准，擅自转让减免税货物的，应当以货物实际转让之日作为截止之日；实际转让之日不能确定的，应当以海关发现之日作为截止之日；

3. 在海关监管年限内，减免税申请人发生主体变更情形的，应当以变更登记之日作为截止之日；

4. 在海关监管年限内，减免税申请人发生破产、撤销、解散或者其他依法终止经营情形的，应当以人民法院宣告减免税申请人破产之日或者减免税申请人被依法认定终止生产经营活动之日作为截止之日；

5. 减免税货物提前解除监管的，应当以主管海关接受减免税申请人申请办理补缴税款手续之日作为截止之日。

以上两种完税价格确认方法的共同点是两者都以减免税设备原进口完税

价格为基础，同时以需要补缴税款的时间与监管年限的占比进行折旧，以减免税设备原进口完税价格为基础符合海关估价中以成交价格为基础的基本原则。两者的不同之处在于，确定需要补缴税款的时间时，确认移作他用涉税减免税货物完税价格时精确到了自然日，而确认其他情形涉税减免税货物完税价格时只精确到月，显然前者较后者更为精确。

二、税率适用

《关税法》第二十一条规定，减免税货物经批准转让、移作他用或者进行其他处置，需要补缴税款的，应当适用纳税人、扣缴义务人办理纳税手续之日实施的税率。《关税法》第二十二条规定，因纳税人、扣缴义务人违反规定需要追征税款的，应当适用违反规定行为发生之日实施的税率；行为发生之日不能确定的，适用海关发现该行为之日实施的税率。

前者适用于减免税货物申请人按照相关法规要求，事先主动向海关申请办理涉税减免税货物补税业务，而后者则适用于减免税货物申请人违反相关规定，因擅自转让尚未解除监管的减免税货物或未经海关许可在监管期内将减免税货物移作他用等需要被海关追征税款的情形。

第四节 减免税涉税风险案例解读

典型案例 29：擅自转让海关监管期内减免税设备案

2010 年 6 月 2 日，当事人以外资设备物品的贸易方式向海关申报进口电动叉车 1 台，申报金额 22000 美元。此台叉车进口的征免性质为鼓励项目，免关税进口。2015 年 2 月 2 日，当事人在未向海关办理相关手续并补缴相应税款的情况下，将此台电动叉车转让给了兄弟企业 K 公司，此时，该台电动叉车仍在海关监管期内，距解除海关监管尚余 4 个月[1]。经查，当事人发生上述情事的原因是：公司减免税设备管理制度不完善，内部各部门间沟通不畅，对减免税设备的资产转移未设立相应的管控程序，资产管理部门并不知晓海关对减免税设备的监管要求，在处理该减免税设备时未通知关务部门，以致关务部未能提前办理相关海关手续并补缴税款。

经计核，上述涉案叉车价值人民币 11068.6 元，应缴税款人民币 1054.49 元，漏缴税款人民币 1054.49 元。

---

[1] 为支持企业技术改造，加快设备更新，推动产业升级，海关总署决定调整进口减免税货物的监管年限。2017 年 10 月 24 日，海关总署发布《关于调整进口减免税货物监管年限的公告》（海关总署公告 2017 年第 51 号），将进口减免税货物的监管年限调为——船舶、飞机：8 年；机动车辆：6 年；其他货物：3 年。在此之前，减免税设备的监管期限为 5 年。

处理结果：

当事人未经海关许可并办理相关海关手续，擅自转让减免税设备，其行为违反了《海关法》第三十七条第一款规定，已构成擅自转让海关监管期内的减免税货物违规行为。根据《海关法》第八十六条第十项、《海关行政处罚实施条例》第十八条第一款第一项之规定，决定对当事人科处罚款人民币1100元。

【案例解读】

《海关法》第三十七条规定，海关监管货物，未经海关许可，不得开拆、提取、交付、发运、调换、改装、抵押、质押、留置、转让、更换标记、移作他用或者进行其他处置。

按照案发时适用的《海关进出口货物减免税管理办法》（海关总署令第179号）的规定，减免税设备监管期限为5年，在海关监管年限内，减免税申请人应当按照海关规定保管、使用进口减免税货物，并依法接受海关监管。涉案减免税货物电动叉车进口于2010年6月2日，应于2015年6月2日解除监管，当事人于2015年2月2日将电动叉车销售给兄弟公司时该设备仍处于海关监管期内，该销售行为属于《海关法》三十七条中的"转让"。当事人未经海关许可并向海关补缴税款，擅自转让海关监管期内的减免税货物，构成违反海关监管规定行为，给企业带来了行政处罚。

另《海关法》第八十二条规定，违反《海关法》及有关法律、行政法规，逃避海关监管，偷逃应纳税款、逃避国家有关进出境的禁止性或者限制性管理，未经海关许可并且未缴纳应纳税款、交验有关许可证件，擅自将特定减免税货物在境内销售的是走私行为。因此减免税申请人在处理减免税货物时需要特别留意，擅自转让减免税货物，不仅会构成行政违规，甚至有可能产生刑事责任。

典型案例 30：将减免税设备"移作他用"案

2008 年 11 月 19 日，当事人向海关申报进口免税设备卧式冷室压铸机／旧 1 台，货物价值 860000 美元，贸易方式为外资设备物品，该设备使用的《国家鼓励发展的外资项目确认书》确认的用途为：汽车、摩托车用逐段毛坯件的生产。

在设备生产期间为充分利用设备产能，开拓其他业务，于 2013 年 10 月 4 日至 10 月 7 日、2013 年 10 月 14 日至 10 月 17 日期间，当事人擅自将上述卧式冷室压铸机用于生产通讯类产品机箱，合计生产 2494 个，并销售给东莞某公司。

当事人将特定免税设备用于生产通讯类产品机箱，与原审批的鼓励项目用途不符。且在本案立案 3 个月内，当事人无法提供相关税收优惠政策规定的证明文件，以证明上述设备改变用途可以享受同等减免税优惠待遇，当事人将该设备用于生产通讯类产品机箱的情形构成移作他用的违规行为。经计核，移作他用期间涉及税款人民币 8099.91 元，货物价值人民币 256462.41 元。

经查证，当事人上述移作他用的违规行为的发生，系对海关特定减免税监管货物的相关政策不了解所致。

处理结果：

当事人未经海关许可，擅自将特定减免税货物移作他用，加工并销售与设备审批项目用途不符的产品，其行为违反了《海关法》第三十七条第一款规定，已构成将海关监管期内的减免税设备移作他用的违规行为。鉴于移作他用累计时间不足一年，危害后果不大，可以从轻处罚。依据《海关法》第八十六条第十项、《海关行政处罚实施条例》第十八条第一款第一项规定，决定对当事人上述减免税货物移作他用的违规行为予以处罚：依法对当事人科处罚款 18000 元。

【案例解读】

《海关法》第五十七条规定，减征或者免征关税进口的货物，只能用于特定地区、特定企业或者特定用途，未经海关核准并补缴关税，不得移作他用。上述法律条文明确规定了特定减免税货物只能用于特定地区、特定企业或者特定用途，减免税申请人需要在监管期内移作他用的，需要事先获得海关的核准并补缴关税。《关进出口货物减免税管理办法》（海关总署令第 245 号，以下简称海关总署 245 号令）对移作他用进行了规定，移作他用包括以下三种情形：

1. 将减免税货物交给减免税申请人以外的其他单位使用；

2. 未按照原定用途使用减免税货物；

3. 未按照原定地区使用减免税货物。

本案中，案发时适用的减免税设备监管期限为 5 年。当事人在减免税货物监管期内，未经海关许可，将经审核用于生产鼓励类的汽车、摩托车用逐段毛坯件的减免税设备卧式冷室压铸机，生产非鼓励类的通讯类产品机箱，未按照原定用途使用减免税货物，该行为属于《海关法》五十七条中的"移作他用"。《关税法》第三十五条规定，需由海关监管使用的减免税货物应当接受海关监管，在监管年限内转让、移作他用或者进行其他处置，按照国家有关规定需要补税的，应当补缴关税。当事人未经海关许可并向海关补缴税款，擅自将减免税设备移作他用，构成违反海关监管规定行为，导致被海关行政处罚。

移作他用的违规行为除了改变用途之外，常见的还有改变使用主体，如将减免税设备借给他人（同属一个集团的公司之间经常会发生借用）或者租给他人使用，减免税申请人需要特别留意。

同时，我们也注意到在《处罚决定书》中，海关特地注明"且在本案立案 3 个月内，当事人无法提供相关税收优惠政策规定的证明文件，以证明上述设备改变用途可以享受同等减免税优惠待遇，当事人将该设备用于生产通讯类产品机箱的情形构成移作他用的违规行为"。由此我们可以推测，当事人将减免税设备用作原审批的鼓励类项目以外的用途时，如该用途可以享受同等减免税优惠待遇，虽无相关明确的法规规定，海关在执法实践中可能会从宽处理，不会将该行为认定为擅自移作他用违规。当然，笔者依然建议，即便当事人确定新的用途可以享受同等减免税优惠待遇，仍要在决定移作他用之前咨询主管海关。

典型案例 31：减免税设备代加工案

2019 年 3 月 5 日，当事人以 A 公司作为境内收货人，自身作为消费使用单位，以鼓励项目征免性质向海关申报进口浆纱机 1 台，《进出口货物征免税证明》编号为 Z23021900099，该浆纱机海关放行日期为 2019 年 3 月 6 日，海关监管年限届满日期为 2022 年 3 月 5 日，该设备使用的《国家鼓励发展的外资项目确认书》确认的用途为：用于年产 1200 万米高支高密高档纺织布技术改造项目。

2023 年 10 月 20 日，海关在对当事人开展的后续稽查中发现，在海关监管年限内，当事人未经海关许可，擅自将上述减免税设备浆纱机用于对外代加工浆纱业务。经查，2019 年 4 月 19 日至 2021 年 10 月 20 日期间，当事人减免税设备浆纱机用于对外代加工浆纱 150 日（其中 2020 年 10 月 21 日至 2021 年 10 月 20 日代加工 74 日，涉及税款人民币 16498.57 元）；2021 年 10 月 21 日至 2022 年 2 月 23 日期间，当事人减免税设备浆纱机用于对外代加工浆纱 32 日，经计核，擅自移作他用期间涉案货物价值人民币 88077.44 元，涉税人民币 6524.26 元。

处理结果：

当事人未经海关许可，擅自将减免税货物移作他用，行为已违反《海关法》第三十七条第一款之规定，构成违规。对于 2021 年 10 月 20 日前的减免税货物擅自移作他用违法行为，鉴于当事人违法行为在两年内未被发现，根据《中华人民共和国行政处罚法》（以下简称《行政处罚法》）第三十六条第一款之规定，决定对当事人不予行政处罚；对于 2021 年 10 月 21 日后的减免税货物擅自移作他用违法行为，鉴于当事人配合海关查处违法行为，且认错认罚，主动缴纳保证金，根据《行政处罚法》第三十二条第五项、《海关行政处罚实施条例》第十八条第一款第一项、《中华人民共和国海关行政处罚裁量基准（一）》（海关总署公告 2023 年第 182 号，以下简称《裁量基准（一）》）第九条第二项、第十二条第二项之规定，决定对当事人作出如下行政处罚：从轻处罚，科处罚款人民币 5000 元。

【案例解读】

这是一起典型的减免税设备代加工案件，减免税申请人在使用减免税设备按照鼓励类项目规定的用途为自己生产产品的同时为他人提供代工同样产品的服务，该行为是否构成违规行为、代加工期间是否需要向海关补缴税款在业内存在争议，海关执法存在不统一的现象。一种观点认为：减免税申请人将减免税设备用于自己生产的同时，又为他人提供加工服务，其使用主体并未改变，只要其生产的产品符合《鼓励类项目确认书》确定的用途，可以享受相关税收优惠政策，则不构成移作他用，不应予以处罚或补缴税款。另一种观点则认为：减免税设备只能用于生产减免税申请人自己符合《鼓励类项目确认书》确定用途的产品，为他人代加工即构成移作他用违规行为，无需考虑代加工产品是否符合《鼓励类项目确认书》确定的用途，应该予以处罚并追征税款。

本案中，海关采取了第二种观点，对当事人进行了行政处罚并追征了为他人代加工期间的税款。此案也提醒我们，法律语言存在一定的模糊性，执行人员在适用同一法律条文时可能存在不一样的理解，在减免税货物使用过程中，减免税申请人要持谨慎的态度，对于自己拿不准的情形应事先联系主管海关确认。

典型案例 32：减免税设备擅自融资租赁案

2020 年 6 月 24 日，当事人以一般贸易方式向海关申报进口减免税设备数控超精密线切割机 2 台，征免性质为鼓励项目，申报货物总价 20400000 日元，免关税进口。2020 年 12 月 24 日，当事人以一般贸易方式向海关申报进口减免税设备数控超精密线切割机 2 台，征免性质为鼓励项目，申报货物总价 20400000 日元，免关税进口。

当事人因融资需求，于 2022 年 12 月 27 日与 Z 国际融资租赁有限公司签订融资租赁合同（融资租赁期限：2022 年 12 月 30 日至 2025 年 11 月 26 日），以公司冲床、机床等 19 项设备（包含上述 4 台减免税设备）作为标的物，向 Z 公司融资人民币 6400000 元。当事人于 2022 年 12 月 30 日办理了动产融资租赁担保登记。2023 年 10 月 30 日，当事人与 Z 公司签订了解除部分融资租赁合同协议。

经查，因当事人经办员工疏忽，未发现融资租赁货物中存在尚未解除海关监管的监管期内的免税设备，导致 4 台免税设备融资租赁给 Z 公司，且未向海关办理上述 4 台免税设备的融资租赁手续。上述 4 台数控超精密线切割机在融资租赁期间，一直在当事人公司内用于自身生产。

另外，2023 年 11 月 2 日行政立案时，当事人 2020 年 6 月 24 日进口的 2 台数控超精密线切割机已过海关三年监管期。经计核，当事人尚在海关监管期内用于融资租赁的 2 台免税数控超精密线切割机，货物价值人民币 527124.08 元。

处理结果：

当事人未办理海关手续，将 4 台免税进口的数控超精密线切割机用于融资租赁，该行为违反了《海关法》第三十七条第一款之规定，根据《海关法》第八十六条第十项之规定，已构成违反海关监管规定的行为。

鉴于 2023 年 11 月 2 日行政立案时，当事人上述 2020 年 6 月 24 日进口的 2 台数控超精密线切割机已过海关三年监管期，属于轻微违法行为，没有造成危害后果。根据行政处罚法第三十三条第一款、第三款之规定，决定对该 2 台免税设备用于融资租赁的违规行为不予行政处罚，进行教育。

鉴于尚在海关监管期内的 2 台数控超精密线切割机在融资租赁期间仍为当事人自用，调查期间当事人上述融资租赁行为已终结，根据《裁量基准（一）》第十二条第一款之规定，决定对当事人予以减轻行政处罚：科处罚款人民币 5000 元。

【案例解读】

本案中的融资租赁属于旧设备融资——售后回租，售后回租是指出资人根据企业设备价值，出资向企业购买设备，并反租给企业使用，企业则分期向出资人支付租金，在租赁期内设备的所有权属于出资人所有，企业拥有设备的使用权。旧设备融资具有获得资金成本低、灵活、风险低（设备仍处于使用人的控制下）等优点，是企业获取资金的一种常见方式。旧设备融资往往要求设备金额较高，减免税设备成了旧设备融资的重点标的物，近年来海关查发的减免税货物违规案件中，融资租赁违规占较大比重。

对于减免税货物融资租赁的违规案件，因减免税设备仍处于减免税申请人控制之下，且仍为减免税申请人自用，如果没有其他移作他用的情形，则一般不涉及补缴税款，海关通常会科处一定金额的罚款。

典型案例 33：减免税设备擅自抵押案

2018 年 1 月 24 日，当事人持 Z23111801100 号征免税证明，以鼓励项目征免性质向海关申报进口氯化氢压缩机 2 套。2018 年 4 月 27 日，当事人持 Z23111801101、Z23111801102 号征免税证明，以鼓励项目征免性质向海关申报进口冷拉伸套膜机、全自动包装机各 1 套。

2019 年 12 月 25 日，当事人未经海关许可，将上述仍在海关监管期内的 2 套氯化氢压缩机、1 套冷拉伸套膜机和 1 套全自动包装机，用于向 N 银行办理抵押贷款，抵押期间，上述设备仍由当事人自己生产使用。2022 年 4 月，当事人偿清前述贷款，并将上述设备解除抵押。经海关关税部门计核，涉案设备抵押时价值人民币 7075309.09 元，涉及税款人民币 505984.16 元。

处理结果:

当事人未经海关许可,将仍处于海关监管期内的减免税货物用于抵押贷款,违反了《海关法》第三十七条第一款之规定,构成擅自抵押海关监管货物的违规行为。鉴于上述设备在抵押期间仍由当事人自用且用于原定用途,当事人在海关调查期间能如实说明违法事实、主动提供材料并主动缴纳足额保证金,可以减轻处罚。根据《行政处罚法》第三十二条第五项、《海关法》第八十六条第十项和《海关行政处罚实施条例》第十八条第一款第一项之规定,决定对当事人作如下处罚:科处罚款人民币71000元。

【案例解读】

《海关法》第三十七条规定:"海关监管货物,未经海关许可,不得开拆、提取、交付、发运、调换、改装、抵押、质押、留置、转让、更换标记、移作他用或者进行其他处置。"

本案中,当事人未事先获得海关许可,将监管期内的减免税设备作为抵押物向银行办理抵押贷款,构成了擅自抵押减免税货物违规行为,按《海关行政处罚实施条例》第十八条第一款第一项之规定,海关可以对当事人科处货值5%~30%的罚款,鉴于当事人存在减轻处罚的情节,海关最终科处了货值1%的罚款。

海关总署令第245号第二十二条规定,在减免税货物的海关监管年限内,经主管海关审核同意,并办理有关手续,减免税申请人可以将减免税货物抵押。所以,因经营需要,当事人可以用监管其内的减免税货物办理抵押贷款,只是需要事先完成上述的行政审批程序。通常是减免税申请人向海关提出抵押申请,海关审核,经审核符合规定的,海关将制发《中华人民共和国海关准予办理减免税货物贷款抵押通知书》。同时，减免税申请人应当自签订抵押合同、贷款合同之日起 30 日内，将抵押合同、贷款合同提交主管海关备案。

另外需要注意的是，减免税申请人不得以减免税货物向银行或者非银行金融机构以外的自然人、法人或者非法人组织办理贷款抵押。

第五节 减免税货物涉税合规建议

减免税优惠政策通过关税的减征、免征为减免税申请人带来直接的成本节约，相关法规在赋予符合减免税政策的减免税申请人依法享受进口减免税货物关税减免优惠权利的同时，也为其在使用减免税货物时设置了一定的义务。减免税货物使用不当，会给企业带来合规风险。企业需要做好减免税设备进口前、进口后和解除监管后管理，做到在享受关税优惠政策的同时，避免出现违规风险。

一、前期管理

在减免税货物进口前期准备阶段，进出口企业需要做好以下两个方面工作：

首先，进出口企业需要了解掌握减免税政策，结合项目及拟进口货物情况，准确判断是否可以享受关税优惠政策。充分利用减免税政策，为企业合法地节约生产经营成本。在实践中，就存在企业因为不了解减免税政策，将本可免税进口的设备通过一般贸易方式进口，缴纳了本可避免的关税。在判断是否可以享受关税优惠政策时除了判断项目本身是否属于鼓励类项目，还要特别关注拟进口的设备是否在国家鼓励进口的装备和产品目录中，尤其要注意拟进口的设备技术参数是否满足目录中对相关装备和产品的技术规格要求。切不可为了享受减免税优惠政策，而故意改动相关拟进口设备的技术参数使其达到国家鼓励进口的装备和产品目录列明的技术规格要求。

其次，在确定拟进口货物可以享受相关税收优惠政策后，减免税申请人应当在货物申报进出口前，取得相关政策规定的享受进出口税收优惠政策资格的证明材料，并向主管海关申请办理减免税审核确认手续。进出口货物征税放行后，减免税申请人申请补办减免税审核确认手续的，海关一般不予受理[1]。

二、中期管理

减免税货物进口以后在海关监管期内需要接受海关的持续监管，监管周期长，设备使用环境复杂，减免税申请人合规管理需要高度重视。

一是加强对相关部门的培训，使其了解海关对减免税货物的监管要求。企业的进出口部门通常对减免税设备的监管规定比较了解，但减免税货物办结完进口通关手续进入公司以后，通常由资产管理、生产、设备维护等部门管理使用，这些部门对减免税设备的海关监管要求并不了解，进出口部门需要对其进行培训，使其了解减免税货物在海关监管期内的使用注意事项，以免在不知情的情况下发生违规行为。

二是建立减免税货物管理制度，建立良好的跨部门沟通机制。减免税货物监管期较长，在监管期内可能会发生因减免税设备维修需要更换零部件、为他人提供加工服务、转让、抵押等情形，减免税申请人需要针对上述情形建立管理制度，明确具体的办理流程及相关部门的职责，以免因部门间沟通

---

[1] 2024 年 9 月 5 日下发的《海关总署办公厅关于进一步优化海关税收服务助力外贸质升量稳有关措施的通知》（署办税函〔2024〕12 号）规定，对于符合有关进口税收优惠政策规定的货物，因紧急进口等原因而缴税进口的，自缴纳税款之日起 1 年内，减免税申请人可向海关申请补办减免税审核确认和相关税款退还手续。

不畅导致违规行为发生。

三是按时报送《减免税货物使用状况报告书》，海关总署令第 245 号规定，在海关监管年限内，减免税申请人应当于每年 6 月 30 日（含当日）以前向主管海关提交《减免税货物使用状况报告书》，报告减免税货物使用状况。超过规定期限未提交的，海关按照有关规定将其列入信用信息异常名录，会影响进出口企业 AEO 认证。同时，如果未能按期报送《减免税货物使用状况报告书》，海关将不予受理该减免税申请人的减免税审核确认、减免税货物税款担保、减免税货物后续管理等相关业务申请。

三、后期管理

减免税货物解除监管并不意味着减免税管理的结束。

一方面，减免税申请人需要及时申请《中华人民共和国海关进口减免税货物解除监管证明》（以下简称《解除监管证明》）。海关总署令第 245 号第二十条规定："申请减免税申请人可以自减免税货物解除监管之日起 1 年内，向主管海关申领《解除监管证明》。"这不是一个强制性规定，减免税申请人可以选择是否申请《解除监管证明》，但建议减免税申请人还是及时申请《解除监管证明》以备不时之需。在实践中就遇到过这样的案例，某减免税申请人在减免税设备到期后未申请《解除监管证明》，后来减免税申请人因所在业务部门调整，被整体出售，收购方在做尽职调查时发现其资产中有海关减免税设备，故要求其提供《解除监管证明》，但此时离该减免税设备解除监管日已超过 1 年，海关不再出具《解除监管证明》，因此给该减免税申请人的出售业务带来了一定麻烦。

另一方面，需要保管好相关资料。《海关法》第四十五条规定："自进出口货物放行之日起三年内或者在保税货物、减免税进口货物的海关监管期限内及其后的三年内，海关可以对与进出口货物直接有关的企业、单位的会计账簿、会计凭证、报关单证以及其他有关资料和有关进出口货物实施稽查。在减免税设备的海关监管期内及解除监管后三年内，减免税申请人需要保管好减免税货物的相关资料以备海关后续稽查。"

第七章 成交价格及其条件

【《关税法》关联条款】

第二十四条 ……进口货物的成交价格，是指卖方向中华人民共和国境内销售该货物时买方为进口该货物向卖方实付、应付的，并按照本法第二十五条、第二十六条规定调整后的价款总额，包括直接支付的价款和间接支付的价款。

进口货物的成交价格应当符合下列条件：

（一）对买方处置或者使用该货物不予限制，但法律、行政法规规定的限制、对货物转售地域的限制和对货物价格无实质性影响的限制除外；

（二）该货物的成交价格没有因搭售或者其他因素的影响而无法确定；

（三）卖方不得从买方直接或者间接获得因该货物进口后转售、处置或者使用而产生的任何收益，或者虽有收益但能够按照本法第二十五条、第二十六条的规定进行调整；

（四）买卖双方没有特殊关系，或者虽有特殊关系但未对成交价格产生影响。

第二十九条 出口货物的计税价格以该货物的成交价格以及该货物运至中华人民共和国境内输出地点装载前的运输及其相关费用、保险费为基础确定。

出口货物的成交价格，是指该货物出口时卖方为出口该货物应当向买方直接收取和间接收取的价款总额。

出口关税不计入计税价格。

上述条款对进出口货物成交价格及其成就条件作出了规定，确定了以成交价格估价方位作为基本方法审查确定计税价格。海关审价领域所指的成交价格，是为了核定计税价格[1]而提出特定法律概念必须符合规定的法定条件，它是计税价格的主体部分，不同于平时所指的发票价格、交易价格或者销售价格。

全球进出口货物基本都是由国际交易引起的，大多数国家对绝大多数货物的进出口关税实行从价计征的方式。这种情况下，关税金额由计税价格和关税税率两个因素决定。所以，计税价格是确定关税的前提和基础，对关税金额有重大影响。审查确定计税价格是海关的一项重要职权，也是海关执法中具有较强专业性的工作之一。

海关审定成交价格或计税价格（简称海关审价）的基本方法，经历了由海关定价、正常价格估价方法到成交价格估价方法的演变。最终为了顺应国际贸易发展的潮流和规律，防止各国海关通过海关审价权力设置阻碍贸易便利化的壁垒，在关税与贸易总协定乌拉圭回合多边贸易谈判中，有关各方通过了《关于实施〈1994年关税及贸易总协定〉第七条的协定》（以下简称《WTO估价协定》）。最核心的内容就是确立成交价格估价方法作为基本方法并以此为基础衍生出其他估价方法。成交价格估价方法，从实体上承认国际货物

---

[1]《海关法》第五十五条和原《关税条例》有关条款，称之为"完税价格"。两者含义完全相同，可参考《审价办法》第五十一条。

贸易交易的买卖双方商议的销售价格只要符合法定条件，各国海关就应当予以接受，可将其作为基础经过价格调整后转变为计税价格。即便不存在销售价格，或者虽存在销售价格，但该销售价格不符合成交价格条件，也要尽可能还原到"符合成交价格条件的销售环境中"来寻找和磋商"计税价格"。为此，设定了具有优先顺序的其他估价方法。其他估价方法要尽可能向基本方法"对标看齐"，当存在法律规定不清晰时需要按照这个原则去"缝补"法条缝隙，这便是基本方法对其他估价方法的影响。

当然，在程序上进口商还承担着某些"证明义务"或者说"消除海关怀疑"的义务，可能因为无法完成证明（消除怀疑）而承担"销售价格"不被接受为成交价格，转而以估价方法确定计税价格的不利后果。这并不是否定"成交价格估价方法"的实体性规定，而是在"事实存疑"或者限于无法量化调整的情况下而不得已的处理方法。在成交价格估价方法下，计税价格不再是以往海关定价或者正常价格估价方法下海关内心确定的某个数值或者数值区间（货物价值），而是海关与进口商共同寻找的符合法定条件（或者尽可能模拟还原至法定销售条件）下的买卖双方谈判而成的价格作为计税价格，承认了相同货物在相同场景下存在价格差异（甚至差异很大），进而承认存在计税价格的差异；不再固守以往各国海关要求的，相同货物不应存在计税价格差异，即使有差异也必须在一定区间范围内，排除了虚拟价格（例如平均价格，价格参数定价等）、武断估价等做法，更加尊重国际贸易商业运行的实际情况。这套估价方法，较好地尊重了国际贸易实际，一定程度上限制了海关审价权力演变为贸易壁垒措施，但也限制了海关以审价手段防范价格瞒骗的能力。

《WTO 估价协定》后来成为世界贸易组织一揽子协定之一，也是加入世贸组织的国家和地区所必须接受的协定。目前，这套海关估价规则已经被包括我国在内的世界上绝大多数国家所接受和采用，适用地域非常广泛。我国有关进口货物的计税价格审定的立法，主要就是将《WTO 估价协定》转化为国内立法文件的工作。所以，此次《关税法》在海关审价方面的规定继承了此前的立法转化成果，与《WTO 估价协定》和此前《关税条例》的有关规定保持一致，与全球多数国家和地区的相关规定基本一致。《WTO 估价协定》原本只约束进口货物计税价格的审定。我国为了海关审价工作的一致性，将其扩大适用于出口货物计税价格审定。所以，我国进出口货物的审价都采取了《WTO 估价协定》的规则。

第二十四条第二款和第二十九条第二款，分别规定了进出口货物的成交价格的含义；第二十四条第三款，明确了认定为成交价格必须要符合的法定条件。下文进行详细阐述。

第一节 销售行为及其买方和卖方

成交价格方法的前提之一是存在向境内或者向境外的销售行为，从销售行为及其买方和卖方去审查销售价格及销售条件。销售价格及销售条件，是买方和卖方共同商议决定和实施的[1]。只有从买卖双方去审查，才能看清销售行为的全貌，准确确定具体的销售行为是否符合成交价格条件，是否需要作价格调整，作怎样的调整。

国际贸易纷繁复杂，交易合同等商业文件未必反映出各主体在交易链条中真实的功能地位。例如，我国的许多外贸公司，虽然从合同文本和资金流水上看是进口货物的买方，但其实际并不承担买方权利义务，只是外贸代理角色，可能只能展示销售行为的部分事实，而非全貌。

典型案例 34：某化工品涉及特许权使用费案

2016 年，广东某海关在稽查中发现 A 公司购买的某种化工品涉及特许权使用费，并且买卖双方签订有特许权使用费协议。对 A 公司稽查过程中发现，

---

[1] 为了避免歧义，本文所称的"成交价格"均指满足《关税法》第二十五条第二款和第三款条件的法定概念，追加运保费即为进口货物计税价格；进口货物买卖双方议定的价格，用"销售价格"或者"交易价格"指称，未必符合成交价格条件，即便符合也可能需要经价格调整才能转变为成交价格。

同一时期某外贸公司 B 公司向同一卖方以接近的价格采购相同的货物却不需要支付特许权使用费。后发现，该外贸公司只是为 C 公司办理进口手续收取手续费，进口申报时采取了单抬头的方式申报进口；境外卖方是同一家公司。虽然实际是外贸代理关系，但是 B 公司按照"背对背"合同的模式操作，与境外卖方签订外贸采购合同据以报关进口，与 C 公司签订内贸销售合同。货款和税款都由 B 公司向 C 公司收取后再向境外付汇，向海关缴纳。向 C 公司进一步核实后发现，B 公司所述属实，并且 C 公司与卖方也签订有相同版本的特许权使用费协议。

最终，海关以 C 公司为实际买方，审定计税价格予以补税。

【案例解读】

在上述案例中，B 公司虽然具有买方所应有的所有商业文件和银行支付流水，形式上符合买方的身份；但是 B 公司既不参与议价和协商决定交易，又不需要承担交易中的买方权利义务和交易风险，对于货物的处置和使用也没有支配权利，实际不具有买方的功能地位。以 B 公司为买方，无法完整地展现整个销售行为。所以，《关税法》所称的买方和卖方，不应以商业文件为准，而需要根据实际承担权利义务，承担交易风险的情况，从实质关系角度出发确定进口货物的买方和卖方。

换个角度，上述交易中的所谓买方（B 公司）不具有交易货物实际的处置权，也可以被本条第三款第（一）项否定掉。本条第三款第（一）项规定："进口货物的成交价格应当符合下列条件：（一）对买方处置或者使用该货物不予限制，但法律、行政法规规定的限制、对货物转售地域的限制和对货物价格无实质性影响的限制除外……"

B 公司不能支配和处置货物，只能按照委托方指示转售给 C 公司。这明显属于对 B 公司处置货物作出了根本性的限制。这种情况不符合前述规定的成交价格条件。

这个分析角度有两个意义。首先，说明了成交价格的认定规则需要将第二款和第三款作为一个整体去理解，从不同分析角度能够得到"殊途同归"的结论，也体现了规则本身的逻辑自洽；其次，说明在这种情形下，海关存在两种选择，既可以将 C 公司作为实际买方通过价格项目调整（特许权使用费项目）来审定计税价格，补征税款，又可以以不具备成交价格条件转而估价补税。后者的情形下，B 公司将会单独承担补税责任，其能否从 C 公司处主张获得补税税款可能会转化为民事争议。

从实质关系出发考察确定进口货物的买方，一般需要考虑以下因素：

是否与卖方共同决定了交易的实质性内容，如价格、数量、品质规格等。不是真实的买方，是无权决定这些交易的实质性内容。上文案例中，B 公司只是根据指示制作商业文书，其本身并无确定交易实质内容的权利。

是否承担买方的主要义务及相应的商业风险。就买方而言，最主要的义务是支付货物对价，包括实付、应付的货价。在国际贸易中，销售价格和销售条件可以进行灵活的分拆、组合。只有真实的买卖双方之间才能展现出完整的销售安排，包括完整的销售价格，完整的销售条件。如上文案例，B 公司只能展现交易的部分销售内容，而非全貌。

某些国际交易中，买卖双方可能作出售后获益分配、货款冲抵、搭售、限制货物用途等安排。有的安排，使得销售价格不再符合成交价格条件，必须转为估价。有的安排，使得价格不完整，必须进行价格项目调整才能转变为计税价格。

是否取得货物所有权并且能够处置和使用货物。货物的所有权、处置权利，是买方的核心权利，也是确定真实买家最重要的判断标准。例如，在"背对背"交易和外贸代理商业务，两者的商业文件基本相同，都是买入卖出。但是中间商和外贸代理商两者对于货物的所有权、处置权完全不同。中间商可以决定转售给谁，转售价格是多少等，在商业操作上往往隔绝上下游之间的信息联系以避免上下游跳单，中间商是进行了两次独立的交易谈判的，分别是两次交易中的买方和卖方。外贸代理业务中的转售，外贸代理商只是奉命行事，从始至终是根据委托人的指示办理转售文件及手续，没有对货物的处置权。实际操作中，上下游（真正的买卖双方）之间商议结束后，安排代理商办理手续。

是否由该买方安排将货物实际运至我国关境内。某一次的销售行为中，如果买方并没有作出将货物运至我国关境的安排，那么这个销售行为与进口货物之间缺乏紧密关联，不能称之为向我国出口销售。例如，境内的 A 公司购买了一批设备，一直在境外使用，后转售给境内另一 B 公司，B 公司要求境内交付货物。即便进口手续由 A 公司办理，成交价格的买方应确定为 B 公司，卖方应确定 A 公司。成交价格，根据 A 公司的销售行为而非采购行为确定。

买方的权利就是卖方的义务，买方的义务就是卖方的权利。卖方主体的审查考虑因素不再作赘述。

下面以实际发生的案例说明买方和卖方的变更，对于计税价格的认定的影响：

典型案例 35：某医院招投标案

某医院以公开招投标的方式遴选设备供货方。某境外公司 A 公司中标。

根据招标文件，进口手续由中标方办理，中标价格可理解为 DAP 条件下的价格。为此，A 公司物色了一家外贸公司 B 公司，经计算进口所需税款，费用和代理费等，倒算了 B 公司与 A 公司之间的货物的 CIF 价格，并据此签订了外贸合同向海关申报并随附相关招标文件。

海关认为，本案中的实际买方是某医院，B 公司是卖方指定的代理人，其所收取的代理费不属于买方佣金但由买方实际承担，且未包含在申报价格中；根据《关税法》第二十五条第（一）项（对应原《关税条例》第十九条第（一）项）关于"进口货物的下列费用应当计入计税价格：（一）由买方负担的购货佣金以外的佣金和经纪费"的规定，代理费应当加计入计税价格。

但是，B 公司表示无法接受，其作为境内公司所收取的操作费需要向境内税务机关缴纳包括增值税在内的税款；又被海关计入进口货物计税价格，需要就这笔操作费向海关缴纳关税和增值税，其至少重复缴纳了增值税。

典型案例 36：境内某能源公司采购案

境内某能源公司 A 公司，与境外公司 B 公司签订有长期采购货物的合同。为了操作的便捷，A 公司安排本集团设立在香港的子公司 C 公司与 B 公司签订采购合同，再以相同的条件与 A 公司签订出口至我国关境的出口销售合同。A 公司，以该份销售合同向海关申报进口。

2015 年海关认为，C 公司作为关联公司，未收取任何操作费不符合独立交易原则，要求计税价格中加入合理的海外操作费。据此，A 公司与 C 公司约定了每吨若干美元的操作费，并对此前三年的操作费补缴了税款。

但是反对方认为：从功能地位出发，真正的买卖双方是 A 公司和 B 公司，C 公司只是 A 公司的代理人，并不能被认定为实际的卖方。海关将操作费计入计税价格，是基于将C公司认定为卖方这个错误前提。如果C公司不作为卖方，而是B公司作为卖方，那么成交价格应该以C公司（代表A公司）与B公司签订的销售合约审查确定。C公司作为A公司指定的代理人，所应收取的操作费可以认定为购货佣金（买方佣金）。如此根据上一案例提及的法律依据，A公司和C公司之间不论是否属于特殊关系，不论是否支付了符合独立交易原则的操作费，此项操作费属于购货佣金不需要计入计税价格。

此外，该案例中如果卖方变更为B公司，那么买方与卖方之间就不存在特殊关系。A公司也不需要承担特殊关系未影响成交价格的证明义务。

典型案例37：跨国公司境内子公司进口机器零部件案

跨国公司境内子公司A公司以"一般贸易"和"进出口免费"两种贸易方式申报进口机器零部件。一般贸易方式进口的零部件，用于A公司境内转售；免费方式进口的零部件，实际是A公司协助总部将零部件免费提供给境内客户（总部的客户，非A公司客户）用于维修更换，是协助总部履行维保责任，与A公司自身业务基本无关。

2014年，海关明确"进出口免费"贸易方式进口的零部件与"一般贸易"进口的货物适用相同的计税价格标准。2018年海关改变观点认为，原先的审价思路是将A公司视为买方，按照国内总经销商的采购价水平估定计税价格；但是，实际"进出口免费"贸易方式进口的零部件其所有权是由境外总部（地位相当于卖方）直接转移给境内终端客户，A公司仅为代理人角色不具有相当于买方的地位；真正具有相当于买方地位的是受赠的终端客户，成交价格应当以终端客户为买方估定。为此，海关改变了此前按照总经销商批发买入价的水平估定计税价格的思路，改为按照终端消费者购买价水平估定计税价格。

【案例解读】

上述三个案例都涉及变更买方或卖方的认定，在此基础上引发了第二层级的问题。第二层级的问题已经超越了本主题范畴，特别是案例 C 其所引出的问题涉及海关估价中不同商业水平的认定，不属于成交价格估价方法的范畴，故而笔者不在此节评述。对买方和卖方的认定问题，笔者赞同上述三个案例中从实质关系出发认定成交价格中的买方和卖方，并以此为基础审查确定计税价格的思路及其结论。

上述三个案例也说明，准确确定买方、卖方，其实质就是确定引起货物进口的销售行为产生于哪两个主体之间，在这个基础上才能审查销售行为的价格因素和销售条件。所以，"买方，卖方和向中华人民共和国境内销售"三者应当作为一个整体去理解。具体可以参阅《审价办法》第五十一条的名词解释。

第二节 成交价格的理解及定价方式和价格概念

一、实付应付价格和销售条件

《审价办法》第五十一条对"实付、应付价格"作出的名词解释是："实付、应付价格，是指买方为购买进口货物而直接或者间接支付的价款总额，即作为卖方销售进口货物的条件，由买方向卖方或者为履行卖方义务向第三方已经支付或者将要支付的全部款项。"

典型案例 38：上海 A 公司从欧洲进口洋酒案

上海 A 公司从欧洲进口洋酒，为了实现少缴税款，采取伪瞒报价格的方式申报进口。实际货款与申报价格之间的差价，A 公司安排两种方式支付：一是，通过 A 公司控制的境外公司向卖方支付（直接支付，实付完成）；二是，向卖方指定的境内个人账户支付（间接支付，实付完成）。案发时，尚有部分差额货款未能来得及支付（应付部分）。

案发后核定税款时，将上述三部分合计计入计税价格，从而计算出偷逃税款金额。

【案例解读】

上述案例中，不论是直接支付、还是间接支付，不论是已经完成的支付、还是有待履行的支付，对价直接对应于货物，都不难理解需计入成交价格。

但是，有的对价并不对应直接于货物（例如服务），但却又构成了卖方设置的销售条件，是否是实付应付价格的一部分就会成为理解的难点。世界海关组织提供的案例研究 7.1 很具有典型意义：

典型案例 39：进口机器含支付培训课程案例

进口商以 10000 个货币单位购买一台机器。该机器的专业性非常高，且内含先进技术，使用时需要掌握一种十分复杂的操作方法。因此，卖方准备了一个培训课程，以指导买方操作该机器。机器进口前，上述课程已经在出口国卖方的场所举行。课程的费用为 500 个货币单位。

WCO 假设了两种情景。

情景 1：买方可以自主选择是否参加该课程。只有参加课程才需要支付 500 个货币单位。

情景 2：该课程的支付是销售合同中的明确要求，即使买方不参加培训也必须支付该费用。

案例分析提供的意见是：

在情景 1 下，不论是否购买课程，都是以 10000 个货币单位购买机器的销售条件，所以培训费的支付不构成购买机器的销售条件。500 个货币单位的培训费，不属于实付应付价格范围内。

在情景 2 下，不论是否参加培训，都必须支付培训费。不支付该笔培训费就不能购买该机器。所以，该笔培训费的支付构成了购买机器的销售条件，属于购买机器实付应付的价格范围内。

【案例解读】

需要提醒注意的是，向卖方支付费用所对应的服务或者某种内容必须与货物具有紧密关联性，类似于特许权使用费中的"有关"要件。否则，只构成销售条件的支付而与货物无关，反而可能会被认定为"该货物的成交价格因搭售或者其他因素的影响而无法确定"，不符合成交价格条件。

实付、应付价格的法定含义说明中，提出了销售条件的概念，并将其作为认定实付、应付价格的前提。这个概念的含义具体含义可以参考《审价办法》第十四条的解释[1]，对理解海关审价规则中十分重要。销售条件，不对销售价格产生实质性影响的，可以不予考虑；但是对销售价格有实质性影响的销售条件，基本都会导致已有的价格或者被否定，或者被变更调整。

二、计税价格（成交价格）和申报价格

典型案例40：A 公司据与境外卖方（关联方）议定的货物交易价格向海关申报案

2018 年，A 公司发现外汇应付记录高于财务应付记录，并且金额差巨大。经查后发现，A 公司根据其与境外卖方（关联方）议定的货物交易价格向海关申报。经过价格质疑磋商等复杂程序后，海关未接受申报价格，重新估定了计税价格。为了避免后续再次重复估价程序，公司物流关务部门根据海关

---

[1]《审价办法》第十四条规定："买方不支付特许权使用费则不能购得进口货物，或者买方不支付特许权使用费则该货物不能以合同议定的条件成交的，应当视为特许权使用费的支付构成进口货物向中华人民共和国境内销售的条件。"

确定的计税价格，重新制作了形式合同、形式发票等报关文件用于报关进口。但是，A公司实际与境外卖方的结算价格（销售价格）实际并未改变，由此导致前述问题。

【案例解读】

根据海关申报规范，进口货物的申报价格有销售的按照销售价格申报。因为我国实行外管管制，所以申报价格也是付汇的依据之一，具有重要的意义。海关另行估定计税价格，只是为了核定税款，并非要求进口商按照海关估定的计税价格约定交易价格。而且确定货物买卖的交易价格，本就属于企业经营自主权事项，海关无权干预。

相反，A公司没有按照实际交易价格申报的行为，属于价格申报不实行为，可能遭致海关行政处罚；而且，还会导致A公司收付汇难以平衡，需要向银行、外管局作出解释。至于所担心的估价程序延误通关的问题，应向主管海关提出简化程序的请求。根据有关规定和实务操作，在明确接受首次估价结论或者方法后，后续海关可以采取简化估价程序或者后续集中批量处理的方式，减少估价程序对通关效率的影响。

本案中，A公司的错误从客观上看是进口货物高报价格，不涉及海关税收、许可证件等严重性质的违法。但是，某些情况下一味按照海关估定的计税价格申报，可能会遇到申报价格低于销售价格的情况，那么轻则属于漏税违规，重则涉嫌伪瞒报价格走私。因为海关估定计税价格或者成交价格后可能若干年不作新的审查和调整，而销售价格是根据市场行情灵活变动的，所以经过一段时间后销售价格高于计税价格的情况完全有可能。例如，某些口岸的玉石低瞒报价格走私案件中就有此类因素。

三、 常见的定价方式

国际贸易中价格定价方式种类繁多复杂；新型的折扣方式不断出现和流行。常见的定价方式及海关的处理观点有以下情形：

（一）低于成本价销售

在摒弃正常成交价格估价方法转为成交价格估价方法后，低于成本价格本身不再能作为海关拒绝接受价格的理由。但是成交价格要求是在公允销售环境下产生，海关需要审查价格是否符合成交价格条件。有的低于成本价销售，主要目的是实现宣传推广。价格具有偶然性，或者限制采购数量，不适用于全体购买者，不属于通常意义的销售行为。所以这类价格海关一般不予接受。

有的货物刚刚开始进入国内市场，尚未获得国内市场认可，卖方采取亏本低价倾销的方式占领市场。只要这种销售政策普适于所有购买者并且没有不合理的采购数量限制，就不宜否定其成交价格条件。海关审价并不负有纠正境外卖方低价倾销职责。对这种倾销行为，应根据其他法律规定处理。

至于卖方因换季、临期、清仓货物等原因低价销售货物，属于合理的市场销售行为，更应该被接受。

（二）各类价格折扣

国际贸易定价中有各种折扣现象，诸如现金折扣、数量折扣、实物折扣和事后返点等。海关审查处理接受这些折扣价格，主要关注下列因素：

1. 折扣政策应适用所有购买者。

只是针对特定客户才有的折扣政策，海关很容易怀疑价格受到了交易之外的不确定因素的影响。除非客户能够证明，这个折扣是因为交易内的某个独特因素导致的（例如，卖方因为某种特殊原因对交易货物不提供保修责任），否则海关很可能不接受折扣价格。

2. 折扣在进口报关时已经确定。

某些现金折扣的具体金额在进口报关时仍然不能确定，此类折扣海关一般不接受。

某些数量折扣政策，需要全年实现一定的购买量为前提。有的卖方为了争取客户，在没有合约约定购买数量义务的前提下就按照意向数量提供对应的采购数量才能享受的折扣。实际后续是否购买是不确定的，甚至连合同义务都没有。这类数量折扣价格，海关一般不接受。

3. 本次交易折扣不应受历史交易的影响。

一个销售行为，可以分批发货进口，执行相同的价格和销售条件。连续几个销售行为，应当独立审查确定计税价格。但是国际贸易中，卖方经常会在本次交易中奖励历史交易贡献，并将其作为增加客户忠诚度的销售政策。

典型案例 41：A 公司采购返点案

A 公司常年从境外卖方采购货物。卖方对客户普遍采取年终返点的政策，根据全年采购数量确定不同的返点幅度，并且制订了详细的规则文件。这在卖方客户群体中是普遍周知的。A 公司与卖方商议，要求将返点利益转化为下一年度购买货物时的价格折扣。

海关稽查时发现上述价格安排，予以纠正补税。

【案例解读】

在个别低、瞒报价格的走私案例中，有充分证据证明的返点部分金额是

203

可以不计算偷逃税款的。我们理解，这主要是从故意犯罪主客观统一的认定标准去考虑，行为人主观上错误地以为这部分不需要计征税款，而非客观上否定这部分的应税性。即，这部分是漏税而非逃税，或者两者存疑无法确定，从而不予认定。但是，在正常的通关业务中，还是应当按照应税处理。

4. 实物折扣。

实物折扣，是基于采购达到一定条件后免费赠送一部分实物，这部分实物海关理解为没有交易价格的情形，予以估价处理。这与我国普通人的一般理解"实际平均价、实际总价"有所差异。

补偿折扣，是在本次交易中通过扣减货款的安排抵消掉原本卖方应向买方承担的其他支付义务。这本质上不属于价格折扣，而是间接支付，更不被海关接受。

（三）特殊的定价方式

1. 寄售贸易

寄售贸易是，卖方保留货权的情况下进口，进口后再寻找买家实现销售。在货物进口时，没有买方更没有交易价格。

寄售贸易的货物，受到监管约束较多不具有普遍性。在少数口岸，海关开展了支持寄售贸易的试点，例如生鲜水果。海关允许在一定期限内实现销售的寄售货物，以其销售价格向海关申报。这可以比照保税货物以内销价格申报缴税的思路来理解。

执着于寄售贸易的境外卖方，一部分以形式上的买卖合同操作实质上的寄售贸易，表面符合监管要求，实际违反了国内监管规定，隐藏着一定的风险；另一部分，则以"参与控制境内销售＋分享转售获益"的方式，部分实现寄售贸易的效果。这两种情形，本质上都是境外卖方完全或者部分控制进口货物的处置，名义上的进口人没有取得完整的物权，其价格不符合成交价格条件。

2. 公式定价

公式定价是，货物在进口申报时只确定了定价公式，具体交易价格需要进口后经过一段时间待定价公式中的参数明确后才能根据公式计算出交易价格。定价公式中待确定的参数，往往是期货等市场的某个价格数据，也可以是经处理后的价格数据，例如平均价格等。

公式定价一般应用在价格波动较大的大宗货物交易中，例如矿产品、农产品、金属等。买卖双方都可以利用金融市场对冲交易风险，锁定利润水平。

公式定价具有较高的透明性，便于价格对比审查，被海关接受的程度较高。海关对公式定价的监管要求主要是：

一是，定价公式本身公平合理，符合行业交易惯例。其中，待确定的公式参数应当是不受买卖双方控制的，其来源具有一定的市场公认度。

二是，交易价格需在一定期限内确定，否则转入估价操作。

三是，程序上要求提前备案，两次申报。

3. 一揽子交易

国际贸易中存在买卖双方将不同类别的货物合并打包销售的情况。买卖双方只确定交易的总价，而不确定每类货物的价格。

还存在一种情况，买卖双方本无意进行一揽子交易，按照行业习惯确定了某一类货物的交易价格。但是海关商品编码对货物作了更为细致的分类，将这一类货物细分为多个种类，甚至设置了不同的税率或者证件管理。因为编码不同，税率也不同，所以必须区分不同编码货物的价格。

对于符合成交价格条件的一揽子交易，应当在接受总价的基础上分摊价格，对部分货物采取估价。

第三节 成交价格条件

《关税法》第二十四条第三款规定，销售行为不得存在的四种情形。如果存在这些情形之一的，那么就不符合成交价格的条件，需要采取估价的办法确定计税价格。

一、对处置或者使用货物作出对价格有实质性影响的限制

典型案例 42：无成交价格的货物最终选用倒扣法估价案

某海关发现 A 公司申报进口的游戏光盘平均单价低于海关掌握的价格数据。经查发现，A 公司进口该批光盘后，进行简单配套包装，再销售给国内 B 公司；并且有协议约定，A 公司对装配后进口的光盘后"不得另做他用"，对光盘不具有任何分销、处置的权利。

海关认定上述对货物处置的限制对销售价格具有实质性影响，有关销售价格不符合成交价格条件，实际属于无成交价格的货物；并最终选用倒扣法估价，补税约 250 万元。

【案例解读】

上述案例中，加工后再销售的安排，是境外卖方销售货物的前提条件之一。

这个条件限定了再销售的具体内容，例如交易对象、交易价格、交易条件等等，买方没有真正取得货物完整的物权。这种限制，使得买方在商业谈判中所关心的是买入价和卖出价的差额，并不关心买入价本身。成交价格估价方法所能够接受的价格，是市场主体为了各自利益充分博弈下产生的价格。上述案例中的限制明显使得原本买卖双方之间的价格博弈，异化为了价差博弈。这种限制对销售价格产生了实质性影响。

《审价办法》第九条列举了多种常见的实质性影响销售价格的限制情形："（一）进口货物只能用于展示或者免费赠送的；（二）进口货物只能销售给指定第三方的；（三）进口货物加工为成品后只能销售给卖方或者指定第三方的；（四）其他经海关审查，认定买方对进口货物的处置或者使用受到限制的。"

对价格不产生实质性影响的限制，不论其是否合理，不影响海关价格审查，因而不需要成为海关审价的考虑因素。条文列举了几种不影响成交价格的限制情形：

一是，法律、行政法规作出的限制，例如有的货物属于有毒有害物质，其流转和使用受到国家管控。作为国家法律规范作出的限制，具有普遍适用性，是所有的买卖方都要遵守的，所以不会对销售价格产生影响。而且，这些限制的施加主体也不是卖方，属于不受卖方控制的因素；本质上不属于卖方在销售中设置的销售条件。

二是，对货物转售地域的限制。这种限制是卖方对销售市场的地域划分安排，长期以来演变为一种受到各方普遍认可的交易习惯。《WTO 估价协议》接受了这种交易习惯下的价格。从实际情况来看，其实很难说转售地域的限制对销售价格完全没有影响。

三是，其他没有影响的限制。例如，有的卖方为了维护品牌形象，对货物的包装，logo 图形有强制性的要求。一般来说，只要是不作区分地整体政策，海关接受其属于不影响价格的限制条件。

二、价格因搭售或者其他因素的影响而无法确定

成交价格估价方法所接受的销售价格，必须销售价格完整地对应于进口货物。如果销售价格所购买的标的，只有部分进口了，并且又不具备客观、可量化的数据拆分处理；那么进口货物对应的价格就变得无法确定。反之，如果销售价格只是进口货物的一部分对价，其他对价是以非货币的实物、服务、权利等方式实现，也一样存在价格无法确定的结果。前者意味着高报价格多承担进口税；后者意味着低报价格逃漏税，往往是海关关注的重点。

典型案例 43：A 公司向境外卖方提供无息借款以底价进口农产品案

境内 A 公司长期从南美进口某种农产品，价格长期偏低引起海关关注。经深入核实发现，A 公司获得较低的采购价格是从 A 公司向境外卖方提供无息借款开始的。

海关认为，无息贷款成为进口货物成交价格无法确定的因素，申报价格不符合成交价格条件，予以估价补税 22 万。

【案例解读】

上述案例中买方，其为了获得进口货物所必须付出的对价明显不仅仅是所申报的采购价格，还包括了提供无息贷款的融资服务。

《审价办法》第十条列举了多种常见的实质性影响销售价格的限制情形：

1. 进口货物的价格是以买方向卖方购买一定数量的其他货物为条件而确定的；

2. 进口货物的价格是以买方向卖方销售其他货物为条件而确定的；

3. 其他经海关审查，认定货物的价格受到使该货物成交价格无法确定的条件或者因素影响的。

本质上讲，第二十四条第三款所列四种不符合成交价格条件具体情形中，前三种都属于"价格受到某种因素的影响而无法确定"的情形；最后一种可以说是举证责任倒置的特殊形态："价格可能受到特殊关系的影响而无法确定，海关认为有必要可以要求进口商负责证明价格未受特殊关系影响，否则进口商将承担不按照成交价格估价的不利后果。"

海关认定的"影响价格"的因素属于销售条件之一，买方不满足这个条件，就没有这个价格，或者无法达成交易。而销售条件是约束买方的，对于非买方原因导致的价格下降，不应通过海关审价来处理。

例如，就政府对出口货物的补贴、补助的问题，世界海关组织（WCO）海关估价技术委员会的评论 2.1《受到出口补贴或补助的货物》[1]对此专门作出了评论：WCO 海关估价技术委员会认为："第 1 条的注释指出，实付、应付价格是买方为进口货物向卖方或者为卖方利益已支付或将支付的总额。而卖方从其政府接受的补贴肯定不是买方支付的款额，所以不能构成实付、应付价格的组成部分。"如上文所言，海关审价并不负责处理境外卖方低价倾销问题。当然现实中，低价可能引起海关审价，进口商无法证明符合成交

---

[1]详见世界海关组织编写、海关总署关税征管司编译的《海关估价纲要》第128-129页，中国海关出版社有限公司 2019 年 11 月第 1 版。

价格而不得不估价补税。

三、卖方在货物的处置和使用过程中获得无法客观量化的收益

卖方在货物进口后的处置和使用中获得的收益，可以理解为货款的分期付款。后期提供给卖方收益，属于买方为购买货物所必须履行的支付义务，属于实付应付价格的一部分。

如果这部分收益是可以客观量化的，那么它可以作为价格调整项目处理，按照成交价格估价方法确定计税价格。否则，只能以估价的方式来确定计税价格。其实，所有的价格调整项目都是如此。

（一）与特许权使用费的区别

在很多商业操作上，特许权使用费也是以进口货物转售计提的方式执行；与该项所列情形十分相似。区别只是在于，特许权使用费所购买的权利内容种类是特定化的几种权利，而且收取使用费的主体是特许权的权利人，未必是货物的卖方。

（二）收益的具体形式

卖方所获的收益，普遍是销售提成；但是法律并不要求仅限于货币提成收益。只要是可以让卖方获益的实物、服务、权利、机会等，均属于卖方收益范畴。例如，有的获得的是项目股份，有的获得的某些实物等等。此类非货币化的收益往往难以客观量化，只能估价处理。

（三）客观可量化的问题

海关接受的客观可量化，一般要求申报时或者申报后短期内就可以明确确定的。有的后期收益，双方约定的是固定金额数值，可操作性就比较强。有的后期收益安排，是卖方与买方风险共担、利益共享的一种捆绑安排，有待于进口货物变现后按照比例计提，属于不确定变量。多数海关不会愿意等待后续不确定的结果，即使愿意接受也必须是能够在短期内确定具体金额的。

非货币化的收益，一般无法客观量化调整，需要转为估价模式。

四、特殊关系影响成交价格

如前文所述，成交价格估价方法所接受的销售价格是买卖双方为了各自利益博弈对抗下谈判而成的价格。买卖双方如果存在特殊关系，就可能因为彼此控制和被控制、彼此利益捆绑混同等原因，减弱、放弃这种价格博弈，甚至可能为了最大限度减少成本、增加收入的整体目标而人为扭曲交易价格。而且，对特殊关系之间的交易，海关难以发现问题及搜集相关证据。

买卖双方之间存在特殊关系并不必然意味着这层特殊关系会影响到成交价格。所以，《关税法》并没有直接以特殊关系本身否定成交价格条件；而是要求具有特殊关系的进口人需要证明进口价格没有受到特殊关系的影响，才能被认为该销售价格符合成交价格条件。《审价办法》就特殊关系的具体情形，具有特殊关系的进口商如何证明没有受到影响，作出了具体规定。

（一）特殊关系的情形

海关法律所称的买卖双方特殊关系较税务部门所称的关联关系，外延范围更大。《审价办法》第十六条规定了 8 种特殊关系的情形：

1. 买卖双方为同一家族成员的；

2. 买卖双方互为商业上的高级职员或者董事的；

3. 一方直接或者间接地受另一方控制的；

4. 买卖双方都直接或者间接地受第三方控制的；

5. 买卖双方共同直接或者间接地控制第三方的；

6. 一方直接或者间接地拥有、控制或者持有对方 5% 以上（含 5%）公开发行的有表决权的股票或者股份的；

7. 一方是另一方的雇员、高级职员或者董事的；

8. 买卖双方是同一合伙的成员的。

此外，还规定了一种特殊情形：买卖双方在经营上相互有联系，一方是另一方的独家代理、独家经销或者独家受让人，如果符合前款的规定，也应当视为存在特殊关系。这种情形强调了一方通过独家代理、独家经销或者独家受让的形式实现对另一方经营活动的实际控制。例如，卖方通过合同限制了境内独家代理商开展与其他卖方的业务合作，对独家代理商经营自主权范围内的转售定价、销售策略、甚至人员聘用等方面予以约束和指导等，就可以视为双方之间构成特殊关系。

根据目前的海关申报规范，进口商与卖方是否存在特殊关系，需要在报关单上作出肯定或者否定确认；如果作出肯定的确认，那么还需要进一步就进口货物的销售是否受到特殊关系的影响作出肯定或者否定的确认。也就说，进口商在申报进口之前，需要主动查明与卖方是否具有特殊关系，是否影响了销售价格，并且在申报时主动报明。

（二）特殊关系影响销售价格的审查办法

《WTO 估价协定》提供了以下两种审核的方法：

1. 狭义的审核方法

即寻找测试价格，审查进口货物的成交价格是否非常接近于其他的相同或类似货物销售的成交价格，或者接近于倒扣价格法和计算价格法得出的价格。只要以上审查得以通过，海关就可以认定特殊关系未影响到成交价格。具体的办法，《审价办法》第十七条作出详细的规定：

第十七条 买卖双方之间存在特殊关系，但是纳税义务人能证明其成交价格与同时或者大约同时发生的下列任何一款价格相近的，应当视为特殊关系未对进口货物的成交价格产生影响：

（一）向境内无特殊关系的买方出售的相同或者类似进口货物的成交价格；（相同或类似货物成交价格估价方法，但卖方不可变动）

（二）按照本办法第二十三条的规定所确定的相同或者类似进口货物的完税价格；（倒扣价格估价方法）

（三）按照本办法第二十五条的规定所确定的相同或者类似进口货物的完税价格。（计算价格估价方法）

海关在使用上述价格进行比较时，应当考虑商业水平和进口数量的不同，以及买卖双方有无特殊关系造成的费用差异。

典型案例 44：A 公司低报零部件估价补税 400 多万案

某海关认为，跨国公司境内子公司 A 公司从境外母公司进口的电子零部件与海关掌握的价格资料偏低，向 A 公司发出了《价格质疑通知书》，要求 A 公司对三年来进口的 20 多种零部件的定价作出说明。

为此，A公司联系总部对比了总部同期将这20多种零部件销售给境内非关联客户的价格数据。发现，其中有14种零部件销售给非关联方的最低价与销售给A公司的价格相近；另有6种零部件，无法查找到符合条件可以证明相近的销售记录。

经海关与A公司磋商，最终A公司同意海关对最近三年来进口这6种零部件估价补税400多万。

2. 广义的审核方法

即海关审核进口货物销售的外部环境，其中包括行业普遍的定价模式，内部定价的依据是否合理，对内部定价模式的执行是否一贯等。借助于同期价格资料，海关也越来越多地通过参考进口公司的利润率是否在上下四分位区间内作为重要的参考指标。

《审价办法》第十八条对此仅作了非常原则性的规定，判断标准是"符合一般商业惯例"。"一般商业惯例"并没有具体内容解释。

典型案例45：A公司特殊关系没有影响成交价格案

某海关根据掌握的申报数据，认为某跨国公司境内子公司A公司从其母公司进口的某种产品与海关掌握的同类产品之间存在价差。海关要求A公司就特殊关系是否影响成交价格作出说明。

具体案情无法使用第十七条所列的三种测试价格来证明该产品的销售价格没有受到特殊关系的影响。后经母公司联系产品生产公司（非关联方），产品生产公司同意披露其与母公司的采购合同，以证明母公司转售价格的合理性；并且产品生产公司也向海关表达了如果海关愿意提供对比货物的具体信息，可以就产品差异、价格差异作出解释。

最终海关拒绝了产品生产公司的建议；但接受了 A 公司的解释，认为符合"一般商业惯例"，特殊关系没有影响成交价格。

第四节　出口货物成交价格

《WTO 海关估价协定》只是要求各成员国海关在审查进口货物时需要遵循的共同规则，并没有要求各成员适用于出口货物。

我国出口货物极少有涉及出口关税的，主要对少数农产品和属于资源性的矿产品、金属初级产品等，设定出口关税，保护国内市场供应。所出口货物的成交价格的审定，既涉及税款金额问题，又涉及国家以关税手段调控国内货物的实施效果。

在基本规则上，尤其是销售行为、买方、卖方、实付应付价格等方面，与进口货物完全一致，其他方面未作出规定。

典型案例 46：大型铝材生产企业实际收汇大于申报金额案

A 公司系一家大型铝材生产企业，主要产品为铝条、杆、型材及异型材。国家对此类铝产品设置了出口关税。A 公司与境外某中间商洽谈一笔出口销售业务，由于当时铝材国际市场行情价格波动较大，境外中间商要求先将货物运至综保区仓库，约定暂定价格为 x 美元 /MT，贸易术语为 FOB 中国某港口，境外供应商同时出具了 x 美元 /MT 的形式发票。A 公司以 x 美元 /MT 的形式发票及其价格向海关申报出口。

海关稽查发现，根据合同约定 x 美元 /MT 为暂定价格。经核对 A 公司外汇收款银行流水单，海关发现对该笔出口业务实际收汇大于申报金额。A公司解释是由于境外中间商是贸易商，且A公司签约日期与实际装运日期距离较长，境外中间商根据新的价格行情销售了该笔铝材，新价格大幅高于原签约时的境外转售价格。由于双方是长期合作关系，境外中间商按照新的价格向A公司付款，由此导致收汇金额高于出口报关单申报金额。

【案例解读】

"出口货物的成交价格，是指该货物出口销售时，卖方为出口该货物应当向买方直接收取和间接收取的价款总额。"据此，最终海关以外汇收款银行流水单货款金额为基础对该批出口铝材进行估价并追征税款和滞纳金。

本案例中，境外中间商在原约定价款外额外支付的价款从买方角度而言属于为购买货物而直接、间接支付价款总额中的一部分，从卖方角度而言属于为出口货物而应当收取的直接、间接收取价款总额中的一部分，因此应当计入出口货物的计税价格。

需注意的是资源型、初级产品在国际贸易中大部分属于大宗商品，经常使用公式定价模式。根据《海关总署公告2021年第44号——关于公式定价进口货物完税价格确定有关问题的公告》，公式定价是指"向中华人民共和国境内销售货物所签订的合同中，买卖双方未以具体明确的数值约定货物价格，而是以约定的定价公式确定货物结算价格的定价方式。结算价格是指买方为购买该货物实付、应付的价款总额"。公式定价下的申报价格分为初步申报价格和二次申报的最终结算价格，并以最终结算价格作为确定成交价格的基础。同理，反映到出口货物上，如使用公式定价模式，也应以最终结算价格作为确定成交价格的基础。兹以另一则案例予以说明。

典型案例 47：出口铝锭价格长期不变案

海关发现 A 公司在数个月内出口铝锭的价格长期不变，据了解铝锭为伦敦金属交易所（LME）期货交易品种，铝锭的国际定价主要受到的铝期货价格影响。LME 的铝期货价格是全球铝市场的重要参考指标，对全球铝材定价具有重要影响。由于期货价格在该几个月内波动幅度较大，海关对 A 公司发起价格质疑程序。

经审核，海关发现该几个月内的出口均基于同一份合同，该份合同中约定的结算价格为按照提单出具后的第一个 LME 交易日的价格作为定价基础。A 公司也承认由于出口报关时价格尚未确定，公司只能以预计的价格向海关申报出口。此外，根据合同约定，境外买方需向 A 公司预付部分货款。最终海关认定 A 公司申报的出口价格不符合成交价格条件，以最终结算价格为基础重新对审定计税价格，同时认定预付款属于卖方为出口该货物应当向买方直接收取和间接收取的价款应一并调整计入计税价格，并对 A 公司进行追征税款及滞纳金。

【案例解读】

从上述案例看出，出口货物的成交价格确定，与进口货物基本一致。

第二十四条第一款关于"运保费计入计税价格"的规定，从认定价格的角度来看，可以视为价格项目的调整。因此，统一放在"价格项目调整"部分予以阐述。

第八章 价格项目调整

【《关税法》关联条款】

第二十四条 进口货物的计税价格以成交价格以及该货物运抵中华人民共和国境内输入地点起卸前的运输及其相关费用、保险费为基础确定……

第二十五条 进口货物的下列费用应当计入计税价格：

（一）由买方负担的购货佣金以外的佣金和经纪费；

（二）由买方负担的与该货物视为一体的容器的费用；

（三）由买方负担的包装材料费用和包装劳务费用；

（四）与该货物的生产和向中华人民共和国境内销售有关的，由买方以免费或者以低于成本的方式提供并可以按适当比例分摊的料件、工具、模具、消耗材料及类似货物的价款，以及在中华人民共和国境外开发、设计等相关服务的费用；

（五）作为该货物向中华人民共和国境内销售的条件，买方必须支付的、与该货物有关的特许权使用费；

（六）卖方直接或者间接从买方获得的该货物进口后转售、处置或者使用的收益。

第二十六条 进口时在货物的价款中列明的下列费用、税收，不计入该货物的计税价格：

（一）厂房、机械、设备等货物进口后进行建设、安装、装配、维修和技术服务的费用，但保修费用除外；

（二）进口货物运抵中华人民共和国境内输入地点起卸后的运输及其相关费用、保险费；

（三）进口关税及国内税收。

第二十九条　出口货物的计税价格以该货物的成交价格以及该货物运至中华人民共和国境内输出地点装载前的运输及其相关费用、保险费为基础确定………

出口关税不计入计税价格。

上述条款为成交价格（计税价格）的价格项目调整，有的属于"加项"，有的属于"减项"。审价征税的重点，在于进口货物。下文以进口货物的价格项目调整为重点，兼带出口货物的价格项目调整。运保费的逻辑，与价格项目调整是一致的，也在这部分中一并阐述。

在国际贸易实务中，第二十五条所列项目的费用多数是买方直接支付给第三方的，而非支付给进口货物的卖方。是否计入成交价格容易引起争议。为此，专设本条以明确这些项目的费用均应计入进口货物的成交价格（计税价格）。第二十六条所列项目一般为货物进口后发生的费用，这些费用不是货物对价的一部分。这些需要调整的项目，称之为"成交价格调整项目"或者"成交价格调整因素"。

一般情况下，只有在明确符合成交价格条件的前提下，才有是否需要进行价格项目调整的问题。如果本身就不符合成交价格条件的，就会转入其他方法估价。其他方法估价，一般是以其他成交记录的价格为基础确定计税价格，价格项目调整因素已经整体考虑在内，一般是不再作价格项目调整的，少数情况有例外。那么价格项目调整与估价两者是什么关系？详见下文案例及解读。

典型案例48：某跨国公司子公司进口知名品牌服装鞋帽对外支付品牌使用费案

境内某跨国公司子公司 A 公司长期从境外母公司进口知名品牌的服装鞋帽，对外需支付品牌使用费。为此，属地海关与 A 公司就特许权使用费补税方法达成共识，并每年定期核算补税。后来，A 公司又面临别的海关单位的转让定价审查（上溯三年），被要求根据转让定价审查的结果补税（合理估价方法补税）；并且转让定价审查补税后续将长期化操作。

为此，A 公司提出两个诉求：1. 转让定价审查补税应当扣除已补缴的特许权使用费补税；2. 今后只进行转让定价补税，不再进行特许权使用费补税。

【案例解读】

在上述案例中，企业的诉求是合法合理的。成交价格估价方法中价格项目调整，是价格构成中分项费用的补入或者剔除；而其他成交价格方法的估价，是价格整体重新估定，一般来说是包括了所有价格构成的分项调整（除非有明确的例外，后续进行举例）。前者是分项项目调整补税，后者是全盘重估补税（涵盖了各个分项），如果不作扣除，相当于分项项目调整的价格被重复计算。所以企业要求扣除此前特许权使用费的补税金额，是正当合法的。

如果海关对特许权使用费补税金额在后续转让定价补税中予以扣除，那么是否进行两次补税操作属于海关裁量权的事项。当然，企业从减少经营管理成本的角度出发，提出简化行政执法程序，也是合情合理的。

典型案例 49：A 公司进口货物因不符合成交价格条件转入估价磋商案

A 公司进口一批货物，因不符合成交价格条件转入估价磋商程序。在选择价格资料过程中，最优选的价格资料所对应的货物较被估进口货物缺少对应的配件。而 A 公司可以提供该配件的独立采购单据，海关经审查认可该配件的价格符合成交价格条件。双方均同意对该配件按照价格项目调整，根据票据价格计入计税价格。

【案例解读】

价格项目调整，在非成交价格的估价程序中并非完全排除适用。经过海关与进口商磋商，对于价格资料对应货物与被估进口货物之间存在确定的"差异"时，是可以用分项价格调整的消除"差距"引起的价格变化。例如，在其他估价方法的实践中，运保费经常是允许按照价格调整方式进行的。价格项目调整，与估价资料估价，最大的区别在于，价格项目调整是采信本次交易中形成的价格数据；估价资料估价，是放弃本次交易中数据，另取最优价格资料比对。

第一节 运保费

一、运输地点起卸前

根据《关税法》第二十四条规定，进口货物"运抵中华人民共和国境内输入地点起卸前"的运输及其相关费用、保险费需计入计税价格。这个分界线的时间和地点应当理解为，进口货物随入境运输工具入境后，离开该运输工具的时间和地点。

例如，进出境运输工具入境后抵达上海，在上海卸载了一部分货物（A）；又继续航行至武汉卸载了货物（B），并将剩余货物（C）转至内河轮船运输至重庆。

对货物（A）而言，分界线在上海卸货时；对于货物（B）和（C）而言，分界线都是在武汉卸货时；货物（C）虽然离开运输工具在重庆，但是离开入境运输工具是在武汉。

虽然分界线十分清晰明确，但是如果进口商提供的运保费单据未对"分界线"前后的费用分别列明，海关一般不作区分，全额计入计税价格。

二、运输及相关费用

运输及相关费用的复杂之处，就在于"运输相关费用"并没有明确的法律解释，而且实务中非常庞杂、细碎，使得进口商容易遗漏。

《海关业务标准化规范》(2011年版)对运输的"相关费用"作出下列解释：
"在被估货物输入到中国输入地点起卸前的过程中，发生的与运输过程有关的费用，或者在运输过程中保持货物适运状态的处置费用。例如，货物的搬运、冷藏、动物饲养、破损货物的分拣、运输代理费、多次使用的容器的填装与清洗费等。"

典型案例 50：某天然气进口公司漏报运输相关费用案

海关经稽查发现，某天然气进口公司在运保费的申报方面只申报了海运费和保险费；但是，进口公司实际还支付了期租拖船费、引航费、船舶代理费、船舶港务费等。

海关认定，上述费用相当部分属于卸货前发生的与运输相关的费用，应当计入计税价格，需补税 1228 万。

【案例解读】

运输及相关费用，可以比喻为"差旅费"。不能把差旅费狭隘地理解仅为交通费，还需要包括途中必要且合理（实际）的支出，例如住宿、餐饮、停车等。关键在于理解"为了满足运输必要且合理（实际）的费用"。常见的有，燃油附加费、旺季附加费、中转仓储费等；少见的有，液体空罐返回费等。相对而言，集装箱运输较为程式化，较为容易规范；非集装箱的散装货物（油轮、LNG 轮）、管道运输货物、海上平台等，经常有非常规的运杂费安排，需要特别注意。

三、保险费

典型案例 51：某能源进口公司进口天然气漏报保险费案

某能源进口公司 A 公司，以管道运输的方式进口天然气。进口天然气在境外管理运输部分，A 公司只向管道运输公司支付运输费未向保险公司支付保险费。

海关认为，即便未发生保险费用，也需要根据法定费率计算保险费计入计税价格。A 公司认为，管道运输公司承担保管责任，如果天然气短少可以向管理运输公司索赔，应当理解为运输费中涵盖了保险费。

【案例解读】

首先，根据《审价办法》第三十六条的规定，进口货物的保险费首选是据实计算；但是保险费无法确定或未实际发生的，按照"货价加运费"总额的万分之三计算。所以，保险费确实属于不论是否实际发生都要计入计税价格的项目。

其次，运输人承担的货物保管及赔偿责任，与保险公司承担的责任，内容上存在很大区别。除非有证据证明，承运人实际承担了与保险公司相当的责任，否则无法主张运输费中含有保险费。

四、防止运保费重复计算

进口货物的运保费需要计入计税价格。但是，如果进口商的申报价格已经全部或者部分包含了运保费，那么包含部分的运保费就不能再重复计算。

买方支付全部或者部分运保费一般有两种途径：一是买方不通过卖方直接向运保费的服务人支付，这种情况下支付的运保费需要另行计入；二是买方通过卖方支付，但是有的是包含在了申报价格中的，就不需要另行计入，有的没有包含在申报价格中，因为部分运杂费具有滞后性，需要延后结算，这种情况就需要将延后结算的运保费另行计入或者直接估价。

总之，是否需要另行计入的关键在于判断需要计入的全部或者部分运保费是否已经计入了进口商的申报价格中。

出口货物的运保费，需要根据出口计税价格的构成要素分析。与出口计税价格基本接近的是出口合同中常见的 FOB 价格，即离岸价格。当然，严格按照出口货物的计税价格法条定义而言，出口计税价格仅包括装载前发生的费用，装载时发生的费用并不应包括在本条界定范围内。就此而言，以工厂交货价 EXW 为基础，加上货物运至中华人民共和国境内输出地点装载前的运输及其相关费用、保险费与《关税法》第二十九条的规定最为契合。

五、常见贸易术语

1.EXW（EX Works）工厂交货（……指定地点）

工厂交货（……指定地点）是指当卖方在其所在地或其他指定的地点（如车间、工厂或仓库等）将备妥的货物交付给买方，与此同时货物所有权也转移给买方。这是卖方承担责任最小的贸易术语。卖方不办理出口清关手续，也不负责运输费用。在 EXW 工厂交货贸易条件下，买方承担在卖方所在地（出口国）接收货物的全部费用和风险，其中包括出口国的出口清关相关手续单证以及可能产生的出口关税和其他清关费用，还包括从出口国工厂至我国进口输入地之间的所有费用（运费、保费、检验检疫费等所有相关费用）。进口商向海关以 FOB 贸易方式报关的申报价格不包括运保费，计税价格需要在申报价格基础上加上这两项。

2.FOB（Free On Board）离岸价格（……指定装运港）

FOB 离岸价格亦称船上交货价格。……在 FOB 条件下，卖方在合同规定的港口（出口国）把货物装到买方指定的运载工具上，负担货物装上运载工具为止的一切费用和风险，装货完成的同时，货物所有权也转移给买方。后续的货物损毁风险或相关维护费用以及各种运输费用保险费用都由买方以所有人身份承担。按照惯例，卖方还负责办理出口手续，缴纳出口税，提供出口国政府或有关方面的签证。这种贸易术语项下,运输及其相关费用、保险费均由进口商承担，一般不包括在进口商以 FOB 成交方式向海关报关的申报价格中，计税价格需要在申报价格基础上加上这两项。

3.FCA（Free Carrier）货交承运人（……指定地点）

FCA 货交承运人是指卖方只要将货物在指定的地点交给买方指定的承运人即完成交货。卖方承担货物交付给承运人接管为止的风险和费用，货物移交承运人完成的同时，货物所有权也转移给买方。此后的货物损毁风险或相关维护费用以及各种运费保险费用都由买方以所有人身份承担。按照惯例，卖方还需要办理货物出口所需要的一切海关手续，如需要提供许可证、检验检疫单证等相关证件，也由卖方办理。同时卖方负责货物出口应办理的海关手续费用及出口应交纳的一切可能发生的出口关税和其他费用。这种贸易术语项下的运输及其相关费用、保险费均由进口商承担，一般不包括在进口商以 FCA 成交方式向海关报关的申报价格中，计税价格需要在申报价格基础上加上这两项。

4.FAS 船边交货（Free Alongside Ship）（……指定装运港）

FAS 船边交货，由卖方负责把货物交到港口码头买方指定船只的船边，船舶不能停靠码头需要过驳时，交到驳船上，货物放置完成的同时，即交货完成，货物所有权也转移给买方，卖方承担货物交付为止的风险和费用，此后的货物损毁风险或相关维护费用以及各种保险费用都由买方以所有人身份承担。按照惯例，卖方还需要办理货物出口所需要的一切海关手续，如需要提供许可证、检验检疫单证等相关证件，也由卖方办理。同时卖方负责货物出口应办理的海关手续费用及出口应交纳的一切可能发生的出口关税和其他费用。这种贸易术语项下的运输及其相关费用、保险费均由进口商承担，一般不包括在进口商以 FAS 成交方式向海关报关的申报价格中，计税价格需要在申报价格基础上加上这两项。

FCA、FAS，都和 FOB 有很大的相似，关于物权变化和买卖双方分别承担的义务都可以用 FOB 离岸价格的思路来理解。

5.CFR 成本加运费（Cost and Freight）（……指定目的港）

CFR 成本加运费指在装运港船上交货，卖方需支付将货物运至指定目的地港所需的费用，这是 CFR 和前三种贸易术语的最大区别，CFR 由卖方安排运输，需要卖方支付到达进口国指定目的港为止的所有运费。但是货物的所有权是在装运港船上交货完成时转移，所以这种情况，所有权变化之后的各种货物损毁风险或相关费用都由买方承担，由买方以货物所有人的权限办理货运保险。因此，这种贸易术语项下的运输及其相关费用由卖方承担、但保险费由买方承担，运费包括在进口商以 CFR 交易方式向海关报关的申报价格中，保费不包括在进口商以 CFR 成交方式向海关报关的申报价格中，计税价格需要在申报价格基础上加上保费。

6.CPT 运费付至（Carriage Paid to）（……指定目的地）

CPT 运费付至指卖方支付货物运至指定目的地的运费，但是自货物交付至承运人照管之时起，货物的所有权从卖方转为买方，此后的货物损毁风险或相关维护费用以及各种保险费用都由买方以所有人身份承担。因此，这种贸易术语项下的运输及其相关费用由卖方承担、保险费由进口商承担，运费包括在进口商向海关报关的申报价格中。保费不包括在进口商以 CPT 成交方式向海关报关的申报价格中，计税价格需要在申报价格基础上加上保费。

CFR 和 CPT 两种贸易术语的区别点主要在于运输方式的差异，CFR 是仅用于水运的，两种方式可以视为海关估价中的"货价加运费"的情况综合。

同时注意一点，在这两种贸易术语中，卖方需要承担货物的运输费用，但是卖方承担的义务限于运费，也就是仅负责订立常规的运输合同并承担运费。如果承运人依据转运合同或类似条款的规定行使其权利，以避免意外的阻碍（例如，异常气候、道路堵塞、罢工影响、政府禁令、战争或类似不可抗行为），则由此发生的费用不属于常规运费，应由买方承担。

7.CIF 成本、保险费加运费（Cost Insurance and Freight）（……指定目的港）

CIF（成本、保险费加运费），按此术语成交，货物在装运港被装上承运人船舶时即完成交货，所有权也发生变化。但是卖方在具有与 CFR 术语的相同义务的同时，还要为买方办理货运保险，支付保险费。注意，这里卖方购买的保险实际是为了保证买方权益而购买的。货价的构成因素中包括从装运港至约定目的地港的运费和约定的保险费。货价、运费、保险费都会包含在买方向海关以 CIF 贸易方式报关的申报价格中。

8.CIP 运费和保险费付至（Carriage and Insurance Paid to）（……指定目的地）

CIP 贸易方式下，卖方将货物交付至承运人就算完成交货，从货物交由承运人照管之时起，货物所有权由卖方转至买方。关于货物损毁风险以及自货物交至承运人后发生事件所产生的任何额外费用也随之转由买方承担。但卖方需要支付货物运至指定目的地的运费，还须对货物在运输途中灭失或损坏的风险办理货物保险，订立保险合同，并支付保险费。这里卖方购买的保险实际是为了保证买方权益而购买的。货价的构成因素中包括从装运港至约定目的地的通常运费和约定的保险费。货价、运费、保险费都会包含在买方向海关以 CIP 贸易方式报关的申报价格中。

CIF 和 CIP 这两种贸易术语的区别点主要在于运输方式的差异，CIF 仅用于水运，它们的申报价格可以视为海关估价中的"计税价格"。但是注意一点，如果这里采用的目的地是进口国内陆地点而非沿海港口，在港口卸货后，货物在国内运输过程的运保费要怎么处理？是否包含在申报价格中？根据《审价办法》第十五条（"法定扣减项目"），海关应扣除在这种贸易术语下发生的"进口货物运抵中华人民共和国境内输入地点起卸后发生的运输及其相关费用、保险费"和"进口关税、进口环节海关代征税及其他国内税"。这个在理论上是应该扣除的，但一般需要提供相关合同清单，也就是需要把关境内的运输和保险费用单列，这部分费用才会被海关接受可以从申报价格中扣除。如果是一份总价计算的运输合同，国内运输部分费用不明确，海关一般不容易接受对这部分费用的扣除。

同时注意一点，在这两种贸易术语中，卖方需要承担货物的运输费用，但是卖方承担的义务仅限于运费，也就是仅负责订立常规的运输合同并承担运费。如果承运人依据转运合同或类似条款的规定行使其权利，以避免意外的阻碍（例如，异常气候、道路堵塞、罢工影响、政府禁令、战争或类似不可抗行为），则由此发生的费用不属于常规运费，应由买方承担。

9. DDP 完税后交货（Delivered Duty Paid）（……指定目的地）

DDP 完税后交货是指卖方在指定的目的地，办理完进口清关手续，将在交货运输工具上尚未卸下的货物交与买方，完成交货。完成交货时货物所有权才转移至买方。所以 DDP 贸易方式下，卖方承担最大责任，需承担将货物运至指定的目的地的一切风险和费用，包括在出口国办理出口清关手续及支付所有可能费用，支付货物交付前的所有运费、保险费等。卖方还需要办理海关进口手续并交纳手续费、检验检疫所涉费用、关税、增值税、消费税和其他费用。根据本《审价办法》第十五条（"法定扣减项目"），海关应扣除在这种贸易术语下发生的"进口货物运抵中华人民共和国境内输入地点起卸后发生的运输及其相关费用、保险费"和"进口关税、进口环节海关代征税及其他国内税"。但这种扣除一般需要提供相关合同清单，也就是如果把关境内的运输和保险费用单列，这部分费用可以从申报价格中扣除。如果是一份总价计算的运输合同，国内运输部分费用不明确，海关一般不容易接受对这部分费用的扣除。

第二节 佣金、经纪费

一、购货佣金不计入进口货物成交价格

购货佣金又称为买方佣金，是买方的代理人在为买方寻找供应商、并将买方要求通知卖方、收集样品、检查货物、有时还安排运输、保险等事宜的活动中提供劳务而取得的报酬，即买方向其采购代理人支付的佣金[1]。

购货佣金是买方单独安排支出的，不构成销售条件。买方是否支付购货佣金，不会妨碍卖方销售货物或者交易合同的实质性内容，不影响买卖双方的权利义务内容，其不符合"实付应付价格"的定义。《〈中华人民共和国进出口审定进出口货物完税价格办法〉及其释义》将此比照为买方雇员为购买而产生差旅费、工资等看待，是一个很生动易懂的解释[2]。

二、除购货佣金以外的佣金

除购货佣金以外的佣金一般指销售佣金。销售佣金又称为卖方佣金，是卖方代理人在位卖方招揽客户、征集订单、签订合同的活动中提供劳务而取

---

[1] 参见海关总署政法司等编，《〈中华人民共和国进出口关税条例〉释义》第83页，中国民主法制出版社。

[2] 参见海关总署关税司编著，《〈中华人民共和国进出口审定进出口货物完税价格办法〉及其释义》第77-78页，中国海关出版社。

得的报酬[1]。卖方佣金的支付义务人一般是卖方，多数情况下由卖方直接支付，此时卖方佣金实际是包含在成交价格中了，就不必做调整。有的情况下，卖方要求买方代为履行，这其实就构成了卖方设置的销售条件之一。买方如果不支付，卖方就会调整价格或者改变其他条件，甚至不再销售货物。

根据《拍卖法》有关规定[2]，拍卖费属于佣金；货物境外拍卖所得的，买方向拍卖行支付的拍卖费用应该计入成交价格。

三、经纪费

经纪费，通常是在中介人（经纪人）为委托人提供订立合同的媒介服务收取的费用。根据《中华人民共和国民法典》第九百六十一条，中介合同是中介人向委托人报告订立合同的机会或者提供订立合同的媒介服务，委托人支付报酬的合同。这意味着，中介经纪费主要是为促成交易而提供的服务费用。

经纪费的支付，既可以约定买卖双方分担支付，又可以约定其中一方支付。如果由买方支付，那么就应当计入成交价格。

四、典型案例

回顾本书之前的案例，具体如下。

---

[1] 参见海关总署政法司等编，《〈中华人民共和国进出口关税条例〉释义》第83页，中国民主法制出版社。

[2]《拍卖法》：
第五十六条 委托人、买受人可以与拍卖人约定佣金的比例。委托人、买受人与拍卖人对佣金比例未作约定，拍卖成交的，拍卖人可以向委托人、买受人各收取不超过拍卖成交价百分之五的佣金。收取佣金的比例按照同拍卖成交价成反比的原则确定。拍卖未成交的，拍卖人可以向委托人收取约定的费用；未作约定的，可以向委托人收取为拍卖支出的合理费用。

典型案例 35 中：

某医院以公开招投标的方式遴选设备供货方。某境外公司 A 公司中标。根据招标文件，进口手续由中标方办理，中标价格可理解为 DAP 条件下的价格。为此，A 公司物色了一家外贸公司 B 公司，经计算进口所需税款，费用和代理费等，倒算了 B 公司与 A 公司之间的货物的 CIF 价格，并据此签订了外贸合同向海关申报并随附相关招标文件。

海关认为，本案中的实际买方是某医院，B 公司是卖方指定的代理人，其所收取的代理费不属于买方佣金但由买方实际承担，且未包含在申报价格中；根据《关税法》第二十五条第（一）项——对应原《关税条例》第十九条第（一）项关于"进口货物的下列费用应当计入计税价格：（一）由买方负担的购货佣金以外的佣金和经纪费"的规定，代理费应当加计入计税价格。

但是，B 公司表示无法接受，其作为境内公司所收取的操作费其需要向境内税务机关缴纳包括增值税在内的税款；又被海关计入进口货物计税价格其需要就这笔操作费向海关缴纳关税和增值税，其至少重复缴纳了增值税。

典型案例 36 中：

境内某能源公司 A 公司，与境外公司 B 公司签订有长期采购货物的合同。为了操作的便捷，A 公司安排本集团设立在香港的子公司 C 公司与 B 公司签订采购合同，再以相同的条件与 A 公司签订出口至我国关境的出口销售合同。A 公司，以该份销售合同向海关申报进口。

2015 年海关认为，C 公司作为关联公司，未收取任何操作费不符合独立交易原则，要求计税价格中加入合理的海外操作费。据此，A 公司与 C 公司约定了每吨若干美元的操作费，并对此前三年的操作费补缴了税款。

但是反对方认为：从功能地位出发，真正的买卖双方是 A 公司和 B 公司，C 公司只是 A 公司的代理人，并不能被认定为实际的卖方。海关将操作费计入计税价格，是基于将 C 公司认定为卖方这个错误前提。如果 C 公司不作为卖方，而是 B 公司作为卖方，那么成交价格应该以 C 公司（代表 A 公司）与 B 公司签订的销售合约审查确定。C 公司作为 A 公司指定的代理人，所应收取的操作费可以认定为购货佣金（买方佣金）。如此根据上一案例提及的法律依据，A 公司和 C 公司之间不论是否属于特殊关系，不论是否支付了符合独立交易原则的操作费，此项操作费属于购货佣金不需要计入计税价格。

【案例解读】

对案例 35，笔者赞同海关意见。对案例 36，笔者赞同反对方意见。两起案例中，"中间商"并不具有买方和卖方的地位，没有承担支付义务，没有取得货权，实际是代理人身份。根据其实际功能地位，有关费用属于佣金，应当根据有关佣金计税规定认定是否计入成交价格。海关总署关税司编著的《〈中华人民共和国进出口审定进出口货物完税价格办法〉及其释义》第 79 页将类似于案例 35 的情形认定为销售佣金。

案例 35 中，B 公司所称的增值税重复计征的问题确实存在，B 公司所收取的费用既向税务部门缴纳了增值税，又在进口货物上向海关缴纳了增值税。但这个问题实际是"实际进口人（缴税人）"和"形式进口人（报关单收货人）"分离导致的。该案例中，如果由实际进口人医院来缴纳进口货物增值税，就不存在同一主体就一笔费用向两个税务部门缴纳增值税的情形。此外，关于 B 公司所称的重复征税问题也存在争议。在海关征税中经常存在同一笔费用被税务部门和海关同时征税的问题：例如特许权使用费，在非贸付汇环节向税务部门缴纳增值税，在货物上又被海关征收一次增值税；港务部门收取的拖船费、引航费等，也是如此。当然，有的观点认为这种情形是不同主体就同一笔费用缴纳增值税，不属于重复征税。即便是对于同一主体就同一笔费用存在重复缴纳增值税的情形，实践中也很难以重复征税为由免除税务。因为在征税规则上，并不明确禁止重复征税。

案例 36，其实就是案例 35 的反转。海关执法应当保持一致性，坚持从实质的功能地位出发审查究竟是交易的主体，还是代理人角色。不能在案例 35 中采取实质审查的标准，在案例 36 中采取形式审查的标准。当然，企业要争取认定为买方佣金，还需要充分披露卖方及 A 公司与卖方商业谈判、具体交易的信息和证据。

在案例 36 中比较容易出现的争议问题是，买方佣金与经纪费如何区分？笔者更倾向于认定佣金。

首先，以自己的名义采购货物属于正常的买方代理工作范围。WCO 海关估价技术委员会发布的解释性说明 2.1《〈协定〉第 8 条的佣金和经纪费》第 4 条阐述如下："代理人（也称"中间商"）是指可以自己的名义，但往往以委托人的名义购买或者销售货物一方。"由此可见，C 公司的行为并未超越买方代理人范围。

其次，C 公司提供的服务不是通常的经纪服务内容，并且只代表买方。WCO 海关估价技术委员会发布的解释性说明 2.1——《〈协定〉第 8 条的佣金和经纪费》第 13 条阐述如下："经纪人同时为买卖双方提供服务，其作用只是联系买卖双方以促成交易的达成。"C 公司是交易达成后参与进来的，明显不需要 C 公司来联系买卖双方以促成交易的达成；并且 C 公司自始至终都仅代表买方。

最后，经纪的人费用，一般既可以双方分担，又可以一方负担。而 C 公司的服务费如果要求卖方来分担，既不符合交易习惯，又因其行为代表的是买方，存在不合理之处。

第三节 容器费和包装费

一、容器费

"与货物视为一体的容器"是指在商业习惯和使用习惯上货物与容器一同销售、运输携带。例如，香水与香水瓶、相机与相机袋等等。通常情况下，这些货物的售价包括了这些容器。但是，如果卖方要求买方另行付费的，那么容器费需要计入完税价格[1]。

容器费指的是转移容器所有权的对价。那种所有权并不与货物一并转移的、事后需要返还并且反复使用的容器，不是本项的容器费。例如，集装箱子、运输液体或者气体的储罐等。使用这些容器的租用费用，如果买方另行支付的，那么需要作为运输及相关费用计入计税价格。

二、包装费

根据《关税法》第二十六条规定，包装费分为包装的材料费和包装的服务费。实务中，卖方很少专门向买方收取包装费，基本都是计入货款中。但是，随着国际贸易分流分工的细化，有的买方在买得货物后进行保税物流仓储，在仓储过程中对货物进行改换包装等。这些费用需要买方另行支付给第三方

---

[1]见《关税法》第二十六条。

的。如果这种包装，是为了满足特定的运输要求，那么这项费用就应该属于"运输及相关费用"了。

典型案例 52：包装费补税案

某跨国集团，在中国台湾设立辐射东亚地区的物流仓储中心。大陆关境内子公司 A 公司向集团总部购买的货物，基本从中国台湾物流仓储中心发货。根据集团内部政策，仓储保管费用由总部统一结算；但各公司有个性化的分拣包装或者重新包装需求的，自行联系中国台湾仓储物流中心并结算所需费用。

海关稽查发现后，要求 A 公司对三年内累计结算的包装费进行补税，共计 8.7 万。

【案例解读】

本案例中的包装材料和人工费用，已经增值在货物上，而且买方为此支付了对价，属于货物的实付应付的一部分。

本案中的仓储管理费有一定的特殊性，可以不计入"运输及相关费用"，不作为计税价格的一部分。因为该集团将货物存放于中国台湾物流仓储中心，并不是运输的必要合理安排。如果是船舶换船，临时在中国台湾短时间仓储等候换船，那么此类仓储费就属于"运输相关费用"。本案中的仓储费，不是运输原因导致的。

第四节 协助费

一、概述

《关税法》第二十五条第四项，海关简称为"协助费"。因为买方免费或者低价提供了生产进口货物所需的实物材料或者技术服务，使得卖方的出售价格低于相同货物的价格；并且这种协助构成了销售条件，如果没有这种协助就不可能获得双方议定的偏低的价格，那么协助成本需要调整计入成交价格。

具体需要满足四方面的要求：

（一）所提供的协助用于生产和销售到我国的进口货物

此处的有关是物质上的关联，而非利益上关联。例如，所提供的实物用于进口货物的生产，或者称为进口货物的组成部分；或者虽然该实物最终没有转化到进口货物中，但是在生产过程中消耗掉了。

如果是利益上关联而影响了成交价格，那么就可能认定为成交价格受到"搭售或者其他因素的影响而无法确定"而不符合成交价格条件。例如，进口商向出口商免费提供无息贷款，或者别的实物不用于生产进口货物，从而获得较低价格的生产货物。

（二）属于条文列明的四种协助[1]

1. 进口货物包含的材料、部件、零件和类似货物；

2. 在生产进口货物过程中使用的工具、模具和类似货物；

3. 在生产进口货物过程中消耗的材料；

4. 在境外进行的为生产进口货物所需的工程设计、技术研发、工艺及制图等相关服务。

买方直接协助生产的情况很多，例如提供生产所需的样品，安排技术人员驻场指导帮助，甚至还有劳务输出性质的协助。这些协助可能使得进口货物不符合成交价格条件，不构成协助费调整项目。

（三）买方免费或者低于成本提供的

买方提供，既可以是买方直接提供，也可以是买方安排第三方提供。免费和低价，意味着买方在提供过程中没有足额收回提供所需的成本。从公平角度出发，买方的损失将会从生产后的成品价格中得到弥补。

典型案例 53：专利购买费分摊案

某国内公司 A 公司，购买了美国数项发明专利，并将有关专利作为技术权利入股的一部分，设立了独资的美国子公司 B 公司。之后，B 公司利用上述专利在美国生产了某种控制阀门，销售给 A 公司。

海关稽查发现后，认为 A 公司是为了得到控制阀门，而购买专利提供给 B 公司，故而专利购买费应当分摊在进口以及今后还要进口的控制阀门上。

---

[1]《海关审定进出口货物完税价格》第十一条第一款第（二）项。

【案例解读】

笔者认为，上述案例的情形不符合买方免费或者低价提供的要件。A 公司购买专利权利后，以入股的方式成为 B 公司的股东，这其实是以专利权利为交换物，获得了 B 公司的股权。这种情况，不属于免费提供；是有对价的提供。因为 B 公司是 A 公司的全资子公司，B 公司的技术、资金都是由 A 公司投资的，不存在专利技术被作价低估的问题，即也不存在低于成本提供的问题。

（四）在分摊计算上具有可操作性

这其实与《审价办法》第十一条第二款"纳税义务人应当向海关提供本条所述费用或者价值的客观量化数据资料。纳税义务人不能提供的，海关与纳税义务人进行价格磋商后，按照本办法第六条列明的方法审查确定完税价格"规定是一致的。所有需要计入计税价格的价格项目调整，如果因为缺乏客观量化的数据无法操作的，或者不再继续进行成交价格估价方法，或者类似于保险费，直接根据法定比例计算后计入。

具体到《审价办法》第十一条第一款第二项四种协助种类上，第 1 种材料协助和第 3 种耗料协助，成品与这两种实物之间存在某种比例关系，可以根据生产实际和进口货物的数量等，推算出生产的过程中使用掉了多少材料和耗材，进一步计算出购买成本。第 2 种和第 4 种，则无法使用上述方法，需要进行分摊；如果所涉的货物是分多批进口的，那么很可能被要求全部计入首批或者已经进口的货物中，后续继续进口的所涉及的货物时，海关就不再重复计入。

二、实物协助

上文提到的四种协助中，前三种协助都属于实物协助：进口货物包含的材料、部件、零件和类似货物；在生产进口货物过程中使用的工具、模具和类似货物；在生产进口货物过程中消耗的材料。这种实物协助不难理解，他们或者在生产过程中直接转化为成品的一部分，或者为成品的生产过程中被消耗或者使用，其价值全部或者部分转移到了成品上。

例如，国际上某些核电设备的供应商，其本身负责组装合成和生产部分核心部件，不可能承担全部部件的生产任务。为了控制成本，在交易习惯上买方会要求供应商提供详细零部件清单及技术指标要求，实行招投标采购，而不会完全交由供应商采购，使得成本失控。

由买方采购的部件，一般是免费提供给供应商。这部分部件就是今后进口核电设备的实物协助部分。

典型案例54：某国内车企实物协助案

某国内车企，为了让韩国生产商为其提供车辆的配件。韩国生产商要求国内车企提供这些配件在生产过程中所需的模具。

情景1：该车企经常需要向中国台湾公司采购各种模具，这些模具不进口国内而是直接发运韩国。

情景2：该车企从国内采购模具以一般贸易方式出口至韩国生产商处。

情景3：该车企从国内采购模具后，以"暂时出口"的名义提供给韩国生产商。使用一段时间后，又复运入境；入境后的模具保存于公司仓库，后续有可能继续投入使用，但无法确定。

【案例解读】

在情景 1 中，属于典型的免费提供模具、工具的协助行为，车企采购成本需要分摊到使用该模具生产的所有配件上。

在情景 2 中，因为该车企是通过一般贸易方式出口至韩国，实际就是买卖销售的方式卖给了韩国生产商。如果韩国生产商的采购成本等于或者高于车企的国内采购成本，那么就应当视为车企提供的这套模具，不是协助。韩国供应商支付了足额成本，后续生产商自己就会将采购成本分摊到为该车企生产的配件上，体现在价格中。

在情景 3 中，是否应当将模具的所有采购成本都计入韩国生产企业为该车企生产的模具中，有不同的观点和做法。有的海关倾向于将模具的全部采购成本都分摊到使用这些模具生产的进口的配件上，理由是模具是专用生产工具，仅限于生产特定的配件，该模具复运入境后续使用继续使用是不确定的，应该做全额分摊。有的海关倾向于计算折旧费用计入成交价格，理由是此类该模具如果不是免税进口，必然是需要折旧计价征税的，全额分摊在配件上的做法，显得自相矛盾。

三、服务或者技术协助

《关税法》第二十五条第四项的规定是，"……在中华人民共和国境外开发、设计等相关服务的费用"。

《审价办法》第十一条第一款第二项第 4 目的规定是，"在境外进行的为生产进口货物所需的工程设计、技术研发、工艺及制图等相关服务"。

（一）属于服务费，而非技术成果使用费

从法条规定来看，此项协助均指向的劳务费，而非技术成果使用费。劳务费，意味着劳务成果具有不确定性，如果研发失败，没有研发成果，但是劳务费仍需继续承担。技术成果使用费，与创造这个成果的劳务成本的关系不紧密，取决于技术成果的使用价值，而非研制技术花费的成本。

法条关于"在境外进行的"的这一条件，也证明了所指向的是服务费，而非技术成果（专利技术、专用技术）的使用费。

典型案例55：免费提供专利案

某国内 A 公司购买了某项专利，允许境外 B 公司实施该专利生产成品，并将产品销售给 A 公司进口至国内。

A 公司没有向 B 公司收取实施专利的费用。

【案例解读】

笔者认为，在上述案例中买方确实向卖方免费提供了专利的使用，对销售价格产生了实质性影响，如果买方不免费提供这种专利的使用权利，那么成品的售价或者别的交易条件将发生变化。但是，因为这种协助内容不属于协助费规定的四种情形，所以不能根据协助的条款调整价格；笔者更倾向于转为估价。例如，假设 A 公司向 B 公司免费提供了生产的场所，虽然构成了影响价格的因素，但是不能因此而认定构成本条的协助关系。

（二）排除境内开展的服务

关税的征税对象是境外进入境内的货物，服务或者技术协助费中货物销

售价格的一部分被认为是开发、设计等相关服务所创造的，如果这些开发、设计等相关服务是在境内实施的，那么意味着这个进口货物是境内物和境外物组合而成，海关只应该对境外部分的物征收关税。这一点，我们可以比照出口加工贸易来看待：实物保税出口，在境外做进一步加工后复进口，对于曾经从国内出口有复进口的部分，是不需要进行征税的；而发生于境内的开发、涉及等相关服务所创造的价值，在进口货物上类似于此处的境内货物。

典型案例 56：境内开发费用不计入协助费案

境内 A 公司需要生产某套设备，为此事前需要专门开展大型设计工作。考虑到欧美人工费用较高，A 公司安排境内研发机构也参与此次设计工作，部分设计工作是在境内完成的。

货物实际进口后，海关发现了存在技术协助的事实，要求 A 公司提供财务数据，核算协助费涉税金额。核算工作中，海关未将支付给境内设计机构的开发费用计入协助费范畴。

第五节 特许权使用费

一、特许权使用费计税概述

随着人类经济社会发展，货物的销售和正常使用，很可能不再仅仅受实物的所有者完全支配，而且还需要得到某些权利主体的特别许可。例如，商标、专利、专用技术、版权等权利主体。这些民事权利内容都是得到国家法律承认，但是国家权力不直接支配这些权利，仅仅是保障权利人去设立、行使这些权利，制裁侵权权利的行为，使得这些权利主体能够有效地约束他人。

这就意味着，涉及这些权利的实体物完整的所有权被割裂为实物物主和特许权所有者。既可以说，购买者必须同时得到两个主体的同意才能买得货物；又可以说实物货主处分货物得到了限制，其必须解除这种限制才能完整转移物权。在独立公允的交易环境中，既有实物货主先解除这些限制从而实现完整物权的转移（有的属于实物货主和权利主体合一的），这种情况下买方只需要向实物货主支付对价即可；又有卖方将支付对价获得特许权权利主体同意的义务作为销售条件，要求买方去履行或者代履行，一般来说就是买方向第三方支付特许权使用费。非独立公允的交易环境中，免费或者低价提供这些特许权使用权利的，其实就不再符合成交价格条件，不再需要进一步讨论特许权使用费价格项目的调整问题。

根据法律规定，特许权使用费应税必须同时满足两个条件：特许权使用费与进口货物有关，和支付特许权使用费构成销售条件。

（一）与货物有关

就与货物有关问题，《审价办法》第十三条对分列的四种特许权各自分列了有关的情形。后文予以阐述。

笔者理解，特许权使用费与进口货物有关，最内核的意思应是指，特许权使用费所购买的权利，正是附着于进口货物上的特许权利。也就是说是否"有关"，要进行具体的特定化的对比，"特定费用所购买的特定权利"与"进口货物上附着的特定权利"，这两者是否一致；而不是抽象的对比，都是某个商标或者某项专利。下文以案例说明：

典型案例 57：A 公司进口二手设备的商标权案

境内 A 公司某年购买了美国某类机器设备的商标权。购买后，A 公司又从境外购买数年销售的二手机器设备（带有这种商标）。

有的观点认为，购买商标权所支付的费用，与进口这些二手设备有关。理由仅仅就是，货物上的商标与所购买的商标一样。

【案例解读】

本案中，A 公司购买的商标权在后；而进口旧机器上附着的商标权被设立并被销售的时间在前，两者根本不可能发生重叠。而且根据权利用尽原则，二手货主转售货物时不需要再得到原商标权利人的许可。其实，从这层意义上讲，连销售条件也无法构成。但在实务中，这种情形下只要认定构成"有关"，销售条件几乎就会成为一项"不证自明"就能满足的。即便出售专利的主体与出售旧机器的主体不是同一公司或者特殊关系，也会被认定为免费提供了商标使用。

典型案例 58：A 公司向美国公司购买某项专利权利案

境内 A 公司向美国公司购买某项专利权利，商业谈判中美国公司要求保留专利交易后 5 年内的专利使用权，所销售的专利产品不限区域。A 公司接受该约定，双方订立合同并在主管部门备案。

这 5 年内，A 公司陆陆续续向美国公司购买进口了数批次这些专利产品。有的观点认为，购买专利的费用与进口货物有关。理由同上。

【案例解读】

笔者认为，其实根据合同约定，A 公司购买的专利权是缺少一部分的，所缺的就是"美国公司 5 年内的专利使用权"。美国公司在这 5 年内其所生产的专利产品上所附着的专利使用权，是其约定保留下的权利，其能够保留这部分权利应当认定是美国公司放弃了一部分交易价格而获得的。这部分专利权利不再 A 公司支付专利对价覆盖范围内。那么自然，进口货物上所附着的权利使用权，与 A 公司所支付费用对应的权利之间，没有重叠区域，不应该是构成有关。

（二）构成销售条件

《审价办法》第十四条[1]对于构成销售条件，作了比较精准的解释。如果不支付特许权使用费，买卖双方的这次引起进口行为的销售情况就要发生变化，或者无法达成交易，或者改变销售内容例如提高价格等。

需要注意的是，销售条件和限制条件之间的区分。世界海关组织估价技术委员会公布的咨询性意见4.2公布了一起案例：

典型案例59：进口商向制造商购买录有一场音乐表演的唱片案

进口商向制造商购买录有一场音乐表演的唱片。根据进口国法律，进口商转售唱片时，应向第三方即持有版权的作曲者支付销售价3%的特许权使用费。制造商没有直接或者间接地获得任何特许权使用费，而且支付特许权使用费也并不是销售合同项下的责任。此种特许权使用费是否应计入实付、应付价格？

技术委员会提出的意见是：在确定完税价格（计税价格）时，该项特许权使用费不应计入实付、应付价格。支付特许权使用费不是进口货物的销售条件，而是当唱片在进口国销售时该进口商向版权所有人支付款项的法律责任。

【案例解读】

在这起案例中，进口商向版权的作曲者支付的特许权使用费与进口货物

---

[1]《审价办法》：

第十四条　买方不支付特许权使用费则不能购得进口货物，或者买方不支付特许权使用费则该货物不能以合同议定的条件成交的，应当视为特许权使用费的支付构成进口货物向中华人民共和国境内销售的条件。

有关，但其实和引起进口行为的销售行为无关，是为了转售而支付的特许权使用费。因为这种限制来自于法律，而非卖方施加的，所以其不妨碍成交价格条件的成就。

（三）权利义务实质关系审查

某笔具体的支付费用，是否属于特许权使用费，属于哪一种特许权使用费，其判断标准并不是形式上的名称或者商业文件。而是，根据权利义务的实质性关系来判断。

典型案例 60：A 公司进口被要求投入品牌宣传费案

境内 A 公司，约定与境外卖方开展合作，长期从卖方进口产品。卖方要求买方每年还需要投入一定资金参与卖方在境内开展的品牌宣传活动，否则无法为 A 公司供货。这种做法，是卖方对境内客户的普遍性政策。

海关认为，上述品牌宣传费，属于商标权使用费，与进口货物有关，并且构成销售条件。

【案例解读】

根据卖方政策，品牌宣传费，属于卖方供货的前提条件，否则不予供货。所以上述费用构成销售条件。品牌宣传费，其实是卖方要求买方参与承担品牌维护费用，是将原本需要卖方的义务要求买方来承担。从实质关系出发，买方支付这笔费用是为了能够得到商标使用，为了商标具有更好的美誉度。所以品牌宣传费认定为商标权使用费是恰当的。

在实际的商业安排中，特许权使用费经常以技术指导、业务管理、加盟费等名义收取。具体设定何种名目，并不是审查的重点，关键还是审查这些费用所采购的内容。

二、专利、专有技术使用费

专利权，是国家专利主管机关依法授予发明创造专利申请人，对其发明创造在法定期限内所享有的专有权利，包括发明专利权、实用新型专利权和外观设计专利权。专利权的内容是面向全社会公开的。在专利有效期内，他人要使用专利，一般需要得到权利人的许可，否则将构成侵犯专利的违法行为，将承担民事、行政，甚至刑事法律责任。

专有技术，《审价办法》第五十一条的解释是——专有技术，是指以图纸、模型、技术资料和规范等形式体现的尚未公开的工艺流程、配方、产品设计、质量控制、检测以及营销管理等方面的知识、经验、方法和诀窍等。专有技术，属于保密信息，他人想要使用，也需要得到技术所有人的允许，并且披露有关秘密信息。专有技术，也受到法律保护，他人非法刺探也是要承担法律责任的。

《审价办法》第十一条列举了三种应认定技术使用费与进口货物有关的情形：

1. 含有专利或者专有技术的；

2. 用专利方法或者专有技术生产的；

3. 为实施专利或者专有技术而专门设计或者制造的。

例如，某进口货物直接就是根据某项实用新型专利而生产的，那么为了这个货物上使用了实用新型专利而支付的费用就与这个进口货物有关。

又如，某进口货物在境外就是使用某种发明专利记载的方法生产制造的，那么为了使用发明专利而制造进口货物所支付的费用就与该进口货物有关。

再如，某进口货物为专门设计和制造某台设备，该设备是专用于某种化工产品生产设备的部件，那么这台进口设备就成为实施该生产设备生产专利的专用部件。

在上面三种情形中，前两种是在境外就使用了技术内容而生产制造的，一般情况下可以将技术费全部计入进口货物，一般均摊技术费即可。

最后一种有关技术一般是在境内实施的，进口货物也是实施技术所需的部分货物，必须先分割、后分摊。目前一般采取的进口货物占总材料或者总成本的价格占比，分割确定进口货物对应的技术总费用部分，再将分割确定的技术总费用继续按照各种进口货物占总进口货物的价格占比分摊至各种不同税率的进口货物上。

《关税法》和《审价办法》[1]都规定，当不符合客观可量化的调整条件时，应当放弃成交价格估价方法的价格调整项目。但是，因为缺乏一套评判标准或者方法，所以极少听闻有特许权使用费价格调整项目转为估价模式的。这说明,对于量化调整方案没有一套合理的评判机制,就会导致不知何时该退出：实务中，不论案件具体情况如何都要"逼"着找出一套貌似满足客观可量化的分割分摊方法。笔者感觉在某些场景下其实估价比价格调整明显更加合理。

三、商标权使用费

商标的主要功能是区分货物和服务的提供者。商标,其实蕴含着很多含义,

---

[1]《审价办法》：
第十一条第二款　纳税义务人应当向海关提供本条所述费用或者价值的客观量化数据资料。纳税义务人不能提供的，海关与纳税义务人进行价格磋商后，按照本办法第六条列明的方法审查确定完税价格。

包括质量、信誉、文化、价值取向等等。某些驰名商标，在特定产品品类上具有很高的认可度，相同的货物因是否具有该商标而价格悬殊。

《审价办法》第十三条列举了三种商标权使用费与货物有关的情形：

1. 附有商标的。货物在进口的报验状态时，商标标识是直接实物附着于进口货物的。

2. 进口后附上商标直接可以销售的。货物在进口的报验状态时，虽然实物上还没有把商标标识附着其上，但是买方已经为这些货物支付了商标权使用费，随时有权将商标标识加施上去。

3. 进口时已含有商标权，经过轻度加工后附上商标即可以销售的。与前两者不同的是，这种情况下进口货物还不是适合销售的状态，进口后需要轻度加工改变成为适合的状态才能施加商标标识。买方已经或者约定需要为这个加工后可以附着商标的货物购买了商标使用权。

《审价办法》采取了实质标准，不论货物上是否有实物标识，只要具有施加商标标识的合法权利即可。这样的规定，可以较好地防止规避行为。

需要重点说明一下第三点中的"轻度加工"。《审价办法》第五十一条对"轻度加工"的定义是，"轻度加工，是指稀释、混合、分类、简单装配、再包装或者其他类似加工"。如果进口货物，与最终需要加施商标的货物，相差较大，也就是中间加工程度较深，那么进口货物和附标货物就不能再称之为同种货物。进口货物与商标权使用费就无关了。根据本项的规定，轻度加工不改变加工前后货物同属于商标权项下的货物，仍然满足有关的条件。

典型案例 61：化妆品境内分装、定型后再贴标销售案

某全球知名化妆品公司集团具有化妆品的驰名商标。该集团在境内全资子公司 A 公司常年进口睫毛膏、口红、彩笔等货物。这些货物都是以大桶包装的形式进口的；在境内进行分装，定型后再贴标销售；销售款的 3% 作为商标使用费计提给权利人。

A 公司与海关就轻度加工的问题产生分歧。A 公司认为，这些分装、定型具有很高的技术性要求，不应再视为轻度加工。在充分审查加工程度后，海关部分接受了 A 公司的意见。

【案例解读】

笔者认为，是否是深度加工，需要从加工的难度、复杂程度来衡量；但更需要审查加工行为是否改变了购买群体的认识。属于轻度加工的应是，加工前后的货物，购买者都很容易通过商标标识建立货物与特定供应商之间的紧密关联。如果加工后的货物可以，但是加工前的货物很难，那就说明进口货物超出了购买群里认为商标的通常的使用范围。当然，这里的使用范围不应理解为商标产品分类的类别。

以上文中的睫毛膏为例，虽然 A 公司在境内设置了工厂，购买了高度精密、自动化的灌装设备；但是本质上还是将大桶的睫毛膏灌装到小瓶内，前后商品都能让购买人通过商标感觉到来自同一供货商。

四、其他特许权使用费

《审价办法》还规定了其他两种特许权使用费，著作权（版权）使用费和分销权使用费。

著作权比较复杂，是指文学、艺术和自然科学、社会科学、工程技术等作品的作者享有的作品发表权、署名权、修改权、保护作品完整权、复制权、发行权、出租权、展览权、表演权、放映权、广播权、信息网络传播权、摄制权、改编权、翻译权、汇编权和应当由著作权人享有的其他权利[1]。介质和书籍等货物含有这些著作权内容的货物，就构成了有关。需要说明的是，随着网络技术的发达，很多著作权的内容，不再需要实体物实现进出口，可以通过网络传输的方式实现数据的跨境转移，书籍、图片、影视、歌曲等都可以跨境下载至本地电脑，也可以在线欣赏。这些行为同样也需要支付费用。但是，因为这些行为不存在有体物的进出口，所以海关对此类行为不予监管、不予征收关税，自然也不需要审查价格。纯粹的技术交易也可以实现无实体物的网络传输，也是不受海关监管的。

分销权的收费，与转售收益的规定相近。基本都是从货物进口后的转售额中计提。有所区别的地方在于，转售收益多是支付给卖方，不涉及第三方，如果支付给第三方，也应属于间接支付给卖方；而分销权的主体与货物的卖方是可以分离的，所以分销权使用费的支付对象，很可能不是销售货物的卖方。另外，分销权很多时候，是一个整体体系的安排，会有层级、地域等划分。

---

[1]参见海关总署关税司编著，《〈中华人民共和国进出口审定进出口货物完税价格办法〉及其释义》，中国海关出版社。

第六节 后续收益调整

成交价格条件中就要求，卖方不得从进口货物的后续处置、使用中获益，否则就不符合成交价格条件，需要转为估价方式确定计税价格。但是，也规定在满足量化调整的前提下，可以继续按照成交价格估价方式执行。

本项的规定，就是要求卖方将后续收益计入成交价格，这部分收益是构成销售条件下买方向卖方付款义务，是应付价格的部分。与特许权使用费不同的是，后续收益与特定的技术、商品、版权、分销权等特许权利无关；并且直接或者间接的付款对象只能是卖方，在特许权使用费的案例中直接或者间接付款的对象是权利主体，既可以是卖方，又可以是第三方。

实践中，这种收益多数为买方在国内市场转售销售额的一定的计提比例。这种情况下，如果能够确定收益在较短时间内完成确定的，海关一般先允许企业凭保放行货物，待期限内确定收益后有进口商修改报关单申报价格计算准确的税额；如果海关认为短时间内难以完成或者无法预估期限的，或者计提方式与行业通常情况不符的，海关可以要求转为估价确定税额的方式。

如果后续收益以非货币的方式折算，那么一般只能通过估价的方式来确定计税价格。

典型案例 62：B 公司与美国某木材出口商协商设计合作方案

美国某木材出口商 B 公司在国内寻找买家，但是国内买家对该木材行业心存疑虑，担心风险不可控不愿意尝试。为此，B 公司希望通过寄售贸易的方式，开展出口中国木材的业务。但是经评估后发现，难以满足中国政府的监管要求。为此，B 公司经咨询后，设计了与进口商的合作方案：

1. B 公司以绝对安全的价格与进口商约定第一期木材价格；

2. 木材进口后，B 公司与进口商均有权推荐合适买家，在四个月内以价格条件最优先买家成交，在价格条件最优有争议时以 B 公司的意见为准；

3. 对于超出第一期木材价格部分的收益，由 B 公司与进口商约定的比例条件进行分配，B 公司占多数。

【案例解读】

在上述案例中，B 公司和进口商主动寻求海关支持，得到一定程度的满足；B 公司获得的转售收益都被计入计税价格予以征税。在上述案例中，其中进口商的功能地位比较模糊，处于买方身份和代理人身份之间。如果将其认定为代理人身份，那么在计税价格的确定上，B 公司将面临更大的压力。

第七节 不计入的价格项目

与《关税法》第二十五条相反，第二十六条是界定可以扣减的项目。根据《关税法》第二十四条第一款的规定："进口货物的计税价格以成交价格以及该货物运抵中华人民共和国境内输入地点起卸前的运输及其相关费用、保险费为基础确定。"因此，货物运抵中华人民共和国境内输入地点起卸时及起卸后发生的费用原则上不属于海关征税管理的范围。出口货物与之相反，具体参见《关税法》第二十九条，不作赘述。

一、价款中列明

需指出的是，本条规定的扣减项目本身在逻辑上的前提是进口货物价款中包含了这些项目的款项，如这些款项系单独支付，则根本不需要计入计税价格，也不存在需要扣减的问题。

在进口价格中包含了这些项目款项的前提下，本条要求这些价款必须是在价款中予以列明，则不能予以扣除。这里的列明包括两种情况，一种是这些项目的款项在总价中有单独列明具体金额，另一种是虽然在总价中未单独列明，但可以通过客观量化标准予以区分或分摊。《审价办法》第四十二条第四款明确要求："……价格调整项目或者运输及其相关费用如果需要分摊计算的，纳税义务人应当根据客观量化的标准进行分摊，并且同时向海关提供分摊的依据。"

应当说列明价款和合理的客观量化标准进行分摊也是海关对计税价格扣减项目的一贯要求。例如《审价办法》第十五条第二款规定利息费用不计入计税价格的前提条件之一就是利息费用单独列明的。又如《审价办法》第三十四条第一款规定:"进口载有专供数据处理设备用软件的介质,具有下列情形之一的,应当以介质本身的价值或者成本为基础审查确定完税价格:(一)介质本身的价值或者成本与所载软件的价值分列;(二)介质本身的价值或者成本与所载软件的价值虽未分列,但是纳税义务人能够提供介质本身的价值或者成本的证明文件,或者能提供所载软件价值的证明文件。"

典型案例 63:某企业量化国内国际运费案[1]

某企业通过中欧班列进口一批货物,成交方式为 FOB,在境内满洲里口岸换轨后运往成都,运费发票显示为国际国内全程费用 10000 元。

企业无法提供中欧铁路各线段当期运价及起卸前、后运输及相关费用成本比例,但能够提供境外段与境内段运输距离比例为 1.59:1,并且能同时提供该比例的客观量化依据资料,企业依据该比例对全程运费分摊出境外段与境内段运费,分别为 6139 元和 3861 元,企业可在全程运费中将境内段运费扣减后进行申报。若货物进口关税率为 10%,增值税率为 13%,不考虑应税保险费的情况下,扣减境内段运费 3861 元可为企业节省税费 938.22 元。

---

[1] 海关总署网站发布《中欧班列回程运费估价及申报小贴士》中援引的事例,网址 http://www.customs.gov.cn/customs/302249/302270/302272/5840769/index.html。

【案例解读】

本事例中，运费发票金额 10000 元包含了境外和境内两段运输费用，未在费用中进行区分，而国内段运输理论上不属于进口货物计税价格范围。因此，本事例具备可以从 10000 元中扣除国内段运输费用的第一项前提条件。虽然发票金额系境外和境内两段运输的总价，并未对境内运输段费用单独列明，但是企业可以提供合理的客观量化标准，即以运输距离比例对全程运费进行分摊，因此最终海关接受对国内段运输费予以扣除的做法。相反，如企业无法提供合理的客观量化标准进行分摊，则该 10000 元的全程运费将被全额计入进口货物计税价格中予以征税。

二、货物进口后费用

厂房、机械、设备等货物进口后进行建设、安装、装配、维修和技术服务的费用本质上属于劳务和服务费，而海关税收征管对象为有形货物贸易及与有形货物贸易有关的知识产权等。劳务费并非海关关税的应税范围，自然不存在计入进口货物计税价格的问题。

当然，本处的扣除仍需以价款包含该等费用且单独列明为前提。如厂房、机械、设备等货物的进口总价中包含了进口后进行建设、安装、装配、维修和技术服务的费用，且未列明价款或企业无法提供合理的客观量化标准进行扣减的，则应全额计入计税价格予以征收关税。

典型案例 64：深圳市某医疗设备公司走私案[1]

被告 J 公司于 2009 年 3 月 16 日由被告人倪某负责与 Z 公司彭某（已判决）在合同约定以港币 890 万的价格，向 Z 公司以"包税"方式购买一台印刷机。后双方在销售合同补充协议中约定，Z 公司提供面值不少于人民币 300 万元的进口税票给 J 公司。被告人倪某作为 J 公司股东兼副总经理，明知 Z 公司将以低报价格的方式向海关申报进口上述设备入境，仍代表 J 公司与 Z 公司签订买卖合同，还积极配合 Z 公司以 J 公司名义完成向海关缴税的环节。经 H 海关计税部门核定，偷逃应缴税额人民币 1177862.35 元。

被告辩护人提出起诉书指控的偷逃应缴税额事实不清，证据不足，结合海关出具的补缴税款告知书可知海关对涉案机器的价格的认定并非 890 万港币，合同价款 890 万港币应根据《关税条例》第二十条的规定，扣除约定的进口关税、运输、安装、调试等费用后才是涉案机器的价格。

法院根据《关税条例》第二十条、《审价办法》第十五条的规定认为金某公司作为纳税义务人，未如实向海关申报相关内容，其与 Z 公司签订的销售合同虽然载明印刷机价款包括上述有关税费，但未列明有关税费的具体数额，故在确定计税价格时，应以合同成交价格为基础；海关核税部门根据涉案机器的合同成交价格核定出的偷逃应缴税额，符合法律规定。故对被告单位诉讼代表人潘某、被告人倪某的辩护人的上述辩护意见不予采纳。

【案例解读】

本案中被告人合同价款中未对设备进口后建设、安装、装修、维修和技

---

[1] 参见（2019）粤 13 刑初 50 号。

术服务的费用进行列明，按照本条规定不得在计税价格中予以扣除。在实务中如被告人能提供客观量化标准进行分摊，符合《关税法》和海关走私货物完税价格计核的相关规定的，法院也有可能会采纳。

上述案例在理论和实务上还是有争议的。争议点主要是，通关程序中核定税款的证明义务有部分在进口商，如果不能证明自然承担不利后果；但是刑事案件中控方负举证责任，不能继续照搬通关程序中的证明责任分配方法，相反根据存疑有利于被告原则应由控方承担证明不能的后果。不论在何种情况下，在通关程序中进口商都需要对核定税款承担举证责任。

需注意的是，在无论是单独列明，还是运用客观量化标准分摊，均应具有合理性基础。故意将价款不合理地单列为进口后建设、安装、装修、维修和技术服务的费用，仍存在被认定构成走私行为，甚至构成走私犯罪的风险。

此外，《关税法》第二十六条中的技术服务费用需特别与特许权使用费进行区分。如前所述，本条中的技术服务费实际上仅限于劳务和服务费，例如技术培训费。但技术服务费实际上属于与进口货物有关的商标权、专利和专有技术、著作权以及分销权的许可费，则并不属于劳务费的范畴。而应当按照《关税法》第二十五条的相关规定进行审查、计征税款。

如前所述，本条规定实际上仅限于劳务和服务费。如属于配套进口的货物，例如因进口后建设、安装、装修、维修和技术服务所需进口的物料，仍应按照正常进口流程申报、纳税。

三、关于维修费与保修费

《关税法》第二十六条规定专门排除了保修费，即保修费并不属于可扣减的项目。究其原因是维修费乃是货物进口后为维持正常运转之目的而在境内发生的货物使用过程中产生的费用，与进口货物本身的成交价格没有关系。但保修费为卖方质量保证的体现，在货物进口前已经发生，而非进口后货物在境内使用过程中发生的费用，属于进口货物交付条件之一，因此应当计入进口货物计税价格中予以征税。

世界海关组织（WCO）海关估价技术委员会发表的评论 20.1[1] 专门对保修费进行回应。WCO 海关估价技术委员会指出："'解释性说明 6.1'对'保修'一词定义如下："保修是对汽车、电器设备等产品的一种保证形式，它涵盖了保修卡持有人在达到某种特定条件时，要求修理缺陷产品的费用（零件和人工），或者更换产品的费用。若未达到上述条件，则不予保修。保修内容包括产品隐含的瑕疵，例如本不应存在的或使产品无法使用或降低其效能的瑕疵。"

WCO 海关估价技术委员会将保修费分为卖方承担和买方承担两类，并指出：

（1）"卖方如向用户提供保修，那么货物定价时就会有所考虑。任何因保修而发生的额外成本都将成为价格的一部分，并构成销售条件"；同时，"如果卖方要求买方向已经和卖方签订提供保修服务的第三方进行支付"，同样属于"实付、应付价格"的范围，应当计入进口货物的成交价格中。

（2）"如买方自行承担保修费用"，"买方为保修而支付的费用和其他成本不构成实付、应付价格的一部分，因为这是买方自行承担的活动"。

---

[1]详见世界海关组织编写、海关总署关税征管司编译的《海关估价纲要》第 178-180 页，中国海关出版社有限公司 2019 年 11 月第 1 版。

四、关于进出口关税及国内税收

如前所述，关税和国内税收本身并不是进口货物实付、应付，直接或间接支付的款项，理论上就不应计入进口货物计税价格。

需注意的是在某些贸易术语项下，例如 DDP 贸易术语，卖方负责进口清关缴税，这意味着成交价格中包含了进口关税。此时如想在计税价格中扣除，仍然需要遵循前提条件，即单独列明或者有合理的客观量化标准进行分摊。

此外，在《关税法》第二十九第三款中也针对出口货物专门规定了出口关税不计入计税价格。

第九章　海关估价

【《关税法》关联条款】

第二十七条　进口货物的成交价格不符合本法第二十四条第三款规定条件，或者成交价格不能确定的，海关经了解有关情况，并与纳税人进行价格磋商后，依次以下列价格估定该货物的计税价格：

（一）与该货物同时或者大约同时向中华人民共和国境内销售的相同货物的成交价格；

（二）与该货物同时或者大约同时向中华人民共和国境内销售的类似货物的成交价格；

（三）与该货物进口的同时或者大约同时，将该进口货物、相同或者类似进口货物在中华人民共和国境内第一级销售环节销售给无特殊关系买方最大销售总量的单位价格，但应当扣除本法第二十八条规定的项目；

（四）按照下列各项总和计算的价格：生产该货物所使用的料件成本和加工费用，向中华人民共和国境内销售同等级或者同种类货物通常的利润和一般费用，该货物运抵中华人民共和国境内输入地点起卸前的运输及其相关费用、保险费；

（五）以合理方法估定的价格。

纳税人可以向海关提供有关资料，申请调整前款第三项和第四项的适用次序。

第三十条 出口货物的成交价格不能确定的，海关经了解有关情况，并与纳税人进行价格磋商后，依次以下列价格估定该货物的计税价格：

（一）与该货物同时或者大约同时向同一国家或者地区出口的相同货物的成交价格；

（二）与该货物同时或者大约同时向同一国家或者地区出口的类似货物的成交价格；

（三）按照下列各项总和计算的价格：中华人民共和国境内生产相同或者类似货物的料件成本、加工费用，通常的利润和一般费用，境内发生的运输及其相关费用、保险费；

（四）以合理方法估定的价格。

第一节 使用倒扣法确认进口货物价格

典型案例 65：倒扣法确认进口货物价格

某外商独资企业A公司，主要经营范围为饮料的生产和销售，其母公司（B公司）为饮品投资公司，主要承担研发，负责全球供应链的管理，2021年海关对A公司2018年至2021年期间一般贸易进口货物价格的真实性和完整性进行稽查。

A公司从境外某知名固体饮料品牌企业H进口固体饮料原料，在A公司工厂内进行加工，并贴牌该H企业商标。A公司将生产完毕后的饮品出售给C商贸公司（A的关联兄弟公司），C商贸公司再将饮品出售给国内第三方客户，并按净销售额计提一定比例的特许权使用费，最终由母公司B支付给H企业。

通过对A公司的进口数据分析，A公司主要进口蓝莓味香精、H品牌固体饮料等，2018年至2021年期间进口总额约5.25亿元人民币。2018年至2021年期间，A公司向境外公司通过服务贸易支付共计金额约1000万美元。其中主要有饮料包装设计服务费、广告设计费、日常管理相关的咨询服务支出、项目咨询费等，其交易模型如下：

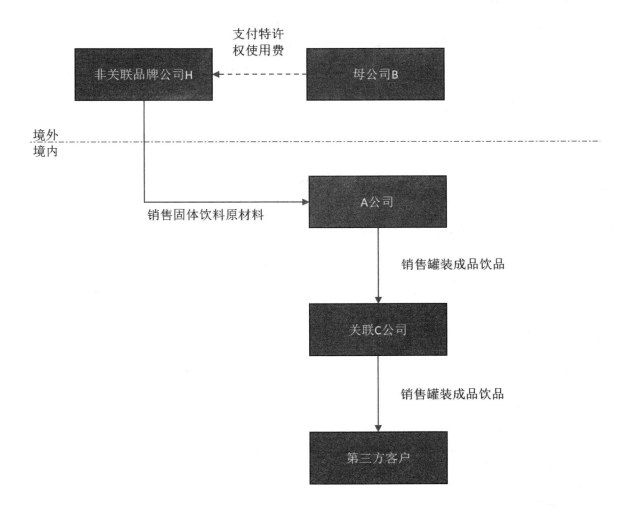

图 9-1 倒扣法案例交易模型

【案例解读】

A 公司加工由 H 公司授权的饮品，且母公司 B 需要就使用蓝莓粉剂制成的成品终端客户净销售额的比例向 H 公司支付特许权使用费，由于 H 公司并非 A 公司的关联方，且 A 公司的母公司 B 就 A 公司相关业务向 H 公司支付了特许权使用费，A 公司无法获取 H 公司相关资料证明其支付的特许权使用费是否对其进口货物成交价格产生了影响，故海关无法认定其成交价格，无法使用成交价格估价方法对进口货物进行估价。

当成交价格无法确定时，海关经了解有关情况，并且与纳税义务人进行价格磋商后，依次以下列方法审查确定该货物的完税价格：（1）相同货物成交价格估价方法；（2）类似货物成交价格估价方法；（3）倒扣价格估价方法；（4）计算价格估价方法；（5）合理方法。

一、进口货物审价方法的确认

（一）相同／类似货物成交价格估价方法

根据《审价办法》第十九条至第二十二条关于适用相同／类似货物成交价格方法的要求[1]，目前 A 公司情况：存在 H 公司直接向境内其他企业销售相同类似进口货物的情况，但由于 H 公司是 A 公司非关联方，A 公司无法

---

[1]《审价办法》：

第十九条 类似货物成交价格估价方法，是指海关以与进口货物同时或者大约同时向中华人民共和国境内销售的类似货物的成交价格为基础，审查确定进口货物的完税价格的估价方法。

第二十条 按照相同或者类似货物成交价格估价方法的规定审查确定进口货物的完税价格时，应当使用与该货物具有相同商业水平且进口数量基本一致的相同或者类似货物的成交价格。使用上述价格时，应当以客观量化的数据资料，对该货物与相同或者类似货物之间由于运输距离和运输方式不同而在成本和其他费用方面产生的差异进行调整。

在没有前款所述的相同或者类似货物的成交价格的情况下，可以使用不同商业水平或者不同进口数量的相同或者类似货物的成交价格。使用上述价格时，应当以客观量化的数据资料，对因商业水平、进口数量、运输距离和运输方式不同而在价格、成本和其他费用方面产生的差异做出调整。

第二十一条 按照相同或者类似货物成交价格估价方法审查确定进口货物的完税价格时，应当首先使用同一生产商生产的相同或者类似货物的成交价格。

没有同一生产商生产的相同或者类似货物的成交价格的，可以使用同一生产国或者地区其他生产商生产的相同或者类似货物的成交价格。

如果有多个相同或者类似货物的成交价格，应当以最低的成交价格为基础审查确定进口货物的完税价格。

获得 H 公司向其他企业的销售价格，因此，无法适用相同 / 类似货物成交价格法对 A 公司进口货物进行估价。

（二）倒扣价格估价方法

倒扣价格估价方法的基本原则是以一个在境内再销售的价格为基础，扣除在境内发生的各类费用后，以剩余的净值确定被估货物的完税价格。故笔者在国内电商平台中搜寻了相关 H 公司产品售卖情况，认为相关销售价格可以作为境内再销售价格，作为使用倒扣价格估价方法的基础。对于使用倒扣价格法应满足以下条件：

1. 是在该货物进口的同时或者大约同时，将该货物、相同或者类似进口货物在境内销售的价格

经与 A 公司前期沟通了解，电商平台销售的 H 品牌产品与 A 公司进口货物完全一致，仅在包装上与 A 公司进口货物存在细微差异，且物理性质、质量和信誉方面完全一致，符合相同 / 类似货物的要求；电商平台上相关产品常年有售，符合同时或大约同时的时间概念。

2. 是按照货物进口时的状态销售的价格

电商平台销售的蓝莓粉在向终端消费者销售时的状态与其进口时的状态无任何差别，平台只承担销售功能，符合该条款的要求。

3. 是在境内第一销售环节销售的价格

就电商平台销售的进口 H 公司蓝莓粉，其进口后通过保税区直接派发给最终客户，属于境内销售第一环节。

4. 是向境内无特殊关系方销售的价格

电商平台销售的对象均为终端消费者，属于 H 公司的无特殊关系方。

5. 按照该价格销售的货物合计销售总量最大

相关产品均通过电商平台常年销售，符合销售量总量最大的情况。

综上，笔者认为可以使用倒扣价格估价方法对 A 公司进口的 H 公司产品进行估价。

二、使用倒扣价格法的计算过程

根据《审价办法》第二十三条[1]的规定，在上述案例中，倒扣价格的计算过程如下：

（一）计算倒扣价格应该扣除的各项费用

同等级或者同种类货物在境内第一销售环节销售时，通常的利润和一般费用（包括直接费用和间接费用），以及通常支付的佣金。

（二）确定同等级或者同种类货物在境内第一销售环节销售价格

经查询，淘宝 H 公司品牌旗舰店是该平台 H 公司官网旗舰店，其店铺内

---

[1]《审价办法》：

第二十三条　按照倒扣价格估价方法审查确定进口货物完税价格的，下列各项应当扣除：

（一）同等级或者同种类货物在境内第一销售环节销售时，通常的利润和一般费用（包括直接费用和间接费用）以及通常支付的佣金；

（二）货物运抵境内输入地点起卸后的运输及其相关费用、保险费；

（三）进口关税、进口环节海关代征税及其他国内税。

如果该货物、相同或者类似货物没有按照进口时的状态在境内销售，应纳税义务人要求，可以在符合本办法第二十二条规定的其他条件的情形下，使用经进一步加工后的货物的销售价格审查确定完税价格，但是应当同时扣除加工增值额。

前款所述的加工增值额应当依据与加工成本有关的客观量化数据资料、该行业公认的标准、计算方法及其他的行业惯例计算。

按照本条的规定确定扣除的项目时，应当使用与国内公认的会计原则相一致的原则和方法。

产品价格具有代表性。其所售同类产品标价为人民币 100 元 /200 克，通常促销价格为标价的 9 折， 即人民币 90 元 /200 克，以其标价与通常促销价格的平均值计算销售价格为人民币 80 元 /200 克，按查询当日美元兑人民币汇率折算单价为 50 美元 / 千克。

（三）扣除的通常的利润及一般费用

根据中国统计年鉴中关于食品、饮料及烟草制品专门零售行业的数据披露，行业平均毛利率约为 31.68%。

（四）倒扣价格估价方法确定完税价格及应调整 A 公司进口价格比例

计算过程如下表所示。

表 9-1 计算过程表

项目	公式	金额
折算单价（美元 / 千克）	a	50
不含增值税折算单价（美元 / 千克）	b=a/1.13	44
行业平均毛利率	c	31.68%
购货成本（美元 / 千克）	d=b/（1+c）	33
A 公司三年期间平均进口申报价格（美元 / 千克）	e	25
价格调整比例	f=（d-e）/e	4%

三、最终结论

根据上述数据，拟按照 4% 的价格调整比例对 A 公司提供的 2018 年至 2021 年期间进口货物蓝莓粉价格进行调整，计算出调整后的人民币完税价格，并依据其申报时所对应的进口关税税率与增值税税率计算应纳关税税额与应纳增值税税额。本次追溯期为 3 年，最终测算 A 公司三年间进口 H 公司蓝莓粉合计应补税款约为人民币 160 万元。

四、案例启示

本案例中，虽然 H 公司与 A/B 公司不是关联方，也就是 H 公司收到的特许权使用费是 A 公司的母公司 B 公司支付的，相当于 B 公司承担了 H 公司授权 A 公司的授权费，从交易的实质来说公司进口的蓝莓粉剂的完税价格中 A 公司未将该笔特许权分摊在出口给中国境内的饮品的进口货物完税价格中，因此，按照倒扣法对 A 公司完税价格进行分析时就会发现，A 公司按照倒扣法计算的完税价格高于企业实际报关的完税价格，其主要原因就是没有把特许权使用费包含在进口货物完税价格中。

第二节 使用其他合理方法确认进口货物价格

根据《审价办法》第二十五条的规定，合理方法，是指当海关不能根据成交价格估价方法、相同货物成交价格估价方法、类似货物成交价格估价方法、倒扣价格估价方法和计算价格估价方法确定完税价格时，海关根据本办法第二条规定的原则，以客观量化的数据资料为基础审查确定进口货物完税价格的估价方法。以下是一个使用其他合理方法的案例。

典型案例 66：使用其他合理方法确认进口货物价格案例

某跨国公司（M 公司）是政府引进的一家精密设备生产企业，根据与国资平台公司（G 公司）达成的协议，由双方共同投资成立了 A 合资公司，主要让 M 公司将 M 国的二手生产线转移到国内，并保证达到原有的生产能力。项目考察、谈判历时两年之久。所以，整个项目引进二手生产线是与当地国资公司在商业谈判和交易过程中遵循独立公平交易的原则和不侵犯国有资产条件下的公平谈判结果。

2023 年，M 公司将原在 X 国的生产线转移某市工厂，涉及大量二手产线设备的进口，而进口过程涉及这批二手生产设备的完税价格的定价问题。从商业合理性上看，这条产线设备的定价是 G 公司与 M 公司谈判的结果，双方不存在特殊关系，因此双方洽谈的成交价理应是公允的市场定价。但该二手设备的进口方是 A 公司（M 公司与 G 公司的合资公司），站在海关的视角判定，A 公司与 M 公司属于特殊关系定价。为了保证双方定价的公允性，A 公司进口该二手设备的最终成交价格采用双方合同签约日期的国际评估公司的评估价值作为标准。鉴于该批进口设备主要采购于境外特殊关系企业 M 公司，A 公司按照双方合同签约时点的境外国际资产评估公司对该批设备的评估价值，申报了该批进出口货物的完税价格。

2022 年以来，由于该行业受中美贸易战的影响日益明显，该行业的旧设备价格水涨船高。在 A 公司报关进口该批设备的时点，该二手设备生产线的市场价格相对于合同签约时点的价格有明显增加。海关关税中心监测到 A 公司该批货物进口的价格与同类同期企业的进口价格相比明显偏低，因此与 A 公司就进口货物完税价格合理性进行了充分沟通。

海关关税中心对价格的质疑主要有以下两个方面：一是国际资产评估公司的评估报告所执行的评估方法得出的评估结论与海关关税完税价的定义与要求是否相符；二是评估过程中，关于成新率的计算过程中的设备使用年限是否符合 213 号令中关于设备使用年限的规定。综上，海关要求参考进口当时该批二手设备的同类设备价格作为完税价格。

【案例解读】

根据《关税法》及海关总署令第 213 号（以下简称 213 号令）的规定，海关对关税完税价审查的办法包括：（1）相同货物成交价格估价方法；（2）类似货物成交价格估价方法；（3）倒扣价格估价方法；（4）计算价格估价方法；（5）合理方法。

无论是哪种方法，在逻辑、原则上对关税完税价格的确认方法是：假设交易双方没有任何特殊关系下，以在独立交易原则下进口设备的成交价格为基础，来确认关税完税价格。所以，特殊关系进口货物的审价，实质上是一种判断非关联方之间交易的公允价值的机制，以防止关联方之间的价格操纵——通过价格的高报或者低报来逃避关税和其他税费，从而确保海关可以准确地征收应得的税款，不会因为价格操纵造成税收流失。同时，审价也可以维护市场秩序，防止不公平竞争，确保市场上的企业在相同基础上竞争，不会因为特殊关系而获得不正当的价格优势。

对于企业的跨境交易实务而言，企业的关联交易行为会受到海关、税务、国资等多方面的审查，目前各部门都有各自的审查方式。海关有213号令、《海关稽查条例》等一系列相关法规，税务有《企业所得税法》及《国家税务总局关于强化跨境关联交易监控和调查的通知》等相关法规和文件，国资有《国有资产管理办法》等文件的约束。上述法律法规及文件的宗旨都是在于确保交易价格、条款等的公允性，因此对于同一时点、同一交易而言，其确认的公允价值应该无明显差异。目前，税务部门通常会采取国际通行的一些方法进行反避税，通过可比非受控价格法、再销售价格法、成本加成法、交易净利润法、利润分割法等对转让定价进行评估。海关使用的方法与税务部门趋同。国资则会更多利用资产评估的方法确定交易价格的公允价值。

一、关于确定该二手生产线的完税价格应当选择方法的探讨

（一）相同货物成交价格估价方法不适用

鉴于该二手设备生产线的特殊性，无法找到完全一样的生产线的价值。

（二）类似货物成交价格估价方法不适用

因为谈判时点距离现在已经有一段时间，交易条件、外部技术条件等要

素都产生巨大变化。同时，设备的高度定制化导致每个成交案例的交易条款、商业环境等都有所不同，很难找到合适的相同类似成交价格，特别是 A 公司与 G 公司经过多轮独立谈判，双方还涉及合资，价格、条款等因素会受到很多外部因素的影响，就更难找到类似的成交价格。

（三）倒扣价格估价方法不适用

该批进口二手设备的相同或者类似进口货物在境内的销售价格很难获取，所以无法采用倒扣价格估价法。

（四）计算价格估价法不适用

该方法类似于税务的成本加成法，然而在境内时无法获取到在境外生产二手设备的成本核算数据。同时，由于该行业设备的供求关系导致市场价格大幅上升，采用成本加成法也并不能反映其实际价值。

可见，在上述海关文件明确列举的方法中，并没有一个合适的方法可以对该笔交易的公允价值进行合理估计。因此，排除上述方法的适用性后，A 公司希望与海关沟通，探讨可否寻求相对合理的其他方法对该设备进行估价。A 公司希望海关综合考虑整个公司的交易背景，是在中美贸易战以及美国出口管制的背景下，国资经过多轮拉锯战谈判，引进生产线，实属不易。同时，站在国资公司的角度，也应当要考虑是否可能因为价格的不公允性导致国有资产被侵犯的问题。基于上述诸多考虑因素，双方约定的定价原则是按照国有资产评估公允价值的方法，即采用合同签订时间点国际评估公司的评估价格来确定该生产线的价格，具备其合理性。

二、其他合理方法的探讨

（一）其他合理方法

国有资产在确认公允价值时通常采用评估的方法，根据《资产评估价值类型指导意见》第四条规定："市场价值是指自愿买方和自愿卖方在各自理性行事且未受任何强迫的情况下，评估对象在评估基准日进行正常公平交易的价值估计数额。"可见，"自愿买方"和"自愿卖方"实际就是非特殊关系下的交易主体；"各自理性行事且未受任何强迫的情况"实际就是一个独立交易的环境。因此，市场价值的定义，实际也是建立在非特殊关系下的独立交易价格。根据上述分析，213 号令中对关税完税价基础的定义和中国资产评估准则中市场价值的定义应该是基本一致的。

1. 评估方法

根据《资产评估执业准则——机器设备》第十九条："执行机器设备评估业务，应当根据评估目的、评估对象、价值类型、资料收集等情况，分析成本法、市场法和收益法三种资产评估基本方法的适用性，选择评估方法。"

市场法也称比较法、市场比较法，是指通过将评估对象与可比参照物进行比较，以可比参照物的市场价格为基础确定评估对象价值的评估方法的总称。对于相同货物成交价格估价方法和类似货物成交价格估价方法，可以理解为是一种"市场法"，因为"相同货物"或"类似货物"就是市场法对应的"可比参照物"。

收益法是指通过将评估对象的预期收益资本化或者折现，来确定其价值的各种评估方法的总称。收益法需要有一定的生产经营数据作为参考。

而倒扣价格估价方法，可以理解为一种"收益法"，因为倒扣价格估价方法是指海关以进口货物、相同或者类似进口货物在境内的销售价格为基础，扣除境内发生的有关费用后，审查确定进口货物完税价格的估价方法。而"进口货物、相同或者类似进口货物在境内的销售价格"可以理解为预估资产未来的预期收益。

2. 注意事项

使用成本法评估机器设备时，应当：

（1）明确机器设备的重置成本包括购置或者购建设备所发生的必要的、合理的成本、利润和相关税费等，确定重置成本的构成要素；

（2）明确重置成本可以划分为更新重置成本与复原重置成本；

（3）了解机器设备的实体性贬值、功能性贬值和经济性贬值，以及可能引起机器设备贬值的各种因素，采用科学的方法，估算各种贬值；

（4）了解对具有独立运营能力或者独立获利能力的机器设备组合进行评估时，成本法一般不应当作为唯一使用的评估方法。海关的计算价格法与评估的成本法类似。

A公司认为资产评估的三种方法实际对应了关税完税价审查办法。对于213号令规定的审查办法中的"合理方法"，应该是可以使用资产评估方法之一的成本法。

因此，鉴于A公司进口的二手设备，由于无法实施相同货物成交价格估价方法、类似货物成交价格估价方法、倒扣价格估价方法，所以可以采用计算价格估价方法、其他合理方法即类似于重置成本法。而且A公司已经请国际评估公司评估了公允价值，需要进一步分析，对重置成本法与海关估价的计算价格法和其他合理方法做比较调整差异。因此，海关提出不能直接用评估价值作为海关的完税价值是有道理的。

（二）质疑及解析

根据 A 公司提交的国际评估公司的评估报告，其对二手生产线的评估方法用的是重置成本法，海关提出了对设备使用年限的质疑。

1. 成本法测算过程中设备使用年限的测算问题

根据《资产评估执业准则——资产评估方法》第十五条规定："成本法是指按照重建或者重置被评估对象的思路，将重建或者重置成本作为确定评估对象价值的基础，扣除相关贬值，以此确定评估对象价值的评估方法的总称。"

对于进口设备，通过公式描述上述方式即为：

进口设备评估值 = 进口设备重置成本 × （1- 贬值率）

同时，"（1- 贬值率）"通常也称为成新率，即：

进口设备评估值 = 进口设备重置成本 × 成新率

因此成新率是考虑机器设备各种类型的贬值率后的结果。

在评估实务操作过程中：

成新率 = 尚可使用年限 ÷ 经济寿命年限

其中：

尚可使用年限 = 经济寿命年限 - 已使用年限

因此，在计算成新率过程中，应该使用经济寿命年限而非物理使用年限。因为在计算成新率过程中不光要考虑物理性贬值，更要考虑功能性贬值和经济性贬值。

在使用成本法测算进口设备关税完税价时，涉及成新率的计算，物理使用年限可能不太合理，而使用经济寿命年限更为合理，因为不光要考虑二手设备的物理性贬值，对于精密设备制造等技术更新较快的行业，可能更应该考虑功能性贬值和经济性贬值。因此，如果一台二手设备，已经使用 20 年其仍在继续使用，并不代表在计算其成新率时，其经济寿命年限一定会远远超过 20 年。

考虑该行业设备的更新换代较快，在计算成新率的时候应该考虑设备的功能性贬值和经济性贬值，采用经济寿命年限来计算成新可能更加合理。

2. 相关行业设备国内会计折旧年限一般情况

根据海关实际审价案例，有按照会计折旧的方法来确定二手设备的关税完税价的操作先例，因此，按照国内会计准则规定的设备折旧年限，可以作为成新率计算过程中"经济寿命年限"的参考标准。

查阅国内成套设备制造行业上市公司公布的年度财务审计报告及招股说明书，关注到相关行业的设备最长的折旧年限一般为 10~15 年，具体为：

表 9-2 设备折旧年限表

上市公司名称	机器设备最长折旧年限
A	5-10 年
B	10-15 年
C	5-10 年
D	5-10 年

上表资料系中国精密设备制造行业龙头上市公司经注册会计师审验后，对机器设备采用的会计折旧年限。

如果按照中国会计准则，相关行业的会计折旧年限一般最高为 10~15 年。如果参照中国会计准则的设备折旧年限，A 公司进口的该批设备在计算成新率时，经济寿命年限应该取 10~15 年。

3. 评估实务中相关行业设备经济寿命年限情况

在资产评估实务中，采用成本法对设备进行评估，在计算成新率时，对于经济寿命年限的选取，很多都是参考机械工业出版社出版的《资产评估常用方法与参数手册》中关于机器设备经济寿命年限的参数：

表 9-3 机器设备经济寿命年限参数表

设备类别	寿命年限（年）	设备类别	寿命年限（年）
通用设备		专用设备	
锅炉	16~20	矿山工业专用机械	12~16
其中:快装锅炉	15~18	冶金工业专用设备	12~20
普通金属切削机床	15~20	其中:热轧机	12~18
其中:数控机床	12~18	冷轧机	14~18
锻压机床	14~18	冶炼电炉	10~15
铸造设备	12~16	电解设备	10~15
焊接设备	12~16	炼油化工工业专用设备	10~20
切割设备	12~16	工程机械、建筑施工设备	12~18
起重设备	16~18	电力工业发电设备	20~30
输送设备	15~20	非金属矿物制品工业专用设备	10~20
泵	8~12	机械工业专用设备	15~20
风机	10~14	木工采集和加工设备	14~18
空气压缩设备	16~20	造纸和印刷机械	12~16

可见，《资产评估常用方法与参数手册》虽然未明确精密设备行业相关设备的经济寿命年限，但是所列的行业中，技术发展较为平稳行业使用的通用设备，其经济寿命年限一般也都低于 20 年。对于技术变更较快的精密设备行业，其设备的经济寿命年限应该更低。

同时，根据目前资产评估机构的实务经验，例如国内规模较大的资产评估机构的实务经验，一般精密设备行业的设备经济寿命年限为 12 年左右。

因此，评估实务中相关行业设备经济寿命年限一般为 12~15 年。

同时，213 号令第二十一条规定："按照相同或者类似货物成交价格估价方法的规定审查确定进口货物的完税价格时，应当使用与该货物具有相同商业水平且进口数量基本一致的相同或者类似货物的成交价格。如果有多个相同或者类似货物的成交价格，应当以最低的成交价格为基础审查确定进口货物的完税价格。"第二十七条规定："海关在采用合理方法确定进口货物的完税价格时，不得使用以下价格：……（二）可供选择的价格中较高的价格。"

213号令明确了海关在审查确定进口货物的完税价格时，应该选取可比价格中较低的价格。同理，在使用成本法计算关税完税价时，计算成新率采用的经济寿命年限也应该是同类设备中较低的。

三、最终结论

经上述综合分析，A公司向海关提出申报依据：

1. 参照成本法的评估方法来估算进口设备完税价也是相对合理的；同时，基于213号令的原则以及评估实务操作规范，在成新率参数的计算过程中，对于相关行业设备的经济寿命年限一般应为10~15年。

2. 如果考虑会计折旧的方式，我国在会计上的折旧采用的年限，比如房屋的折旧年限就可以采用20年，设备的折旧也就是5~10年，电子设备的折旧年限更低。

据此，A公司与海关进行充分沟通后，海关接受了企业提出的合理部分，对A企业在定价上不合理的部分，A公司表示愿意接受海关的价格磋商的方案。

四、案例启示

在海关价格磋商机制中，其他合理方法没有明确究竟用什么方式，而是作为一个兜底的方法供大家去思考，特别是类似旧设备的生产线进口货物，其完税价格本身就很难确定，当其他方法无法使用时，根据特殊关系定价的原则，公允价值作为其他合理方式也是一个可以思考的方式。公允价值的确定就有很多方式可以选择，评估的方式因为有资产评估准则作为依据，是可以借鉴的。当然运用过程中，需要比较与213号令及《关税法》进口货物完税价格基本定义的差异，作合理的修正，这样才能真正符合海关的要求。

第三节 进口货物成交价格确认方式

进口货物成交价格是海关征税税基，因此，准确确定进口货物完税价格是企业必须认真思考的问题。在特殊关系交易的情况下，往往进口货物的完税价格缺乏独立、公允定价的依据，成为海关和企业争议所在，海关会依据《关税法》及 213 号令对进口货物进行估价。

我们可以对进口货物定价分成以下几种情况进行分析。

一、特殊关系受控定价

典型案例 67：特殊关系定价案例

某外资企业（A 公司）是生产儿童安全用品的一家企业，因为中国家庭对儿童安全的重视，该品牌的产品在中国市场上的销路和市场份额一直很好。该产品的关键零部件均通过一般贸易方式从国外母公司进口，随后在国内进行组装生产，产品主要面向国内的经销商，为非关联方销售。因为产品为同类产品的最高品牌，为企业带来了丰厚的利润。企业为降低税务负担，采取了向境外大量非贸易付汇的方式，包括支付管理费用和特许权使用费等，导致其利润率长期在 5% 左右，低于行业平均水平交易净利润率 10% 并落在四分位下，母公司利润大大高于境内公司利润。因此引起了税务部门的关注，对其展开了反避税调查。

经过与税务部门的多轮谈判，企业接受了税务的反避税调整，补交税金及罚息，并要求企业真实体现中国的利润水平。因税务需要跟踪 5 年，A 公司积极落实税务反避税的要求，同时采取措施，减少非贸易付汇，同时大幅调低关联进口货物的价格，企业将更多的利润留在中国，以符合税务机关关于利润率的要求。

然而，这种调整带来了一系列连锁反应。经过两年的运作，海关通过分析对比发现，该企业进口货物的价格在过去两年中突然下降了 20%，海关质疑企业低报进口价格，进而降低进口货物的完税价格，意图通过少缴关税和增值税来减少企业整体的税负。

海关对企业进行了调查并启动了价格磋商机制，要求企业提供详细的定价依据，证明进口货物价格的合理性。因该企业进口货物为特制品，海关无法找到同样货物进行比较，于是企业提供了进口货物的价格构成，并对其逐项分析，经过多轮磋商，因企业进口货物的完税价格明显不合理，企业接受了海关的处理决定补税并缴纳了滞纳金。

【案例解读】

一般来说，进口货物分为特殊关系供货和非特殊关系供货。在特殊关系供货的情况下，因为涉及企业利益，企业也有能力和意愿调节转让定价进而调节应交税费，因此企业天然有避税的倾向性。特殊关系进口货物完税价格会影响海关代征增值税、关税、消费税的税基，进而影响海关的征税金额，因此海关会通过数据库进行交叉比对，比较同类同期货物进口货物的完税价格，找出风险企业。

关于 A 公司进口货物的完税价格，面对海关的质疑，该企业陷入了两难局面：一方面，税务机关要求提高利润，因此企业通过降低进口货物价格的方式实现利润率的提升；另一方面，降低进口货物价格又会使海关质疑进口价格的真实性，认为其影响了完税价格的合理性，通过低报进口价格的方式少交增值税、关税、消费税。

特殊关系受控价格的判定，无论对于海关还是税务部门而言都是难点，这是因为单独从海关或者税务的数据看，很难进行系统性的分析比较。然而，如果将海关与税务的数据结合起来，特殊关系受控价格的判定就不再是难点。这是因为国际反避税的体系已经成熟，有大量的税务资料和数据可供利用，能够为海关进行价格调整提供数据支撑。通常，企业的产品价格主要构成包括原材料成本、人工成本、制造费用、运营成本、营销和销售费用、税费、合理利润、研发费用、财务费用等。除上述价格构成要素以外，不同的交易条件也会影响进口货物价格，例如付款条件、风险承担责任、售后条款等。一般来说，承担风险越多、价值链分析中地位越重要、企业行业地位越高、市场占有率越大等因素可以使得企业的利润越高。由于进口货物需缴纳关税，部分企业出于税负考虑，更愿意通过服务贸易的方式进行利润转移。然而，服务贸易的资金支付必须跟服务贸易承担的功能相匹配，对于通过服务贸易规避货物贸易关税的行为也是税务反避税的重点。在价格构成体系中，海关关注进口货物是否存在低报价格进而少交关税增值税，而税务部门则关注是否存在高报价格导致境内利润率偏低从而通过关联交易定价把利润转移给境外关联公司。

因此，特殊关系受控定价，从企业角度而言需要考量来自海关和税务的双重检查风险,平衡好来自海关及税务对于价格公允性的不同关注点,合理定价。

【案例启示】

特殊关系受控定价,从企业端来讲需要考虑来自海关和税务的双重检查风险,企业必须合理定价。合理避税是企业本能的选择和安排,在政府监管压力不大的情况下,企业会选择自己认为最有利的商业模式进行定价。当税务管理严格时,企业会更多地考虑税务因素,对转让定价进行调整;当海关也参与管理和监控时,企业会平衡利弊,兼顾海关与税务的监管,结合商业实质对其关联方转让定价的合理性进行梳理。然而,过往发生的交易事实企业无法改变,当企业过多地考虑税收安排时,往往会忽略进口货物完税价格的合理性,特别是对于关联方的价格定价权在总部的企业,转让定价很可能成为调节税收安排的工具。然而,随着外部监管信息化手段的增强以及大数据方法的运用,通过转让定价进行税负调节的可行性越来越低,同时也给企业带来巨大风险隐患。因此,制定客观、公允的特殊关系定价以应对不同部门的监管是非常必要的。

二、特许权

服务贸易中特许权使用费支付是常见的一种交易模型。特许权使用费的交易特性主要体现在以下几个方面:

特许权支付的对价主要体现的是境外持有技术的关联方把技术许可给境内公司使用。一般特许权使用费除了给予对方技术许可费以外,还会伴随着技术许可的实施咨询、培训等交易形式。当企业支付特许权使用费的时候,同时又有进口货物,海关就会关注特许权使用费是否跟进口货物相关,是否存在通过特许权使用费的形式降低进口货物价格从而达到少交税的目的。

判定特许权是否与进口货物相关，需要根据 213 号令第十三条第（一）款的三个判定条件进行判断。如果判定进口货物与特许权相关，就需要继续判定进口货物有多少与特许权相关，也就是量化分摊的问题，计入完税价格当中去。

从特许权使用费的交易特性来看，假设我们把关境作为一个分界点，海关和税务关注的重点是不一样的。海关主要关注在关境外的研发、专利以及生产过程中对于特许权技术的使用，重点关注在境外实际发生的技术授权以及在境外研发部分的对价。而税务主要关注发生在境内的业务活动，包括在境内实施过程中的技术交付、质量控制、现场支持等。

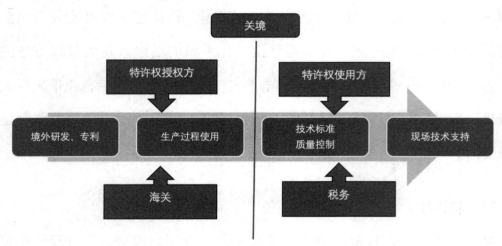

图 9-2 海关与税务的关注重点

典型案例 68：汽车行业特许权案例

汽车行业由于其行业特性，制造产业链长，涉及的上下游企业多，汽车零部件的品种繁多，专利和专有技术较为复杂。由于汽车行业的技术保密性要求高，境内汽车零部件制造企业仅为加工装配企业，相关零部件、生产线的设计研发等功能均在境外，获取相关资料有限，因此对汽车零部件制造企业的进口货物与特许权使用费相关性的认定存在一定的难度。各汽车零部件制造企业的财务核算方法、特许权费的计提方式等不同，对应特许权使用费的计税方法，如量化分摊的方法、取数原则等也会因企业的实际情况而不同。

某汽车零部件制造商 A 公司主要生产汽车的轴承组件，A 公司的母公司为 B 公司，实际控股公司为某知名汽车品牌商 C。A 公司与境外母公司 B 签订了《技术许可合同》，按照许可产品的净售价的 3%~5% 计提支付技术许可费。"净售价"是指 A 公司销售给顾客许可产品时，扣除从 B 公司及拥有 B 公司技术实施许可的第三方购买的用于许可产品制造的产品的到岸价、B 公司认可扣除的客户交货零部件等价格以及可能产生的附加价值税和销项税后得到的工厂交货价。根据《技术许可合同》，附表中的许可产品分为甲事业部产品的项目 X，对应的技术许可费率为 5%，等等。

根据《技术许可合同》规定，B 公司将下述基本技术信息提供给 A 公司。

1. 图纸、规格书等。

（1）许可产品的基本图纸；　　（4）操作要领；

（2）工序设计表；　　　　　　（5）检验规格；

（3）QC 工序表；　　　　　　（6）零部件表。

2. 产品设计相关资料、生产技术相关资料及生产准备技术相关资料。

3. 与本合同有关或附带于本合同的 B 公司认为有必要的专有技术、信息及数据等。

A 公司年平均进口额为 10 亿元人民币，年均支付特许权使用费为 8 千万元人民币，同时由于汽车行业的转型，A 公司也处于新旧产线切换时期，存在进口大批量的新设备、模冶具等货物。海关对 A 企业启动了特许权使用费的专项稽查，要求企业提供财务明细账、会计凭证、合同、技术许可费的计算表等资料，以及涉及进口货物的技术资料，包括采购合约、技术图纸、检验标准、零部件供应商、生产厂商等情况，以查证进口货物与特许权使用费的相关性。

【案例解读】

海关委托了第三方专业机构 D 会计师事务所对 A 公司进行了相关的专业认定。经 D 会计师事务所对 A 公司进行的前期调查，通过生产现场走访，对采购部门、技术部门、工程部门、检验部门、财务部门等人员的调查询问，以及经过对现场获取的技术资料分析后，按照以下方法确定 A 公司的进口货物与特许权使用费的相关性。

1. 进口清单分类

A 公司进口货物种类繁多，但采购渠道比较单一，约有 95% 的采购为母公司 B 公司代采购，仅 5% 的进口货物为 A 公司自主采购。因此该公司绝大部分的进口货物，仅从进口供应商无法确定进口货物的实际供货方和生产方。请 A 公司对进口清单按照以下规则进行分类及补充有关的信息：

（1）货物属性：按照原材料、设备、备品、辅料、贸易件等分类。

（2）采购模式：按照技术提供方自制、关联方自制、提供技术第三方生产、关联方代采购、自主采购分类。

（3）物料号：原材料的物料号、备件的物料号、辅料的物料号、设备的料号等。

（4）图纸区分：B公司图纸、C公司图纸、关联公司图纸、供应商图纸、客户图纸等。

（5）制造厂商：进口商品的实际生产厂家。

（6）设备、备品区分：

——是否为定制生产线所属设备；

——是否为专用、定制设备及备品。

2.A公司和B公司关联方的认定

因为A公司的母公司B公司的实际控股方为某知名汽车品牌商C，A公司和B公司涉及的关联公司较多，仅从A公司的税务同期资料、所得税关联方申报表、财务报表的年度审计报告等无法确定未与A公司发生实际交易的境外关联公司信息。

根据A公司提供的供应商、生产商的清单，由A公司确定对应的关联公司。D会计师事务所通过母公司B公司的网站、实际控股公司某知名汽车品牌商C的网站查证相关的关联公司。

3.进口货物含有专利或者专有技术的认定

（1）进口货物的技术图纸、技术参数等由母公司B公司、汽车品牌商C公司和其他关联公司设计或制定的，该部分进口货物与A公司支付的技术许可费存在关联关系。

（2）进口货物由母公司B公司、汽车品牌商C公司和其他关联公司提供技术委托第三方生产的，技术图纸、技术参数等由B公司、C公司和其他关联公司设计或制定的，该部分进口货物与A公司支付的技术许可费存在关联关系。

（3）进口货物为 A 公司自主采购的，或关联方代采购通用零件、设备、备件的，设计图是由供应商设计的，或生产厂商的网站上公开销售相关货物的，该部分进口货物与 A 公司支付的技术许可费不存在关联关系。

4.进口货物用专利方法或者专有技术生产的认定

进口货物由 B 公司、C 公司和其他关联公司自制的，用 B 公司、C 公司和其他关联公司的专有技术生产的零部件，该部分进口货物与 A 公司支付的技术许可费存在关联关系。

5.进口货物为实施专利或者专有技术而专门设计或者制造的认定

进口设备由关联方自制或关联方采购的，由 B 公司或关联方设计及制造，或提交相关技术信息和定制要求给第三方生产商生产，是 B 公司为 A 公司在国内实施专有技术而专门设计或者制造的，并提供给 A 公司生产《技术使用许可合同》中的技术许可产品的，该进口设备与 A 公司支付的技术许可费存在关联关系。

6.量化分摊的确定

根据《技术许可合同》的条款与 A 公司生产经营实际情况对照检查，合同的技术许可授权涵盖了 A 公司的设计、采购、生产等一系列环节，属于与进口货物相关的混合型专有技术使用费，按照以下公式量化分摊后确定补缴税款。

计算公式如下：

应缴技术许可费税款＝技术许可费×（技术许可费所涉进口货物完税价格＋对应进口货物关税）/技术许可费所涉制成品总成本×进口货物税率

【案例启示】

1.该稽查案件前后历经三年多的时间，因 A 公司生产的汽车轴承组件为知名汽车品牌商 C 公司的关键核心部件，相关的生产技术、供应商、生产商等商务资料为高级别的保密资料，海关及第三方专业机构 D 会计师事务所一直无法准确及完整地获取企业的采购信息、供应商及生产商信息、图纸、检验等资料。后经与 A 公司多方协商，经过政策讲解、技术分析、指导企业财务核算需缴税款等，经过 A 公司与母公司多轮的汇报沟通后，母公司最后同意有限度地开放相关的技术资料、商务资料，最终确定了进口货物清单中与技术许可费相关的进口货物。

由于企业对海关有关进口货物征收特许权使用费政策的不了解，导致企业存在抗拒调查不配合的情况。同时由于技术资料的保密，境内企业较难获取完整的技术资料等原因，因此需要对企业进行政策宣讲，帮助企业了解海关对特许权使用费的征收原理及计税方法，企业才会配合海关完成特许权使用费的征收工作。这样才能避免国家的税收流失，同时在保护企业的知识产权、专有技术的前提下，也保证企业的合规经营。

2.对于设备是否与技术许可费相关，应当就 A 公司的设备是否是使用了专用技术的专门设备进行进一步分析讨论。A 公司的生产设备涉及二条汽车轴承组件生产线的进口，进口周期长，分批进口，涉及的设备多，安装及调试的周期长，生产线中同时存在进口通用设备及专用设备的情况。经企业多方举证，提供通用设备生产厂商资料，以及通用设备在整条生产线中的生产功能及用途，最后确定了生产线中进口的通用设备与技术许可费无关联关系。同时也确定了在安装调试整套生产线时进口的专用零部件，因未进入生产环节生产成品及计提技术许可费，故确定该类进口零部件与技术许可费无关联关系。

在确定进口零部件与技术许可费是否相关时，企业需要提供充足的证据资料，证明进口货物与特许权使用费的关联性，包括进口用途、产品功能、是否进入生产销售环节、财务是否计提特许权使用费等方面相关证据。

3.需确定技术许可费所涉制成品总成本的准确性，例如确认该成本是否包含了技术实施费，是否包含了与生产制成品不相关的制造成本等。

4.需确定技术实施费计提金额的准确性，是否存在少计提、已计提未支付的等情况。

三、价格不完整

一些企业在关联方转让定价过程当中有大量的服务贸易对外支付，其中不乏模具费、运费、委托研发费等，企业在进口货物时，往往因为服务贸易支付在内部管理体系中分属不同的部门，导致其在申报进口货物完税价格时遗漏申报。因此，需要企业在对境外支付服务费时认真考虑是否需要对进口货物进行补充申报，或向海关进行主动披露申报补税。

（一）模具费案例

典型案例 69：模具费案例

某 A 公司为汽车零部件生产企业，接受欧美客户的订单，经过前期产品设计，被确定为该欧美客户的供应商。该订单中某个零部件需要在泰国 C 公司生产，但该零部件的生产由客户指定日本的供应商 B 公司设计并生产模具；根据合同约定，A 公司须支付模具费 100 万美元给日本 B 公司，于是 A 公司依约通过服务贸易方式支付了 100 万美元给 B 公司，同时代扣代缴增值税，没有代扣代缴所得税。税务认定该模具设计费为境外发生。C公司用B公司的模具做成产品后，卖给A公司。

交易模型如下：

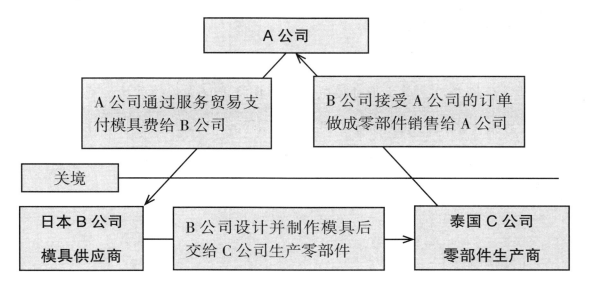

图9-3 模具费交易模型图

【案例解读】

在以上交易模型中，因为B公司已经收到A公司的模具费，因此不会再向C公司收取模具费用，A进口C公司的产品中未包含模具费，根据《关税法》和海关总署213号令的规定，A公司的进口货物完税价格应该以进口时的状态作为完税价格依据，所以A公司应该根据A公司和C公司的交易价格加上A公司支付的模具费作为进口货物完税价格。

【案例启示】

企业在服务贸易支付时，会存在被一部分税务认定为境外劳务不代扣代缴所得税的情况，如果合同明确在境外完成又与进口货物相关，说明企业应高度重视，谨慎关注该支付给境外的服务费是否应计入进口货物完税价格。

（二）运费案例

典型案例 70：运费案例

某进出口公司，长期以 FOB 价进口货物，因企业进口批次多，且物流公司结算价格滞后，企业平时按照历史数据将进口货物的平均运费作为还原 CIF 价的报关依据，但实际运费因为近年来波动比较大，企业实际结算运费大于企业申报的数据情况时常发生，事实上造成报关进口的完税价格少计的问题。

【案例解读】

企业的进口运费结算往往与实际发生有时间差。实务操作中部分企业或者报关公司为了自身的方便，按照历史数据将进口货物的平均运费作为还原 CIF 价依据，而实际运费可能高于或者低于历史数据中的平均运费，进而造成 CIF 价中的运费少计或者多计，从而导致关税数额的错误。在某些情况下，这种误报可能会被海关视为故意少报，进而导致法律和合规问题，甚至可能面临罚款或其他惩罚。

海关对运费的处罚主要涉及以下几个方面：

1. 少报运费：如果企业在报关时少报运费，海关会对企业进行罚款。根据《海关法》第十五条的规定，对于少报货物的完税价格，海关可以处以相应的罚款，罚款金额一般为少报金额的 5% 至 30%。

2. 虚报运费：如果企业虚报运费，海关会对企业进行更严厉的处罚。根据《海关行政处罚实施条例》第十五条的规定，对于虚报货物的完税价格，海关可以处以相应的罚款，罚款金额一般为虚报金额的 30% 至 100%。

3.未申报运费：如果企业未申报运费，海关也会对企业进行罚款。根据《海关行政处罚实施条例》第十五条的规定，对于未申报货物的完税价格，海关可以处以相应的罚款，罚款金额一般为未申报金额的 5% 至 30%。

【案例启示】

企业在自行处理或者委托报关行进行处理的时候，由于金额较小，通常对运费重视程度较低。然而，较小的错误金额累计起来也可能巨大，尤其在运费发生剧烈的单边变动的情况下。因此，企业应当重视该类问题。

（三）委托研发，通过境内公司转支付的情形

典型案例 71：委托研发，通过境内公司转支付案例

A 公司是境内的有限公司，股东为自然人和投资公司，以智能化半导体和集成电路研发为主，无自有生产厂房和生产线。B 公司是境外 C 公司在境内设立的公司，C 公司属于行业龙头，为拓展境内市场，成立境内 B 公司主营芯片 IP 设计并负责境内市场的推广。

三方发生如下交易：

A 公司从境内 B 公司购买芯片内核 IP，并签订芯片技术的采购合同。合同生效后 A 公司一次性支付一笔入门费给 B 公司，后期再根据 A 公司实际销售情况，采用阶梯式计提特许权使用费的方式支付给 B 公司，B 公司向 A 公司开具增值税专用发票，B 公司收到 A 公司支付的入门费后支付给 C 公司，C 公司即开始进行设计形成芯片 IP，由 B 公司直接向 A 公司交付技术，A 公司将带有该技术的技术包外发给境外的 D 公司加工芯片后进口，再委托境内封

装公司进行封装测试。A公司获得了芯片IP, 委托D公司生产集成电路芯片, 这样A公司就完成了整个芯片产品的生产。在整个交易过程中A公司通过B公司对接完成了芯片IP的设计和生产。

交易模型如下:

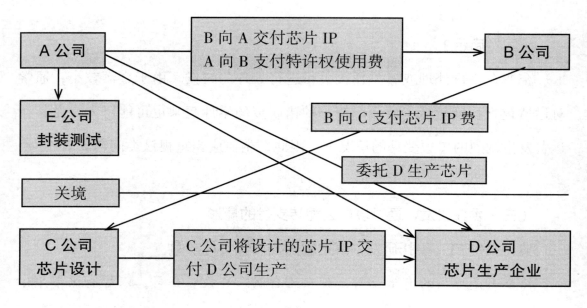

图9-4 委托研发交易模型图

【案例解读】

A公司委托B公司设计的芯片表面上看是境内结算, 但因B公司并没有自主研发能力, 其芯片设计的IP全部通过C公司完成, 同时也通过服务贸易支付的方式支付了研发费。B公司向A公司交付的芯片IP实质是B公司向境外C公司购买的, 本质上从穿透的角度, B公司在芯片IP的交易中只承担了中间商的功能, 其实质是A公司透过B支付芯片设计费获得了C公司的芯片IP。A公司委托境外D公司加工芯片的技术包里包含未作更改的许可技术, 符合213号令中在境外进行的为生产进口货物所需的工程设计、技术研发、工艺及制图等相关服务的定义。经过沟通认定，该费用应视为境外完成的跟芯片相关的研发技术，应按协助费计入进口芯片的完税价格中，最终企业按照已支付的不含税的技术许可费全额计入进口芯片的完税价格。

【案例启示】

目前在集成电路国产化进程中因为类似 A 公司的研发企业比较多，规模小，生产全工序外包，且均通过 B 公司采购于境外 C 公司的专利技术。类似 A 公司通过境内公司转付委托研发费、特许权的情形比较多，企业应该关注实质重于形式，如果境内转付公司只承担单一的转付功能，则该笔业务实质应当进行穿透，实质上是从境外购买为生产进口货物所需的相关技术，进一步判断该支付的协作费用是否与进口货物相关。

（五）协助费

典型案例 72：协助费案例

Y 公司是机械装配类公司，所生产的产品属于行业头部，Y 公司与兄弟公司 B 签订《服务协议》，由 B 公司向 Y 公司提供下列服务。

1. 工程服务：提供工程服务，尤其是新产品的开发，价值分析／价值工程、物料清单的维护，客服支持，售后支持，以及其他技术、产品或流程方面的支持。

2. 采购服务：采购管理，供应商的选择与监控，现有设备和组件供应商的管理，采购协调和管理。

3. 物流服务：物流活动，尤其是运输服务的准备、组织和监控，以及订制日程的提供。

4. 库存管理服务：库存管理活动。

5.IT服务：与信息技术有关的咨询和其他支持活动,IT流程的实施和测试。

6. 项目管理服务：项目管理活动。

7. 会计服务：会计咨询活动，记账及税务凭证的保存。

8. 财务服务：财务及成本管理活动。

9. 人力资源服务：人力资源管理，工资表、培训／教育及行政管理支持。

10. 其他服务：本附件中所列的服务并不详尽。双方可通过相互约定，不时提供其他服务。

根据《服务协议》，B公司向Y公司提供产品工程设计服务，Y公司接到客户订单需求时，由境外B公司完成产品的设计服务，Y公司以项目月结方式，按照项目实施过程中所花费的人员工时成本和利润加成每月支付劳务费，缴纳增值税及附加税，因税务认为该产品服务费为境外劳务，未代扣代缴所得税。

【案例解读】

1.计入条件分析

Y公司对外支付的劳务费是否属于境外发生的研发协助费，且是否应计入进口货物完税价格，需要满足以下条件：

（1）判断该劳务费属于特许权使用费还是境外研发费。

根据Y公司介绍的商业流，Y公司接到客户的产品订单——委托境外B公司协助产品设计、测试、产品所需材料和设备的清单和质量要求——Y公司根据设计要求进行生产——Y公司向客户交货。根据B公司提供的项目结算明细，包含RD开发、测试、材料和设备的规格要求等，工作内容属于产品导入生产前的设计及产品规格定位，且由境外B公司完成，故判断为境外研发服务费，产品的研发结果归属不影响该研发行为及费用的发生，也不影响是境外研发服务费的判断。

（2）境外研发服务费是否属于材料、设备的相关的"协助"费。

B 公司提供的研发服务对象是产品，其中涉及的材料和生产设备是完成产品生产的主要要素，这一点类似于特许权授权产品生产所使用的许可技术，一样绕不开产品所需的原材料和生产设备，故判断该服务费与材料、设备存在相关性，属于协助类费用。

（3）境外研发服务费的支付是否影响进口材料和生产设备的成交价格。

该研发服务费的对象是产品，所需的材料和生产设备有国内采购、境外采购，费用发生在产品投入生产之前，也就是说不管产品是否投入生产，该费用都是必须要支付的。是否影响境内外采购的材料和设备价格，没有类似材料模具费、材料和设备的设计费等比较直接的判断依据，而境内外采购的材料和设备的技术规格是否依据 B 公司产品设计要求是间接的判断依据，也就是说如果境外采购的材料和设备是按照 B 公司所出的技术参数定制的，属于影响进口货物的间接影响因素。

2. 量化分摊

根据 213 号令及释义，如果判定境外研发服务费作为"协助"费属于进口完税价格调增项目，接下来要做的就是以合理可量化的金额计入。

根据费用发生的商业流和业务流，不应是全额计入，需要对该费用进行量化分摊，确认应计入进口货物完税价格的部分。

Y 公司已支付劳务费（研发服务费）所对应的产品项目有以下特点：

（1）产品项目尚未开始量产；

（2）产品项目已经开始量产；

（3）产品多个项目同时且交叉进行，费用按月结算，统一归集该产品的成本中心；

（4）产品研发周期较长，所对应的货物进口比较滞后，且因为是系列产品，生产所需的材料和设备是共用的。

量化分摊的前提是要依托Y公司翔实的会计记录，能够获取到翔实的项目清单、研发服务费的发生明细、项目产品投产情况、进口货物明细及使用情况等。

但是在实际经营中，Y公司的上述记录以满足会计准则、完成生产为目的，要一一对应、量化是一项极其复杂且庞大的工程，比如本月支付的研发服务费涉及的项目有五六十个，部分项目刚刚启动，部分项目是中期，部分项目是尾声；再比如对应的进口货物是多个项目共用且分期进口的。基于此，采用大类的量化分摊较为符合Y公司的实际经营情况。

鉴于Y公司的实际情况，Y公司对不同产品单独设立成本中心，对成本中心涉及的产品及进口货物以及支付的研发服务费进行分摊，核算出应计入进口货物完税价格的研发协助费。

在本案例中，存在导致重复量化分摊的可能性。由于同一系列的产品是有共通性的，对应的进口材料和设备是共用并且是长期使用的，在不同项目的量化分摊时就存在多个项目对使用共同的设备重复量化分摊计算的问题。例如产品项目1的费用已经分摊计入其进口原材料和设备中了，那么使用该进口原材料和设备的产品项目2的费用在进行量化分摊时是否只需分摊至除项目1共用以外的进口货物和设备，尚存争议。

【案例启示】

当企业有不同类别的服务贸易支付时，需要逐一判断哪些服务是协助费。

一般来说,在有税务备案的情况下,可以借鉴税务代扣税的情况,如果代扣了企业所得税,一般判断为境内劳务应属税务征税和管辖范围,如涉及未代扣所得税的情况,就要结合合同内容以及进口货物关联情况来判断了。

协助费的量化分摊一直是个难点。由于协助费对应的事项在实务中比较复杂,通常很难用直接法来计算。实操时,通常可以采用受益原则进行分摊,即将该服务与进口货物受益相关的部分分摊计入进口完税价。由于该事项的复杂性,每个案例都会有各自的特殊性,因此海关在掌握数据分摊的尺度时并没有一个统一的计算方式,而是遵循商业合理性。因此,一切核算均需有合理的商业逻辑和相关支持性材料进行佐证,要清晰地核算出每一项目的分摊依据及对应数据,这对财务记账、生产记录、进口记录等企业的基础资料都有极高的要求。对于企业而言,要把分属不同部门的信息和数据整合到一个逻辑链和数据链上,是一个比较复杂的课题,管理成本很高。

(五)委托研发费案例

典型案例73:芯片设计行业设计服务费案例

A公司为芯片设计行业内资民营企业,A公司非贸易项下有向境外B公司支付设计服务费,合同情况如下。

1.与B公司签订有N设计服务合同,约定由B公司提供设计、开发和研制活动,以及工程工作或其他服务,并交付给A公司。开发的技术和模板属于A公司的财产。由A公司完成芯片的协议设计和前端设计,B公司提供芯片的关键模块开发、后端设计、封装设计和掩膜设计技术开发服务。N包含的技术开发内容有:

(1)14nm A芯片的后端布局技术设计开发:后端布局设计技术开发芯

片的物理层，提供芯片底层物理布局布线的技术方案和技术实现。

（2）14nm A 芯片的掩膜设计开发：后端掩膜设计技术开发芯片的版图层，提供芯片 14m 工艺下核心可实现版图的技术方案和技术实现。

（3）14nm A 芯片的封装与光罩技术开发：光罩与封装设计技术开发芯片的光罩和封装的技术方案和技术实现。

2. 知识产权所属权：

根据本附件所做的联合工作或由于本附件所做的共同工作而产生的知识产权，这些权利将由双方共同拥有。

【案例解读】

A 公司以一般贸易进口与该合约设计成果相关的芯片（晶圆）。

协议中约定的设计服务，包括芯片的底层物理布线技术方案和技术实现，是芯片产品的内部构成结构。

协议中约定的掩膜设计技术开发的芯片版图层及光罩技术，是晶圆生产过程中所需要使用到的生产工具。

A 公司进口的该晶圆货物，符合海关总署令第 213 号（《海关审价办法》）中第三节第十一条成交价格的调整项目："（二）与进口货物的生产和向中华人民共和国境内销售有关的，由买方以免费或者以低于成本的方式提供，并且可以按适当比例分摊的下列货物或者服务的价值：……2. 在生产进口货物过程中使用的工具、模具和类似货物；……4. 在境外进行的为生产进口货物所需的工程设计、技术研发、工艺及制图等相关服务。"

故晶圆货物进口时，需将该合约中的该部分设计费用，调整计入进口货物完税价格中申报计税。

第十章 《关税法》中的应税货物及强制措施的执行

【《关税法》关联条款】

第四十四条 进出口货物的纳税人在规定的纳税期限内有转移、藏匿其应税货物以及其他财产的明显迹象，或者存在其他可能导致无法缴纳税款风险的，海关可以责令其提供担保；纳税人不提供担保的，经直属海关关长或者其授权的隶属海关关长批准，海关可以实施下列强制措施：

（一）书面通知银行业金融机构冻结纳税人金额相当于应纳税款的存款、汇款；

（二）查封、扣押纳税人价值相当于应纳税款的货物或者其他财产。

纳税人在规定的纳税期限内缴纳税款的，海关应当立即解除强制措施。

第五十条 纳税人、扣缴义务人未按照规定的期限缴纳或者解缴税款的，由海关责令其限期缴纳；逾期仍未缴纳且无正当理由的，经直属海关关长或者其授权的隶属海关关长批准，海关可以实施下列强制执行措施：

（一）书面通知银行业金融机构划拨纳税人、扣缴义务人金额相当于应纳税款的存款、汇款；

（二）查封、扣押纳税人、扣缴义务人价值相当于应纳税款的货物或者其他财产，依法拍卖或者变卖所查封、扣押的货物或者其他财产，以拍卖或者变卖所得抵缴税款，剩余部分退还纳税人、扣缴义务人。

海关实施强制执行时，对未缴纳的滞纳金同时强制执行。

典型案例 74：S 海关与 B 公司应税货物强制执行案[1]

2013 年 4 月 11 日，S 海关对 A 公司作出强制执行决定，要求其缴纳进口货物应缴纳的税款及滞纳金。B 公司不服 S 海关作出的强制执行决定，在 2015 年 11 月提起诉讼，认为 S 海关的强制执行决定违法，并要求赔偿损失，A 公司作为第三人参加诉讼。

本案中 A 公司代理 B 公司报关进口车辆，B 公司是报关入境的涉案应税车辆的所有人。涉案应税车辆是 A 公司为缴纳税款而被 S 海关实施了税收强制执行措施，S 海关将应税车辆予以拍卖。法院认为 S 海关的强制执行决定虽未直接向 B 公司送达，但在 S 海关进行催告后至作出强制执行决定乃至进入公告拍卖阶段，A 公司作为受 B 公司委托代理报关的经营单位，为涉案应税车辆欠缴税款与 B 公司进行多次沟通，B 公司应当知情，且 B 公司就被诉强制执行决定提起本案行政诉讼，从其知道或者应当知道具体行政行为内容之日起已经超过了 2 年的法定期限，不符合行政诉讼法规定的起诉条件。最终，法院驳回了 B 公司的上诉，维持了原裁定。

【案例解读】

《海关税收保全和强制措施暂行办法》（海关总署第 184 号令）第十一

---

[1] 见（2015）沪三中行初字第 234 号。

条第二款[1]明确了"应税货物"可以成为海关税收强制执行的对象,在海关法第六十条[2]的基础上规定了适用顺序。在本案中,涉案应税车辆作为 B 公司的财产,因其未缴纳税款而被 S 海关拍卖,符合上述法律规范的规定。但"应税货物"在海关法体系中并无对应的规范明确的概念,这在一定程度上增加了执法的复杂性。考虑到国际贸易具有复杂性和流动性,进出口环节,申报的贸易方式种类繁多,且只是国际贸易中的一个环节,应税货物在执法中应当如何界定,目前在海关法体系中均无相应的规定。这也造成了行政执法过程中已有的和潜在的争议。

---

[1]《海关税收保全和强制措施暂行办法》:

第十一条 进出口货物的纳税义务人、担保人自规定的纳税期限届满之日起超过 3 个月未缴纳税款的,经直属海关关长或者其授权的隶属海关关长批准,海关可以依次采取下列强制措施:

(一)书面通知金融机构从其存款中扣缴税款;

(二)将应税货物依法变卖,以变卖所得抵缴税款;

(三)扣留并依法变卖其价值相当于应纳税款的货物或者其他财产,以变卖所得抵缴税款

[2]《海关法》:

第六十条 进出口货物的纳税义务人,应当自海关填发税款缴款书之日起十五日内缴纳税款;逾期缴纳的,由海关征收滞纳金。纳税义务人、担保人超过三个月仍未缴纳的,经直属海关关长或者其授权的隶属海关关长批准,海关可以采取下列强制措施:

(一)书面通知其开户银行或者其他金融机构从其存款中扣缴税款;

(二)将应税货物依法变卖,以变卖所得抵缴税款;

(三)扣留并依法变卖其价值相当于应纳税款的货物或者其他财产,以变卖所得抵缴税款。

海关采取强制措施时,对前款所列纳税义务人、担保人未缴纳的滞纳金同时强制执行。

进出境物品的纳税义务人,应当在物品放行前缴纳税款。

第一节 《关税法》中应税货物的概念

一、海关法体系中应税货物的相关规范

从法律规范角度看，包括：法律层级的《海关法》第六十条、六十一条[1]，《关税法》第四十四条、五十条；行政法规层级的《关税条例》第四十条，《海关事务担保条例》第六条；部门规章层级的《海关注册登记和备案企业信用管理办法》第三十五条，《海关进出口货物征税管理办法》第二十六条，以及上文提及的《海关税收保全和强制措施暂行办法》第三条、十一条和十四条；其他规范性文件层级则有《海关总署关于开展"两步申报"改革试点的公告》[2]第一条第（一）项。由于海关规范性文件较多，就不一一列举。

逐条比对上述规范，海关法体系中对于"应税货物"概念的使用，主要是三种情形———一是对于进出口货物的纳税义务人在规定的纳税期限内有明

---

[1]《海关法》：
第六十一条 进出口货物的纳税义务人在规定的纳税期限内有明显的转移、藏匿其应税货物以及其他财产迹象的，海关可以责令纳税义务人提供担保；纳税义务人不能提供纳税担保的，经直属海关关长或者其授权的隶属海关关长批准，海关可以采取下列税收保全措施：
（一）书面通知纳税义务人开户银行或者其他金融机构暂停支付纳税义务人相当于应纳税款的存款；
（二）扣留纳税义务人价值相当于应纳税款的货物或者其他财产。
[2]海关总署公告2019年第127号。

显的转移、藏匿其应税货物以及其他财产迹象的，要求提供相应担保的规定；二是对于纳税义务人、担保人超期未缴纳税款的，海关可以对应税货物依法变卖抵缴税款的强制执行规定；三是在通关环节申报前提交税收担保的规定。

二、对于海关法体系中应税货物概念的理解

应税货物中的"应税"，应当理解为存在纳税义务。如《海关总署关于开展"两步申报"改革试点的公告》中涉及应税货物的条款，其对应场景是在"两步申报"通关模式下，企业在第一步概要申报后即可提离货物，如企业进出口该等货物应当承担纳税义务，则对该等货物的进出口申报前，企业应当向注册地直属海关关税职能部门提交税收担保备案申请，否则因存在税款流失风险海关不能同意企业提离货物。换而言之，对于不会产生纳税义务的进出口行为，则不存在该条规定中的"应税货物"，也无需提交税收担保。但在《海关法》《关税法》[1]中对纳税义务人也做了相应的范围限定，即只有进出口行为法定主体才有纳税义务，货物作为进出口行为的对象或者载体，本身不是行政行为的相对人，也不可能因此承担纳税义务。因此，"应税货物"的完整理解应是承担纳税义务的收发货人申报进出口的、需要缴纳税款的货物。

---

[1]《海关法》：
第五十四条　进口货物的收货人、出口货物的发货人、进出境物品的所有人，是关税的纳税义务人。
《关税法》：
第三条　进口货物的收货人、出口货物的发货人、进境物品的携带人或者收件人，是关税的纳税人。

三、应税货物与相关概念的辨析

（一）与国内税法中相似概念的辨析

《税收征管法》[1]第三十八条和第五十五条对税收保全和强制执行措施进行了规定。从税收征管法的条款看，虽然提及了应纳税的商品，但显然没有将之作为一个规范的法律概念。首先从国内税收的基本理论上看，产生税款缴纳义务的大部分是基于交易行为、营业行为的收入，如增值税、所得税、印花税、消费税；涉及对特定财产征收的如房产税、城镇土地使用税、车船使用税、耕地占用税、船舶吨税等。其次，在上述应税行为和财产中，除了劳务行为、经营行为等，一般都可以确定应税财产或交易行为对应的财产。但税收征管法律体系，特别是税收强制措施、强制执行的规定中，均将这些可以界定或区分的财产直接作为保全或者执行的对象。从立法逻辑上来看，也容易理解——应税财产可以直接执行，应税劳务或者经营行为显然是无法作为强制执行对象的。

---

[1]《税收征管法》：

第三十八条　税务机关有根据认为从事生产、经营的纳税人有逃避纳税义务行为的，可以在规定的纳税期之前，责令限期缴纳应纳税款；在限期内发现纳税人有明显的转移、隐匿其应纳税的商品、货物以及其他财产或者应纳税的收入的迹象的，税务机关可以责成纳税人提供纳税担保。如果纳税人不能提供纳税担保，经县以上税务局（分局）局长批准，税务机关可以采取下列税收保全措施：

（一）书面通知纳税人开户银行或者其他金融机构冻结纳税人的金额相当于应纳税款的存款；

（二）扣押、查封纳税人的价值相当于应纳税款的商品、货物或者其他财产。

第五十五条　税务机关对从事生产、经营的纳税人以前纳税期的纳税情况依法进行税务检查时，发现纳税人有逃避纳税义务行为，并有明显的转移、隐匿其应纳税的商品、货物以及其他财产或者应纳税的收入的迹象的，可以按照本法规定的批准权限采取税收保全措施或者强制执行措施。

这里需要特别提及的是船舶吨税。该税种的征收直接依据是《船舶吨税法》,此外还可能引发《税收征管法》《海关法》乃至《海商法》的法律冲突。《船舶吨税法》规定[1],"吨税由海关负责征收";又规定,"吨税的征收,本法未作规定的,依照有关税收征收管理的法律、行政法规的规定执行"。这里的"税收征收管理的法律、行政法规"是否包括《海关法》《关税法》的相应规定呢?按照《税收征管法》的相应规定,海关无权扣留和强制执行应税船舶,但是按照《海关法》《关税法》的相应规定,则可以。而《海商法》[2]又规定,船舶吨税的交付请求属于具有船舶优先权的海事请求权,船舶优先权应当通过法院扣押产生优先权的船舶行使。即税款征收部门(海关)应当通过向法院请求,行使该项权利。这又与海关依法具有税收强制执行权的规定存在竞合。并且,这种制度竞合会带来实际执行中的顺序问题[3]。如果海关根据税收征管的规定行使税收债权,在财产拍卖和破产清算等制度中都是劣后于抵押权的,但如果主张的是船舶优先权,则优先于船舶抵押权[4]。

---

[1]《船舶吨税法》:
第六条 吨税由海关负责征收。海关征收吨税应当制发缴款凭证。
第二十条 吨税的征收,本法未作规定的,依照有关税收征收管理的法律、行政法规的规定执行。

[2]《海商法》:
第二十二条 下列各项海事请求具有船舶优先权:
(三)船舶吨税、引航费、港务费和其他港口规费的缴付请求……
第二十八条 船舶优先权应当通过法院扣押产生优先权的船舶行使。

[3]参见《刍议企业破产中加工贸易船舶处置的法律争议与解决》,李縣,《海关法评论》第9卷,291页。

[4]《海商法》:
第二十五条 船舶优先权先于船舶留置权受偿,船舶抵押权后于船舶留置权受偿。

（二）与海关法体系中相关概念的辨析

由于进出口贸易的复杂性，在海关法语境中有很多概念值得与"应税货物"的概念进行比较。

首先，海关法体系中"监管货物"是个极为重要的概念，根据《海关法》第一百条的规定，"海关监管货物，是指本法第二十三条[1]所列的进出口货物，过境、转运、通运货物，特定减免税货物，以及暂时进出口货物、保税货物和其他尚未办结海关手续的进出境货物"。对于监管货物，除了可能产生纳税义务外，还有办结海关手续的义务。这里的海关手续，除了申报外，还包括海关对于进出口货物许可证、监管证件和检验检疫的制度要求。但是否可以因此将应税货物理解为监管货物中的一种呢？从海关税收征管的角度，似乎又不能。因为海关监管货物在放行或者解除监管之后，即不受海关监管，当事人可以自行处置，而在这种情况下参考《关税法》第四十八条[2]，并不意味着纳税义务人在其后的税收核查、海关稽查和案件调查中不会被海关发现仍存在纳税义务。也就是说，此时的应税货物并非监管货物，应税货物不是监管货物概念中的一个子概念。

其次，绝大部分情形下监管货物有对应海关义务主体，但是在进出口环节中还存在着没有承担海关义务主体的情形，即超期未报关货物。《海关关

---

[1]《海关法》：

第二十三条　进口货物自进境起到办结海关手续止，出口货物自向海关申报起到出境止，过境、转运和通运货物自进境起到出境止，应当接受海关监管。

[2]《关税法》：

第四十八条　海关发现海关监管货物因纳税人、扣缴义务人违反规定造成少征或者漏征税款的，应当自纳税人、扣缴义务人应缴纳税款之日起三年内追征税款，并自应缴纳税款之日起按日加收少征或者漏征税款万分之五的滞纳金。

于超期未报关进口货物、误卸或者溢卸的进境货物和放弃进口货物的处理办法》[1]中即规定，进口货物的收货人超过三个月未向海关申报的，其进口货物由海关提取依法变卖处理。与此类似的，还有进境误卸货物。上述两类货物的义务人分别是进口收货人和载运该货物的原运输工具负责人，该项规定也是海关法体系中对于进口货物相关义务人未履行法定义务，相应货物直接作为执行和处置对象的规定之一。但需要注意的是，进口未报关货物和误卸货物，都属于《海关法》中的"监管货物"。

典型案例 75：L 公司进口芯片电性参数测试仪强制执行案[2]

L 公司在 2015 年 9 月 15 日以一般贸易方式进口芯片电性参数测试仪时，存在商品编码申报不实行为。经 Z 海关核计，L 公司进口的货物价值人民币 903.653273 万元，漏缴税款人民币 43.031108 万元。L 公司的行为违反了《海关法》第二十四条第一款的规定，构成了《海关法》第八十六条第三项规定的违反海关监管规定行为。Z 海关于 2018 年 9 月 19 日作出行政处罚决定，对 L 公司罚款人民币 34.5 万元，并责令其于 2018 年 10 月 15 日前办理补缴相关税款手续。L 公司在法定期限内未提起诉讼，也未履行处罚决定，经书面催告后仍未履行义务。

---

[1]《海关关于超期未报关进口货物、误卸或者溢卸的进境货物和放弃进口货物的处理办法》：

第二条 进口货物的收货人应当自运输工具申报进境之日起十四日内向海关申报。进口货物的收货人超过上述规定期限向海关申报的，由海关按照《中华人民共和国海关征收进口货物滞报金办法》的规定，征收滞报金；超过三个月未向海关申报的，其进口货物由海关提取依法变卖处理。

[2]见（2019）苏 05 行审 1 号。

法院认为，L公司存在商品编码申报不实行为，违反了海关监管规定，影响了海关税款征收。Z海关作出的涉案行政处罚决定及补税决定符合《海关行政处罚实施条例》的相关规定。L公司在收到涉案行政处罚决定书当日签署了放弃陈述、申辩（听证）权利申明，且在后续催缴过程中对处罚及补税决定均无异议，但声称企业已无经营活动，没有能力履行相关义务。法院裁定Z海关作出的涉案行政处罚决定及补税决定认定事实清楚，适用法律正确，程序合法，符合人民法院强制执行的法定条件，依照《行政强制法》第五十八条第二款对其强制执行。

【案例解读】

根据《关税法》第四十四条、第五十条的规定，海关在纳税人未按规定期限缴纳税款，且存在明显转移、藏匿应税货物或其他财产迹象，或其他可能导致无法缴纳税款风险的情况下，可以采取冻结存款、汇款或查封、扣押等强制措施。若纳税人逾期仍未缴纳且无正当理由，海关可以划拨存款、汇款，或依法拍卖、变卖查封、扣押的货物或其他财产，以所得抵缴税款。

强制措施旨在确保税款的及时足额征收，维护国家税收利益。同时根据《行政强制法》的规定，行政强制执行应当遵循法定程序，包括事先催告当事人履行义务，保障当事人的知情权和申辩权。并且海关在实施强制执行时，应当考虑到被执行人的实际履行能力。如果被执行人确实没有履行能力，海关应当依法中止或终结强制执行。然而，如果被执行人有履行能力而拒不履行，海关则可以依法采取进一步的强制措施，包括但不限于拍卖或变卖查封、扣押的财产。

第二节 应税货物的强制措施

一、《行政强制法》对于行政强制的具体规定

（一）行政强制的概念[1]

行政强制，包括行政强制措施和行政强制执行。

行政强制措施是指行政机关在行政管理过程中，为制止违法行为、防止证据损毁、避免危害发生、控制危险扩大等情形，依法对公民的人身自由实施暂时性限制，或者对公民、法人或者其他组织的财物实施暂时性控制的行为。包括限制公民人身自由，查封场所、设施或者财物，扣押财物，冻结存款、汇款和其他行政强制措施等。

行政强制执行是指行政机关或者行政机关申请人民法院，对不履行行政决定的公民、法人或者其他组织，依法强制履行义务的行为。包括加处罚款或者滞纳金，划拨存款、汇款，拍卖或者依法处理查封、扣押的场所、设施或者财物，排除妨碍、恢复原状，代履行和其他强制执行方式。

---

[1]《行政强制法》第二条、九条、十二条。

（二）救济途径[1]

公民、法人或者其他组织对行政机关实施的行政强制措施不服的，有权依法申请行政复议或者提起行政诉讼。

（三）实施程序[2]

行政机关根据规定履行行政管理职责，采取行政强制措施。可以采取的强制措施手段包括查封、扣押、冻结等。当事人在法定期限内不申请行政复议或者提起行政诉讼，又不履行行政决定的，没有行政强制执行权的行政机关可以申请人民法院强制执行，并且在作出强制执行决定前，应当事先催告当事人履行义务。

二、《征管办法》中关于税收强制的规定

《海关进出口货物征税管理办法（修订草案征求意见稿）》（以下简称《征管办法》）修订说明中提到，现行海关税收强制制度由海关总署第184号令《海关税收保全和强制措施暂行办法》规定，考虑到现行《征管办法》未规定税收强制有关内容，为了保持税收征管制度的完整性，征求意见稿中增设"税收强制"章节（第六章）规定税收强制有关内容。本次修订吸收了《关税法》和《行政强制法》的相关内容，因强制程序在《行政强制法》中已有详细规定，征求意见稿中明确按照《行政强制法》规定执行，具体流程不再做立法转化。

在《征管办法》中新增了五条关于税收强制执行的条款：税收强制措施、

---

[1]《行政强制法》第八条。

[2]《行政强制法》第二十二条、二十九条、五十三条等。

税收强制执行、执行程序、中止执行、终结执行。

三、应税货物强制措施的合理性与难点

比较地看《海关法》中对于应税货物的规定，不难理解因为进出口活动及海关监管的特殊性，对于应税货物既有界定的可能，也有规定的必要。应税货物在海关法体系中，能够基于完整的海关制度予以科学界定；应税货物的概念也能够有效地衔接监管货物与纳税义务的制度特点，避免单纯以监管货物概念设计制度，造成应税进口行为缺乏保障，引发税收风险。但同时，也不能忽视由于进出口行为的复杂性给应税货物界定和执行带来的难点。比如：

1. 进出口行为的经营单位（收发货人）仅是贸易代理商，其申报行为导致漏缴税款，但货物的消费使用单位并无过错，能否执行已经由进口消费使用单位所有及占有的进口货物；

2. 进口货物已经解除海关监管的情形下，可能已经被处置给支付合理对价的第三人；

3. 加工贸易进口原料已经被制成半成品、成品，且其中已经大量结合了国内采购的原材料、加工工艺、技术价值、品牌价值等。

这些复杂的情况，都有可能对海关执行应税货物带来法律上的挑战，而显然我们现有的规范体系对于这些复杂情况并没有相应的回应。

典型案例 76：L 公司涉案货物被拍卖案[1]

2014 年 6 月，L 公司由中国 N 港出口一批不锈钢无缝产品至 K 地，货物报关价值为 366918.97 美元。L 公司通过货代向 M 公司订舱，涉案货物于同年 6 月 28 日装载于 4 个集装箱内装船出运，出运时 L 公司要求做电放处理。2014 年 7 月 9 日，L 公司通过货代向 M 公司发邮件称，发现货物运错目的地，要求改港或者退运。M 公司于同日回复，因货物距抵达目的港不足 2 天，无法安排改港，如需退运则需与目的港确认后回复。次日，L 公司的货代询问货物退运是否可以原船带回，M 公司于当日回复："原船退回不具有操作性，货物在目的港卸货后，需要由现在的收货人在目的港清关后，再向当地海关申请退运。海关批准后，才可以安排退运事宜。"涉案货物于 2014 年 7 月 12 日左右到达目的港。M 公司应 L 公司的要求于 2015 年 1 月 29 日向其签发了编号 603386880 的全套正本提单。根据提单记载，托运人为 L 公司，收货人及通知方均为 VENUSSTEELPVTLTD，起运港中国 N 地，卸货港 K 地。2015 年 5 月 18 日，L 公司向货代发邮件称决定向 M 公司申请退运。次日，L 公司向 M 公司发邮件表示已按 M 公司要求申请退运。M 公司随后告知 L 公司涉案货物已被拍卖。涉案货物在 2015 年 3 月 13 日被目的港海关拍卖。

【案例解读】

在国际贸易中，进出口收发货人、承运人与货物的实际所有人往往并不一致，这也是《海关法》《海商法》都极少使用"所有人"这个物权概念设

---

[1] 见（2017）最高法民再 412 号《民事判决书》。

立法律关系的原因。在行政法中，传统的行政机关、相对人二元体系也随着立法的进步和时代发展，越来越多地关注行政行为中的第三人利益的保护。根据上文的论述，在海关处置应税货物过程中，难免涉及影响第三人的权益，因此有必要结合行政法理论、《行政强制法》和《海关法》的规范，研究在对应税货物执行时如何保护第三人利益。

第三节 强制执行中对第三人的利益保护

一、行政强制中的第三人

根据《行政诉讼法》第二十九条的规定，行政诉讼中的第三人，是同被诉行政行为或者同案件处理结果有利害关系，主动申请或者由人民法院通知参加诉讼的公民、法人或者其他组织。行政诉讼第三人从总体上可以分为原告型第三人、被告型第三人和证人型第三人[1]。有学者将《行政强制法》中的第三人分为被动性第三人和受邀请第三人[2]。在《行政强制法》中，吸收了学者对于第三人利益保护的观点，《行政强制法》第八条规定公民、法人或者其他组织有权依法申请行政复议或行政诉讼、要求赔偿，表明了第三人合法权益属于法律规定的应给予保护的对象。第三十九条规定第三人对执行标的主张权利，确有理由的，中止行政强制执行。其中，"第三人主张权利的内容主要是指物权或者债权，如第三人对执行标的主张抵押权、质权、所

---

[1]《浅析如何界定行政诉讼中的第三人》，杨玉岭，中国法院网。2023年7月1日访问于 https://www.chinacourt.org/article/detail/2012/11/id/789515.shtml。

[2] 参见《我国行政强制立法第三人条款之检讨》，肖泽晟，《华东政法大学学报》2010年第6期。

有权,以及因租赁关系而享有的使用权等"[1]。

二、海关对应税货物强制执行可能影响的第三人

在应税货物的强制执行中,第三人可能是进出口货物的境内消费使用单位、受让人,也有可能是应税货物的他项权利人。如在"(2015)沪三中行初字第 234 号"案件中,经营单位是纳税义务人,但进口货物的境内消费使用单位认为对应税货物的处置,损害了其对于货物的合法权益。在租赁进口、展览品贸易方式中,进口货物申报人并非货物所有人,纳税义务对应的可能也仅是租金对应的税款,如因该等明显与货物价值差异较大的税款处置应税货物,则境外的货物所有人必然认为其合法权益受到了损害。又如在 2019 年最高法发布涉"一带一路"建设专题指导性案例之 108 号案例中,也涉及货物到港后由于托运人(全套正本提单持有人)、承运人对于货物处置的争议,导致货物到港未及时申报后,被目的港海关拍卖处置。最终当事双方产生了较大的诉讼争议[2]。该案虽非中国海关执行货物处置,但同样有借鉴意义。此外对于海关减免税货物、加工贸易货物,也均有可能因为所有权转移,或者设置了抵押权、租赁等原因,导致第三人对其有合法的权利主张。

三、第三人权益保护的基本原则

根据《行政强制法》的规定,海关在执行应税货物时,很可能面临货物的其他权利人对货物合法权利的主张。但目前相关制度中,并无对第三人权

---

[1]《中华人民共和国行政强制法解读》,全国人大常委会法制工作委员会行政法室编著,中国法制出版社 2011 年 7 月第 1 版,第 129 页。

[2] 见典型案例 76。

利主张能否成立的认定、中止还是终止执行的决定、异议和救济的相关规定。这无疑将带来潜在的执法风险和行政争议。根据行政法的一般理论，为合理保障第三人利益，应遵循以下原则：

一是比例原则。行政行为应采取对相对人、第三人损害最小的方式实现行政管理的目的，税款征收同样如此。首先，税款债权在破产清算、财产拍卖、船舶优先权等多种法律关系中，均劣后于如工人工资、人身损害赔偿或抚恤、担保物权等债权。因此如应税货物上负有上述义务，则不应继续执行应税货物而损害在法律制度上普遍具有优先性的其他权益。其次，即使存在一般劣后于税款债权的其他债权，也应考虑两者的价值比例以及执行行为对于货物市场价值的可能影响。如因执行破坏了较高价值的交易行为的稳定，或者可能影响企业的生产经营，均应中止执行以允许相对人或者第三人有足够可能涤除税款债务。

二是信赖利益保护原则。《海关法》对监管货物的处置规定较为严密，具有代表性的规定如《海关法》第三十七条，不仅规定了相对人未经海关许可，不得开拆、提取、交付、发运、调换、改装、抵押、质押、留置、转让、更换标记、移作他用或者进行其他处置，也规定了人民法院判决、裁定或者有关行政执法部门决定处理海关监管货物的，应当责令当事人办结海关手续。但在市场活动中，非海关监管义务人的第三人不具有识别海关监管货物的能力，如在其没有恶意且支付合理对价的情形下，取得了海关监管货物（包括应税货物）的所有权或者其他物权，基于其善意取得的实际情况，则不宜直接依据上述规定认定交易行为无效。而应考量第三人是否具有合法取得应税货物的信赖基础，特别是第三人已经核实了监管义务人办结海关手续的文件，但因海关后续核查、调查、侦查行为导致缴纳税款义务的情况下，不宜继续执行应税货物。

第十一章　海关补征追征税款的期限

【《关税法》关联条款】

第四十五条　自纳税人、扣缴义务人缴纳税款或者货物放行之日起三年内，海关有权对纳税人、扣缴义务人的应纳税额进行确认。

海关确认的应纳税额与纳税人、扣缴义务人申报的税额不一致的，海关应当向纳税人、扣缴义务人出具税额确认书。纳税人、扣缴义务人应当按照税额确认书载明的应纳税额，在海关规定的期限内补缴税款或者办理退税手续。

经海关确认应纳税额后需要补缴税款但未在规定的期限内补缴的，自规定的期限届满之日起，按日加收滞纳税款万分之五的滞纳金。

第四十六条　因纳税人、扣缴义务人违反规定造成少征或者漏征税款的，海关可以自缴纳税款或者货物放行之日起三年内追征税款，并自缴纳税款或者货物放行之日起，按日加收少征或者漏征税款万分之五的滞纳金。

第四十七条　对走私行为，海关追征税款、滞纳金的，不受前条规定期限的限制，并有权核定应纳税额。

第四十八条　海关发现海关监管货物因纳税人、扣缴义务人违反规定造成少征或者漏征税款的，应当自纳税人、扣缴义务人应缴纳税款之日起三年内追征税款，并自应缴纳税款之日起按日加收少征或者漏征税款万分之五的滞纳金。

典型案例 77[1]：进口螺柱焊机补税案

2015 年 7 月 2 日，某汽车有限公司（作为收发货人和消费使用单位）委托北京某国际货运有限公司（作为申报单位）以一般贸易方式申报进口了 1 台螺柱焊机，报关单号为 010120151015159550，申报价格为 57613 欧元，申报税号为 8515809090（关税税率为 8%）。某地税收征管中心要求 B 海关现场对报关单申报第 1 项商品"螺柱焊机"进行核查。B 海关现场按照指令要求及时联系企业核实情况，企业申请归入税号 8515319900（关税税率 10%）。B 海关经询问 B 海关归类办确认，某汽车有限公司进口的"螺柱焊机"商品应归入税号 85153900（关税税率为 10%）。当事人进口该票货物（报关单号为 010120151015159550）税则号列申报不实的行为已构成《海关行政处罚实施条例》第十五条第（四）项[2]规定所指之进出口货物申报不实，影响国家税款征收的违法行为，并造成了漏缴税款共计人民币 9429.97 元的违法后果。该票报关单的申报日期为 2015 年 7 月 2 日，查获时间为 2017 年 12 月 05 日，申报不实行为已超出海关两年行政处罚时效，但仍在三年补税期间内，B 海关对该票报关单进行补税（需补缴税款人民币 9429.97 元）。

除税管中心提及的该票外，当事人另有 5 票报关单进口螺柱焊机申报的税号为 8515319900（关税税率为 10%），虽然未影响税收征管，但仍然错误

---

[1] 见《中华人民共和国首都机场海关行政处罚决定书（首关缉违字 [2020]474 号）》。

[2]《海关行政处罚实施条例》：

第十五条 进出口货物的品名、税则号列、数量、规格、价格、贸易方式、原产地、启运地、运抵地、最终目的地或者其他应当申报的项目未申报或者申报不实的，分别依照下列规定予以处罚，有违法所得的，没收违法所得：

（一）影响海关统计准确性的，予以警告或者处 1000 元以上 1 万元以下罚款；

……

（四）影响国家税款征收的，处漏缴税款 30% 以上 2 倍以下罚款……

申报了税号，构成《海关行政处罚实施条例》第十五条第（一）项规定所指之进出口货物申报不实，影响海关统计准确性的违法行为。根据《海关行政处罚实施条例》第十五条第（四）项之规定，决定对当事人处以罚款人民币0.5万元。

【案例解读】

本案是一起典型的货物放行后，海关调查发现存在申报不实漏缴进口税款，并进行罚款、追补税款处理的案件。同时，由于本案发现漏税是在货物放行两年后、三年前，因此又同时涉及行政处罚和追补税的期限，较有参考价值。根据《海关法》和《海关行政处罚实施条例》，海关有权对进出口货物的税则号列申报不实行为进行调查，并在发现违规行为时要求企业补缴税款。在本案中，由于申报的税号与实际应归类的税号不符，导致了关税税率的误用，进而造成了国家税款的漏缴。并且补缴税款的计算基于货物的实际价值和正确的关税税率。尽管申报不实行为超出了行政处罚的两年时效，但仍在三年补税期间内。海关虽然无法对当事人进行行政处罚，但海关可以依法对少征税款的报关单进行追征。

进出口关税及其他税费征收管理是海关的核心职能，而追征、补征税款又是海关履行上述职责、保障国家财政收入、避免税款流失、落实进出口税收政策的核心环节。而本次《关税法》的制定，完善了原《海关法》和《关税条例》关于追补税的相关规定，使得法律制度更为清晰、权利义务更为平衡、监管逻辑更为严密。本章拟从追补税制度的变化、追补税期限的界定、追补税期限的扣除以及海关如何确认应纳税额等角度对案例进行解读，帮助读者更好地理解《关税法》中这一重要制度。

第一节 《关税法》关于追补税期限规定的完善

一、追补税期限的立法改变及对比

《关税法》第四十五条至第四十八条的规定，是对于原《海关法》六十二条以及《关税条例》第五十一条的重要修订。在《关税法》制定之前，《海关法》《关税条例》等相关法律规定根据造成少、漏征税款的原因将征收少、漏征税款的行为界定为追征和补征两种方式。由于纳税义务人违反海关规定造成少、漏征税款的，称为追征。非因纳税义务人违反海关规定造成少、漏征税款的，称为补征。

在原来的规则体系中，根据造成漏缴税款的行为性质可分为走私行为（包括走私犯罪）、违反海关规定行为（如申报不实）和不能归咎于当事人过错的漏税行为三种情形。

由于在刑事程序本身已有追赃追缴违法所得程序保障，偷逃税款又是定罪量刑（包括罚金）评价的基础，因此《海关法》对于第一种情形中涉及走私犯罪的税款追缴并未作出规定，仅根据刑事案件办理需要制定了《中华人民共和国海关计核涉嫌走私的货物、物品偷逃税款暂行办法》（海关总署令第97号）。但这种处理对于属于走私行为但不构成犯罪的追补税期限未能明确，这在本次《关税法》修订中做了规定，使得追补税的监管逻辑更为严密。

对于剩余两种情形，一般理解是根据纳税义务人是否存在法律上的过错适用三年追税或一年补税期限。而这次《关税法》直接统一了海关核定税款、追征税款的期限，即不再区分当事人是否有过错，一律按照三年计算追补税期限。这一规定实现了与《税收征管法》[1]期限的一致规定，也与海关目前实施的"自报自缴"[2]衔接，让《关税法》作为关税的程序法更加易于执行，减少争议。

———————

[1]《税收征管法》：

第五十二条　因税务机关的责任，致使纳税人、扣缴义务人未缴或者少缴税款的，税务机关在三年内可以要求纳税人、扣缴义务人补缴税款，但是不得加收滞纳金。

因纳税人、扣缴义务人计算错误等失误，未缴或者少缴税款的，税务机关在三年内可以追征税款、滞纳金；有特殊情况的，追征期可以延长到五年。

对偷税、抗税、骗税的，税务机关追征其未缴或者少缴的税款、滞纳金或者所骗取的税款，不受前款规定期限的限制。

[2] 见《海关总署决定开展税收征管方式改革试点工作的公告》（海关总署公告 2016 年第 62 号）和《海关总署关于推广加工贸易料件内销征税"自报自缴"的公告》（海关总署公告 2018 年第 196 号）。

表 11-1 《海关法》《关税条例》《关税法》追补税立法对比[1]

《海关法》	《关税条例》	《关税法》
第六十二条 进出口货物、进出境物品放行后,海关发现少征或者漏征税款,应当自缴纳税款或者货物、物品放行之日起一年内,向纳税义务人补征。因纳税义务人违反规定而造成的少征或者漏征,海关在三年以内可以追征。	第五十一条 进出口货物放行后,海关发现少征或者漏征税款的,应当自缴纳税款或者货物放行之日起 1 年内,向纳税义务人补征税款。但因纳税义务人违反规定造成少征或者漏征税款的,海关可以自缴纳税款或者货物放行之日起 3 年内追征税款,并从缴纳税款或者货物放行之日起按日加收少征或者漏征税款万分之五的滞纳金。海关发现海关监管货物因纳税义务人违反规定造成少征或者漏征税款的,应当自纳税义务人应缴纳税款之日起 3 年内追征税款,并从应缴纳税款之日起按日加收少征或者漏征税款万分之五的滞纳金。	第四十五条 <u>自纳税人、扣缴义务人缴纳税款或者货物放行之日起三年内,海关有权对纳税人、扣缴义务人的应纳税额进行确认。</u> 海关确认的应纳税额与纳税人、扣缴义务人申报的税额不一致的,海关应当向纳税人、扣缴义务人出具<u>税额确认书</u>。纳税人、扣缴义务人应当按照税额确认书载明的应纳税额,在海关规定的期限内补缴税款或者办理退税手续。 经海关确认应纳税额后需要补缴税款但未在规定的期限内补缴的,自规定的期限届满之日起,按日加收滞纳税款万分之五的滞纳金。
		第四十六条 因纳税人、扣缴义务人违反规定造成少征或者漏征税款的,海关可以自缴纳税款或者货物放行之日起三年内追征税款,并自缴纳税款或者货物放行之日起,按日加收少征或者漏征税款万分之五的滞纳金。
		第四十七条 <u>对走私行为,海关追征税款、滞纳金的,不受前条规定期限的限制,并有权核定应纳税额。</u>
		第四十八条 海关发现海关监管货物因纳税人、扣缴义务人违反规定造成少征或者漏征税款的,应当自纳税人、扣缴义务人应缴纳税款之日起三年内追征税款,并自应缴纳税款之日起按日加收少征或者漏征税款万分之五的滞纳金。

---

[1] 下划线处为新增／修改部分。

二、未发现违规情形下的补缴税款期限

《税额确认书》是《关税法》中新引入的概念，其法律地位等同于《海关税款专用缴款书》，如纳税人、扣缴义务人未履行相应纳税义务，海关可以依法实施强制执行措施。针对纳税人和扣缴义务人未违反规定而发生的税款漏缴情况，海关税收管理部门或海关稽查部门自纳税人、扣缴义务人缴纳税款或者货物放行之日起三年内，有权进行核定。应纳税额确认也是本次《关税法》的重要立法内容之一，体现了海关从审核征税到企业自报自缴改革成果，又与《海关法》修订中海关风险管理的理念结合，形成征税监管立法逻辑的闭环。根据《关税法》的相关规定，在对征税要素海关有权在三年期限内审核，如发现税款少征漏征，将向纳税人、扣缴义务人出具《税额确认书》[1]，并要求其补交相应的漏缴税款。

以往在提及税款补征追征期限时，常通过是否违法违规来区分追补税适用的期限，但实际上税款核定的情形非常复杂。除了在缴纳税款或放行后发现征税要素，如归类、原产地、价格等存在不能归责于纳税人或扣缴义务人的申报错误，在某些特殊的进出口贸易情形中，全部征税要素在货物放行及缴纳税款时并不能完全确定。例如涉及进口货物的特许权使用费、关联企业间的转让定价、与进口货物相关的软件使用费，以及大宗货物的公式化定价交易等。《关税法》统一了补税期限规定，并且完善了征税程序，既保障了当事人权利义务设置的公平，也有助于海关更有效地管理和征收税款，减少

---

[1]《关税条例》：

第三十七条　纳税义务人应当自海关填发税款缴款书之日起15日内向指定银行缴纳税款。纳税义务人未按期缴纳税款的，从滞纳税款之日起，按日加收滞纳税款万分之五的滞纳金。海关可以对纳税义务人欠缴税款的情况予以公告。

海关征收关税、滞纳金等，应当制发缴款凭证，缴款凭证格式由海关总署规定。

纳税争议。

三、违规造成税款少征、漏征情形下的追征期限

依据《关税法》的规定，如因当事人违反规定造成少征、漏征税款的，海关可在货物放行或税款缴纳之日起三年内追回所漏税款。在海关推行便利化通关监管制度改革之前，通常的做法是先缴纳税款再放行货物。改革之后，可能会出现先放行货物再缴税的情况[1]。如《海关总署关于优化汇总征税制度的公告》（海关总署公告 2017 年第 45 号）和《海关总署关于明确进出口货物税款缴纳期限的公告》（海关总署公告 2022 年第 61 号）[2] 中规定，采用汇总征税模式的，企业可先提离货物，后在规定纳税周期内对已放行货物自主集中缴税。这些规定使得在规定时限内，企业对纳税时间节点也拥有更多的自主选择权，有利于提高通关效率以及资金使用效率。

《关税法》[3] 将允许纳税人、扣缴义务人先提离货物再汇总缴纳税款的规定上升为法律。根据以上规定，纳税人可以选择对其缴税更有利的计税方案，

---

[1] 见《海关总署决定开展税收征管方式改革试点工作的公告》（海关总署公告 2016 年第 62 号）。

[2]《海关总署关于优化汇总征税制度的公告》：
六、企业应于每月第 5 个工作日结束前，完成上月应纳税款的汇总电子支付。
《海关总署关于明确进出口货物税款缴纳期限的公告》：
二、……采用汇总征税模式的，纳税义务人应当自海关税款缴纳通知制发之日起 15 日内或次月第 5 个工作日结束前依法缴纳税款。未在上述期限内缴纳税款的，海关自缴款期限届满之日起至缴清税款之日止，按日加收滞纳税款万分之五的滞纳金。

[3]《关税法》：
第四十三条 进出口货物的纳税人、扣缴义务人应当自完成申报之日起十五日内缴纳税款；符合海关规定条件并提供担保的，可以于次月第五个工作日结束前汇总缴纳税款。因不可抗力或者国家税收政策调整，不能按期缴纳的，经向海关申请并提供担保，可以延期缴纳，但最长不得超过六个月。

即可以选择从缴纳税款之日或货物放行之日起计算漏税，纳税人可以根据自身情况选择更有利的计算方式。对于监管货物违规漏税情况，包括保税货物、特定减免税货物、暂时进境货物等，《关税法》规定的关于在后续监管中发现的违规漏税，其税款和滞纳金的征收将从应缴税款之日起计算。这一规定旨在确保海关监管的有效性，同时为纳税人提供明确的税收责任时间框架。

四、对走私行为造成漏税的追征不受 3 年时限约束

针对税款及滞纳金的追缴期限问题，《海关法》和《关税法》等法律法规对于违反海关规定的行为，通常规定自税款缴纳或货物放行之日起，按照每日未缴或少缴税款的万分之五计收滞纳金。《关税法》第四十八条对此进行了补充，明确指出，若少缴或漏缴税款是由走私行为所致，则追缴不受时间限制。如前文所述，由于在刑事、行政处罚程序对于走私本身行为已有追赃追缴违法所得程序保障，偷逃税款又是定罪量刑（包括罚金）评价的基础，因此《海关法》对于走私行为并未明确规定追补税条款。依据《海关法》第八十二条[1]及《海关行政处罚实施条例》的第九条与第五十六条，海关对走私行为的处理措施包括没收违法所得和走私物品，或在无法没收的情况下，追缴相当于走私物品价值的款项，并可处以罚款。《关税法》考虑到走私案

---

[1]《海关法》：

第八十二条 违反本法及有关法律、行政法规，逃避海关监管，偷逃应纳税款、逃避国家有关进出境的禁止性或者限制性管理，有下列情形之一的，是走私行为：

……

有前款所列行为之一，尚不构成犯罪的，由海关没收走私货物、物品及违法所得，可以并处罚款；专门或者多次用于掩护走私的货物、物品，专门或者多次用于走私的运输工具，予以没收，藏匿走私货物、物品的特制设备，责令拆毁或者没收。

有第一款所列行为之一，构成犯罪的，依法追究刑事责任。

件的复杂性，从立法严密角度对走私行为的追补税期限做出规定，使得追补税的监管逻辑更为严密。

典型案例78：H公司内销补缴税款案

H公司在2012年2月至2013年5月期间，未经海关许可，擅自将其进口的保税货物与其他国内企业的国产货物进行等量交换，并将部分保税货物转让至其子公司。涉及的保税货物漏缴税款人民币2503万余元。H公司在部分手册项下的货物内销时补缴了部分税款，最终漏缴税款金额共计人民币1688万余元。J海关对此行为进行了调查，并作出了行政处罚决定，对H公司科处罚款人民币660万元，并责令其补缴税款。

H公司认为J海关从2013年5月17日发现案情，直至2017年1月10日作出《责令办理海关手续通知书》已超过三年追征期。一审法院在判决中直接引用了《海关总署关于发布第1号行政解释（试行）的决定》（署法发〔2012〕429号，以下简称《1号行政解释》）的具体规定，认为："因海关对当事人追征税款是基于海关调查认定的违法事实作出的，在海关制发行政处罚决定书对当事人的违法事实进行认定之前，追征税款行为所依据的违法事实尚未最终确定，漏缴税数额亦不能确定，因此海关对当事人的违法违规行为进行调查的期间应从追税期限内扣除……J海关从2013年7月4日立案后展开调查直至2017年1月作出1号处罚决定，根据上述规定，J海关进行调查至作出处理决定的期限应从三年追征期内扣除，故J海关作出1号通知书并未超过法定期限。"

【案例解读】

这是现行司法裁判文书中，率先在海关税收争议相关案件中引用《1号行政解释》关于期限扣除的规定。但是在实务中，追补税期限的认定依据包括多个要素及多个事件，包括货物放行、海关发现漏税、作出征税决定以及税单的开具（税款确认书的开具）等，每个事件的认定标准均存在争议。此外，追补税款期限扣除的法律属性、特定情况下的合理性，以及征税技术要素的核定时间是否应从追补税期限中扣除等问题，均为实践中探讨追补税款期限时所面临的难点问题。

第二节 追补税款期限的认定

《关税法》对于追补税的期限统一为三年。简单来说，海关在货物放行或当事人缴纳税款后的三年之内，无论是因为对应纳税额的确认，还是对违法违规案件的调查，如果发现少征、漏征税款，都有权要求纳税人、扣缴义务人补缴税款。但根据追补税原因的不同，滞纳金的起算时间不同。那么，要准确界定海关行使追补税权力的期限，至少有两个时间点是需要确定的——缴纳税款或者货物放行之日，海关做出征税决定之日。

但现实中情况比较复杂，比如本章案例所反映的海关发现违法行为日期还会影响到处罚的时效。再比如，缴纳税款之日如果与货物放行之日不一致，是采取对当事人有利的日期，还是由海关依职权确定？举个简单的例子，如果纳税人的进口货物因为部分监管要素有待核实或者补充提供资料（比如原产地证书、规格型号说明等）而采取了担保放行的方式，在 2 个月后，根据补充信息完成了缴税手续，但是在 2 年 10 个月后，海关发现该票货物存在归类错误，需要补缴税款。此时，如果适用放行日期，就超过了三年追补税期限，但如适用缴税日期，就可以追补征税款。但《关税法》并未明确选择的规则。因此，下面拟对较为重要的几个时间点进行简要分析，希望能帮助读者更好地理解征税管理中的法律问题。

一、进出口货物放行日期[1]

在海关发现少征、漏征税款的情形下，进出口货物放行日期是计算追补税期限的起点之一，在一般贸易模式下货物的放行日期根据报关单很容易确定，但保税货物、特定减免税货物在涉及追补税时如何确定放行日期则缺乏执法依据。

以加工贸易保税货物为例，如企业在 2023 年 1 月 1 日手册项下保税进口了料件，彼时确定料件归类为 A；2024 年 1 月 1 日企业申请内销，仍确定归类为 A；但 2024 年 7 月 1 日，海关发现该料件归类较为复杂，经明确应为 B，故应对企业补征税款。此时，应按照手册项下保税进口放行之日还是内销放行之日确定计算海关追补税期限的起始日期呢？

海关总署公告[2]曾明确因违反海关监管规定漏缴税款的，应缴纳税款之日为加工贸易保税货物内销之日，或减免税货物被擅自转让、移作他用或进行其他处置之日，以及法律法规规定的其他情形。但对于未违反海关监管规定，是否以内销之日作为"放行之日"则没有规定。根据海关总署《关于加工贸易保税货物利息征收和退还的公告》[3]，加工贸易保税料件或制成品内销的，海关除依法征收税款外，还应加征缓税利息。经批准内销的，缓税利息计息期限的起始日期为内销料件或制成品所对应的加工贸易合同项下首批料件进口之日；未经批准擅自内销，违反海关监管规定的，缓税利息计息期限的起

---

[1]参见《海关追补税期限扣除若干问题基于实证的再思考》，李骉、肖春，《海关法评论》，第 11 卷。

[2]《关于加工贸易内销计征缓税利息和违反海关规定加征滞纳金有关问题》（海关总署公告 2004 年第 39 号）。

[3]海关总署公告 2006 年第 53 号。

始日期为内销料件或制成品所对应的加工贸易合同项下首批料件进口之日。同时，该公告还规定，加工贸易保税货物需要后续补税，但海关未按违规处理的，缓税利息计息的起止日期比照本条第二款规定办理。但该公告此条的第二款系利息利率的计算方式，疑似表述有误，应参照未经批准违规内销的规定计算。从公平角度说，产生缓税利息即表明产生了纳税义务，那么放行之日就应当为保税料件首次进口之日，但该理解显然与总署对违规内销的追补税计算时间相悖，对同一货物的放行日期的认定因相对人是否存在过错而存在差异，显然并不合理。同理，在特殊监管货物提前解除监管需要补税的情形下，如相对人已经补税后一年内，海关发现因归类等技术原因少征税款需要补税，一方面存在对放行日期的认定问题，另一方面由于特殊监管货物的补税是计算剩余监管年限，而非进口时货物完税价格，更存在着税款计算的逻辑难题。

二、海关发现日期

海关发现少征或漏征税款之日，对于确定追补税期限的起始时间或者消灭时间，均不产生法律后果。但需要注意的是，参考《行政处罚法》等法律的规定，行政法上的发现，需要以行政机关做出相应调查、处罚程序的立案为事件发生的标志。这些标志对于计算追补税期限的扣除期间具有重要意义。《1号行政解释》即规定，调查、侦查期间从立案之日起，稽查期间从《海关稽查通知书》送达之日起。但此处相关规定未能明确的是，如海关的调查、侦查、稽查程序开始于发现少征漏征税款事实之前，能否以相关立案或稽查通知送达之日作为追补税期限的扣除期间起点。

例如，某企业于2023年1月1日进口一批货物，主管海关于2023年12

月 1 日启动对该企业的常规稽查，2024 年 2 月 1 日，海关发现企业的进口货物未违反规定但需要补征税款，那么主管海关能否以启动稽查为由，主张自 2023 年 12 月 1 日起至稽查结论做出之日的期间从追补税期限中扣除？

三、海关做出追补税决定的必要形式

《关税法》制定之前，海关做出征税决定一般认为是开具税款缴款书[1]。实务中，海关做出征税决定存在多种形式，包括直接开具税单、出具税额确认书、作出补征税款告知、做出责令办结海关手续通知等。《关税法》中明确了在纳税义务人未违反规定下海关有权在三年内确定应纳税额，并出具税额确认书的形式。但在违反规定的情况下《1 号行政解释》中规定，海关不仅要发现少征或者漏征税款的事实，还要作出征税决定，并对外开具税单。该规定对于海关关税部门主动作为做出了明确要求，但是否合理值得商榷。

正如上文所述，追补征税款可能涉及较为复杂的税款核查、违法违规事实调查等前置程序，如经海关调查向相对人做出了补征税款的告知或责令办结海关手续的通知，实际上可能已经产生了纳税义务，应当视为海关已经做出征税决定。当然，实务中司法机关可能存在不同见解。

例如，大连经济技术开发区海关与大连富某公司税款强制执行案件[2]中，海关向法院申请执行其对大连富某公司作出的"大开关缉责办字〔2017〕

---

[1]《海关进出口货物征税管理办法》（海关总署令第 124 号）：
第十九条 海关税款缴款书一式六联，第一联（收据）由银行收款签章后交缴款单位或者纳税义务人；第二联（付款凭证）由缴款单位开户银行作为付出凭证；第三联（收款凭证）由收款国库作为收入凭证；第四联（回执）由国库盖章后退回海关财务部门；第五联（报查）国库收款后，关税专用缴款书退回海关，海关代征税专用缴款书送当地税务机关；第六联（存根）由填发单位存查。

[2] 见大连经济技术开发区人民法院《行政裁定书》（2018）辽 0291 行审 149 号。

0003 号"决定，要求补缴税款及缓税利息、滞纳金。鉴于海关申请执行的是《责令办结海关手续决定》，可见从海关执法角度而言，该决定即为生效的征税决定。值得关注的是，本案中法院认为海关依法具有税款强制执行权，不应申请法院执行，但引用的法条却为《海关法》第六十条规定，即进出口货物的纳税义务人，应当自海关填发税款缴款书之日起十五日内缴纳税款。

第三节　追补税期限扣除的几个问题

期限问题除了起始和结束，上文中还提及了期限扣除问题。

一、追补税期限扣除的法律性质

《关税法》《海关法》《税收征管法》等法律法规中均规定了税款追征、补征的期限，但又均没有规定期限的扣除问题。在《关税法》的配套行政法规或部门规章中，可能会对这些问题做进一步明确和细化。在民事法律体系中，债权请求权的行使期限存在除斥期间、诉讼时效的不同制度，其中除斥期间不适用中止的制度，诉讼时效则有中止、中断的一系列具体规定。在行政法律体系中，行政权力的形式期限并无诉讼时效一说，因此用除斥期间理解行政权力的行使期限似乎更为合理。如《行政处罚法》规定，违法行为在二年内未被发现的，不再给予行政处罚；涉及公民生命健康安全、金融安全且有危害后果的，上述期限延长至五年[1]。但并未规定该二年的期限存在中止、中断或者扣除的情形，实践中也不存在这种情形，原因在于行政权力的运行具有权责一致的特点，在特定事件发生后是否做出相应行政行为，既是行政机关的权力也是责任，相应的行政法律法规对行政机关履行职责的期限一般都有明确的规定。因此，只要特定事件一被发现，即无需再通过相应的时效

---

[1]见《行政处罚法》第36条。

或者期限予以管理，而应适用具体的行政程序规定。

但税款追征、补征的期限与行政处罚追溯期限又有明显区别：税款的追征、补征，无论海关在何时发现，均需要在货物放行后特定时间内做出征税决定；而对于需要行政处罚的违法行为，则是一旦在二年内被发现的，行政机关就可以根据处罚的程序要求，进行立案、调查、做出处罚决定等一系列行为，而不再受二年的期限限制。从这个角度说，海关征税决定无论是否经过其他调查程序，在发现需要追征、补征的情形后就应该进入具体行政程序，扣除期限的规定实际上是在弥补海关具体征税管理制度在时限规定上的缺失。

二、追补税期限扣除具体情形的合理性问题

首先，在典型案例 78 中，法院在引用《1 号行政解释》时，对于海关行政处罚调查期限的扣除做了合理性的说明，认为"在海关制发行政处罚决定书对当事人的违法事实进行认定之前，追征税款行为所依据的违法事实尚未最终确定，漏缴税数额亦不能确定"。但实际上，追补税数额的确定，绝大部分情况下并不需要查清相对人的违法事实。恰恰相反，调查、稽查和侦查部门主要工作是在查明相对人的过错事实，在确定违法数额时往往是依赖于海关关税部门的税款计核，该税款计核意见在刑事程序中都几乎没有被推翻的可能。

其次，从《1 号行政解释》本身规定看，允许扣除海关刑事侦查期间，但刑事诉讼程序还包括审查起诉、法庭审理两个阶段，侦查期间显然不包括审查起诉和法庭审理阶段。这样根据《1 号行政解释》，海关应当在缉私部门将案件移交检察院同时开具税单，然而在刑事案件中由于没收违法所得和罚金制度的存在，海关补缴税款的操作甚为罕见；而一旦检察院或者法院通过不起诉决定、无罪判决等方式确认当事人没有违法，海关追补税的期间大概率上也已经超过。可见，追补税期限的扣除在制度设计上存在根本的逻辑悖论。

第三，如果海关在追征税款中对调查、侦查、刑事追诉期限一味进行排除，不利于敦促行政机关依法及时履行征税职能，进而可能损害纳税人合法权益。当事人即便违反了海关监管规定，作为执法机关也应该依法及时调查处理，勤勉守职，该罚则罚，该征则征，没有任何理由长期拖沓。如果放宽了期限扣除条件，可能导致在调查处理、侦查、刑事追诉中，本应及时了结、该罚则罚、准确定性、该征则征的违规案件，出现执法拖沓、执法失当这种疏于职守的后果，如果一味地由企业（纳税人）承担是不公平的，不符合行政立法公平合理原则。

三、征税技术要素的核定时间扣除问题

海关税款的计核依赖要素较多，仅《海关行政处罚实施条例》第十五条列举的如实申报要素中，进出口货物的品名、税则号列、数量、规格、价格、贸易方式、原产地等，都有可能影响税款的计算，关税部门进行准确审核需要一定的时间，而该时间因事实和证据是否充足差异较大，部分情况下还需要与相对人进行多轮的价格磋商。而根据《1号行政解释》，除了进入稽查程序和境外协助两种例外情形，税收核查（包括保税中后期核查、减免税核查、价格核查、原产地核查等）期间不在追、补税期限扣除。如海关已经发现进出口货物可能少征漏征关税，但具体归类需要税管局甚至国务院税则委员会明确，经过多层汇报，留给关税部门的征税时间可能明显不足。而如相对人根据《海关行政裁定管理暂行办法》提出归类行政裁定申请，或者直接对过程性但可能影响相对人权利义务的行政行为提出复议申请，则更有可能技术性地令补税期限超过。

第四节 归类重新确认情形下的税额确认

由于进出口货物的商品归类的技术性和复杂性，基于归类原因对已放行或已缴纳税款货物进行税款重新确认，在实务中是海关追补税最常见情形之一。因此，我们用归类相关制度来解读《关税法》中税额确认规定的具体适用。

在货物放行或者已经缴纳税款后，即使海关认为归类需要调整并可能需要追补征税款，也不意味着当事人对于原来申报的归类有主观过错或者违反规定的行为。为了解决实务中关于违规、追税、补税乃至只修改报关单不同情形的争议和处置问题，海关总署出台了包括行政解释在内的过多个文件予以明确。比如《海关总署关于明确商品归类原因追补税有关问题的通知》（署税发〔2014〕220号）就对《海关总署关于发布第2号行政解释（试行）的决定》（署法发〔2012〕495号，以下简称《2号行政解释》）和《海关总署关于明确归类决定相关问题的通知》（署税发〔2008〕240号，以下简称《通知》）中关于补征税款的规定及补税和追税区分标准等方面问题，进行了进一步明确。该文明确，符合《2 号行政解释》第二条[1]规定的税则号列申报不实时，应按照相关规定进行处罚，并追征三年税款；符合《2 号行政解释》第一条[2]认定的不应当认定为税则号列申报不实时，不需要追征税款，应"予以修改报关单或者补征税款进行纠正"，但是属于归类技术委员会研究决定的归类疑难问题时，"仅修改正在办理通关手续货物的报关单，不再补征税款"。

---

[1]《关于商品归类申报不实的解释》（海关总署 2012 年第 2 号行政解释）：

二、不应当认定为税则号列申报不实的情形

当事人向海关申报的进出口货物税则号列与应当申报的税则号列不符，该进出口货物不属于上述应当认定为税则号列申报不实的商品归类事项，且具有下列情形之一的，则当事人的申报行为不构成税则号列申报不实的违规行为，海关不予行政处罚，予以修改报关单或者补征税款进行纠正：

（一）当事人依据海关预归类决定向海关申报，但海关预归类决定内容存在错误导致申报错误的；

（二）海关对当事人申报的税则号列曾进行过实质性归类审核，进出口货物已通关放行，海关在事后审核认定或者当事人就同样货物再次申报过程中又认为其归类错误的；实质性归类审核包括化验检测商品成分且未对归类认定提出疑义、查验核对归类、补充申报归类事项或修改报关单归类事项等形式；

（三）当事人进出口货物的归类属于海关商品归类疑难问题，经总署归类职能部门审核已提交协调制度商品归类技术委员会研究决定的。

当事人在申请预归类、归类行政裁定、货物通关过程中存在误导海关、隐瞒事实等过错行为的不适用本条规定。

不属于前述条款所列情形的案件，应在对案件事实、证据进行全面、综合分析的基础上，结合商品归类事项的具体情况，参照前述条款体现的精神对案件性质作出准确认定。

[2]《关于商品归类申报不实的解释》（海关总署 2012 年第 2 号行政解释）：

一、应当认定为税则号列申报不实的情形

当事人向海关申报的进出口货物税则号列与应当申报的税则号列不符，如具有下列情形之一的，应当认定为税则号列申报不实的违规行为，根据《条例》第十五条的规定定性处罚：

（一）商品在《中华人民共和国进出口税则》品目条文中有具体列名的或有关类注、章注和子目注释明确写明的；

（二）商品属《进出口税则商品及品目注释》具体列举的品目商品范围；

（三）商品与《中华人民共和国进出口税则本国子目注释》中所述商品相同的；

（四）商品与海关总署已公布的商品归类行政裁定、商品归类决定所述商品相同的；

（五）有证据证明海关曾通过预归类决定书等方式，向特定当事人书面告知过该商品完整的正确归类，则该商品视同对特定当事人已明确商品归类事项。

同时对于不在《2 号行政解释》第一条和第二条之列的，"应在对案件事实、证据进行全面、综合分析的基础上，结合商品归类事项的具体情况，参照本通知体现的精神对案件性质及追补税款作出准确认定"。[1]

---

[1]《海关总署关于明确商品归类原因追补税有关问题的通知》（署税发〔2014〕220 号）。

第十二章 企业合并、分立、解散、破产等情形中的关税问题

【《关税法》关联条款】

第五十七条 未履行纳税义务的纳税人有合并、分立情形的，在合并、分立前，应当向海关报告，依法缴清税款、滞纳金或者提供担保。纳税人合并时未缴清税款、滞纳金或者未提供担保的，由合并后的法人或者非法人组织继续履行未履行的纳税义务；纳税人分立时未缴清税款、滞纳金或者未提供担保的，分立后的法人或者非法人组织对未履行的纳税义务承担连带责任。

纳税人在减免税货物、保税货物监管期间，有合并、分立或者其他资产重组情形的，应当向海关报告；按照规定需要缴税的，应当依法缴清税款、滞纳金或者提供担保；按照规定可以继续享受减免税、保税的，应当向海关办理变更纳税人的手续。

纳税人未履行纳税义务或者在减免税货物、保税货物监管期间，有解散、破产或者其他依法终止经营情形的，应当在清算前向海关报告。海关应当依法清缴税款、滞纳金。

第五十八条 海关征收的税款优先于无担保债权，法律另有规定的除外。纳税人欠缴税款发生在纳税人以其财产设定抵押、质押之前的，税款应当先于抵押权、质权执行。

第六十二条　有下列情形之一的，由海关给予警告；情节严重的，处三万元以下的罚款：

（一）未履行纳税义务的纳税人有合并、分立情形，在合并、分立前，未向海关报告；

（二）纳税人在减免税货物、保税货物监管期间，有合并、分立或者其他资产重组情形，未向海关报告；

（三）纳税人未履行纳税义务或者在减免税货物、保税货物监管期间，有解散、破产或者其他依法终止经营情形，未在清算前向海关报告。

第一节 企业合并、分立、解散、破产等的定义

一、合并

企业合并主要有以下几种方式：

（一）吸收合并

一家企业吸收另一家或多家企业，被吸收的企业解散，合并后的企业继续存在并经营。

（二）新设合并

两个或两个以上的企业合并成立一个新的企业，原有的各企业均解散。

（三）控股合并

一家企业通过购买另一家企业的股份或资产，取得对该企业的控制权。

在新《关税法》的背景下，控股合并的被合并方并未因控股合并事项导致海关监管主体发生变化，因此《关税法》讨论的合并主要指吸收合并以及新设合并两种情形。

二、分立

企业分立是指一个企业依照有关法律、法规的规定，将其部分或全部资产分离转让给现存或新设的企业，从而形成两个或两个以上独立法律实体的过程。分立后的企业各自独立运营，并承担相应的权利和义务。

企业分立的主要形式包括新设分立和派生分立两种：

（一）新设分立

原企业解散，其资产和负债分别归入两个或多个新设立的企业中。

（二）派生分立

原企业继续存在，但将部分资产和业务分离出来，成立一个或多个新企业。

分立后的企业均为独立法人，具有独立的法律地位。分立前的债务由分立后的企业按协议承担，若无明确约定，则由分立后的企业承担连带责任。

三、解散

企业解散是指已经成立的企业因公司章程或法定事由出现而停止其对外经营活动，并开始清算，处理未了结事务，从而使企业法人资格消灭的法律行为。解散可以包括以下两种情形：

（一）任意解散

企业根据自身意愿或公司章程规定的事由进行解散，例如营业期限届满或股东会决议解散。

（二）强制解散

由于某种情况出现，主管机关或法院命令企业解散，例如企业被吊销营业执照或责令关闭。

上述两种解散方式在企业解散后，都必须进行清算，清理公司财产、清偿债务，并分配剩余财产等。待清算完成后，企业需向登记机关申请注销登记，最终消灭其法人资格。

四、破产

破产指的是企业法人不能清偿到期债务，并且资产不足以清偿全部债务或者明显缺乏清偿能力的，由债权人或债务人诉请法院宣告破产并依破产程序偿还债务的一种法律制度。

在破产程序中，如果资产中涉及减免税货物和保税货物等海关监管货物需要处置用于偿还债务，或者企业未履行关税纳税义务的，则应依法清缴税款和滞纳金。

第二节 企业合并、分立、解散、破产中涉及关税的案例分析

典型案例 79：吸收合并解决 B 公司扩大生产及 A 公司退出需求案

某跨国公司在 20 世纪初期，在中国 M 城市成立了两家外商独资企业，分别由两个事业部投资了 A 和 B 两个公司。A 公司是一个电子产品组装企业，主要零部件通过进料加工复出口的方式生产销售给母公司，位于 M 城市的厂房由 A 公司自行购买。B 公司是一个材料生产企业，也是以进料加工复出口的方式生产销售给欧美客户，租赁 A 公司购买的厂房作为生产用地。经过 10 多年的发展，因 A 公司的电子产品逐步退出历史舞台，总部决定将 A 公司事业部在中国的生产终止。B 公司的产品因适应当下新能源的发展风口，产品供不应求，并且国内销售逐步加大。鉴于 A 公司拥有大量的房产，投资方咨询了相关政策，综合考虑了税收等诸多因素选择了吸收合并的方式，即由 A 公司吸收合并 B 公司，通过吸收合并解决 B 公司扩大生产需要增加厂房的需求，同时也解决了 A 公司退出的需求。

【案例解读】

该企业在实施吸收合并中，因为涉及保税料件——B 公司有大量的保税料件，还有未出口的保税产品，B 公司关务人员第一时间跟属地海关做了沟通，

探讨如何将 B 公司的保税料件和保税产品转移到 A 公司。B 公司可以采取内销补税的方式将保税料件进行补税转移到 A 公司，也可以通过保税区做物流的流转。经过多方论证，考虑税收安排，B 公司将保税料件通过退料的方式，将保税货物退到保税区，再由 A 公司申请手册进料，将退到保税区的 B 公司的保税料件转移到 A 公司。同时，B 公司将保税产品全部销售给母公司，实现了 B 公司手册料件转移到 A 公司手册。随后，B 公司及时办理了手册核销，保证了 A 和 B 公司吸收合并的顺利实施。

【案例启示】

企业合并的原因各不一样，但合并过程中涉及的保税料件、保税产品的权属变更，需要考虑海关的监管要求。企业吸收合并，实质是资产、负债的合并，因此凡是资产中涉及保税料件及保税产品的，因涉及监管主体的变更，需要先合法转移保税料件和保税产品。目前，全国多地都设有保税区，因此保税料件的实物转移通常不需要转移到境外，可以直接利用保税区境内关外的特点实现保税料件的转移。当然，如果保税料件的关税税率不高，保税货物的量不大，总体涉税金额较小的情况下，企业也可以直接采取补税的方式解除海关监管，自行处置转移。

从企业角度来看，凡是涉及有进出口的企业，在新设分立时，视作原企业在海关的注销以及新设分立的企业在海关按照新设立的流程办理相关海关登记手续。在这种情况下，企业需要将原有的资产进行处置，如果涉及加工贸易和减免税设备等优惠条件的，需要先行办结相关海关手续，才能进行资产的转移。

典型案例 80：M 公司技改重组案

某进出口企业 M，主要生产设备零部件，主要销售给欧美市场。2018 年，国家鼓励设备更新，M企业从境外引进了智能化生产线，实施了技术改造项目。同时，企业向海关申请了5000万元的进口技改设备免税。2020年，因为受国际经贸形势变化，企业经营出现了困难，企业决定进行重组，将企业新引进的生产设备及相关的技术、市场、团队，通过新设分立的方式由另一家国有企业N公司承接，原公司保留房产以及与该生产线无关的其他业务。

【案例解读】

根据《中华人民共和国海关进出口货物减免税管理办法》（海关总署第245号令）有关规定，减免税申请人发生分立、合并、股东变更、改制等主体变更情形的，权利义务承受人应当自变更登记之日起30日内，向原减免税申请人的主管海关报告主体变更情况以及有关减免税货物的情况。经原减免税申请人主管海关审核，需要补征税款的，权利义务承受人应当向原减免税申请人主管海关办理补税手续；可以继续享受减免税待遇的，权利义务承受人应当按照规定申请办理减免税货物结转等相关手续。

M公司的进口减免税设备尚在监管期，企业如果要将监管设备转移，需要先行补税，或者由设备的承接方N公司申请享受减免税待遇后再进行设备转移。M公司的关务人员首先咨询了属地海关和专业咨询公司得知，处于监管期的监管设备若要转让给新承接的公司，若该新承接公司以该设备同样的技术改造项目批文向海关申请到减免税设备额度，就可以将该减免税设备做监管转移到新公司。如果承接设备的新公司没有技术改造条件，没有能够享受减免税待遇的，就按照规定需要缴税的，应当依法缴清税款，解除监管。

本案中减免税设备主要是智能设备生产线配套设备，考虑到技术改造项目认定资质要求和时间等因素，获取减免税待遇难度较大，同时考虑减免税设备剩余监管年限较短，涉税金额不大。因此，企业选择了缴清税款解除监管，然后将设备销售给的新公司。

【案例启示】

企业在分立过程中，如果涉及监管期未届满的减免税货物，应当提前做好减免税货物的处置方案，评估是否可以继续享受减免税，如果不能享受的，需要第一时间与海关沟通，缴清税款解除监管。特别需要注意的事，在减免税设备未解除监管的情况下，不可擅自将监管货物转移给新公司，否则将被认定为擅自转让或者处置监管货物，被海关行政处罚。

典型案例81：外资企业清算案

某外资企业 A 公司，为某跨国公司 C 公司的配套企业主要生产零部件，料件从母公司进口做成产品后深加工结转给 B 公司进一步加工后做成产品出口 C 公司，因为 B 公司的生产工序中有电镀的工序，被政府要求停产，经 B 公司评估后决定将工厂迁至越南，B 公司在中国境内做清算。

其交易模型如下：

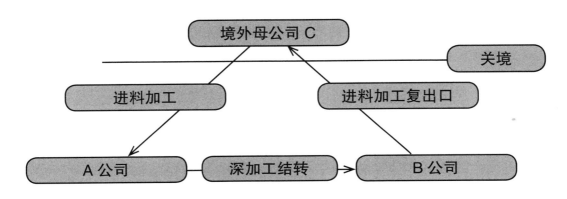

图 12-1 企业清算案交易模型

【案例解读】

B公司在实施清算时，因为办理了深加工结转手册，企业公告后就及时去海关办理了备案手续，因B公司已经做好清算的准备，因此已经将保税产品出口出清,深加工结转料件量很少,企业盘点后对剩余料件进行补税后处置，B公司及时办理了手册核销程序，保证了清算工作的顺利进行。

【案例启示】

企业的清算类型比较多，有强制清算、自行清算等，但无论采取何种清算方式，凡涉及保税货物的都必须按照法律的要求，及时办结补税手续后才能办理海关注销手续。

第三节 报告义务及罚则

《关税法》中明确了报告义务，并新增了不履行报告义务的相关罚则。

此次在法律层面明确了未履行纳税义务的纳税人有合并、分立情形，以及纳税人在减免税货物、保税货物监管期间，有合并、分立或者其他资产重组情形，以及纳税人未履行纳税义务或者在减免税货物、保税货物监管期间，有解散、破产或者其他依法终止经营情形的有向海关报告的义务。

同时，针对上述纳税义务未履行，以及纳税义务人发生变更的情况下不履行报告义务的，《关税法》新增了相关罚则，由海关给予警告；情节严重的，处三万元以下的罚款。

实践中，如果纳税义务人未履行应报告义务，并发生擅自转让、擅自处置海关监管货物行为的，将会被视为2个行为分别进行行政处罚。

如果纳税义务人未履行应报告义务，并造成自缴纳期限届满之日起超过3个月仍未缴纳税款的情形的，纳税义务人将被海关认定为失信企业。

第四节 破产等债务清偿中的关税优先权

《关税法》明确了海关征收税款的优先权，包括优先于无担保债权，欠缴税款优先于行政处罚、没收违法所得，以及优先于欠缴税款之后设定的抵押、质押权。

根据现行法律规定，海关征收税款包含了关税、海关代征税（增值税、消费税）、缓税利息、滞纳金。在破产案件中，海关依法有权申报的债权除了关税、海关代征税（增值税、消费税）、缓税利息、滞纳金外，还包括行政处罚，即罚款、违法所得和依法追缴的货物、物品、走私运输工具的等值价款等。

在债务清偿中，如果仅涉及海关征收税款，不涉及海关监管货物处置的，则按照上述处置顺序进行处理。在大型生产贸易型企业的破产案件中，因涉及减免税设备或加工贸易，此时因涉及海关监管货物的处置以及关税优先权，海关和人民法院对有关税款的性质究竟是税款债权还是破产费用/共益债务，即是否应当在海关监管货物变价同时补缴相应税款存在较大的争议，存在较大的冲突。

《海关法》第三十七条规定，海关监管货物，未经海关许可，不得开拆、提取、交付、发运、调换、改装、抵押、质押、留置、转让、更换标记、移作他用或者进行其他处置。人民法院判决、裁定或者有关行政执法部门决定处理海关监管货物的，应当责令当事人办结海关手续。在司法实践中，有观点依据《海关法》第三十七条规定，认为债务人应当按破产费用或共益债务首先清偿海关监管货物处置过程中所涉税款，并据此认定债务人先办结海关手续，缴纳税款，然后才能处置有关货物，否则海关不予同意。实践中，部分司法判例支持了这一观点。例如五矿国际货运有限责任公司申请扣押"海芝"轮案中海关税款的清偿。

也有观点认为，在大量破产案件中，海关监管货物的变价金额极为有限，无法足以覆盖处置监管货物应缴纳税关税、进口环节增值税，如果机械地执行首先办结海关补税手续的做法，将导致其他债权人（甚至包括职工债权人）根本无法得到任何清偿，也就无法通过破产清算程序获得任何保护。认为海关监管货物不再符合继续享受有关海关税款减免政策的条件，应依法补充征缴有关税款。因此这类税款与其他普通税款债权的属性并没有区别，因此主张按照一般税款债权依法清偿。这一立场和做法已经为我国部分地区法院的破产案件司法实践所接受，例如《广东省高级人民法院关于审理破产案件若干问题的指导意见》第十五条规定，在变现破产财产中产生的税金，如经破产清算组与税务部门协商不能减免的，应当在法定的普通清偿顺序的第三顺序中清偿。

典型案例 82：五矿申请扣押"海芝"轮案

2015 年最高人民法院发布了《全国海事法院船舶扣押与拍卖十大典型案例》，其中在"五矿国际货运有限责任公司申请扣押'海芝'轮案"中，案涉被申请诉前海事保全的"海芝"轮登记为圣文森特和格林纳汀斯的力涛航运有限公司（OCEAN LINK SHIPPING LIMITED）所有，1999 年 8 月 5 日光租给龙珠公司经营，并在海口港监办理了船舶光租登记，属海关监管船舶。

【案例解读】

本案中全体船员起诉索要报酬；海口海关申请债权，要求在船舶拍卖过程中扣缴相关税款。宁波海事法院根据五矿公司的申请，裁定拍卖"海芝"轮，以 2338 万元（含税款）成交。在优先拨付诉讼费用、国家税收、船舶保管、拍卖等费用后，余款由各债权人依法受偿分配。但在该案中，最高人民法院明确阐明的案件典型意义为明确了境外船舶光租入境因拍卖转为国内船舶，进口环节国家税收应予优先拨付。"海芝"轮光租入境，属于海关监管船舶，因法院司法拍卖转为国内船舶时，依法缴纳相关国家税收（包括海关关税、代征增值税和光租税共计 4762785.75 元），且该笔费用应视为《海商法》第二十四条规定的"为海事请求人的共同利益而支付的其他费用"优先拨付。本案在妥善分配处理多项债权的情况下，依法保护了国家税收收入，维护了海关监管制度。

第十三章　主动披露

　　主动披露作为深化我国海关通关一体化改革和优化营商环境的重要配套政策，是海关加强企业风险控制、业务合规评估及信用体系建立，引导和鼓励企业加强自律管理的一项制度措施。主动披露制度自 2014 年起开始在海关部分业务领域进行试点，尤其是《关于处理主动披露涉税违规行为有关事项的公告》（海关总署公告 2022 年第 54 号，以下简称 54 号公告）实施以来，在帮助企业预防和化解风险、降低纠错成本、消减负面影响等方面起到了明显的作用。

　　据不完全统计,2020 年到 2023 年期间，大约有 15000 家企业向海关主动披露，其中 90% 是从轻减轻或者不予处罚，该比例是相当高的。在 15000 宗的主动披露中,海关为主动披露企业减免的滞纳金,超 10 亿元,涉及的内容包含加贸、归类、价格问题等。该制度助力解决关企双方在业务实施中遇到的主要问题,充分释放政策红利,鼓励企业合规经营,实现了企业诚信自主、科学管理的长效机制,逐步形成了企业自管、海关监管、社会共管的有效系统机制。所以,主动披露政策是个广受企业欢迎的好政策。

第一节 当前海关主动披露制度的法规体系

经过多年的发展，海关主动披露制度的法律框架已基本搭建完成，主要由行政法规、部门规章和规范性文件组成，详如表 13-1 所示：

表 13-1 当前海关主动披露制度的法规体系

文号	法律层级	发布部门	文件名	生效日期
第 670 号令	行政法规	国务院	国务院关于修改《中华人民共和国海关稽查条例》的决定	2016 年 10 月 1 日
第 230 号令	部门规章	海关总署	《中华人民共和国海关稽查条例》实施办法	2016 年 11 月 1 日
2016 年第 61 号公告	规范性文件	海关总署	关于公布《〈中华人民共和国海关稽查条例〉实施办法》所涉及法律文书格式的公告	2016 年 11 月 1 日
2024 年第 64 号公告	规范性文件	海关总署	关于修订《〈中华人民共和国海关稽查条例〉实施办法》所涉及法律文书格式的公告	2024 年 5 月 24 日
2023 年第 127 号公告	规范性文件	海关总署	关于处理主动披露违规行为有关事项的公告	2023 年 10 月 11 日

第二节 主动披露制度的作业程序

目前，中国海关处理主动披露作业的一般程序包括：进出口企业、单位在经营管理过程中通过内部合规管控发现其进出口活动存在漏缴、少缴税款或其他违反海关监管规定的行为，企业通过"互联网＋海关"线上提交或到海关相关部门现场提交两种方式向海关提交《主动披露报告表》，隶属海关相关部门接收《主动披露报告表》，通过填制综合业务联系单或内部协同系统等多种方式向相关部门核实是否符合主动披露条件，核实以后正式受理企业提交的主动披露案件，填制《海关稽查审核报告》，审核并做出处理。

海关处理主动披露的处置方式包括：符合主动披露范围的，海关接收部门会联系海关综合业务等部门为企业改单、计核税款等进行单独补缴税款事宜，补税结束后，进出口企业、单位可自愿选择向直属海关关税部门申请减免滞纳金，符合规定的，海关予以减免。

超出主动披露范围的案件，海关会移交缉私部门及联系相关部门予以处理。目前处理主动披露程序流程如图 13-1 所示（以某关区为例）：

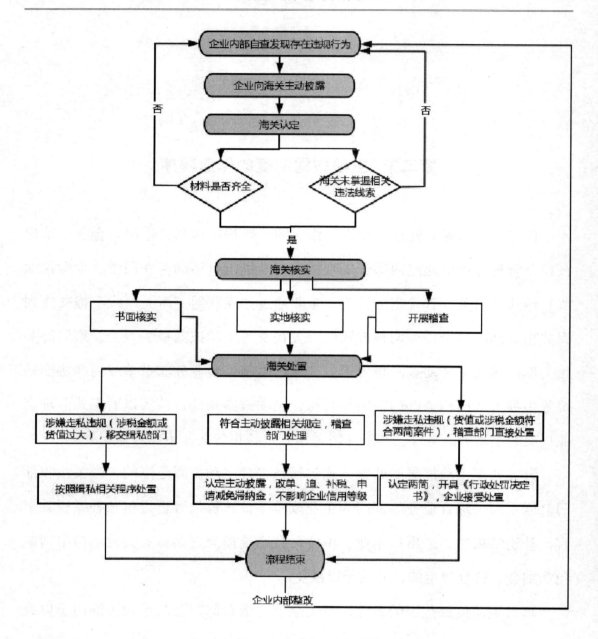

图 13-1 主动披露处理流程

（一）企业内部自查发现违规行为

进出口企业、单位通过内部自审或委托第三方审计机构自查，发现企业在自身的经营管理过程中存在漏缴、少缴税款或其他违反海关规定的行为，为了纠正违规行为，企业决定向海关申请主动披露。

（二）企业向海关主动披露

目前企业向海关申请主动披露有两种形式：一种是线下向海关相关部门直接提交《主动披露报告表》及相关随附资料，另外一种是在"互联网＋海关"线上提交《主动披露报告表》及相关随附证明资料。

（三）海关受理

直属海关是主动披露工作的职能管理部门，隶属海关是主动披露工作具体受理与处置部门。

1. 线下受理流程

隶属海关相关部门现场收到企业提交的《主动披露报告表》及相关随附证明材料以后，核实资料是否齐全，现场接收企业提交的材料。

2. 线上受理流程

隶属海关相关部门网上收到企业提交的《主动披露报告表》及相关随附证明材料以后，核实资料是否齐全后，向企业端发送接收成功或者失败的回执。

相关部门会通过发送综合业务联系单或通过海关稽核查业务管理系统判定海关是否已掌握企业的违法违规线索，如并未掌握企业的违法违规线索，报告前海关未通知被稽查人实施稽查，报告内容真实且未有隐瞒其他违法行为的，相关部门会正式受理企业提交的《主动披露报告表》，进入下一步核实主动披露案件。

（四）海关核实

海关相关部门通过电话调研、对企业约谈、实地认证等多种方式对企业提交的主动披露案件进行核实，根据案件的性质、涉税的金额、货值的大小等相关条件，作出主动披露的认定与处置。

（五）海关处置

海关相关部门对于符合主动披露受理范围的违规案件，通常会有以下几种处置方式：

1. 对于符合主动披露处理范围的处置

相关部门内部会联系综合业务部门，综合业务部门通知企业改单并补税，改单补税环节处置完毕，进出口企业、单位可依法向海关申请减免税款滞纳金，符合规定的，海关予以减免，企业自愿选择向直属海关关税部门申请减免滞纳金。

2. 对于不符合主动披露处理范围的处置

相关部门会根据涉税金额或者货值等条件进行判定，若符合"两简"案件，相关部门会内部直接处理，给企业下发《行政处罚决定书》，里面会注明企业属于主动披露，给与从轻或减轻处罚的处置。

3. 对于其他情况的处置

对于涉税金额或货值过大，不符合主动披露处理范围且远远超出了"两简"案件，海关会移交缉私部门处置。

第三节 主动披露企业案例及注意事项

典型案例 83：无法进行量化分摊特许权使用费增加成本案例

为了满足生产需要，生产企业 A 每年从国外进口上百种不同类型的原材料，其中很多原材料涉及特许权使用费。由于采购的原材料品牌不同、采购商不同，生产企业 A 平均每年需对外支付 18 次特许权使用费。在支付特许权使用费的过程中，生产企业 A 发现，在每次对外支付特许权使用费的时候无法进行量化分摊，只能在年底进行汇总计算后进行特许权使用费补缴税款。其主要原因在于，进口的原材料是按照产品和型号而不是按照批次进行分别储存，这样导致原材料的入库数量无法与报关单一一对应，因而无法准确核实到每票报关单涉及商品的真实使用量，特许权使用费也就无法进行量化分摊计算。

【案例解读】

按照目前 9500（特许权使用费后续征税）申报特许权使用费的规定，企业必须在支付特许权使用费 30 天内向海关申报，逾期将会涉及违规和产生滞纳金。而企业在支付特许权使用费以后要区分应税特许权使用费和非应税特许权使用费，还要计算相应的生产成本，30 天内往往很难完成向海关申报，从而产生高额的滞纳金。同时根据《关于处理主动披露违规行为有关事项的公告》（海关总署 127 公告）第四款第二条的规定，涉及权利人对被授权人基于同一货物进行的一次或多次权利许可，进出口企业、单位再次向海关主动披露的，不予适用本公告有关规定。简而言之，对于应税特许权使用费，企业只有一次申请主动披露不予处罚的机会，本年申请之后，下一年度对于特许权使用费的主动披露就不允许申请了，因此企业应充分知晓海关相关规定，遇到特殊情况应及时跟海关充分沟通，以使企业充分利用主动披露政策。

基于特许权使用费种类多样、支付方式不一（进口前支付、进口后支付）、应税特许权使用费计算复杂（涉特许权进口货物范围的确定、财务数据的明确）等客观原因，企业在 30 天内往往很难完成向海关申报，从而产生高额的滞纳金。同时，企业通过 9500 频繁地申报特许权使用费，会增加企业的管理成本，因此，企业在确定特许权合同时应充分考虑这些因素，尽可能合理确定支付的次数、支付方式。

典型案例 84：A 公司采纳第三方机构主动披露免于处罚案

A 公司准备 2023 年向海关申请成为高级认证企业。2022 年 7 月 8 日其关务总监参加 Z 海关的"主动披露政策宣讲会"，会议结束后向总经理汇报了会议的主要内容，鉴于高级认证企业的认证标准，建议公司引入第三方中介机构进行内审。A 公司对于申请高级认证企业非常重视，决定委托 RX 事务所进行内审。

2022 年 9 月，RX 事务所开始在 A 公司进行内审。内审过程中发现，A 公司某天然气项目一期项目存在特许权使用费未向海关申报的情况。RX 事务所通过专业的分析和梳理，将与进口专有设备相关的专有技术费 1000 万元，分摊计入该批货物的完税价格中，特许权使用费将需补缴税款 200 万元。

2022 年 10 月 13 日，RX 事务所将审查结果向 A 公司作"特许权使用费"专题汇报，建议 A 公司尽快向海关主动披露补缴税款 200 万元。原因如下：根据海关总署公告 2022 年第 54 号，"一、进出口企业、单位主动披露涉税违规行为，有下列情形之一的，不予行政处罚：（一）自涉税违规行为发生之日起六个月内向海关主动披露的"，建议 A 公司于 2022 年 10 月 27 日之前向海关申请主动披露，海关将不予行政处罚。同时根据海关总署公告 2022 年第 54 号，"三、进出口企业、单位主动披露且被海关处以警告或者 100 万元以下罚款行政处罚的行为，不列入海关认定企业信用状况的记录"，上述主动披露也不会影响 A 公司 2023 年高级认证企业的海关认定。A 公司采纳 RX 事务所的建议，于 2022 年 10 月 17 日向海关作主动披露，海关依法受理，依据 54 号公告的规定作出不予行政处罚的决定。

【案例解读】

因特许权使用费应税具有滞后性、复杂性、非对应性和延续性的特点，应当在何时、何地以何种方式对于特许权使用费补税才合法、正确且成本最优，是进出口经营企业面临的一个难题。根据《关于处理主动披露违规行为有关事项的公告》（海关总署公告 2003 年第 127 号），海关对主动披露事项给与了充分的优惠条件，企业应及时自查，如发现问题可申请主动披露。

典型案例 85：第三方出具专项审核报告降低海关处罚案例

B 公司为某外国法人独资经营企业，主要从事进料加工贸易进出口业务，海关信用等级为一般认证企业。2023 年初，第三方机构审计人员在帮企业做进料加工贸易手册税务年度核销审计时，发现该企业进料加工实际分配率与计划分配率差异较大。经查发现该企业 2022 年向口岸海关申报的一票出口货物，其出口报关单币制申报错误，应为 107 万日本元，错误申报为 107 万美元，经企业关务人员自查，该票报关单出口商品的申报币制与报关单随附单据显示的出口价格实际币制不符，实际出口商品的价格币制均为日本元，币制申报错误系报关公司工作疏忽，误填报错误币制。

事情发生后，报关公司主动向口岸海关报明币制申报错误情形并申请改单，但因手册已于 2022 年底核销完毕，海关已签发核销结案通知书，对已核销手册的报关单，海关不允许修改或撤销。

第三方机构在帮企业充分分析海关、税务、外汇等方面的风险之后，依据《海关稽查条例》第二十六条"与进出口货物直接有关的企业、单位主动向海关报告其违反海关监管规定的行为，并接受海关处理的，应当从轻或者减轻行政处罚"的规定，以及《海关总署关于处理主动披露涉税违规行为有关事项的公告》（海关总署公告 2022 年第 54 号）第三条"进出口企业、单位主动披露且被海关处以警告或者 100 万元以下罚款行政处罚的行为，不列入海关认定企业信用状况的记录"的规定，建议企业向海关主动披露申报不实行为，由海关出具相关文书以解释税务与外汇疑点差异。

【案例解读】

该企业整理了此票出口单证对应的申报材料和相关情况说明，同时自查了最近 3 年进出口报关单，并未发现相同情况发生，第三方机构出具了专项审核报告，向属地海关申请主动披露。属地海关确认了企业的实际情况，出口币制申报错误系报关公司工作疏忽，币制申报错误未影响出口退税管理，最终按照影响海关统计准确性对企业予以警告。

由此可见，如果专业的第三方服务机构具备切实的知识水平、专业能力和实践成果经验，将能够通过企业进出口贸易活动发现企业存在的风险，并提出高效、低成本的解决方案，促进企业进出口作业体系改善、优化。

附录1 《关税法》与《关税条例》变动对照表[1]

《关税法》	《关税条例》
第一章 总 则	第一章 总 则
第一条 为了规范关税的征收和缴纳，维护进出口秩序，促进对外贸易，推进高水平对外开放，推动高质量发展，维护国家主权和利益，保护纳税人合法权益，根据宪法，制定本法。	第一条 为了贯彻对外开放政策，促进对外经济贸易和国民经济的发展，根据《中华人民共和国海关法》（以下简称《海关法》）的有关规定，制定本条例。
第二条 中华人民共和国准许进出口的货物、进境物品，由海关依照本法和有关法律、行政法规的规定征收关税。	第二条 中华人民共和国准许进出口的货物、进境物品，除法律、行政法规另有规定外，海关依照本条例规定征收进出口关税。
第三条 进口货物的收货人、出口货物的发货人、进境物品的携带人或者收件人，是关税的纳税人。	第五条 进口货物的收货人、出口货物的发货人、进境物品的所有人，是关税的纳税义务人。
从事跨境电子商务零售进口的电子商务平台经营者、物流企业和报关企业，以及法律、行政法规规定负有代扣代缴、代收代缴关税税款义务的单位和个人，是关税的扣缴义务人。	
第四条 进出口货物的关税税目、税率以及税目、税率的适用规则等，依照本法所附《中华人民共和国进出口税则》（以下简称《税则》）执行。	第三条 国务院制定《中华人民共和国进出口税则》（以下简称《税则》）、《中华人民共和国进境物品进口税税率表》（以下简称《进境物品进口税税率表》），规定关税的税目、税则号列和税率，作为本条例的组成部分。

---

[1] 加粗为《关税法》新增内容提示，下划线为变动对比提示。

附录1 《关税法》与《关税条例》变动对照表

《关税法》	《关税条例》
第五条　个人合理自用的进境物品，按照简易征收办法征收关税。超过个人合理自用数量的进境物品，按照进口货物征收关税。	超过海关总署规定数额但仍在合理数量以内的个人自用进境物品，由进境物品的纳税义务人在进境物品放行前按照规定缴纳进口税。
个人合理自用的进境物品，在规定数额以内的免征关税。进境物品关税简易征收办法和免征关税数额由国务院规定，报全国人民代表大会常务委员会备案。	超过合理、自用数量的进境物品应当按照进口货物依法办理相关手续。
	第五十七条　海关总署规定数额以内的个人自用进境物品，免征进口税。
	国务院关税税则委员会规定按货物征税的进境物品，按照本条例第二章至第四章的规定征收关税。
/	第五章　进境物品进口税的征收
/	第五十六条　进境物品的关税以及进口环节海关代征税合并为进口税，由海关依法征收。
	第五十八条　进境物品的纳税义务人是指，携带物品进境的入境人员、进境邮递物品的收件人以及以其他方式进口物品的收件人。
	第五十九条　进境物品的纳税义务人可以自行办理纳税手续，也可以委托他人办理纳税手续。接受委托的人应当遵守本章对纳税义务人的各项规定。
	第六十条　进口税从价计征。
	进口税的计算公式为：进口税税额＝完税价格 × 进口税税率
	第六十一条　海关应当按照《进境物品进口税税率表》及海关总署制定的《中华人民共和国进境物品归类表》、《中华人民共和国进境物品完税价格表》对进境物品进行归类、确定完税价格和确定适用税率。
	第六十二条　进境物品，适用海关填发税款缴款书之日实施的税率和完税价格。

373

《关税法》	《关税条例》
	第六十三条　进口税的减征、免征、补征、追征、退还以及对暂准进境物品征收进口税参照本条例对货物征收进口关税的有关规定执行。
第六条　关税工作坚持中国共产党的领导，贯彻落实党和国家路线方针政策、决策部署，为国民经济和社会发展服务。	/
第七条　国务院设立关税税则委员会，履行下列职责：	第四条　国务院设立关税税则委员会，
（一）审议关税工作重大规划，拟定关税改革发展方案，并组织实施；	
（二）审议重大关税政策和对外关税谈判方案；	
（三）提出《税则》调整建议；	
（四）定期编纂、发布《税则》；	
（五）解释《税则》的税目、税率；	
	负责《税则》和《进境物品进口税税率表》的税目、税则号列和税率的调整和解释，报国务院批准后执行；
	决定实行暂定税率的货物、税率和期限；决定关税配额税率；
（六）决定征收反倾销税、反补贴税、保障措施关税，实施国务院决定的其他关税措施；	决定征收反倾销税、反补贴税、保障措施关税、报复性关税以及决定实施其他关税措施；决定特殊情况下税率的适用，以及履行国务院规定的其他职责。
（七）法律、行政法规和国务院规定的其他职责。	
国务院关税税则委员会的组成和工作规则由国务院规定。	
/	第六条　海关及其工作人员应当依照法定职权和法定程序履行关税征管职责，维护国家利益，保护纳税人合法权益，依法接受监督。

附录1 《关税法》与《关税条例》变动对照表

《关税法》	《关税条例》
第八条 海关及其工作人员对在履行职责中知悉的纳税人、扣缴义务人的商业秘密、个人隐私、个人信息，应当依法予以保密，不得泄露或者非法向他人提供。	第七条 纳税义务人有权要求海关对其商业秘密予以保密，海关应当依法为纳税义务人保密。
/	<u>第八条 海关对检举或者协助查获违反本条例行为的单位和个人，应当按照规定给予奖励，并负责保密。</u>
第二章 税目和税率	第二章 进出口货物关税税率的设置和适用
第九条 关税税目由税则号列和目录条文等组成。	第三十一条 纳税义务人应当按照《税则》规定的目录条文和归类总规则、类注、章注、子目注释以及其他归类注释，对其申报的进出口货物进行商品归类，并归入相应的税则号列；<u>海关应当依法审核确定该货物的商品归类。</u>
关税税目适用规则包括归类规则等。<u>进出口货物的商品归类，应当按照《税则》规定的目录条文和归类总规则、类注、章注、子目注释、本国子目注释，以及其他归类注释确定，并归入相应的税则号列。</u>	
根据实际需要，国务院关税税则委员会可以提出调整关税税目及其适用规则的建议，报国务院批准后发布执行。	
第十条 进口关税设置最惠国税率、协定税率、特惠税率、普通税率。	第九条 进口关税设置最惠国税率、协定税率、特惠税率、普通税率、关税配额税率等税率。对进口货物在一定期限内可以实行暂定税率。
出口关税设置出口税率。	
对实行关税配额管理的进出口货物，设置关税配额税率。	出口关税设置出口税率。对出口货物在一定期限内可以实行暂定税率。
对<u>进出口</u>货物在一定期限内可以实行暂定税率。	

《关税法》	《关税条例》
第十一条 关税税率的适用应当符合相应的原产地规则。	/
完全在一个国家或者地区获得的货物，以该国家或者地区为原产地；两个以上国家或者地区参与生产的货物，以最后完成实质性改变的国家或者地区为原产地。国务院根据中华人民共和国缔结或者共同参加的国际条约、协定对原产地的确定另有规定的，依照其规定。	
进口货物原产地的具体确定，依照**本法**和国务院及其有关部门的规定执行。	
第十二条 原产于共同适用最惠国待遇条款的世界贸易组织成员的进口货物，原产于与中华人民共和国缔结或者共同参加含有相互给予最惠国待遇条款的<u>国际条约、协定</u>的国家或者地区的进口货物，以及原产于中华人民共和国境内的进口货物，适用最惠国税率。	第十条 原产于共同适用最惠国待遇条款的世界贸易组织成员的进口货物，原产于与中华人民共和国<u>签</u>订含有相互给予最惠国待遇条款的<u>双边贸易协定</u>的国家或者地区的进口货物，以及原产于中华人民共和国境内的进口货物，适用最惠国税率。
原产于与中华人民共和国缔结或者共同参加含有关税优惠条款的<u>国际条约、协定</u>的国家或者地区且符合国际条约、协定有关规定的进口货物，适用协定税率。	原产于与中华人民共和国<u>签</u>订含有关税优惠条款的<u>区域性贸易协定</u>的国家或者地区的进口货物，适用协定税率。
原产于中华人民共和国给予特殊关税优惠安排的国家或者地区**且符合国家原产地管理规定**的进口货物，适用特惠税率。	
原产于本条第一款至第三款规定以外的国家或者地区的进口货物，以及原产地不明的进口货物，适用普通税率。	
	原产于与中华人民共和国<u>签</u>订含有特殊关税优惠条款的贸易协定的国家或者地区的进口货物，适用特惠税率。
	原产于本条第一款、第二款和第三款所列以外国家或者地区的进口货物，以及原产地不明的进口货物，适用普通税率。
第十三条 适用最惠国税率的进口货物有暂定税率的，适用暂定税率。	第十一条 适用最惠国税率的进口货物有暂定税率的，应当适用暂定税率；

《关税法》	《关税条例》
适用协定税率的进口货物有暂定税率的，从低适用税率；其最惠国税率低于协定税率且无暂定税率的，适用最惠国税率。	适用协定税率、特惠税率的进口货物有暂定税率的，应当从低适用税率；
适用特惠税率的进口货物有暂定税率的，从低适用税率。	适用普通税率的进口货物，不适用暂定税率。
适用普通税率的进口货物，不适用暂定税率。	
适用出口税率的出口货物有暂定税率的，适用暂定税率。	
	适用出口税率的出口货物有暂定税率的，应当适用暂定税率。
第十四条 实行关税配额管理的进出口货物，关税配额内的适用关税配额税率，有暂定税率的适用暂定税率；关税配额外的，其税率的适用按照本法第十二条、第十三条的规定执行。	第十二条 按照国家规定实行关税配额管理的进口货物，关税配额内的，适用关税配额税率；关税配额外的，其税率的适用按照本条例第十条、第十一条的规定执行。
第十五条 关税税率的调整，按照下列规定执行：	/
（一）需要调整中华人民共和国在加入世界贸易组织议定书中承诺的最惠国税率、关税配额税率和出口税率的，由国务院关税税则委员会提出建议，经国务院审核后报全国人民代表大会常务委员会决定。	
（二）根据实际情况，在中华人民共和国加入世界贸易组织议定书中承诺的范围内调整最惠国税率、关税配额税率和出口税率，调整特惠税率适用的国别或者地区、货物范围和税率，或者调整普通税率的，由国务院决定，报全国人民代表大会常务委员会备案。	
（三）特殊情况下最惠国税率的适用，由国务院决定，报全国人民代表大会常务委员会备案。	
协定税率在完成有关国际条约、协定的核准或者批准程序后，由国务院关税税则委员会组织实施。	

《关税法》	《关税条例》
实行暂定税率的货物范围、税率和期限由国务院关税税则委员会决定。	
与关税税目调整相关的税率的技术性转换，由国务院关税税则委员会提出建议，报国务院批准后执行。	
关税税率依照前四款规定调整的，由国务院关税税则委员会发布。	
第十六条　依法对进口货物征收反倾销税、反补贴税、保障措施关税的，其税率的适用按照有关反倾销、反补贴和保障措施的法律、行政法规的规定执行。	第十三条　按照有关法律、行政法规的规定对进口货物采取反倾销、反补贴、保障措施的，其税率的适用按照《中华人民共和国反倾销条例》、《中华人民共和国反补贴条例》和《中华人民共和国保障措施条例》的有关规定执行。
第十七条　任何国家或者地区不履行与中华人民共和国缔结或者共同参加的国际条约、协定中的最惠国待遇条款或者关税优惠条款，国务院关税税则委员会可以提出按照对等原则采取相应措施的建议，报国务院批准后执行。	/
第十八条　任何国家或者地区违反与中华人民共和国缔结或者共同参加的**国际条约、协定**，对中华人民共和国在贸易方面采取禁止、限制、加征关税或者其他影响正常贸易的措施的，对原产于该国家或者地区的进口货物可以采取征收报复性关税**等措施**。	第十四条　任何国家或者地区违反与中华人民共和国签订或者共同参加的贸易协定及相关协定，对中华人民共和国在贸易方面采取禁止、限制、加征关税或者其他影响正常贸易的措施的，对原产于该国家或者地区的进口货物可以征收报复性关税，适用报复性关税税率。
征收报复性关税的货物范围、适用国别或者地区、税率、期限和征收办法，由国务院关税税则委员会提出建议，报国务院批准后执行。	征收报复性关税的货物、适用国别、税率、期限和征收办法，由国务院关税税则委员会决定并公布。

《关税法》	《关税条例》
第十九条 涉及本法第十六条、第十七条、第十八条规定措施的进口货物，纳税人未提供证明材料，或者提供了证明材料但经海关审核仍无法排除该货物原产于被采取规定措施的国家或者地区的，对该货物适用下列两项税率中较高者：	/
（一）因采取规定措施对相关货物所实施的最高税率与按照本法第十二条、第十三条、第十四条规定适用的税率相加后的税率；	
（二）普通税率。	
第二十条 进出口货物、进境物品，应当适用纳税人、扣缴义务人完成申报之日实施的税率。	第十五条 进出口货物，应当适用海关接受该货物申报进口或者出口之日实施的税率。
进口货物到达前，经海关核准先行申报的，应当适用装载该货物的运输工具申报进境之日实施的税率。	进口货物到达前，经海关核准先行申报的，应当适用装载该货物的运输工具申报进境之日实施的税率。
	转关运输货物税率的适用日期，由海关总署另行规定。
第二十一条 有下列情形之一的，应当适用纳税人、扣缴义务人办理纳税手续之日实施的税率：	第十六条 有下列情形之一，需缴纳税款的，应当适用海关接受申报办理纳税手续之日实施的税率：
（一）保税货物不复运出境，转为内销；	（一）保税货物经批准不复运出境的；
（二）减免税货物经批准转让、移作他用或者进行其他处置；	（二）减免税货物经批准转让或者移作他用的；
（三）暂时进境货物不复运出境或者暂时出境货物不复运进境；	（三）暂时进境货物经批准不复运出境，以及暂时出境货物经批准不复运进境的；
（四）租赁进口货物留购或者分期缴纳税款。	（四）租赁进口货物，分期缴纳税款的。
第二十二条 补征或者退还关税税款，应当按照本法第二十条或者第二十一条的规定确定适用的税率。	第十七条 补征和退还进出口货物关税，应当按照本条例第十五条或者第十六条的规定确定适用的税率。
因纳税人、扣缴义务人违反规定需要追征税款的，应当适用违反规定行为发生之日实施的税率；行为发生之日不能确定的，适用海关发现该行为之日实施的税率。	因纳税义务人违反规定需要追征税款的，应当适用该行为发生之日实施的税率；行为发生之日不能确定的，适用海关发现该行为之日实施的税率。
第三章 应纳税额	/

《关税法》	《关税条例》
第二十三条　关税实行从价计征、从量计征、**复合计征**的方式征收。	第三十六条　进出口货物关税，以从价计征、从量计征或者国家规定的其他方式征收。
实行从价计征的，应纳税额按照计税价格乘以比例税率计算。	从价计征的计算公式为：应纳税额＝完税价格 × 关税税率
实行从量计征的，应纳税额按照货物数量乘以定额税率计算。	从量计征的计算公式为：应纳税额＝货物数量 × 单位税额
实行复合计征的，应纳税额按照计税价格乘以比例税率与货物数量乘以定额税率之和计算。	
/	第三章　进出口货物完税价格的确定
第二十四条　进口货物的计税价格以成交价格以及该货物运抵中华人民共和国境内输入地点起卸前的运输及其相关费用、保险费为基础确定。	第十八条　进口货物的完税价格由海关以符合本条第三款所列条件的成交价格以及该货物运抵中华人民共和国境内输入地点起卸前的运输及其相关费用、保险费为基础审查确定。
	进口货物的成交价格，是指卖方向中华人民共和国境内销售该货物时买方为进口该货物向卖方实付、应付的，并按照本条例第十九条、第二十条规定调整后的价款总额，包括直接支付的价款和间接支付的价款。
进口货物的成交价格，是指卖方向中华人民共和国境内销售该货物时买方为进口该货物向卖方实付、应付的，并按照本法第二十五条、第二十六条规定调整后的价款总额，包括直接支付的价款和间接支付的价款。	进口货物的成交价格应当符合下列条件：
进口货物的成交价格应当符合下列条件：	（一）对买方处置或者使用该货物不予限制，但法律、行政法规规定实施的限制、对货物转售地域的限制和对货物价格无实质性影响的限制除外；
（一）对买方处置或者使用该货物不予限制，但法律、行政法规规定的限制、对货物转售地域的限制和对货物价格无实质性影响的限制除外；	（二）该货物的成交价格没有因搭售或者其他因素的影响而无法确定；

附录1 《关税法》与《关税条例》变动对照表

《关税法》	《关税条例》
（二）该货物的成交价格没有因搭售或者其他因素的影响而无法确定；	（三）卖方不得从买方直接或者间接获得因该货物进口后转售、处置或者使用而产生的任何收益，或者虽有收益但能够按照本条例第十九条、第二十条的规定进行调整；
（三）卖方不得从买方直接或者间接获得因该货物进口后转售、处置或者使用而产生的任何收益，或者虽有收益但能够按照本法第二十五条、第二十六条的规定进行调整；	（四）买卖双方没有特殊关系，或者虽有特殊关系但未对成交价格产生影响。
（四）买卖双方没有特殊关系，或者虽有特殊关系但未对成交价格产生影响。	
第二十五条　进口货物的下列费用应当计入计税价格：	第十九条　进口货物的下列费用应当计入完税价格：
（一）由买方负担的购货佣金以外的佣金和经纪费；	（一）由买方负担的购货佣金以外的佣金和经纪费；
（二）由买方负担的与该货物视为一体的容器的费用；	（二）由买方负担的在审查确定完税价格时与该货物视为一体的容器的费用；
（三）由买方负担的包装材料费用和包装劳务费用；	（三）由买方负担的包装材料费用和包装劳务费用；
（四）与该货物的生产和向中华人民共和国境内销售有关的，由买方以免费或者以低于成本的方式提供并可以按适当比例分摊的料件、工具、模具、消耗材料及类似货物的价款，以及在中华人民共和国境外开发、设计等相关服务的费用；	（四）与该货物的生产和向中华人民共和国境内销售有关的，由买方以免费或者以低于成本的方式提供并可以按适当比例分摊的料件、工具、模具、消耗材料及类似货物的价款，以及在境外开发、设计等相关服务的费用；
（五）作为该货物向中华人民共和国境内销售的条件，买方必须支付的、与该货物有关的特许权使用费；	（五）作为该货物向中华人民共和国境内销售的条件，买方必须支付的、与该货物有关的特许权使用费；
（六）卖方直接或者间接从买方获得的该货物进口后转售、处置或者使用的收益。	（六）卖方直接或者间接从买方获得的该货物进口后转售、处置或者使用的收益。
第二十六条　进口时在货物的价款中列明的下列费用、税收，不计入该货物的计税价格：	第二十条　进口时在货物的价款中列明的下列税收、费用，不计入该货物的完税价格：

《关税法》	《关税条例》
（一）厂房、机械、设备等货物进口后进行建设、安装、装配、维修和技术服务的费用，**但保修费用除外**；	（一）厂房、机械、设备等货物进口后进行建设、安装、装配、维修和技术服务的费用；
（二）进口货物运抵中华人民共和国境内输入地点起卸后的运输及其相关费用、保险费；	（二）进口货物运抵境内输入地点起卸后的运输及其相关费用、保险费；
（三）进口关税及国内税收。	
	（三）进口关税及国内税收。
第二十七条　进口货物的成交价格不符合本法第二十四条第三款规定条件，或者成交价格不能确定的，海关经了解有关情况，并与纳税人进行价格磋商后，依次以下列价格估定该货物的计税价格：	第二十一条　进口货物的成交价格不符合本条例第十八条第三款规定条件的，或者成交价格不能确定的，海关经了解有关情况，并与纳税义务人进行价格磋商后，依次以下列价格估定该货物的完税价格：
（一）与该货物同时或者大约同时向中华人民共和国境内销售的相同货物的成交价格；	（一）与该货物同时或者大约同时向中华人民共和国境内销售的相同货物的成交价格。
（二）与该货物同时或者大约同时向中华人民共和国境内销售的类似货物的成交价格；	（二）与该货物同时或者大约同时向中华人民共和国境内销售的类似货物的成交价格。
（三）与该货物进口的同时或者大约同时，将该进口货物、相同或者类似进口货物在中华人民共和国境内第一级销售环节销售给无特殊关系买方最大销售总量的单位价格，但应当扣除本法第二十八条规定的项目；	（三）与该货物进口的同时或者大约同时，将该进口货物、相同或者类似进口货物在第一级销售环节销售给无特殊关系买方最大销售总量的单位价格，但应当扣除本条例第二十二条规定的项目。
（四）按照下列各项总和计算的价格：生产该货物所使用的料件成本和加工费用，向中华人民共和国境内销售同等级或者同种类货物通常的利润和一般费用，该货物运抵中华人民共和国境内输入地点起卸前的运输及其相关费用、保险费；	
（五）以合理方法估定的价格。	（四）按照下列各项总和计算的价格：生产该货物所使用的料件成本和加工费用，向中华人民共和国境内销售同等级或者同种类货物通常的利润和一般费用，该货物运抵境内输入地点起卸前的运输及其相关费用、保险费。
纳税人可以向海关提供有关资料，申请调整前款第三项和第四项的适用次序。	

附录1 《关税法》与《关税条例》变动对照表

《关税法》	《关税条例》
	（五）以合理方法估定的价格。
	纳税义务人向海关提供有关资料后，可以提出申请，颠倒前款第（三）项和第（四）项的适用次序。
第二十八条　按照本法第二十七条第一款第三项规定估定计税价格，应当扣除下列项目：	第二十二条　按照本条例第二十一条第一款第（三）项规定估定完税价格，应当扣除的项目是指：
（一）同等级或者同种类货物在中华人民共和国境内第一级销售环节销售时通常的利润和一般费用以及通常支付的佣金；	（一）同等级或者同种类货物在中华人民共和国境内第一级销售环节销售时通常的利润和一般费用以及通常支付的佣金；
（二）进口货物运抵中华人民共和国境内输入地点起卸后的运输及其相关费用、保险费；	（二）进口货物运抵境内输入地点起卸后的运输及其相关费用、保险费；
（三）进口关税及国内税收。	（三）进口关税及国内税收。
/	第二十三条　以租赁方式进口的货物，以海关审查确定的该货物的租金作为完税价格。
	纳税义务人要求一次性缴纳税款的，纳税义务人可以选择按照本条例第二十一条的规定估定完税价格，或者按照海关审查确定的租金总额作为完税价格。
	第二十四条　运往境外加工的货物，出境时已向海关报明并在海关规定的期限内复运进境的，应当以境外加工费和料件费以及复运进境的运输及其相关费用和保险费审查确定完税价格。
	第二十五条　运往境外修理的机械器具、运输工具或者其他货物，出境时已向海关报明并在海关规定的期限内复运进境的，应当以境外修理费和料件费审查确定完税价格。
第二十九条　出口货物的计税价格以该货物的成交价格以及该货物运至中华人民共和国境内输出地点装载前的运输及其相关费用、保险费为基础确定。	第二十六条　出口货物的完税价格由海关以该货物的成交价格以及该货物运至中华人民共和国境内输出地点装载前的运输及其相关费用、保险费为基础审查确定。
	出口货物的成交价格，是指该货物出口时卖方为出口该货物应当向买方直接收取和间接收取的价款总额。

《关税法》	《关税条例》
出口货物的成交价格，是指该货物出口时卖方为出口该货物应当向买方直接收取和间接收取的价款总额。	出口关税不计入完税价格。
出口关税不计入计税价格。	
第三十条　出口货物的成交价格不能确定的，海关经了解有关情况，并与纳税人进行价格磋商后，依次以下列价格估定该货物的计税价格：	第二十七条　出口货物的成交价格不能确定的，海关经了解有关情况，并与纳税义务人进行价格磋商后，依次以下列价格估定该货物的完税价格：
（一）与该货物同时或者大约同时向同一国家或者地区出口的相同货物的成交价格；	（一）与该货物同时或者大约同时向同一国家或者地区出口的相同货物的成交价格。
（二）与该货物同时或者大约同时向同一国家或者地区出口的类似货物的成交价格；	（二）与该货物同时或者大约同时向同一国家或者地区出口的类似货物的成交价格。
（三）按照下列各项总和计算的价格：中华人民共和国境内生产相同或者类似货物的料件成本、加工费用，通常的利润和一般费用，境内发生的运输及其相关费用、保险费；	（三）按照下列各项总和计算的价格：境内生产相同或者类似货物的料件成本、加工费用，通常的利润和一般费用，境内发生的运输及其相关费用、保险费。
（四）以合理方法估定的价格。	（四）以合理方法估定的价格。
/	第二十八条　按照本条例规定计入或者不计入完税价格的成本、费用、税收，应当以客观、可量化的数据为依据。
第三十一条　海关可以依申请或者依职权，对进出口货物、进境物品的计税价格、商品归类和原产地依法进行确定。必要时，海关可以组织化验、检验，并将海关认定的化验、检验结果作为确定计税价格、商品归类和原产地的依据。	第三十二条　海关可以要求纳税义务人提供确定商品归类所需的有关资料；必要时，海关可以组织化验、检验，并将海关认定的化验、检验结果作为商品归类的依据。
/	第三十四条　海关对纳税义务人申报的价格有怀疑的，应当将怀疑的理由书面告知纳税义务人，要求其在规定的期限内书面作出说明、提供有关资料。

附录1 《关税法》与《关税条例》变动对照表

《关税法》	《关税条例》
	纳税义务人在规定的期限内未作说明、未提供有关资料的，或者海关仍有理由怀疑申报价格的真实性和准确性的，海关可以不接受纳税义务人申报的价格，并按照本条例第三章的规定估定完税价格。
/	第三十五条 海关审查确定进出口货物的完税价格后，纳税义务人可以以书面形式要求海关就如何确定其进出口货物的完税价格作出书面说明，海关应当向纳税义务人作出书面说明。
第四章 税收优惠和特殊情形关税征收	第四章 进出口货物关税的征收
第三十二条 下列进出口货物、进境物品，免征关税：	第四十五条 下列进出口货物，免征关税：
（一）国务院规定的免征额度内的一票货物；	（一）关税税额在人民币50元以下的一票货物；
（二）无商业价值的广告品和货样；	（二）无商业价值的广告品和货样；
（三）进出境运输工具装载的途中必需的燃料、物料和饮食用品；	（三）外国政府、国际组织无偿赠送的物资；
（四）在海关放行前损毁或者灭失的货物、进境物品；	（四）在海关放行前损失的货物；
（五）外国政府、国际组织无偿赠送的物资；	（五）进出境运输工具装载的途中必需的燃料、物料和饮食用品。
（六）中华人民共和国缔结或者共同参加的国际条约、协定规定免征关税的货物、进境物品；	
（七）依照有关法律规定免征关税的其他货物、进境物品。	
	第四十五条第三款 法律规定的其他免征或者减征关税的货物，海关根据规定予以免征或者减征。
第三十三条 下列进出口货物、进境物品，减征关税：	第四十五条第二款
（一）在海关放行前遭受损坏的货物、进境物品；	

《关税法》	《关税条例》
（二）中华人民共和国缔结或者共同参加的国际条约、协定规定减征关税的货物、进境物品；	在海关放行前遭受损坏的货物，可以根据海关认定的受损程度减征关税。
（三）依照有关法律规定减征关税的其他货物、进境物品。前款第一项减征关税，应当根据海关认定的受损程度办理。	
	第四十六条　特定地区、特定企业或者有特定用途的进出口货物减征或者免征关税，以及临时减征或者免征关税，按照国务院的有关规定执行。
	第四十七条　进口货物减征或者免征进口环节海关代征税，按照有关法律、行政法规的规定执行。
	第四十八条　纳税义务人进出口减免税货物的，除另有规定外，应当在进出口该货物之前，按照规定持有关文件向海关办理减免税审批手续。经海关审查符合规定的，予以减征或者免征关税。
第三十四条　根据维护国家利益、促进对外交往、经济社会发展、科技创新需要或者由于突发事件等原因，国务院可以制定关税专项优惠政策，报全国人民代表大会常务委员会备案。	/
第三十五条　减免税货物应当依法办理手续。需由海关监管使用的减免税货物应当接受海关监管，在监管年限内转让、移作他用或者进行其他处置，按照国家有关规定需要补税的，应当补缴关税。对需由海关监管使用的减免税进境物品，参照前款规定执行。	第四十九条　需由海关监管使用的减免税进口货物，在监管年限内转让或者移作他用需要补税的，海关应当根据该货物进口时间折旧估价，补征进口关税。
	特定减免税进口货物的监管年限由海关总署规定。

《关税法》	《关税条例》
第三十六条 保税货物复运出境的，免征关税；不复运出境转为内销的，按照规定征收关税。加工贸易保税进口料件或者其制成品内销的，除按照规定征收关税外，还应当征收缓税利息。	
	第四十一条 加工贸易的进口料件按照国家规定保税进口的，其制成品或者进口料件未在规定的期限内出口的，海关按照规定征收进口关税。
	加工贸易的进口料件进境时按照国家规定征收进口关税的，其制成品或者进口料件在规定的期限内出口的，海关按照有关规定退还进境时已征收的关税税款。
第三十七条 暂时进境或者暂时出境的下列货物、**物品**，可以依法暂不缴纳关税，但该货物、物品应当自进境或者出境之日起六个月内复运出境或者复运进境；需要延长复运出境或者复运进境期限的，应当根据海关总署的规定向海关办理延期手续：	第四十二条 暂时进境或者暂时出境的下列货物，在进境或者出境时纳税义务人向海关缴纳相当于应纳税款的保证金或者提供其他担保的，可以暂不缴纳关税，并应当自进境或者出境之日起6个月内复运出境或者复运进境；需要延长复运出境或者复运进境期限的，纳税义务人应当根据海关总署的规定向海关办理延期手续：
	（一）在展览会、交易会、会议及类似活动中展示或者使用的货物；
	（二）文化、体育交流活动中使用的表演、比赛用品；
（一）在展览会、交易会、会议以及类似活动中展示或者使用的货物、物品；	（三）进行新闻报道或者摄制电影、电视节目使用的仪器、设备及用品；
（二）文化、体育交流活动中使用的表演、比赛用品；	（四）开展科研、教学、医疗活动使用的仪器、设备及用品；
（三）进行新闻报道或者摄制电影、电视节目使用的仪器、设备及用品；	（五）在本款第（一）项至第（四）项所列活动中使用的交通工具及特种车辆；
（四）开展科研、教学、医疗卫生活动使用的仪器、设备及用品；	（六）货样；

《关税法》	《关税条例》
（五）在本款第一项至第四项所列活动中使用的交通工具及特种车辆；	（七）供安装、调试、检测设备时使用的仪器、工具；
（六）货样；	（八）盛装货物的容器；
（七）供安装、调试、检测设备时使用的仪器、工具；	（九）其他用于非商业目的的货物。
（八）盛装货物的包装材料；	第一款 所列暂时进境货物在规定的期限内未复运出境的，或者暂时出境货物在规定的期限内未复运进境的，海关应当依法征收关税
（九）其他用于非商业目的的货物、物品。	
前款所列货物、物品在规定期限内未复运出境或者未复运进境的，应当依法缴纳关税。	
第三十八条 本法第三十七条规定以外的其他暂时进境的货物、物品，应当根据该货物、物品的计税价格和其在境内滞留时间与折旧时间的比例计算缴纳进口关税；该货物、物品在规定期限届满后未复运出境的，应当补足依法应缴纳的关税。	第一款 所列可以暂时免征关税范围以外的其他暂时进境货物，应当按照该货物的完税价格和其在境内滞留时间与折旧时间的比例计算征收进口关税。具体办法由海关总署规定。
本法第三十七条规定以外的其他暂时出境货物，在规定期限届满后未复运进境的，应当依法缴纳关税。	
第三十九条 因品质、规格原因或者不可抗力，出口货物自出口之日起一年内原状复运进境的，不征收进口关税。	第四十三条 因品质或者规格原因，出口货物自出口之日起1年内原状复运进境的，不征收进口关税。
因品质、规格原因或者不可抗力，进口货物自进口之日起一年内原状复运出境的，不征收出口关税。	因品质或者规格原因，进口货物自进口之日起1年内原状复运出境的，不征收出口关税。
特殊情形下，经海关批准，可以适当延长前款规定的期限，具体办法由海关总署规定。	

《关税法》	《关税条例》
第四十条　因残损、短少、品质不良或者规格不符原因，进出口货物的发货人、承运人或者保险公司免费补偿或者更换的相同货物，进出口时不征收关税。被免费更换的原进口货物不退运出境或者原出口货物不退运进境的，海关应当对原进出口货物重新按照规定征收关税。	第四十四条　因残损、短少、品质不良或者规格不符原因，由进出口货物的发货人、承运人或者保险公司免费补偿或者更换的相同货物，进出口时不征收关税。被免费更换的原进口货物不退运出境或者原出口货物不退运进境的，海关应当对原进出口货物重新按照规定征收关税。
纳税人应当在原进出口合同约定的请求赔偿期限内且不超过原进出口放行之日起三年内，向海关申报办理免费补偿或者更换货物的进出口手续。	
第五章　征收管理	/
第四十一条　关税征收管理可以实施货物放行与税额确定相分离的模式。	/
关税征收管理应当适应对外贸易新业态新模式发展需要，提升信息化、智能化、标准化、便利化水平。	
/	第二十九条　进口货物的纳税义务人应当自运输工具申报进境之日起14日内，出口货物的纳税义务人除海关特准的外，应当在货物运抵海关监管区后、装货的24小时以前，向货物的进出境地海关申报。进出口货物转关运输的，按照海关总署的规定执行。
	进口货物到达前，纳税义务人经海关核准可以先行申报。具体办法由海关总署另行规定。
第四十二条　进出口货物的纳税人、扣缴义务人可以按照规定选择海关办理申报纳税。	第三十条　纳税义务人应当依法如实向海关申报，并按照海关的规定提供有关确定完税价格、进行商品归类、确定原产地以及采取反倾销、反补贴或者保障措施等所需的资料；必要时，海关可以要求纳税义务人补充申报。
纳税人、扣缴义务人应当按照规定的期限和要求如实向海关申报税额，并提供相关资料。必要时，海关可以要求纳税人、扣缴义务人补充申报。	

《关税法》	《关税条例》
相比原条例：一般理解向海关申报的是报关单所载事项，该条款将申报税额也作为企业的义务，应为对自报自缴制度的追认。	
/	第三十四条　海关对纳税义务人申报的价格有怀疑的，应当将怀疑的理由书面告知纳税义务人，要求其在规定的期限内书面作出说明、提供有关资料。
	纳税义务人在规定的期限内未作说明、未提供有关资料的，或者海关仍有理由怀疑申报价格的真实性和准确性的，海关可以不接受纳税义务人申报的价格，并按照本条例第三章的规定估定完税价格。
	第三十五条　海关审查确定进出口货物的完税价格后，纳税义务人可以以书面形式要求海关就如何确定其进出口货物的完税价格作出书面说明，海关应当向纳税义务人作出书面说明。
第四十三条　进出口货物的纳税人、扣缴义务人应当自完成申报之日起十五日内缴纳税款；	第三十七条　纳税义务人应当自海关填发税款缴款书之日起15日内向指定银行缴纳税款。
符合海关规定条件并提供担保的，可以于次月第五个工作日结束前汇总缴纳税款。因不可抗力或者国家税收政策调整，不能按期缴纳的，经向海关申请并提供担保，可以延期缴纳，但最长不得超过六个月。	第三十九条　纳税义务人因不可抗力或者在国家税收政策调整的情形下，不能按期缴纳税款的，经依法提供税款担保后，可以延期缴纳税款，但是最长不得超过6个月。
纳税人、扣缴义务人未在前款规定的纳税期限内缴纳税款的，自规定的期限届满之日起，按日加收滞纳税款万分之五的滞纳金。	（第三十七条第一款第二项）纳税义务人未按期缴纳税款的，从滞纳税款之日起，按日加收滞纳税款万分之五的滞纳金。
税款尚未缴纳，纳税人、扣缴义务人依照有关法律、行政法规的规定申请提供担保要求放行货物的，海关应当依法办理担保手续。	
	海关征收关税、滞纳金等，应当制发缴款凭证，缴款凭证格式由海关总署规定。

附录1 《关税法》与《关税条例》变动对照表

《关税法》	《关税条例》
第四十四条　进出口货物的纳税人在规定的纳税期限内有转移、藏匿其应税货物以及其他财产的明显迹象，或者存在其他可能导致无法缴纳税款风险的，海关可以责令其提供担保；纳税人不提供担保的，**经直属海关关长或者其授权的隶属海关关长批准**，海关可以实施下列强制措施：	第四十条　进出口货物的纳税义务人在规定的纳税期限内有明显的转移、藏匿其应税货物以及其他财产迹象的，海关可以责令纳税义务人提供担保；纳税义务人不能提供担保的，海关可以按照《海关法》第六十一条的规定采取税收保全措施。
（一）书面通知银行业金融机构冻结纳税人金额相当于应纳税款的存款、汇款；	纳税义务人、担保人自缴纳税款期限届满之日起超过3个月仍未缴纳税款的，海关可以按照《海关法》第六十条的规定采取强制措施。
（二）查封、扣押纳税人价值相当于应纳税款的货物或者其他财产。	
纳税人在规定的纳税期限内缴纳税款的，海关应当立即解除强制措施。	
第四十五条　自纳税人、扣缴义务人缴纳税款或者货物放行之日起<u>三年</u>内，海关有权对<u>纳税人、扣缴义务人的应纳税额</u>进行确认。	第五十一条　<u>进出口货物放行后</u>，海关发现<u>少征或者漏征税款</u>的，应当自缴纳税款或者货物放行之日起<u>1年</u>内，向纳税义务人<u>补征税款</u>。
海关确认的应纳税额与纳税人、扣缴义务人申报的税额不一致的，海关应当向纳税人、扣缴义务人出具税额确认书。纳税人、扣缴义务人应当按照税额确认书载明的应纳税额，在海关规定的期限内补缴税款或者办理退税手续。	
经海关确认应纳税额后需要补缴税款但未在规定的期限内补缴的，自规定的期限届满之日起，按日加收滞纳税款万分之五的滞纳金。	
第四十六条　因纳税人、**扣缴义务人违反规**定造成少征或者漏征税款的，**海关可以自缴纳税款或者货物放行之日起三年内追征税款**，并自缴纳税款或者货物放行之日起，按日加收少征或者漏征税款万分之五的滞纳金。	第五十一条第二款　但因纳税义务人违反规定造成少征或者漏征税款的，海关可以自缴纳税款或者货物放行之日起3年内追征税款，并从缴纳税款或者货物放行之日起按日加收少征或者漏征税款万分之五的滞纳金。

《关税法》	《关税条例》
第四十七条 对走私行为,海关追征税款、滞纳金的,不受前条规定期限的限制,并有权核定应纳税额。	/
第四十八条 海关发现海关监管货物因纳税人、扣缴义务人违反规定造成少征或者漏征税款的,应当自纳税人、扣缴义务人应缴纳税款之日起三年内追征税款,并自应缴纳税款之日起按日加收少征或者漏征税款万分之五的滞纳金。	第五十一条第三款 海关发现海关监管货物因纳税义务人违反规定造成少征或者漏征税款的,应当自纳税义务人应缴纳税款之日起3年内追征税款,并从应缴纳税款之日起按日加收少征或者漏征税款万分之五的滞纳金。
第四十九条 海关可以对纳税人、扣缴义务人欠缴税款的情况予以公告。	第三十七条第二款 海关可以对纳税义务人欠缴税款的情况予以公告。
纳税人未缴清税款、滞纳金且未向海关提供担保的,经直属海关关长或者其授权的隶属海关关长批准,海关可以按照规定通知移民管理机构对纳税人或者其法定代表人依法采取限制出境措施。	
第五十条 纳税人、扣缴义务人未按照规定的期限缴纳或者解缴税款的,由海关责令其限期缴纳;逾期仍未缴纳且无正当理由的,经直属海关关长或者其授权的隶属海关关长批准,海关可以实施下列强制执行措施:	/
(一)书面通知银行业金融机构划拨纳税人、扣缴义务人金额相当于应纳税款的存款、汇款;	
(二)查封、扣押纳税人、扣缴义务人价值相当于应纳税款的货物或者其他财产,依法拍卖或者变卖所查封、扣押的货物或者其他财产,以拍卖或者变卖所得抵缴税款,剩余部分退还纳税人、扣缴义务人。	
海关实施强制执行时,对未缴纳的滞纳金同时强制执行。	
第五十一条 海关发现多征税款的,应当及时通知纳税人办理退还手续。	第五十二条 海关发现多征税款的,应当立即通知纳税义务人办理退还手续。

《关税法》	《关税条例》
纳税人发现多缴税款的，可以自缴纳税款之日起**三年**内，向海关书面申请退还多缴的税款。海关应当自受理申请之日起三十日内查实并通知纳税人办理退还手续，纳税人应当自收到通知之日起三个月内办理退还手续。	纳税义务人发现多缴税款的，自缴纳税款之日起<u>1 年</u>内，可以以书面形式要求海关退还多缴的税款并<u>加算银行同期活期存款利息</u>；海关应当自<u>受理退税申请之日起 30 日内查实并通知纳税义务人办理退还手续。
	纳税义务人应当自收到通知之日起 3 个月内办理有关退税手续。
第五十二条 有下列情形之一的，纳税人自缴纳税款之日起一年内，可以向海关申请退还关税：	第五十条 有下列情形之一的，纳税义务人自缴纳税款之日起 1 年内，可以申请退还关税，并应当以书面形式向海关说明理由，提供原缴款凭证及相关资料：
（一）已征进口关税的货物，因品质、规格原因**或者不可抗力，一年内**原状复运出境；	（一）已征进口关税的货物，因品质或者规格原因，原状退货复运出境的；
（二）已征出口关税的货物，因品质、规格原因**或者不可抗力，一年内**原状复运进境，并已重新缴纳因出口而退还的国内环节有关税收；	（二）已征出口关税的货物，因品质或者规格原因，原状退货复运进境，并已重新缴纳因出口而退还的国内环节有关税收的；
（三）已征出口关税的货物，因故未装运出口，申报退关。	（三）已征出口关税的货物，因故未装运出口，申报退关的。
申请退还关税应当以书面形式提出，并提供原缴款凭证及相关资料。海关应当自受理申请之日起三十日内查实并通知纳税人办理退还手续。纳税人应当自收到通知之日起三个月内办理退还手续。	海关应当自受理退税申请之日起 30 日内查实并通知纳税义务人办理退还手续。纳税义务人应当自收到通知之日起 3 个月内办理有关退税手续。
按照其他有关法律、行政法规规定应当退还关税的，海关应当依法予以退还。	按照其他有关法律、行政法规规定应当退还关税的，海关应当<u>按照有关法律、行政法规的规定退税</u>。
第五十三条 按照规定退还关税的，应当加算银行同期活期存款利息。	/
第五十四条 对规避本法第二章、第三章有关规定，不具有合理商业目的而减少应纳税额的行为，国家可以采取调整关税等反规避措施。	/

《关税法》	《关税条例》
第五十五条　报关企业接受纳税人的委托，以纳税人的名义办理报关纳税手续，因报关企业违反规定造成海关少征、漏征税款的，报关企业对少征或者漏征的税款及其滞纳金与纳税人承担纳税的连带责任。	第五十四条　报关企业接受纳税义务人的委托，以纳税义务人的名义办理报关纳税手续，因报关企业违反规定而造成海关少征、漏征税款的，报关企业对少征或者漏征的税款、滞纳金与纳税义务人承担纳税的连带责任。
报关企业接受纳税人的委托，以报关企业的名义办理报关纳税手续的，报关企业与纳税人承担纳税的连带责任。	报关企业接受纳税义务人的委托，以报关企业的名义办理报关纳税手续的，报关企业与纳税义务人承担纳税的连带责任。
第五十六条　除不可抗力外，在保管海关监管货物期间，海关监管货物损毁或者灭失的，对海关监管货物负有保管义务的单位或者个人应当承担相应的纳税责任。	除不可抗力外，在保管海关监管货物期间，海关监管货物损毁或者灭失的，对海关监管货物负有保管义务的人应当承担相应的纳税责任。
第五十七条　未履行纳税义务的纳税人有合并、分立情形的，在合并、分立前，应当向海关报告，依法缴清税款、**滞纳金或者提供担保**。纳税人合并时未缴清税款、**滞纳金或者未提供担保的**，由合并后的法人或者非法人组织继续履行未履行的纳税义务；纳税人分立时未缴清税款、**滞纳金或者未提供担保的**，分立后的法人或者非法人组织对未履行的纳税义务承担连带责任。	第五十五条　欠税的纳税义务人，有合并、分立情形的，在合并、分立前，应当向海关报告，依法缴清税款。纳税义务人合并时未缴清税款的，由合并后的法人或者其他组织继续履行未履行的纳税义务；纳税义务人分立时未缴清税款的，分立后的法人或者其他组织对未履行的纳税义务承担连带责任。
纳税人在减免税货物、保税货物监管期间，有合并、分立或者其他资产重组情形的，应当向海关报告；按照规定需要缴税的，应当依法缴清税款、**滞纳金或者提供担保**；按照规定可以继续享受减免税、保税的，应当向海关办理变更纳税人的手续。	
纳税人未履行纳税义务或者在减免税货物、保税货物监管期间，有解散、破产或者其他依法终止经营情形的，应当在清算前向海关报告。海关应当依法清缴税款、**滞纳金**。	

《关税法》	《关税条例》
	纳税义务人在减免税货物、保税货物监管期间，有合并、分立或者其他资产重组情形的，应当向海关报告。按照规定需要缴税的，应当依法缴清税款；按照规定可以继续享受减免税、保税待遇的，应当到海关办理变更纳税义务人的手续。
	纳税义务人<u>欠税</u>或者在减免税货物、保税货物监管期间，有<u>撤销</u>、解散、破产或者其他依法终止经营情形的，应当在清算前向海关报告。海关应当依法对纳税义务人的应缴税款予以清缴。
第五十八条 海关征收的税款优先于无担保债权，法律另有规定的除外。纳税人欠缴税款发生在纳税人以其财产设定抵押、质押之前的，税款应当先于抵押权、质权执行。	/
纳税人欠缴税款，同时被行政机关处以罚款、没收违法所得，其财产不足以同时支付的，应当先缴纳税款。	
第五十九条 税款、滞纳金应当按照国家有关规定及时缴入国库。	第五十三条 按照本条例第五十条、第五十二条的规定退还税款、利息涉及从国库中退库的，按照法律、行政法规有关国库管理的规定执行。
退还税款、利息涉及从国库中退库的，按照法律、行政法规有关国库管理的规定执行。	
第六十条 税款、滞纳金、**利息**等应当以人民币计算。	第三十八条 海关征收关税、滞纳金等，应当按人民币计征。
进出口货物、**进境物品**的价格以及有关费用以**人民币以外的**货币计算的，<u>按照纳税人完成申报之日的计征汇率折合为人民币计算。</u>	进出口货物的<u>成交价格</u>以及有关费用以<u>外币</u>计价的，以中国人民银行公布的基准汇率折合为人民币计算完税价格；以基准汇率币种以外的外币计价的，按照国家有关规定套算为人民币计算完税价格。适用汇率的日期由海关总署规定。
<u>前款所称计征汇率，是指按照海关总署规定确定的日期当日的人民币汇率中间价。</u>	

《关税法》	《关税条例》
第六十一条　海关因关税征收的需要，可以依法向有关政府部门和机构查询纳税人的身份、账户、资金往来等涉及关税的信息，有关政府部门和机构应当在职责范围内予以协助和配合。海关获取的涉及关税的信息只能用于关税征收目的。	第三十三条　海关为审查申报价格的真实性和准确性，可以查阅、复制与进出口货物有关的合同、发票、账册、结付汇凭证、单据、业务函电、录音录像制品和其他反映买卖双方关系及交易活动的资料。
	海关对纳税义务人申报的价格有怀疑并且所涉关税数额较大的，经直属海关关长或者其授权的隶属海关关长批准，凭海关总署统一格式的协助查询账户通知书及有关工作人员的工作证件，可以查询纳税义务人在银行或者其他金融机构开立的单位账户的资金往来情况，并向银行业监督管理机构通报有关情况。
第六章　法律责任	第六章　附　则
第六十二条　有下列情形之一的，由海关给予警告；情节严重的，处三万元以下的罚款：	/
（一）未履行纳税义务的纳税人有合并、分立情形，在合并、分立前，未向海关报告；	
（二）纳税人在减免税货物、保税货物监管期间，有合并、分立或者其他资产重组情形，未向海关报告；	
（三）纳税人未履行纳税义务或者在减免税货物、保税货物监管期间，有解散、破产或者其他依法终止经营情形，未在清算前向海关报告。	
第六十三条　纳税人欠缴应纳税款，采取转移或者藏匿财产等手段，妨碍海关依法追征欠缴的税款的，除由海关追征欠缴的税款、滞纳金外，处欠缴税款百分之五十以上五倍以下的罚款。	/
第六十四条　扣缴义务人应扣未扣、应收未收税款的，由海关向纳税人追征税款，对扣缴义务人处应扣未扣、应收未收税款百分之五十以上三倍以下的罚款。	/

附录1 《关税法》与《关税条例》变动对照表

《关税法》	《关税条例》
第六十五条　对本法第六十二条、第六十三条、第六十四条规定以外其他违反本法规定的行为，由海关依照《中华人民共和国海关法》等法律、行政法规的规定处罚。	第六十六条　有违反本条例规定行为的，按照《海关法》、《中华人民共和国海关行政处罚实施条例》和其他有关法律、行政法规的规定处罚。
第六十六条　纳税人、扣缴义务人、担保人对海关确定纳税人、商品归类、货物原产地、纳税地点、计征方式、计税价格、适用税率或者汇率，决定减征或者免征税款、确认应纳税额、补缴税款、退还税款以及加收滞纳金等征税事项有异议的，应当依法先向上一级海关申请行政复议；对行政复议决定不服的，可以依法向人民法院提起行政诉讼。	第六十四条　纳税义务人、担保人对海关确定纳税义务人、确定完税价格、商品归类、确定原产地、适用税率或者汇率、减征或者免征税款、补税、退税、征收滞纳金、确定计征方式以及确定纳税地点有异议的，应当缴纳税款，并可以依法向上一级海关申请复议。对复议决定不服的，可以依法向人民法院提起诉讼。
当事人对海关作出的前款规定以外的行政行为不服的，可以依法申请行政复议，也可以依法向人民法院提起行政诉讼。	
第六十七条　违反本法规定，滥用职权、玩忽职守、徇私舞弊或者泄露、非法向他人提供在履行职责中知悉的商业秘密、个人隐私、个人信息的，依法给予处分。	/
第六十八条　违反本法规定，构成犯罪的，依法追究刑事责任。	/
第七章　附　　则	/
第六十九条　《中华人民共和国海南自由贸易港法》对海南自由贸易港的关税事宜另有规定的，依照其规定。	/
第七十条　进口环节海关代征税的征收管理，适用关税征收管理的规定。	第六十五条　进口环节海关代征税的征收管理，适用关税征收管理的规定。
船舶吨税的征收，《中华人民共和国船舶吨税法》未作规定的，适用关税征收管理的规定。	
第七十一条　从事免税商品零售业务应当经过批准，具体办法由国务院规定。	/
第七十二条　本法自2024年12月1日起施行。《中华人民共和国进出口关税条例》同时废止。	第六十七条　本条例自2004年1月1日起施行。1992年3月18日国务院修订发布的《中华人民共和国进出口关税条例》同时废止。
附：中华人民共和国进出口税则（注：《中华人民共和国进出口税则》由国务院关税税则委员会发布）	/

附录 2 关联法律法规汇编

中华人民共和国关税法

（2024 年 4 月发布，2024 年 12 月 1 日施行）

（2024 年 4 月 26 日第十四届全国人民代表大会常务委员会第九次会议通过）

第一章 总 则

第一条 为了规范关税的征收和缴纳，维护进出口秩序，促进对外贸易，推进高水平对外开放，推动高质量发展，维护国家主权和利益，保护纳税人合法权益，根据宪法，制定本法。

第二条 中华人民共和国准许进出口的货物、进境物品，由海关依照本法和有关法律、行政法规的规定征收关税。

第三条 进口货物的收货人、出口货物的发货人、进境物品的携带人或者收件人，是关税的纳税人。

从事跨境电子商务零售进口的电子商务平台经营者、物流企业和报关企业，以及法律、行政法规规定负有代扣代缴、代收代缴关税税款义务的单位和个人，是关税的扣缴义务人。

第四条 进出口货物的关税税目、税率以及税目、税率的适用规则等，依照本法所附《中华人民共和国进出口税则》（以下简称《税则》）执行。

第五条 个人合理自用的进境物品，按照简易征收办法征收关税。超过个人合理自用数量的进境物品，按照进口货物征收关税。

个人合理自用的进境物品，在规定数额以内的免征关税。

进境物品关税简易征收办法和免征关税数额由国务院规定，报全国人民代表大会常务委员会备案。

第六条 关税工作坚持中国共产党的领导，贯彻落实党和国家路线方针政策、决策部署，为国民经济和社会发展服务。

第七条 国务院设立关税税则委员会，履行下列职责：

（一）审议关税工作重大规划，拟定关税改革发展方案，并组织实施；

（二）审议重大关税政策和对外关税谈判方案；

（三）提出《税则》调整建议；

（四）定期编纂、发布《税则》；

（五）解释《税则》的税目、税率；

（六）决定征收反倾销税、反补贴税、保障措施关税，实施国务院决定的其他关税措施；

（七）法律、行政法规和国务院规定的其他职责。

国务院关税税则委员会的组成和工作规则由国务院规定。

第八条 海关及其工作人员对在履行职责中知悉的纳税人、扣缴义务人的商业秘密、个人隐私、个人信息，应当依法予以保密，不得泄露或者非法向他人提供。

第二章 税目和税率

第九条 关税税目由税则号列和目录条文等组成。

关税税目适用规则包括归类规则等。进出口货物的商品归类，应当按照《税则》规定的目录条文和归类总规则、类注、章注、子目注释、本国子目注释，以及其他归类注释确定，并归入相应的税则号列。

根据实际需要，国务院关税税则委员会可以提出调整关税税目及其适用规则的建议，报国务院批准后发布执行。

第十条 进口关税设置最惠国税率、协定税率、特惠税率、普通税率。

出口关税设置出口税率。

对实行关税配额管理的进出口货物，设置关税配额税率。

对进出口货物在一定期限内可以实行暂定税率。

第十一条 关税税率的适用应当符合相应的原产地规则。

完全在一个国家或者地区获得的货物，以该国家或者地区为原产地；两个以上国家或者地区参与生产的货物，以最后完成实质性改变的国家或者地区为原产地。国务院根据中华人民共和国缔结或者共同参加的国际条约、协定对原产地的确定另有规定的，依照其规定。

进口货物原产地的具体确定，依照本法和国务院及其有关部门的规定执行。

第十二条　原产于共同适用最惠国待遇条款的世界贸易组织成员的进口货物，原产于与中华人民共和国缔结或者共同参加含有相互给予最惠国待遇条款的国际条约、协定的国家或者地区的进口货物，以及原产于中华人民共和国境内的进口货物，适用最惠国税率。

原产于与中华人民共和国缔结或者共同参加含有关税优惠条款的国际条约、协定的国家或者地区且符合国际条约、协定有关规定的进口货物，适用协定税率。

原产于中华人民共和国给予特殊关税优惠安排的国家或者地区且符合国家原产地管理规定的进口货物，适用特惠税率。

原产于本条第一款至第三款规定以外的国家或者地区的进口货物，以及原产地不明的进口货物，适用普通税率。

第十三条　适用最惠国税率的进口货物有暂定税率的，适用暂定税率。

适用协定税率的进口货物有暂定税率的，从低适用税率；其最惠国税率低于协定税率且无暂定税率的，适用最惠国税率。

适用特惠税率的进口货物有暂定税率的，从低适用税率。

适用普通税率的进口货物，不适用暂定税率。

适用出口税率的出口货物有暂定税率的，适用暂定税率。

第十四条　实行关税配额管理的进出口货物，关税配额内的适用关税配额税率，有暂定税率的适用暂定税率；关税配额外的，其税率的适用按照本法第十二条、第十三条的规定执行。

第十五条　关税税率的调整，按照下列规定执行：

（一）需要调整中华人民共和国在加入世界贸易组织议定书中承诺的最惠国税率、关税配额税率和出口税率的，由国务院关税税则委员会提出建议，经国务院审核后报全国人民代表大会常务委员会决定。

（二）根据实际情况，在中华人民共和国加入世界贸易组织议定书中承诺的范围内调整最惠国税率、关税配额税率和出口税率，调整特惠税率适用的国别或者地区、货物范围和税率,或者调整普通税率的,由国务院决定,报全国人民代表大会常务委员会备案。

(三)特殊情况下最惠国税率的适用,由国务院决定,报全国人民代表大会常务委员会备案。

协定税率在完成有关国际条约、协定的核准或者批准程序后,由国务院关税税则委员会组织实施。

实行暂定税率的货物范围、税率和期限由国务院关税税则委员会决定。

与关税税目调整相关的税率的技术性转换,由国务院关税税则委员会提出建议,报国务院批准后执行。

关税税率依照前四款规定调整的,由国务院关税税则委员会发布。

第十六条 依法对进口货物征收反倾销税、反补贴税、保障措施关税的,其税率的适用按照有关反倾销、反补贴和保障措施的法律、行政法规的规定执行。

第十七条 任何国家或者地区不履行与中华人民共和国缔结或者共同参加的国际条约、协定中的最惠国待遇条款或者关税优惠条款,国务院关税税则委员会可以提出按照对等原则采取相应措施的建议,报国务院批准后执行。

第十八条 任何国家或者地区违反与中华人民共和国缔结或者共同参加的国际条约、协定,对中华人民共和国在贸易方面采取禁止、限制、加征关税或者其他影响正常贸易的措施的,对原产于该国家或者地区的进口货物可以采取征收报复性关税等措施。

征收报复性关税的货物范围、适用国别或者地区、税率、期限和征收办法,由国务院关税税则委员会提出建议,报国务院批准后执行。

第十九条 涉及本法第十六条、第十七条、第十八条规定措施的进口货物,纳税人未提供证明材料,或者提供了证明材料但经海关审核仍无法排除该货物原产于被采取规定措施的国家或者地区的,对该货物适用下列两项税率中较高者:

(一)因采取规定措施对相关货物所实施的最高税率与按照本法第十二条、第十三条、第十四条规定适用的税率相加后的税率;

(二)普通税率。

第二十条 进出口货物、进境物品,应当适用纳税人、扣缴义务人完成申报之日实施的税率。

进口货物到达前,经海关核准先行申报的,应当适用装载该货物的运输工具申报进境之日实施的税率。

第二十一条　有下列情形之一的，应当适用纳税人、扣缴义务人办理纳税手续之日实施的税率：

（一）保税货物不复运出境，转为内销；

（二）减免税货物经批准转让、移作他用或者进行其他处置；

（三）暂时进境货物不复运出境或者暂时出境货物不复运进境；

（四）租赁进口货物留购或者分期缴纳税款。

第二十二条　补征或者退还关税税款，应当按照本法第二十条或者第二十一条的规定确定适用的税率。

因纳税人、扣缴义务人违反规定需要追征税款的，应当适用违反规定行为发生之日实施的税率；行为发生之日不能确定的，适用海关发现该行为之日实施的税率。

第三章　应纳税额

第二十三条　关税实行从价计征、从量计征、复合计征的方式征收。

实行从价计征的，应纳税额按照计税价格乘以比例税率计算。

实行从量计征的，应纳税额按照货物数量乘以定额税率计算。

实行复合计征的，应纳税额按照计税价格乘以比例税率与货物数量乘以定额税率之和计算。

第二十四条　进口货物的计税价格以成交价格以及该货物运抵中华人民共和国境内输入地点起卸前的运输及其相关费用、保险费为基础确定。

进口货物的成交价格，是指卖方向中华人民共和国境内销售该货物时买方为进口该货物向卖方实付、应付的，并按照本法第二十五条、第二十六条规定调整后的价款总额，包括直接支付的价款和间接支付的价款。

进口货物的成交价格应当符合下列条件：

（一）对买方处置或者使用该货物不予限制，但法律、行政法规规定的限制、对货物转售地域的限制和对货物价格无实质性影响的限制除外；

（二）该货物的成交价格没有因搭售或者其他因素的影响而无法确定；

（三）卖方不得从买方直接或者间接获得因该货物进口后转售、处置或者使用而产生的任何收益，或者虽有收益但能够按照本法第二十五条、第二十六条的规定进行调整；

（四）买卖双方没有特殊关系，或者虽有特殊关系但未对成交价格产生影响。

第二十五条 进口货物的下列费用应当计入计税价格：

（一）由买方负担的购货佣金以外的佣金和经纪费；

（二）由买方负担的与该货物视为一体的容器的费用；

（三）由买方负担的包装材料费用和包装劳务费用；

（四）与该货物的生产和向中华人民共和国境内销售有关的，由买方以免费或者以低于成本的方式提供并可以按适当比例分摊的料件、工具、模具、消耗材料及类似货物的价款，以及在中华人民共和国境外开发、设计等相关服务的费用；

（五）作为该货物向中华人民共和国境内销售的条件，买方必须支付的、与该货物有关的特许权使用费；

（六）卖方直接或者间接从买方获得的该货物进口后转售、处置或者使用的收益。

第二十六条 进口时在货物的价款中列明的下列费用、税收，不计入该货物的计税价格：

（一）厂房、机械、设备等货物进口后进行建设、安装、装配、维修和技术服务的费用，但保修费用除外；

（二）进口货物运抵中华人民共和国境内输入地点起卸后的运输及其相关费用、保险费；

（三）进口关税及国内税收。

第二十七条 进口货物的成交价格不符合本法第二十四条第三款规定条件，或者成交价格不能确定的，海关经了解有关情况，并与纳税人进行价格磋商后，依次以下列价格估定该货物的计税价格：

（一）与该货物同时或者大约同时向中华人民共和国境内销售的相同货物的成交价格；

（二）与该货物同时或者大约同时向中华人民共和国境内销售的类似货物的成交价格；

（三）与该货物进口的同时或者大约同时，将该进口货物、相同或者类似进口货物在中华人民共和国境内第一级销售环节销售给无特殊关系买方最大销售总量的单位价格，但应当扣除本法第二十八条规定的项目；

（四）按照下列各项总和计算的价格：生产该货物所使用的料件成本和加工费用，向中华人民共和国境内销售同等级或者同种类货物通常的利润和一般费用，该货物运抵中华人民共和国境内输入地点起卸前的运输及其相关费用、保险费；

（五）以合理方法估定的价格。

纳税人可以向海关提供有关资料，申请调整前款第三项和第四项的适用次序。

第二十八条 按照本法第二十七条第一款第三项规定估定计税价格，应当扣除下列项目：

（一）同等级或者同种类货物在中华人民共和国境内第一级销售环节销售时通常的利润和一般费用以及通常支付的佣金；

（二）进口货物运抵中华人民共和国境内输入地点起卸后的运输及其相关费用、保险费；

（三）进口关税及国内税收。

第二十九条 出口货物的计税价格以该货物的成交价格以及该货物运至中华人民共和国境内输出地点装载前的运输及其相关费用、保险费为基础确定。

出口货物的成交价格，是指该货物出口时卖方为出口该货物应当向买方直接收取和间接收取的价款总额。

出口关税不计入计税价格。

第三十条 出口货物的成交价格不能确定的，海关经了解有关情况，并与纳税人进行价格磋商后，依次以下列价格估定该货物的计税价格：

（一）与该货物同时或者大约同时向同一国家或者地区出口的相同货物的成交价格；

（二）与该货物同时或者大约同时向同一国家或者地区出口的类似货物的成交价格；

（三）按照下列各项总和计算的价格：中华人民共和国境内生产相同或者类似货物的料件成本、加工费用，通常的利润和一般费用，境内发生的运输及其相关费用、保险费；

（四）以合理方法估定的价格。

第三十一条 海关可以依申请或者依职权，对进出口货物、进境物品的计税价格、商品归类和原产地依法进行确定。

必要时，海关可以组织化验、检验，并将海关认定的化验、检验结果作为确定计税价格、商品归类和原产地的依据。

第四章 税收优惠和特殊情形关税征收

第三十二条 下列进出口货物、进境物品，免征关税：

（一）国务院规定的免征额度内的一票货物；

（二）无商业价值的广告品和货样；

（三）进出境运输工具装载的途中必需的燃料、物料和饮食用品；

（四）在海关放行前损毁或者灭失的货物、进境物品；

（五）外国政府、国际组织无偿赠送的物资；

（六）中华人民共和国缔结或者共同参加的国际条约、协定规定免征关税的货物、进境物品；

（七）依照有关法律规定免征关税的其他货物、进境物品。

第三十三条 下列进出口货物、进境物品，减征关税：

（一）在海关放行前遭受损坏的货物、进境物品；

（二）中华人民共和国缔结或者共同参加的国际条约、协定规定减征关税的货物、进境物品；

（三）依照有关法律规定减征关税的其他货物、进境物品。

前款第一项减征关税，应当根据海关认定的受损程度办理。

第三十四条 根据维护国家利益、促进对外交往、经济社会发展、科技创新需要或者由于突发事件等原因，国务院可以制定关税专项优惠政策，报全国人民代表大会常务委员会备案。

第三十五条 减免税货物应当依法办理手续。需由海关监管使用的减免税货物应当接受海关监管，在监管年限内转让、移作他用或者进行其他处置，按照国家有关规定需要补税的，应当补缴关税。

对需由海关监管使用的减免税进境物品，参照前款规定执行。

第三十六条 保税货物复运出境的，免征关税；不复运出境转为内销的，按照规定征收关税。加工贸易保税进口料件或者其制成品内销的，除按照规定征收关税外，还应当征收缓税利息。

第三十七条 暂时进境或者暂时出境的下列货物、物品，可以依法暂不缴纳关税，但该货物、物品应当自进境或者出境之日起六个月内复运出境或者复运进境；需要延长复运出境或者复运进境期限的，应当根据海关总署的规定向海关办理延期手续：

（一）在展览会、交易会、会议以及类似活动中展示或者使用的货物、物品；

（二）文化、体育交流活动中使用的表演、比赛用品；

（三）进行新闻报道或者摄制电影、电视节目使用的仪器、设备及用品；

（四）开展科研、教学、医疗卫生活动使用的仪器、设备及用品；

（五）在本款第一项至第四项所列活动中使用的交通工具及特种车辆；

（六）货样；

（七）供安装、调试、检测设备时使用的仪器、工具；

（八）盛装货物的包装材料；

（九）其他用于非商业目的的货物、物品。

前款所列货物、物品在规定期限内未复运出境或者未复运进境的，应当依法缴纳关税。

第三十八条　本法第三十七条规定以外的其他暂时进境的货物、物品，应当根据该货物、物品的计税价格和其在境内滞留时间与折旧时间的比例计算缴纳进口关税；该货物、物品在规定期限届满后未复运出境的，应当补足依法应缴纳的关税。

本法第三十七条规定以外的其他暂时出境货物，在规定期限届满后未复运进境的，应当依法缴纳关税。

第三十九条　因品质、规格原因或者不可抗力，出口货物自出口之日起一年内原状复运进境的，不征收进口关税。因品质、规格原因或者不可抗力，进口货物自进口之日起一年内原状复运出境的，不征收出口关税。

特殊情形下，经海关批准，可以适当延长前款规定的期限，具体办法由海关总署规定。

第四十条　因残损、短少、品质不良或者规格不符原因，进出口货物的发货人、承运人或者保险公司免费补偿或者更换的相同货物，进出口时不征收关税。被免费更换的原进口货物不退运出境或者原出口货物不退运进境的，海关应当对原进出口货物重新按照规定征收关税。

纳税人应当在原进出口合同约定的请求赔偿期限内且不超过原进出口放行之日起三年内，向海关申报办理免费补偿或者更换货物的进出口手续。

第五章　征收管理

第四十一条　关税征收管理可以实施货物放行与税额确定相分离的模式。

关税征收管理应当适应对外贸易新业态新模式发展需要，提升信息化、智能化、标准化、便利化水平。

第四十二条　进出口货物的纳税人、扣缴义务人可以按照规定选择海关办理申报纳税。

纳税人、扣缴义务人应当按照规定的期限和要求如实向海关申报税额，并提供相关资料。必要时，海关可以要求纳税人、扣缴义务人补充申报。

第四十三条　进出口货物的纳税人、扣缴义务人应当自完成申报之日起十五日内缴纳税款；符合海关规定条件并提供担保的，可以于次月第五个工作日结束前汇总缴纳税款。因不可抗力或者国家税收政策调整，不能按期缴纳的，经向海关申请并提供担保，可以延期缴纳，但最长不得超过六个月。

纳税人、扣缴义务人未在前款规定的纳税期限内缴纳税款的，自规定的期限届满之日起，按日加收滞纳税款万分之五的滞纳金。

税款尚未缴纳，纳税人、扣缴义务人依照有关法律、行政法规的规定申请提供担保要求放行货物的，海关应当依法办理担保手续。

第四十四条　进出口货物的纳税人在规定的纳税期限内有转移、藏匿其应税货物以及其他财产的明显迹象，或者存在其他可能导致无法缴纳税款风险的，海关可以责令其提供担保；纳税人不提供担保的，经直属海关关长或者其授权的隶属海关关长批准，海关可以实施下列强制措施：

（一）书面通知银行业金融机构冻结纳税人金额相当于应纳税款的存款、汇款；

（二）查封、扣押纳税人价值相当于应纳税款的货物或者其他财产。

纳税人在规定的纳税期限内缴纳税款的，海关应当立即解除强制措施。

第四十五条　自纳税人、扣缴义务人缴纳税款或者货物放行之日起三年内，海关有权对纳税人、扣缴义务人的应纳税额进行确认。

海关确认的应纳税额与纳税人、扣缴义务人申报的税额不一致的，海关应当向纳税人、扣缴义务人出具税额确认书。纳税人、扣缴义务人应当按照税额确认书载明的应纳税额，在海关规定的期限内补缴税款或者办理退税手续。

经海关确认应纳税额后需要补缴税款但未在规定的期限内补缴的，自规定的期限届满之日起，按日加收滞纳税款万分之五的滞纳金。

第四十六条　因纳税人、扣缴义务人违反规定造成少征或者漏征税款的，海关可以自缴纳税款或者货物放行之日起三年内追征税款，并自缴纳税款或者货物放行之日起，按日加收少征或者漏征税款万分之五的滞纳金。

第四十七条　对走私行为，海关追征税款、滞纳金的，不受前条规定期限的限制，并有权核定应纳税额。

第四十八条　海关发现海关监管货物因纳税人、扣缴义务人违反规定造成少征或者漏征税款的，应当自纳税人、扣缴义务人应缴纳税款之日起三年内追征税款，并自应缴纳税款之日起按日加收少征或者漏征税款万分之五的滞纳金。

第四十九条　海关可以对纳税人、扣缴义务人欠缴税款的情况予以公告。

纳税人未缴清税款、滞纳金且未向海关提供担保的，经直属海关关长或者其授权的隶属海关关长批准，海关可以按照规定通知移民管理机构对纳税人或者其法定代表人依法采取限制出境措施。

第五十条　纳税人、扣缴义务人未按照规定的期限缴纳或者解缴税款的，由海关责令其限期缴纳；逾期仍未缴纳且无正当理由的，经直属海关关长或者其授权的隶属海关关长批准，海关可以实施下列强制执行措施：

（一）书面通知银行业金融机构划拨纳税人、扣缴义务人金额相当于应纳税款的存款、汇款；

（二）查封、扣押纳税人、扣缴义务人价值相当于应纳税款的货物或者其他财产，依法拍卖或者变卖所查封、扣押的货物或者其他财产，以拍卖或者变卖所得抵缴税款，剩余部分退还纳税人、扣缴义务人。

海关实施强制执行时，对未缴纳的滞纳金同时强制执行。

第五十一条　海关发现多征税款的，应当及时通知纳税人办理退还手续。

纳税人发现多缴税款的，可以自缴纳税款之日起三年内，向海关书面申请退还多缴的税款。海关应当自受理申请之日起三十日内查实并通知纳税人办理退还手续，纳税人应当自收到通知之日起三个月内办理退还手续。

第五十二条　有下列情形之一的，纳税人自缴纳税款之日起一年内，可以向海关申请退还关税：

（一）已征进口关税的货物，因品质、规格原因或者不可抗力，一年内原状复运出境；

（二）已征出口关税的货物，因品质、规格原因或者不可抗力，一年内原状复运进境，并已重新缴纳因出口而退还的国内环节有关税收；

（三）已征出口关税的货物，因故未装运出口，申报退关。

申请退还关税应当以书面形式提出，并提供原缴款凭证及相关资料。海关应当自受理申请之日起三十日内查实并通知纳税人办理退还手续。纳税人应当自收到通知之日起三个月内办理退还手续。

按照其他有关法律、行政法规规定应当退还关税的，海关应当依法予以退还。

第五十三条 按照规定退还关税的，应当加算银行同期活期存款利息。

第五十四条 对规避本法第二章、第三章有关规定，不具有合理商业目的而减少应纳税额的行为，国家可以采取调整关税等反规避措施。

第五十五条 报关企业接受纳税人的委托，以纳税人的名义办理报关纳税手续，因报关企业违反规定造成海关少征、漏征税款的，报关企业对少征或者漏征的税款及其滞纳金与纳税人承担纳税的连带责任。

报关企业接受纳税人的委托，以报关企业的名义办理报关纳税手续的，报关企业与纳税人承担纳税的连带责任。

第五十六条 除不可抗力外，在保管海关监管货物期间，海关监管货物损毁或者灭失的，对海关监管货物负有保管义务的单位或者个人应当承担相应的纳税责任。

第五十七条 未履行纳税义务的纳税人有合并、分立情形的，在合并、分立前，应当向海关报告，依法缴清税款、滞纳金或者提供担保。纳税人合并时未缴清税款、滞纳金或者未提供担保的，由合并后的法人或者非法人组织继续履行未履行的纳税义务；纳税人分立时未缴清税款、滞纳金或者未提供担保的，分立后的法人或者非法人组织对未履行的纳税义务承担连带责任。

纳税人在减免税货物、保税货物监管期间，有合并、分立或者其他资产重组情形的，应当向海关报告；按照规定需要缴税的，应当依法缴清税款、滞纳金或者提供担保；按照规定可以继续享受减免税、保税的，应当向海关办理变更纳税人的手续。

纳税人未履行纳税义务或者在减免税货物、保税货物监管期间，有解散、破产或者其他依法终止经营情形的，应当在清算前向海关报告。海关应当依法清缴税款、滞纳金。

第五十八条 海关征收的税款优先于无担保债权，法律另有规定的除外。纳税人欠缴税款发生在纳税人以其财产设定抵押、质押之前的，税款应当先于抵押权、质权执行。

纳税人欠缴税款，同时被行政机关处以罚款、没收违法所得，其财产不足以同时支付的，应当先缴纳税款。

第五十九条 税款、滞纳金应当按照国家有关规定及时缴入国库。

退还税款、利息涉及从国库中退库的，按照法律、行政法规有关国库管理的规定执行。

第六十条　税款、滞纳金、利息等应当以人民币计算。

进出口货物、进境物品的价格以及有关费用以人民币以外的货币计算的，按照纳税人完成申报之日的计征汇率折合为人民币计算。

前款所称计征汇率，是指按照海关总署规定确定的日期当日的人民币汇率中间价。

第六十一条　海关因关税征收的需要，可以依法向有关政府部门和机构查询纳税人的身份、账户、资金往来等涉及关税的信息，有关政府部门和机构应当在职责范围内予以协助和配合。海关获取的涉及关税的信息只能用于关税征收目的。

第六章　法律责任

第六十二条　有下列情形之一的，由海关给予警告；情节严重的，处三万元以下的罚款：

（一）未履行纳税义务的纳税人有合并、分立情形，在合并、分立前，未向海关报告；

（二）纳税人在减免税货物、保税货物监管期间，有合并、分立或者其他资产重组情形，未向海关报告；

（三）纳税人未履行纳税义务或者在减免税货物、保税货物监管期间，有解散、破产或者其他依法终止经营情形，未在清算前向海关报告。

第六十三条　纳税人欠缴应纳税款，采取转移或者藏匿财产等手段，妨碍海关依法追征欠缴的税款的，除由海关追征欠缴的税款、滞纳金外，处欠缴税款百分之五十以上五倍以下的罚款。

第六十四条　扣缴义务人应扣未扣、应收未收税款的，由海关向纳税人追征税款，对扣缴义务人处应扣未扣、应收未收税款百分之五十以上三倍以下的罚款。

第六十五条　对本法第六十二条、第六十三条、第六十四条规定以外其他违反本法规定的行为，由海关依照《中华人民共和国海关法》等法律、行政法规的规定处罚。

第六十六条　纳税人、扣缴义务人、担保人对海关确定纳税人、商品归类、货物原产地、纳税地点、计征方式、计税价格、适用税率或者汇率，决定减征或者免征税款，确认应纳税额、补缴税款、退还税款以及加收滞纳金等征税事项有异议的，应当依法先向上一级海关申请行政复议；对行政复议决定不服的，可以依法向人民法院提起行政诉讼。

当事人对海关作出的前款规定以外的行政行为不服的，可以依法申请行政复议，也可以依法向人民法院提起行政诉讼。

第六十七条　违反本法规定，滥用职权、玩忽职守、徇私舞弊或者泄露、非法向他人提供在履行职责中知悉的商业秘密、个人隐私、个人信息的，依法给予处分。

第六十八条　违反本法规定，构成犯罪的，依法追究刑事责任。

第七章　附　则

第六十九条　《中华人民共和国海南自由贸易港法》对海南自由贸易港的关税事宜另有规定的，依照其规定。

第七十条　进口环节海关代征税的征收管理，适用关税征收管理的规定。

船舶吨税的征收，《中华人民共和国船舶吨税法》未作规定的，适用关税征收管理的规定。

第七十一条　从事免税商品零售业务应当经过批准，具体办法由国务院规定。

第七十二条　本法自 2024 年 12 月 1 日起施行。《中华人民共和国进出口关税条例》同时废止。

附：中华人民共和国进出口税则（注：《中华人民共和国进出口税则》由国务院关税税则委员会发布）（略）

中华人民共和国进出口关税条例

（2024 年 12 月 1 日废止）

（2003 年 11 月 23 日中华人民共和国国务院令第 392 号公布 根据 2011 年 1 月 8 日《国务院关于废止和修改部分行政法规的决定》第一次修订 根据 2013 年 12 月 7 日《国务院关于修改部分行政法规的决定》第二次修订 根据 2016 年 2 月 6 日《国务院关于修改部分行政法规的决定》第三次修订 根据 2017 年 3 月 1 日《国务院关于修改和废止部分行政法规的决定》第四次修订 根据 2024 年 12 月 1 日施行《关税法》废止）

第一章 总 则

第一条 为了贯彻对外开放政策，促进对外经济贸易和国民经济的发展，根据《中华人民共和国海关法》（以下简称《海关法》）的有关规定，制定本条例。

第二条 中华人民共和国准许进出口的货物、进境物品，除法律、行政法规另有规定外，海关依照本条例规定征收进出口关税。

第三条 国务院制定《中华人民共和国进出口税则》（以下简称《税则》）、《中华人民共和国进境物品进口税税率表》（以下简称《进境物品进口税税率表》），规定关税的税目、税则号列和税率，作为本条例的组成部分。

第四条 国务院设立关税税则委员会，负责《税则》和《进境物品进口税税率表》的税目、税则号列和税率的调整和解释，报国务院批准后执行；决定实行暂定税率的货物、税率和期限；决定关税配额税率；决定征收反倾销税、反补贴税、保障措施关税、报复性关税以及决定实施其他关税措施；决定特殊情况下税率的适用，以及履行国务院规定的其他职责。

第五条 进口货物的收货人、出口货物的发货人、进境物品的所有人，是关税的纳税义务人。

第六条 海关及其工作人员应当依照法定职权和法定程序履行关税征管职责，维护国家利益，保护纳税人合法权益，依法接受监督。

第七条 纳税义务人有权要求海关对其商业秘密予以保密，海关应当依法为纳税义务人保密。

第八条 海关对检举或者协助查获违反本条例行为的单位和个人，应当按照规定给予奖励，并负责保密。

第二章 进出口货物关税税率的设置和适用

第九条 进口关税设置最惠国税率、协定税率、特惠税率、普通税率、关税配额税率等税率。对进口货物在一定期限内可以实行暂定税率。

出口关税设置出口税率。对出口货物在一定期限内可以实行暂定税率。

第十条 原产于共同适用最惠国待遇条款的世界贸易组织成员的进口货物，原产于与中华人民共和国签订含有相互给予最惠国待遇条款的双边贸易协定的国家或者地区的进口货物，以及原产于中华人民共和国境内的进口货物，适用最惠国税率。

原产于与中华人民共和国签订含有关税优惠条款的区域性贸易协定的国家或者地区的进口货物，适用协定税率。

原产于与中华人民共和国签订含有特殊关税优惠条款的贸易协定的国家或者地区的进口货物，适用特惠税率。

原产于本条第一款、第二款和第三款所列以外国家或者地区的进口货物，以及原产地不明的进口货物，适用普通税率。

第十一条 适用最惠国税率的进口货物有暂定税率的，应当适用暂定税率；适用协定税率、特惠税率的进口货物有暂定税率的，应当从低适用税率；适用普通税率的进口货物，不适用暂定税率。

适用出口税率的出口货物有暂定税率的，应当适用暂定税率。

第十二条 按照国家规定实行关税配额管理的进口货物，关税配额内的，适用关税配额税率；关税配额外的，其税率的适用按照本条例第十条、第十一条的规定执行。

第十三条 按照有关法律、行政法规的规定对进口货物采取反倾销、反补贴、保障措施的，其税率的适用按照《中华人民共和国反倾销条例》、《中华人民共和国反补贴条例 》和《中华人民共和国保障措施条例》的有关规定执行。

第十四条 任何国家或者地区违反与中华人民共和国签订或者共同参加的贸易协定及相关协定，对中华人民共和国在贸易方面采取禁止、限制、加征关税或者其他影响正常贸易的措施的，对原产于该国家或者地区的进口货物可以征收报复性关税，适用报复性关税税率。

征收报复性关税的货物、适用国别、税率、期限和征收办法，由国务院关税税则委员会决定并公布。

第十五条　进出口货物，应当适用海关接受该货物申报进口或者出口之日实施的税率。

进口货物到达前，经海关核准先行申报的，应当适用装载该货物的运输工具申报进境之日实施的税率。

转关运输货物税率的适用日期，由海关总署另行规定。

第十六条　有下列情形之一，需缴纳税款的，应当适用海关接受申报办理纳税手续之日实施的税率：

（一）保税货物经批准不复运出境的；

（二）减免税货物经批准转让或者移作他用的；

（三）暂时进境货物经批准不复运出境，以及暂时出境货物经批准不复运进境的；

（四）租赁进口货物，分期缴纳税款的。

第十七条　补征和退还进出口货物关税，应当按照本条例第十五条或者第十六条的规定确定适用的税率。

因纳税义务人违反规定需要追征税款的，应当适用该行为发生之日实施的税率；行为发生之日不能确定的，适用海关发现该行为之日实施的税率。

第三章　进出口货物完税价格的确定

第十八条　进口货物的完税价格由海关以符合本条第三款所列条件的成交价格以及该货物运抵中华人民共和国境内输入地点起卸前的运输及其相关费用、保险费为基础审查确定。

进口货物的成交价格，是指卖方向中华人民共和国境内销售该货物时买方为进口该货物向卖方实付、应付的，并按照本条例第十九条、第二十条规定调整后的价款总额，包括直接支付的价款和间接支付的价款。

进口货物的成交价格应当符合下列条件：

（一）对买方处置或者使用该货物不予限制，但法律、行政法规规定实施的限制、对货物转售地域的限制和对货物价格无实质性影响的限制除外；

（二）该货物的成交价格没有因搭售或者其他因素的影响而无法确定；

（三）卖方不得从买方直接或者间接获得因该货物进口后转售、处置或者使用而产生的任何收益，或者虽有收益但能够按照本条例第十九条、第二十条的规定进行调整；

（四）买卖双方没有特殊关系，或者虽有特殊关系但未对成交价格产生影响。

第十九条　进口货物的下列费用应当计入完税价格：

（一）由买方负担的购货佣金以外的佣金和经纪费；

（二）由买方负担的在审查确定完税价格时与该货物视为一体的容器的费用；

（三）由买方负担的包装材料费用和包装劳务费用；

（四）与该货物的生产和向中华人民共和国境内销售有关的，由买方以免费或者以低于成本的方式提供并可以按适当比例分摊的料件、工具、模具、消耗材料及类似货物的价款，以及在境外开发、设计等相关服务的费用；

（五）作为该货物向中华人民共和国境内销售的条件，买方必须支付的、与该货物有关的特许权使用费；

（六）卖方直接或者间接从买方获得的该货物进口后转售、处置或者使用的收益。

第二十条　进口时在货物的价款中列明的下列税收、费用，不计入该货物的完税价格：

（一）厂房、机械、设备等货物进口后进行建设、安装、装配、维修和技术服务的费用；

（二）进口货物运抵境内输入地点起卸后的运输及其相关费用、保险费；

（三）进口关税及国内税收。

第二十一条　进口货物的成交价格不符合本条例第十八条第三款规定条件的，或者成交价格不能确定的，海关经了解有关情况，并与纳税义务人进行价格磋商后，依次以下列价格估定该货物的完税价格：

（一）与该货物同时或者大约同时向中华人民共和国境内销售的相同货物的成交价格。

（二）与该货物同时或者大约同时向中华人民共和国境内销售的类似货物的成交价格。

（三）与该货物进口的同时或者大约同时，将该进口货物、相同或者类似进口货物在第一级销售环节销售给无特殊关系买方最大销售总量的单位价格，但应当扣除本条例

第二十二条规定的项目。

（四）按照下列各项总和计算的价格：生产该货物所使用的料件成本和加工费用，向中华人民共和国境内销售同等级或者同种类货物通常的利润和一般费用，该货物运抵境内输入地点起卸前的运输及其相关费用、保险费。

（五）以合理方法估定的价格。

纳税义务人向海关提供有关资料后，可以提出申请，颠倒前款第（三）项和第（四）项的适用次序。

第二十二条　按照本条例第二十一条第一款第（三）项规定估定完税价格，应当扣除的项目是指：

（一）同等级或者同种类货物在中华人民共和国境内第一级销售环节销售时通常的利润和一般费用以及通常支付的佣金；

（二）进口货物运抵境内输入地点起卸后的运输及其相关费用、保险费；

（三）进口关税及国内税收。

第二十三条　以租赁方式进口的货物，以海关审查确定的该货物的租金作为完税价格。

纳税义务人要求一次性缴纳税款的，纳税义务人可以选择按照本条例第二十一条的规定估定完税价格，或者按照海关审查确定的租金总额作为完税价格。

第二十四条　运往境外加工的货物，出境时已向海关报明并在海关规定的期限内复运进境的，应当以境外加工费和料件费以及复运进境的运输及其相关费用和保险费审查确定完税价格。

第二十五条　运往境外修理的机械器具、运输工具或者其他货物，出境时已向海关报明并在海关规定的期限内复运进境的，应当以境外修理费和料件费审查确定完税价格。

第二十六条　出口货物的完税价格由海关以该货物的成交价格以及该货物运至中华人民共和国境内输出地点装载前的运输及其相关费用、保险费为基础审查确定。

出口货物的成交价格，是指该货物出口时卖方为出口该货物应当向买方直接收取和间接收取的价款总额。

出口关税不计入完税价格。

第二十七条　出口货物的成交价格不能确定的，海关经了解有关情况，并与纳税义务人进行价格磋商后，依次以下列价格估定该货物的完税价格：

（一）与该货物同时或者大约同时向同一国家或者地区出口的相同货物的成交价格。

（二）与该货物同时或者大约同时向同一国家或者地区出口的类似货物的成交价格。

（三）按照下列各项总和计算的价格：境内生产相同或者类似货物的料件成本、加工费用，通常的利润和一般费用，境内发生的运输及其相关费用、保险费。

（四）以合理方法估定的价格。

第二十八条　按照本条例规定计入或者不计入完税价格的成本、费用、税收，应当以客观、可量化的数据为依据。

第四章　进出口货物关税的征收

第二十九条　进口货物的纳税义务人应当自运输工具申报进境之日起14日内，出口货物的纳税义务人除海关特准的外，应当在货物运抵海关监管区后、装货的24小时以前，向货物的进出境地海关申报。进出口货物转关运输的，按照海关总署的规定执行。

进口货物到达前，纳税义务人经海关核准可以先行申报。具体办法由海关总署另行规定。

第三十条　纳税义务人应当依法如实向海关申报，并按照海关的规定提供有关确定完税价格、进行商品归类、确定原产地以及采取反倾销、反补贴或者保障措施等所需的资料；必要时，海关可以要求纳税义务人补充申报。

第三十一条　纳税义务人应当按照《税则》规定的目录条文和归类总规则、类注、章注、子目注释以及其他归类注释，对其申报的进出口货物进行商品归类，并归入相应的税则号列；海关应当依法审核确定该货物的商品归类。

第三十二条　海关可以要求纳税义务人提供确定商品归类所需的有关资料；必要时，海关可以组织化验、检验，并将海关认定的化验、检验结果作为商品归类的依据。

第三十三条　海关为审查申报价格的真实性和准确性，可以查阅、复制与进出口货物有关的合同、发票、账册、结付汇凭证、单据、业务函电、录音录像制品和其他反映买卖双方关系及交易活动的资料。

海关对纳税义务人申报的价格有怀疑并且所涉关税数额较大的，经直属海关关长或者其授权的隶属海关关长批准，凭海关总署统一格式的协助查询账户通知书及有关工作人员的工作证件，可以查询纳税义务人在银行或者其他金融机构开立的单位账户的资金往来情况，并向银行业监督管理机构通报有关情况。

第三十四条　海关对纳税义务人申报的价格有怀疑的，应当将怀疑的理由书面告知纳税义务人，要求其在规定的期限内书面作出说明、提供有关资料。

纳税义务人在规定的期限内未作说明、未提供有关资料的，或者海关仍有理由怀疑申报价格的真实性和准确性的，海关可以不接受纳税义务人申报的价格，并按照本条例第三章的规定估定完税价格。

第三十五条　海关审查确定进出口货物的完税价格后，纳税义务人可以以书面形式要求海关就如何确定其进出口货物的完税价格作出书面说明，海关应当向纳税义务人作出书面说明。

第三十六条　进出口货物关税，以从价计征、从量计征或者国家规定的其他方式征收。

从价计征的计算公式为：应纳税额＝完税价格 × 关税税率

从量计征的计算公式为：应纳税额＝货物数量 × 单位税额

第三十七条　纳税义务人应当自海关填发税款缴款书之日起 15 日内向指定银行缴纳税款。纳税义务人未按期缴纳税款的，从滞纳税款之日起，按日加收滞纳税款万分之五的滞纳金。

海关可以对纳税义务人欠缴税款的情况予以公告。

海关征收关税、滞纳金等，应当制发缴款凭证，缴款凭证格式由海关总署规定。

第三十八条　海关征收关税、滞纳金等，应当按人民币计征。

进出口货物的成交价格以及有关费用以外币计价的，以中国人民银行公布的基准汇率折合为人民币计算完税价格；以基准汇率币种以外的外币计价的，按照国家有关规定套算为人民币计算完税价格。适用汇率的日期由海关总署规定。

第三十九条　纳税义务人因不可抗力或者在国家税收政策调整的情形下，不能按期缴纳税款的，经依法提供税款担保后，可以延期缴纳税款，但是最长不得超过 6 个月。

第四十条　进出口货物的纳税义务人在规定的纳税期限内有明显的转移、藏匿其应税货物以及其他财产迹象的，海关可以责令纳税义务人提供担保；纳税义务人不能提供担保的，海关可以按照《海关法》第六十一条的规定采取税收保全措施。

纳税义务人、担保人自缴纳税款期限届满之日起超过 3 个月仍未缴纳税款的，海关可以按照《海关法》第六十条的规定采取强制措施。

第四十一条　加工贸易的进口料件按照国家规定保税进口的，其制成品或者进口料件未在规定的期限内出口的，海关按照规定征收进口关税。

加工贸易的进口料件进境时按照国家规定征收进口关税的，其制成品或者进口料件在规定的期限内出口的，海关按照有关规定退还进境时已征收的关税税款。

第四十二条　暂时进境或者暂时出境的下列货物，在进境或者出境时纳税义务人向海关缴纳相当于应纳税款的保证金或者提供其他担保的，可以暂不缴纳关税，并应当自进境或者出境之日起6个月内复运出境或者复运进境；需要延长复运出境或者复运进境期限的，纳税义务人应当根据海关总署的规定向海关办理延期手续：

（一）在展览会、交易会、会议及类似活动中展示或者使用的货物；

（二）文化、体育交流活动中使用的表演、比赛用品；

（三）进行新闻报道或者摄制电影、电视节目使用的仪器、设备及用品；

（四）开展科研、教学、医疗活动使用的仪器、设备及用品；

（五）在本款第（一）项至第（四）项所列活动中使用的交通工具及特种车辆；

（六）货样；

（七）供安装、调试、检测设备时使用的仪器、工具；

（八）盛装货物的容器；

（九）其他用于非商业目的的货物。

第一款所列暂时进境货物在规定的期限内未复运出境的，或者暂时出境货物在规定的期限内未复运进境的，海关应当依法征收关税。

第一款所列可以暂时免征关税范围以外的其他暂时进境货物，应当按照该货物的完税价格和其在境内滞留时间与折旧时间的比例计算征收进口关税。具体办法由海关总署规定。

第四十三条　因品质或者规格原因，出口货物自出口之日起1年内原状复运进境的，不征收进口关税。

因品质或者规格原因，进口货物自进口之日起1年内原状复运出境的，不征收出口关税。

第四十四条　因残损、短少、品质不良或者规格不符原因，由进出口货物的发货人、承运人或者保险公司免费补偿或者更换的相同货物，进出口时不征收关税。被免费更换的原进口货物不退运出境或者原出口货物不退运进境的，海关应当对原进出口货物重新按照规定征收关税。

第四十五条　下列进出口货物，免征关税：

（一）关税税额在人民币 50 元以下的一票货物；

（二）无商业价值的广告品和货样；

（三）外国政府、国际组织无偿赠送的物资；

（四）在海关放行前损失的货物；

（五）进出境运输工具装载的途中必需的燃料、物料和饮食用品。

在海关放行前遭受损坏的货物，可以根据海关认定的受损程度减征关税。

法律规定的其他免征或者减征关税的货物，海关根据规定予以免征或者减征。

第四十六条　特定地区、特定企业或者有特定用途的进出口货物减征或者免征关税，以及临时减征或者免征关税，按照国务院的有关规定执行。

第四十七条　进口货物减征或者免征进口环节海关代征税，按照有关法律、行政法规的规定执行。

第四十八条　纳税义务人进出口减免税货物的，除另有规定外，应当在进出口该货物之前，按照规定持有关文件向海关办理减免税审批手续。经海关审查符合规定的，予以减征或者免征关税。

第四十九条　需由海关监管使用的减免税进口货物，在监管年限内转让或者移作他用需要补税的，海关应当根据该货物进口时间折旧估价，补征进口关税。

特定减免税进口货物的监管年限由海关总署规定。

第五十条　有下列情形之一的，纳税义务人自缴纳税款之日起 1 年内，可以申请退还关税，并应当以书面形式向海关说明理由，提供原缴款凭证及相关资料：

（一）已征进口关税的货物，因品质或者规格原因，原状退货复运出境的；

（二）已征出口关税的货物，因品质或者规格原因，原状退货复运进境，并已重新缴纳因出口而退还的国内环节有关税收的；

（三）已征出口关税的货物，因故未装运出口，申报退关的。

海关应当自受理退税申请之日起 30 日内查实并通知纳税义务人办理退还手续。纳税义务人应当自收到通知之日起 3 个月内办理有关退税手续。

按照其他有关法律、行政法规规定应当退还关税的，海关应当按照有关法律、行政法规的规定退税。

第五十一条　进出口货物放行后，海关发现少征或者漏征税款的，应当自缴纳税款或者货物放行之日起 1 年内，向纳税义务人补征税款。但因纳税义务人违反规定造成少征或者漏征税款的，海关可以自缴纳税款或者货物放行之日起 3 年内追征税款，并从缴纳税款或者货物放行之日起按日加收少征或者漏征税款万分之五的滞纳金。

海关发现海关监管货物因纳税义务人违反规定造成少征或者漏征税款的，应当自纳税义务人应缴纳税款之日起 3 年内追征税款，并从应缴纳税款之日起按日加收少征或者漏征税款万分之五的滞纳金。

第五十二条　海关发现多征税款的，应当立即通知纳税义务人办理退还手续。

纳税义务人发现多缴税款的，自缴纳税款之日起 1 年内，可以以书面形式要求海关退还多缴的税款并加算银行同期活期存款利息；海关应当自受理退税申请之日起 30 日内查实并通知纳税义务人办理退还手续。

纳税义务人应当自收到通知之日起 3 个月内办理有关退税手续。

第五十三条　按照本条例第五十条、第五十二条的规定退还税款、利息涉及从国库中退库的，按照法律、行政法规有关国库管理的规定执行。

第五十四条　报关企业接受纳税义务人的委托，以纳税义务人的名义办理报关纳税手续，因报关企业违反规定而造成海关少征、漏征税款的，报关企业对少征或者漏征的税款、滞纳金与纳税义务人承担纳税的连带责任。

报关企业接受纳税义务人的委托，以报关企业的名义办理报关纳税手续的，报关企业与纳税义务人承担纳税的连带责任。

除不可抗力外，在保管海关监管货物期间，海关监管货物损毁或者灭失的，对海关监管货物负有保管义务的人应当承担相应的纳税责任。

第五十五条　欠税的纳税义务人，有合并、分立情形的，在合并、分立前，应当向海关报告，依法缴清税款。纳税义务人合并时未缴清税款的，由合并后的法人或者其他组织继续履行未履行的纳税义务；纳税义务人分立时未缴清税款的，分立后的法人或者其他组织对未履行的纳税义务承担连带责任。

纳税义务人在减免税货物、保税货物监管期间，有合并、分立或者其他资产重组情形的，应当向海关报告。按照规定需要缴税的，应当依法缴清税款；按照规定可以继续享受减免税、保税待遇的，应当到海关办理变更纳税义务人的手续。

纳税义务人欠税或者在减免税货物、保税货物监管期间，有撤销、解散、破产或者其他依法终止经营情形的，应当在清算前向海关报告。海关应当依法对纳税义务人的应缴税款予以清缴。

第五章　进境物品进口税的征收

第五十六条　进境物品的关税以及进口环节海关代征税合并为进口税，由海关依法征收。

第五十七条　海关总署规定数额以内的个人自用进境物品，免征进口税。

超过海关总署规定数额但仍在合理数量以内的个人自用进境物品，由进境物品的纳税义务人在进境物品放行前按照规定缴纳进口税。

超过合理、自用数量的进境物品应当按照进口货物依法办理相关手续。

国务院关税税则委员会规定按货物征税的进境物品，按照本条例第二章至第四章的规定征收关税。

第五十八条　进境物品的纳税义务人是指，携带物品进境的入境人员、进境邮递物品的收件人以及以其他方式进口物品的收件人。

第五十九条　进境物品的纳税义务人可以自行办理纳税手续，也可以委托他人办理纳税手续。接受委托的人应当遵守本章对纳税义务人的各项规定。

第六十条　进口税从价计征。

进口税的计算公式为：进口税税额＝完税价格 × 进口税税率

第六十一条　海关应当按照《进境物品进口税税率表》及海关总署制定的《中华人民共和国进境物品归类表》、《中华人民共和国进境物品完税价格表》对进境物品进行归类、确定完税价格和确定适用税率。

第六十二条　进境物品，适用海关填发税款缴款书之日实施的税率和完税价格。

第六十三条　进口税的减征、免征、补征、追征、退还以及对暂准进境物品征收进口税参照本条例对货物征收进口关税的有关规定执行。

第六章　附　则

第六十四条　纳税义务人、担保人对海关确定纳税义务人、确定完税价格、商品归类、确定原产地、适用税率或者汇率、减征或者免征税款、补税、退税、征收滞纳金、确定计征方式以及确定纳税地点有异议的，应当缴纳税款，并可以依法向上一级海关申请复议。对复议决定不服的，可以依法向人民法院提起诉讼。

第六十五条　进口环节海关代征税的征收管理，适用关税征收管理的规定。

第六十六条　有违反本条例规定行为的，按照《海关法》、《中华人民共和国海关行政处罚实施条例》和其他有关法律、行政法规的规定处罚。

第六十七条　本条例自 2004 年 1 月 1 日起施行。1992 年 3 月 18 日国务院修订发布的《中华人民共和国进出口关税条例》同时废止。

中华人民共和国海关法

（2021 年修正，2021 年 4 月 29 日施行）

（1987 年 1 月 22 日第六届全国人民代表大会常务委员会第十九次会议通过　根据 2000 年 7 月 8 日第九届全国人民代表大会常务委员会第十六次会议《关于修改〈中华人民共和国海关法〉的决定》第一次修正　根据 2013 年 6 月 29 日第十二届全国人民代表大会常务委员会第三次会议《关于修改〈中华人民共和国文物保护法〉等十二部法律的决定》第二次修正　根据 2013 年 12 月 28 日第十二届全国人民代表大会常务委员会第六次会议《关于修改〈中华人民共和国海洋环境保护法〉等七部法律的决定》第三次修正　根据 2016 年 11 月 7 日第十二届全国人民代表大会常务委员会第二十四次会议《关于修改〈中华人民共和国对外贸易法〉等十二部法律的决定》第四次修正　根据 2017 年 11 月 4 日第十二届全国人民代表大会常务委员会第三十次会议《关于修改〈中华人民共和国会计法〉等十一部法律的决定》第五次修正　根据 2021 年 4 月 29 日第十三届全国人民代表大会常务委员会第二十八次会议《关于修改〈中华人民共和国道路交通安全法〉等八部法律的决定》第六次修正）

第一章　总　则

第一条　为了维护国家的主权和利益，加强海关监督管理，促进对外经济贸易和科技文化交往，保障社会主义现代化建设，特制定本法。

第二条　中华人民共和国海关是国家的进出关境（以下简称进出境）监督管理机关。海关依照本法和其他有关法律、行政法规，监管进出境的运输工具、货物、行李物品、邮递物品和其他物品（以下简称进出境运输工具、货物、物品），征收关税和其他税、费，查缉走私，并编制海关统计和办理其他海关业务。

第三条　国务院设立海关总署，统一管理全国海关。

国家在对外开放的口岸和海关监管业务集中的地点设立海关。海关的隶属关系，不受行政区划的限制。

海关依法独立行使职权，向海关总署负责。

第四条 国家在海关总署设立专门侦查走私犯罪的公安机构，配备专职缉私警察，负责对其管辖的走私犯罪案件的侦查、拘留、执行逮捕、预审。

海关侦查走私犯罪公安机构履行侦查、拘留、执行逮捕、预审职责，应当按照《中华人民共和国刑事诉讼法》的规定办理。

海关侦查走私犯罪公安机构根据国家有关规定，可以设立分支机构。各分支机构办理其管辖的走私犯罪案件，应当依法向有管辖权的人民检察院移送起诉。

地方各级公安机关应当配合海关侦查走私犯罪公安机构依法履行职责。

第五条 国家实行联合缉私、统一处理、综合治理的缉私体制。海关负责组织、协调、管理查缉走私工作。有关规定由国务院另行制定。

各有关行政执法部门查获的走私案件，应当给予行政处罚的，移送海关依法处理；涉嫌犯罪的，应当移送海关侦查走私犯罪公安机构、地方公安机关依据案件管辖分工和法定程序办理。

第六条 海关可以行使下列权力：

（一）检查进出境运输工具，查验进出境货物、物品；对违反本法或者其他有关法律、行政法规的，可以扣留。

（二）查阅进出境人员的证件；查问违反本法或者其他有关法律、行政法规的嫌疑人，调查其违法行为。

（三）查阅、复制与进出境运输工具、货物、物品有关的合同、发票、帐册、单据、记录、文件、业务函电、录音录像制品和其他资料；对其中与违反本法或者其他有关法律、行政法规的进出境运输工具、货物、物品有牵连的，可以扣留。

（四）在海关监管区和海关附近沿海沿边规定地区，检查有走私嫌疑的运输工具和有藏匿走私货物、物品嫌疑的场所，检查走私嫌疑人的身体；对有走私嫌疑的运输工具、货物、物品和走私犯罪嫌疑人，经直属海关关长或者其授权的隶属海关关长批准，可以扣留；对走私犯罪嫌疑人，扣留时间不超过二十四小时，在特殊情况下可以延长至四十八小时。

在海关监管区和海关附近沿海沿边规定地区以外，海关在调查走私案件时，对有走私嫌疑的运输工具和除公民住处以外的有藏匿走私货物、物品嫌疑的场所，经直属海关关长或者其授权的隶属海关关长批准，可以进行检查，有关当事人应当到场；当事人未到场的，在有见证人在场的情况下，可以径行检查；对其中有证据证明有走私嫌疑的运输工具、货物、物品，可以扣留。

海关附近沿海沿边规定地区的范围，由海关总署和国务院公安部门会同有关省级人民政府确定。

（五）在调查走私案件时，经直属海关关长或者其授权的隶属海关关长批准，可以查询案件涉嫌单位和涉嫌人员在金融机构、邮政企业的存款、汇款。

（六）进出境运输工具或者个人违抗海关监管逃逸的，海关可以连续追至海关监管区和海关附近沿海沿边规定地区以外，将其带回处理。

（七）海关为履行职责，可以配备武器。海关工作人员佩带和使用武器的规则，由海关总署会同国务院公安部门制定，报国务院批准。

（八）法律、行政法规规定由海关行使的其他权力。

第七条　各地方、各部门应当支持海关依法行使职权，不得非法干预海关的执法活动。

第八条　进出境运输工具、货物、物品，必须通过设立海关的地点进境或者出境。在特殊情况下，需要经过未设立海关的地点临时进境或者出境的，必须经国务院或者国务院授权的机关批准，并依照本法规定办理海关手续。

第九条　进出口货物，除另有规定的外，可以由进出口货物收发货人自行办理报关纳税手续，也可以由进出口货物收发货人委托报关企业办理报关纳税手续。

进出境物品的所有人可以自行办理报关纳税手续，也可以委托他人办理报关纳税手续。

第十条　报关企业接受进出口货物收发货人的委托，以委托人的名义办理报关手续的，应当向海关提交由委托人签署的授权委托书，遵守本法对委托人的各项规定。

报关企业接受进出口货物收发货人的委托，以自己的名义办理报关手续的，应当承担与收发货人相同的法律责任。

委托人委托报关企业办理报关手续的，应当向报关企业提供所委托报关事项的真实情况；报关企业接受委托人的委托办理报关手续的，应当对委托人所提供情况的真实性进行合理审查。

第十一条　进出口货物收发货人、报关企业办理报关手续，应当依法向海关备案。

报关企业和报关人员不得非法代理他人报关。

第十二条　海关依法执行职务，有关单位和个人应当如实回答询问，并予以配合，任何单位和个人不得阻挠。

海关执行职务受到暴力抗拒时，执行有关任务的公安机关和人民武装警察部队应当予以协助。

第十三条　海关建立对违反本法规定逃避海关监管行为的举报制度。

任何单位和个人均有权对违反本法规定逃避海关监管的行为进行举报。

海关对举报或者协助查获违反本法案件的有功单位和个人，应当给予精神的或者物质的奖励。

海关应当为举报人保密。

第二章　进出境运输工具

第十四条　进出境运输工具到达或者驶离设立海关的地点时，运输工具负责人应当向海关如实申报，交验单证，并接受海关监管和检查。

停留在设立海关的地点的进出境运输工具，未经海关同意，不得擅自驶离。

进出境运输工具从一个设立海关的地点驶往另一个设立海关的地点的，应当符合海关监管要求，办理海关手续，未办结海关手续的，不得改驶境外。

第十五条　进境运输工具在进境以后向海关申报以前，出境运输工具在办结海关手续以后出境以前，应当按照交通主管机关规定的路线行进；交通主管机关没有规定的，由海关指定。

第十六条　进出境船舶、火车、航空器到达和驶离时间、停留地点、停留期间更换地点以及装卸货物、物品时间，运输工具负责人或者有关交通运输部门应当事先通知海关。

第十七条　运输工具装卸进出境货物、物品或者上下进出境旅客，应当接受海关监管。

货物、物品装卸完毕，运输工具负责人应当向海关递交反映实际装卸情况的交接单据和记录。

上下进出境运输工具的人员携带物品的，应当向海关如实申报，并接受海关检查。

第十八条　海关检查进出境运输工具时，运输工具负责人应当到场，并根据海关的要求开启舱室、房间、车门；有走私嫌疑的，并应当开拆可能藏匿走私货物、物品的部位，搬移货物、物料。

海关根据工作需要，可以派员随运输工具执行职务，运输工具负责人应当提供方便。

第十九条　进境的境外运输工具和出境的境内运输工具，未向海关办理手续并缴纳关税，不得转让或者移作他用。

第二十条　进出境船舶和航空器兼营境内客、货运输，应当符合海关监管要求。

进出境运输工具改营境内运输，需向海关办理手续。

第二十一条　沿海运输船舶、渔船和从事海上作业的特种船舶，未经海关同意，不得载运或者换取、买卖、转让进出境货物、物品。

第二十二条　进出境船舶和航空器，由于不可抗力的原因，被迫在未设立海关的地点停泊、降落或者抛掷、起卸货物、物品，运输工具负责人应当立即报告附近海关。

第三章　进出境货物

第二十三条　进口货物自进境起到办结海关手续止，出口货物自向海关申报起到出境止，过境、转运和通运货物自进境起到出境止，应当接受海关监管。

第二十四条　进口货物的收货人、出口货物的发货人应当向海关如实申报，交验进出口许可证件和有关单证。国家限制进出口的货物，没有进出口许可证件的，不予放行，具体处理办法由国务院规定。

进口货物的收货人应当自运输工具申报进境之日起十四日内，出口货物的发货人除海关特准的外应当在货物运抵海关监管区后、装货的二十四小时以前，向海关申报。

进口货物的收货人超过前款规定期限向海关申报的，由海关征收滞报金。

第二十五条　办理进出口货物的海关申报手续，应当采用纸质报关单和电子数据报关单的形式。

第二十六条　海关接受申报后，报关单证及其内容不得修改或者撤销，但符合海关规定情形的除外。

第二十七条　进口货物的收货人经海关同意，可以在申报前查看货物或者提取货样。需要依法检疫的货物，应当在检疫合格后提取货样。

第二十八条　进出口货物应当接受海关查验。海关查验货物时，进口货物的收货人、出口货物的发货人应当到场，并负责搬移货物，开拆和重封货物的包装。海关认为必要时，可以径行开验、复验或者提取货样。

海关在特殊情况下对进出口货物予以免验，具体办法由海关总署制定。

第二十九条 除海关特准的外，进出口货物在收发货人缴清税款或者提供担保后，由海关签印放行。

第三十条 进口货物的收货人自运输工具申报进境之日起超过三个月未向海关申报的，其进口货物由海关提取依法变卖处理，所得价款在扣除运输、装卸、储存等费用和税款后，尚有余款的，自货物依法变卖之日起一年内，经收货人申请，予以发还；其中属于国家对进口有限制性规定，应当提交许可证件而不能提供的，不予发还。逾期无人申请或者不予发还的，上缴国库。

确属误卸或者溢卸的进境货物，经海关审定，由原运输工具负责人或者货物的收发货人自该运输工具卸货之日起三个月内，办理退运或者进口手续；必要时，经海关批准，可以延期三个月。逾期未办手续的，由海关按前款规定处理。

前两款所列货物不宜长期保存的，海关可以根据实际情况提前处理。

收货人或者货物所有人声明放弃的进口货物，由海关提取依法变卖处理；所得价款在扣除运输、装卸、储存等费用后，上缴国库。

第三十一条 按照法律、行政法规、国务院或者海关总署规定暂时进口或者暂时出口的货物，应当在六个月内复运出境或者复运进境；需要延长复运出境或者复运进境期限的，应当根据海关总署的规定办理延期手续。

第三十二条 经营保税货物的储存、加工、装配、展示、运输、寄售业务和经营免税商店，应当符合海关监管要求，经海关批准，并办理注册手续。

保税货物的转让、转移以及进出保税场所，应当向海关办理有关手续，接受海关监管和查验。

第三十三条 企业从事加工贸易，应当按照海关总署的规定向海关备案。加工贸易制成品单位耗料量由海关按照有关规定核定。

加工贸易制成品应当在规定的期限内复出口。其中使用的进口料件，属于国家规定准予保税的，应当向海关办理核销手续；属于先征收税款的，依法向海关办理退税手续。

加工贸易保税进口料件或者制成品内销的，海关对保税的进口料件依法征税；属于国家对进口有限制性规定的，还应当向海关提交进口许可证件。

第三十四条 经国务院批准在中华人民共和国境内设立的保税区等海关特殊监管区域，由海关按照国家有关规定实施监管。

第三十五条 进口货物应当由收货人在货物的进境地海关办理海关手续，出口货物应当由发货人在货物的出境地海关办理海关手续。

经收发货人申请，海关同意，进口货物的收货人可以在设有海关的指运地、出口货物的发货人可以在设有海关的启运地办理海关手续。上述货物的转关运输，应当符合海关监管要求；必要时，海关可以派员押运。

经电缆、管道或者其他特殊方式输送进出境的货物，经营单位应当定期向指定的海关申报和办理海关手续。

第三十六条　过境、转运和通运货物，运输工具负责人应当向进境地海关如实申报，并应当在规定期限内运输出境。

海关认为必要时，可以查验过境、转运和通运货物。

第三十七条　海关监管货物，未经海关许可，不得开拆、提取、交付、发运、调换、改装、抵押、质押、留置、转让、更换标记、移作他用或者进行其他处置。

海关加施的封志，任何人不得擅自开启或者损毁。

人民法院判决、裁定或者有关行政执法部门决定处理海关监管货物的，应当责令当事人办结海关手续。

第三十八条　经营海关监管货物仓储业务的企业，应当经海关注册，并按照海关规定，办理收存、交付手续。

在海关监管区外存放海关监管货物，应当经海关同意，并接受海关监管。

违反前两款规定或者在保管海关监管货物期间造成海关监管货物损毁或者灭失的，除不可抗力外，对海关监管货物负有保管义务的人应当承担相应的纳税义务和法律责任。

第三十九条　进出境集装箱的监管办法、打捞进出境货物和沉船的监管办法、边境小额贸易进出口货物的监管办法，以及本法未具体列明的其他进出境货物的监管办法，由海关总署或者由海关总署会同国务院有关部门另行制定。

第四十条　国家对进出境货物、物品有禁止性或者限制性规定的，海关依据法律、行政法规、国务院的规定或者国务院有关部门依据法律、行政法规的授权作出的规定实施监管。具体监管办法由海关总署制定。

第四十一条　进出口货物的原产地按照国家有关原产地规则的规定确定。

第四十二条　进出口货物的商品归类按照国家有关商品归类的规定确定。

海关可以要求进出口货物的收发货人提供确定商品归类所需的有关资料；必要时，海关可以组织化验、检验，并将海关认定的化验、检验结果作为商品归类的依据。

第四十三条 海关可以根据对外贸易经营者提出的书面申请，对拟作进口或者出口的货物预先作出商品归类等行政裁定。

进口或者出口相同货物，应当适用相同的商品归类行政裁定。

海关对所作出的商品归类等行政裁定，应当予以公布。

第四十四条 海关依照法律、行政法规的规定，对与进出境货物有关的知识产权实施保护。

需要向海关申报知识产权状况的，进出口货物收发货人及其代理人应当按照国家规定向海关如实申报有关知识产权状况，并提交合法使用有关知识产权的证明文件。

第四十五条 自进出口货物放行之日起三年内或者在保税货物、减免税进口货物的海关监管期限内及其后的三年内，海关可以对与进出口货物直接有关的企业、单位的会计帐簿、会计凭证、报关单证以及其他有关资料和有关进出口货物实施稽查。具体办法由国务院规定。

第四章　进出境物品

第四十六条 个人携带进出境的行李物品、邮寄进出境的物品，应当以自用、合理数量为限，并接受海关监管。

第四十七条 进出境物品的所有人应当向海关如实申报，并接受海关查验。

海关加施的封志，任何人不得擅自开启或者损毁。

第四十八条 进出境邮袋的装卸、转运和过境，应当接受海关监管。邮政企业应当向海关递交邮件路单。

邮政企业应当将开拆及封发国际邮袋的时间事先通知海关，海关应当按时派员到场监管查验。

第四十九条 邮运进出境的物品，经海关查验放行后，有关经营单位方可投递或者交付。

第五十条 经海关登记准予暂时免税进境或者暂时免税出境的物品，应当由本人复带出境或者复带进境。

过境人员未经海关批准，不得将其所带物品留在境内。

第五十一条 进出境物品所有人声明放弃的物品、在海关规定期限内未办理海关手续或者无人认领的物品，以及无法投递又无法退回的进境邮递物品，由海关依照本法第三十条的规定处理。

第五十二条　享有外交特权和豁免的外国机构或者人员的公务用品或者自用物品进出境，依照有关法律、行政法规的规定办理。

第五章　关税

第五十三条　准许进出口的货物、进出境物品，由海关依法征收关税。

第五十四条　进口货物的收货人、出口货物的发货人、进出境物品的所有人，是关税的纳税义务人。

第五十五条　进出口货物的完税价格，由海关以该货物的成交价格为基础审查确定。成交价格不能确定时，完税价格由海关依法估定。

进口货物的完税价格包括货物的货价、货物运抵中华人民共和国境内输入地点起卸前的运输及其相关费用、保险费；出口货物的完税价格包括货物的货价、货物运至中华人民共和国境内输出地点装载前的运输及其相关费用、保险费，但是其中包含的出口关税税额，应当予以扣除。

进出境物品的完税价格，由海关依法确定。

第五十六条　下列进出口货物、进出境物品，减征或者免征关税：

（一）无商业价值的广告品和货样；

（二）外国政府、国际组织无偿赠送的物资；

（三）在海关放行前遭受损坏或者损失的货物；

（四）规定数额以内的物品；

（五）法律规定减征、免征关税的其他货物、物品；

（六）中华人民共和国缔结或者参加的国际条约规定减征、免征关税的货物、物品。

第五十七条　特定地区、特定企业或者有特定用途的进出口货物，可以减征或者免征关税。特定减税或者免税的范围和办法由国务院规定。

依照前款规定减征或者免征关税进口的货物，只能用于特定地区、特定企业或者特定用途，未经海关核准并补缴关税，不得移作他用。

第五十八条　本法第五十六条、第五十七条第一款规定范围以外的临时减征或者免征关税，由国务院决定。

第五十九条　暂时进口或者暂时出口的货物，以及特准进口的保税货物，在货物收发货人向海关缴纳相当于税款的保证金或者提供担保后，准予暂时免纳关税。

第六十条　进出口货物的纳税义务人，应当自海关填发税款缴款书之日起十五日内缴纳税款；逾期缴纳的，由海关征收滞纳金。纳税义务人、担保人超过三个月仍未缴纳的，经直属海关关长或者其授权的隶属海关关长批准，海关可以采取下列强制措施：

（一）书面通知其开户银行或者其他金融机构从其存款中扣缴税款；

（二）将应税货物依法变卖，以变卖所得抵缴税款；

（三）扣留并依法变卖其价值相当于应纳税款的货物或者其他财产，以变卖所得抵缴税款。

海关采取强制措施时，对前款所列纳税义务人、担保人未缴纳的滞纳金同时强制执行。

进出境物品的纳税义务人，应当在物品放行前缴纳税款。

第六十一条　进出口货物的纳税义务人在规定的纳税期限内有明显的转移、藏匿其应税货物以及其他财产迹象的，海关可以责令纳税义务人提供担保；纳税义务人不能提供纳税担保的，经直属海关关长或者其授权的隶属海关关长批准，海关可以采取下列税收保全措施：

（一）书面通知纳税义务人开户银行或者其他金融机构暂停支付纳税义务人相当于应纳税款的存款；

（二）扣留纳税义务人价值相当于应纳税款的货物或者其他财产。

纳税义务人在规定的纳税期限内缴纳税款的，海关必须立即解除税收保全措施；期限届满仍未缴纳税款的，经直属海关关长或者其授权的隶属海关关长批准，海关可以书面通知纳税义务人开户银行或者其他金融机构从其暂停支付的存款中扣缴税款，或者依法变卖所扣留的货物或者其他财产，以变卖所得抵缴税款。

采取税收保全措施不当，或者纳税义务人在规定期限内已缴纳税款，海关未立即解除税收保全措施，致使纳税义务人的合法权益受到损失的，海关应当依法承担赔偿责任。

第六十二条　进出口货物、进出境物品放行后，海关发现少征或者漏征税款，应当自缴纳税款或者货物、物品放行之日起一年内，向纳税义务人补征。因纳税义务人违反规定而造成的少征或者漏征，海关在三年以内可以追征。

第六十三条　海关多征的税款，海关发现后应当立即退还；纳税义务人自缴纳税款之日起一年内，可以要求海关退还。

第六十四条　纳税义务人同海关发生纳税争议时，应当缴纳税款，并可以依法申请行政复议；对复议决定仍不服的，可以依法向人民法院提起诉讼。

第六十五条　进口环节海关代征税的征收管理，适用关税征收管理的规定。

第六章　海关事务担保

第六十六条　在确定货物的商品归类、估价和提供有效报关单证或者办结其他海关手续前，收发货人要求放行货物的，海关应当在其提供与其依法应当履行的法律义务相适应的担保后放行。法律、行政法规规定可以免除担保的除外。

法律、行政法规对履行海关义务的担保另有规定的，从其规定。

国家对进出境货物、物品有限制性规定，应当提供许可证件而不能提供的，以及法律、行政法规规定不得担保的其他情形，海关不得办理担保放行。

第六十七条　具有履行海关事务担保能力的法人、其他组织或者公民，可以成为担保人。法律规定不得为担保人的除外。

第六十八条　担保人可以以下列财产、权利提供担保：

（一）人民币、可自由兑换货币；

（二）汇票、本票、支票、债券、存单；

（三）银行或者非银行金融机构的保函；

（四）海关依法认可的其他财产、权利。

第六十九条　担保人应当在担保期限内承担担保责任。担保人履行担保责任的，不免除被担保人应当办理有关海关手续的义务。

第七十条　海关事务担保管理办法，由国务院规定。

第七章　执法监督

第七十一条　海关履行职责，必须遵守法律，维护国家利益，依照法定职权和法定程序严格执法，接受监督。

第七十二条　海关工作人员必须秉公执法，廉洁自律，忠于职守，文明服务，不得有下列行为：

（一）包庇、纵容走私或者与他人串通进行走私；

（二）非法限制他人人身自由，非法检查他人身体、住所或者场所，非法检查、扣留进出境运输工具、货物、物品；

（三）利用职权为自己或者他人谋取私利；

（四）索取、收受贿赂；

（五）泄露国家秘密、商业秘密和海关工作秘密；

（六）滥用职权，故意刁难，拖延监管、查验；

（七）购买、私分、占用没收的走私货物、物品；

（八）参与或者变相参与营利性经营活动；

（九）违反法定程序或者超越权限执行职务；

（十）其他违法行为。

第七十三条　海关应当根据依法履行职责的需要，加强队伍建设，使海关工作人员具有良好的政治、业务素质。

海关专业人员应当具有法律和相关专业知识，符合海关规定的专业岗位任职要求。

海关招收工作人员应当按照国家规定，公开考试，严格考核，择优录用。

海关应当有计划地对其工作人员进行政治思想、法制、海关业务培训和考核。海关工作人员必须定期接受培训和考核，经考核不合格的，不得继续上岗执行职务。

第七十四条　海关总署应当实行海关关长定期交流制度。

海关关长定期向上一级海关述职，如实陈述其执行职务情况。海关总署应当定期对直属海关关长进行考核，直属海关应当定期对隶属海关关长进行考核。

第七十五条　海关及其工作人员的行政执法活动，依法接受监察机关的监督；缉私警察进行侦查活动，依法接受人民检察院的监督。

第七十六条　审计机关依法对海关的财政收支进行审计监督，对海关办理的与国家财政收支有关的事项，有权进行专项审计调查。

第七十七条　上级海关应当对下级海关的执法活动依法进行监督。上级海关认为下级海关作出的处理或者决定不适当的，可以依法予以变更或者撤销。

第七十八条　海关应当依照本法和其他有关法律、行政法规的规定，建立健全内部监督制度，对其工作人员执行法律、行政法规和遵守纪律的情况，进行监督检查。

第七十九条　海关内部负责审单、查验、放行、稽查和调查等主要岗位的职责权限应当明确，并相互分离、相互制约。

第八十条　任何单位和个人均有权对海关及其工作人员的违法、违纪行为进行控告、检举。收到控告、检举的机关有权处理的，应当依法按照职责分工及时查处。收到控告、检举的机关和负责查处的机关应当为控告人、检举人保密。

第八十一条　海关工作人员在调查处理违法案件时，遇有下列情形之一的，应当回避：

（一）是本案的当事人或者是当事人的近亲属；

（二）本人或者其近亲属与本案有利害关系；

（三）与本案当事人有其他关系，可能影响案件公正处理的。

第八章　法律责任

第八十二条　违反本法及有关法律、行政法规，逃避海关监管，偷逃应纳税款、逃避国家有关进出境的禁止性或者限制性管理，有下列情形之一的，是走私行为：

（一）运输、携带、邮寄国家禁止或者限制进出境货物、物品或者依法应当缴纳税款的货物、物品进出境的；

（二）未经海关许可并且未缴纳应纳税款、交验有关许可证件，擅自将保税货物、特定减免税货物以及其他海关监管货物、物品、进境的境外运输工具，在境内销售的；

（三）有逃避海关监管，构成走私的其他行为的。

有前款所列行为之一，尚不构成犯罪的，由海关没收走私货物、物品及违法所得，可以并处罚款；专门或者多次用于掩护走私的货物、物品，专门或者多次用于走私的运输工具，予以没收，藏匿走私货物、物品的特制设备，责令拆毁或者没收。

有第一款所列行为之一，构成犯罪的，依法追究刑事责任。

第八十三条　有下列行为之一的，按走私行为论处，依照本法第八十二条的规定处罚：

（一）直接向走私人非法收购走私进口的货物、物品的；

（二）在内海、领海、界河、界湖，船舶及所载人员运输、收购、贩卖国家禁止或者限制进出境的货物、物品，或者运输、收购、贩卖依法应当缴纳税款的货物，没有合法证明的。

第八十四条　伪造、变造、买卖海关单证，与走私人通谋为走私人提供贷款、资金、帐号、发票、证明、海关单证，与走私人通谋为走私人提供运输、保管、邮寄或者其他方便，构成犯罪的，依法追究刑事责任；尚不构成犯罪的，由海关没收违法所得，并处罚款。

第八十五条 个人携带、邮寄超过合理数量的自用物品进出境，未依法向海关申报的，责令补缴关税，可以处以罚款。

第八十六条 违反本法规定有下列行为之一的，可以处以罚款，有违法所得的，没收违法所得：

（一）运输工具不经设立海关的地点进出境的；

（二）不将进出境运输工具到达的时间、停留的地点或者更换的地点通知海关的；

（三）进出口货物、物品或者过境、转运、通运货物向海关申报不实的；

（四）不按照规定接受海关对进出境运输工具、货物、物品进行检查、查验的；

（五）进出境运输工具未经海关同意，擅自装卸进出境货物、物品或者上下进出境旅客的；

（六）在设立海关的地点停留的进出境运输工具未经海关同意，擅自驶离的；

（七）进出境运输工具从一个设立海关的地点驶往另一个设立海关的地点，尚未办结海关手续又未经海关批准，中途擅自改驶境外或者境内未设立海关的地点的；

（八）进出境运输工具，不符合海关监管要求或者未向海关办理手续，擅自兼营或者改营境内运输的；

（九）由于不可抗力的原因，进出境船舶和航空器被迫在未设立海关的地点停泊、降落或者在境内抛掷、起卸货物、物品，无正当理由，不向附近海关报告的；

（十）未经海关许可，擅自将海关监管货物开拆、提取、交付、发运、调换、改装、抵押、质押、留置、转让、更换标记、移作他用或者进行其他处置的；

（十一）擅自开启或者损毁海关封志的；

（十二）经营海关监管货物的运输、储存、加工等业务，有关货物灭失或者有关记录不真实，不能提供正当理由的；

（十三）有违反海关监管规定的其他行为的。

第八十七条 海关准予从事有关业务的企业，违反本法有关规定的，由海关责令改正，可以给予警告，暂停其从事有关业务，直至撤销注册。

第八十八条 未向海关备案从事报关业务的，海关可以处以罚款。

第八十九条 报关企业非法代理他人报关的，由海关责令改正，处以罚款；情节严重的，禁止其从事报关活动。

报关人员非法代理他人报关的，由海关责令改正，处以罚款。

第九十条　进出口货物收发货人、报关企业向海关工作人员行贿的，由海关禁止其从事报关活动，并处以罚款；构成犯罪的，依法追究刑事责任。

报关人员向海关工作人员行贿的，处以罚款；构成犯罪的，依法追究刑事责任。

第九十一条　违反本法规定进出口侵犯中华人民共和国法律、行政法规保护的知识产权的货物的，由海关依法没收侵权货物，并处以罚款；构成犯罪的，依法追究刑事责任。

第九十二条　海关依法扣留的货物、物品、运输工具，在人民法院判决或者海关处罚决定作出之前，不得处理。但是，危险品或者鲜活、易腐、易失效等不宜长期保存的货物、物品以及所有人申请先行变卖的货物、物品、运输工具，经直属海关关长或者其授权的隶属海关关长批准，可以先行依法变卖，变卖所得价款由海关保存，并通知其所有人。

人民法院判决没收或者海关决定没收的走私货物、物品、违法所得、走私运输工具、特制设备，由海关依法统一处理，所得价款和海关决定处以的罚款，全部上缴中央国库。

第九十三条　当事人逾期不履行海关的处罚决定又不申请复议或者向人民法院提起诉讼的，作出处罚决定的海关可以将其保证金抵缴或者将其被扣留的货物、物品、运输工具依法变价抵缴，也可以申请人民法院强制执行。

第九十四条　海关在查验进出境货物、物品时，损坏被查验的货物、物品的，应当赔偿实际损失。

第九十五条　海关违法扣留货物、物品、运输工具，致使当事人的合法权益受到损失的，应当依法承担赔偿责任。

第九十六条　海关工作人员有本法第七十二条所列行为之一的，依法给予行政处分；有违法所得的，依法没收违法所得；构成犯罪的，依法追究刑事责任。

第九十七条　海关的财政收支违反法律、行政法规规定的，由审计机关以及有关部门依照法律、行政法规的规定作出处理；对直接负责的主管人员和其他直接责任人员，依法给予行政处分；构成犯罪的，依法追究刑事责任。

第九十八条　未按照本法规定为控告人、检举人、举报人保密的，对直接负责的主管人员和其他直接责任人员，由所在单位或者有关单位依法给予行政处分。

第九十九条　海关工作人员在调查处理违法案件时，未按照本法规定进行回避的，对直接负责的主管人员和其他直接责任人员，依法给予行政处分。

第九章　附　则

第一百条　本法下列用语的含义：

直属海关，是指直接由海关总署领导，负责管理一定区域范围内的海关业务的海关；隶属海关，是指由直属海关领导，负责办理具体海关业务的海关。

进出境运输工具，是指用以载运人员、货物、物品进出境的各种船舶、车辆、航空器和驮畜。

过境、转运和通运货物，是指由境外启运、通过中国境内继续运往境外的货物。其中，通过境内陆路运输的，称过境货物；在境内设立海关的地点换装运输工具，而不通过境内陆路运输的，称转运货物；由船舶、航空器载运进境并由原装运输工具载运出境的，称通运货物。

海关监管货物，是指本法第二十三条所列的进出口货物，过境、转运、通运货物，特定减免税货物，以及暂时进出口货物、保税货物和其他尚未办结海关手续的进出境货物。

保税货物，是指经海关批准未办理纳税手续进境，在境内储存、加工、装配后复运出境的货物。

海关监管区，是指设立海关的港口、车站、机场、国界孔道、国际邮件互换局（交换站）和其他有海关监管业务的场所，以及虽未设立海关，但是经国务院批准的进出境地点。

第一百零一条　经济特区等特定地区同境内其他地区之间往来的运输工具、货物、物品的监管办法，由国务院另行规定。

第一百零二条　本法自 1987 年 7 月 1 日起施行。1951 年 4 月 18 日中央人民政府公布的《中华人民共和国暂行海关法》同时废止。

中华人民共和国税收征收管理法

（2015 年修正，2015 年 4 月 24 日施行）

（1992 年 9 月 4 日第七届全国人民代表大会常务委员会第二十七次会议通过　根据 1995 年 2 月 28 日第八届全国人民代表大会常务委员会第十二次会议《关于修改〈中华人民共和国税收征收管理法〉的决定》第一次修正　2001 年 4 月 28 日第九届全国人民代表大会常务委员会第二十一次会议修订　根据 2013 年 6 月 29 日第十二届全国人民代表大会常务委员会第三次会议《关于修改〈中华人民共和国文物保护法〉等十二部法律的决定》第二次修正　根据 2015 年 4 月 24 日第十二届全国人民代表大会常务委员会第十四次会议《关于修改〈中华人民共和国港口法〉等七部法律的决定》第三次修正）

第一章　总　则

第一条　为了加强税收征收管理，规范税收征收和缴纳行为，保障国家税收收入，保护纳税人的合法权益，促进经济和社会发展，制定本法。

第二条　凡依法由税务机关征收的各种税收的征收管理，均适用本法。

第三条　税收的开征、停征以及减税、免税、退税、补税，依照法律的规定执行；法律授权国务院规定的，依照国务院制定的行政法规的规定执行。

任何机关、单位和个人不得违反法律、行政法规的规定，擅自作出税收开征、停征以及减税、免税、退税、补税和其他同税收法律、行政法规相抵触的决定。

第四条　法律、行政法规规定负有纳税义务的单位和个人为纳税人。

法律、行政法规规定负有代扣代缴、代收代缴税款义务的单位和个人为扣缴义务人。

纳税人、扣缴义务人必须依照法律、行政法规的规定缴纳税款、代扣代缴、代收代缴税款。

第五条　国务院税务主管部门主管全国税收征收管理工作。各地国家税务局和地方税务局应当按照国务院规定的税收征收管理范围分别进行征收管理。

地方各级人民政府应当依法加强对本行政区域内税收征收管理工作的领导或者协调，支持税务机关依法执行职务，依照法定税率计算税额，依法征收税款。

各有关部门和单位应当支持、协助税务机关依法执行职务。

税务机关依法执行职务，任何单位和个人不得阻挠。

第六条 国家有计划地用现代信息技术装备各级税务机关，加强税收征收管理信息系统的现代化建设，建立、健全税务机关与政府其他管理机关的信息共享制度。

纳税人、扣缴义务人和其他有关单位应当按照国家有关规定如实向税务机关提供与纳税和代扣代缴、代收代缴税款有关的信息。

第七条 税务机关应当广泛宣传税收法律、行政法规，普及纳税知识，无偿地为纳税人提供纳税咨询服务。

第八条 纳税人、扣缴义务人有权向税务机关了解国家税收法律、行政法规的规定以及与纳税程序有关的情况。

纳税人、扣缴义务人有权要求税务机关为纳税人、扣缴义务人的情况保密。税务机关应当依法为纳税人、扣缴义务人的情况保密。

纳税人依法享有申请减税、免税、退税的权利。

纳税人、扣缴义务人对税务机关所作出的决定，享有陈述权、申辩权；依法享有申请行政复议、提起行政诉讼、请求国家赔偿等权利。

纳税人、扣缴义务人有权控告和检举税务机关、税务人员的违法违纪行为。

第九条 税务机关应当加强队伍建设，提高税务人员的政治业务素质。

税务机关、税务人员必须秉公执法，忠于职守，清正廉洁，礼貌待人，文明服务，尊重和保护纳税人、扣缴义务人的权利，依法接受监督。

税务人员不得索贿受贿、徇私舞弊、玩忽职守、不征或者少征应征税款；不得滥用职权多征税款或者故意刁难纳税人和扣缴义务人。

第十条 各级税务机关应当建立、健全内部制约和监督管理制度。

上级税务机关应当对下级税务机关的执法活动依法进行监督。

各级税务机关应当对其工作人员执行法律、行政法规和廉洁自律准则的情况进行监督检查。

第十一条 税务机关负责征收、管理、稽查、行政复议的人员的职责应当明确，并相互分离、相互制约。

第十二条 税务人员征收税款和查处税收违法案件，与纳税人、扣缴义务人或者税收违法案件有利害关系的，应当回避。

第十三条　任何单位和个人都有权检举违反税收法律、行政法规的行为。收到检举的机关和负责查处的机关应当为检举人保密。税务机关应当按照规定对检举人给予奖励。

第十四条　本法所称税务机关是指各级税务局、税务分局、税务所和按照国务院规定设立的并向社会公告的税务机构。

第二章　税务管理
第一节　税务登记

第十五条　企业，企业在外地设立的分支机构和从事生产、经营的场所，个体工商户和从事生产、经营的事业单位（以下统称从事生产、经营的纳税人）自领取营业执照之日起三十日内，持有关证件，向税务机关申报办理税务登记。税务机关应当于收到申报的当日办理登记并发给税务登记证件。

工商行政管理机关应当将办理登记注册、核发营业执照的情况，定期向税务机关通报。

本条第一款规定以外的纳税人办理税务登记和扣缴义务人办理扣缴税款登记的范围和办法，由国务院规定。

第十六条　从事生产、经营的纳税人，税务登记内容发生变化的，自工商行政管理机关办理变更登记之日起三十日内或者在向工商行政管理机关申请办理注销登记之前，持有关证件向税务机关申报办理变更或者注销税务登记。

第十七条　从事生产、经营的纳税人应当按照国家有关规定，持税务登记证件，在银行或者其他金融机构开立基本存款帐户和其他存款帐户，并将其全部帐号向税务机关报告。

银行和其他金融机构应当在从事生产、经营的纳税人的帐户中登录税务登记证件号码，并在税务登记证件中登录从事生产、经营的纳税人的帐户帐号。

税务机关依法查询从事生产、经营的纳税人开立帐户的情况时，有关银行和其他金融机构应当予以协助。

第十八条　纳税人按照国务院税务主管部门的规定使用税务登记证件。税务登记证件不得转借、涂改、损毁、买卖或者伪造。

第二节 帐簿、凭证管理

第十九条 纳税人、扣缴义务人按照有关法律、行政法规和国务院财政、税务主管部门的规定设置帐簿，根据合法、有效凭证记帐，进行核算。

第二十条 从事生产、经营的纳税人的财务、会计制度或者财务、会计处理办法和会计核算软件，应当报送税务机关备案。

纳税人、扣缴义务人的财务、会计制度或者财务、会计处理办法与国务院或者国务院财政、税务主管部门有关税收的规定抵触的，依照国务院或者国务院财政、税务主管部门有关税收的规定计算应纳税款、代扣代缴和代收代缴税款。

第二十一条 税务机关是发票的主管机关，负责发票印制、领购、开具、取得、保管、缴销的管理和监督。

单位、个人在购销商品、提供或者接受经营服务以及从事其他经营活动中，应当按照规定开具、使用、取得发票。

发票的管理办法由国务院规定。

第二十二条 增值税专用发票由国务院税务主管部门指定的企业印制；其他发票，按照国务院税务主管部门的规定，分别由省、自治区、直辖市国家税务局、地方税务局指定企业印制。

未经前款规定的税务机关指定，不得印制发票。

第二十三条 国家根据税收征收管理的需要，积极推广使用税控装置。纳税人应当按照规定安装、使用税控装置，不得损毁或者擅自改动税控装置。

第二十四条 从事生产、经营的纳税人、扣缴义务人必须按照国务院财政、税务主管部门规定的保管期限保管帐簿、记帐凭证、完税凭证及其他有关资料。

帐簿、记帐凭证、完税凭证及其他有关资料不得伪造、变造或者擅自损毁。

第三节 纳税申报

第二十五条 纳税人必须依照法律、行政法规规定或者税务机关依照法律、行政法规的规定确定的申报期限、申报内容如实办理纳税申报，报送纳税申报表、财务会计报表以及税务机关根据实际需要要求纳税人报送的其他纳税资料。

扣缴义务人必须依照法律、行政法规规定或者税务机关依照法律、行政法规的规定确定的申报期限、申报内容如实报送代扣代缴、代收代缴税款报告表以及税务机关根据实际需要要求扣缴义务人报送的其他有关资料。

第二十六条　纳税人、扣缴义务人可以直接到税务机关办理纳税申报或者报送代扣代缴、代收代缴税款报告表，也可以按照规定采取邮寄、数据电文或者其他方式办理上述申报、报送事项。

第二十七条　纳税人、扣缴义务人不能按期办理纳税申报或者报送代扣代缴、代收代缴税款报告表的，经税务机关核准，可以延期申报。

经核准延期办理前款规定的申报、报送事项的，应当在纳税期内按照上期实际缴纳的税额或者税务机关核定的税额预缴税款，并在核准的延期内办理税款结算。

第三章　税款征收

第二十八条　税务机关依照法律、行政法规的规定征收税款，不得违反法律、行政法规的规定开征、停征、多征、少征、提前征收、延缓征收或者摊派税款。

农业税应纳税额按照法律、行政法规的规定核定。

第二十九条　除税务机关、税务人员以及经税务机关依照法律、行政法规委托的单位和人员外，任何单位和个人不得进行税款征收活动。

第三十条　扣缴义务人依照法律、行政法规的规定履行代扣、代收税款的义务。对法律、行政法规没有规定负有代扣、代收税款义务的单位和个人，税务机关不得要求其履行代扣、代收税款义务。

扣缴义务人依法履行代扣、代收税款义务时，纳税人不得拒绝。纳税人拒绝的，扣缴义务人应当及时报告税务机关处理。

税务机关按照规定付给扣缴义务人代扣、代收手续费。

第三十一条　纳税人、扣缴义务人按照法律、行政法规规定或者税务机关依照法律、行政法规的规定确定的期限，缴纳或者解缴税款。

纳税人因有特殊困难，不能按期缴纳税款的，经省、自治区、直辖市国家税务局、地方税务局批准，可以延期缴纳税款，但是最长不得超过三个月。

第三十二条　纳税人未按照规定期限缴纳税款的，扣缴义务人未按照规定期限解缴税款的，税务机关除责令限期缴纳外，从滞纳税款之日起，按日加收滞纳税款万分之五的滞纳金。

第三十三条　纳税人依照法律、行政法规的规定办理减税、免税。

地方各级人民政府、各级人民政府主管部门、单位和个人违反法律、行政法规规定，擅自作出的减税、免税决定无效，税务机关不得执行，并向上级税务机关报告。

第三十四条 税务机关征收税款时，必须给纳税人开具完税凭证。扣缴义务人代扣、代收税款时，纳税人要求扣缴义务人开具代扣、代收税款凭证的，扣缴义务人应当开具。

第三十五条 纳税人有下列情形之一的，税务机关有权核定其应纳税额：

（一）依照法律、行政法规的规定可以不设置帐簿的；

（二）依照法律、行政法规的规定应当设置帐簿但未设置的；

（三）擅自销毁帐簿或者拒不提供纳税资料的；

（四）虽设置帐簿，但帐目混乱或者成本资料、收入凭证、费用凭证残缺不全，难以查帐的；

（五）发生纳税义务，未按照规定的期限办理纳税申报，经税务机关责令限期申报，逾期仍不申报的；

（六）纳税人申报的计税依据明显偏低，又无正当理由的。

税务机关核定应纳税额的具体程序和方法由国务院税务主管部门规定。

第三十六条 企业或者外国企业在中国境内设立的从事生产、经营的机构、场所与其关联企业之间的业务往来，应当按照独立企业之间的业务往来收取或者支付价款、费用；不按照独立企业之间的业务往来收取或者支付价款、费用，而减少其应纳税的收入或者所得额的，税务机关有权进行合理调整。

第三十七条 对未按照规定办理税务登记的从事生产、经营的纳税人以及临时从事经营的纳税人，由税务机关核定其应纳税额，责令缴纳；不缴纳的，税务机关可以扣押其价值相当于应纳税款的商品、货物。扣押后缴纳应纳税款的，税务机关必须立即解除扣押，并归还所扣押的商品、货物；扣押后仍不缴纳应纳税款的，经县以上税务局（分局）局长批准，依法拍卖或者变卖所扣押的商品、货物，以拍卖或者变卖所得抵缴税款。

第三十八条 税务机关有根据认为从事生产、经营的纳税人有逃避纳税义务行为的，可以在规定的纳税期之前，责令限期缴纳应纳税款；在限期内发现纳税人有明显的转移、隐匿其应纳税的商品、货物以及其他财产或者应纳税的收入的迹象的，税务机关可以责成纳税人提供纳税担保。如果纳税人不能提供纳税担保，经县以上税务局（分局）局长批准，税务机关可以采取下列税收保全措施：

（一）书面通知纳税人开户银行或者其他金融机构冻结纳税人的金额相当于应纳税

款的存款;

（二）扣押、查封纳税人的价值相当于应纳税款的商品、货物或者其他财产。

纳税人在前款规定的限期内缴纳税款的，税务机关必须立即解除税收保全措施;限期期满仍未缴纳税款的，经县以上税务局（分局）局长批准，税务机关可以书面通知纳税人开户银行或者其他金融机构从其冻结的存款中扣缴税款，或者依法拍卖或者变卖所扣押、查封的商品、货物或者其他财产，以拍卖或者变卖所得抵缴税款。

个人及其所扶养家属维持生活必需的住房和用品，不在税收保全措施的范围之内。

第三十九条　纳税人在限期内已缴纳税款，税务机关未立即解除税收保全措施，使纳税人的合法利益遭受损失的，税务机关应当承担赔偿责任。

第四十条　从事生产、经营的纳税人、扣缴义务人未按照规定的期限缴纳或者解缴税款，纳税担保人未按照规定的期限缴纳所担保的税款，由税务机关责令限期缴纳，逾期仍未缴纳的，经县以上税务局（分局）局长批准，税务机关可以采取下列强制执行措施:

（一）书面通知其开户银行或者其他金融机构从其存款中扣缴税款;

（二）扣押、查封、依法拍卖或者变卖其价值相当于应纳税款的商品、货物或者其他财产，以拍卖或者变卖所得抵缴税款。

税务机关采取强制执行措施时，对前款所列纳税人、扣缴义务人、纳税担保人未缴纳的滞纳金同时强制执行。

个人及其所扶养家属维持生活必需的住房和用品，不在强制执行措施的范围之内。

第四十一条　本法第三十七条、第三十八条、第四十条规定的采取税收保全措施、强制执行措施的权力，不得由法定的税务机关以外的单位和个人行使。

第四十二条　税务机关采取税收保全措施和强制执行措施必须依照法定权限和法定程序，不得查封、扣押纳税人个人及其所扶养家属维持生活必需的住房和用品。

第四十三条　税务机关滥用职权违法采取税收保全措施、强制执行措施，或者采取税收保全措施、强制执行措施不当，使纳税人、扣缴义务人或者纳税担保人的合法权益遭受损失的，应当依法承担赔偿责任。

第四十四条　欠缴税款的纳税人或者他的法定代表人需要出境的，应当在出境前向税务机关结清应纳税款、滞纳金或者提供担保。未结清税款、滞纳金，又不提供担保的，税务机关可以通知出境管理机关阻止其出境。

第四十五条　税务机关征收税款，税收优先于无担保债权，法律另有规定的除外;

纳税人欠缴的税款发生在纳税人以其财产设定抵押、质押或者纳税人的财产被留置之前的，税收应当先于抵押权、质权、留置权执行。

纳税人欠缴税款，同时又被行政机关决定处以罚款、没收违法所得的，税收优先于罚款、没收违法所得。

税务机关应当对纳税人欠缴税款的情况定期予以公告。

第四十六条 纳税人有欠税情形而以其财产设定抵押、质押的，应当向抵押权人、质权人说明其欠税情况。抵押权人、质权人可以请求税务机关提供有关的欠税情况。

第四十七条 税务机关扣押商品、货物或者其他财产时，必须开付收据；查封商品、货物或者其他财产时，必须开付清单。

第四十八条 纳税人有合并、分立情形的，应当向税务机关报告，并依法缴清税款。纳税人合并时未缴清税款的，应当由合并后的纳税人继续履行未履行的纳税义务；纳税人分立时未缴清税款的，分立后的纳税人对未履行的纳税义务应当承担连带责任。

第四十九条 欠缴税款数额较大的纳税人在处分其不动产或者大额资产之前，应当向税务机关报告。

第五十条 欠缴税款的纳税人因怠于行使到期债权，或者放弃到期债权，或者无偿转让财产，或者以明显不合理的低价转让财产而受让人知道该情形，对国家税收造成损害的，税务机关可以依照合同法第七十三条、第七十四条的规定行使代位权、撤销权。

税务机关依照前款规定行使代位权、撤销权的，不免除欠缴税款的纳税人尚未履行的纳税义务和应承担的法律责任。

第五十一条 纳税人超过应纳税额缴纳的税款，税务机关发现后应当立即退还；纳税人自结算缴纳税款之日起三年内发现的，可以向税务机关要求退还多缴的税款并加算银行同期存款利息，税务机关及时查实后应当立即退还；涉及从国库中退库的，依照法律、行政法规有关国库管理的规定退还。

第五十二条 因税务机关的责任，致使纳税人、扣缴义务人未缴或者少缴税款的，税务机关在三年内可以要求纳税人、扣缴义务人补缴税款，但是不得加收滞纳金。

因纳税人、扣缴义务人计算错误等失误，未缴或者少缴税款的，税务机关在三年内可以追征税款、滞纳金；有特殊情况的，追征期可以延长到五年。

对偷税、抗税、骗税的，税务机关追征其未缴或者少缴的税款、滞纳金或者所骗取的税款，不受前款规定期限的限制。

第五十三条 国家税务局和地方税务局应当按照国家规定的税收征收管理范围和税款入库预算级次，将征收的税款缴入国库。

对审计机关、财政机关依法查出的税收违法行为，税务机关应当根据有关机关的决定、意见书，依法将应收的税款、滞纳金按照税款入库预算级次缴入国库，并将结果及时回复有关机关。

第四章 税务检查

第五十四条 税务机关有权进行下列税务检查：

（一）检查纳税人的帐簿、记帐凭证、报表和有关资料，检查扣缴义务人代扣代缴、代收代缴税款帐簿、记帐凭证和有关资料；

（二）到纳税人的生产、经营场所和货物存放地检查纳税人应纳税的商品、货物或者其他财产，检查扣缴义务人与代扣代缴、代收代缴税款有关的经营情况；

（三）责成纳税人、扣缴义务人提供与纳税或者代扣代缴、代收代缴税款有关的文件、证明材料和有关资料；

（四）询问纳税人、扣缴义务人与纳税或者代扣代缴、代收代缴税款有关的问题和情况；

（五）到车站、码头、机场、邮政企业及其分支机构检查纳税人托运、邮寄应纳税商品、货物或者其他财产的有关单据、凭证和有关资料；

（六）经县以上税务局（分局）局长批准，凭全国统一格式的检查存款帐户许可证明，查询从事生产、经营的纳税人、扣缴义务人在银行或者其他金融机构的存款帐户。税务机关在调查税收违法案件时，经设区的市、自治州以上税务局（分局）局长批准，可以查询案件涉嫌人员的储蓄存款。税务机关查询所获得的资料，不得用于税收以外的用途。

第五十五条 税务机关对从事生产、经营的纳税人以前纳税期的纳税情况依法进行税务检查时，发现纳税人有逃避纳税义务行为，并有明显的转移、隐匿其应纳税的商品、货物以及其他财产或者应纳税的收入的迹象的，可以按照本法规定的批准权限采取税收保全措施或者强制执行措施。

第五十六条 纳税人、扣缴义务人必须接受税务机关依法进行的税务检查，如实反映情况，提供有关资料，不得拒绝、隐瞒。

第五十七条 税务机关依法进行税务检查时，有权向有关单位和个人调查纳税人、扣缴义务人和其他当事人与纳税或者代扣代缴、代收代缴税款有关的情况，有关单位和个人有义务向税务机关如实提供有关资料及证明材料。

第五十八条 税务机关调查税务违法案件时，对与案件有关的情况和资料，可以记录、录音、录像、照相和复制。

第五十九条 税务机关派出的人员进行税务检查时，应当出示税务检查证和税务检查通知书，并有责任为被检查人保守秘密；未出示税务检查证和税务检查通知书的，被检查人有权拒绝检查。

第五章 法律责任

第六十条 纳税人有下列行为之一的，由税务机关责令限期改正，可以处二千元以下的罚款；情节严重的，处二千元以上一万元以下的罚款：

（一）未按照规定的期限申报办理税务登记、变更或者注销登记的；

（二）未按照规定设置、保管帐簿或者保管记帐凭证和有关资料的；

（三）未按照规定将财务、会计制度或者财务、会计处理办法和会计核算软件报送税务机关备查的；

（四）未按照规定将其全部银行帐号向税务机关报告的；

（五）未按照规定安装、使用税控装置，或者损毁或者擅自改动税控装置的。

纳税人不办理税务登记的，由税务机关责令限期改正；逾期不改正的，经税务机关提请，由工商行政管理机关吊销其营业执照。

纳税人未按照规定使用税务登记证件，或者转借、涂改、损毁、买卖、伪造税务登记证件的，处二千元以上一万元以下的罚款；情节严重的，处一万元以上五万元以下的罚款。

第六十一条 扣缴义务人未按照规定设置、保管代扣代缴、代收代缴税款帐簿或者保管代扣代缴、代收代缴税款记帐凭证及有关资料的，由税务机关责令限期改正，可以处二千元以下的罚款；情节严重的，处二千元以上五千元以下的罚款。

第六十二条 纳税人未按照规定的期限办理纳税申报和报送纳税资料的，或者扣缴义务人未按照规定的期限向税务机关报送代扣代缴、代收代缴税款报告表和有关资料的，由税务机关责令限期改正，可以处二千元以下的罚款；情节严重的，可以处二千元以上一万元以下的罚款。

第六十三条　纳税人伪造、变造、隐匿、擅自销毁帐簿、记帐凭证，或者在帐簿上多列支出或者不列、少列收入，或者经税务机关通知申报而拒不申报或者进行虚假的纳税申报，不缴或者少缴应纳税款的，是偷税。对纳税人偷税的，由税务机关追缴其不缴或者少缴的税款、滞纳金，并处不缴或者少缴的税款百分之五十以上五倍以下的罚款；构成犯罪的，依法追究刑事责任。

扣缴义务人采取前款所列手段，不缴或者少缴已扣、已收税款，由税务机关追缴其不缴或者少缴的税款、滞纳金，并处不缴或者少缴的税款百分之五十以上五倍以下的罚款；构成犯罪的，依法追究刑事责任。

第六十四条　纳税人、扣缴义务人编造虚假计税依据的，由税务机关责令限期改正，并处五万元以下的罚款。

纳税人不进行纳税申报，不缴或者少缴应纳税款的，由税务机关追缴其不缴或者少缴的税款、滞纳金，并处不缴或者少缴的税款百分之五十以上五倍以下的罚款。

第六十五条　纳税人欠缴应纳税款，采取转移或者隐匿财产的手段，妨碍税务机关追缴欠缴的税款的，由税务机关追缴欠缴的税款、滞纳金，并处欠缴税款百分之五十以上五倍以下的罚款；构成犯罪的，依法追究刑事责任。

第六十六条　以假报出口或者其他欺骗手段，骗取国家出口退税款的，由税务机关追缴其骗取的退税款，并处骗取税款一倍以上五倍以下的罚款；构成犯罪的，依法追究刑事责任。

对骗取国家出口退税款的，税务机关可以在规定期间内停止为其办理出口退税。

第六十七条　以暴力、威胁方法拒不缴纳税款的，是抗税，除由税务机关追缴其拒缴的税款、滞纳金外，依法追究刑事责任。情节轻微，未构成犯罪的，由税务机关追缴其拒缴的税款、滞纳金，并处拒缴税款一倍以上五倍以下的罚款。

第六十八条　纳税人、扣缴义务人在规定期限内不缴或者少缴应纳或者应解缴的税款，经税务机关责令限期缴纳，逾期仍未缴纳的，税务机关除依照本法第四十条的规定采取强制执行措施追缴其不缴或者少缴的税款外，可以处不缴或者少缴的税款百分之五十以上五倍以下的罚款。

第六十九条　扣缴义务人应扣未扣、应收而不收税款的，由税务机关向纳税人追缴税款，对扣缴义务人处应扣未扣、应收未收税款百分之五十以上三倍以下的罚款。

第七十条　纳税人、扣缴义务人逃避、拒绝或者以其他方式阻挠税务机关检查的，由税务机关责令改正，可以处一万元以下的罚款；情节严重的，处一万元以上五万元以下的罚款。

第七十一条　违反本法第二十二条规定，非法印制发票的，由税务机关销毁非法印制的发票，没收违法所得和作案工具，并处一万元以上五万元以下的罚款；构成犯罪的，依法追究刑事责任。

第七十二条　从事生产、经营的纳税人、扣缴义务人有本法规定的税收违法行为，拒不接受税务机关处理的，税务机关可以收缴其发票或者停止向其发售发票。

第七十三条　纳税人、扣缴义务人的开户银行或者其他金融机构拒绝接受税务机关依法检查纳税人、扣缴义务人存款帐户，或者拒绝执行税务机关作出的冻结存款或者扣缴税款的决定，或者在接到税务机关的书面通知后帮助纳税人、扣缴义务人转移存款，造成税款流失的，由税务机关处十万元以上五十万元以下的罚款，对直接负责的主管人员和其他直接责任人员处一千元以上一万元以下的罚款。

第七十四条　本法规定的行政处罚，罚款额在二千元以下的，可以由税务所决定。

第七十五条　税务机关和司法机关的涉税罚没收入，应当按照税款入库预算级次上缴国库。

第七十六条　税务机关违反规定擅自改变税收征收管理范围和税款入库预算级次的，责令限期改正，对直接负责的主管人员和其他直接责任人员依法给予降级或者撤职的行政处分。

第七十七条　纳税人、扣缴义务人有本法第六十三条、第六十五条、第六十六条、第六十七条、第七十一条规定的行为涉嫌犯罪的，税务机关应当依法移交司法机关追究刑事责任。

税务人员徇私舞弊，对依法应当移交司法机关追究刑事责任的不移交，情节严重的，依法追究刑事责任。

第七十八条　未经税务机关依法委托征收税款的，责令退还收取的财物，依法给予行政处分或者行政处罚；致使他人合法权益受到损失的，依法承担赔偿责任；构成犯罪的，依法追究刑事责任。

第七十九条　税务机关、税务人员查封、扣押纳税人个人及其所扶养家属维持生活必需的住房和用品的，责令退还，依法给予行政处分；构成犯罪的，依法追究刑事责任。

第八十条　税务人员与纳税人、扣缴义务人勾结，唆使或者协助纳税人、扣缴义务人有本法第六十三条、第六十五条、第六十六条规定的行为，构成犯罪的，依法追究刑事责任；尚不构成犯罪的，依法给予行政处分。

第八十一条　税务人员利用职务上的便利，收受或者索取纳税人、扣缴义务人财物或者谋取其他不正当利益，构成犯罪的，依法追究刑事责任；尚不构成犯罪的，依法给予行政处分。

第八十二条　税务人员徇私舞弊或者玩忽职守，不征或者少征应征税款，致使国家税收遭受重大损失，构成犯罪的，依法追究刑事责任；尚不构成犯罪的，依法给予行政处分。

税务人员滥用职权，故意刁难纳税人、扣缴义务人的，调离税收工作岗位，并依法给予行政处分。

税务人员对控告、检举税收违法违纪行为的纳税人、扣缴义务人以及其他检举人进行打击报复的，依法给予行政处分；构成犯罪的，依法追究刑事责任。

税务人员违反法律、行政法规的规定，故意高估或者低估农业税计税产量，致使多征或者少征税款，侵犯农民合法权益或者损害国家利益，构成犯罪的，依法追究刑事责任；尚不构成犯罪的，依法给予行政处分。

第八十三条　违反法律、行政法规的规定提前征收、延缓征收或者摊派税款的，由其上级机关或者行政监察机关责令改正，对直接负责的主管人员和其他直接责任人员依法给予行政处分。

第八十四条　违反法律、行政法规的规定，擅自作出税收的开征、停征或者减税、免税、退税、补税以及其他同税收法律、行政法规相抵触的决定的，除依照本法规定撤销其擅自作出的决定外，补征应征未征税款，退还不应征收而征收的税款，并由上级机关追究直接负责的主管人员和其他直接责任人员的行政责任；构成犯罪的，依法追究刑事责任。

第八十五条　税务人员在征收税款或者查处税收违法案件时，未按照本法规定进行回避的，对直接负责的主管人员和其他直接责任人员，依法给予行政处分。

第八十六条　违反税收法律、行政法规应当给予行政处罚的行为，在五年内未被发现的，不再给予行政处罚。

第八十七条　未按照本法规定为纳税人、扣缴义务人、检举人保密的，对直接负责的主管人员和其他直接责任人员，由所在单位或者有关单位依法给予行政处分。

第八十八条 纳税人、扣缴义务人、纳税担保人同税务机关在纳税上发生争议时，必须先依照税务机关的纳税决定缴纳或者解缴税款及滞纳金或者提供相应的担保，然后可以依法申请行政复议；对行政复议决定不服的，可以依法向人民法院起诉。

当事人对税务机关的处罚决定、强制执行措施或者税收保全措施不服的，可以依法申请行政复议，也可以依法向人民法院起诉。

当事人对税务机关的处罚决定逾期不申请行政复议也不向人民法院起诉、又不履行的，作出处罚决定的税务机关可以采取本法第四十条规定的强制执行措施，或者申请人民法院强制执行。

第六章 附 则

第八十九条 纳税人、扣缴义务人可以委托税务代理人代为办理税务事宜。

第九十条 耕地占用税、契税、农业税、牧业税征收管理的具体办法，由国务院另行制定。

关税及海关代征税收的征收管理，依照法律、行政法规的有关规定执行。

第九十一条 中华人民共和国同外国缔结的有关税收的条约、协定同本法有不同规定的，依照条约、协定的规定办理。

第九十二条 本法施行前颁布的税收法律与本法有不同规定的，适用本法规定。

第九十三条 国务院根据本法制定实施细则。

第九十四条 本法自 2001 年 5 月 1 日起施行。

中华人民共和国行政强制法

（2011 年 6 月发布，2012 年 1 月 1 日起施行）

（2011 年 6 月 30 日第十一届全国人民代表大会常务委员会第二十一次会议通过）

第一章　总　则

第一条　为了规范行政强制的设定和实施，保障和监督行政机关依法履行职责，维护公共利益和社会秩序，保护公民、法人和其他组织的合法权益，根据宪法，制定本法。

第二条　本法所称行政强制，包括行政强制措施和行政强制执行。

行政强制措施，是指行政机关在行政管理过程中，为制止违法行为、防止证据损毁、避免危害发生、控制危险扩大等情形，依法对公民的人身自由实施暂时性限制，或者对公民、法人或者其他组织的财物实施暂时性控制的行为。

行政强制执行，是指行政机关或者行政机关申请人民法院，对不履行行政决定的公民、法人或者其他组织，依法强制履行义务的行为。

第三条　行政强制的设定和实施，适用本法。

发生或者即将发生自然灾害、事故灾难、公共卫生事件或者社会安全事件等突发事件，行政机关采取应急措施或者临时措施，依照有关法律、行政法规的规定执行。

行政机关采取金融业审慎监管措施、进出境货物强制性技术监控措施，依照有关法律、行政法规的规定执行。

第四条　行政强制的设定和实施，应当依照法定的权限、范围、条件和程序。

第五条　行政强制的设定和实施，应当适当。采用非强制手段可以达到行政管理目的的，不得设定和实施行政强制。

第六条　实施行政强制，应当坚持教育与强制相结合。

第七条　行政机关及其工作人员不得利用行政强制权为单位或者个人谋取利益。

第八条　公民、法人或者其他组织对行政机关实施行政强制，享有陈述权、申辩权；有权依法申请行政复议或者提起行政诉讼；因行政机关违法实施行政强制受到损害的，有权依法要求赔偿。

公民、法人或者其他组织因人民法院在强制执行中有违法行为或者扩大强制执行范围受到损害的，有权依法要求赔偿。

第二章　　行政强制的种类和设定

第九条　行政强制措施的种类：

（一）限制公民人身自由；

（二）查封场所、设施或者财物；

（三）扣押财物；

（四）冻结存款、汇款；

（五）其他行政强制措施。

第十条　行政强制措施由法律设定。

尚未制定法律，且属于国务院行政管理职权事项的，行政法规可以设定除本法第九条第一项、第四项和应当由法律规定的行政强制措施以外的其他行政强制措施。

尚未制定法律、行政法规，且属于地方性事务的，地方性法规可以设定本法第九条第二项、第三项的行政强制措施。

法律、法规以外的其他规范性文件不得设定行政强制措施。

第十一条　法律对行政强制措施的对象、条件、种类作了规定的，行政法规、地方性法规不得作出扩大规定。

法律中未设定行政强制措施的，行政法规、地方性法规不得设定行政强制措施。但是，法律规定特定事项由行政法规规定具体管理措施的，行政法规可以设定除本法第九条第一项、第四项和应当由法律规定的行政强制措施以外的其他行政强制措施。

第十二条　行政强制执行的方式：

（一）加处罚款或者滞纳金；

（二）划拨存款、汇款；

（三）拍卖或者依法处理查封、扣押的场所、设施或者财物；

（四）排除妨碍、恢复原状；

（五）代履行；

（六）其他强制执行方式。

第十三条　行政强制执行由法律设定。

法律没有规定行政机关强制执行的，作出行政决定的行政机关应当申请人民法院强制执行。

第十四条　起草法律草案、法规草案，拟设定行政强制的，起草单位应当采取听证会、论证会等形式听取意见，并向制定机关说明设定该行政强制的必要性、可能产生的影响以及听取和采纳意见的情况。

第十五条　行政强制的设定机关应当定期对其设定的行政强制进行评价，并对不适当的行政强制及时予以修改或者废止。

行政强制的实施机关可以对已设定的行政强制的实施情况及存在的必要性适时进行评价，并将意见报告该行政强制的设定机关。

公民、法人或者其他组织可以向行政强制的设定机关和实施机关就行政强制的设定和实施提出意见和建议。有关机关应当认真研究论证，并以适当方式予以反馈。

第三章　行政强制措施实施程序

第一节　一般规定

第十六条　行政机关履行行政管理职责，依照法律、法规的规定，实施行政强制措施。违法行为情节显著轻微或者没有明显社会危害的，可以不采取行政强制措施。

第十七条　行政强制措施由法律、法规规定的行政机关在法定职权范围内实施。行政强制措施权不得委托。

依据《中华人民共和国行政处罚法》的规定行使相对集中行政处罚权的行政机关，可以实施法律、法规规定的与行政处罚权有关的行政强制措施。

行政强制措施应当由行政机关具备资格的行政执法人员实施，其他人员不得实施。

第十八条　行政机关实施行政强制措施应当遵守下列规定：

（一）实施前须向行政机关负责人报告并经批准；

（二）由两名以上行政执法人员实施；

（三）出示执法身份证件；

（四）通知当事人到场；

（五）当场告知当事人采取行政强制措施的理由、依据以及当事人依法享有的权利、救济途径；

（六）听取当事人的陈述和申辩；

（七）制作现场笔录；

（八）现场笔录由当事人和行政执法人员签名或者盖章，当事人拒绝的，在笔录中予以注明；

（九）当事人不到场的，邀请见证人到场，由见证人和行政执法人员在现场笔录上签名或者盖章；

（十）法律、法规规定的其他程序。

第十九条　情况紧急，需要当场实施行政强制措施的，行政执法人员应当在二十四小时内向行政机关负责人报告，并补办批准手续。行政机关负责人认为不应当采取行政强制措施的，应当立即解除。

第二十条　依照法律规定实施限制公民人身自由的行政强制措施，除应当履行本法第十八条规定的程序外，还应当遵守下列规定：

（一）当场告知或者实施行政强制措施后立即通知当事人家属实施行政强制措施的行政机关、地点和期限；

（二）在紧急情况下当场实施行政强制措施的，在返回行政机关后，立即向行政机关负责人报告并补办批准手续；

（三）法律规定的其他程序。

实施限制人身自由的行政强制措施不得超过法定期限。实施行政强制措施的目的已经达到或者条件已经消失，应当立即解除。

第二十一条　违法行为涉嫌犯罪应当移送司法机关的，行政机关应当将查封、扣押、冻结的财物一并移送，并书面告知当事人。

第二节　查封、扣押

第二十二条　查封、扣押应当由法律、法规规定的行政机关实施，其他任何行政机关或者组织不得实施。

第二十三条　查封、扣押限于涉案的场所、设施或者财物，不得查封、扣押与违法行为无关的场所、设施或者财物；不得查封、扣押公民个人及其所扶养家属的生活必需品。

当事人的场所、设施或者财物已被其他国家机关依法查封的，不得重复查封。

第二十四条　行政机关决定实施查封、扣押的，应当履行本法第十八条规定的程序，制作并当场交付查封、扣押决定书和清单。

查封、扣押决定书应当载明下列事项：

（一）当事人的姓名或者名称、地址；

（二）查封、扣押的理由、依据和期限；

（三）查封、扣押场所、设施或者财物的名称、数量等；

（四）申请行政复议或者提起行政诉讼的途径和期限；

（五）行政机关的名称、印章和日期。

查封、扣押清单一式二份，由当事人和行政机关分别保存。

第二十五条　查封、扣押的期限不得超过三十日；情况复杂的，经行政机关负责人批准，可以延长，但是延长期限不得超过三十日。法律、行政法规另有规定的除外。

延长查封、扣押的决定应当及时书面告知当事人，并说明理由。

对物品需要进行检测、检验、检疫或者技术鉴定的，查封、扣押的期间不包括检测、检验、检疫或者技术鉴定的期间。检测、检验、检疫或者技术鉴定的期间应当明确，并书面告知当事人。检测、检验、检疫或者技术鉴定的费用由行政机关承担。

第二十六条　对查封、扣押的场所、设施或者财物，行政机关应当妥善保管，不得使用或者损毁；造成损失的，应当承担赔偿责任。

对查封的场所、设施或者财物，行政机关可以委托第三人保管，第三人不得损毁或者擅自转移、处置。因第三人的原因造成的损失，行政机关先行赔付后，有权向第三人追偿。

因查封、扣押发生的保管费用由行政机关承担。

第二十七条　行政机关采取查封、扣押措施后，应当及时查清事实，在本法第二十五条规定的期限内作出处理决定。对违法事实清楚，依法应当没收的非法财物予以没收；法律、行政法规规定应当销毁的，依法销毁；应当解除查封、扣押的，作出解除查封、扣押的决定。

第二十八条　有下列情形之一的，行政机关应当及时作出解除查封、扣押决定：

（一）当事人没有违法行为；

（二）查封、扣押的场所、设施或者财物与违法行为无关；

（三）行政机关对违法行为已经作出处理决定，不再需要查封、扣押；

（四）查封、扣押期限已经届满；

（五）其他不再需要采取查封、扣押措施的情形。

解除查封、扣押应当立即退还财物；已将鲜活物品或者其他不易保管的财物拍卖或者变卖的，退还拍卖或者变卖所得款项。变卖价格明显低于市场价格，给当事人造成损失的，应当给予补偿。

第三节 冻结

第二十九条 冻结存款、汇款应当由法律规定的行政机关实施，不得委托给其他行政机关或者组织；其他任何行政机关或者组织不得冻结存款、汇款。

冻结存款、汇款的数额应当与违法行为涉及的金额相当；已被其他国家机关依法冻结的，不得重复冻结。

第三十条 行政机关依照法律规定决定实施冻结存款、汇款的，应当履行本法第十八条第一项、第二项、第三项、第七项规定的程序，并向金融机构交付冻结通知书。

金融机构接到行政机关依法作出的冻结通知书后，应当立即予以冻结，不得拖延，不得在冻结前向当事人泄露信息。

法律规定以外的行政机关或者组织要求冻结当事人存款、汇款的，金融机构应当拒绝。

第三十一条 依照法律规定冻结存款、汇款的，作出决定的行政机关应当在三日内向当事人交付冻结决定书。冻结决定书应当载明下列事项：

（一）当事人的姓名或者名称、地址；

（二）冻结的理由、依据和期限；

（三）冻结的账号和数额；

（四）申请行政复议或者提起行政诉讼的途径和期限；

（五）行政机关的名称、印章和日期。

第三十二条 自冻结存款、汇款之日起三十日内，行政机关应当作出处理决定或者作出解除冻结决定；情况复杂的，经行政机关负责人批准，可以延长，但是延长期限不得超过三十日。法律另有规定的除外。

延长冻结的决定应当及时书面告知当事人，并说明理由。

第三十三条 有下列情形之一的，行政机关应当及时作出解除冻结决定：

（一）当事人没有违法行为；

（二）冻结的存款、汇款与违法行为无关；

（三）行政机关对违法行为已经作出处理决定，不再需要冻结；

（四）冻结期限已经届满；

（五）其他不再需要采取冻结措施的情形。

行政机关作出解除冻结决定的，应当及时通知金融机构和当事人。金融机构接到通知后，应当立即解除冻结。

行政机关逾期未作出处理决定或者解除冻结决定的，金融机构应当自冻结期满之日起解除冻结。

第四章　行政机关强制执行程序

第一节　一般规定

第三十四条　行政机关依法作出行政决定后，当事人在行政机关决定的期限内不履行义务的，具有行政强制执行权的行政机关依照本章规定强制执行。

第三十五条　行政机关作出强制执行决定前，应当事先催告当事人履行义务。催告应当以书面形式作出，并载明下列事项：

（一）履行义务的期限；

（二）履行义务的方式；

（三）涉及金钱给付的，应当有明确的金额和给付方式；

（四）当事人依法享有的陈述权和申辩权。

第三十六条　当事人收到催告书后有权进行陈述和申辩。行政机关应当充分听取当事人的意见，对当事人提出的事实、理由和证据，应当进行记录、复核。当事人提出的事实、理由或者证据成立的，行政机关应当采纳。

第三十七条　经催告，当事人逾期仍不履行行政决定，且无正当理由的，行政机关可以作出强制执行决定。

强制执行决定应当以书面形式作出，并载明下列事项：

（一）当事人的姓名或者名称、地址；

（二）强制执行的理由和依据；

（三）强制执行的方式和时间；

（四）申请行政复议或者提起行政诉讼的途径和期限；

（五）行政机关的名称、印章和日期。

在催告期间，对有证据证明有转移或者隐匿财物迹象的，行政机关可以作出立即强制执行决定。

第三十八条 催告书、行政强制执行决定书应当直接送达当事人。当事人拒绝接收或者无法直接送达当事人的，应当依照《中华人民共和国民事诉讼法》的有关规定送达。

第三十九条 有下列情形之一的，中止执行：

（一）当事人履行行政决定确有困难或者暂无履行能力的；

（二）第三人对执行标的主张权利，确有理由的；

（三）执行可能造成难以弥补的损失，且中止执行不损害公共利益的；

（四）行政机关认为需要中止执行的其他情形。

中止执行的情形消失后，行政机关应当恢复执行。对没有明显社会危害，当事人确无能力履行，中止执行满三年未恢复执行的，行政机关不再执行。

第四十条 有下列情形之一的，终结执行：

（一）公民死亡，无遗产可供执行，又无义务承受人的；

（二）法人或者其他组织终止，无财产可供执行，又无义务承受人的；

（三）执行标的灭失的；

（四）据以执行的行政决定被撤销的；

（五）行政机关认为需要终结执行的其他情形。

第四十一条 在执行中或者执行完毕后，据以执行的行政决定被撤销、变更，或者执行错误的，应当恢复原状或者退还财物；不能恢复原状或者退还财物的，依法给予赔偿。

第四十二条 实施行政强制执行，行政机关可以在不损害公共利益和他人合法权益的情况下，与当事人达成执行协议。执行协议可以约定分阶段履行；当事人采取补救措施的，可以减免加处的罚款或者滞纳金。

执行协议应当履行。当事人不履行执行协议的，行政机关应当恢复强制执行。

第四十三条 行政机关不得在夜间或者法定节假日实施行政强制执行。但是，情况紧急的除外。

行政机关不得对居民生活采取停止供水、供电、供热、供燃气等方式迫使当事人履行相关行政决定。

第四十四条 对违法的建筑物、构筑物、设施等需要强制拆除的，应当由行政机关予以公告，限期当事人自行拆除。当事人在法定期限内不申请行政复议或者提起行政诉讼，又不拆除的，行政机关可以依法强制拆除。

第二节 金钱给付义务的执行

第四十五条 行政机关依法作出金钱给付义务的行政决定，当事人逾期不履行的，行政机关可以依法加处罚款或者滞纳金。加处罚款或者滞纳金的标准应当告知当事人。

加处罚款或者滞纳金的数额不得超出金钱给付义务的数额。

第四十六条 行政机关依照本法第四十五条规定实施加处罚款或者滞纳金超过三十日，经催告当事人仍不履行的，具有行政强制执行权的行政机关可以强制执行。

行政机关实施强制执行前，需要采取查封、扣押、冻结措施的，依照本法第三章规定办理。

没有行政强制执行权的行政机关应当申请人民法院强制执行。但是，当事人在法定期限内不申请行政复议或者提起行政诉讼，经催告仍不履行的，在实施行政管理过程中已经采取查封、扣押措施的行政机关，可以将查封、扣押的财物依法拍卖抵缴罚款。

第四十七条 划拨存款、汇款应当由法律规定的行政机关决定，并书面通知金融机构。金融机构接到行政机关依法作出划拨存款、汇款的决定后，应当立即划拨。

法律规定以外的行政机关或者组织要求划拨当事人存款、汇款的，金融机构应当拒绝。

第四十八条 依法拍卖财物，由行政机关委托拍卖机构依照《中华人民共和国拍卖法》的规定办理。

第四十九条 划拨的存款、汇款以及拍卖和依法处理所得的款项应当上缴国库或者划入财政专户。任何行政机关或者个人不得以任何形式截留、私分或者变相私分。

第三节 代履行

第五十条 行政机关依法作出要求当事人履行排除妨碍、恢复原状等义务的行政决定，当事人逾期不履行，经催告仍不履行，其后果已经或者将危害交通安全、造成环境污染或者破坏自然资源的，行政机关可以代履行，或者委托没有利害关系的第三人代履行。

第五十一条 代履行应当遵守下列规定：

（一）代履行前送达决定书，代履行决定书应当载明当事人的姓名或者名称、地址，代履行的理由和依据、方式和时间、标的、费用预算以及代履行人；

（二）代履行三日前，催告当事人履行，当事人履行的，停止代履行；

（三）代履行时，作出决定的行政机关应当派员到场监督；

（四）代履行完毕，行政机关到场监督的工作人员、代履行人和当事人或者见证人应当在执行文书上签名或者盖章。

代履行的费用按照成本合理确定，由当事人承担。但是，法律另有规定的除外。

代履行不得采用暴力、胁迫以及其他非法方式。

第五十二条　需要立即清除道路、河道、航道或者公共场所的遗洒物、障碍物或者污染物，当事人不能清除的，行政机关可以决定立即实施代履行；当事人不在场的，行政机关应当在事后立即通知当事人，并依法作出处理。

第五章　申请人民法院强制执行

第五十三条　当事人在法定期限内不申请行政复议或者提起行政诉讼，又不履行行政决定的，没有行政强制执行权的行政机关可以自期限届满之日起三个月内，依照本章规定申请人民法院强制执行。

第五十四条　行政机关申请人民法院强制执行前，应当催告当事人履行义务。催告书送达十日后当事人仍未履行义务的，行政机关可以向所在地有管辖权的人民法院申请强制执行；执行对象是不动产的，向不动产所在地有管辖权的人民法院申请强制执行。

第五十五条　行政机关向人民法院申请强制执行，应当提供下列材料：

（一）强制执行申请书；

（二）行政决定书及作出决定的事实、理由和依据；

（三）当事人的意见及行政机关催告情况；

（四）申请强制执行标的情况；

（五）法律、行政法规规定的其他材料。

强制执行申请书应当由行政机关负责人签名，加盖行政机关的印章，并注明日期。

第五十六条　人民法院接到行政机关强制执行的申请，应当在五日内受理。

行政机关对人民法院不予受理的裁定有异议的，可以在十五日内向上一级人民法院申请复议，上一级人民法院应当自收到复议申请之日起十五日内作出是否受理的裁定。

第五十七条　人民法院对行政机关强制执行的申请进行书面审查，对符合本法第五十五条规定，且行政决定具备法定执行效力的，除本法第五十八条规定的情形外，人民法院应当自受理之日起七日内作出执行裁定。

第五十八条　人民法院发现有下列情形之一的，在作出裁定前可以听取被执行人和行政机关的意见：

（一）明显缺乏事实根据的；

（二）明显缺乏法律、法规依据的；

（三）其他明显违法并损害被执行人合法权益的。

人民法院应当自受理之日起三十日内作出是否执行的裁定。裁定不予执行的，应当说明理由，并在五日内将不予执行的裁定送达行政机关。

行政机关对人民法院不予执行的裁定有异议的，可以自收到裁定之日起十五日内向上一级人民法院申请复议，上一级人民法院应当自收到复议申请之日起三十日内作出是否执行的裁定。

第五十九条　因情况紧急，为保障公共安全，行政机关可以申请人民法院立即执行。经人民法院院长批准，人民法院应当自作出执行裁定之日起五日内执行。

第六十条　行政机关申请人民法院强制执行，不缴纳申请费。强制执行的费用由被执行人承担。

人民法院以划拨、拍卖方式强制执行的，可以在划拨、拍卖后将强制执行的费用扣除。

依法拍卖财物，由人民法院委托拍卖机构依照《中华人民共和国拍卖法》的规定办理。

划拨的存款、汇款以及拍卖和依法处理所得的款项应当上缴国库或者划入财政专户，不得以任何形式截留、私分或者变相私分。

第六章　法律责任

第六十一条　行政机关实施行政强制，有下列情形之一的，由上级行政机关或者有关部门责令改正，对直接负责的主管人员和其他直接责任人员依法给予处分：

（一）没有法律、法规依据的；

（二）改变行政强制对象、条件、方式的；

（三）违反法定程序实施行政强制的；

（四）违反本法规定，在夜间或者法定节假日实施行政强制执行的；

（五）对居民生活采取停止供水、供电、供热、供燃气等方式迫使当事人履行相关行政决定的；

（六）有其他违法实施行政强制情形的。

第六十二条　违反本法规定，行政机关有下列情形之一的，由上级行政机关或者有关部门责令改正，对直接负责的主管人员和其他直接责任人员依法给予处分：

（一）扩大查封、扣押、冻结范围的；

（二）使用或者损毁查封、扣押场所、设施或者财物的；

（三）在查封、扣押法定期间不作出处理决定或者未依法及时解除查封、扣押的；

（四）在冻结存款、汇款法定期间不作出处理决定或者未依法及时解除冻结的。

第六十三条　行政机关将查封、扣押的财物或者划拨的存款、汇款以及拍卖和依法处理所得的款项，截留、私分或者变相私分的，由财政部门或者有关部门予以追缴；对直接负责的主管人员和其他直接责任人员依法给予记大过、降级、撤职或者开除的处分。

行政机关工作人员利用职务上的便利，将查封、扣押的场所、设施或者财物据为己有的，由上级行政机关或者有关部门责令改正，依法给予记大过、降级、撤职或者开除的处分。

第六十四条　行政机关及其工作人员利用行政强制权为单位或者个人谋取利益的，由上级行政机关或者有关部门责令改正，对直接负责的主管人员和其他直接责任人员依法给予处分。

第六十五条　违反本法规定，金融机构有下列行为之一的，由金融业监督管理机构责令改正，对直接负责的主管人员和其他直接责任人员依法给予处分：

（一）在冻结前向当事人泄露信息的；

（二）对应当立即冻结、划拨的存款、汇款不冻结或者不划拨，致使存款、汇款转移的；

（三）将不应当冻结、划拨的存款、汇款予以冻结或者划拨的；

（四）未及时解除冻结存款、汇款的。

第六十六条　违反本法规定，金融机构将款项划入国库或者财政专户以外的其他账户的，由金融业监督管理机构责令改正，并处以违法划拨款项二倍的罚款；对直接负责的主管人员和其他直接责任人员依法给予处分。

违反本法规定，行政机关、人民法院指令金融机构将款项划入国库或者财政专户以外的其他账户的，对直接负责的主管人员和其他直接责任人员依法给予处分。

第六十七条　人民法院及其工作人员在强制执行中有违法行为或者扩大强制执行范围的，对直接负责的主管人员和其他直接责任人员依法给予处分。

第六十八条　违反本法规定，给公民、法人或者其他组织造成损失的，依法给予赔偿。

违反本法规定，构成犯罪的，依法追究刑事责任。

第七章　附　则

第六十九条　本法中十日以内期限的规定是指工作日，不含法定节假日。

第七十条　法律、行政法规授权的具有管理公共事务职能的组织在法定授权范围内，以自己的名义实施行政强制，适用本法有关行政机关的规定。

第七十一条　本法自 2012 年 1 月 1 日起施行。

中华人民共和国行政处罚法

（2021 年修订，2021 年 7 月 15 日施行）

（1996 年 3 月 17 日第八届全国人民代表大会第四次会议通过 根据 2009 年 8 月 27 日第十一届全国人民代表大会常务委员会第十次会议《关于修改部分法律的决定》第一次修正 根据 2017 年 9 月 1 日第十二届全国人民代表大会常务委员会第二十九次会议《关于修改〈中华人民共和国法官法〉等八部法律的决定》第二次修正 2021 年 1 月 22 日第十三届全国人民代表大会常务委员会第二十五次会议修订）

第一章 总 则

第一条 为了规范行政处罚的设定和实施，保障和监督行政机关有效实施行政管理，维护公共利益和社会秩序，保护公民、法人或者其他组织的合法权益，根据宪法，制定本法。

第二条 行政处罚是指行政机关依法对违反行政管理秩序的公民、法人或者其他组织，以减损权益或者增加义务的方式予以惩戒的行为。

第三条 行政处罚的设定和实施，适用本法。

第四条 公民、法人或者其他组织违反行政管理秩序的行为，应当给予行政处罚的，依照本法由法律、法规、规章规定，并由行政机关依照本法规定的程序实施。

第五条 行政处罚遵循公正、公开的原则。

设定和实施行政处罚必须以事实为依据，与违法行为的事实、性质、情节以及社会危害程度相当。

对违法行为给予行政处罚的规定必须公布；未经公布的，不得作为行政处罚的依据。

第六条 实施行政处罚，纠正违法行为，应当坚持处罚与教育相结合，教育公民、法人或者其他组织自觉守法。

第七条 公民、法人或者其他组织对行政机关所给予的行政处罚，享有陈述权、申辩权；对行政处罚不服的，有权依法申请行政复议或者提起行政诉讼。

公民、法人或者其他组织因行政机关违法给予行政处罚受到损害的，有权依法提出

467

赔偿要求。

第八条　公民、法人或者其他组织因违法行为受到行政处罚，其违法行为对他人造成损害的，应当依法承担民事责任。

违法行为构成犯罪，应当依法追究刑事责任的，不得以行政处罚代替刑事处罚。

第二章　行政处罚的种类和设定

第九条　行政处罚的种类：

（一）警告、通报批评；

（二）罚款、没收违法所得、没收非法财物；

（三）暂扣许可证件、降低资质等级、吊销许可证件；

（四）限制开展生产经营活动、责令停产停业、责令关闭、限制从业；

（五）行政拘留；

（六）法律、行政法规规定的其他行政处罚。

第十条　法律可以设定各种行政处罚。

限制人身自由的行政处罚，只能由法律设定。

第十一条　行政法规可以设定除限制人身自由以外的行政处罚。

法律对违法行为已经作出行政处罚规定，行政法规需要作出具体规定的，必须在法律规定的给予行政处罚的行为、种类和幅度的范围内规定。

法律对违法行为未作出行政处罚规定，行政法规为实施法律，可以补充设定行政处罚。拟补充设定行政处罚的，应当通过听证会、论证会等形式广泛听取意见，并向制定机关作出书面说明。行政法规报送备案时，应当说明补充设定行政处罚的情况。

第十二条　地方性法规可以设定除限制人身自由、吊销营业执照以外的行政处罚。

法律、行政法规对违法行为已经作出行政处罚规定，地方性法规需要作出具体规定的，必须在法律、行政法规规定的给予行政处罚的行为、种类和幅度的范围内规定。

法律、行政法规对违法行为未作出行政处罚规定，地方性法规为实施法律、行政法规，可以补充设定行政处罚。拟补充设定行政处罚的，应当通过听证会、论证会等形式广泛听取意见，并向制定机关作出书面说明。地方性法规报送备案时，应当说明补充设定行政处罚的情况。

第十三条　国务院部门规章可以在法律、行政法规规定的给予行政处罚的行为、种类和幅度的范围内作出具体规定。

尚未制定法律、行政法规的，国务院部门规章对违反行政管理秩序的行为，可以设定警告、通报批评或者一定数额罚款的行政处罚。罚款的限额由国务院规定。

第十四条　地方政府规章可以在法律、法规规定的给予行政处罚的行为、种类和幅度的范围内作出具体规定。

尚未制定法律、法规的，地方政府规章对违反行政管理秩序的行为，可以设定警告、通报批评或者一定数额罚款的行政处罚。罚款的限额由省、自治区、直辖市人民代表大会常务委员会规定。

第十五条　国务院部门和省、自治区、直辖市人民政府及其有关部门应当定期组织评估行政处罚的实施情况和必要性，对不适当的行政处罚事项及种类、罚款数额等，应当提出修改或者废止的建议。

第十六条　除法律、法规、规章外，其他规范性文件不得设定行政处罚。

第三章　行政处罚的实施机关

第十七条　行政处罚由具有行政处罚权的行政机关在法定职权范围内实施。

第十八条　国家在城市管理、市场监管、生态环境、文化市场、交通运输、应急管理、农业等领域推行建立综合行政执法制度，相对集中行政处罚权。

国务院或者省、自治区、直辖市人民政府可以决定一个行政机关行使有关行政机关的行政处罚权。

限制人身自由的行政处罚权只能由公安机关和法律规定的其他机关行使。

第十九条　法律、法规授权的具有管理公共事务职能的组织可以在法定授权范围内实施行政处罚。

第二十条　行政机关依照法律、法规、规章的规定，可以在其法定权限内书面委托符合本法第二十一条规定条件的组织实施行政处罚。行政机关不得委托其他组织或者个人实施行政处罚。

委托书应当载明委托的具体事项、权限、期限等内容。委托行政机关和受委托组织应当将委托书向社会公布。

委托行政机关对受委托组织实施行政处罚的行为应当负责监督，并对该行为的后果承担法律责任。

受委托组织在委托范围内，以委托行政机关名义实施行政处罚；不得再委托其他组织或者个人实施行政处罚。

第二十一条　受委托组织必须符合以下条件：

（一）依法成立并具有管理公共事务职能；

（二）有熟悉有关法律、法规、规章和业务并取得行政执法资格的工作人员；

（三）需要进行技术检查或者技术鉴定的，应当有条件组织进行相应的技术检查或者技术鉴定。

第四章　行政处罚的管辖和适用

第二十二条　行政处罚由违法行为发生地的行政机关管辖。法律、行政法规、部门规章另有规定的，从其规定。

第二十三条　行政处罚由县级以上地方人民政府具有行政处罚权的行政机关管辖。法律、行政法规另有规定的，从其规定。

第二十四条　省、自治区、直辖市根据当地实际情况，可以决定将基层管理迫切需要的县级人民政府部门的行政处罚权交由能够有效承接的乡镇人民政府、街道办事处行使，并定期组织评估。决定应当公布。

承接行政处罚权的乡镇人民政府、街道办事处应当加强执法能力建设，按照规定范围、依照法定程序实施行政处罚。

有关地方人民政府及其部门应当加强组织协调、业务指导、执法监督，建立健全行政处罚协调配合机制，完善评议、考核制度。

第二十五条　两个以上行政机关都有管辖权的，由最先立案的行政机关管辖。

对管辖发生争议的，应当协商解决，协商不成的，报请共同的上一级行政机关指定管辖；也可以直接由共同的上一级行政机关指定管辖。

第二十六条　行政机关因实施行政处罚的需要，可以向有关机关提出协助请求。协助事项属于被请求机关职权范围内的，应当依法予以协助。

第二十七条　违法行为涉嫌犯罪的，行政机关应当及时将案件移送司法机关，依法追究刑事责任。对依法不需要追究刑事责任或者免予刑事处罚，但应当给予行政处罚的，司法机关应当及时将案件移送有关行政机关。

行政处罚实施机关与司法机关之间应当加强协调配合，建立健全案件移送制度，加强证据材料移交、接收衔接，完善案件处理信息通报机制。

第二十八条　行政机关实施行政处罚时，应当责令当事人改正或者限期改正违法行为。

当事人有违法所得，除依法应当退赔的外，应当予以没收。违法所得是指实施违法行为所取得的款项。法律、行政法规、部门规章对违法所得的计算另有规定的，从其规定。

第二十九条　对当事人的同一个违法行为，不得给予两次以上罚款的行政处罚。同一个违法行为违反多个法律规范应当给予罚款处罚的，按照罚款数额高的规定处罚。

第三十条　不满十四周岁的未成年人有违法行为的，不予行政处罚，责令监护人加以管教；已满十四周岁不满十八周岁的未成年人有违法行为的，应当从轻或者减轻行政处罚。

第三十一条　精神病人、智力残疾人在不能辨认或者不能控制自己行为时有违法行为的，不予行政处罚，但应当责令其监护人严加看管和治疗。间歇性精神病人在精神正常时有违法行为的，应当给予行政处罚。尚未完全丧失辨认或者控制自己行为能力的精神病人、智力残疾人有违法行为的，可以从轻或者减轻行政处罚。

第三十二条　当事人有下列情形之一，应当从轻或者减轻行政处罚：

（一）主动消除或者减轻违法行为危害后果的；

（二）受他人胁迫或者诱骗实施违法行为的；

（三）主动供述行政机关尚未掌握的违法行为的；

（四）配合行政机关查处违法行为有立功表现的；

（五）法律、法规、规章规定其他应当从轻或者减轻行政处罚的。

第三十三条　违法行为轻微并及时改正，没有造成危害后果的，不予行政处罚。初次违法且危害后果轻微并及时改正的，可以不予行政处罚。

当事人有证据足以证明没有主观过错的，不予行政处罚。法律、行政法规另有规定的，从其规定。

对当事人的违法行为依法不予行政处罚的，行政机关应当对当事人进行教育。

第三十四条　行政机关可以依法制定行政处罚裁量基准，规范行使行政处罚裁量权。行政处罚裁量基准应当向社会公布。

第三十五条　违法行为构成犯罪，人民法院判处拘役或者有期徒刑时，行政机关已经给予当事人行政拘留的，应当依法折抵相应刑期。

违法行为构成犯罪，人民法院判处罚金时，行政机关已经给予当事人罚款的，应当折抵相应罚金；行政机关尚未给予当事人罚款的，不再给予罚款。

第三十六条　违法行为在二年内未被发现的，不再给予行政处罚；涉及公民生命健康安全、金融安全且有危害后果的，上述期限延长至五年。法律另有规定的除外。

前款规定的期限，从违法行为发生之日起计算；违法行为有连续或者继续状态的，从行为终了之日起计算。

第三十七条　实施行政处罚，适用违法行为发生时的法律、法规、规章的规定。但是，作出行政处罚决定时，法律、法规、规章已被修改或者废止，且新的规定处罚较轻或者不认为是违法的，适用新的规定。

第三十八条　行政处罚没有依据或者实施主体不具有行政主体资格的，行政处罚无效。

违反法定程序构成重大且明显违法的，行政处罚无效。

第五章　行政处罚的决定
第一节　一般规定

第三十九条　行政处罚的实施机关、立案依据、实施程序和救济渠道等信息应当公示。

第四十条　公民、法人或者其他组织违反行政管理秩序的行为，依法应当给予行政处罚的，行政机关必须查明事实；违法事实不清、证据不足的，不得给予行政处罚。

第四十一条　行政机关依照法律、行政法规规定利用电子技术监控设备收集、固定违法事实的，应当经过法制和技术审核，确保电子技术监控设备符合标准、设置合理、标志明显，设置地点应当向社会公布。

电子技术监控设备记录违法事实应当真实、清晰、完整、准确。行政机关应当审核记录内容是否符合要求；未经审核或者经审核不符合要求的，不得作为行政处罚的证据。

行政机关应当及时告知当事人违法事实，并采取信息化手段或者其他措施，为当事人查询、陈述和申辩提供便利。不得限制或者变相限制当事人享有的陈述权、申辩权。

第四十二条　行政处罚应当由具有行政执法资格的执法人员实施。执法人员不得少于两人，法律另有规定的除外。

执法人员应当文明执法，尊重和保护当事人合法权益。

第四十三条　执法人员与案件有直接利害关系或者有其他关系可能影响公正执法的，应当回避。

当事人认为执法人员与案件有直接利害关系或者有其他关系可能影响公正执法的，有权申请回避。

当事人提出回避申请的，行政机关应当依法审查，由行政机关负责人决定。决定作出之前，不停止调查。

第四十四条　行政机关在作出行政处罚决定之前，应当告知当事人拟作出的行政处罚内容及事实、理由、依据，并告知当事人依法享有的陈述、申辩、要求听证等权利。

第四十五条　当事人有权进行陈述和申辩。行政机关必须充分听取当事人的意见，对当事人提出的事实、理由和证据，应当进行复核；当事人提出的事实、理由或者证据成立的，行政机关应当采纳。

行政机关不得因当事人陈述、申辩而给予更重的处罚。

第四十六条　证据包括：

（一）书证；

（二）物证；

（三）视听资料；

（四）电子数据；

（五）证人证言；

（六）当事人的陈述；

（七）鉴定意见；

（八）勘验笔录、现场笔录。

证据必须经查证属实，方可作为认定案件事实的根据。

以非法手段取得的证据，不得作为认定案件事实的根据。

第四十七条　行政机关应当依法以文字、音像等形式，对行政处罚的启动、调查取证、审核、决定、送达、执行等进行全过程记录，归档保存。

第四十八条　具有一定社会影响的行政处罚决定应当依法公开。

公开的行政处罚决定被依法变更、撤销、确认违法或者确认无效的，行政机关应当在三日内撤回行政处罚决定信息并公开说明理由。

第四十九条　发生重大传染病疫情等突发事件，为了控制、减轻和消除突发事件引起的社会危害，行政机关对违反突发事件应对措施的行为，依法快速、从重处罚。

第五十条　行政机关及其工作人员对实施行政处罚过程中知悉的国家秘密、商业秘密或者个人隐私，应当依法予以保密。

第二节　简易程序

第五十一条　违法事实确凿并有法定依据，对公民处以二百元以下、对法人或者其他组织处以三千元以下罚款或者警告的行政处罚的，可以当场作出行政处罚决定。法律另有规定的，从其规定。

第五十二条　执法人员当场作出行政处罚决定的，应当向当事人出示执法证件，填写预定格式、编有号码的行政处罚决定书，并当场交付当事人。当事人拒绝签收的，应当在行政处罚决定书上注明。

前款规定的行政处罚决定书应当载明当事人的违法行为，行政处罚的种类和依据、罚款数额、时间、地点，申请行政复议、提起行政诉讼的途径和期限以及行政机关名称，并由执法人员签名或者盖章。

执法人员当场作出的行政处罚决定，应当报所属行政机关备案。

第五十三条　对当场作出的行政处罚决定，当事人应当依照本法第六十七条至第六十九条的规定履行。

第三节　普通程序

第五十四条　除本法第五十一条规定的可以当场作出的行政处罚外，行政机关发现公民、法人或者其他组织有依法应当给予行政处罚的行为的，必须全面、客观、公正地调查，收集有关证据；必要时，依照法律、法规的规定，可以进行检查。

符合立案标准的，行政机关应当及时立案。

第五十五条　执法人员在调查或者进行检查时，应当主动向当事人或者有关人员出示执法证件。当事人或者有关人员有权要求执法人员出示执法证件。执法人员不出示执法证件的，当事人或者有关人员有权拒绝接受调查或者检查。

当事人或者有关人员应当如实回答询问，并协助调查或者检查，不得拒绝或者阻挠。询问或者检查应当制作笔录。

第五十六条　行政机关在收集证据时，可以采取抽样取证的方法；在证据可能灭失或者以后难以取得的情况下，经行政机关负责人批准，可以先行登记保存，并应当在七日内及时作出处理决定，在此期间，当事人或者有关人员不得销毁或者转移证据。

第五十七条　调查终结，行政机关负责人应当对调查结果进行审查，根据不同情况，分别作出如下决定：

（一）确有应受行政处罚的违法行为的，根据情节轻重及具体情况，作出行政处罚决定；

（二）违法行为轻微，依法可以不予行政处罚的，不予行政处罚；

（三）违法事实不能成立的，不予行政处罚；

（四）违法行为涉嫌犯罪的，移送司法机关。

对情节复杂或者重大违法行为给予行政处罚，行政机关负责人应当集体讨论决定。

第五十八条　有下列情形之一，在行政机关负责人作出行政处罚的决定之前，应当由从事行政处罚决定法制审核的人员进行法制审核；未经法制审核或者审核未通过的，不得作出决定：

（一）涉及重大公共利益的；

（二）直接关系当事人或者第三人重大权益，经过听证程序的；

（三）案件情况疑难复杂、涉及多个法律关系的；

（四）法律、法规规定应当进行法制审核的其他情形。

行政机关中初次从事行政处罚决定法制审核的人员，应当通过国家统一法律职业资格考试取得法律职业资格。

第五十九条　行政机关依照本法第五十七条的规定给予行政处罚，应当制作行政处罚决定书。行政处罚决定书应当载明下列事项：

（一）当事人的姓名或者名称、地址；

（二）违反法律、法规、规章的事实和证据；

（三）行政处罚的种类和依据；

（四）行政处罚的履行方式和期限；

（五）申请行政复议、提起行政诉讼的途径和期限；

（六）作出行政处罚决定的行政机关名称和作出决定的日期。

行政处罚决定书必须盖有作出行政处罚决定的行政机关的印章。

第六十条　行政机关应当自行政处罚案件立案之日起九十日内作出行政处罚决定。

法律、法规、规章另有规定的，从其规定。

第六十一条　行政处罚决定书应当在宣告后当场交付当事人；当事人不在场的，行政机关应当在七日内依照《中华人民共和国民事诉讼法》的有关规定，将行政处罚决定书送达当事人。

当事人同意并签订确认书的，行政机关可以采用传真、电子邮件等方式，将行政处罚决定书等送达当事人。

第六十二条　行政机关及其执法人员在作出行政处罚决定之前，未依照本法第四十四条、第四十五条的规定向当事人告知拟作出的行政处罚内容及事实、理由、依据，或者拒绝听取当事人的陈述、申辩，不得作出行政处罚决定；当事人明确放弃陈述或者申辩权利的除外。

第四节　听证程序

第六十三条　行政机关拟作出下列行政处罚决定，应当告知当事人有要求听证的权利，当事人要求听证的，行政机关应当组织听证：

（一）较大数额罚款；

（二）没收较大数额违法所得、没收较大价值非法财物；

（三）降低资质等级、吊销许可证件；

（四）责令停产停业、责令关闭、限制从业；

（五）其他较重的行政处罚；

（六）法律、法规、规章规定的其他情形。

当事人不承担行政机关组织听证的费用。

第六十四条　听证应当依照以下程序组织：

（一）当事人要求听证的，应当在行政机关告知后五日内提出；

（二）行政机关应当在举行听证的七日前，通知当事人及有关人员听证的时间、地点；

（三）除涉及国家秘密、商业秘密或者个人隐私依法予以保密外，听证公开举行；

（四）听证由行政机关指定的非本案调查人员主持；当事人认为主持人与本案有直接利害关系的，有权申请回避；

（五）当事人可以亲自参加听证，也可以委托一至二人代理；

（六）当事人及其代理人无正当理由拒不出席听证或者未经许可中途退出听证的，

视为放弃听证权利，行政机关终止听证；

（七）举行听证时，调查人员提出当事人违法的事实、证据和行政处罚建议，当事人进行申辩和质证；

（八）听证应当制作笔录。笔录应当交当事人或者其代理人核对无误后签字或者盖章。当事人或者其代理人拒绝签字或者盖章的，由听证主持人在笔录中注明。

第六十五条　听证结束后，行政机关应当根据听证笔录，依照本法第五十七条的规定，作出决定。

第六章　行政处罚的执行

第六十六条　行政处罚决定依法作出后，当事人应当在行政处罚决定书载明的期限内，予以履行。

当事人确有经济困难，需要延期或者分期缴纳罚款的，经当事人申请和行政机关批准，可以暂缓或者分期缴纳。

第六十七条　作出罚款决定的行政机关应当与收缴罚款的机构分离。

除依照本法第六十八条、第六十九条的规定当场收缴的罚款外，作出行政处罚决定的行政机关及其执法人员不得自行收缴罚款。

当事人应当自收到行政处罚决定书之日起十五日内，到指定的银行或者通过电子支付系统缴纳罚款。银行应当收受罚款，并将罚款直接上缴国库。

第六十八条　依照本法第五十一条的规定当场作出行政处罚决定，有下列情形之一，执法人员可以当场收缴罚款：

（一）依法给予一百元以下罚款的；

（二）不当场收缴事后难以执行的。

第六十九条　在边远、水上、交通不便地区，行政机关及其执法人员依照本法第五十一条、第五十七条的规定作出罚款决定后，当事人到指定的银行或者通过电子支付系统缴纳罚款确有困难，经当事人提出，行政机关及其执法人员可以当场收缴罚款。

第七十条　行政机关及其执法人员当场收缴罚款的，必须向当事人出具国务院财政部门或者省、自治区、直辖市人民政府财政部门统一制发的专用票据；不出具财政部门统一制发的专用票据的，当事人有权拒绝缴纳罚款。

第七十一条　执法人员当场收缴的罚款，应当自收缴罚款之日起二日内，交至行政机关；在水上当场收缴的罚款，应当自抵岸之日起二日内交至行政机关；行政机关应当在二日内将罚款缴付指定的银行。

第七十二条　当事人逾期不履行行政处罚决定的，作出行政处罚决定的行政机关可以采取下列措施：

（一）到期不缴纳罚款的，每日按罚款数额的百分之三加处罚款，加处罚款的数额不得超出罚款的数额；

（二）根据法律规定，将查封、扣押的财物拍卖、依法处理或者将冻结的存款、汇款划拨抵缴罚款；

（三）根据法律规定，采取其他行政强制执行方式；

（四）依照《中华人民共和国行政强制法》的规定申请人民法院强制执行。

行政机关批准延期、分期缴纳罚款的，申请人民法院强制执行的期限，自暂缓或者分期缴纳罚款期限结束之日起计算。

第七十三条　当事人对行政处罚决定不服，申请行政复议或者提起行政诉讼的，行政处罚不停止执行，法律另有规定的除外。

当事人对限制人身自由的行政处罚决定不服，申请行政复议或者提起行政诉讼的，可以向作出决定的机关提出暂缓执行申请。符合法律规定情形的，应当暂缓执行。

当事人申请行政复议或者提起行政诉讼的，加处罚款的数额在行政复议或者行政诉讼期间不予计算。

第七十四条　除依法应当予以销毁的物品外，依法没收的非法财物必须按照国家规定公开拍卖或者按照国家有关规定处理。

罚款、没收的违法所得或者没收非法财物拍卖的款项，必须全部上缴国库，任何行政机关或者个人不得以任何形式截留、私分或者变相私分。

罚款、没收的违法所得或者没收非法财物拍卖的款项，不得同作出行政处罚决定的行政机关及其工作人员的考核、考评直接或者变相挂钩。除依法应当退还、退赔的外，财政部门不得以任何形式向作出行政处罚决定的行政机关返还罚款、没收的违法所得或者没收非法财物拍卖的款项。

第七十五条　行政机关应当建立健全对行政处罚的监督制度。县级以上人民政府应当定期组织开展行政执法评议、考核，加强对行政处罚的监督检查，规范和保障行政处罚的实施。

行政机关实施行政处罚应当接受社会监督。公民、法人或者其他组织对行政机关实施行政处罚的行为，有权申诉或者检举；行政机关应当认真审查，发现有错误的，应当主动改正。

第七章 法律责任

第七十六条 行政机关实施行政处罚，有下列情形之一，由上级行政机关或者有关机关责令改正，对直接负责的主管人员和其他直接责任人员依法给予处分：

（一）没有法定的行政处罚依据的；

（二）擅自改变行政处罚种类、幅度的；

（三）违反法定的行政处罚程序的；

（四）违反本法第二十条关于委托处罚的规定的；

（五）执法人员未取得执法证件的。

行政机关对符合立案标准的案件不及时立案的，依照前款规定予以处理。

第七十七条 行政机关对当事人进行处罚不使用罚款、没收财物单据或者使用非法定部门制发的罚款、没收财物单据的，当事人有权拒绝，并有权予以检举，由上级行政机关或者有关机关对使用的非法单据予以收缴销毁，对直接负责的主管人员和其他直接责任人员依法给予处分。

第七十八条 行政机关违反本法第六十七条的规定自行收缴罚款的，财政部门违反本法第七十四条的规定向行政机关返还罚款、没收的违法所得或者拍卖款项的，由上级行政机关或者有关机关责令改正，对直接负责的主管人员和其他直接责任人员依法给予处分。

第七十九条 行政机关截留、私分或者变相私分罚款、没收的违法所得或者财物的，由财政部门或者有关机关予以追缴，对直接负责的主管人员和其他直接责任人员依法给予处分；情节严重构成犯罪的，依法追究刑事责任。

执法人员利用职务上的便利，索取或者收受他人财物、将收缴罚款据为己有，构成犯罪的，依法追究刑事责任；情节轻微不构成犯罪的，依法给予处分。

第八十条 行政机关使用或者损毁查封、扣押的财物，对当事人造成损失的，应当依法予以赔偿，对直接负责的主管人员和其他直接责任人员依法给予处分。

第八十一条 行政机关违法实施检查措施或者执行措施，给公民人身或者财产造成损害、给法人或者其他组织造成损失的，应当依法予以赔偿，对直接负责的主管人员和其他直接责任人员依法给予处分；情节严重构成犯罪的，依法追究刑事责任。

第八十二条　行政机关对应当依法移交司法机关追究刑事责任的案件不移交，以行政处罚代替刑事处罚，由上级行政机关或者有关机关责令改正，对直接负责的主管人员和其他直接责任人员依法给予处分；情节严重构成犯罪的，依法追究刑事责任。

第八十三条　行政机关对应当予以制止和处罚的违法行为不予制止、处罚，致使公民、法人或者其他组织的合法权益、公共利益和社会秩序遭受损害的，对直接负责的主管人员和其他直接责任人员依法给予处分；情节严重构成犯罪的，依法追究刑事责任。

第八章　附　则

第八十四条　外国人、无国籍人、外国组织在中华人民共和国领域内有违法行为，应当给予行政处罚的，适用本法，法律另有规定的除外。

第八十五条　本法中"二日""三日""五日""七日"的规定是指工作日，不含法定节假日。

第八十六条　本法自 2021 年 7 月 15 日起施行。

中华人民共和国反不正当竞争法

（2019 年修正，2019 年 4 月 23 日施行）

（1993 年 9 月 2 日第八届全国人民代表大会常务委员会第三次会议通过　2017 年 11 月 4 日第十二届全国人民代表大会常务委员会第三十次会议修订　根据 2019 年 4 月 23 日第十三届全国人民代表大会常务委员会第十次会议《关于修改〈中华人民共和国建筑法〉等八部法律的决定》修正）

第一章　总　则

第一条　为了促进社会主义市场经济健康发展，鼓励和保护公平竞争，制止不正当竞争行为，保护经营者和消费者的合法权益，制定本法。

第二条　经营者在生产经营活动中，应当遵循自愿、平等、公平、诚信的原则，遵守法律和商业道德。

本法所称的不正当竞争行为，是指经营者在生产经营活动中，违反本法规定，扰乱市场竞争秩序，损害其他经营者或者消费者的合法权益的行为。

本法所称的经营者，是指从事商品生产、经营或者提供服务（以下所称商品包括服务）的自然人、法人和非法人组织。

第三条　各级人民政府应当采取措施，制止不正当竞争行为，为公平竞争创造良好的环境和条件。

国务院建立反不正当竞争工作协调机制，研究决定反不正当竞争重大政策，协调处理维护市场竞争秩序的重大问题。

第四条　县级以上人民政府履行工商行政管理职责的部门对不正当竞争行为进行查处；法律、行政法规规定由其他部门查处的，依照其规定。

第五条　国家鼓励、支持和保护一切组织和个人对不正当竞争行为进行社会监督。

国家机关及其工作人员不得支持、包庇不正当竞争行为。

行业组织应当加强行业自律，引导、规范会员依法竞争，维护市场竞争秩序。

第二章　不正当竞争行为

第六条　经营者不得实施下列混淆行为，引人误认为是他人商品或者与他人存在特定联系：

（一）擅自使用与他人有一定影响的商品名称、包装、装潢等相同或者近似的标识；

（二）擅自使用他人有一定影响的企业名称（包括简称、字号等）、社会组织名称（包括简称等）、姓名（包括笔名、艺名、译名等）；

（三）擅自使用他人有一定影响的域名主体部分、网站名称、网页等；

（四）其他足以引人误认为是他人商品或者与他人存在特定联系的混淆行为。

第七条　经营者不得采用财物或者其他手段贿赂下列单位或者个人，以谋取交易机会或者竞争优势：

（一）交易相对方的工作人员；

（二）受交易相对方委托办理相关事务的单位或者个人；

（三）利用职权或者影响力影响交易的单位或者个人。

经营者在交易活动中，可以以明示方式向交易相对方支付折扣，或者向中间人支付佣金。经营者向交易相对方支付折扣、向中间人支付佣金的，应当如实入账。接受折扣、佣金的经营者也应当如实入账。

经营者的工作人员进行贿赂的，应当认定为经营者的行为；但是，经营者有证据证明该工作人员的行为与为经营者谋取交易机会或者竞争优势无关的除外。

第八条　经营者不得对其商品的性能、功能、质量、销售状况、用户评价、曾获荣誉等作虚假或者引人误解的商业宣传，欺骗、误导消费者。

经营者不得通过组织虚假交易等方式，帮助其他经营者进行虚假或者引人误解的商业宣传。

第九条　经营者不得实施下列侵犯商业秘密的行为：

（一）以盗窃、贿赂、欺诈、胁迫、电子侵入或者其他不正当手段获取权利人的商业秘密；

（二）披露、使用或者允许他人使用以前项手段获取的权利人的商业秘密；

（三）违反保密义务或者违反权利人有关保守商业秘密的要求，披露、使用或者允许他人使用其所掌握的商业秘密；

（四）教唆、引诱、帮助他人违反保密义务或者违反权利人有关保守商业秘密的要求，获取、披露、使用或者允许他人使用权利人的商业秘密。

经营者以外的其他自然人、法人和非法人组织实施前款所列违法行为的，视为侵犯商业秘密。

第三人明知或者应知商业秘密权利人的员工、前员工或者其他单位、个人实施本条第一款所列违法行为，仍获取、披露、使用或者允许他人使用该商业秘密的，视为侵犯商业秘密。

本法所称的商业秘密，是指不为公众所知悉、具有商业价值并经权利人采取相应保密措施的技术信息、经营信息等商业信息。

第十条 经营者进行有奖销售不得存在下列情形：

（一）所设奖的种类、兑奖条件、奖金金额或者奖品等有奖销售信息不明确，影响兑奖；

（二）采用谎称有奖或者故意让内定人员中奖的欺骗方式进行有奖销售；

（三）抽奖式的有奖销售，最高奖的金额超过五万元。

第十一条 经营者不得编造、传播虚假信息或者误导性信息，损害竞争对手的商业信誉、商品声誉。

第十二条 经营者利用网络从事生产经营活动，应当遵守本法的各项规定。

经营者不得利用技术手段，通过影响用户选择或者其他方式，实施下列妨碍、破坏其他经营者合法提供的网络产品或者服务正常运行的行为：

（一）未经其他经营者同意，在其合法提供的网络产品或者服务中，插入链接、强制进行目标跳转；

（二）误导、欺骗、强迫用户修改、关闭、卸载其他经营者合法提供的网络产品或者服务；

（三）恶意对其他经营者合法提供的网络产品或者服务实施不兼容；

（四）其他妨碍、破坏其他经营者合法提供的网络产品或者服务正常运行的行为。

第三章 对涉嫌不正当竞争行为的调查

第十三条 监督检查部门调查涉嫌不正当竞争行为，可以采取下列措施：

（一）进入涉嫌不正当竞争行为的经营场所进行检查；

（二）询问被调查的经营者、利害关系人及其他有关单位、个人，要求其说明有关情况或者提供与被调查行为有关的其他资料；

（三）查询、复制与涉嫌不正当竞争行为有关的协议、账簿、单据、文件、记录、业务函电和其他资料；

（四）查封、扣押与涉嫌不正当竞争行为有关的财物；

（五）查询涉嫌不正当竞争行为的经营者的银行账户。

采取前款规定的措施，应当向监督检查部门主要负责人书面报告，并经批准。采取前款第四项、第五项规定的措施，应当向设区的市级以上人民政府监督检查部门主要负责人书面报告，并经批准。

监督检查部门调查涉嫌不正当竞争行为，应当遵守《中华人民共和国行政强制法》和其他有关法律、行政法规的规定，并应当将查处结果及时向社会公开。

第十四条　监督检查部门调查涉嫌不正当竞争行为，被调查的经营者、利害关系人及其他有关单位、个人应当如实提供有关资料或者情况。

第十五条　监督检查部门及其工作人员对调查过程中知悉的商业秘密负有保密义务。

第十六条　对涉嫌不正当竞争行为，任何单位和个人有权向监督检查部门举报，监督检查部门接到举报后应当依法及时处理。

监督检查部门应当向社会公开受理举报的电话、信箱或者电子邮件地址，并为举报人保密。对实名举报并提供相关事实和证据的，监督检查部门应当将处理结果告知举报人。

第四章　法律责任

第十七条　经营者违反本法规定，给他人造成损害的，应当依法承担民事责任。

经营者的合法权益受到不正当竞争行为损害的，可以向人民法院提起诉讼。

因不正当竞争行为受到损害的经营者的赔偿数额，按照其因被侵权所受到的实际损失确定；实际损失难以计算的，按照侵权人因侵权所获得的利益确定。经营者恶意实施侵犯商业秘密行为，情节严重的，可以在按照上述方法确定数额的一倍以上五倍以下确定赔偿数额。赔偿数额还应当包括经营者为制止侵权行为所支付的合理开支。

经营者违反本法第六条、第九条规定，权利人因被侵权所受到的实际损失、侵权人因侵权所获得的利益难以确定的，由人民法院根据侵权行为的情节判决给予权利人五百万元以下的赔偿。

第十八条　经营者违反本法第六条规定实施混淆行为的，由监督检查部门责令停止违法行为，没收违法商品。违法经营额五万元以上的，可以并处违法经营额五倍以下的罚款；没有违法经营额或者违法经营额不足五万元的，可以并处二十五万元以下的罚款。情节严重的，吊销营业执照。

经营者登记的企业名称违反本法第六条规定的，应当及时办理名称变更登记；名称变更前，由原企业登记机关以统一社会信用代码代替其名称。

第十九条　经营者违反本法第七条规定贿赂他人的，由监督检查部门没收违法所得，处十万元以上三百万元以下的罚款。情节严重的，吊销营业执照。

第二十条　经营者违反本法第八条规定对其商品作虚假或者引人误解的商业宣传，或者通过组织虚假交易等方式帮助其他经营者进行虚假或者引人误解的商业宣传的，由监督检查部门责令停止违法行为，处二十万元以上一百万元以下的罚款；情节严重的，处一百万元以上二百万元以下的罚款，可以吊销营业执照。

经营者违反本法第八条规定，属于发布虚假广告的，依照《中华人民共和国广告法》的规定处罚。

第二十一条　经营者以及其他自然人、法人和非法人组织违反本法第九条规定侵犯商业秘密的，由监督检查部门责令停止违法行为，没收违法所得，处十万元以上一百万元以下的罚款；情节严重的，处五十万元以上五百万元以下的罚款。

第二十二条　经营者违反本法第十条规定进行有奖销售的，由监督检查部门责令停止违法行为，处五万元以上五十万元以下的罚款。

第二十三条　经营者违反本法第十一条规定损害竞争对手商业信誉、商品声誉的，由监督检查部门责令停止违法行为、消除影响，处十万元以上五十万元以下的罚款；情节严重的，处五十万元以上三百万元以下的罚款。

第二十四条　经营者违反本法第十二条规定妨碍、破坏其他经营者合法提供的网络产品或者服务正常运行的，由监督检查部门责令停止违法行为，处十万元以上五十万元以下的罚款；情节严重的，处五十万元以上三百万元以下的罚款。

第二十五条　经营者违反本法规定从事不正当竞争，有主动消除或者减轻违法行为危害后果等法定情形的，依法从轻或者减轻行政处罚；违法行为轻微并及时纠正，没有造成危害后果的，不予行政处罚。

第二十六条　经营者违反本法规定从事不正当竞争，受到行政处罚的，由监督检查部门记入信用记录，并依照有关法律、行政法规的规定予以公示。

第二十七条　经营者违反本法规定，应当承担民事责任、行政责任和刑事责任，其财产不足以支付的，优先用于承担民事责任。

第二十八条　妨害监督检查部门依照本法履行职责，拒绝、阻碍调查的，由监督检查部门责令改正，对个人可以处五千元以下的罚款，对单位可以处五万元以下的罚款，并可以由公安机关依法给予治安管理处罚。

第二十九条　当事人对监督检查部门作出的决定不服的，可以依法申请行政复议或者提起行政诉讼。

第三十条　监督检查部门的工作人员滥用职权、玩忽职守、徇私舞弊或者泄露调查过程中知悉的商业秘密的，依法给予处分。

第三十一条　违反本法规定，构成犯罪的，依法追究刑事责任。

第三十二条　在侵犯商业秘密的民事审判程序中，商业秘密权利人提供初步证据，证明其已经对所主张的商业秘密采取保密措施，且合理表明商业秘密被侵犯，涉嫌侵权人应当证明权利人所主张的商业秘密不属于本法规定的商业秘密。

商业秘密权利人提供初步证据合理表明商业秘密被侵犯，且提供以下证据之一的，涉嫌侵权人应当证明其不存在侵犯商业秘密的行为：

（一）有证据表明涉嫌侵权人有渠道或者机会获取商业秘密，且其使用的信息与该商业秘密实质上相同；

（二）有证据表明商业秘密已经被涉嫌侵权人披露、使用或者有被披露、使用的风险；

（三）有其他证据表明商业秘密被涉嫌侵权人侵犯。

第五章　附　则

第三十三条　本法自 2018 年 1 月 1 日起施行。

中华人民共和国海关行政处罚实施条例

（2022 年修订，2022 年 5 月 1 日施行）

（2004 年 9 月 19 日中华人民共和国国务院令第 420 号公布　根据 2022 年 3 月 29 日《国务院关于修改和废止部分行政法规的决定》修订）

第一章　总　则

第一条　为了规范海关行政处罚，保障海关依法行使职权，保护公民、法人或者其他组织的合法权益，根据《中华人民共和国海关法》（以下简称海关法）及其他有关法律的规定，制定本实施条例。

第二条　依法不追究刑事责任的走私行为和违反海关监管规定的行为，以及法律、行政法规规定由海关实施行政处罚的行为的处理，适用本实施条例。

第三条　海关行政处罚由发现违法行为的海关管辖，也可以由违法行为发生地海关管辖。

2 个以上海关都有管辖权的案件，由最先发现违法行为的海关管辖。

管辖不明确的案件，由有关海关协商确定管辖，协商不成的，报请共同的上级海关指定管辖。

重大、复杂的案件，可以由海关总署指定管辖。

第四条　海关发现的依法应当由其他行政机关处理的违法行为，应当移送有关行政机关处理；违法行为涉嫌犯罪的，应当移送海关侦查走私犯罪公安机构、地方公安机关依法办理。

第五条　依照本实施条例处以警告、罚款等行政处罚，但不没收进出境货物、物品、运输工具的，不免除有关当事人依法缴纳税款、提交进出口许可证件、办理有关海关手续的义务。

第六条　抗拒、阻碍海关侦查走私犯罪公安机构依法执行职务的，由设在直属海关、隶属海关的海关侦查走私犯罪公安机构依照治安管理处罚的有关规定给予处罚。

抗拒、阻碍其他海关工作人员依法执行职务的，应当报告地方公安机关依法处理。

第二章 走私行为及其处罚

第七条 违反海关法及其他有关法律、行政法规，逃避海关监管，偷逃应纳税款、逃避国家有关进出境的禁止性或者限制性管理，有下列情形之一的，是走私行为：

（一）未经国务院或者国务院授权的机关批准，从未设立海关的地点运输、携带国家禁止或者限制进出境的货物、物品或者依法应当缴纳税款的货物、物品进出境的；

（二）经过设立海关的地点，以藏匿、伪装、瞒报、伪报或者其他方式逃避海关监管，运输、携带、邮寄国家禁止或者限制进出境的货物、物品或者依法应当缴纳税款的货物、物品进出境的；

（三）使用伪造、变造的手册、单证、印章、账册、电子数据或者以其他方式逃避海关监管，擅自将海关监管货物、物品、进境的境外运输工具，在境内销售的；

（四）使用伪造、变造的手册、单证、印章、账册、电子数据或者以伪报加工贸易制成品单位耗料量等方式，致使海关监管货物、物品脱离监管的；

（五）以藏匿、伪装、瞒报、伪报或者其他方式逃避海关监管，擅自将保税区、出口加工区等海关特殊监管区域内的海关监管货物、物品，运出区外的；

（六）有逃避海关监管，构成走私的其他行为的。

第八条 有下列行为之一的，按走私行为论处：

（一）明知是走私进口的货物、物品，直接向走私人非法收购的；

（二）在内海、领海、界河、界湖，船舶及所载人员运输、收购、贩卖国家禁止或者限制进出境的货物、物品，或者运输、收购、贩卖依法应当缴纳税款的货物，没有合法证明的。

第九条 有本实施条例第七条、第八条所列行为之一的，依照下列规定处罚：

（一）走私国家禁止进出口的货物的，没收走私货物及违法所得，可以并处 100 万元以下罚款；走私国家禁止进出境的物品的，没收走私物品及违法所得，可以并处 10 万元以下罚款；

（二）应当提交许可证件而未提交但未偷逃税款，走私国家限制进出境的货物、物品的，没收走私货物、物品及违法所得，可以并处走私货物、物品等值以下罚款；

（三）偷逃应纳税款但未逃避许可证件管理，走私依法应当缴纳税款的货物、物品的，没收走私货物、物品及违法所得，可以并处偷逃应纳税款 3 倍以下罚款。

专门用于走私的运输工具或者用于掩护走私的货物、物品，2 年内 3 次以上用于走私的运输工具或者用于掩护走私的货物、物品，应当予以没收。藏匿走私货物、物品的特制设备、夹层、暗格，应当予以没收或者责令拆毁。使用特制设备、夹层、暗格实施走私的，应当从重处罚。

第十条　与走私人通谋为走私人提供贷款、资金、账号、发票、证明、海关单证的，与走私人通谋为走私人提供走私货物、物品的提取、发运、运输、保管、邮寄或者其他方便的，以走私的共同当事人论处，没收违法所得，并依照本实施条例第九条的规定予以处罚。

第十一条　海关准予从事海关监管货物的运输、储存、加工、装配、寄售、展示等业务的企业，构成走私犯罪或者1年内有2次以上走私行为的，海关可以撤销其注册登记；报关企业、报关人员有上述情形的，禁止其从事报关活动。

第三章　违反海关监管规定的行为及其处罚

第十二条　违反海关法及其他有关法律、行政法规和规章但不构成走私行为的，是违反海关监管规定的行为。

第十三条　违反国家进出口管理规定，进出口国家禁止进出口的货物的，责令退运，处100万元以下罚款。

第十四条　违反国家进出口管理规定，进出口国家限制进出口的货物，进出口货物的收发货人向海关申报时不能提交许可证件的，进出口货物不予放行，处货物价值30%以下罚款。

违反国家进出口管理规定，进出口属于自动进出口许可管理的货物，进出口货物的收发货人向海关申报时不能提交自动许可证明的，进出口货物不予放行。

第十五条　进出口货物的品名、税则号列、数量、规格、价格、贸易方式、原产地、启运地、运抵地、最终目的地或者其他应当申报的项目未申报或者申报不实的，分别依照下列规定予以处罚，有违法所得的，没收违法所得：

（一）影响海关统计准确性的，予以警告或者处1000元以上1万元以下罚款；

（二）影响海关监管秩序的，予以警告或者处1000元以上3万元以下罚款；

（三）影响国家许可证件管理的，处货物价值5%以上30%以下罚款；

（四）影响国家税款征收的，处漏缴税款30%以上2倍以下罚款；

（五）影响国家外汇、出口退税管理的，处申报价格10%以上50%以下罚款。

第十六条　进出口货物收发货人未按照规定向报关企业提供所委托报关事项的真实情况，致使发生本实施条例第十五条规定情形的，对委托人依照本实施条例第十五条的规定予以处罚。

第十七条　报关企业、报关人员对委托人所提供情况的真实性未进行合理审查，或者因工作疏忽致使发生本实施条例第十五条规定情形的，可以对报关企业处货物价值10%以下罚款，暂停其6个月以内从事报关活动；情节严重的，禁止其从事报关活动。

第十八条　有下列行为之一的，处货物价值5%以上30%以下罚款，有违法所得的，没收违法所得：

（一）未经海关许可，擅自将海关监管货物开拆、提取、交付、发运、调换、改装、抵押、质押、留置、转让、更换标记、移作他用或者进行其他处置的；

（二）未经海关许可，在海关监管区以外存放海关监管货物的；

（三）经营海关监管货物的运输、储存、加工、装配、寄售、展示等业务，有关货物灭失、数量短少或者记录不真实，不能提供正当理由的；

（四）经营保税货物的运输、储存、加工、装配、寄售、展示等业务，不依照规定办理收存、交付、结转、核销等手续，或者中止、延长、变更、转让有关合同不依照规定向海关办理手续的；

（五）未如实向海关申报加工贸易制成品单位耗料量的；

（六）未按照规定期限将过境、转运、通运货物运输出境，擅自留在境内的；

（七）未按照规定期限将暂时进出口货物复运出境或者复运进境，擅自留在境内或者境外的；

（八）有违反海关监管规定的其他行为，致使海关不能或者中断对进出口货物实施监管的。

前款规定所涉货物属于国家限制进出口需要提交许可证件，当事人在规定期限内不能提交许可证件的，另处货物价值30%以下罚款；漏缴税款的，可以另处漏缴税款1倍以下罚款。

第十九条　有下列行为之一的，予以警告，可以处物品价值20%以下罚款，有违法所得的，没收违法所得：

（一）未经海关许可，擅自将海关尚未放行的进出境物品开拆、交付、投递、转移或者进行其他处置的；

（二）个人运输、携带、邮寄超过合理数量的自用物品进出境未向海关申报的；

（三）个人运输、携带、邮寄超过规定数量但仍属自用的国家限制进出境物品进出境，未向海关申报但没有以藏匿、伪装等方式逃避海关监管的；

（四）个人运输、携带、邮寄物品进出境，申报不实的；

（五）经海关登记准予暂时免税进境或者暂时免税出境的物品，未按照规定复带出境或者复带进境的；

（六）未经海关批准，过境人员将其所带物品留在境内的。

第二十条　运输、携带、邮寄国家禁止进出境的物品进出境，未向海关申报但没有以藏匿、伪装等方式逃避海关监管的，予以没收，或者责令退回，或者在海关监管下予以销毁或者进行技术处理。

第二十一条　有下列行为之一的，予以警告，可以处10万元以下罚款，有违法所得的，没收违法所得：

（一）运输工具不经设立海关的地点进出境的；

（二）在海关监管区停留的进出境运输工具，未经海关同意擅自驶离的；

（三）进出境运输工具从一个设立海关的地点驶往另一个设立海关的地点，尚未办结海关手续又未经海关批准，中途改驶境外或者境内未设立海关的地点的；

（四）进出境运输工具到达或者驶离设立海关的地点，未按照规定向海关申报、交验有关单证或者交验的单证不真实的。

第二十二条　有下列行为之一的，予以警告，可以处5万元以下罚款，有违法所得的，没收违法所得：

（一）未经海关同意，进出境运输工具擅自装卸进出境货物、物品或者上下进出境旅客的；

（二）未经海关同意，进出境运输工具擅自兼营境内客货运输或者用于进出境运输以外的其他用途的；

（三）未按照规定办理海关手续，进出境运输工具擅自改营境内运输的；

（四）未按照规定期限向海关传输舱单等电子数据、传输的电子数据不准确或者未按照规定期限保存相关电子数据，影响海关监管的；

（五）进境运输工具在进境以后向海关申报以前，出境运输工具在办结海关手续以后出境以前，不按照交通主管部门或者海关指定的路线行进的；

（六）载运海关监管货物的船舶、汽车不按照海关指定的路线行进的；

（七）进出境船舶和航空器，由于不可抗力被迫在未设立海关的地点停泊、降落或者在境内抛掷、起卸货物、物品，无正当理由不向附近海关报告的；

（八）无特殊原因，未将进出境船舶、火车、航空器到达的时间、停留的地点或者更换的时间、地点事先通知海关的；

（九）不按照规定接受海关对进出境运输工具、货物、物品进行检查、查验的。

第二十三条　有下列行为之一的，予以警告，可以处3万元以下罚款：

（一）擅自开启或者损毁海关封志的；

（二）遗失海关制发的监管单证、手册等凭证，妨碍海关监管的；

（三）有违反海关监管规定的其他行为，致使海关不能或者中断对进出境运输工具、物品实施监管的。

第二十四条　伪造、变造、买卖海关单证的，处5万元以上50万元以下罚款，有违法所得的，没收违法所得；构成犯罪的，依法追究刑事责任。

第二十五条　进出口侵犯中华人民共和国法律、行政法规保护的知识产权的货物的，没收侵权货物，并处货物价值30%以下罚款；构成犯罪的，依法追究刑事责任。

需要向海关申报知识产权状况，进出口货物收发货人及其代理人未按照规定向海关如实申报有关知识产权状况，或者未提交合法使用有关知识产权的证明文件的，可以处5万元以下罚款。

第二十六条　海关准予从事海关监管货物的运输、储存、加工、装配、寄售、展示等业务的企业，有下列情形之一的，责令改正，给予警告，可以暂停其6个月以内从事有关业务：

（一）拖欠税款或者不履行纳税义务的；

（二）损坏或者丢失海关监管货物，不能提供正当理由的；

（三）有需要暂停其从事有关业务的其他违法行为的。

第二十七条　海关准予从事海关监管货物的运输、储存、加工、装配、寄售、展示等业务的企业，有下列情形之一的，海关可以撤销其注册登记：

（一）被海关暂停从事有关业务，恢复从事有关业务后1年内再次发生本实施条例第二十六条规定情形的；

（二）有需要撤销其注册登记的其他违法行为的。

第二十八条　报关企业、报关人员非法代理他人报关的，责令改正，处5万元以下罚款；情节严重的，禁止其从事报关活动。

第二十九条　进出口货物收发货人、报关企业、报关人员向海关工作人员行贿的，由海关禁止其从事报关活动，并处10万元以下罚款；构成犯罪的，依法追究刑事责任。

第三十条　未经海关备案从事报关活动的，责令改正，没收违法所得，可以并处10万元以下罚款。

第三十一条　提供虚假资料骗取海关注册登记，撤销其注册登记，并处30万元以下罚款。

第三十二条　法人或者其他组织有违反海关法的行为，除处罚该法人或者组织外，对其主管人员和直接责任人员予以警告，可以处5万元以下罚款，有违法所得的，没收违法所得。

第四章　对违反海关法行为的调查

第三十三条　海关发现公民、法人或者其他组织有依法应当由海关给予行政处罚的行为的，应当立案调查。

第三十四条　海关立案后，应当全面、客观、公正、及时地进行调查、收集证据。

海关调查、收集证据，应当按照法律、行政法规及其他有关规定的要求办理。

海关调查、收集证据时，海关工作人员不得少于2人，并应当向被调查人出示证件。

调查、收集的证据涉及国家秘密、商业秘密或者个人隐私的，海关应当保守秘密。

第三十五条　海关依法检查走私嫌疑人的身体，应当在隐蔽的场所或者非检查人员的视线之外，由2名以上与被检查人同性别的海关工作人员执行。

走私嫌疑人应当接受检查，不得阻挠。

第三十六条　海关依法检查运输工具和场所，查验货物、物品，应当制作检查、查验记录。

第三十七条　海关依法扣留走私犯罪嫌疑人，应当制发扣留走私犯罪嫌疑人决定书。对走私犯罪嫌疑人，扣留时间不超过24小时，在特殊情况下可以延长至48小时。

海关应当在法定扣留期限内对被扣留人进行审查。排除犯罪嫌疑或者法定扣留期限届满的，应当立即解除扣留，并制发解除扣留决定书。

第三十八条　下列货物、物品、运输工具及有关账册、单据等资料，海关可以依法扣留：

（一）有走私嫌疑的货物、物品、运输工具；

（二）违反海关法或者其他有关法律、行政法规的货物、物品、运输工具；

（三）与违反海关法或者其他有关法律、行政法规的货物、物品、运输工具有牵连的账册、单据等资料；

（四）法律、行政法规规定可以扣留的其他货物、物品、运输工具及有关账册、单据等资料。

第三十九条　有违法嫌疑的货物、物品、运输工具无法或者不便扣留的，当事人或者运输工具负责人应当向海关提供等值的担保，未提供等值担保的，海关可以扣留当事人等值的其他财产。

第四十条　海关扣留货物、物品、运输工具以及账册、单据等资料的期限不得超过1年。因案件调查需要，经直属海关关长或者其授权的隶属海关关长批准，可以延长，延长期限不得超过1年。但复议、诉讼期间不计算在内。

第四十一条　有下列情形之一的，海关应当及时解除扣留：

（一）排除违法嫌疑的；

（二）扣留期限、延长期限届满的；

（三）已经履行海关行政处罚决定的；

（四）法律、行政法规规定应当解除扣留的其他情形。

第四十二条　海关依法扣留货物、物品、运输工具、其他财产以及账册、单据等资料，应当制发海关扣留凭单，由海关工作人员、当事人或者其代理人、保管人、见证人签字或者盖章，并可以加施海关封志。加施海关封志的，当事人或者其代理人、保管人应当妥善保管。

海关解除对货物、物品、运输工具、其他财产以及账册、单据等资料的扣留，或者发还等值的担保，应当制发海关解除扣留通知书、海关解除担保通知书，并由海关工作人员、当事人或者其代理人、保管人、见证人签字或者盖章。

第四十三条　海关查问违法嫌疑人或者询问证人，应当个别进行，并告知其权利和作伪证应当承担的法律责任。违法嫌疑人、证人必须如实陈述、提供证据。

海关查问违法嫌疑人或者询问证人应当制作笔录，并当场交其辨认，没有异议的，立即签字确认；有异议的，予以更正后签字确认。

严禁刑讯逼供或者以威胁、引诱、欺骗等非法手段收集证据。

海关查问违法嫌疑人，可以到违法嫌疑人的所在单位或者住处进行，也可以要求其到海关或者海关指定的地点进行。

第四十四条 海关收集的物证、书证应当是原物、原件。收集原物、原件确有困难的，可以拍摄、复制，并可以指定或者委托有关单位或者个人对原物、原件予以妥善保管。

海关收集物证、书证，应当开列清单，注明收集的日期，由有关单位或者个人确认后签字或者盖章。

海关收集电子数据或者录音、录像等视听资料，应当收集原始载体。收集原始载体确有困难的，可以收集复制件，注明制作方法、制作时间、制作人等，并由有关单位或者个人确认后签字或者盖章。

第四十五条 根据案件调查需要，海关可以对有关货物、物品进行取样化验、鉴定。

海关提取样品时，当事人或者其代理人应当到场；当事人或者其代理人未到场的，海关应当邀请见证人到场。提取的样品，海关应当予以加封，并由海关工作人员及当事人或者其代理人、见证人确认后签字或者盖章。

化验、鉴定应当交由海关化验鉴定机构或者委托国家认可的其他机构进行。

化验人、鉴定人进行化验、鉴定后，应当出具化验报告、鉴定结论，并签字或者盖章。

第四十六条 根据海关法有关规定，海关可以查询案件涉嫌单位和涉嫌人员在金融机构、邮政企业的存款、汇款。

海关查询案件涉嫌单位和涉嫌人员在金融机构、邮政企业的存款、汇款，应当出示海关协助查询通知书。

第四十七条 海关依法扣留的货物、物品、运输工具，在人民法院判决或者海关行政处罚决定作出之前，不得处理。但是，危险品或者鲜活、易腐、易烂、易失效、易变质等不宜长期保存的货物、物品以及所有人申请先行变卖的货物、物品、运输工具，经直属海关关长或者其授权的隶属海关关长批准，可以先行依法变卖，变卖所得价款由海关保存，并通知其所有人。

第四十八条 当事人有权根据海关法的规定要求海关工作人员回避。

第五章 海关行政处罚的决定和执行

第四十九条 海关作出暂停从事有关业务、撤销海关注册登记、禁止从事报关活动、对公民处1万元以上罚款、对法人或者其他组织处10万元以上罚款、没收有关货物、物品、走私运输工具等行政处罚决定之前,应当告知当事人有要求举行听证的权利;当事人要求听证的,海关应当组织听证。

海关行政处罚听证办法由海关总署制定。

第五十条　案件调查终结,海关关长应当对调查结果进行审查,根据不同情况,依法作出决定。

对情节复杂或者重大违法行为给予较重的行政处罚,应当由海关案件审理委员会集体讨论决定。

第五十一条　同一当事人实施了走私和违反海关监管规定的行为且二者之间有因果关系的,依照本实施条例对走私行为的规定从重处罚,对其违反海关监管规定的行为不再另行处罚。

同一当事人就同一批货物、物品分别实施了2个以上违反海关监管规定的行为且二者之间有因果关系的,依照本实施条例分别规定的处罚幅度,择其重者处罚。

第五十二条　对2个以上当事人共同实施的违法行为,应当区别情节及责任,分别给予处罚。

第五十三条　有下列情形之一的,应当从重处罚:

(一)因走私被判处刑罚或者被海关行政处罚后在2年内又实施走私行为的;

(二)因违反海关监管规定被海关行政处罚后在1年内又实施同一违反海关监管规定的行为的;

(三)有其他依法应当从重处罚的情形的。

第五十四条　海关对当事人违反海关法的行为依法给予行政处罚的,应当制作行政处罚决定书。

对同一当事人实施的2个以上违反海关法的行为,可以制发1份行政处罚决定书。

对2个以上当事人分别实施的违反海关法的行为,应当分别制发行政处罚决定书。

对2个以上当事人共同实施的违反海关法的行为,应当制发1份行政处罚决定书,区别情况对各当事人分别予以处罚,但需另案处理的除外。

第五十五条　行政处罚决定书应当依照有关法律规定送达当事人。

依法予以公告送达的,海关应当将行政处罚决定书的正本张贴在海关公告栏内,并在报纸上刊登公告。

第五十六条　海关作出没收货物、物品、走私运输工具的行政处罚决定，有关货物、物品、走私运输工具无法或者不便没收的，海关应当追缴上述货物、物品、走私运输工具的等值价款。

第五十七条　法人或者其他组织实施违反海关法的行为后，有合并、分立或者其他资产重组情形的，海关应当以原法人、组织作为当事人。

对原法人、组织处以罚款、没收违法所得或者依法追缴货物、物品、走私运输工具的等值价款的，应当以承受其权利义务的法人、组织作为被执行人。

第五十八条　罚款、违法所得和依法追缴的货物、物品、走私运输工具的等值价款，应当在海关行政处罚决定规定的期限内缴清。

当事人按期履行行政处罚决定、办结海关手续的，海关应当及时解除其担保。

第五十九条　受海关处罚的当事人或者其法定代表人、主要负责人应当在出境前缴清罚款、违法所得和依法追缴的货物、物品、走私运输工具的等值价款。在出境前未缴清上述款项的，应当向海关提供相当于上述款项的担保。未提供担保，当事人是自然人的，海关可以通知出境管理机关阻止其出境；当事人是法人或者其他组织的，海关可以通知出境管理机关阻止其法定代表人或者主要负责人出境。

第六十条　当事人逾期不履行行政处罚决定的，海关可以采取下列措施：

（一）到期不缴纳罚款的，每日按罚款数额的3%加处罚款；

（二）根据海关法规定，将扣留的货物、物品、运输工具变价抵缴，或者以当事人提供的担保抵缴；

（三）申请人民法院强制执行。

第六十一条　当事人确有经济困难，申请延期或者分期缴纳罚款的，经海关批准，可以暂缓或者分期缴纳罚款。

当事人申请延期或者分期缴纳罚款的，应当以书面形式提出，海关收到申请后，应当在10个工作日内作出决定，并通知申请人。海关同意当事人暂缓或者分期缴纳的，应当及时通知收缴罚款的机构。

第六十二条　有下列情形之一的，有关货物、物品、违法所得、运输工具、特制设备由海关予以收缴：

（一）依照《中华人民共和国行政处罚法》第三十条、第三十一条规定不予行政处罚的当事人携带、邮寄国家禁止进出境的货物、物品进出境的；

（二）散发性邮寄国家禁止、限制进出境的物品进出境或者携带数量零星的国家禁止进出境的物品进出境，依法可以不予行政处罚的；

（三）依法应当没收的货物、物品、违法所得、走私运输工具、特制设备，在海关作出行政处罚决定前，作为当事人的自然人死亡或者作为当事人的法人、其他组织终止，且无权利义务承受人的；

（四）走私违法事实基本清楚，但当事人无法查清，自海关公告之日起满3个月的；

（五）有违反法律、行政法规，应当予以收缴的其他情形的。

海关收缴前款规定的货物、物品、违法所得、运输工具、特制设备，应当制发清单，由被收缴人或者其代理人、见证人签字或者盖章。被收缴人无法查清且无见证人的，应当予以公告。

第六十三条　人民法院判决没收的走私货物、物品、违法所得、走私运输工具、特制设备，或者海关决定没收、收缴的货物、物品、违法所得、走私运输工具、特制设备，由海关依法统一处理，所得价款和海关收缴的罚款，全部上缴中央国库。

第六章　附　则

第六十四条　本实施条例下列用语的含义是：

"设立海关的地点"，指海关在港口、车站、机场、国界孔道、国际邮件互换局（交换站）等海关监管区设立的卡口，海关在保税区、出口加工区等海关特殊监管区域设立的卡口，以及海关在海上设立的中途监管站。

"许可证件"，指依照国家有关规定，当事人应当事先申领，并由国家有关主管部门颁发的准予进口或者出口的证明、文件。

"合法证明"，指船舶及所载人员依照国家有关规定或者依照国际运输惯例所必须持有的证明其运输、携带、收购、贩卖所载货物、物品真实、合法、有效的商业单证、运输单证及其他有关证明、文件。

"物品"，指个人以运输、携带等方式进出境的行李物品、邮寄进出境的物品，包括货币、金银等。超出自用、合理数量的，视为货物。

"自用"，指旅客或者收件人本人自用、馈赠亲友而非为出售或者出租。

"合理数量"，指海关根据旅客或者收件人的情况、旅行目的和居留时间所确定的正常数量。

"货物价值"，指进出口货物的完税价格、关税、进口环节海关代征税之和。

"物品价值"，指进出境物品的完税价格、进口税之和。

"应纳税款"，指进出口货物、物品应当缴纳的进出口关税、进口环节海关代征税之和。

"专门用于走私的运输工具"，指专为走私而制造、改造、购买的运输工具。

"以上"、"以下"、"以内"、"届满"，均包括本数在内。

第六十五条 海关对外国人、无国籍人、外国企业或者其他组织给予行政处罚的，适用本实施条例。

第六十六条 国家禁止或者限制进出口的货物目录，由国务院对外贸易主管部门依照《中华人民共和国对外贸易法》的规定办理；国家禁止或者限制进出境的物品目录，由海关总署公布。

第六十七条 依照海关规章给予行政处罚的，应当遵守本实施条例规定的程序。

第六十八条 本实施条例自 2004 年 11 月 1 日起施行。1993 年 2 月 17 日国务院批准修订、1993 年 4 月 1 日海关总署发布的《中华人民共和国海关法行政处罚实施细则》同时废止。

中华人民共和国海关稽查条例

（2022 年修订，2022 年 5 月 1 日施行）

（1997 年 1 月 3 日中华人民共和国国务院令第 209 号发布　根据 2011 年 1 月 8 日《国务院关于废止和修改部分行政法规的决定》第一次修订　根据 2016 年 6 月 19 日《国务院关于修改〈中华人民共和国海关稽查条例〉的决定》第二次修订　根据 2022 年 3 月 29 日《国务院关于修改和废止部分行政法规的决定》第三次修订）

第一章　总　则

第一条　为了建立、健全海关稽查制度，加强海关监督管理，维护正常的进出口秩序和当事人的合法权益，保障国家税收收入，促进对外贸易的发展，根据《中华人民共和国海关法》（以下简称海关法），制定本条例。

第二条　本条例所称海关稽查，是指海关自进出口货物放行之日起 3 年内或者在保税货物、减免税进口货物的海关监管期限内及其后的 3 年内，对与进出口货物直接有关的企业、单位的会计账簿、会计凭证、报关单证以及其他有关资料（以下统称账簿、单证等有关资料）和有关进出口货物进行核查，监督其进出口活动的真实性和合法性。

第三条　海关对下列与进出口货物直接有关的企业、单位实施海关稽查：

（一）从事对外贸易的企业、单位；

（二）从事对外加工贸易的企业；

（三）经营保税业务的企业；

（四）使用或者经营减免税进口货物的企业、单位；

（五）从事报关业务的企业；

（六）海关总署规定的与进出口货物直接有关的其他企业、单位。

第四条　海关根据稽查工作需要，可以向有关行业协会、政府部门和相关企业等收集特定商品、行业与进出口活动有关的信息。收集的信息涉及商业秘密的，海关应当予以保密。

第五条　海关和海关工作人员执行海关稽查职务，应当客观公正，实事求是，廉洁奉公，保守被稽查人的商业秘密，不得侵犯被稽查人的合法权益。

第二章　账簿、单证等有关资料的管理

第六条　与进出口货物直接有关的企业、单位所设置、编制的会计账簿、会计凭证、会计报表和其他会计资料，应当真实、准确、完整地记录和反映进出口业务的有关情况。

第七条　与进出口货物直接有关的企业、单位应当依照有关法律、行政法规规定的保管期限，保管会计账簿、会计凭证、会计报表和其他会计资料。

报关单证、进出口单证、合同以及与进出口业务直接有关的其他资料，应当在本条例第二条规定的期限内保管。

第八条　与进出口货物直接有关的企业、单位会计制度健全，能够通过计算机正确、完整地记账、核算的，其计算机储存和输出的会计记录视同会计资料。

第三章　海关稽查的实施

第九条　海关应当按照海关监管的要求，根据与进出口货物直接有关的企业、单位的进出口信用状况和风险状况以及进出口货物的具体情况，确定海关稽查重点。

第十条　海关进行稽查时，应当在实施稽查的3日前，书面通知被稽查人。在被稽查人有重大违法嫌疑，其账簿、单证等有关资料以及进出口货物可能被转移、隐匿、毁弃等紧急情况下，经直属海关关长或者其授权的隶属海关关长批准，海关可以不经事先通知进行稽查。

第十一条　海关进行稽查时，应当组成稽查组。稽查组的组成人员不得少于2人。

第十二条　海关进行稽查时，海关工作人员应当出示海关稽查证。

海关稽查证，由海关总署统一制发。

第十三条　海关进行稽查时，海关工作人员与被稽查人有直接利害关系的，应当回避。

第十四条　海关进行稽查时，可以行使下列职权：

（一）查阅、复制被稽查人的账簿、单证等有关资料；

（二）进入被稽查人的生产经营场所、货物存放场所，检查与进出口活动有关的生产经营情况和货物；

（三）询问被稽查人的法定代表人、主要负责人员和其他有关人员与进出口活动有

关的情况和问题；

（四）经直属海关关长或者其授权的隶属海关关长批准，查询被稽查人在商业银行或者其他金融机构的存款账户。

第十五条　海关进行稽查时，发现被稽查人有可能转移、隐匿、篡改、毁弃账簿、单证等有关资料的，经直属海关关长或者其授权的隶属海关关长批准，可以查封、扣押其账簿、单证等有关资料以及相关电子数据存储介质。采取该项措施时，不得妨碍被稽查人正常的生产经营活动。

海关对有关情况查明或者取证后，应当立即解除对账簿、单证等有关资料以及相关电子数据存储介质的查封、扣押。

第十六条　海关进行稽查时，发现被稽查人的进出口货物有违反海关法和其他有关法律、行政法规规定的嫌疑的，经直属海关关长或者其授权的隶属海关关长批准，可以查封、扣押有关进出口货物。

第十七条　被稽查人应当配合海关稽查工作，并提供必要的工作条件。

第十八条　被稽查人应当接受海关稽查，如实反映情况，提供账簿、单证等有关资料，不得拒绝、拖延、隐瞒。

被稽查人使用计算机记账的，应当向海关提供记账软件、使用说明书及有关资料。

第十九条　海关查阅、复制被稽查人的账簿、单证等有关资料或者进入被稽查人的生产经营场所、货物存放场所检查时，被稽查人的法定代表人或者主要负责人员或者其指定的代表应当到场，并按照海关的要求清点账簿、打开货物存放场所、搬移货物或者开启货物包装。

第二十条　海关进行稽查时，与被稽查人有财务往来或者其他商务往来的企业、单位应当向海关如实反映被稽查人的有关情况，提供有关资料和证明材料。

第二十一条　海关进行稽查时，可以委托会计、税务等方面的专业机构就相关问题作出专业结论。

被稽查人委托会计、税务等方面的专业机构作出的专业结论，可以作为海关稽查的参考依据。

第二十二条　海关稽查组实施稽查后，应当向海关报送稽查报告。稽查报告认定被稽查人涉嫌违法的，在报送海关前应当就稽查报告认定的事实征求被稽查人的意见，被稽查人应当自收到相关材料之日起7日内，将其书面意见送交海关。

第二十三条　海关应当自收到稽查报告之日起 30 日内，作出海关稽查结论并送达被稽查人。

海关应当在稽查结论中说明作出结论的理由，并告知被稽查人的权利。

第四章　海关稽查的处理

第二十四条　经海关稽查，发现关税或者其他进口环节的税收少征或者漏征的，由海关依照海关法和有关税收法律、行政法规的规定向被稽查人补征；因被稽查人违反规定而造成少征或者漏征的，由海关依照海关法和有关税收法律、行政法规的规定追征。

被稽查人在海关规定的期限内仍未缴纳税款的，海关可以依照海关法第六十条第一款、第二款的规定采取强制执行措施。

第二十五条　依照本条例第十六条的规定查封、扣押的有关进出口货物，经海关稽查排除违法嫌疑的，海关应当立即解除查封、扣押；经海关稽查认定违法的，由海关依照海关法和海关行政处罚实施条例的规定处理。

第二十六条　经海关稽查，认定被稽查人有违反海关监管规定的行为的，由海关依照海关法和海关行政处罚实施条例的规定处理。

与进出口货物直接有关的企业、单位主动向海关报告其违反海关监管规定的行为，并接受海关处理的，应当从轻或者减轻行政处罚。

第二十七条　经海关稽查，发现被稽查人有走私行为，构成犯罪的，依法追究刑事责任；尚不构成犯罪的，由海关依照海关法和海关行政处罚实施条例的规定处理。

第二十八条　海关通过稽查决定补征或者追征的税款、没收的走私货物和违法所得以及收缴的罚款，全部上缴国库。

第二十九条　被稽查人同海关发生纳税争议的，依照海关法第六十四条的规定办理。

第五章　法律责任

第三十条　被稽查人有下列行为之一的，由海关责令限期改正，逾期不改正的，处 2 万元以上 10 万元以下的罚款；情节严重的，禁止其从事报关活动；对负有直接责任的主管人员和其他直接责任人员处 5000 元以上 5 万元以下的罚款；构成犯罪的，依法追究刑事责任：

（一）向海关提供虚假情况或者隐瞒重要事实；

（二）拒绝、拖延向海关提供账簿、单证等有关资料以及相关电子数据存储介质；

（三）转移、隐匿、篡改、毁弃报关单证、进出口单证、合同、与进出口业务直接有关的其他资料以及相关电子数据存储介质。

第三十一条　被稽查人未按照规定编制或者保管报关单证、进出口单证、合同以及与进出口业务直接有关的其他资料的，由海关责令限期改正，逾期不改正的，处1万元以上5万元以下的罚款；情节严重的，禁止其从事报关活动；对负有直接责任的主管人员和其他直接责任人员处1000元以上5000元以下的罚款。

第三十二条　被稽查人未按照规定设置或者编制账簿，或者转移、隐匿、篡改、毁弃账簿的，依照会计法的有关规定追究法律责任。

第三十三条　海关工作人员在稽查中玩忽职守、徇私舞弊、滥用职权，或者利用职务上的便利，收受、索取被稽查人的财物，构成犯罪的，依法追究刑事责任；尚不构成犯罪的，依法给予处分。

第六章　附　则

第三十四条　本条例自发布之日起施行。

中华人民共和国进出口货物原产地条例

（2019 年修订，2019 年 3 月 2 日施行）

（2004 年 9 月 3 日中华人民共和国国务院令第 416 号公布　根据 2019 年 3 月 2 日《国务院关于修改部分行政法规的决定》修订）

第一条　为了正确确定进出口货物的原产地，有效实施各项贸易措施，促进对外贸易发展，制定本条例。

第二条　本条例适用于实施最惠国待遇、反倾销和反补贴、保障措施、原产地标记管理、国别数量限制、关税配额等非优惠性贸易措施以及进行政府采购、贸易统计等活动对进出口货物原产地的确定。

实施优惠性贸易措施对进出口货物原产地的确定，不适用本条例。具体办法依照中华人民共和国缔结或者参加的国际条约、协定的有关规定另行制定。

第三条　完全在一个国家（地区）获得的货物，以该国（地区）为原产地；两个以上国家（地区）参与生产的货物，以最后完成实质性改变的国家（地区）为原产地。

第四条　本条例第三条所称完全在一个国家（地区）获得的货物，是指：

（一）在该国（地区）出生并饲养的活的动物；

（二）在该国（地区）野外捕捉、捕捞、搜集的动物；

（三）从该国（地区）的活的动物获得的未经加工的物品；

（四）在该国（地区）收获的植物和植物产品；

（五）在该国（地区）采掘的矿物；

（六）在该国（地区）获得的除本条第（一）项至第（五）项范围之外的其他天然生成的物品；

（七）在该国（地区）生产过程中产生的只能弃置或者回收用作材料的废碎料；

（八）在该国（地区）收集的不能修复或者修理的物品，或者从该物品中回收的零件或者材料；

（九）由合法悬挂该国旗帜的船舶从其领海以外海域获得的海洋捕捞物和其他物品；

（十）在合法悬挂该国旗帜的加工船上加工本条第（九）项所列物品获得的产品；

（十一）从该国领海以外享有专有开采权的海床或者海床底土获得的物品；

（十二）在该国（地区）完全从本条第（一）项至第（十一）项所列物品中生产的产品。

第五条　在确定货物是否在一个国家（地区）完全获得时，不考虑下列微小加工或者处理：

（一）为运输、贮存期间保存货物而作的加工或者处理；

（二）为货物便于装卸而作的加工或者处理；

（三）为货物销售而作的包装等加工或者处理。

第六条　本条例第三条规定的实质性改变的确定标准，以税则归类改变为基本标准；税则归类改变不能反映实质性改变的，以从价百分比、制造或者加工工序等为补充标准。具体标准由海关总署会同商务部制定。

本条第一款所称税则归类改变，是指在某一国家（地区）对非该国（地区）原产材料进行制造、加工后，所得货物在《中华人民共和国进出口税则》中某一级的税目归类发生了变化。

本条第一款所称从价百分比，是指在某一国家（地区）对非该国（地区）原产材料进行制造、加工后的增值部分，超过所得货物价值一定的百分比。

本条第一款所称制造或者加工工序，是指在某一国家（地区）进行的赋予制造、加工后所得货物基本特征的主要工序。

世界贸易组织《协调非优惠原产地规则》实施前，确定进出口货物原产地实质性改变的具体标准，由海关总署会同商务部根据实际情况另行制定。

第七条　货物生产过程中使用的能源、厂房、设备、机器和工具的原产地，以及未构成货物物质成分或者组成部件的材料的原产地，不影响该货物原产地的确定。

第八条　随所装货物进出口的包装、包装材料和容器，在《中华人民共和国进出口税则》中与该货物一并归类的，该包装、包装材料和容器的原产地不影响所装货物原产地的确定；对该包装、包装材料和容器的原产地不再单独确定，所装货物的原产地即为该包装、包装材料和容器的原产地。

随所装货物进出口的包装、包装材料和容器，在《中华人民共和国进出口税则》中与该货物不一并归类的，依照本条例的规定确定该包装、包装材料和容器的原产地。

第九条　按正常配备的种类和数量随货物进出口的附件、备件、工具和介绍说明性资料，在《中华人民共和国进出口税则》中与该货物一并归类的，该附件、备件、工具和介绍说明性资料的原产地不影响该货物原产地的确定；对该附件、备件、工具和介绍说明性资料的原产地不再单独确定，该货物的原产地即为该附件、备件、工具和介绍说明性资料的原产地。

随货物进出口的附件、备件、工具和介绍说明性资料在《中华人民共和国进出口税则》中虽与该货物一并归类，但超出正常配备的种类和数量的，以及在《中华人民共和国进出口税则》中与该货物不一并归类的，依照本条例的规定确定该附件、备件、工具和介绍说明性资料的原产地。

第十条　对货物所进行的任何加工或者处理，是为了规避中华人民共和国关于反倾销、反补贴和保障措施等有关规定的，海关在确定该货物的原产地时可以不考虑这类加工和处理。

第十一条　进口货物的收货人按照《中华人民共和国海关法》及有关规定办理进口货物的海关申报手续时，应当依照本条例规定的原产地确定标准如实申报进口货物的原产地；同一批货物的原产地不同的，应当分别申报原产地。

第十二条　进口货物进口前，进口货物的收货人或者与进口货物直接相关的其他当事人，在有正当理由的情况下，可以书面申请海关对将要进口的货物的原产地作出预确定决定；申请人应当按照规定向海关提供作出原产地预确定决定所需的资料。

海关应当在收到原产地预确定书面申请及全部必要资料之日起150天内，依照本条例的规定对该进口货物作出原产地预确定决定，并对外公布。

第十三条　海关接受申报后，应当按照本条例的规定审核确定进口货物的原产地。

已作出原产地预确定决定的货物，自预确定决定作出之日起3年内实际进口时，经海关审核其实际进口的货物与预确定决定所述货物相符，且本条例规定的原产地确定标准未发生变化的，海关不再重新确定该进口货物的原产地；经海关审核其实际进口的货物与预确定决定所述货物不相符的，海关应当按照本条例的规定重新审核确定该进口货物的原产地。

第十四条　海关在审核确定进口货物原产地时，可以要求进口货物的收货人提交该进口货物的原产地证书，并予以审验；必要时，可以请求该货物出口国（地区）的有关机构对该货物的原产地进行核查。

第十五条　根据对外贸易经营者提出的书面申请，海关可以依照《中华人民共和国海关法》第四十三条的规定，对将要进口的货物的原产地预先作出确定原产地的行政裁定，并对外公布。

进口相同的货物，应当适用相同的行政裁定。

第十六条　国家对原产地标记实施管理。货物或者其包装上标有原产地标记的，其原产地标记所标明的原产地应当与依照本条例所确定的原产地相一致。

第十七条　出口货物发货人可以向海关、中国国际贸易促进委员会及其地方分会（以下简称签证机构），申请领取出口货物原产地证书。

第十八条　出口货物发货人申请领取出口货物原产地证书，应当在签证机构办理注册登记手续，按照规定如实申报出口货物的原产地，并向签证机构提供签发出口货物原产地证书所需的资料。

第十九条　签证机构接受出口货物发货人的申请后，应当按照规定审查确定出口货物的原产地，签发出口货物原产地证书；对不属于原产于中华人民共和国境内的出口货物，应当拒绝签发出口货物原产地证书。

出口货物原产地证书签发管理的具体办法，由海关总署会同国务院其他有关部门、机构另行制定。

第二十条　应出口货物进口国（地区）有关机构的请求，海关、签证机构可以对出口货物的原产地情况进行核查，并及时将核查情况反馈进口国（地区）有关机构。

第二十一条　用于确定货物原产地的资料和信息，除按有关规定可以提供或者经提供该资料和信息的单位、个人的允许，海关、签证机构应当对该资料和信息予以保密。

第二十二条　违反本条例规定申报进口货物原产地的，依照《中华人民共和国对外贸易法》、《中华人民共和国海关法》和《中华人民共和国海关行政处罚实施条例》的有关规定进行处罚。

第二十三条　提供虚假材料骗取出口货物原产地证书或者伪造、变造、买卖或者盗窃出口货物原产地证书的，由海关处5000元以上10万元以下的罚款；骗取、伪造、变造、买卖或者盗窃作为海关放行凭证的出口货物原产地证书的，处货值金额等值以下的罚款，但货值金额低于5000元的，处5000元罚款。有违法所得的，由海关没收违法所得。构成犯罪的，依法追究刑事责任。

第二十四条　进出口货物的原产地标记与依照本条例所确定的原产地不一致的，由海关责令改正。

第二十五条 确定进出口货物原产地的工作人员违反本条例规定的程序确定原产地的，或者泄露所知悉的商业秘密的，或者滥用职权、玩忽职守、徇私舞弊的，依法给予行政处分；有违法所得的，没收违法所得；构成犯罪的，依法追究刑事责任。

第二十六条 本条例下列用语的含义：

获得，是指捕捉、捕捞、搜集、收获、采掘、加工或者生产等。

货物原产地，是指依照本条例确定的获得某一货物的国家（地区）。

原产地证书，是指出口国（地区）根据原产地规则和有关要求签发的，明确指出该证中所列货物原产于某一特定国家（地区）的书面文件。

原产地标记，是指在货物或者包装上用来表明该货物原产地的文字和图形。

第二十七条 本条例自 2005 年 1 月 1 日起施行。1992 年 3 月 8 日国务院发布的《中华人民共和国出口货物原产地规则》、1986 年 12 月 6 日海关总署发布的《中华人民共和国海关关于进口货物原产地的暂行规定》同时废止。

中华人民共和国海关事务担保条例

（2018年修订，2018年3月19日施行）

（2010年9月14日中华人民共和国国务院令第581号公布 根据2018年3月19日《国务院关于修改和废止部分行政法规的决定》修订）

第一条 为了规范海关事务担保，提高通关效率，保障海关监督管理，根据《中华人民共和国海关法》及其他有关法律的规定，制定本条例。

第二条 当事人向海关申请提供担保，承诺履行法律义务，海关为当事人办理海关事务担保，适用本条例。

第三条 海关事务担保应当遵循合法、诚实信用、权责统一的原则。

第四条 有下列情形之一的，当事人可以在办结海关手续前向海关申请提供担保，要求提前放行货物：

（一）进出口货物的商品归类、完税价格、原产地尚未确定的；

（二）有效报关单证尚未提供的；

（三）在纳税期限内税款尚未缴纳的；

（四）滞报金尚未缴纳的；

（五）其他海关手续尚未办结的。

国家对进出境货物、物品有限制性规定，应当提供许可证件而不能提供的，以及法律、行政法规规定不得担保的其他情形，海关不予办理担保放行。

第五条 当事人申请办理下列特定海关业务的，按照海关规定提供担保：

（一）运输企业承担来往内地与港澳公路货物运输、承担海关监管货物境内公路运输的；

（二）货物、物品暂时进出境的；

（三）货物进境修理和出境加工的；

（四）租赁货物进口的；

（五）货物和运输工具过境的；

（六）将海关监管货物暂时存放在海关监管区外的；

（七）将海关监管货物向金融机构抵押的；

（八）为保税货物办理有关海关业务的。

当事人不提供或者提供的担保不符合规定的，海关不予办理前款所列特定海关业务。

第六条　进出口货物的纳税义务人在规定的纳税期限内有明显的转移、藏匿其应税货物以及其他财产迹象的，海关可以责令纳税义务人提供担保；纳税义务人不能提供担保的，海关依法采取税收保全措施。

第七条　有违法嫌疑的货物、物品、运输工具应当或者已经被海关依法扣留、封存的，当事人可以向海关提供担保，申请免予或者解除扣留、封存。

有违法嫌疑的货物、物品、运输工具无法或者不便扣留的，当事人或者运输工具负责人应当向海关提供等值的担保；未提供等值担保的，海关可以扣留当事人等值的其他财产。

有违法嫌疑的货物、物品、运输工具属于禁止进出境，或者必须以原物作为证据，或者依法应当予以没收的，海关不予办理担保。

第八条　法人、其他组织受到海关处罚，在罚款、违法所得或者依法应当追缴的货物、物品、走私运输工具的等值价款未缴清前，其法定代表人、主要负责人出境的，应当向海关提供担保；未提供担保的，海关可以通知出境管理机关阻止其法定代表人、主要负责人出境。

受海关处罚的自然人出境的，适用前款规定。

第九条　进口已采取临时反倾销措施、临时反补贴措施的货物应当提供担保的，或者进出口货物收发货人、知识产权权利人申请办理知识产权海关保护相关事务等，依照本条例的规定办理海关事务担保。法律、行政法规有特别规定的，从其规定。

第十条　按照海关总署的规定经海关认定的高级认证企业可以申请免除担保，并按照海关规定办理有关手续。

第十一条　当事人在一定期限内多次办理同一类海关事务的，可以向海关申请提供总担保。海关接受总担保的，当事人办理该类海关事务，不再单独提供担保。

总担保的适用范围、担保金额、担保期限、终止情形等由海关总署规定。

第十二条　当事人可以以海关依法认可的财产、权利提供担保，担保财产、权利的具体范围由海关总署规定。

第十三条　当事人以保函向海关提供担保的，保函应当以海关为受益人，并且载明下列事项：

（一）担保人、被担保人的基本情况；

（二）被担保的法律义务；

（三）担保金额；

（四）担保期限；

（五）担保责任；

（六）需要说明的其他事项。

担保人应当在保函上加盖印章，并注明日期。

第十四条　当事人提供的担保应当与其需要履行的法律义务相当，除本条例第七条第二款规定的情形外，担保金额按照下列标准确定：

（一）为提前放行货物提供的担保，担保金额不得超过可能承担的最高税款总额；

（二）为办理特定海关业务提供的担保，担保金额不得超过可能承担的最高税款总额或者海关总署规定的金额；

（三）因有明显的转移、藏匿应税货物以及其他财产迹象被责令提供的担保，担保金额不得超过可能承担的最高税款总额；

（四）为有关货物、物品、运输工具免予或者解除扣留、封存提供的担保，担保金额不得超过该货物、物品、运输工具的等值价款；

（五）为罚款、违法所得或者依法应当追缴的货物、物品、走私运输工具的等值价款未缴清前出境提供的担保，担保金额应当相当于罚款、违法所得数额或者依法应当追缴的货物、物品、走私运输工具的等值价款。

第十五条　办理担保，当事人应当提交书面申请以及真实、合法、有效的财产、权利凭证和身份或者资格证明等材料。

第十六条　海关应当自收到当事人提交的材料之日起5个工作日内对相关财产、权利等进行审核，并决定是否接受担保。当事人申请办理总担保的，海关应当在10个工作日内审核并决定是否接受担保。

符合规定的担保，自海关决定接受之日起生效。对不符合规定的担保，海关应当书面通知当事人不予接受，并说明理由。

第十七条　被担保人履行法律义务期限届满前，担保人和被担保人因特殊原因要求变更担保内容的，应当向接受担保的海关提交书面申请以及有关证明材料。海关应当自收到当事人提交的材料之日起5个工作日内作出是否同意变更的决定，并书面通知当事人，不同意变更的，应当说明理由。

第十八条 被担保人在规定的期限内未履行有关法律义务的，海关可以依法从担保财产、权利中抵缴。当事人以保函提供担保的，海关可以直接要求承担连带责任的担保人履行担保责任。

担保人履行担保责任的，不免除被担保人办理有关海关手续的义务。海关应当及时为被担保人办理有关海关手续。

第十九条 担保财产、权利不足以抵偿被担保人有关法律义务的，海关应当书面通知被担保人另行提供担保或者履行法律义务。

第二十条 有下列情形之一的，海关应当书面通知当事人办理担保财产、权利退还手续：

（一）当事人已经履行有关法律义务的；

（二）当事人不再从事特定海关业务的；

（三）担保财产、权利被海关采取抵缴措施后仍有剩余的；

（四）其他需要退还的情形。

第二十一条 自海关要求办理担保财产、权利退还手续的书面通知送达之日起3个月内，当事人无正当理由未办理退还手续的，海关应当发布公告。

自海关公告发布之日起1年内，当事人仍未办理退还手续的，海关应当将担保财产、权利依法变卖或者兑付后，上缴国库。

第二十二条 海关履行职责，金融机构等有关单位应当依法予以协助。

第二十三条 担保人、被担保人违反本条例，使用欺骗、隐瞒等手段提供担保的，由海关责令其继续履行法律义务，处5000元以上50000元以下的罚款；情节严重的，可以暂停被担保人从事有关海关业务或者撤销其从事有关海关业务的注册登记。

第二十四条 海关工作人员有下列行为之一的，给予处分；构成犯罪的，依法追究刑事责任：

（一）违法处分担保财产、权利；

（二）对不符合担保规定的，违法办理有关手续致使国家利益遭受损失；

（三）对符合担保规定的，不予办理有关手续；

（四）与海关事务担保有关的其他违法行为。

第二十五条　担保人、被担保人对海关有关海关事务担保的具体行政行为不服的，可以依法向上一级海关申请行政复议或者向人民法院提起行政诉讼。

第二十六条　本条例自 2011 年 1 月 1 日起施行。

中华人民共和国海关进出口货物征税管理办法

海关总署令 2024 年第 272 号

（2024 年 10 月 28 日发布，2024 年 12 月 1 日实施）

第一章 总 则

第一条 为了保证国家税收政策的贯彻实施，加强海关税收的征收管理，确保依法征税，保障国家税收，保护纳税人的合法权益，根据《中华人民共和国海关法》（以下简称《海关法》）、《中华人民共和国关税法》（以下简称《关税法》）等法律、行政法规的规定，制定本办法。

第二条 海关税收的征收管理，应当遵循依法征管、依率计征、严肃退补的原则。

第三条 进出口关税、进口环节海关代征税的征收管理适用本办法。

进口环节海关代征税包括进口环节增值税和进口环节消费税。

第四条 进口货物的收货人是进口关税和进口环节海关代征税的纳税人。出口货物的发货人是出口关税的纳税人。

从事跨境电子商务零售进口的电子商务平台经营者、物流企业和报关企业，以及法律、行政法规规定负有代扣代缴、代收代缴关税和进口环节海关代征税税款义务的单位和个人，是关税和进口环节海关代征税的扣缴义务人。

第五条 根据税收征管实际需要，海关总署设立综合治税工作领导小组工作协调机制，指导全国海关开展进出口税收征收管理工作。

第六条 海关及其工作人员对在履行职责中知悉的纳税人、扣缴义务人的商业秘密、个人隐私、个人信息，应当依法予以保密，不得泄露或者非法向他人提供。

纳税人、扣缴义务人可以书面向海关提出为其保守商业秘密的要求，并且具体列明需要保密的内容，但不得以商业秘密为理由拒绝向海关提供有关资料。

第二章 税款的计征

第一节 纳税申报

第七条 纳税人、扣缴义务人进出口货物时应当依法向海关办理申报纳税手续，按照规定提交有关单证。海关认为必要时，纳税人、扣缴义务人还应当提供确定计税价格、商品归类、原产地等所需的相关资料。提供的资料为外文的，海关需要时，纳税人、扣缴义务人应当提供中文译文并且对译文内容的完整性和准确性负责。

第八条　纳税人、扣缴义务人应当按照法律、行政法规及有关规定，如实、规范申报进出口货物的计税价格、商品编号、商品名称及规格型号、原产地、数量等计税相关信息，计算并向海关申报税额。

第九条　为确定进出口货物的应纳税额，海关可以要求纳税人、扣缴义务人按照有关规定补充申报。纳税人、扣缴义务人认为必要时，也可以主动要求补充申报。

第十条　在货物实际进出口前，海关可以依申请，按照有关规定对进口货物的计税价格相关要素或估价方法、进出口货物的商品归类和原产地作出预裁定。

纳税人、扣缴义务人在预裁定决定有效期内进出口与预裁定决定列明情形相同的货物，应当按照预裁定决定申报，海关予以认可。

第二节　应纳税额

第十一条　进出口货物的应纳税额应当根据计税价格、商品归类、原产地、数量、适用的税率和计征汇率确定。

第十二条　进出口货物适用的关税税率，按照《关税法》有关最惠国税率、协定税率、特惠税率、普通税率、出口税率、关税配额税率或者暂定税率的规定确定。

进口货物适用的进口环节增值税税率、消费税税率，按照相关法律、行政法规及有关规定确定。

对实施反倾销措施、反补贴措施、保障措施、按照对等原则采取的相应措施或者征收报复性关税的进口货物的税率，按照有关法律、行政法规及有关规定执行。

第十三条　进出口货物的价格及有关费用以外币计价的，按照计征汇率折合为人民币计算计税价格，采用四舍五入法计算至分。

海关每月使用的计征汇率为上一个月第三个星期三中国人民银行授权中国外汇交易中心公布的人民币汇率中间价，第三个星期三非银行间外汇市场交易日的，顺延采用下一个交易日公布的人民币汇率中间价。如果上述汇率发生重大波动，海关总署认为必要时，可以另行规定计征汇率，并且对外公布。

第十四条　进出口货物应当适用纳税人、扣缴义务人完成申报之日实施的税率和计征汇率。

进口货物到达前，经海关核准先行申报的，应当适用装载该货物的运输工具申报进境之日实施的税率，适用完成申报之日实施的计征汇率。

进口转关运输货物，应当适用在指运地海关完成申报之日实施的税率和计征汇率。货物进境前，经海关核准先行申报的，应当适用装载该货物的运输工具申报进境之日实施的税率，适用完成申报之日实施的计征汇率；货物进境后运抵指运地前，经海关核准先行申报的，应当适用装载该货物的运输工具抵达指运地之日实施的税率，适用完成申报之日实施的计征汇率。

出口转关运输货物，应当适用在启运地海关完成申报之日实施的税率和计征汇率。

经海关批准，实行集中申报的进出口货物，应当适用每次货物进出口时完成申报之日实施的税率和计征汇率。

"两步申报"的进口货物，应当适用完成概要申报之日实施的税率和计征汇率。

根据有关规定申请撤销报关单后重新申报的货物，应当适用首次报关单所适用的税率和计征汇率。

因超过规定期限未申报而由海关依法变卖的进口货物，其税款计征应当适用装载该货物的运输工具申报进境之日实施的税率和计征汇率。

第十五条　有下列情形之一的，应当适用纳税人、扣缴义务人办理纳税手续之日实施的税率和计征汇率：

（一）保税货物不复运出境转为内销；

（二）减免税货物经批准转让、移作他用或者进行其他处置；

（三）暂时进境货物不复运出境或者暂时出境货物不复运进境；

（四）租赁进口货物留购或者分期缴纳税款。

第十六条　补征或者退还进出口货物税款，应当按照本办法第十四条或者第十五条的规定确定适用的税率和计征汇率。

因纳税人、扣缴义务人违反规定需要追征税款的，应当适用违反规定行为发生之日实施的税率和计征汇率；行为发生之日不能确定的，适用海关发现该行为之日实施的税率和计征汇率。

第十七条　关税应当按照《关税法》的规定，以从价、从量或者复合方式计算。

进口环节海关代征税应当按照有关法律、行政法规规定的适用税种、税目、税率和计算公式计算。

除另有规定外，关税和进口环节海关代征税应纳税额按照下述计算公式计征：

从价计征的关税应纳税额 = 计税价格 × 关税比例税率

从量计征的关税应纳税额 = 货物数量 × 关税定额税率

复合计征的关税应纳税额 = 计税价格 × 关税比例税率 + 货物数量 × 关税定额税率

从价计征的进口环节消费税应纳税额 =〔（计税价格 + 关税税额）/（1 − 消费税比例税率）〕× 消费税比例税率

从量计征的进口环节消费税应纳税额 = 货物数量 × 消费税定额税率

复合计征的进口环节消费税应纳税额 =〔（计税价格 + 关税税额 + 货物数量 × 消费税定额税率）/（1 − 消费税比例税率）〕× 消费税比例税率 + 货物数量 × 消费税定额税率

进口环节增值税应纳税额 =（计税价格 + 关税税额 + 进口环节消费税税额）× 增值税税率

第十八条　散装进出口货物发生溢短装的，按照以下规定办理：

（一）溢装数量在合同、发票标明数量百分之三以内的，或者短装的，按照合同、发票标明数量计征税款；

（二）溢装数量超过合同、发票标明数量百分之三的，按照实际进出口数量计征税款。

第十九条　关税、进口环节海关代征税、滞纳金、利息等应当以人民币计算，采用四舍五入法计算至分。

关税、进口环节海关代征税、滞纳金起征点按照国务院规定的一票货物的免征额度执行。

第三节　税款缴纳

第二十条　纳税人、扣缴义务人应当自完成申报之日起十五日内缴纳税款。特殊情形需要实施税收风险管理的除外。

选择汇总征税模式的，纳税人、扣缴义务人可以自完成申报之日起十五日内或者次月第五个工作日结束前汇总缴纳税款。

逾期缴纳税款的，由海关自缴款期限届满之日起至缴清税款之日止，按日加收滞纳税款万分之五的滞纳金。

缴款期限届满日遇星期六、星期日等休息日或者法定节假日的，应当顺延至休息日或者法定节假日之后的第一个工作日。国务院临时调整休息日与工作日的，海关应当按照调整后的情况计算缴款期限。

第二十一条 纳税人、扣缴义务人可以选择电子支付方式或者银行柜台支付方式缴纳税款。

第二十二条 银行收讫税款日为纳税人、扣缴义务人缴清税款之日。

纳税人、扣缴义务人可以在缴清税款、滞纳金后自行打印缴纳凭证。

第二十三条 因不可抗力或者国家税收政策调整，纳税人、扣缴义务人不能按期缴纳税款的，经向海关申请并提供税款担保，可以延期缴纳，但最长不得超过六个月。

第三章　特殊情形税款征收
第一节　无代价抵偿货物

第二十四条 进口无代价抵偿货物，不征收进口关税和进口环节海关代征税；出口无代价抵偿货物，不征收出口关税。

前款所称无代价抵偿货物，是指进出口货物在海关放行后，因残损、短少、品质不良或者规格不符原因，由进出口货物的发货人、承运人或者保险公司免费补偿或者更换的与原货物相同或者与合同约定相符的货物。

第二十五条 纳税人应当在原进出口合同约定的请求赔偿期限内且不超过原货物进出口放行之日起三年，向海关申报办理无代价抵偿货物的进出口手续。

第二十六条 纳税人申报进出口无代价抵偿货物，应当提交买卖双方签订的赔偿协议。

海关认为需要时，纳税人还应当提交具有资质的商品检验机构出具的原进出口货物残损、短少、品质不良或者规格不符的检验证明书或者其他有关证明文件。

第二十七条 纳税人申报进出口的无代价抵偿货物，与退运出境或者退运进境的被免费更换的货物不完全相同或者与合同约定不完全相符的，应当向海关说明原因。

申报进出口的免费更换的货物与被免费更换的货物税则号列未发生改变的，纳税人应当按照确定进出口货物计税价格的有关规定和被免费更换的货物进出口时适用的税率、计征汇率，确定其计税价格、计算并申报纳税。应纳税额高于被免费更换的货物已缴纳税款的，纳税人应当补缴税款的差额部分。应纳税额低于被免费更换的货物已缴纳税款，且被免费更换的货物的发货人、承运人或者保险公司同时补偿货款的，海关应当退还补偿货款部分的相应税款；未补偿货款的，税款的差额部分不予退还。

纳税人申报进出口的免费更换的货物与被免费更换的货物的税则号列不一致的，不适用无代价抵偿货物的有关规定，海关对其按照一般进出口货物的征税管理规定征收税款。

第二十八条　纳税人申报进出口无代价抵偿货物，被免费更换的进口货物不退运出境且不放弃交由海关处理的，或者被免费更换的出口货物不退运进境的，海关应当按照无代价抵偿货物完成申报进出口之日实施的税率、计征汇率和有关规定对被免费更换的货物重新估价征税。

第二十九条　被免费更换的货物退运出境时不征收出口关税。

被免费更换的货物退运进境时不征收进口关税和进口环节海关代征税。

第二节　租赁货物

第三十条　纳税人申报进口租赁货物，应当向海关提交租赁合同及其他有关材料。

租赁进口货物应当按照规定提供担保。

第三十一条　租赁进口货物一次性支付租金的，纳税人应当在申报租赁货物进口时办理纳税手续，缴纳税款。

租赁进口货物分期支付租金的，纳税人应当在申报租赁货物进口时，按照第一期应当支付的租金办理纳税手续，缴纳相应税款；在其后分期支付租金时，纳税人向海关申报办理纳税手续应当不迟于每次支付租金之日起第十五日。纳税人未在规定期限内申报纳税的，海关按照纳税人每次支付租金之日起第十五日该货物适用的税率、计征汇率征收相应税款，并且自本款规定的申报办理纳税手续期限届满之日起至纳税人申报纳税之日止按日加收应缴纳税款万分之五的滞纳金。

第三十二条　纳税人应当自租赁进口货物租期届满之日起三十日内，向海关申请办结监管手续，将租赁进口货物复运出境。需留购、续租租赁进口货物的，纳税人向海关办理相关手续应当不迟于租赁进口货物租期届满之日起第三十日。

留购租赁进口货物的，纳税人应当按照确定进口货物计税价格的有关规定和办理纳税手续之日该货物适用的税率、计征汇率，确定其计税价格、计算并申报纳税。

续租租赁进口货物的，纳税人应当向海关提交续租合同，并且按照本办法第三十条和第三十一条的有关规定办理纳税手续。

第三十三条 纳税人未在本办法第三十二条第一款规定的期限内办理留购租赁进口货物的相关手续的，海关除按照确定进口货物计税价格的有关规定和租期届满之日起第三十日该货物适用的税率、计征汇率，确定其计税价格、计征应缴纳的税款外，还应当自第三十二条第一款规定的办理留购手续期限届满之日起至纳税人申报纳税之日止按日加收应缴纳税款万分之五的滞纳金。

纳税人未在本办法第三十二条第一款规定的期限内向海关办理续租租赁进口货物的相关手续的，海关除按照本办法第三十一条的规定征收续租租赁进口货物应缴纳的税款外，还应当自第三十二条第一款规定的办理续租租赁手续期限届满之日起至纳税人申报纳税之日止按日加收应缴纳税款万分之五的滞纳金。

第三十四条 租赁进口货物租赁期未满终止租赁的，其租期届满之日为租赁终止日。

第三节 暂时进出境货物

第三十五条 《关税法》第三十七条第一款所列的暂时进出境货物，在海关规定期限内，可以依法暂不缴纳税款。

前款所述暂时进出境货物在规定期限届满后不再复运出境或者复运进境的，纳税人应当在规定期限届满前向海关申报办理进出口及纳税手续，海关按照有关规定征收税款。

第三十六条 《关税法》第三十七条第一款所列范围以外的其他暂时进出境货物，纳税人应当按照确定进出口货物计税价格的有关规定和该货物完成申报之日实施的税率、计征汇率，确定其计税价格、按月缴纳税款，或者在规定期限内货物复运出境或者复运进境时缴纳税款。

计征税款的期限为六十个月。不足一个月但超过十五天的，按一个月计征；不超过十五天的，免予计征。计征税款的期限自货物放行之日起计算。

每月应纳税额的计算公式为：

每月关税税额 = 关税总额 × （1/60）

每月进口环节海关代征税税额 = 进口环节海关代征税总额 × （1/60）

本条第一款所述暂时进出境货物在规定期限届满后不再复运出境或者复运进境的，纳税人应当在规定期限届满前向海关申报办理进出口及纳税手续，缴纳剩余税款。

第三十七条 暂时进出境货物未在规定期限内复运出境或者复运进境，且纳税人未在规定期限届满前向海关申报办理进出口及纳税手续的，海关除按照规定征收应缴纳的税款外，还应当自规定期限届满之日起至纳税人申报纳税之日止按日加收应缴纳税款万分之五的滞纳金。

第三十八条　本办法第三十五条至第三十七条所称规定期限，均包括暂时进出境货物延长复运出境或者复运进境的期限。

第四节　进出境修理和出境加工货物

第三十九条　纳税人在办理进境修理货物的进口申报手续时，应当向海关提交该货物的维修合同（或者含有保修条款的原出口合同），并且向海关提供担保或者由海关按照保税货物实施管理。进境修理货物应当在海关规定期限内复运出境。

进境修理货物需要进口原材料、零部件的，纳税人在办理原材料、零部件进口申报手续时，应当向海关提供担保或者由海关按照保税货物实施管理。进口原材料、零部件只限用于进境修理货物的修理，修理剩余的原材料、零部件应当随进境修理货物一同复运出境。

第四十条　进境修理货物及剩余进境原材料、零部件复运出境的，海关应当办理修理货物及原材料、零部件进境时纳税人提供的担保的退还手续；海关按照保税货物实施管理的，按照有关保税货物的管理规定办理。

因正当理由不能在海关规定期限内将进境修理货物复运出境的，纳税人应当在规定期限届满前向海关说明情况，申请延期复运出境。

第四十一条　进境修理货物未在海关规定期限（包括延长期，下同）内复运出境的，海关对其按照一般进出口货物的征税管理规定实施管理，将该货物进境时纳税人提供的担保转为税款。

第四十二条　纳税人在办理出境修理货物的出口申报手续时，应当向海关提交该货物的维修合同（或者含有保修条款的原进口合同）。出境修理货物应当在海关规定期限内复运进境。

第四十三条　纳税人在办理出境修理货物复运进境的进口申报手续时，应当向海关提交该货物的维修发票等相关资料。

出境修理货物应当按照确定进口货物计税价格的有关规定和该货物完成复运进境申报之日实施的税率、计征汇率，确定其计税价格、计算进口税款。

因正当理由不能在海关规定期限内将出境修理货物复运进境的，纳税人应当在规定期限届满前向海关说明情况，申请延期复运进境。

第四十四条　出境修理货物超过海关规定期限复运进境的，海关对其按照一般进口货物的征税管理规定征收税款。

第四十五条　纳税人在办理出境加工货物的出口申报手续时，应当按照规定向海关提交该货物的出境加工合同等有关资料。出境加工货物应当在海关规定期限内复运进境。

第四十六条　纳税人在办理出境加工货物复运进境的进口申报手续时，应当向海关提交该货物的加工费发票、料件费发票等有关资料，并按照确定进口货物计税价格的有关规定和该货物完成复运进境申报之日实施的税率、计征汇率，确定其计税价格、计算并申报纳税。

因正当理由不能在海关规定期限内将出境加工货物复运进境的，纳税人应当在海关规定期限届满前向海关说明情况，申请延期复运进境。

第四十七条　出境加工货物未在海关规定期限内复运进境的，海关对其按照一般进出口货物的征税管理规定实施管理。

第四十八条　本办法第三十九条至第四十七条所称海关规定期限，由海关根据进出境修理货物、出境加工货物的有关合同约定以及具体实际情况予以确定。

第五节　退运和受损货物

第四十九条　因品质、规格原因或者不可抗力，出口货物自出口放行之日起一年内原状复运进境的，纳税人在办理进口申报手续时，应当按照规定提交有关单证和证明文件。经海关确认后，对复运进境的原出口货物不予征收进口关税和进口环节海关代征税。

因品质、规格原因或者不可抗力，进口货物自进口放行之日起一年内原状复运出境的，纳税人在办理出口申报手续时，应当按照规定提交有关单证和证明文件。经海关确认后，对复运出境的原进口货物不予征收出口关税。

第五十条　特殊情形下，经直属海关批准，可以适当延长本办法第四十九条规定的期限，最长不超过三年。超过规定期限复运进出境的，海关对其按照一般进出口货物的征税管理规定征收税款。

第五十一条　对于《关税法》第三十二条第四项和第三十三条第一项所列货物，纳税人应当在申报时或者自海关放行货物之日起十五日内向海关说明情况，提供相关证明材料。海关认为需要时，可以要求纳税人提供具有资质的商品检验机构出具的货物受损程度的检验证明书。海关根据实际受损程度予以减征或者免征税款。

第四章 税额确认

第五十二条 海关可以依申请或者依职权，对进出口货物的计税价格、商品归类和原产地依法进行确定。

必要时，海关可以组织化验、检验，并将海关认定的化验、检验结果作为确定计税价格、商品归类和原产地的依据。

第五十三条 海关对进出口货物的计税价格、商品归类、原产地以及应纳税额实施风险管理，根据风险水平实施抽查审核，必要时开展验估、查验、核查、稽查等。

前款所称验估，是指在税收征收管理中，海关根据税收风险研判和防控需要，验核进出口货物有关单证资料或者报验状态，依法确定计税价格、商品归类、原产地等，对税收风险进行验证、评估、处置的行为。

第五十四条 海关发现纳税人、扣缴义务人申报的进出口货物价格不符合成交价格条件，或者成交价格不能确定的，应当按照确定进出口货物计税价格的有关规定另行估价。

海关发现纳税人、扣缴义务人申报的进出口货物税则号列有误的，应当按照商品归类的有关规则和规定予以重新确定。

海关发现纳税人、扣缴义务人申报的进出口货物原产地有误的，应当通过审核纳税人、扣缴义务人提供的原产地证明、对货物进行查验或者审核其他相关单证等方法，按照海关原产地管理的有关规定予以确定。

海关发现纳税人、扣缴义务人提交的减免税申请或者所申报的内容不符合有关减免税规定的，应当按照规定计征税款。

纳税人、扣缴义务人违反海关规定，涉嫌伪报、瞒报的，应当按照有关规定处理。

第五十五条 自纳税人、扣缴义务人缴纳税款或者货物放行之日起三年内，海关有权对纳税人、扣缴义务人的应纳税额进行确认。

海关确认的应纳税额与纳税人、扣缴义务人申报的税额不一致的，海关应当向纳税人、扣缴义务人出具税额确认书。

第五十六条 海关确认应纳税额期限，应当扣除稽查、调查、侦查、境外协助税收核查的期间。

第五章 税款的退还与补征、追征

第一节 税款退还

第五十七条 海关发现多征税款的，应当及时出具税额确认书通知纳税人。

需要退还税款的，纳税人可以自收到税额确认书之日起三个月内办理有关退还手续。

第五十八条 纳税人发现多缴纳税款的，可以自缴纳税款之日起三年内，向海关书面申请退还多缴的税款。包括但不限于下列情形：

（一）散装进出口货物发生短装并且已缴税放行，该货物的发货人、承运人或者保险公司已对短装部分退还或者赔偿相应货款的；

（二）进出口货物因残损、品质不良、规格不符原因，或者发生本条第一项规定以外的货物短少的情形，由进出口货物的发货人、承运人或者保险公司赔偿相应货款的；

（三）已缴税货物被海关责令退运或者监督销毁的。

第五十九条 有下列情形之一的，纳税人自缴纳税款之日起一年内，可以向海关书面申请退还税款：

（一）已缴纳税款的进口货物，因品质、规格原因或者不可抗力，一年内原状复运出境；

（二）已缴纳出口关税的出口货物，因品质、规格原因或者不可抗力，一年内原状复运进境，并已重新缴纳因出口而退还的国内环节有关税收；

（三）已缴纳出口关税的出口货物，因故未装运出口，申报退关。

第六十条 纳税人向海关申请退还税款的，海关收到纳税人的退税申请后应当进行审核。纳税人提交的申请材料齐全且符合规定形式的，海关应当予以受理，并且以海关收到申请材料之日作为受理之日；纳税人提交的申请材料不全或者不符合规定形式的，海关应当自收到申请材料之日起五个工作日内一次性告知纳税人需要补正的全部内容，并且以海关收到全部补正申请材料之日作为海关受理退税申请之日。

纳税人按照本办法第五十八条的规定申请退税的，海关认为需要时，可以要求纳税人提供具有资质的商品检验机构出具的原进口或者出口货物品质不良、规格不符或者残损、短少的检验证明书或者其他有关证明文件。

海关应当自受理退税申请之日起三十日内查实，并出具税额确认书通知纳税人办理退还手续或者作出不予退税的决定。纳税人应当自收到税额确认书之日起三个月内办理退还手续。

纳税人放弃退还税款或利息的，应当以书面形式向海关提出。

第六十一条　海关办理退还手续时，应当填发收入退还书，并且按照以下规定办理：

（一）退还税款时应当同时退还多征税款部分所产生的利息，应退利息按照海关填发收入退还书之日中国人民银行公布的同期活期存款利率计算。计算应退利息的期限自纳税人、扣缴义务人缴纳税款之日起至海关填发收入退还书之日止。

（二）进口环节海关代征税已予抵扣或已办理退税的，该项税款不予退还，但国家另有规定的除外。

（三）已征收的滞纳金不予退还。

退还税款、利息涉及从国库中退库的，按照法律、行政法规有关国库管理的规定以及有关规章规定的具体实施办法执行。

第二节　税款补征、追征

第六十二条　进出口货物放行后，海关发现少征税款的，应当自缴纳税款之日起三年内，向纳税人、扣缴义务人补征税款；海关发现漏征税款的，应当自货物放行之日起三年内，向纳税人、扣缴义务人补征税款。

第六十三条　因纳税人、扣缴义务人违反规定造成少征税款的，海关应当自缴纳税款之日起三年内追征税款；因纳税人、扣缴义务人违反规定造成漏征税款的，海关应当自货物放行之日起三年内追征税款。海关除依法追征税款外，还应当自缴纳税款或者货物放行之日起至海关发现违反规定行为之日止，按日加收少征或者漏征税款万分之五的滞纳金。

因纳税人、扣缴义务人违反规定造成海关监管货物少征或者漏征税款的，海关应当自纳税人、扣缴义务人应缴纳税款之日起三年内追征税款，并且自应缴纳税款之日起至海关发现违反规定行为之日止，按日加收少征或者漏征税款万分之五的滞纳金。

前款所称应缴纳税款之日，是指纳税人、扣缴义务人违反规定行为发生之日；该行为发生之日不能确定的，应当以海关发现该行为之日作为应缴纳税款之日。

第六十四条　海关补征或者追征税款，应当出具税额确认书。纳税人、扣缴义务人应当自收到税额确认书之日起十五日内缴纳税款。

纳税人、扣缴义务人未在前款规定期限内补缴税款的，自规定期限届满之日起，按日加收滞纳税款万分之五的滞纳金。

第六十五条 根据本办法第三十一条、第三十三条、第三十七条、第六十三条的有关规定，因纳税人、扣缴义务人违反规定需在征收税款的同时加收滞纳金的，如果纳税人、扣缴义务人未在规定的十五日缴款期限内缴纳税款，海关依照本办法第二十条的规定另行加收自缴款期限届满之日起至缴清税款之日止滞纳税款的滞纳金。

第六章　税款担保

第六十六条 有下列情形之一的，纳税人、扣缴义务人要求海关提前放行货物的，应当按照初步确定的应纳税额向海关提供足额税款担保：

（一）进出口货物的计税价格、商品归类、原产地等尚未确定；

（二）与确定货物应纳税额有关的报关单证尚未提供；

（三）货物已被采取临时反倾销措施、临时反补贴措施；

（四）适用报复性关税、对等关税措施等情况尚未确定；

（五）符合办理减免税货物税款担保条件；

（六）正在办理延期缴纳税款手续；

（七）办理汇总征税业务；

（八）因残损、品质不良或者规格不符，纳税人、扣缴义务人申报进口或者出口无代价抵偿货物时，原进口货物尚未退运出境或者尚未放弃交由海关处理，或者原出口货物尚未退运进境。

第六十七条 除另有规定外，税款担保期限一般不超过六个月，特殊情况需要延期的，应当经海关核准。

税款担保一般应当为保证金、银行或者非银行金融机构的保函、关税保证保险保单，但另有规定的除外。

银行或者非银行金融机构的保函、关税保证保险保单的保证方式应当是连带责任保证，保证期间应当不短于海关核准的担保期限。

第六十八条 海关应当自收到纳税人、扣缴义务人的税款担保申请或者变更税款担保申请之日起五个工作日内进行审核，并决定是否接受担保。

符合规定的税款担保，自海关决定接受之日起生效。不符合规定的，海关应当书面通知纳税人、扣缴义务人不予接受，并说明理由。

第六十九条 纳税人、扣缴义务人在担保期限内履行纳税义务的，海关应当自纳税人、扣缴义务人履行纳税义务之日起五个工作日内办结解除税款担保的相关手续。

纳税人、扣缴义务人未在担保期限内履行纳税义务的，海关应当依法将担保转为税款。以保证金办理的，海关应当自担保期限届满之日起五个工作日内完成保证金转为税款的相关手续。以银行或者非银行金融机构保函、关税保证保险保单办理的，海关应当自担保期限届满之日起六个月内且不超过保函或保单的保证期限，要求担保人履行纳税义务。担保人代为履行纳税义务的，纳税人、扣缴义务人应当配合海关及时办理有关手续。

第七十条　申请办理《中华人民共和国海关事务担保条例》第五条所列特定海关业务担保，如按照可能承担的税款金额向海关提供担保的，参照本办法有关规定办理。

第七章　税收强制

第七十一条　纳税人在规定的纳税期限内有转移、藏匿其应税货物以及其他财产的明显迹象，或者存在其他可能导致无法缴纳税款风险的，海关可以责令纳税人提供担保。纳税人未按照海关要求提供担保的，经直属海关关长或者其授权的隶属海关关长批准，海关可以实施下列强制措施：

（一）书面通知银行业金融机构冻结纳税人金额相当于应纳税款的存款、汇款；

（二）查封、扣押纳税人价值相当于应纳税款的货物或者其他财产。

纳税人在规定的纳税期限内缴纳税款的，海关应当立即解除强制措施。

第七十二条　海关可以对纳税人、扣缴义务人欠缴税款的情况予以公告。

纳税人未缴清税款、滞纳金且未向海关提供担保的，经直属海关关长或者其授权的隶属海关关长批准，海关可以按照规定通知移民管理机构对纳税人或者其法定代表人依法采取限制出境措施。

第七十三条　纳税人、扣缴义务人未按照规定的纳税期限缴纳或者解缴税款的，海关责令纳税人、扣缴义务人自纳税期限届满之日起三个月内缴纳税款；超过三个月仍未缴纳税款的，海关应当向纳税人、扣缴义务人制发催告书。纳税人、扣缴义务人未在催告书送达之日起十日内缴纳税款、滞纳金且无正当理由的，经直属海关关长或者其授权的隶属海关关长批准，海关可以实施下列强制执行措施：

（一）书面通知银行业金融机构划拨纳税人金额相当于应纳税款的存款、汇款；

（二）查封、扣押纳税人、扣缴义务人价值相当于应纳税款的货物或者其他财产，依法拍卖或者变卖所查封、扣押的货物或者其他财产，以拍卖或者变卖所得抵缴税款，剩余部分退还纳税人、扣缴义务人。

海关实施税收强制执行措施时，对未缴纳的滞纳金同时强制执行，滞纳金计算截止日期为海关作出税收强制执行决定之日。

第七十四条　有下列情形之一的，海关应当中止税收强制执行：

（一）纳税人、扣缴义务人缴纳税款确有困难或者暂无缴纳能力；

（二）第三人对税收强制执行标的主张权利，确有理由；

（三）执行可能造成难以弥补的损失，且中止税收强制执行不损害公共利益；

（四）海关认为需要中止执行的其他情形。

中止税收强制执行的情形消失后，海关应当恢复执行。对没有明显社会危害，纳税人、扣缴义务人确无能力缴纳税款，中止执行满三年未恢复执行的，海关不再执行。

第七十五条　有下列情形之一的，海关应当终结税收强制执行：

（一）纳税人、扣缴义务人死亡或终止，无遗产或财产可供执行，又无义务承受人；

（二）执行标的灭失；

（三）据以执行的行政决定被撤销；

（四）海关认为需要终结执行的其他情形。

第七十六条　本办法未作规定的税收强制措施和税收强制执行措施，应当按照《中华人民共和国行政强制法》和有关法律、行政法规的规定实施。

第八章　附　则

第七十七条　船舶吨税、海南自由贸易港的进出口税收、反倾销税、反补贴税、保障措施关税的征收管理，按照相关法律、行政法规及有关规定执行，未作规定的，适用本办法。

跨境电子商务零售进口税收和跨境电子商务出口退运商品税收的征收管理按照有关规定执行，未作规定的，适用本办法。

第七十八条　保税货物、进出海关特殊监管区域和保税监管场所的货物、进出口减免税货物的税收管理，按照本办法规定执行。本办法未作规定的，按照相关法律、行政法规及有关规定执行。

第七十九条　进口货物涉及应税特许权使用费的，进口税收的征收管理按照相关法律、行政法规及有关规定执行。

第八十条　海关建立属地纳税人管理制度，加强税源管理，优化纳税服务，构建关企和谐共治的征纳关系。

第八十一条　违反本办法规定，构成违反海关监管规定行为、走私行为的，按照《海关法》《关税法》《中华人民共和国海关行政处罚实施条例》和其他有关法律、行政法规的规定处罚。构成犯罪的，依法追究刑事责任。

第八十二条　本办法所规定的文书由海关总署另行制定并发布。

第八十三条　本办法由海关总署负责解释。

第八十四条　本办法自2024年12月1日起施行。2005年1月4日海关总署令第124号公布、根据2010年11月26日海关总署令第198号、2014年3月13日海关总署令第218号、2017年12月20日海关总署令第235号、2018年5月29日海关总署令第240号修改的《中华人民共和国海关进出口货物征税管理办法》和2009年8月19日海关总署令第184号公布的《中华人民共和国海关税收保全和强制措施暂行办法》同时废止。

中华人民共和国海关进出口货物减免税管理办法

（2024 年修正，2024 年 12 月 1 日实施）

（2020 年 12 月 21 日海关总署令第 245 号公布　根据 2024 年 10 月 28 日海关总署令第 273 号《海关总署关于修改部分规章的决定》修正）

第一章　总　则

第一条　为了规范海关进出口货物减免税管理工作，保障行政相对人合法权益，优化营商环境，根据《中华人民共和国海关法》（以下简称《海关法》）、《中华人民共和国关税法》及有关法律和行政法规的规定，制定本办法。

第二条　进出口货物减征或者免征关税、进口环节税（以下简称减免税）事务，除法律、行政法规另有规定外，海关依照本办法实施管理。

第三条　进出口货物减免税申请人（以下简称减免税申请人）应当向其主管海关申请办理减免税审核确认、减免税货物税款担保、减免税货物后续管理等相关业务。

减免税申请人向主管海关申请办理减免税相关业务，应当按照规定提交齐全、有效、填报规范的申请材料，并对材料的真实性、准确性、完整性和规范性承担相应的法律责任。

第二章　减免税审核确认

第四条　减免税申请人按照有关进出口税收优惠政策的规定申请减免税进出口相关货物，应当在货物申报进出口前，取得相关政策规定的享受进出口税收优惠政策资格的证明材料，并凭以下材料向主管海关申请办理减免税审核确认手续：

（一）《进出口货物征免税申请表》；

（二）事业单位法人证书或者国家机关设立文件、社会团体法人登记证书、民办非企业单位法人登记证书、基金会法人登记证书等证明材料；

（三）进出口合同、发票以及相关货物的产品情况资料。

第五条　主管海关应当自受理减免税审核确认申请之日起 10 个工作日内，对减免税申请人主体资格、投资项目和进出口货物相关情况是否符合有关进出口税收优惠政策规定等情况进行审核，并出具进出口货物征税、减税或者免税的确认意见，制发《中华人民共和国海关进出口货物征免税确认通知书》（以下简称《征免税确认通知书》）。

有下列情形之一，主管海关不能在本条第一款规定期限内出具确认意见的，应当向减免税申请人说明理由：

（一）有关进出口税收优惠政策规定不明确或者涉及其他部门管理职责，需要与相关部门进一步协商、核实有关情况的；

（二）需要对货物进行化验、鉴定等，以确定其是否符合有关进出口税收优惠政策规定的。

有本条第二款规定情形的，主管海关应当自情形消除之日起 10 个工作日内，出具进出口货物征税、减税或者免税的确认意见，并制发《征免税确认通知书》。

第六条　减免税申请人需要变更或者撤销已出具的《征免税确认通知书》的，应当在《征免税确认通知书》有效期内向主管海关提出申请，并随附相关材料。

经审核符合规定的，主管海关应当予以变更或者撤销。予以变更的，主管海关应当重新制发《征免税确认通知书》。

第七条　《征免税确认通知书》有效期限不超过 6 个月，减免税申请人应当在有效期内向申报地海关办理有关进出口货物申报手续；不能在有效期内办理，需要延期的，应当在有效期内向主管海关申请办理延期手续。《征免税确认通知书》可以延期一次，延长期限不得超过 6 个月。

《征免税确认通知书》有效期限届满仍未使用的，其效力终止。减免税申请人需要减免税进出口该《征免税确认通知书》所列货物的，应当重新向主管海关申请办理减免税审核确认手续。

第八条　除有关进出口税收优惠政策或者其实施措施另有规定外，进出口货物征税放行后，减免税申请人申请补办减免税审核确认手续的，海关不予受理。

第三章　减免税货物税款担保

第九条　有下列情形之一的，减免税申请人可以向海关申请办理有关货物凭税款担保先予放行手续：

（一）有关进出口税收优惠政策或者其实施措施明确规定的；

（二）主管海关已经受理减免税审核确认申请，尚未办理完毕的；

（三）有关进出口税收优惠政策已经国务院批准，具体实施措施尚未明确，主管海关能够确认减免税申请人属于享受该政策范围的；

（四）其他经海关总署核准的情形。

第十条 减免税申请人需要办理有关货物凭税款担保先予放行手续的，应当在货物申报进出口前向主管海关提出申请，并随附相关材料。

主管海关应当自受理申请之日起5个工作日内出具是否准予办理担保的意见。符合本办法第九条规定情形的，主管海关应当制发《中华人民共和国海关准予办理减免税货物税款担保通知书》（以下简称《准予办理担保通知书》），并通知申报地海关；不符合有关规定情形的，制发《中华人民共和国海关不准予办理减免税货物税款担保通知书》。

第十一条 申报地海关凭主管海关制发的《准予办理担保通知书》，以及减免税申请人提供的海关依法认可的财产、权利，按照规定办理减免税货物的税款担保手续。

第十二条 《准予办理担保通知书》确定的减免税货物税款担保期限不超过6个月，主管海关可以延期1次，延长期限不得超过6个月。特殊情况仍需要延期的，应当经直属海关审核同意。

减免税货物税款担保期限届满，本办法第九条规定的有关情形仍然延续的，主管海关可以根据有关情形可能延续的时间等情况，相应延长税款担保期限，并向减免税申请人告知有关情况，同时通知申报地海关为减免税申请人办理税款担保延期手续。

第十三条 减免税申请人在减免税货物税款担保期限届满前取得《征免税确认通知书》，并已向海关办理征税、减税或者免税相关手续的，申报地海关应当解除税款担保。

第四章 减免税货物的管理

第十四条 除海关总署另有规定外，进口减免税货物的监管年限为：

（一）船舶、飞机：8年；

（二）机动车辆：6年；

（三）其他货物：3年。

监管年限自货物进口放行之日起计算。

除海关总署另有规定外，在海关监管年限内，减免税申请人应当按照海关规定保管、使用进口减免税货物，并依法接受海关监管。

第十五条 在海关监管年限内，减免税申请人应当于每年6月30日（含当日）以前向主管海关提交《减免税货物使用状况报告书》，报告减免税货物使用状况。超过规定期限未提交的，海关按照有关规定将其列入信用信息异常名录。

减免税申请人未按照前款规定报告其减免税货物使用状况，向海关申请办理减免税审核确认、减免税货物税款担保、减免税货物后续管理等相关业务的，海关不予受理。减免税申请人补报后，海关可以受理。

第十六条　在海关监管年限内，减免税货物应当在主管海关审核同意的地点使用。除有关进口税收优惠政策实施措施另有规定外，减免税货物需要变更使用地点的，减免税申请人应当向主管海关提出申请，并说明理由；经主管海关审核同意的，可以变更使用地点。

减免税货物需要移出主管海关管辖地使用的，减免税申请人应当向主管海关申请办理异地监管手续，并随附相关材料。经主管海关审核同意并通知转入地海关后，减免税申请人可以将减免税货物运至转入地海关管辖地，并接受转入地海关监管。

减免税货物在异地使用结束后，减免税申请人应当及时向转入地海关申请办结异地监管手续。经转入地海关审核同意并通知主管海关后，减免税申请人应当将减免税货物运回主管海关管辖地。

第十七条　在海关监管年限内，减免税申请人发生分立、合并、股东变更、改制等主体变更情形的，权利义务承受人应当自变更登记之日起 30 日内，向原减免税申请人的主管海关报告主体变更情况以及有关减免税货物的情况。

经原减免税申请人主管海关审核，需要补征税款的，权利义务承受人应当向原减免税申请人主管海关办理补税手续；可以继续享受减免税待遇的，权利义务承受人应当按照规定申请办理减免税货物结转等相关手续。

第十八条　在海关监管年限内，因破产、撤销、解散、改制或者其他情形导致减免税申请人终止，有权利义务承受人的，参照本办法第十七条的规定办理有关手续；没有权利义务承受人的，原减免税申请人或者其他依法应当承担关税及进口环节税缴纳义务的当事人，应当自资产清算之日起 30 日内，向原减免税申请人主管海关申请办理减免税货物的补缴税款手续。进口时免予提交许可证件的减免税货物，按照国家有关规定需要补办许可证件的，减免税申请人在办理补缴税款手续时还应当补交有关许可证件。有关减免税货物自办结上述手续之日起，解除海关监管。

第十九条　在海关监管年限内，减免税申请人要求将减免税货物退运出境或者出口的，应当经主管海关审核同意，并办理相关手续。

减免税货物自退运出境或者出口之日起，解除海关监管，海关不再对退运出境或者出口的减免税货物补征相关税款。

第二十条　减免税货物海关监管年限届满的，自动解除监管。

对海关监管年限内的减免税货物，减免税申请人要求提前解除监管的，应当向主管海关提出申请，并办理补缴税款手续。进口时免予提交许可证件的减免税货物，按照国家有关规定需要补办许可证件的，减免税申请人在办理补缴税款手续时还应当补交有关许可证件。有关减免税货物自办结上述手续之日起，解除海关监管。

减免税申请人可以自减免税货物解除监管之日起1年内，向主管海关申领《中华人民共和国海关进口减免税货物解除监管证明》。

第二十一条　在海关监管年限内及其后3年内，海关依照《海关法》、《中华人民共和国海关稽查条例》等有关规定，对有关企业、单位进口和使用减免税货物情况实施稽查。

第五章　减免税货物的抵押、转让、移作他用

第二十二条　在减免税货物的海关监管年限内，经主管海关审核同意，并办理有关手续，减免税申请人可以将减免税货物抵押、转让、移作他用或者进行其他处置。

第二十三条　在海关监管年限内，进口时免予提交许可证件的减免税货物，减免税申请人向主管海关申请办理抵押、转让、移作他用或者其他处置手续时，按照国家有关规定需要补办许可证件的，应当补办相关手续。

第二十四条　在海关监管年限内，减免税申请人要求以减免税货物向银行或者非银行金融机构办理贷款抵押的，应当向主管海关提出申请，随附相关材料，并以海关依法认可的财产、权利提供税款担保。

主管海关应当对减免税申请人提交的申请材料是否齐全、有效，填报是否规范等进行审核，必要时可以实地了解减免税申请人经营状况、减免税货物使用状况等相关情况。经审核符合规定的，主管海关应当制发《中华人民共和国海关准予办理减免税货物贷款抵押通知书》；不符合规定的，应当制发《中华人民共和国海关不准予办理减免税货物贷款抵押通知书》。

减免税申请人不得以减免税货物向银行或者非银行金融机构以外的自然人、法人或

者非法人组织办理贷款抵押。

第二十五条 主管海关同意以减免税货物办理贷款抵押的，减免税申请人应当自签订抵押合同、贷款合同之日起 30 日内，将抵押合同、贷款合同提交主管海关备案。

抵押合同、贷款合同的签订日期不是同一日的，按照后签订的日期计算前款规定的备案时限。

第二十六条 减免税货物贷款抵押需要延期的，减免税申请人应当在贷款抵押期限届满前，向主管海关申请办理贷款抵押的延期手续。

经审核符合规定的，主管海关应当制发《中华人民共和国海关准予办理减免税货物贷款抵押延期通知书》；不符合规定的，应当制发《中华人民共和国海关不准予办理减免税货物贷款抵押延期通知书》。

第二十七条 在海关监管年限内，减免税申请人需要将减免税货物转让给进口同一货物享受同等减免税优惠待遇的其他单位的，应当按照下列规定办理减免税货物结转手续：

（一）减免税货物的转出申请人向转出地主管海关提出申请，并随附相关材料。转出地主管海关审核同意后，通知转入地主管海关。

（二）减免税货物的转入申请人向转入地主管海关申请办理减免税审核确认手续。转入地主管海关审核同意后，制发《征免税确认通知书》。

（三）结转减免税货物的监管年限应当连续计算，转入地主管海关在剩余监管年限内对结转减免税货物继续实施后续监管。

转入地海关和转出地海关为同一海关的，参照本条第一款规定办理。

第二十八条 在海关监管年限内，减免税申请人需要将减免税货物转让给不享受进口税收优惠政策或者进口同一货物不享受同等减免税优惠待遇的其他单位的，应当事先向主管海关申请办理减免税货物补缴税款手续。进口时免予提交许可证件的减免税货物，按照国家有关规定需要补办许可证件的，减免税申请人在办理补缴税款手续时还应当补交有关许可证件。有关减免税货物自办结上述手续之日起，解除海关监管。

第二十九条 减免税货物因转让、提前解除监管以及减免税申请人发生主体变更、依法终止情形或者其他原因需要补征税款的，补税的计税价格以货物原进口时的计税价格为基础，按照减免税货物已进口时间与监管年限的比例进行折旧，其计算公式如下：

补税的计税价格＝减免税货物原进口时的计税价格×[1-减免税货物已进口时间/（监管年限 ×12）]

减免税货物已进口时间自货物放行之日起按月计算。不足 1 个月但超过 15 日的，按 1 个月计算；不超过 15 日的，不予计算。

第三十条　按照本办法第二十九条规定计算减免税货物补税的计税价格的，应当按以下情形确定货物已进口时间的截止日期：

（一）转让减免税货物的，应当以主管海关接受减免税申请人申请办理补税手续之日作为截止之日；

（二）减免税申请人未经海关批准，擅自转让减免税货物的，应当以货物实际转让之日作为截止之日；实际转让之日不能确定的，应当以海关发现之日作为截止之日；

（三）在海关监管年限内，减免税申请人发生主体变更情形的，应当以变更登记之日作为截止之日；

（四）在海关监管年限内，减免税申请人发生破产、撤销、解散或者其他依法终止经营情形的，应当以人民法院宣告减免税申请人破产之日或者减免税申请人被依法认定终止生产经营活动之日作为截止之日；

（五）减免税货物提前解除监管的，应当以主管海关接受减免税申请人申请办理补缴税款手续之日作为截止之日。

第三十一条　在海关监管年限内，减免税申请人需要将减免税货物移作他用的，应当事先向主管海关提出申请。经主管海关审核同意，减免税申请人可以按照海关批准的使用单位、用途、地区将减免税货物移作他用。

本条第一款所称移作他用包括以下情形：

（一）将减免税货物交给减免税申请人以外的其他单位使用；

（二）未按照原定用途使用减免税货物；

（三）未按照原定地区使用减免税货物。

除海关总署另有规定外，按照本条第一款规定将减免税货物移作他用的，减免税申请人应当事先按照移作他用的时间补缴相应税款；移作他用时间不能确定的，应当提供税款担保，税款担保金额不得超过减免税货物剩余监管年限可能需要补缴的最高税款总额。

第三十二条　减免税申请人将减免税货物移作他用，需要补缴税款的，补税的计税价格以货物原进口时的计税价格为基础，按照需要补缴税款的时间与监管年限的比例进行折旧，其计算公式如下：

补税的计税价格 = 减免税货物原进口时的计税价格 × 需要补缴税款的时间 /(监管年限 ×365)

上述计算公式中需要补缴税款的时间为减免税货物移作他用的实际时间，按日计算，每日实际使用不满 8 小时或者超过 8 小时的均按 1 日计算。

第三十三条　海关在办理减免税货物贷款抵押、结转、移作他用、异地监管、主体变更、退运出境或者出口、提前解除监管等后续管理业务时，应当自受理减免税申请人的申请之日起 10 个工作日内作出是否同意的决定。

因特殊情形不能在前款规定期限内作出决定的，海关应当向申请人说明理由，并自特殊情形消除之日起 10 个工作日内作出是否同意的决定。

第六章　附　则

第三十四条　在海关监管年限内，减免税申请人发生分立、合并、股东变更、改制等主体变更情形的，或者因破产、撤销、解散、改制或者其他情形导致其终止的，当事人未按照有关规定，向原减免税申请人的主管海关报告主体变更或者终止情形以及有关减免税货物的情况的，海关予以警告，责令其改正，可以处 1 万元以下罚款。

第三十五条　本办法下列用语的含义：

进出口货物减免税申请人，是指根据有关进出口税收优惠政策和相关法律、行政法规的规定，可以享受进出口税收优惠，并依照本办法向海关申请办理减免税相关业务的具有独立法人资格的企事业单位、社会团体、民办非企业单位、基金会、国家机关；具体实施投资项目，获得投资项目单位授权并经按照本条规定确定为主管海关的投资项目所在地海关同意，可以向其申请办理减免税相关业务的投资项目单位所属非法人分支机构；经海关总署确认的其他组织。

减免税申请人的主管海关，减免税申请人为企业法人的，主管海关是指其办理企业法人登记注册地的海关；减免税申请人为事业单位、社会团体、民办非企业单位、基金会、国家机关等非企业法人组织的，主管海关是指其住所地海关；减免税申请人为投资项目单位所属非法人分支机构的，主管海关是指其办理营业登记地的海关。下列特殊情况除外：

（一）投资项目所在地海关与减免税申请人办理企业法人登记注册地海关或者办理营业登记地海关不是同一海关的，投资项目所在地海关为主管海关；投资项目所在地涉及多个海关的，有关海关的共同上级海关或者共同上级海关指定的海关为主管海关；

（二）有关进出口税收优惠政策实施措施明确规定的情形；

（三）海关总署批准的其他情形。

第三十六条　本办法所列文书格式由海关总署另行制定并公告。

第三十七条　本办法由海关总署负责解释。

第三十八条　本办法自 2021 年 3 月 1 日起施行。2008 年 12 月 29 日海关总署公布的《中华人民共和国海关进出口货物减免税管理办法》（海关总署令第 179 号）同时废止。

中华人民共和国海关进出口货物商品归类管理规定

（2024 年修正，2024 年 12 月 1 日实施）

（2021 年 9 月 18 日海关总署令第 252 号公布　根据 2024 年 10 月 28 日海关总署令第 273 号《海关总署关于修改部分规章的决定》修正）

第一条　为了规范进出口货物的商品归类，保证商品归类的准确性和统一性，根据《中华人民共和国海关法》（以下简称《海关法》）、《中华人民共和国关税法》（以下简称《关税法》）以及其他有关法律、行政法规的规定，制定本规定。

第二条　进出口货物的商品归类，应当按照《中华人民共和国进出口税则》规定的目录条文和归类总规则、类注、章注、子目注释、本国子目注释，以及其他归类注释确定，并归入相应的税则号列。

进出口货物相关的国家标准、行业标准等可以作为商品归类的参考。

第三条　进出口货物收发货人或者其代理人（以下简称收发货人或者其代理人）对进出口货物进行商品归类，以及海关依法确定商品归类，适用本规定。

第四条　进出口货物的商品归类应当遵循客观、准确、统一的原则。

第五条　进出口货物的商品归类应当按照收发货人或者其代理人向海关申报时货物的实际状态确定。以提前申报方式进出口的货物，商品归类应当按照货物运抵海关监管区时的实际状态确定。法律、行政法规和海关总署规章另有规定的，依照有关规定办理。

第六条　由同一运输工具同时运抵同一口岸并且属于同一收货人、使用同一提单的多种进口货物，按照商品归类规则应当归入同一税则号列的，该收货人或者其代理人应当将有关商品一并归入该税则号列向海关申报。法律、行政法规和海关总署规章另有规定的，依照有关规定办理。

第七条　收发货人或者其代理人应当依照法律、行政法规以及其他相关规定，如实、准确申报其进出口货物的商品名称、规格型号等事项，并且对其申报的进出口货物进行商品归类，确定相应的税则号列。

第八条　海关在依法确定收发货人或者其代理人申报的商品归类事项时，可以依照

《海关法》和《关税法》的规定行使下列权力，收发货人或者其代理人应当予以配合：

（一）查阅、复制有关单证、资料；

（二）要求收发货人或者其代理人提供必要的样品及相关商品资料，包括外文资料的中文译文并且对译文内容负责；

（三）组织对进出口货物实施化验、检验。

收发货人或者其代理人隐瞒有关情况，或者拖延、拒绝提供有关单证、资料的，海关可以依法确定进出口货物的商品归类。

第九条　必要时，海关可以要求收发货人或者其代理人补充申报。

第十条　收发货人或者其代理人向海关提供的资料涉及商业秘密、未披露信息或者保密商务信息，要求海关予以保密的，应当以书面方式向海关提出保密要求，并且具体列明需要保密的内容。收发货人或者其代理人不得以商业秘密为理由拒绝向海关提供有关资料。

海关按照国家有关规定承担保密义务。

第十一条　必要时，海关可以依据《中华人民共和国进出口税则》《进出口税则商品及品目注释》等其他归类注释和国家标准、行业标准，以及海关化验方法等，对进出口货物的属性、成分、含量、结构、品质、规格等进行化验、检验，并将化验、检验结果作为商品归类的依据。

第十二条　海关对进出口货物实施取样化验、检验的，收发货人或者其代理人应当到场协助，负责搬移货物，开拆和重封货物的包装，并按照海关要求签字确认。

收发货人或者其代理人拒不到场，或者海关认为必要时，海关可以径行取样，并通知货物存放场所的经营人或者运输工具负责人签字确认。

第十三条　收发货人或者其代理人应当及时提供化验、检验样品的相关单证和技术资料，并对其真实性和有效性负责。

第十四条　除特殊情况外，海关技术机构应当自收到送检样品之日起15日内作出化验、检验结果。

第十五条　除特殊情况外，海关应当在化验、检验结果作出后的1个工作日内，将相关信息通知收发货人或者其代理人。收发货人或者其代理人要求提供化验、检验结果纸本的，海关应当提供。

第十六条　其他化验、检验机构作出的化验、检验结果与海关技术机构或者海关委托的化验、检验机构作出的化验、检验结果不一致的，以海关认定的化验、检验结果为准。

第十七条　收发货人或者其代理人对化验、检验结果有异议的，可以在收到化验、检验结果之日起 15 日内向海关提出书面复验申请，海关应当组织复验。

已经复验的，收发货人或者其代理人不得对同一样品再次申请复验。

第十八条　海关发现收发货人或者其代理人申报的商品归类不准确的，按照商品归类的有关规定予以重新确定，并且按照报关单修改和撤销有关规定予以办理。

收发货人或者其代理人发现其申报的商品归类需要修改的，应当按照报关单修改和撤销有关规定向海关提出申请。

第十九条　海关依法对货物的商品归类确定前，收发货人或者其代理人要求放行货物的，应当按照海关事务担保的有关规定提供担保。

国家对进出境货物有限制性规定，应当提供许可证件而不能提供的，以及法律、行政法规规定不得担保的其他情形，海关不得办理担保放行。

第二十条　收发货人或者其代理人就其进出口货物的商品归类提出行政裁定、预裁定申请的，应当按照行政裁定、预裁定管理的有关规定办理。

第二十一条　海关总署可以依据有关法律、行政法规规定，对进出口货物作出具有普遍约束力的商品归类决定，并对外公布。

进出口相同货物，应当适用相同的商品归类决定。

第二十二条　作出商品归类决定所依据的法律、行政法规以及其他相关规定发生变化的，商品归类决定同时失效。

商品归类决定失效的，应当由海关总署对外公布。

第二十三条　海关总署发现商品归类决定需要修改的，应当及时予以修改并对外公布。

第二十四条　海关总署发现商品归类决定存在错误的，应当及时予以撤销并对外公布。

第二十五条　因商品归类引起退税或者补征、追征税款以及征收滞纳金的，依照有关法律、行政法规以及海关总署规章的规定办理。

第二十六条　违反本规定，构成走私行为、违反海关监管规定行为或者其他违反《海关法》行为的，由海关依照《海关法》《中华人民共和国海关行政处罚实施条例》等有关规定予以处理；构成犯罪的，依法追究刑事责任。

第二十七条　同一税则号列项下其他商品编号的确定，按照相关规定办理。

第二十八条　本规定由海关总署负责解释。

第二十九条　本规定自 2021 年 11 月 1 日起施行。2007 年 3 月 2 日海关总署令第 158 号公布、2014 年 3 月 13 日海关总署令第 218 号修改的《中华人民共和国海关进出口货物商品归类管理规定》，2008 年 10 月 13 日海关总署令第 176 号公布的《中华人民共和国海关化验管理办法》同时废止。

中华人民共和国海关确定进出口货物计税价格办法

（2024 年修正，2024 年 12 月 1 日实施）

（2013 年 12 月 25 日海关总署令第 213 号公布　根据 2024 年 10 月 28 日海关总署令第 273 号《海关总署关于修改部分规章的决定》修正）

第一章　总　则

第一条　为了正确确定进出口货物的计税价格，根据《中华人民共和国海关法》（以下简称《海关法》）、《中华人民共和国关税法》的规定，制定本办法。

第二条　海关确定进出口货物的计税价格，应当遵循客观、公平、统一的原则。

第三条　进出口货物计税价格的确定，适用本办法。海关可以依申请或者依职权，对进出口货物的计税价格依法进行确定。

内销保税货物计税价格的确定，准许进口的进境旅客行李物品、个人邮递物品以及其他个人自用物品的计税价格的确定，涉嫌走私的进出口货物、物品的计税价格的核定，不适用本办法。

第四条　海关应当按照国家有关规定，妥善保管纳税人提供的涉及商业秘密的资料，除法律、行政法规另有规定外，不得对外提供。

纳税人可以书面向海关提出为其保守商业秘密的要求，并且具体列明需要保密的内容，但是不得以商业秘密为理由拒绝向海关提供有关资料。

第二章　进口货物的计税价格

第一节　进口货物计税价格确定方法

第五条　进口货物的计税价格，由海关以该货物的成交价格为基础确定，并且应当包括货物运抵中华人民共和国境内输入地点起卸前的运输及其相关费用、保险费。

第六条　进口货物的成交价格不符合本章第二节规定的，或者成交价格不能确定的，海关经了解有关情况，并且与纳税人进行价格磋商后，依次以下列方法确定该货物的计税价格：

（一）相同货物成交价格估价方法；

（二）类似货物成交价格估价方法；

（三）倒扣价格估价方法；

（四）计算价格估价方法；

（五）合理方法。

纳税人可以向海关提供有关资料，申请调整前款第三项和第四项的适用次序。

第二节 成交价格估价方法

第七条 进口货物的成交价格，是指卖方向中华人民共和国境内销售该货物时买方为进口该货物向卖方实付、应付的，并且按照本章第三节的规定调整后的价款总额，包括直接支付的价款和间接支付的价款。

第八条 进口货物的成交价格应当符合下列条件：

（一）对买方处置或者使用进口货物不予限制，但是法律、行政法规规定实施的限制、对货物销售地域的限制和对货物价格无实质性影响的限制除外；

（二）进口货物的价格不得受到使该货物成交价格无法确定的条件或者因素的影响；

（三）卖方不得直接或者间接获得因买方销售、处置或者使用进口货物而产生的任何收益，或者虽然有收益但是能够按照本办法第十一条第一款第四项的规定做出调整；

（四）买卖双方之间没有特殊关系，或者虽然有特殊关系但是按照本办法第十七条、第十八条的规定未对成交价格产生影响。

第九条 有下列情形之一的，应当视为对买方处置或者使用进口货物进行了限制：

（一）进口货物只能用于展示或者免费赠送的；

（二）进口货物只能销售给指定第三方的；

（三）进口货物加工为成品后只能销售给卖方或者指定第三方的；

（四）其他经海关审查，认定买方对进口货物的处置或者使用受到限制的。

第十条 有下列情形之一的，应当视为进口货物的价格受到了使该货物成交价格无法确定的条件或者因素的影响：

（一）进口货物的价格是以买方向卖方购买一定数量的其他货物为条件而确定的；

（二）进口货物的价格是以买方向卖方销售其他货物为条件而确定的；

（三）其他经海关审查，认定货物的价格受到使该货物成交价格无法确定的条件或者因素影响的。

第三节　成交价格的调整项目

第十一条　以成交价格为基础确定进口货物的计税价格时，未包括在该货物实付、应付价格中的下列费用或者价值应当计入计税价格：

（一）由买方负担的下列费用：

1. 除购货佣金以外的佣金和经纪费；

2. 与该货物视为一体的容器费用；

3. 包装材料费用和包装劳务费用。

（二）与进口货物的生产和向中华人民共和国境内销售有关的，由买方以免费或者以低于成本的方式提供，并且可以按适当比例分摊的下列货物或者服务的价值：

1. 进口货物包含的材料、部件、零件和类似货物；

2. 在生产进口货物过程中使用的工具、模具和类似货物；

3. 在生产进口货物过程中消耗的材料；

4. 在境外进行的为生产进口货物所需的工程设计、技术研发、工艺及制图等相关服务。

（三）买方需向卖方或者有关方直接或者间接支付的特许权使用费，但是符合下列情形之一的除外：

1. 特许权使用费与该货物无关；

2. 特许权使用费的支付不构成该货物向中华人民共和国境内销售的条件。

（四）卖方直接或者间接从买方对该货物进口后销售、处置或者使用所得中获得的收益。

纳税人应当向海关提供本条所述费用或者价值的客观量化数据资料。纳税人不能提供的，海关与纳税人进行价格磋商后，按照本办法第六条列明的方法确定计税价格。

第十二条　在根据本办法第十一条第一款第二项确定应当计入进口货物计税价格的货物价值时，应当按照下列方法计算有关费用：

（一）由买方从与其无特殊关系的第三方购买的，应当计入的价值为购入价格；

（二）由买方自行生产或者从有特殊关系的第三方获得的，应当计入的价值为生产成本；

（三）由买方租赁获得的，应当计入的价值为买方承担的租赁成本；

（四）生产进口货物过程中使用的工具、模具和类似货物的价值，应当包括其工程设计、技术研发、工艺及制图等费用。

如果货物在被提供给卖方前已经被买方使用过，应当计入的价值为根据国内公认的会计原则对其进行折旧后的价值。

第十三条 符合下列条件之一的特许权使用费，应当视为与进口货物有关：

（一）特许权使用费是用于支付专利权或者专有技术使用权，且进口货物属于下列情形之一的：

1.含有专利或者专有技术的；

2.用专利方法或者专有技术生产的；

3.为实施专利或者专有技术而专门设计或者制造的。

（二）特许权使用费是用于支付商标权，且进口货物属于下列情形之一的：

1.附有商标的；

2.进口后附上商标直接可以销售的；

3.进口时已含有商标权，经过轻度加工后附上商标即可以销售的。

（三）特许权使用费是用于支付著作权，且进口货物属于下列情形之一的：

1.含有软件、文字、乐曲、图片、图像或者其他类似内容的进口货物，包括磁带、磁盘、光盘或者其他类似载体的形式；

2.含有其他享有著作权内容的进口货物。

（四）特许权使用费是用于支付分销权、销售权或者其他类似权利，且进口货物属于下列情形之一的：

1.进口后可以直接销售的；

2.经过轻度加工即可以销售的。

第十四条 买方不支付特许权使用费则不能购得进口货物，或者买方不支付特许权使用费则该货物不能以合同议定的条件成交的，应当视为特许权使用费的支付构成进口货物向中华人民共和国境内销售的条件。

第十五条 进口货物的价款中单独列明的下列税收、费用，不计入该货物的计税价格：

（一）厂房、机械或者设备等货物进口后发生的建设、安装、装配、维修或者技术援助费用，但是保修费用除外；

（二）进口货物运抵中华人民共和国境内输入地点起卸后发生的运输及其相关费用、

保险费；

（三）进口关税、进口环节海关代征税及其他国内税；

（四）为在境内复制进口货物而支付的费用；

（五）境内外技术培训及境外考察费用。

同时符合下列条件的利息费用不计入计税价格：

（一）利息费用是买方为购买进口货物而融资所产生的；

（二）有书面的融资协议的；

（三）利息费用单独列明的；

（四）纳税人可以证明有关利率不高于在融资当时当地此类交易通常应当具有的利率水平，且没有融资安排的相同或者类似进口货物的价格与进口货物的实付、应付价格非常接近的。

第四节　特殊关系

第十六条　有下列情形之一的，应当认为买卖双方存在特殊关系：

（一）买卖双方为同一家族成员的；

（二）买卖双方互为商业上的高级职员或者董事的；

（三）一方直接或者间接地受另一方控制的；

（四）买卖双方都直接或者间接地受第三方控制的；

（五）买卖双方共同直接或者间接地控制第三方的；

（六）一方直接或者间接地拥有、控制或者持有对方 5% 以上（含 5%）公开发行的有表决权的股票或者股份的；

（七）一方是另一方的雇员、高级职员或者董事的；

（八）买卖双方是同一合伙的成员的。

买卖双方在经营上相互有联系，一方是另一方的独家代理、独家经销或者独家受让人，如果符合前款的规定，也应当视为存在特殊关系。

第十七条　买卖双方之间存在特殊关系，但是纳税人能证明其成交价格与同时或者大约同时发生的下列任何一款价格相近的，应当视为特殊关系未对进口货物的成交价格产生影响：

（一）向境内无特殊关系的买方出售的相同或者类似进口货物的成交价格；

（二）按照本办法第二十三条的规定所确定的相同或者类似进口货物的计税价格；

（三）按照本办法第二十五条的规定所确定的相同或者类似进口货物的计税价格。

海关在使用上述价格进行比较时，应当考虑商业水平和进口数量的不同，以及买卖双方有无特殊关系造成的费用差异。

第十八条 海关经对与货物销售有关的情况进行审查，认为符合一般商业惯例的，可以确定特殊关系未对进口货物的成交价格产生影响。

第五节 除成交价格估价方法以外的其他估价方法

第十九条 相同货物成交价格估价方法，是指海关以与进口货物同时或者大约同时向中华人民共和国境内销售的相同货物的成交价格为基础，确定进口货物的计税价格的估价方法。

第二十条 类似货物成交价格估价方法，是指海关以与进口货物同时或者大约同时向中华人民共和国境内销售的类似货物的成交价格为基础，确定进口货物的计税价格的估价方法。

第二十一条 按照相同或者类似货物成交价格估价方法的规定确定进口货物的计税价格时，应当使用与该货物具有相同商业水平且进口数量基本一致的相同或者类似货物的成交价格。使用上述价格时，应当以客观量化的数据资料，对该货物与相同或者类似货物之间由于运输距离和运输方式不同而在成本和其他费用方面产生的差异进行调整。

在没有前款所述的相同或者类似货物的成交价格的情况下，可以使用不同商业水平或者不同进口数量的相同或者类似货物的成交价格。使用上述价格时，应当以客观量化的数据资料，对因商业水平、进口数量、运输距离和运输方式不同而在价格、成本和其他费用方面产生的差异做出调整。

第二十二条 按照相同或者类似货物成交价格估价方法确定进口货物的计税价格时，应当首先使用同一生产商生产的相同或者类似货物的成交价格。

没有同一生产商生产的相同或者类似货物的成交价格的，可以使用同一生产国或者地区其他生产商生产的相同或者类似货物的成交价格。

如果有多个相同或者类似货物的成交价格，应当以最低的成交价格为基础确定进口货物的计税价格。

第二十三条 倒扣价格估价方法，是指海关以进口货物、相同或者类似进口货物在境内的销售价格为基础，扣除境内发生的有关费用后，确定进口货物计税价格的估价方法。该销售价格应当同时符合下列条件：

（一）是在该货物进口的同时或者大约同时，将该货物、相同或者类似进口货物在境内销售的价格；

（二）是按照货物进口时的状态销售的价格；

（三）是在境内第一销售环节销售的价格；

（四）是向境内无特殊关系方销售的价格；

（五）按照该价格销售的货物合计销售总量最大。

第二十四条　按照倒扣价格估价方法确定进口货物计税价格的，下列各项应当扣除：

（一）同等级或者同种类货物在境内第一销售环节销售时，通常的利润和一般费用（包括直接费用和间接费用）以及通常支付的佣金；

（二）货物运抵境内输入地点起卸后的运输及其相关费用、保险费；

（三）进口关税、进口环节海关代征税及其他国内税。

如果该货物、相同或者类似货物没有按照进口时的状态在境内销售，应纳税人要求，可以在符合本办法第二十三条规定的其他条件的情形下，使用经进一步加工后的货物的销售价格确定计税价格，但是应当同时扣除加工增值额。

前款所述的加工增值额应当依据与加工成本有关的客观量化数据资料、该行业公认的标准、计算方法及其他的行业惯例计算。

按照本条的规定确定扣除的项目时，应当使用与国内公认的会计原则相一致的原则和方法。

第二十五条　计算价格估价方法，是指海关以下列各项的总和为基础，确定进口货物计税价格的估价方法：

（一）生产该货物所使用的料件成本和加工费用；

（二）向境内销售同等级或者同种类货物通常的利润和一般费用（包括直接费用和间接费用）；

（三）该货物运抵境内输入地点起卸前的运输及相关费用、保险费。

按照前款的规定确定进口货物的计税价格时，海关在征得境外生产商同意并且提前通知有关国家或者地区政府后，可以在境外核实该企业提供的有关资料。

按照本条第一款的规定确定有关价值或者费用时，应当使用与生产国或者地区公认的会计原则相一致的原则和方法。

第二十六条　合理方法，是指当海关不能根据成交价格估价方法、相同货物成交价格估价方法、类似货物成交价格估价方法、倒扣价格估价方法和计算价格估价方法确定计税价格时，海关根据本办法第二条规定的原则，以客观量化的数据资料为基础确定进口货物计税价格的估价方法。

第二十七条　海关在采用合理方法确定进口货物的计税价格时，不得使用以下价格：

（一）境内生产的货物在境内的销售价格；

（二）可供选择的价格中较高的价格；

（三）货物在出口地市场的销售价格；

（四）以本办法第二十五条规定之外的价值或者费用计算的相同或者类似货物的价格；

（五）出口到第三国或者地区的货物的销售价格；

（六）最低限价或者武断、虚构的价格。

第三章　特殊进口货物的计税价格

第二十八条　运往境外修理的机械器具、运输工具或者其他货物，出境时已向海关报明，并且在海关规定的期限内复运进境的，应当以境外修理费和料件费为基础确定计税价格。

出境修理货物复运进境超过海关规定期限的，由海关按照本办法第二章的规定确定计税价格。

第二十九条　运往境外加工的货物，出境时已向海关报明，并且在海关规定期限内复运进境的，应当以境外加工费和料件费以及该货物复运进境的运输及其相关费用、保险费为基础确定计税价格。

出境加工货物复运进境超过海关规定期限的，由海关按照本办法第二章的规定确定计税价格。

第三十条　经海关批准的暂时进境货物，应当缴纳税款的，由海关按照本办法第二章的规定确定计税价格。经海关批准留购的暂时进境货物，以海关确定的留购价格作为计税价格。

第三十一条　租赁方式进口的货物，按照下列方法确定计税价格：

（一）以租金方式对外支付的租赁货物，在租赁期间以海关确定的租金作为计税价格，利息应当予以计入；

（二）留购的租赁货物以海关确定的留购价格作为计税价格；

（三）纳税人申请一次性缴纳税款的，可以选择申请按照本办法第六条列明的方法确定计税价格，或者按照海关确定的租金总额作为计税价格。

第三十二条　减税或者免税进口的货物应当补税时，应当以海关确定的该货物原进口时的价格，扣除折旧部分价值作为计税价格，其计算公式如下：

$$\text{计税价格} = \frac{\text{海关确定的该货物}}{\text{原进口时的价格}} \times \left(1 - \frac{\text{补税时实际已进口的时间（月）}}{\text{监管年限} \times 12} \right)$$

上述计算公式中"补税时实际已进口的时间"按月计算，不足 1 个月但是超过 15 日的，按照 1 个月计算；不超过 15 日的，不予计算。

第三十三条　易货贸易、寄售、捐赠、赠送等不存在成交价格的进口货物，海关与纳税人进行价格磋商后，按照本办法第六条列明的方法确定计税价格。

第三十四条　进口载有专供数据处理设备用软件的介质，具有下列情形之一的，应当以介质本身的价值或者成本为基础确定计税价格：

（一）介质本身的价值或者成本与所载软件的价值分列；

（二）介质本身的价值或者成本与所载软件的价值虽未分列，但是纳税人能够提供介质本身的价值或者成本的证明文件，或者能提供所载软件价值的证明文件。

含有美术、摄影、声音、图像、影视、游戏、电子出版物的介质不适用前款规定。

第四章　进口货物计税价格中的运输及其相关费用、保险费的计算

第三十五条　进口货物的运输及其相关费用，应当按照由买方实际支付或者应当支付的费用计算。如果进口货物的运输及其相关费用无法确定的，海关应当按照该货物进口同期的正常运输成本确定。

运输工具作为进口货物，利用自身动力进境的，海关在确定计税价格时，不再另行计入运输及其相关费用。

第三十六条　进口货物的保险费，应当按照实际支付的费用计算。如果进口货物的保险费无法确定或者未实际发生，海关应当按照"货价加运费"两者总额的 3‰ 计算保险费，其计算公式如下：

保险费 =（货价 + 运费）× 3‰

第三十七条　邮运进口的货物，应当以邮费作为运输及其相关费用、保险费。

第五章　出口货物的计税价格

第三十八条　出口货物的计税价格由海关以该货物的成交价格为基础确定，并且应当包括货物运至中华人民共和国境内输出地点装载前的运输及其相关费用、保险费。

第三十九条　出口货物的成交价格，是指该货物出口销售时，卖方为出口该货物应当向买方直接收取和间接收取的价款总额。

第四十条　下列税收、费用不计入出口货物的计税价格：

（一）出口关税；

（二）在货物价款中单独列明的货物运至中华人民共和国境内输出地点装载后的运输及其相关费用、保险费。

第四十一条　出口货物的成交价格不能确定的，海关经了解有关情况，并且与纳税人进行价格磋商后，依次以下列价格确定该货物的计税价格：

（一）同时或者大约同时向同一国家或者地区出口的相同货物的成交价格；

（二）同时或者大约同时向同一国家或者地区出口的类似货物的成交价格；

（三）根据境内生产相同或者类似货物的成本、利润和一般费用（包括直接费用和间接费用）、境内发生的运输及其相关费用、保险费计算所得的价格；

（四）按照合理方法估定的价格。

第六章　计税价格的确定

第四十二条　纳税人向海关申报时，应当按照本办法的有关规定，如实向海关提供发票、合同、提单、装箱清单等单证。

根据海关要求，纳税人还应当如实提供与货物买卖有关的支付凭证以及证明申报价格真实、准确的其他商业单证、书面资料和电子数据。

货物买卖中发生本办法第二章第三节所列的价格调整项目的，或者发生本办法三十五条所列的运输及其相关费用的，纳税人应当如实向海关申报。

前款规定的价格调整项目或者运输及其相关费用如果需要分摊计算的，纳税人应当根据客观量化的标准进行分摊，并且同时向海关提供分摊的依据。

第四十三条 海关为确定申报价格的真实性、准确性，可以行使下列职权进行价格核查：

（一）查阅、复制与进出口货物有关的合同、发票、账册、结付汇凭证、单据、业务函电、录音录像制品和其他反映买卖双方关系及交易活动的商业单证、书面资料和电子数据；

（二）向进出口货物的纳税人及与其有资金往来或者有其他业务往来的公民、法人或者其他组织调查与进出口货物价格有关的问题；

（三）对进出口货物进行查验或者提取货样进行检验或者化验；

（四）进入纳税人的生产经营场所、货物存放场所，检查与进出口活动有关的货物和生产经营情况；

（五）经直属海关关长或者其授权的隶属海关关长批准，凭《中华人民共和国海关账户查询通知书》（见附件1）及有关海关工作人员的工作证件，可以查询纳税人在银行或者其他金融机构开立的单位账户的资金往来情况，并且向银行业监督管理机构通报有关情况；

（六）向其他有关政府部门和机构查询纳税人的身份、账户、资金往来等涉及关税的信息。

海关在行使前款规定的各项职权时，纳税人及有关公民、法人或者其他组织应当如实反映情况，提供有关书面资料和电子数据，不得拒绝、拖延和隐瞒。海关获取的涉及关税的信息只能用于关税征收目的。

第四十四条 海关对申报价格的真实性、准确性有疑问时，或者认为买卖双方之间的特殊关系影响成交价格时，应当制发《中华人民共和国海关价格质疑通知书》（以下简称《价格质疑通知书》，见附件2），将质疑的理由书面告知纳税人或者其代理人，纳税人或者其代理人应当自收到《价格质疑通知书》之日起5个工作日内，以书面形式提供相关资料或者其他证据，证明其申报价格真实、准确或者双方之间的特殊关系未影响成交价格。

纳税人或者其代理人确有正当理由无法在规定时间内提供前款资料的，可以在规定期限届满前以书面形式向海关申请延期。

除特殊情况外，延期不得超过10个工作日。

第四十五条 海关制发《价格质疑通知书》后，有下列情形之一的，海关与纳税人进行价格磋商后，按照本办法第六条或者第四十一条列明的方法确定进出口货物的计税价格：

（一）纳税人或者其代理人在海关规定期限内，未能提供进一步说明的；

（二）纳税人或者其代理人提供有关资料、证据后，海关经审核其所提供的资料、证据，仍然有理由怀疑申报价格的真实性、准确性的；

（三）纳税人或者其代理人提供有关资料、证据后，海关经审核其所提供的资料、证据，仍然有理由认为买卖双方之间的特殊关系影响成交价格的。

第四十六条 进口货物无成交价格的，可以不进行价格质疑，经与纳税人进行价格磋商后，按照本办法第六条列明的方法确定计税价格。

出口货物无成交价格的，可以不进行价格质疑，经与纳税人进行价格磋商后，按照本办法第四十一条列明的方法确定计税价格。

第四十七条 按照本办法规定需要价格磋商的，海关应当依法向纳税人制发《中华人民共和国海关价格磋商通知书》（见附件3）。纳税人应当自收到通知之日起5个工作日内与海关进行价格磋商。纳税人在海关规定期限内与海关进行价格磋商的，海关应当制作《中华人民共和国海关价格磋商记录表》（见附件4）。

纳税人未在通知规定的时限内与海关进行磋商的，视为其放弃价格磋商的权利，海关可以直接使用本办法第六条或者第四十一条列明的方法确定进出口货物的计税价格。

第四十八条 对符合下列情形之一的，经纳税人书面申请，海关可以不进行价格质疑以及价格磋商，按照本办法第六条或者第四十一条列明的方法确定进出口货物的计税价格：

（一）同一合同项下分批进出口的货物，海关对其中一批货物已经实施估价的；

（二）进出口货物的计税价格在人民币10万元以下或者关税及进口环节海关代征税总额在人民币2万元以下的；

（三）进出口货物属于危险品、鲜活品、易腐品、易失效品、废品、旧品等的。

第四十九条 海关确定进出口货物的计税价格期间，纳税人可以在依法向海关提供担保后，先行提取货物。

第五十条 海关确定进出口货物的计税价格后，纳税人可以提出书面申请，要求海关就如何确定其进出口货物的计税价格做出书面说明。海关应当根据要求出具《中华人民共和国海关估价告知书》（见附件5）。

第七章 附 则

第五十一条 本办法中下列用语的含义：

境内，是指中华人民共和国海关关境内。

计税价格，是指海关在计征关税时使用的价格。

买方，是指通过履行付款义务，购入货物，并且为此承担风险，享有收益的自然人、法人或者其他组织。其中进口货物的买方是指向中华人民共和国境内购入进口货物的买方。

卖方，是指销售货物的自然人、法人或者其他组织。其中进口货物的卖方是指向中华人民共和国境内销售进口货物的卖方。

向中华人民共和国境内销售，是指将进口货物实际运入中华人民共和国境内，货物的所有权和风险由卖方转移给买方，买方为此向卖方支付价款的行为。

实付、应付价格，是指买方为购买进口货物而直接或者间接支付的价款总额，即作为卖方销售进口货物的条件，由买方向卖方或者为履行卖方义务向第三方已经支付或者将要支付的全部款项。

间接支付，是指买方根据卖方的要求，将货款全部或者部分支付给第三方，或者冲抵买卖双方之间的其他资金往来的付款方式。

购货佣金，是指买方为购买进口货物向自己的采购代理人支付的劳务费用。

经纪费，是指买方为购买进口货物向代表买卖双方利益的经纪人支付的劳务费用。

相同货物，是指与进口货物在同一国家或者地区生产的，在物理性质、质量和信誉等所有方面都相同的货物，但是表面的微小差异允许存在。

类似货物，是指与进口货物在同一国家或者地区生产的，虽然不是在所有方面都相同，但是却具有相似的特征，相似的组成材料，相同的功能，并且在商业中可以互换的货物。

大约同时，是指完成申报之日的大约同时，最长不应当超过前后 45 日。按照倒扣价格法确定进口货物的计税价格时，如果进口货物、相同或者类似货物没有在完成申报之日前后 45 日内在境内销售，可以将在境内销售的时间延长至完成申报之日前后 90 日内。

公认的会计原则，是指在有关国家或者地区会计核算工作中普遍遵循的原则性规范和会计核算业务的处理方法。包括对货物价值认定有关的权责发生制原则、配比原则、历史成本原则、划分收益性与资本性支出原则等。

特许权使用费，是指进口货物的买方为取得知识产权权利人及权利人有效授权人关于专利权、商标权、专有技术、著作权、分销权或者销售权的许可或者转让而支付的费用。

技术培训费用，是指基于卖方或者与卖方有关的第三方对买方派出的技术人员进行与进口货物有关的技术指导，进口货物的买方支付的培训师资及人员的教学、食宿、交通、医疗保险等其他费用。

软件，是指《计算机软件保护条例》规定的用于数据处理设备的程序和文档。

专有技术，是指以图纸、模型、技术资料和规范等形式体现的尚未公开的工艺流程、配方、产品设计、质量控制、检测以及营销管理等方面的知识、经验、方法和诀窍等。

轻度加工，是指稀释、混合、分类、简单装配、再包装或者其他类似加工。

同等级或者同种类货物，是指由特定产业或者产业部门生产的一组或者一系列货物中的货物，包括相同货物或者类似货物。

介质，是指磁带、磁盘、光盘。

价格核查，是指海关为确定进出口货物的计税价格，依法行使本办法第四十三条规定的职权，通过审查单证、核实数据、核对实物及相关账册等方法，对进出口货物申报成交价格的真实性、准确性以及买卖双方之间是否存在特殊关系影响成交价格进行的审查。

价格磋商，是指海关在使用除成交价格以外的估价方法时，在保守商业秘密的基础上，与纳税人交换彼此掌握的用于确定计税价格的数据资料的行为。

起卸前，是指货物起卸行为开始之前。

装载前，是指货物装载行为开始之前。

第五十二条　纳税人对海关确定计税价格有异议的，应当依法先向上一级海关申请行政复议；对行政复议决定不服的，可以依法向人民法院提起行政诉讼。

第五十三条　违反本办法规定，构成走私行为、违反海关监管规定行为或者其他违反《海关法》行为的，由海关依照《海关法》和《中华人民共和国海关行政处罚实施条例》的有关规定予以处理；构成犯罪的，依法追究刑事责任。

第五十四条　本办法由海关总署负责解释。

第五十五条　本办法自 2014 年 2 月 1 日起施行。2006 年 3 月 28 日海关总署令第 148 号发布的《中华人民共和国海关审定进出口货物完税价格办法》同时废止。

附件：1. 中华人民共和国海关账户查询通知书（略）

2. 中华人民共和国海关价格质疑通知书（略）

3. 中华人民共和国海关价格磋商通知书（略）

4. 中华人民共和国海关价格磋商记录表（略）

5. 中华人民共和国海关估价告知书（样式）（略）

中华人民共和国海关确定内销保税货物计税价格办法

（2024 年修正，2024 年 12 月 1 日实施）

（2013 年 12 月 25 日海关总署令第 211 号公布　根据 2024 年 10 月 28 日海关总署令第 273 号《海关总署关于修改部分规章的决定》修正）

第一条　为了正确确定内销保税货物的计税价格，根据《中华人民共和国海关法》、《中华人民共和国关税法》及其他有关法律、行政法规的规定，制定本办法。

第二条　内销保税货物计税价格的确定，适用本办法。海关可以依申请或者依职权，对内销保税货物的计税价格依法进行确定。涉嫌走私的内销保税货物计税价格的确定，不适用本办法。

第三条　内销保税货物的计税价格，由海关以该货物的成交价格为基础确定。

第四条　进料加工进口料件或者其制成品（包括残次品）内销时，海关以料件原进口成交价格为基础确定计税价格。

属于料件分批进口，并且内销时不能确定料件原进口——对应批次的，海关可按照同项号、同品名和同税号的原则，以其合同有效期内或电子账册核销周期内已进口料件的成交价格计算所得的加权平均价为基础确定计税价格。

合同有效期内或电子账册核销周期内已进口料件的成交价格加权平均价难以计算或者难以确定的，海关以客观可量化的当期进口料件成交价格的加权平均价为基础确定计税价格。

第五条　来料加工进口料件或者其制成品（包括残次品）内销时，海关以企业办理内销纳税手续之日的同时或者大约同时进口的与料件相同或者类似的保税货物的进口成交价格为基础确定计税价格。

第六条　加工企业内销的加工过程中产生的边角料或者副产品，以其内销价格为基础确定计税价格。

副产品并非全部使用保税料件生产所得的，海关以保税料件在投入成本核算中所占比重计算结果为基础确定计税价格。

按照规定需要以残留价值征税的受灾保税货物，海关以其内销价格为基础确定计税价格。按照规定应折算成料件征税的，海关以各项保税料件占构成制成品（包括残次品）全部料件的价值比重计算结果为基础确定计税价格。

边角料、副产品和按照规定需要以残留价值征税的受灾保税货物经海关允许采用拍卖方式内销时，海关以其拍卖价格为基础确定计税价格。

第七条　深加工结转货物内销时，海关以该结转货物的结转价格为基础确定计税价格。

第八条　保税区内企业内销的保税加工进口料件或者其制成品，海关以其内销价格为基础确定计税价格。

保税区内企业内销的保税加工制成品中，如果含有从境内采购的料件，海关以制成品所含从境外购入料件的原进口成交价格为基础确定计税价格。

保税区内企业内销的保税加工进口料件或者其制成品的计税价格依据本条前两款规定不能确定的，海关以企业办理内销纳税手续之日的同时或者大约同时内销的相同或者类似的保税货物的内销价格为基础确定计税价格。

第九条　除保税区以外的海关特殊监管区域内企业内销的保税加工料件或者其制成品，以其内销价格为基础确定计税价格。

除保税区以外的海关特殊监管区域内企业内销的保税加工料件或者其制成品的内销价格不能确定的，海关以企业办理内销纳税手续之日的同时或者大约同时内销的相同或者类似的保税货物的内销价格为基础确定计税价格。

除保税区以外的海关特殊监管区域内企业内销的保税加工制成品、相同或者类似的保税货物的内销价格不能确定的，海关以生产该货物的成本、利润和一般费用计算所得的价格为基础确定计税价格。

第十条　海关特殊监管区域内企业内销的保税加工过程中产生的边角料、废品、残次品和副产品，以其内销价格为基础确定计税价格。

海关特殊监管区域内企业经海关允许采用拍卖方式内销的边角料、废品、残次品和副产品，海关以其拍卖价格为基础确定计税价格。

第十一条　海关特殊监管区域、保税监管场所内企业内销的保税物流货物，海关以该货物运出海关特殊监管区域、保税监管场所时的内销价格为基础确定计税价格；该内销价格包含的能够单独列明的海关特殊监管区域、保税监管场所内发生的保险费、仓储费和运输及其相关费用，不计入计税价格。

第十二条　海关特殊监管区域内企业内销的研发货物，海关依据本办法第八条、第九条、第十条的规定确定计税价格。海关特殊监管区域内企业内销的检测、展示货物，海关依据本办法第十一条的规定确定计税价格。

第十三条　内销保税货物的计税价格不能依据本办法第四至十二条规定确定的，海关依次以下列价格估定该货物的计税价格：

（一）与该货物同时或者大约同时向中华人民共和国境内销售的相同货物的成交价格；

（二）与该货物同时或者大约同时向中华人民共和国境内销售的类似货物的成交价格；

（三）与该货物进口的同时或者大约同时，将该进口货物、相同或者类似进口货物在中华人民共和国境内第一级销售环节销售给无特殊关系买方最大销售总量的单位价格，但应当扣除以下项目：

1.同等级或者同种类货物在中华人民共和国境内第一级销售环节销售时通常的利润和一般费用以及通常支付的佣金；

2.进口货物运抵境内输入地点起卸后的运输及其相关费用、保险费；

3.进口关税及国内税收。

（四）按照下列各项总和计算的价格：生产该货物所使用的料件成本和加工费用，向中华人民共和国境内销售同等级或者同种类货物通常的利润和一般费用，该货物运抵境内输入地点起卸前的运输及其相关费用、保险费；

（五）以合理方法估定的价格。

纳税人可以向海关提供有关资料，申请调整前款第三项和第四项的适用次序。

第十四条　本办法中下列用语的含义：

内销保税货物，包括因故转为内销需要征税的加工贸易货物、海关特殊监管区域内货物、保税监管场所内货物和因其他原因需要按照内销征税办理的保税货物，但不包括以下项目：

（一）海关特殊监管区域、保税监管场所内生产性的基础设施建设项目所需的机器、设备和建设所需的基建物资；

（二）海关特殊监管区域、保税监管场所内企业开展生产或综合物流服务所需的机器、设备、模具及其维修用零配件；

（三）海关特殊监管区域、保税监管场所内企业和行政管理机构自用的办公用品、生活消费用品和交通运输工具。

内销价格，是指向国内企业销售保税货物时买卖双方订立的价格，是国内企业为购买保税货物而向卖方（保税企业）实际支付或者应当支付的全部价款，但不包括关税和进口环节海关代征税。

拍卖价格，是指国家注册的拍卖机构对海关核准参与交易的保税货物履行合法有效的拍卖程序，竞买人依拍卖规定获得拍卖标的物的价格。

结转价格，是指深加工结转企业间买卖加工贸易货物时双方订立的价格，是深加工结转转入企业为购买加工贸易货物而向深加工结转转出企业实际支付或者应当支付的全部价款。

第十五条　纳税人对海关确定计税价格有异议的，应当依法先向上一级海关申请行政复议；对行政复议决定不服的，可以依法向人民法院提起行政诉讼。

第十六条　违反本办法规定，构成走私或者违反海关监管规定行为的，由海关依照《中华人民共和国海关法》和《中华人民共和国海关行政处罚实施条例》的有关规定予以处理；构成犯罪的，依法追究刑事责任。

第十七条　本办法由海关总署负责解释。

第十八条　本办法自 2014 年 2 月 1 日起施行。

关于非优惠原产地规则中实质性改变标准的规定

（2018 年 4 月修正，2018 年 5 月 1 日施行）

（2004 年 12 月 6 日海关总署令第 122 号发布 根据 2018 年 4 月 28 日海关总署令第 238 号公布的《海关总署关于修改部分规章的决定》第一次修正）

第一条 为正确确定进出口货物的原产地，根据《中华人民共和国进出口货物原产地条例》的有关规定，制定本规定。

第二条 本规定适用于非优惠性贸易措施项下确定两个以上国家（地区）参与生产货物的原产地。

第三条 进出口货物实质性改变的确定标准，以税则归类改变为基本标准，税则归类改变不能反映实质性改变的，以从价百分比、制造或者加工工序等为补充标准。

第四条 "税则归类改变"标准，是指在某一国家（地区）对非该国（地区）原产材料进行制造、加工后，所得货物在《中华人民共和国进出口税则》中的四位数级税目归类发生了变化。

第五条 "制造、加工工序"标准，是指在某一国家（地区）进行的赋予制造、加工后所得货物基本特征的主要工序。

第六条 "从价百分比"标准，是指在某一国家（地区）对非该国（地区）原产材料进行制造、加工后的增值部分超过了所得货物价值的 30%。用公式表示如下：

$$\frac{\text{工厂交货价} - \text{非该国（地区）原产材料价值}}{\text{工厂交货价}} \times 100\% \geqslant 30\%$$

"工厂交货价"是指支付给制造厂生产的成品的价格。

"非该国（地区）原产材料价值"是指直接用于制造或装配最终产品而进口原料、零部件的价值（含原产地不明的原料、零配件），以其进口"成本、保险费加运费"价格（CIF）计算。

上述"从价百分比"的计算应当符合公认的会计原则及《中华人民共和国关税法》。

第七条　以制造、加工工序和从价百分比为标准判定实质性改变的货物在《适用制造或者加工工序及从价百分比标准的货物清单》（见附件）中具体列明，并按列明的标准判定是否发生实质性改变。未列入《适用制造或者加工工序及从价百分比标准的货物清单》货物的实质性改变，应当适用税则归类改变标准。

第八条　《适用制造或者加工工序及从价百分比标准的货物清单》由海关总署会同商务部根据实施情况修订并公告。

第九条　本规定自 2005 年 1 月 1 日起施行。

附件：适用制造或者加工工序及从价百分比标准的货物清单（略）

中华人民共和国海关经核准出口商管理办法

海关总署令 2021 年第 254 号

（2021 年 11 月公布，2022 年 1 月 1 日施行）

第一条　为了有效实施中华人民共和国缔结或者参加的优惠贸易协定项下经核准出口商管理制度，规范出口货物原产地管理，促进对外贸易，根据《中华人民共和国政府和冰岛政府自由贸易协定》《中华人民共和国和瑞士联邦自由贸易协定》《中华人民共和国政府和毛里求斯共和国政府自由贸易协定》《区域全面经济伙伴关系协定》等优惠贸易协定（以下统称"相关优惠贸易协定"）的规定，制定本办法。

第二条　本办法所称的经核准出口商，是指经海关依法认定，可以对其出口或者生产的、具备相关优惠贸易协定项下原产资格的货物开具原产地声明的企业。

第三条　海关按照诚信守法便利原则，对经核准出口商实施管理。

海关建立经核准出口商管理信息化系统，提升经核准出口商管理便利化水平。

第四条　经核准出口商应当符合以下条件：

（一）海关高级认证企业；

（二）掌握相关优惠贸易协定项下原产地规则；

（三）建立完备的原产资格文件管理制度。

第五条　企业申请成为经核准出口商的，应当向其住所地直属海关（以下统称主管海关）提交书面申请。书面申请应当包含以下内容：

（一）企业中英文名称、中英文地址、统一社会信用代码、海关信用等级、企业类型、联系人信息等基本信息；

（二）企业主要出口货物的中英文名称、规格型号、HS 编码、适用的优惠贸易协定及具体原产地标准、货物所使用的全部材料及零部件组成情况等信息；

（三）掌握相关优惠贸易协定项下原产地规则的承诺声明；

（四）建立完备的货物原产资格文件管理制度的承诺声明；

（五）拟加盖在原产地声明上的印章印模。

申请材料涉及商业秘密的，应当在申请时以书面方式向主管海关提出保密要求，并

565

且具体列明需要保密的内容。海关按照国家有关规定承担保密义务。

第六条　主管海关应当自收到申请材料之日起 30 日内进行审核并作出决定。

经审核，符合经核准出口商条件的，主管海关应当制发经核准出口商认定书，并给予经核准出口商编号；不符合经核准出口商条件的，主管海关应当制发不予认定经核准出口商决定书。

经核准出口商认定书、不予认定经核准出口商决定书应当送达申请人，并且自送达之日起生效。

第七条　经核准出口商认定的有效期为 3 年。

经核准出口商可以在有效期届满前 3 个月内，向主管海关书面申请续展。每次续展的有效期为 3 年。

第八条　海关总署依据中华人民共和国缔结或者参加的优惠贸易协定以及相关协议，与优惠贸易协定项下其他缔约方（以下简称其他缔约方）交换下列经核准出口商信息：

（一）经核准出口商编号；

（二）经核准出口商中英文名称；

（三）经核准出口商中英文地址；

（四）经核准出口商认定的生效日期和失效日期；

（五）相关优惠贸易协定要求交换的其他信息。

海关总署依照前款规定与其他缔约方完成信息交换后，主管海关应当通知经核准出口商可以依照本办法第九条、第十条规定开具原产地声明。

第九条　经核准出口商为其出口或者生产的货物开具原产地声明前，应当向主管海关提交货物的中英文名称、《商品名称及编码协调制度》6 位编码、适用的优惠贸易协定等信息。

相关货物的中英文名称、《商品名称及编码协调制度》6 位编码、适用的优惠贸易协定与已提交信息相同的，无需重复提交。

第十条　经核准出口商应当通过海关经核准出口商管理信息化系统开具原产地声明，并且对其开具的原产地声明的真实性和准确性负责。

经核准出口商依据本办法开具的原产地声明可以用于向其他缔约方申请享受相关优惠贸易协定项下优惠待遇。

第十一条　经核准出口商应当自原产地声明开具之日起 3 年内保存能够证明该货物

原产资格的全部文件。相关文件可以以电子或者纸质形式保存。

经核准出口商不是出口货物生产商的，应当在开具原产地声明前要求生产商提供能够证明货物原产资格的证明文件，并且按照前款要求予以保存。

第十二条　海关可以对经核准出口商开具的原产地声明及其相关货物、原产资格文件管理制度及执行情况等实施检查，经核准出口商应当予以配合。

其他缔约方主管部门根据相关优惠贸易协定，提出对经核准出口商开具的原产地声明及其相关货物核查请求的，由海关总署统一组织实施。

经核准出口商应当将其收到的其他缔约方主管部门有关原产地声明及其相关货物的核查请求转交主管海关。

第十三条　经核准出口商信息或者货物信息发生变更的，经核准出口商未进行变更前，不得开具原产地声明。

第十四条　存在以下情形的，主管海关可以注销经核准出口商认定，并且书面通知该企业：

（一）经核准出口商申请注销的；

（二）经核准出口商不再符合海关总署规定的企业信用等级的；

（三）经核准出口商有效期届满未向主管海关申请续展的。

注销决定自作出之日起生效。

第十五条　存在以下情形的，主管海关可以撤销经核准出口商认定，并书面通知该企业：

（一）提供虚假材料骗取经核准出口商认定的；

（二）存在伪造或者买卖原产地声明行为的；

（三）经核准出口商未按照本办法第十二条转交核查请求，情节严重的；

（四）经核准出口商开具的原产地声明不符合海关总署规定，1年内累计数量超过上年度开具的原产地声明总数百分之一，并且涉及货物价值累计超过100万元的。

撤销决定自作出之日起生效，但依照本条第一款第一项规定撤销经核准出口商认定的，经核准出口商认定自始无效。

企业被海关撤销经核准出口商认定的，自被撤销之日起2年内不得提出经核准出口商认定申请。

第十六条　提供虚假材料骗取经核准出口商认定，或者伪造、买卖原产地声明的，主管海关应当给予警告，可以并处 1 万元以下罚款。

第十七条　海关依法对经核准出口商实施信用管理。

第十八条　海关对中华人民共和国缔结或者参加的其他优惠贸易协定项下经核准出口商的管理，适用本办法。

第十九条　本办法由海关总署负责解释。

第二十条　本办法自 2022 年 1 月 1 日起施行。

中华人民共和国海关综合保税区管理办法

海关总署令 2022 年第 256 号

（2022 年 1 月公布，2022 年 4 月 1 日施行）

第一章 总 则

第一条 为了规范海关对综合保税区的管理，促进综合保税区高水平开放、高质量发展，根据《中华人民共和国海关法》《中华人民共和国进出口商品检验法》《中华人民共和国进出境动植物检疫法》《中华人民共和国国境卫生检疫法》《中华人民共和国食品安全法》及有关法律、行政法规和国家相关规定，制定本办法。

第二条 海关依照本办法对进出综合保税区的交通运输工具、货物及其外包装、集装箱、物品以及综合保税区内（以下简称区内）企业实施监督管理。

第三条 综合保税区实行封闭式管理。

除安全保卫人员外，区内不得居住人员。

第四条 综合保税区的基础和监管设施应当符合综合保税区基础和监管设施设置规范，并经海关会同有关部门验收合格。

第五条 区内企业可以依法开展以下业务：

（一）研发、加工、制造、再制造；

（二）检测、维修；

（三）货物存储；

（四）物流分拨；

（五）融资租赁；

（六）跨境电商；

（七）商品展示；

（八）国际转口贸易；

（九）国际中转；

（十）港口作业；

（十一）期货保税交割；

（十二）国家规定可以在区内开展的其他业务。

第六条　海关对区内企业实行计算机联网管理，提升综合保税区信息化、智能化管理水平。

第二章　综合保税区与境外之间进出货物的管理

第七条　除法律法规另有规定外，国家禁止进口、出口的货物、物品不得在综合保税区与境外之间进、出。

第八条　综合保税区与境外之间进出的货物不实行关税配额、许可证件管理，但法律法规、我国缔结或者参加的国际条约、协定另有规定的除外。

第九条　综合保税区与境外之间进出的货物，其收发货人或者代理人应当如实向海关申报，按照海关规定填写进出境货物备案清单并办理相关手续。

第十条　境外进入综合保税区的货物及其外包装、集装箱，应当由海关依法在进境口岸实施检疫。因口岸条件限制等原因，海关可以在区内符合条件的场所（场地）实施检疫。

综合保税区运往境外的货物及其外包装、集装箱，应当由海关依法实施检疫。

综合保税区与境外之间进出的交通运输工具，由海关按照进出境交通运输工具有关规定实施检疫。

第十一条　境外进入综合保税区的货物予以保税，但本办法第十二条、十四条规定的情形除外。

第十二条　除法律法规另有规定外，下列货物从境外进入综合保税区，海关免征进口关税和进口环节税：

（一）区内生产性的基础设施建设项目所需的机器、设备和建设生产厂房、仓储设施所需的基建物资；

（二）区内企业开展本办法第五条所列业务所需的机器、设备、模具及其维修用零配件；

（三）综合保税区行政管理机构和区内企业自用合理数量的办公用品。

自国务院批准设立综合保税区之日起，从境外进入综合保税区的区内企业自用机器、设备按照前款规定执行。

第十三条　本办法第十二条所列货物的监管年限，参照进口减免税货物的监管年限管理，监管年限届满的自动解除监管；监管年限未满企业申请提前解除监管的，参照进口减免税货物补缴税款的有关规定办理，属于许可证件管理的应当取得有关许可证件。

第十四条　境外进入综合保税区，供区内企业和行政管理机构自用的交通运输工具、生活消费用品，海关依法征收进口关税和进口环节税。

第十五条　除法律法规另有规定外，综合保税区运往境外的货物免征出口关税。

第三章　综合保税区与区外之间进出货物的管理

第十六条　综合保税区与中华人民共和国境内的其他地区（以下简称区外）之间进出的货物，区内企业或者区外收发货人应当按照规定向海关办理相关手续。

货物属于关税配额、许可证件管理的，区内企业或者区外收发货人应当取得关税配额、许可证件；海关应当对关税配额进行验核，对许可证件电子数据进行系统自动比对验核。

第十七条　除法律法规另有规定外，海关对综合保税区与区外之间进出的货物及其外包装、集装箱不实施检疫。

第十八条　综合保税区与区外之间进出的货物，区内企业或者区外收发货人应当按照货物进出区时的实际状态依法缴纳关税和进口环节税。

区内企业加工生产的货物出区内销时，区内企业或者区外收发货人可以选择按照其对应进口料件缴纳关税，并补缴关税税款缓税利息；进口环节税应当按照出区时货物实际状态照章缴纳。

第十九条　经综合保税区运往区外的优惠贸易协定项下的货物，符合相关原产地管理规定的，可以适用协定税率或者特惠税率。

第二十条　以出口报关方式进入综合保税区的货物予以保税；其中，区内企业从区外采购的机器、设备参照进口减免税货物的监管年限管理，监管年限届满的自动解除监管，免于提交许可证件；监管年限未满企业申请提前解除监管的，参照进口减免税货物补缴税款的有关规定办理相关手续，免于提交许可证件。

前款规定货物的出口退税按照国家有关规定办理。

第二十一条　区内企业在加工生产过程中使用保税料件产生的边角料、残次品、副产品以及加工生产、储存、运输等过程中产生的包装物料，运往区外销售时，区内企业应当按照货物出区时的实际状态缴纳税款；残次品、副产品属于关税配额、许可证件管理的，区内企业或者区外收发货人应当取得关税配额、许可证件；海关应当对关税配额进行验核、对许可证件电子数据进行系统自动比对验核。

第二十二条　区内企业产生的未复运出境的固体废物，按照国内固体废物相关规定进行管理。需运往区外进行贮存、利用或者处置的，应按规定向海关办理出区手续。

第二十三条　区内企业依法对区内货物采取销毁处置的，应当办理相关手续，销毁处置费用由区内企业承担。销毁产生的固体废物出区时按照本办法第二十二条办理。

第二十四条　区内企业可以按照海关规定办理集中申报手续。

除海关总署另有规定外，区内企业应当在每季度结束的次月15日前办理该季度货物集中申报手续，但不得晚于账册核销截止日期，且不得跨年度办理。

集中申报适用企业办理纳税手续之日实施的计征汇率、汇率。

第二十五条　综合保税区与其他综合保税区等海关特殊监管区域、保税监管场所之间往来的货物予以保税。

综合保税区与其他综合保税区等海关特殊监管区域或者保税监管场所之间流转的货物，不征收关税和进口环节税。

第四章　综合保税区内货物的管理

第二十六条　综合保税区内货物可以自由流转。区内企业转让、转移货物的，双方企业应当及时向海关报送转让、转移货物的品名、数量、金额等电子数据信息。

第二十七条　区内企业可以利用监管期限内的免税设备接受区外企业委托开展加工业务。

区内企业开展委托加工业务，应当设立专用的委托加工电子账册。委托加工用料件需使用保税料件的，区内企业应当向海关报备。

委托加工产生的固体废物，出区时按照本办法第二十二条办理。

第二十八条　区内企业按照海关规定将自用机器、设备及其零部件、模具或者办公用品运往区外进行检测、维修的，检测、维修期间不得在区外用于加工生产和使用，并且应当自运出之日起60日内运回综合保税区。因故不能如期运回的，区内企业应当在期限届满前7日内书面向海关申请延期，延长期限不得超过30日。

前款规定货物因特殊情况无法在上述规定时间内完成检测、维修并运回综合保税区的，经海关同意，可以在检测、维修合同期限内运回综合保税区。

更换零配件的，原零配件应当一并运回综合保税区；确需在区外处置的，海关应当按照原零配件的实际状态征税；在区外更换的国产零配件，需要退税的，企业应当按照有关规定办理手续。

第二十九条　区内企业按照海关规定将模具、原材料、半成品等运往区外进行外发加工的，外发加工期限不得超过合同有效期，加工完毕的货物应当按期运回综合保税区。

外发加工产生的边角料、残次品、副产品不运回综合保税区的，海关应当按照货物实际状态征税；残次品、副产品属于关税配额、许可证件管理的，区内企业或者区外收发货人应当取得关税配额、许可证件；海关应当对有关关税配额进行验核、对许可证件电子数据进行系统自动比对验核。

第三十条　因不可抗力造成综合保税区内货物损毁、灭失的，区内企业应当及时报告海关。经海关核实后，区内企业可以按照下列规定办理：

（一）货物灭失，或者虽未灭失但完全失去使用价值的，办理核销和免税手续；

（二）境外进入综合保税区或者区外进入综合保税区且已办理出口退税手续的货物损毁，失去部分使用价值的，办理出区内销或者退运手续；

（三）区外进入综合保税区且未办理出口退税手续的货物损毁，失去部分使用价值，需要向出口企业进行退换的，办理退运手续。

第三十一条　因保管不善等非不可抗力因素造成区内货物损毁、灭失的，区内企业应当及时报告海关并说明情况。经海关核实后，区内企业可以按照下列规定办理：

（一）境外进入综合保税区的货物，按照一般贸易进口货物的规定办理相关手续，并按照海关确定的货物损毁或灭失前的计税价格，以货物损毁或灭失之日适用的税率、计征汇率缴纳关税、进口环节税；

（二）区外进入综合保税区的货物，重新缴纳因出口而退还的国内环节有关税收，已缴纳出口关税的，不予退还。

第三十二条　区内企业申请放弃的货物，经海关及有关主管部门核准后，由海关依法提取变卖，变卖收入按照国家有关规定处理，但法律法规规定不得放弃的除外。

第三十三条　除法律法规另有规定外，区内货物不设存储期限。

第五章　区内企业的管理

第三十四条　区内企业及其分支机构应当取得市场主体资格，并依法向海关办理注册或者备案手续。

区内从事食品生产的企业应当依法取得国内生产许可。

第三十五条 区内企业应当依照法律法规的规定规范财务管理，并按照海关规定设立海关电子账册，电子账册的备案、变更、核销应当按照海关相关规定执行。

第三十六条 海关对区内企业实行稽查、核查制度。

区内企业应当配合海关的稽查、核查，如实提供相关账簿、单证等有关资料及电子数据。

第三十七条 区内企业开展涉及海关事务担保业务的，按照海关事务担保相关规定执行。

第六章 附 则

第三十八条 进出综合保税区货物的检验按照相关规定执行。

第三十九条 综合保税区与区外之间进出的交通运输工具、人员应当通过指定通道进出，海关根据需要实施检查。

综合保税区与境外之间进出的交通运输工具服务人员携带个人物品进出综合保税区的，海关按照进出境旅客行李物品的有关规定进行监管。

第四十条 海关在综合保税区依法实施监管不影响地方政府和其他部门依法履行其相应职责。

第四十一条 除法律法规另有规定外，海关对境外与综合保税区之间进出的货物实施进出口货物贸易统计；对区外与综合保税区之间进出的货物，根据管理需要实施海关单项统计和海关业务统计；对与综合保税区相关的海关监督管理活动和内部管理事务实施海关业务统计。

第四十二条 区内开展增值税一般纳税人资格试点的，按照增值税一般纳税人资格试点政策有关规定执行。

第四十三条 对境内入区的不涉及出口关税、不涉及许可证件、不要求退税且不纳入海关统计的货物，海关对其实施便捷进出区管理。

第四十四条 对违反本办法规定的行为，由海关依照相关法律法规规定予以处罚；构成犯罪的，依法追究刑事责任。

第四十五条 综合保税区设立审核、建设验收、监督管理等要求按照国家相关规定执行。

第四十六条 本办法由海关总署负责解释。

第四十七条 本办法自 2022 年 4 月 1 日起施行。2007 年 9 月 3 日海关总署令第 164 号发布、根据 2010 年 3 月 15 日海关总署令第 191 号、2017 年 12 月 20 日海关总署令第 235 号、2018 年 5 月 29 日海关总署令第 240 号、2018 年 11 月 23 日海关总署令第 243 号修改的《中华人民共和国海关保税港区管理暂行办法》，2005 年 11 月 28 日海关总署令第 134 号发布、根据 2010 年 3 月 15 日海关总署令第 190 号、2017 年 12 月 20 日海关总署令第 235 号、2018 年 5 月 29 日海关总署令第 240 号、2018 年 11 月 23 日海关总署令第 243 号修改的《中华人民共和国海关对保税物流园区的管理办法》同时废止。

中华人民共和国海关加工贸易货物监管办法

（2023 年修正，2023 年 4 月 15 日施行）

（2014 年 3 月 12 日海关总署令第 219 号公布 根据 2017 年 12 月 20 日海关总署令第 235 号公布的《海关总署关于修改部分规章的决定》第一次修正 根据 2018 年 5 月 29 日海关总署第 240 号令《海关总署关于修改部分规章的决定》第二次修正 根据 2018 年 11 月 23 日海关总署令第 243 号《海关总署关于修改部分规章的决定》第三次修正 根据 2020 年 12 月 23 日海关总署令第 247 号《海关总署关于修改部分规章的决定》第四次修正 根据 2023 年 3 月 9 日海关总署令第 262 号《海关总署关于修改部分规章的决定》第五次修正）

第一章 总 则

第一条 为了促进加工贸易健康发展，规范海关对加工贸易货物管理，根据《中华人民共和国海关法》（以下简称《海关法》）以及其他有关法律、行政法规，制定本办法。

第二条 本办法适用于办理加工贸易货物手册设立、进出口报关、加工、监管、核销手续。

加工贸易经营企业、加工企业、承揽者应当按照本办法规定接受海关监管。

第三条 本办法所称"加工贸易"是指经营企业进口全部或者部分原辅材料、零部件、元器件、包装物料（以下统称料件），经过加工或者装配后，将制成品复出口的经营活动，包括来料加工和进料加工。

第四条 除国家另有规定外，加工贸易进口料件属于国家对进口有限制性规定的，经营企业免于向海关提交进口许可证件。

加工贸易出口制成品属于国家对出口有限制性规定的，经营企业应当取得出口许可证件。海关对有关出口许可证件电子数据进行系统自动比对验核。

第五条 加工贸易项下进口料件实行保税监管的，加工成品出口后，海关根据核定的实际加工复出口的数量予以核销。

加工贸易项下进口料件按照规定在进口时先行征收税款的，加工成品出口后，海关根据核定的实际加工复出口的数量退还已征收的税款。

加工贸易项下的出口产品属于应当征收出口关税的，海关按照有关规定征收出口关税。

第六条 海关按照国家规定对加工贸易货物实行担保制度。

经海关批准并办理有关手续，加工贸易货物可以抵押。

第七条 海关对加工贸易实行分类监管，具体管理办法由海关总署另行制定。

第八条 海关可以对加工贸易企业进行核查，企业应当予以配合。

海关核查不得影响企业的正常经营活动。

第九条 加工贸易企业应当根据《中华人民共和国会计法》以及海关有关规定，设置符合海关监管要求的账簿、报表以及其他有关单证，记录与本企业加工贸易货物有关的进口、存储、转让、转移、销售、加工、使用、损耗和出口等情况，凭合法、有效凭证记账并且进行核算。

加工贸易企业应当将加工贸易货物与非加工贸易货物分开管理。加工贸易货物应当存放在经海关备案的场所，实行专料专放。企业变更加工贸易货物存放场所的，应当事先通知海关，并办理备案变更手续。

第二章 加工贸易货物手册设立

第十条 经营企业应当向加工企业所在地主管海关办理加工贸易货物的手册设立手续。

第十一条 除另有规定外，经营企业办理加工贸易货物的手册设立，应当向海关如实申报贸易方式、单耗、进出口口岸，以及进口料件和出口成品的商品名称、商品编号、规格型号、价格和原产地等情况，并且提交经营企业对外签订的合同。经营企业委托加工的，还应当提交与加工企业签订的委托加工合同。

经营企业自身有加工能力的，应当取得主管部门签发的《加工贸易加工企业生产能力证明》；经营企业委托加工的，应当取得主管部门签发的加工企业《加工贸易加工企业生产能力证明》。

第十二条 经营企业按照本办法第十条、第十一条规定，提交齐全、有效的单证材料，申报设立手册的，海关应当自接受企业手册设立申报之日起5个工作日内完成加工贸易手册设立手续。

需要办理担保手续的，经营企业按照规定提供担保后，海关办理手册设立手续。

第十三条　有下列情形之一的，海关应当在经营企业提供相当于应缴税款金额的保证金或者银行、非银行金融机构保函后办理手册设立手续：

（一）涉嫌走私，已经被海关立案侦查，案件尚未审结的；

（二）由于管理混乱被海关要求整改，在整改期内的。

第十四条　有下列情形之一的，海关可以要求经营企业在办理手册设立手续时提供相当于应缴税款金额的保证金或者银行、非银行金融机构保函：

（一）租赁厂房或者设备的；

（二）首次开展加工贸易业务的；

（三）加工贸易手册延期两次（含两次）以上的；

（四）办理异地加工贸易手续的；

（五）涉嫌违规，已经被海关立案调查，案件尚未审结的。

第十五条　加工贸易企业有下列情形之一的，不得办理手册设立手续：

（一）进口料件或者出口成品属于国家禁止进出口的；

（二）加工产品属于国家禁止在我国境内加工生产的；

（三）进口料件不宜实行保税监管的；

（四）经营企业或者加工企业属于国家规定不允许开展加工贸易的；

（五）经营企业未在规定期限内向海关报核已到期的加工贸易手册，又重新申报设立手册的。

第十六条　经营企业办理加工贸易货物的手册设立，申报内容、提交单证与事实不符的，海关应当按照下列规定处理：

（一）货物尚未进口的，海关注销其手册；

（二）货物已进口的，责令企业将货物退运出境。

本条第一款第（二）项规定情形下，经营企业可以向海关申请提供相当于应缴税款金额的保证金或者银行、非银行金融机构保函，并且继续履行合同。

第十七条　已经办理加工贸易货物的手册设立手续的经营企业可以向海关领取加工贸易手册分册、续册。

第十八条　加工贸易货物手册设立内容发生变更的，经营企业应当在加工贸易手册有效期内办理变更手续。

第三章 加工贸易货物进出口、加工

第十九条 经营企业进口加工贸易货物，可以从境外或者海关特殊监管区域、保税监管场所进口，也可以通过深加工结转方式转入。

经营企业出口加工贸易货物，可以向境外或者海关特殊监管区域、保税监管场所出口，也可以通过深加工结转方式转出。

第二十条 经营企业以加工贸易方式进出口的货物，列入海关统计。

第二十一条 加工贸易企业开展深加工结转的，转入企业、转出企业应当向各自的主管海关申报，办理实际收发货以及报关手续。具体管理规定由海关总署另行制定并公布。

有下列情形之一的，加工贸易企业不得办理深加工结转手续：

（一）不符合海关监管要求，被海关责令限期整改，在整改期内的；

（二）有逾期未报核手册的；

（三）由于涉嫌走私已经被海关立案调查，尚未结案的。

加工贸易企业未按照海关规定进行收发货的，不得再次办理深加工结转手续。

第二十二条 经营企业开展外发加工业务，应当按照外发加工的相关管理规定自外发之日起3个工作日内向海关办理备案手续。

经营企业开展外发加工业务，不得将加工贸易货物转卖给承揽者；承揽者不得将加工贸易货物再次外发。

经营企业将全部工序外发加工的，应当在办理备案手续的同时向海关提供相当于外发加工货物应缴税款金额的保证金或者银行、非银行金融机构保函。

第二十三条 外发加工的成品、剩余料件以及生产过程中产生的边角料、残次品、副产品等加工贸易货物，经营企业向所在地主管海关办理相关手续后，可以不运回本企业。

第二十四条 海关对加工贸易货物实施监管的，经营企业和承揽者应当予以配合。

第二十五条 加工贸易货物应当专料专用。

经海关核准，经营企业可以在保税料件之间、保税料件与非保税料件之间进行串换，但是被串换的料件应当属于同一企业，并且应当遵循同品种、同规格、同数量、不牟利的原则。

来料加工保税进口料件不得串换。

第二十六条　由于加工工艺需要使用非保税料件的，经营企业应当事先向海关如实申报使用非保税料件的比例、品种、规格、型号、数量。

经营企业按照本条第一款规定向海关申报的，海关核销时应当在出口成品总耗用量中予以核扣。

第二十七条　经营企业进口料件由于质量存在瑕疵、规格型号与合同不符等原因，需要返还原供货商进行退换，以及由于加工贸易出口产品售后服务需要而出口未加工保税料件的，可以直接向口岸海关办理报关手续。

已经加工的保税进口料件不得进行退换。

第四章　加工贸易货物核销

第二十八条　经营企业应当在规定的期限内将进口料件加工复出口，并且自加工贸易手册项下最后一批成品出口或者加工贸易手册到期之日起 30 日内向海关报核。

经营企业对外签订的合同提前终止的，应当自合同终止之日起 30 日内向海关报核。

第二十九条　经营企业报核时应当向海关如实申报进口料件、出口成品、边角料、剩余料件、残次品、副产品以及单耗等情况，并且按照规定提交相关单证。

经营企业按照本条第一款规定向海关报核，单证齐全、有效的，海关应当受理报核。

第三十条　海关核销可以采取纸质单证核销、电子数据核销的方式，必要时可以下厂核查，企业应当予以配合。

海关应当自受理报核之日起 30 日内予以核销。特殊情况需要延长的，经直属海关关长或者其授权的隶属海关关长批准可以延长 30 日。

第三十一条　加工贸易保税进口料件或者成品内销的，海关对保税进口料件依法征收税款并且加征缓税利息，另有规定的除外。

进口料件属于国家对进口有限制性规定的，经营企业还应当向海关提交进口许可证件。

第三十二条　经营企业因故将加工贸易进口料件退运出境的，海关凭有关退运单证核销。

第三十三条　经营企业在生产过程中产生的边角料、剩余料件、残次品、副产品和受灾保税货物，按照海关对加工贸易边角料、剩余料件、残次品、副产品和受灾保税货物的管理规定办理，海关凭有关单证核销。

第三十四条　经营企业遗失加工贸易手册的，应当及时向海关报告。

海关按照有关规定处理后对遗失的加工贸易手册予以核销。

第三十五条　对经核销结案的加工贸易手册，海关向经营企业签发《核销结案通知书》。

第三十六条　经营企业已经办理担保的，海关在核销结案后按照规定解除担保。

第三十七条　加工贸易货物的手册设立和核销单证自加工贸易手册核销结案之日起留存 3 年。

第三十八条　加工贸易企业出现分立、合并、破产、解散或者其他停止正常生产经营活动情形的，应当及时向海关报告，并且办结海关手续。

加工贸易货物被人民法院或者有关行政执法部门封存的，加工贸易企业应当自加工贸易货物被封存之日起 5 个工作日内向海关报告。

第五章　附　则

第三十九条　违反本办法，构成走私行为、违反海关监管规定行为或者其他违反《中华人民共和国海关法》行为的，由海关依照《中华人民共和国海关法》和《中华人民共和国海关行政处罚实施条例》的有关规定予以处理；构成犯罪的，依法追究刑事责任。

第四十条　本办法中下列用语的含义：

来料加工，是指进口料件由境外企业提供，经营企业不需要付汇进口，按照境外企业的要求进行加工或者装配，只收取加工费，制成品由境外企业销售的经营活动。

进料加工，是指进口料件由经营企业付汇进口，制成品由经营企业外销出口的经营活动。

加工贸易货物，是指加工贸易项下的进口料件、加工成品以及加工过程中产生的边角料、残次品、副产品等。

加工贸易企业，包括经海关备案的经营企业和加工企业。

经营企业，是指负责对外签订加工贸易进出口合同的各类进出口企业和外商投资企业，以及依法开展来料加工经营活动的对外加工装配服务公司。

加工企业，是指接受经营企业委托，负责对进口料件进行加工或者装配，并且具有法人资格的生产企业，以及由经营企业设立的虽不具有法人资格，但是实行相对独立核算并已经办理工商营业证（执照）的工厂。

单位耗料量，是指加工贸易企业在正常生产条件下加工生产单位出口成品所耗用的进口料件的数量，简称单耗。

深加工结转，是指加工贸易企业将保税进口料件加工的产品转至另一加工贸易企业进一步加工后复出口的经营活动。

承揽者，是指与经营企业签订加工合同，承接经营企业委托的外发加工业务的企业或者个人。

外发加工，是指经营企业委托承揽者对加工贸易货物进行加工，在规定期限内将加工后的产品最终复出口的行为。

核销，是指加工贸易经营企业加工复出口或者办理内销等海关手续后，凭规定单证向海关报核，海关按照规定进行核查以后办理解除监管手续的行为。

第四十一条　实施联网监管的加工贸易企业开展加工贸易业务，按照海关对加工贸易企业实施计算机联网监管的管理规定办理。

第四十二条　加工贸易企业在海关特殊监管区域内开展加工贸易业务，按照海关对海关特殊监管区域的相关管理规定办理。

第四十三条　单耗的申报与核定，按照海关对加工贸易单耗的管理规定办理。

第四十四条　海关对加工贸易货物进口时先征收税款出口后予以退税的管理规定另行制定。

第四十五条　本办法由海关总署负责解释。

第四十六条　本办法自公布之日起施行。2004 年 2 月 26 日以海关总署令第 113 号发布，并经海关总署令第 168 号、195 号修正的《中华人民共和国海关对加工贸易货物监管办法》同时废止。

中华人民共和国海关加工贸易单耗管理办法

（2018 年 11 月修正，2018 年 11 月 23 日施行）

（2007 年 1 月 4 日海关总署第 155 号令发布　根据 2014 年 3 月 13 日海关总署令第 218 号《海关总署关于修改部分规章的决定》第一次修正　根据 2018 年 5 月 29 日海关总署第 240 号令《海关总署关于修改部分规章的决定》第二次修正 根据 2018 年 11 月 23 日海关总署第 243 号令《海关总署关于修改部分规章的决定》第三次修正）

第一章　总　则

第一条　为了规范加工贸易单耗（以下简称单耗）管理，促进加工贸易的健康发展，根据《中华人民共和国海关法》以及其他有关法律、行政法规的规定，制定本办法。

第二条　海关对单耗的管理适用本办法。

第三条　单耗是指加工贸易企业在正常加工条件下加工单位成品所耗用的料件量，单耗包括净耗和工艺损耗。

第四条　加工贸易企业应当在加工贸易手册设立环节向海关进行单耗备案。

第五条　单耗管理应当遵循如实申报、据实核销的原则。

第六条　加工贸易企业向海关提供的资料涉及商业秘密，要求海关保密并向海关提出书面申请的，海关应当依法予以保密。加工贸易企业不得以保密为由，拒绝向海关提供有关资料。

第二章　单耗标准

第七条　单耗标准是指供通用或者重复使用的加工贸易单位成品耗料量的准则。单耗标准设定最高上限值，其中出口应税成品单耗标准增设最低下限值。

第八条　单耗标准由海关根据有关规定会同相关部门制定。

第九条　单耗标准应当以海关公告形式对外发布。

第十条　单耗标准适用于海关特殊监管区域、保税监管场所外的加工贸易企业，海关特殊监管区域、保税监管场所内的加工贸易企业不适用单耗标准。

第十一条　海关特殊监管区域、保税监管场所外的加工贸易企业应当在单耗标准内向海关进行单耗备案或者单耗申报。

海关特殊监管区域、保税监管场所外的加工贸易企业申报的单耗在单耗标准内的，海关按照申报的单耗对保税料件进行核销；申报的单耗超出单耗标准的，海关按照单耗标准的最高上限值或者最低下限值对保税料件进行核销。

第十二条　尚未公布单耗标准的，加工贸易企业应当如实向海关申报单耗，海关按照加工贸易企业的实际单耗对保税料件进行核销。

第三章　申报单耗

第十三条　申报单耗是指加工贸易企业向海关报告单耗的行为。

第十四条　加工贸易企业应当在成品出口、深加工结转或者内销前如实向海关申报单耗。

加工贸易企业确有正当理由无法按期申报单耗的，应当留存成品样品以及相关单证，并在成品出口、深加工结转或者内销前提出书面申请，经主管海关批准的，加工贸易企业可以在报核前申报单耗。

第十五条　加工贸易企业申报单耗应当包括以下内容：

（一）加工贸易项下料件和成品的商品名称、商品编号、计量单位、规格型号和品质；

（二）加工贸易项下成品的单耗；

（三）加工贸易同一料件有保税和非保税料件的，应当申报非保料件的比例、商品名称、计量单位、规格型号和品质。

第十六条　下列情况不列入工艺损耗范围：

（一）因突发停电、停水、停气或者其他人为原因造成保税料件、半成品、成品的损耗；

（二）因丢失、破损等原因造成的保税料件、半成品、成品的损耗；

（三）因不可抗力造成保税料件、半成品、成品灭失、损毁或者短少的损耗；

（四）因进口保税料件和出口成品的品质、规格不符合合同要求，造成用料量增加的损耗；

（五）因工艺性配料所用的非保税料件所产生的损耗；

（六）加工过程中消耗性材料的损耗。

第十七条　加工贸易企业可以向海关申请办理单耗变更或者撤销手续，但下列情形除外：

（一）保税成品已经申报出口的；

（二）保税成品已经办理深加工结转的；

（三）保税成品已经申请内销的；

（四）海关已经对单耗进行核定的；

（五）海关已经对加工贸易企业立案调查的。

第四章 单耗审核

第十八条 单耗审核是指海关依据本办法审查核实加工贸易企业申报的单耗是否符合有关规定、是否与加工实际相符的行为。

第十九条 海关为核查单耗的真实性和准确性，可以行使下列职权：

（一）查阅、复制加工贸易项下料件、成品的样品、影像、图片、图样、品质、成分、规格型号以及加工合同、订单、加工计划、加工报表、成本核算等账册和资料；

（二）查阅、复制工艺流程图、排料图、工料单、配料表、质量检测标准等能反映成品的技术要求、加工工艺过程以及相应耗料的有关资料；

（三）要求加工贸易企业提供核定单耗的计算方法、计算公式；

（四）对保税料件和成品进行查验或者提取货样进行检验或者化验；

（五）询问加工贸易企业的法定代表人、主要负责人和其他有关人员涉及单耗的有关情况和问题；

（六）进入加工贸易企业的货物存放场所、加工场所，检查与单耗有关的货物以及加工情况；

（七）对加工产品的单耗情况进行现场测定，必要时，可以留取样品。

第二十条 海关对加工贸易企业申报的单耗进行审核，符合规定的，接受加工贸易企业的申报。

第二十一条 海关对加工贸易企业申报单耗的真实性、准确性有疑问的，应当制发《中华人民共和国海关加工贸易单耗质疑通知书》（以下简称《单耗质疑通知书》，格式见附件），将质疑理由书面告知加工贸易企业的法定代表人或者其代理人。

第二十二条 加工贸易企业的法定代表人或者其代理人应当自收到《单耗质疑通知书》之日起10个工作日内，以书面形式向海关提供有关资料。

第二十三条　加工贸易企业未能在海关规定期限内提供有关资料、提供的资料不充分或者提供的资料无法确定单耗的，海关应当对单耗进行核定。

第二十四条　海关可以单独或者综合使用技术分析、实际测定、成本核算等方法对加工贸易企业申报的单耗进行核定。

第二十五条　单耗核定前，加工贸易企业缴纳保证金或者提供银行担保，并经海关同意的，可以先行办理加工贸易料件和成品的进出口、深加工结转或者内销等海关手续。

第二十六条　加工贸易企业对单耗核定结果有异议的，可以向作出单耗核定海关的上一级海关提出书面复核申请，上一级海关应当自收到复核申请后45日内作出复核决定。

第五章　附　则

第二十七条　本办法下列用语的含义：

净耗，是指在加工后，料件通过物理变化或者化学反应存在或者转化到单位成品中的量。

工艺损耗，是指因加工工艺原因，料件在正常加工过程中除净耗外所必需耗用、但不能存在或者转化到成品中的量，包括有形损耗和无形损耗。工艺损耗率，是指工艺损耗占所耗用料件的百分比。单耗 = 净耗 /（1– 工艺损耗率）。

技术分析方法，是指海关通过对成品的结构、成分、配方、工艺要求等影响单耗的各种因素进行分析和计算，核定成品单耗的方法。

实际测定方法，是指海关运用称量和计算等方法，对加工过程中单耗进行测定，通过综合分析核定成品单耗的方法。

成本核算方法，是指海关根据会计账册、加工记录、仓库账册等原料消耗的统计资料，进行对比和分析，计算核定成品单耗的方法。

第二十八条　违反本办法，构成走私或者违反海关监管规定行为的，由海关依照《中华人民共和国海关法》和《中华人民共和国海关行政处罚实施条例》的有关规定予以处理；构成犯罪的，依法追究刑事责任。

第二十九条　本办法由海关总署负责解释。

第三十条　本办法自 2007 年 3 月 1 日起施行。2002 年 3 月 11 日海关总署令第 96 号发布的《中华人民共和国海关加工贸易单耗管理办法》同时废止。

中华人民共和国海关关于加工贸易边角料、剩余料件、残次品、副产品和受灾保税货物的管理办法

(2024 年修正，2024 年 12 月 1 日实施)

（2004 年 5 月 25 日海关总署令第 111 号发布 根据 2010 年 11 月 26 日海关总署令第 198 号《海关总署关于修改部分规章的决定》第一次修改 根据 2014 年 3 月 13 日海关总署令第 218 号《海关总署关于修改部分规章的决定》第二次修改 根据 2017 年 12 月 20 日海关总署令第 235 号公布的《海关总署关于修改部分规章的决定》第三次修改 根据 2018 年 4 月 28 日海关总署令第 238 号公布的《海关总署关于修改部分规章的决定》第四次修正 根据 2018 年 11 月 23 日海关总署令第 243 号公布的《海关总署关于修改部分规章的决定》第五次修正 根据 2024 年 10 月 28 日海关总署令第 273 号《海关总署关于修改部分规章的决定》第六次修正）

第一条 为了规范对加工贸易保税进口料件在加工过程中产生的边角料、剩余料件、残次品、副产品和受灾保税货物的海关监管,根据《中华人民共和国海关法》(以下简称《海关法》)以及有关法律、行政法规，制定本办法。

第二条 本办法下列用语的含义:

边角料，是指加工贸易企业从事加工复出口业务，在海关核定的单位耗料量内（以下简称单耗）、加工过程中产生的、无法再用于加工该合同项下出口制成品的数量合理的废、碎料及下脚料。

剩余料件，是指加工贸易企业在从事加工复出口业务过程中剩余的、可以继续用于加工制成品的加工贸易进口料件。

残次品，是指加工贸易企业从事加工复出口业务，在生产过程中产生的有严重缺陷或者达不到出口合同标准，无法复出口的制品（包括完成品和未完成品）。

副产品，是指加工贸易企业从事加工复出口业务，在加工生产出口合同规定的制成品（即主产品）过程中同时产生的，并且出口合同未规定应当复出口的一个或者一个以上的其他产品。

受灾保税货物，是指加工贸易企业从事加工出口业务中，由于不可抗力原因或者其他经海关审核认可的正当理由造成灭失、短少、损毁等导致无法复出口的保税进口料件和制品。

第三条　加工贸易保税进口料件加工后产生的边角料、剩余料件、残次品、副产品及受灾保税货物属海关监管货物，未经海关许可，任何企业、单位、个人不得擅自销售或者移作他用。

第四条　加工贸易企业申请内销边角料的：

（一）海关按照加工贸易企业向海关申请内销边角料的报验状态归类后适用的税率和确定的边角料价格计征税款，免征缓税利息；

（二）海关按照加工贸易企业向海关申请内销边角料的报验状态归类后，属于发展改革委员会、商务部、生态环境部及其授权部门进口许可证件管理范围的，免于提交许可证件。

第五条　加工贸易企业申报将剩余料件结转到另一个加工贸易合同使用，限同一经营企业、同一加工企业、同样进口料件和同一加工贸易方式。凡具备条件的，海关按规定核定单耗后，企业可以办理该合同核销及其剩余料件结转手续。剩余料件转入合同已经商务主管部门审批的，由原审批部门按变更方式办理相关手续，如剩余料件的转入量不增加已批合同的进口总量，则免于办理变更手续；转入合同为新建合同的，由商务主管部门按现行加工贸易审批管理规定办理。

加工贸易企业申报剩余料件结转有下列情形之一的，企业缴纳不超过结转保税料件应缴纳税款金额的风险担保金后，海关予以办理：

（一）同一经营企业申报将剩余料件结转到另一加工企业的；

（二）剩余料件转出金额达到该加工贸易合同项下实际进口料件总额 50% 及以上的；

（三）剩余料件所属加工贸易合同办理两次及两次以上延期手续的；

剩余料件结转涉及不同主管海关的，在双方海关办理相关手续，并由转入地海关收取风险担保金。

前款所列须缴纳风险担保金的加工贸易企业有下列情形之一的，免于缴纳风险担保金：

（一）适用加工贸易 A 类管理的；

（二）已实行台账实转的合同，台账实转金额不低于结转保税料件应缴税款金额的；

（三）原企业发生搬迁、合并、分立、重组、改制、股权变更等法律规定的情形，且现企业继承原企业主要权利义务或者债权债务关系的，剩余料件结转不受同一经营企业、同一加工企业、同一贸易方式限制。

第六条 加工贸易企业申请内销剩余料件或者内销用剩余料件生产的制成品，按照下列情况办理：

（一）剩余料件金额占该加工贸易合同项下实际进口料件总额3%以内（含3%），并且总值在人民币1万元以下（含1万元）的，由主管海关对剩余料件按照规定计征税款和税款缓税利息后予以核销。剩余料件属于发展改革委、商务部、生态环境部及其授权部门进口许可证件管理范围的，免于提交许可证件。

（二）剩余料件金额占该加工贸易合同项下实际进口料件总额3%以上或者总值在人民币1万元以上的，海关对合同内销的全部剩余料件按照规定计征税款和缓税利息。剩余料件属于进口许可证件管理的，企业还应当按照规定取得有关进口许可证件。海关对有关进口许可证件电子数据进行系统自动比对验核。

（三）使用剩余料件生产的制成品需要内销的，海关根据其对应的进口料件价值，按照本条第（一）项或者第（二）项的规定办理。

第七条 加工贸易企业需要内销残次品的，根据其对应的进口料件价值，参照本办法第六条第（一）项或者第（二）项的规定办理。

第八条 加工贸易企业在加工生产过程中产生或者经回收能够提取的副产品，未复出口的，加工贸易企业在向海关办理手册设立或者核销手续时应当如实申报。

对于需要内销的副产品，海关按照加工贸易企业向海关申请内销副产品的报验状态归类后的适用税率和确定的价格，计征税款和缓税利息。

海关按照加工贸易企业向海关申请内销副产品的报验状态归类后，属于进口许可证件管理的，企业还应当按照规定取得有关进口许可证件。海关对有关进口许可证件电子数据进行系统自动比对验核。

第九条 加工贸易受灾保税货物（包括边角料、剩余料件、残次品、副产品）在运输、仓储、加工期间发生灭失、短少、损毁等情事的，加工贸易企业应当及时向主管海关报告，海关可以视情派员核查取证。

（一）因不可抗力因素造成的加工贸易受灾保税货物，经海关核实，对受灾保税货物灭失或者虽未灭失，但是完全失去使用价值且无法再利用的，海关予以免税核销；对受灾保税货物虽失去原使用价值，但是可以再利用的，海关按照确定的受灾保税货物价格、其对应进口料件适用的税率计征税款和税款缓税利息后核销。受灾保税货物对应的原进口料件，属于发展改革委、商务部、生态环境部及其授权部门进口许可证件管理范围的，免于提交许可证件。企业在规定的核销期内报核时，应当提供保险公司出具的保险赔款通知书和海关认可的其他有效证明文件。

（二）除不可抗力因素外，加工贸易企业因其他经海关审核认可的正当理由导致加工贸易保税货物在运输、仓储、加工期间发生灭失、短少、损毁等情事的，海关凭有关主管部门出具的证明文件和保险公司出具的保险赔款通知书，按照规定予以计征税款和缓税利息后办理核销手续。本款所规定的受灾保税货物对应的原进口料件，属于进口许可证件管理范围的，企业应当按照规定取得有关进口许可证件。海关对有关进口许可证件电子数据进行系统自动比对验核。本办法第四条、第六条、第七条规定免于提交进口许可证件的除外。

第十条　加工贸易企业因故申请将边角料、剩余料件、残次品、副产品或者受灾保税货物退运出境的，海关按照退运的有关规定办理，凭有关退运证明材料办理核销手续。

第十一条　加工贸易企业因故无法内销或者退运的边角料、剩余料件、残次品、副产品或者受灾保税货物，由加工贸易企业委托具有法定资质的单位进行销毁处置，海关凭相关单证、处置单位出具的接收单据和处置证明等资料办理核销手续。

海关可以派员监督处置，加工贸易企业及有关处置单位应当给予配合。加工贸易企业因处置获得的收入，应当向海关如实申报，海关比照边角料内销征税的管理规定办理征税手续。

第十二条　对实行进口关税配额管理的边角料、剩余料件、残次品、副产品和受灾保税货物，按照下列情况办理：

（一）边角料按照加工贸易企业向海关申请内销的报验状态归类属于实行关税配额管理商品的，海关按照关税配额税率计征税款；

（二）副产品按照加工贸易企业向海关申请内销的报验状态归类属于实行关税配额管理的，企业如果能够按照规定向海关提交有关进口配额许可证件，海关按照关税配额税率计征税款；企业如果未能按照规定向海关提交有关进口配额许可证件，海关按照有关规定办理；

（三）剩余料件、残次品对应进口料件属于实行关税配额管理的，企业如果能够按照规定向海关提交有关进口配额许可证件，海关按照关税配额税率计征税款；企业如果未能按照规定向海关提交有关进口配额许可证件，海关按照有关规定办理；

（四）因不可抗力因素造成的受灾保税货物，其对应进口料件属于实行关税配额管理商品的，海关按照关税配额税率计征税款；因其他经海关审核认可的正当理由造成的受灾保税货物，其对应进口料件属于实行关税配额管理的，企业如果能够按照规定向海关提交有关进口配额许可证件，海关按照关税配额税率计征税款；企业如果未能按照规定向海关提交有关进口配额许可证件，按照有关规定办理。

第十三条　属于加征反倾销税、反补贴税、保障措施关税或者报复性关税（以下统称特别关税）的，按照下列情况办理：

（一）边角料按照加工贸易企业向海关申请内销的报验状态归类属于加征特别关税的，海关免于征收需要加征的特别关税；

（二）副产品按照加工贸易企业向海关申请内销的报验状态归类属于加征特别关税的，海关按照规定征收需加征的特别关税；

（三）剩余料件、残次品对应进口料件属于加征特别关税的，海关按照规定征收需加征的特别关税；

（四）因不可抗力因素造成的受灾保税货物，如果失去原使用价值的，其对应进口料件属于加征特别关税的，海关免于征收需要加征的特别关税；因其他经海关审核认可的正当理由造成的受灾保税货物，其对应进口料件属于加征特别关税的，海关按照规定征收需加征的特别关税。

第十四条　加工贸易企业办理边角料、剩余料件、残次品、副产品和受灾保税货物内销的进出口通关手续时，应当按照下列情况办理：

（一）加工贸易剩余料件、残次品以及受灾保税货物内销，企业按照其加工贸易的原进口料件品名进行申报；

（二）加工贸易边角料以及副产品，企业按照向海关申请内销的报验状态申报。

第十五条　保税区、出口加工区内加工贸易企业的加工贸易保税进口料件加工后产生的边角料、剩余料件、残次品、副产品等的海关监管，按照保税区、出口加工区的规定办理。

第十六条　违反《海关法》及本办法规定，构成走私或者违反海关监管规定行为的，由海关依照《海关法》、《中华人民共和国海关行政处罚实施条例》等有关法律、行政法规的规定予以处理；构成犯罪的，依法追究刑事责任。

第十七条　本办法由海关总署负责解释。

第十八条　本办法自 2004 年 7 月 1 日起施行。2001 年 9 月 13 日发布的《关于加工贸易边角料、节余料件、残次品、副产品和受灾保税货物的管理办法》（海关总署令第 87 号）同时废止。

中华人民共和国海关加工贸易企业联网监管办法

（2023 年 3 月修正，2023 年 4 月 15 日施行）

（2006 年 6 月 14 日海关总署令第 150 号公布 根据 2023 年 3 月 9 日海关总署令第 262 号《海关总署关于修改部分规章的决定》修正）

第一条 为了规范海关对加工贸易企业的管理，根据《中华人民共和国海关法》及其他有关法律、行政法规的规定，制定本办法。

第二条 海关对加工贸易企业实施联网监管，是指加工贸易企业通过数据交换平台或者其他计算机网络方式向海关报送能满足海关监管要求的物流、生产经营等数据，海关对数据进行核对、核算，并结合实物进行核查的一种加工贸易海关监管方式。

第三条 实施联网监管的加工贸易企业（以下简称联网企业）应当具备以下条件：

（一）具有加工贸易经营资格；

（二）在海关备案；

（三）属于生产型企业。

海关特殊监管区域、保税监管场所内的加工贸易企业不适用本办法。

第四条 加工贸易企业需要实施联网监管的，可以向主管海关提出申请；经审核符合本办法第三条规定条件的，海关应当对其实施联网监管。

第五条 联网企业通过数据交换平台或者其他计算机网络方式向海关报送数据前，应当进行加工贸易联网监管身份认证。

第六条 联网企业应当将开展加工贸易业务所需进口料件、出口成品清单及对应的商品编号报送主管海关，必要时还应当按照海关要求提供确认商品编号所需的相关资料。

主管海关应当根据监管需要，按照商品名称、商品编码和计量单位等条件，将联网企业内部管理的料号级商品与电子底账备案的项号级商品进行归并或者拆分，建立一对多或者多对一的对应关系。

第七条 联网企业应当在料件进口、成品出口前，分别向主管海关办理进口料件、出口成品的备案、变更手续。

联网企业应当根据海关总署的有关规定向海关办理单耗备案、变更手续。

第八条 海关应当根据联网企业报送备案的资料建立电子底账，对联网企业实施电子底账管理。电子底账包括电子账册和电子手册。

电子账册是海关以企业为单元为联网企业建立的电子底账；实施电子账册管理的，联网企业只设立一个电子账册。海关应当根据联网企业的生产情况和海关的监管需要确定核销周期，按照核销周期对实行电子账册管理的联网企业进行核销管理。

电子手册是海关以加工贸易合同为单元为联网企业建立的电子底账；实施电子手册管理的，联网企业的每个加工贸易合同设立一个电子手册。海关应当根据加工贸易合同的有效期限确定核销日期，对实行电子手册管理的联网企业进行定期核销管理。

第九条 联网企业应当如实向海关报送加工贸易货物物流、库存、生产管理以及满足海关监管需要的其他动态数据。

第十条 联网企业的外发加工实行主管海关备案制。加工贸易企业开展外发加工前应当将外发加工承接企业、货物名称和周转数量向主管海关备案。

第十一条 海关可以采取数据核对和下厂核查等方式对联网企业进行核查。下厂核查包括专项核查和盘点核查。

第十二条 经主管海关批准，联网企业可以按照月度集中办理内销补税手续；联网企业内销加工贸易货物后，应当在当月集中办理内销补税手续。

第十三条 联网企业加工贸易货物内销后，应当按照规定向海关缴纳缓税利息。

缴纳缓税利息的起始日期按照以下办法确定：

（一）实行电子手册管理的，起始日期为内销料件或者制成品所对应的加工贸易合同项下首批料件进口之日；

（二）实行电子账册管理的，起始日期为内销料件或者制成品对应的电子账册最近一次核销之日。没有核销日期的，起始日期为内销料件或者制成品对应的电子账册首批料件进口之日。

缴纳缓税利息的终止日期为海关签发税款缴款书之日。

第十四条 联网企业应当在海关确定的核销期结束之日起30日内完成报核。确有正当理由不能按期报核的，经主管海关批准可以延期，但延长期限不得超过60日。

第十五条 联网企业实施盘点前，应当告知海关；海关可以结合企业盘点实施核查核销。

海关结合企业盘点实施核查核销时，应当将电子底账核算结果与联网企业实际库存量进行对比，并分别进行以下处理：

（一）实际库存量多于电子底账核算结果的，海关应当按照实际库存量调整电子底账的当期余额；

（二）实际库存量少于电子底账核算结果且联网企业可以提供正当理由的，对短缺的部分，海关应当责令联网企业申请内销处理；

（三）实际库存量少于电子底账核算结果且联网企业不能提供正当理由的，对短缺的部分，海关除责令联网企业申请内销处理外，还可以按照《中华人民共和国海关行政处罚实施条例》对联网企业予以处罚。

第十六条 联网企业有下列情形之一的，海关可以要求其提供保证金或者银行保函作为担保：

（一）企业管理类别下调的；

（二）未如实向海关报送数据的；

（三）海关核查、核销时拒不提供相关账册、单证、数据的；

（四）未按照规定时间向海关办理报核手续的；

（五）未按照海关要求设立账册、账册管理混乱或者账目不清的。

第十七条 违反本办法，构成走私或者违反海关监管规定行为的，由海关依照《中华人民共和国海关法》和《中华人民共和国海关行政处罚实施条例》的有关规定予以处理；构成犯罪的，依法追究刑事责任。

第十八条 本办法下列用语的含义：

"电子底账"，是指海关根据联网企业申请，为其建立的用于记录加工贸易备案、进出口、核销等资料的电子数据库。

"专项核查"，是指海关根据监管需要，对联网企业就某一项或者多项内容实施的核查行为。

"盘点核查"，是指海关在联网企业盘点时，对一定期间的部分保税货物进行实物核对、数据核查的一种监管方式。

第十九条 本办法由海关总署负责解释。

第二十条 本办法自 2006 年 8 月 1 日起施行。2003 年 3 月 19 日海关总署令第 100 号发布的《中华人民共和国海关对加工贸易企业实施计算机联网监管办法》同时废止。

中华人民共和国海关关于超期未报关进口货物、误卸或者溢卸的进境货物和放弃进口货物的处理办法

（2024 年修正，2024 年 12 月 1 日实施）

（2001 年 12 月 20 日海关总署令第 91 号发布 根据 2010 年 11 月 26 日海关总署令第 198 号《海关总署关于修改部分规章的决定》第一次修正 根据 2014 年 3 月 13 日海关总署令第 218 号《海关总署关于修改部分规章的决定》第二次修正 根据 2018 年 4 月 28 日海关总署令第 238 号《海关总署关于修改部分规章的决定》第三次修正 根据 2018 年 11 月 23 日海关总署令第 243 号《海关总署关于修改部分规章的决定》第四次修正 根据 2023 年 3 月 9 日海关总署令第 262 号《海关总署关于修改部分规章的决定》第五次修正 根据 2024 年 10 月 28 日海关总署令第 273 号《海关总署关于修改部分规章的决定》第六次修正）

第一条 为了加强对超期未报关进口货物、误卸或者溢卸的进境货物和放弃进口货物的处理，根据《中华人民共和国海关法》的规定，制定本办法。

第二条 进口货物的收货人应当自运输工具申报进境之日起十四日内向海关申报。进口货物的收货人超过上述规定期限向海关申报的，由海关按照《中华人民共和国海关征收进口货物滞报金办法》的规定，征收滞报金；超过三个月未向海关申报的，其进口货物由海关提取依法变卖处理。

第三条 由进境运输工具载运进境并且因故卸至海关监管区或者其他经海关批准的场所，未列入进口载货清单、运单向海关申报进境的误卸或者溢卸的进境货物，经海关审定确实的，由载运该货物的原运输工具负责人，自该运输工具卸货之日起三个月内，向海关办理直接退运出境手续；或者由该货物的收发货人，自该运输工具卸货之日起三个月内，向海关办理退运或者申报进口手续。

前款所列货物，经载运该货物的原运输工具负责人，或者该货物的收发货人申请，海关批准，可以延期三个月办理退运出境或者申报进口手续。

本条第一款所列货物，超过前两款规定的期限，未向海关办理退运出境或者申报进

口手续的，由海关提取依法变卖处理。

第四条 进口货物的收货人或者其所有人声明放弃的进口货物，由海关提取依法变卖处理。

国家禁止或者限制进口的废物、对环境造成污染的货物不得声明放弃。除符合国家规定，并且办理申报进口手续，准予进口的外，由海关责令货物的收货人或者其所有人、载运该货物进境的运输工具负责人退运出境；无法退运的，由海关责令其在海关和有关主管部门监督下予以销毁或者进行其他妥善处理，销毁和处理的费用由收货人承担，收货人无法确认的，由相关运输工具负责人及承运人承担；违反国家有关法律法规的，由海关依法予以处罚，构成犯罪的，依法追究刑事责任。

第五条 保税货物、暂时进口货物超过规定的期限三个月，未向海关办理复运出境或者其他海关有关手续的；过境、转运和通运货物超过规定的期限三个月，未运输出境的，按照本办法第二条的规定处理。

第六条 超期未报关进口货物、误卸或者溢卸的进境货物和放弃进口货物属于海关实施检验检疫的进出境商品目录范围的，海关应当在变卖前进行检验、检疫，检验、检疫的费用与其他变卖处理实际支出的费用从变卖款中支付。

第七条 按照本办法第二条、第三条、第五条规定由海关提取依法变卖处理的超期未报、误卸或者溢卸等货物的所得价款，在优先拨付变卖处理实际支出的费用后，按照下列顺序扣除相关费用和税款：

（一）运输、装卸、储存等费用；

（二）进口关税；

（三）进口环节海关代征税；

（四）滞报金。

所得价款不足以支付同一顺序的相关费用的，按照比例支付。

扣除上述第（二）项进口关税的计税价格按照下列公式计算：

$$计税价格 = \dfrac{\dfrac{变卖所得价款 - 变卖费用 - 运输费}{1 + 关税率 + 增值税率 + 关税率 \times 增值税率}}{1 - 消费税率}$$

实行从量、复合或者其他方式计征税款的货物，按照有关征税的规定计算和扣除税款。

按照本条第一款规定扣除相关费用和税款后，尚有余款的，自货物依法变卖之日起一年内，经进口货物收货人申请，予以发还。其中属于国家限制进口的，应当提交许可证件而不能提供的，不予发还；不符合进口货物收货人资格、不能证明对进口货物享有权利的，申请不予受理。逾期无进口货物收货人申请、申请不予受理或者不予发还的，余款上缴国库。

第八条 按照本办法第四条规定由海关提取依法变卖处理的放弃进口货物的所得价款，优先拨付变卖处理实际支出的费用后，再扣除运输、装卸、储存等费用。

所得价款不足以支付上述运输、装卸、储存等费用的，按比例支付。

按照本条第一款规定扣除相关费用后尚有余款的，上缴国库。

第九条 按照本办法第七条规定申请发还余款的，申请人应当提供证明其为该进口货物收货人的相关资料。经海关审核同意后，申请人应当按照海关对进口货物的申报规定，取得有关进口许可证件，凭有关单证补办进口申报手续。海关对有关进口许可证件电子数据进行系统自动比对验核。申报时没有有效进口许可证件的，由海关按照《中华人民共和国海关行政处罚实施条例》的规定处理。

第十条 进口货物的收货人自运输工具申报进境之日起三个月后、海关决定提取依法变卖处理前申请退运或者进口超期未报进口货物的，应当经海关审核同意，并按照有关规定向海关申报。申报进口的，应当按照《中华人民共和国海关征收进口货物滞报金办法》的规定，缴纳滞报金（滞报期间的计算，自运输工具申报进境之日的第15日起至货物申报进口之日止）。

第十一条 本办法第二条、第三条、第五条所列货物属于危险品或者鲜活、易腐、易烂、易失效、易变质、易贬值等不宜长期保存的货物的，海关可以根据实际情况，提前提取依法变卖处理。所得价款按照本办法第七条、第九条的规定办理。

第十二条 "进口货物收货人"，指经对外经济贸易主管部门登记或者核准有货物进口经营资格，并向海关办理报关单位备案的中华人民共和国关境内法人、其他组织或者个人。

第十三条 进出境物品所有人声明放弃的物品，在海关规定期限内未办理海关手续或者无人认领的物品，以及无法投递又无法退回的进境邮递物品，由海关按照本办法第二条、第四条等有关规定处理。

第十四条 本办法由海关总署解释。

第十五条 本办法自 2001 年 12 月 20 日起实施。

中华人民共和国海关税收保全和强制措施暂行办法

海关总署令 2009 年第 184 号

（2009 年 8 月 19 日海关总署令第 184 号公布，自 2009 年 9 月 1 日起施行）

第一条　为了规范海关实施税收保全和强制措施，保障国家税收，维护纳税义务人的合法权益，根据《中华人民共和国海关法》、《中华人民共和国进出口关税条例》，制定本办法。

第二条　海关实施税收保全和强制措施，适用本办法。

第三条　进出口货物的纳税义务人在规定的纳税期限内有明显的转移、藏匿其应税货物以及其他财产迹象的，海关应当制发《中华人民共和国海关责令提供担保通知书》，要求纳税义务人在海关规定的期限内提供海关认可的担保。

纳税义务人不能在海关规定的期限内按照海关要求提供担保的，经直属海关关长或者其授权的隶属海关关长批准，海关应当采取税收保全措施。

第四条　依照本办法第三条规定采取税收保全措施的，海关应当书面通知纳税义务人开户银行或者其他金融机构（以下统称金融机构）暂停支付纳税义务人相当于应纳税款的存款。

因无法查明纳税义务人账户、存款数额等情形不能实施暂停支付措施的，应当扣留纳税义务人价值相当于应纳税款的货物或者其他财产。

纳税义务人的货物或者其他财产本身不可分割，又没有其他财产可以扣留的，被扣留货物或者其他财产的价值可以高于应纳税款。

第五条　海关通知金融机构暂停支付纳税义务人存款的，应当向金融机构制发《中华人民共和国海关暂停支付通知书》，列明暂停支付的款项和期限。

海关确认金融机构已暂停支付相应款项的，应当向纳税义务人制发《中华人民共和国海关暂停支付告知书》。

第六条　纳税义务人在规定的纳税期限内缴纳税款的，海关应当向金融机构制发《中华人民共和国海关暂停支付解除通知书》，解除对纳税义务人相应存款实施的暂停支付措施。

本条第一款规定情形下，海关还应当向纳税义务人制发《中华人民共和国海关暂停支付解除告知书》。

第七条 纳税义务人自海关填发税款缴款书之日起15内未缴纳税款的，经直属海关关长或者其授权的隶属海关关长批准，海关应当向金融机构制发《中华人民共和国海关扣缴税款通知书》，通知其从暂停支付的款项中扣缴相应税款。

海关确认金融机构已扣缴税款的，应当向纳税义务人制发《中华人民共和国海关扣缴税款告知书》。

第八条 海关根据本办法第四条规定扣留纳税义务人价值相当于应纳税款的货物或者其他财产的，应当向纳税义务人制发《中华人民共和国海关扣留通知书》，并随附扣留清单。

扣留清单应当列明被扣留货物或者其他财产的品名、规格、数量、重量等，品名、规格、数量、重量等当场无法确定的，应当尽可能完整地描述其外在特征。扣留清单应当由纳税义务人或者其代理人、保管人确认，并签字或者盖章。

第九条 纳税义务人自海关填发税款缴款书之日起15日内缴纳税款的，海关应当解除扣留措施，并向纳税义务人制发《中华人民共和国海关解除扣留通知书》，随附发还清单，将有关货物、财产发还纳税义务人。

发还清单应当由纳税义务人或者其代理人确认，并签字或者盖章。

第十条 纳税义务人自海关填发税款缴款书之日起15内未缴纳税款的，海关应当向纳税义务人制发《中华人民共和国海关抵缴税款通知书》，依法变卖被扣留的货物或者其他财产，并以变卖所得抵缴税款。

本条第一款规定情形下，变卖所得不足以抵缴税款的，海关应当继续采取强制措施抵缴税款的差额部分；变卖所得抵缴税款及扣除相关费用后仍有余款的，应当发还纳税义务人。

第十一条 进出口货物的纳税义务人、担保人自规定的纳税期限届满之日起超过3个月未缴纳税款的，经直属海关关长或者其授权的隶属海关关长批准，海关可以依次采取下列强制措施：

（一）书面通知金融机构从其存款中扣缴税款；

（二）将应税货物依法变卖，以变卖所得抵缴税款；

（三）扣留并依法变卖其价值相当于应纳税款的货物或者其他财产，以变卖所得抵缴税款。

第十二条　有本办法第十一条规定情形，海关通知金融机构扣缴税款的，应当向金融机构制发《中华人民共和国海关扣缴税款通知书》，通知其从纳税义务人、担保人的存款中扣缴相应税款。

金融机构扣缴税款的，海关应当向纳税义务人、担保人制发《中华人民共和国海关扣缴税款告知书》。

第十三条　有本办法第十一条规定情形的，滞纳金按照自规定的纳税期限届满之日起至扣缴税款之日计征，并同时扣缴。

第十四条　有本办法第十一条规定情形，海关决定以应税货物、被扣留的价值相当于应纳税款的货物或者其他财产变卖并抵缴税款的，应当向纳税义务人、担保人制发《中华人民共和国海关抵缴税款告知书》。

本条第一款规定情形下，变卖所得不足以抵缴税款的，海关应当继续采取强制措施抵缴税款的差额部分；变卖所得抵缴税款及扣除相关费用后仍有余款的，应当发还纳税义务人、担保人。

第十五条　依照本办法第八条、第十四条扣留货物或者其他财产的，海关应当妥善保管被扣留的货物或者其他财产，不得擅自使用或者损毁。

第十六条　无法采取税收保全措施、强制措施，或者依照本办法规定采取税收保全措施、强制措施仍无法足额征收税款的，海关应当依法向人民法院申请强制执行，并按照法院要求提交相关材料。

第十七条　依照本办法第八条、第十四条扣留货物或者其他财产的，实施扣留的海关工作人员不得少于2人，并且应当出示执法证件。

第十八条　纳税义务人、担保人对海关采取税收保全措施、强制措施不服的，可以依法申请行政复议或者提起行政诉讼。

第十九条　纳税义务人在规定的纳税期限内已缴纳税款，海关未解除税收保全措施，或者采取税收保全措施、强制措施不当，致使纳税义务人、担保人的合法权益受到损失的，海关应当承担赔偿责任。

第二十条　送达本办法所列法律文书，应当由纳税义务人或者其代理人、担保人、保管人等签字或者盖章；纳税义务人或者其代理人、担保人、保管人等拒绝签字、盖章的，海关工作人员应当在有关法律文书上注明，并且由见证人签字或者盖章。

第二十一条　海关工作人员未依法采取税收保全措施、强制措施，损害国家利益或者纳税义务人、担保人合法权益，造成严重后果的，依法给予处分。构成犯罪的，依法追究刑事责任。

第二十二条　纳税义务人、担保人抗拒、阻碍海关依法采取税收保全措施、强制措施的，移交地方公安机关依法处理。构成犯罪的，依法追究刑事责任。

第二十三条　本办法所列法律文书由海关总署另行制定并公布。

第二十四条　本办法由海关总署负责解释。

第二十五条　本办法自 2009 年 9 月 1 日起施行。

中华人民共和国海关注册登记和备案企业信用管理办法

海关总署令 2021 年第 251 号

（2021 年 9 月 13 日海关总署令第 251 号公布 自 2021 年 11 月 1 日起施行）

第一章 总 则

第一条 为了建立海关注册登记和备案企业信用管理制度，推进社会信用体系建设，促进贸易安全与便利，根据《中华人民共和国海关法》《中华人民共和国海关稽查条例》《企业信息公示暂行条例》《优化营商环境条例》以及其他有关法律、行政法规的规定，制定本办法。

第二条 海关注册登记和备案企业（以下简称企业）以及企业相关人员信用信息的采集、公示，企业信用状况的认证、认定及管理等适用本办法。

第三条 海关按照诚信守法便利、失信违法惩戒、依法依规、公正公开原则，对企业实施信用管理。

第四条 海关根据企业申请，按照本办法规定的标准和程序将企业认证为高级认证企业的，对其实施便利的管理措施。

海关根据采集的信用信息，按照本办法规定的标准和程序将违法违规企业认定为失信企业的，对其实施严格的管理措施。

海关对高级认证企业和失信企业之外的其他企业实施常规的管理措施。

第五条 海关向企业提供信用培育服务，帮助企业强化诚信守法意识，提高诚信经营水平。

第六条 海关根据社会信用体系建设有关要求，与国家有关部门实施守信联合激励和失信联合惩戒，推进信息互换、监管互认、执法互助。

第七条 海关建立企业信用修复机制，依法对企业予以信用修复。

第八条 中国海关依据有关国际条约、协定以及本办法，开展与其他国家或者地区海关的"经认证的经营者"（AEO）互认合作，并且给予互认企业相关便利措施。

第九条 海关建立企业信用管理系统，运用信息化手段提升海关企业信用管理水平。

第二章　信用信息采集和公示

第十条　海关可以采集反映企业信用状况的下列信息：

（一）企业注册登记或者备案信息以及企业相关人员基本信息；

（二）企业进出口以及与进出口相关的经营信息；

（三）企业行政许可信息；

（四）企业及其相关人员行政处罚和刑事处罚信息；

（五）海关与国家有关部门实施联合激励和联合惩戒信息；

（六）AEO互认信息；

（七）其他反映企业信用状况的相关信息。

第十一条　海关应当及时公示下列信用信息，并公布查询方式：

（一）企业在海关注册登记或者备案信息；

（二）海关对企业信用状况的认证或者认定结果；

（三）海关对企业的行政许可信息；

（四）海关对企业的行政处罚信息；

（五）海关与国家有关部门实施联合激励和联合惩戒信息；

（六）其他依法应当公示的信息。

公示的信用信息涉及国家秘密、国家安全、社会公共利益、商业秘密或者个人隐私的，应当依照法律、行政法规的规定办理。

第十二条　自然人、法人或者非法人组织认为海关公示的信用信息不准确的，可以向海关提出异议，并且提供相关资料或者证明材料。

海关应当自收到异议申请之日起20日内进行复核。自然人、法人或者非法人组织提出异议的理由成立的，海关应当采纳。

第三章　高级认证企业的认证标准和程序

第十三条　高级认证企业的认证标准分为通用标准和单项标准。

高级认证企业的通用标准包括内部控制、财务状况、守法规范以及贸易安全等内容。

高级认证企业的单项标准是海关针对不同企业类型和经营范围制定的认证标准。

第十四条　高级认证企业应当同时符合通用标准和相应的单项标准。

通用标准和单项标准由海关总署另行制定并公布。

第十五条　企业申请成为高级认证企业的，应当向海关提交书面申请，并按照海关要求提交相关资料。

第十六条　海关依据高级认证企业通用标准和相应的单项标准，对企业提交的申请和有关资料进行审查，并赴企业进行实地认证。

第十七条　海关应当自收到申请及相关资料之日起90日内进行认证并作出决定。特殊情形下，海关的认证时限可以延长30日。

第十八条　经认证，符合高级认证企业标准的企业，海关制发高级认证企业证书；不符合高级认证企业标准的企业，海关制发未通过认证决定书。

高级认证企业证书、未通过认证决定书应当送达申请人，并且自送达之日起生效。

第十九条　海关对高级认证企业每5年复核一次。企业信用状况发生异常情况的，海关可以不定期开展复核。

经复核，不再符合高级认证企业标准的，海关应当制发未通过复核决定书，并收回高级认证企业证书。

第二十条　海关可以委托社会中介机构就高级认证企业认证、复核相关问题出具专业结论。

企业委托社会中介机构就高级认证企业认证、复核相关问题出具的专业结论，可以作为海关认证、复核的参考依据。

第二十一条　企业有下列情形之一的，1年内不得提出高级认证企业认证申请：

（一）未通过高级认证企业认证或者复核的；

（二）放弃高级认证企业管理的；

（三）撤回高级认证企业认证申请的；

（四）高级认证企业被海关下调信用等级的；

（五）失信企业被海关上调信用等级的。

第四章　失信企业的认定标准、程序和信用修复

第二十二条　企业有下列情形之一的，海关认定为失信企业：

（一）被海关侦查走私犯罪公安机构立案侦查并由司法机关依法追究刑事责任的；

（二）构成走私行为被海关行政处罚的；

（三）非报关企业1年内违反海关的监管规定被海关行政处罚的次数超过上年度报

关单、进出境备案清单、进出境运输工具舱单等单证（以下简称"相关单证"）总票数千分之一且被海关行政处罚金额累计超过 100 万元的；

报关企业 1 年内违反海关的监管规定被海关行政处罚的次数超过上年度相关单证总票数万分之五且被海关行政处罚金额累计超过 30 万元的；

上年度相关单证票数无法计算的，1 年内因违反海关的监管规定被海关行政处罚，非报关企业处罚金额累计超过 100 万元、报关企业处罚金额累计超过 30 万元的；

（四）自缴纳期限届满之日起超过 3 个月仍未缴纳税款的；

（五）自缴纳期限届满之日起超过 6 个月仍未缴纳罚款、没收的违法所得和追缴的走私货物、物品等值价款，并且超过 1 万元的；

（六）抗拒、阻碍海关工作人员依法执行职务，被依法处罚的；

（七）向海关工作人员行贿，被处以罚款或者被依法追究刑事责任的；

（八）法律、行政法规、海关规章规定的其他情形。

第二十三条　失信企业存在下列情形的，海关依照法律、行政法规等有关规定实施联合惩戒，将其列入严重失信主体名单：

（一）违反进出口食品安全管理规定、进出口化妆品监督管理规定或者走私固体废物被依法追究刑事责任的；

（二）非法进口固体废物被海关行政处罚金额超过 250 万元的。

第二十四条　海关在作出认定失信企业决定前，应当书面告知企业拟作出决定的事由、依据和依法享有的陈述、申辩权利。

海关拟依照本办法第二十三条规定将企业列入严重失信主体名单的，还应当告知企业列入的惩戒措施提示、移出条件、移出程序及救济措施。

第二十五条　企业对海关拟认定失信企业决定或者列入严重失信主体名单决定提出陈述、申辩的，应当在收到书面告知之日起 5 个工作日内向海关书面提出。

海关应当在 20 日内进行核实，企业提出的理由成立的，海关应当采纳。

第二十六条　未被列入严重失信主体名单的失信企业纠正失信行为，消除不良影响，并且符合下列条件的，可以向海关书面申请信用修复并提交相关证明材料：

（一）因存在本办法第二十二条第二项、第六项情形被认定为失信企业满 1 年的；

（二）因存在本办法第二十二条第三项情形被认定为失信企业满 6 个月的；

（三）因存在本办法第二十二条第四项、第五项情形被认定为失信企业满 3 个月的。

第二十七条　经审核符合信用修复条件的，海关应当自收到企业信用修复申请之日起 20 日内作出准予信用修复决定。

第二十八条　失信企业连续 2 年未发生本办法第二十二条规定情形的，海关应当对失信企业作出信用修复决定。

前款所规定的失信企业已被列入严重失信主体名单的，应当将其移出严重失信主体名单并通报相关部门。

第二十九条　法律、行政法规和党中央、国务院政策文件明确规定不可修复的，海关不予信用修复。

第五章　管理措施

第三十条　高级认证企业是中国海关 AEO，适用下列管理措施：

（一）进出口货物平均查验率低于实施常规管理措施企业平均查验率的20%，法律、行政法规或者海关总署有特殊规定的除外；

（二）出口货物原产地调查平均抽查比例在企业平均抽查比例的20%以下，法律、行政法规或者海关总署有特殊规定的除外；

（三）优先办理进出口货物通关手续及相关业务手续；

（四）优先向其他国家（地区）推荐农产品、食品等出口企业的注册；

（五）可以向海关申请免除担保；

（六）减少对企业稽查、核查频次；

（七）可以在出口货物运抵海关监管区之前向海关申报；

（八）海关为企业设立协调员；

（九）AEO 互认国家或者地区海关通关便利措施；

（十）国家有关部门实施的守信联合激励措施；

（十一）因不可抗力中断国际贸易恢复后优先通关；

（十二）海关总署规定的其他管理措施。

第三十一条　失信企业适用下列管理措施：

（一）进出口货物查验率80%以上；

（二）经营加工贸易业务的，全额提供担保；

（三）提高对企业稽查、核查频次；

（四）海关总署规定的其他管理措施。

第三十二条　办理同一海关业务涉及的企业信用等级不一致，导致适用的管理措施相抵触的，海关按照较低信用等级企业适用的管理措施实施管理。

第三十三条　高级认证企业、失信企业有分立合并情形的，海关按照以下原则对企业信用状况进行确定并适用相应管理措施：

（一）企业发生分立，存续的企业承继原企业主要权利义务的，存续的企业适用原企业信用状况的认证或者认定结果，其余新设的企业不适用原企业信用状况的认证或者认定结果；

（二）企业发生分立，原企业解散的，新设企业不适用原企业信用状况的认证或者认定结果；

（三）企业发生吸收合并的，存续企业适用原企业信用状况的认证或者认定结果；

（四）企业发生新设合并的，新设企业不再适用原企业信用状况的认证或者认定结果。

第三十四条　高级认证企业涉嫌违反与海关管理职能相关的法律法规被刑事立案的，海关应当暂停适用高级认证企业管理措施。

高级认证企业涉嫌违反海关的监管规定被立案调查的，海关可以暂停适用高级认证企业管理措施。

第三十五条　高级认证企业存在财务风险，或者有明显的转移、藏匿其应税货物以及其他财产迹象的，或者存在其他无法足额保障税款缴纳风险的，海关可以暂停适用本办法第三十条第五项规定的管理措施。

第六章　附　则

第三十六条　海关注册的进口食品境外生产企业和进境动植物产品国外生产、加工、存放单位等境外企业的信用管理，由海关总署另行规定。

第三十七条　作为企业信用状况认定依据的刑事犯罪，以司法机关相关法律文书生效时间为准进行认定。

作为企业信用状况认定依据的海关行政处罚，以海关行政处罚决定书作出时间为准进行认定。

作为企业信用状况认定依据的处罚金额，包括被海关处以罚款、没收违法所得或者没收货物、物品价值的金额之和。

企业主动披露且被海关处以警告或者海关总署规定数额以下罚款的行为，不作为海关认定企业信用状况的记录。

第三十八条　本办法下列用语的含义：

企业相关人员，是指企业法定代表人、主要负责人、财务负责人、关务负责人等管理人员。

经认证的经营者（AEO），是指以任何一种方式参与货物国际流通，符合海关总署规定标准的企业。

第三十九条 本办法由海关总署负责解释。

第四十条 本办法自 2021 年 11 月 1 日起施行。2018 年 3 月 3 日海关总署令第 237 号公布的《中华人民共和国海关企业信用管理办法》同时废止。

《中华人民共和国海关稽查条例》实施办法

海关总署令 2016 年第 230 号

（2016 年 9 月 26 日海关总署令第 230 号发布，自 2016 年 11 月 1 日起施行）

第一章 总 则

第一条 为有效实施《中华人民共和国海关稽查条例》（以下简称《稽查条例》），根据《中华人民共和国海关法》以及相关法律、行政法规，制定本办法。

第二条 《稽查条例》第三条所规定的与进出口货物直接有关的企业、单位包括：

（一）从事对外贸易的企业、单位；

（二）从事对外加工贸易的企业；

（三）经营保税业务的企业；

（四）使用或者经营减免税进口货物的企业、单位；

（五）从事报关业务的企业；

（六）进出口货物的实际收发货人；

（七）其他与进出口货物直接有关的企业、单位。

第三条 海关对与进出口货物直接有关的企业、单位（以下统称进出口企业、单位）的下列进出口活动实施稽查：

（一）进出口申报；

（二）进出口关税和其他税、费的缴纳；

（三）进出口许可证件和有关单证的交验；

（四）与进出口货物有关的资料记载、保管；

（五）保税货物的进口、使用、储存、维修、加工、销售、运输、展示和复出口；

（六）减免税进口货物的使用、管理；

（七）其他进出口活动。

第四条 海关根据稽查工作需要，可以通过实地查看、走访咨询、书面函询、网络调查和委托调查等方式向有关行业协会、政府部门和相关企业等开展贸易调查，收集下列信息：

（一）政府部门监督管理信息；

（二）特定行业、企业的主要状况、贸易惯例、生产经营、市场结构等信息；

（三）特定商品的结构、成分、等级、功能、用途、工艺流程、工作原理等技术指标或者技术参数以及价格等信息；

（四）其他与进出口活动有关的信息。

有关政府部门、金融机构、行业协会和相关企业等应当配合海关贸易调查，提供有关信息。

第二章 账簿、单证等资料的管理

第五条 进出口企业、单位应当依据《中华人民共和国会计法》以及其他有关法律、行政法规的规定设置、编制和保管会计账簿、会计凭证、会计报表和其他会计资料，建立内部管理制度，真实、准确、完整地记录和反映进出口活动。

进出口企业、单位应当编制和保管能够反映真实进出口活动的原始单证和记录等资料。

第六条 进出口企业、单位应当在《稽查条例》第二条规定的期限内，保管报关单证、进出口单证、合同以及与进出口业务直接有关的其他资料或者电子数据。

第三章 海关稽查的实施

第七条 海关稽查由被稽查人注册地海关实施。被稽查人注册地与货物报关地或者进出口地不一致的，也可以由报关地或者进出口地海关实施。

海关总署可以指定或者组织下级海关实施跨关区稽查。直属海关可以指定或者组织下级海关在本关区范围内实施稽查。

第八条 海关稽查应当由具备稽查执法资格的人员实施，实施稽查时应当向被稽查人出示海关稽查证。

第九条 海关实施稽查3日前，应当向被稽查人制发《海关稽查通知书》。

海关不经事先通知实施稽查的，应当在开始实施稽查时向被稽查人制发《海关稽查通知书》。

第十条 海关稽查人员实施稽查时，有下列情形之一的，应当回避：

（一）海关稽查人员与被稽查人的法定代表人或者主要负责人有近亲属关系的；

（二）海关稽查人员或者其近亲属与被稽查人有利害关系的；

（三）海关稽查人员或者其近亲属与被稽查人有其他关系，可能影响海关稽查工作正常进行的。

被稽查人有正当理由，可以对海关稽查人员提出回避申请。但在海关作出回避决定前，有关海关稽查人员不停止执行稽查任务。

第十一条　海关稽查人员查阅、复制被稽查人的会计账簿、会计凭证、报关单证以及其他有关资料（以下统称账簿、单证等有关资料）时，被稽查人的法定代表人或者主要负责人或者其指定的代表（以下统称被稽查人代表）应当到场，按照海关要求如实提供并协助海关工作。

对被稽查人的账簿、单证等有关资料进行复制的，被稽查人代表应当在确认复制资料与原件无误后，在复制资料上注明出处、页数、复制时间以及"本件与原件一致，核对无误"，并签章。

被稽查人以外文记录账簿、单证等有关资料的，应当提供符合海关要求的中文译本。

第十二条　被稽查人利用计算机、网络通信等现代信息技术手段进行经营管理的，应当向海关提供账簿、单证等有关资料的电子数据，并根据海关要求开放相关系统、提供使用说明及其他有关资料。对被稽查人的电子数据进行复制的，应当注明制作方法、制作时间、制作人、数据内容以及原始载体存放处等，并由制作人和被稽查人代表签章。

第十三条　被稽查人所在场所不具备查阅、复制工作条件的，经被稽查人同意，海关可以在其他场所查阅、复制。

海关需要在其他场所查阅、复制的，应当填写《海关稽查调审单》，经双方清点、核对后，由海关稽查人员签名和被稽查人代表在《海关稽查调审单》上签章。

第十四条　海关稽查人员进入被稽查人的生产经营场所、货物存放场所，检查与进出口活动有关的生产经营情况和货物时，被稽查人代表应当到场，按照海关的要求开启场所、搬移货物，开启、重封货物的包装等。

检查结果应当由海关稽查人员填写《检查记录》，由海关稽查人员签名和被稽查人代表在《检查记录》上签章。

第十五条　海关稽查人员询问被稽查人的法定代表人、主要负责人和其他有关人员时，应当制作《询问笔录》，并由询问人、记录人和被询问人签名确认。

第十六条 海关实施稽查时，可以向与被稽查人有财务往来或者其他商务往来的企业、单位收集与进出口活动有关的资料和证明材料，有关企业、单位应当配合海关工作。

第十七条 经直属海关关长或者其授权的隶属海关关长批准，海关可以凭《协助查询通知书》向商业银行或者其他金融机构查询被稽查人的存款账户。

第十八条 海关实施稽查时，发现被稽查人有可能转移、隐匿、篡改、毁弃账簿、单证等有关资料的，经直属海关关长或者其授权的隶属海关关长批准，可以查封、扣押其账簿、单证等有关资料及相关电子数据存储介质。

海关实施稽查时，发现被稽查人的进出口货物有违反海关法或者其他有关法律、行政法规嫌疑的，经直属海关关长或者其授权的隶属海关关长批准，可以查封、扣押有关进出口货物。

海关实施查封、扣押应当依据《中华人民共和国行政强制法》以及其他有关法律、行政法规。

第十九条 被稽查人有《稽查条例》第三十条、第三十一条所列行为之一的，海关应当制发《海关限期改正通知书》，告知被稽查人改正的内容和期限，并对改正情况进行检查。

被稽查人逾期不改正的，海关可以依据海关相关规定调整其信用等级。

第二十条 稽查组发现被稽查人涉嫌违法或者少征、漏征税款的，应当书面征求被稽查人意见，被稽查人应当自收到相关材料之日起 7 日内提出书面意见送交稽查组。

第二十一条 稽查组实施稽查后，应当向海关报送稽查报告。海关应当在收到稽查报告之日起 30 日内作出《海关稽查结论》，并送达被稽查人。

第二十二条 有下列情形之一的，经直属海关关长或者其授权的隶属海关关长批准，海关可以终结稽查：

（一）被稽查人下落不明的；

（二）被稽查人终止，无权利义务承受人的。

第二十三条海关发现被稽查人未按照规定设置或者编制账簿，或者转移、隐匿、篡改、毁弃账簿的，应当将有关情况通报被稽查人所在地的县级以上人民政府财政部门。

第二十四条 海关实施稽查时，可以委托会计师事务所、税务师事务所或者其他具备会计、税务等相关资质和能力的专业机构，就相关问题作出专业结论，经海关认可后可以作为稽查认定事实的证据材料。被稽查人委托专业机构作出的专业结论，可以作为海关稽查的参考依据。

海关委托专业机构的，双方应当签订委托协议，明确委托事项和权利义务等。

专业机构有弄虚作假、隐瞒事实、违反保密约定等情形的，海关应当如实记录，作出相应处置，并可以通报有关主管部门或者行业协会。

第四章　主动披露

第二十五条　进出口企业、单位主动向海关书面报告其违反海关监管规定的行为并接受海关处理的，海关可以认定有关企业、单位主动披露。但有下列情形之一的除外：

（一）报告前海关已经掌握违法线索的；

（二）报告前海关已经通知被稽查人实施稽查的；

（三）报告内容严重失实或者隐瞒其他违法行为的。

第二十六条　进出口企业、单位主动披露应当向海关提交账簿、单证等有关证明材料，并对所提交材料的真实性、准确性、完整性负责。

海关应当核实主动披露的进出口企业、单位的报告，可以要求其补充有关材料。

第二十七条　对主动披露的进出口企业、单位，违反海关监管规定的，海关应当从轻或者减轻行政处罚；违法行为轻微并及时纠正，没有造成危害后果的，不予行政处罚。

对主动披露并补缴税款的进出口企业、单位，海关可以减免滞纳金。

第五章　附　则

第二十八条　本办法所规定的"日"均为自然日。文书送达或者期间开始当日，不计算在期间内。期间届满的最后一日遇休息日或者法定节假日的，应当顺延至休息日或者法定节假日之后的第一个工作日。

第二十九条　被稽查人拒绝签收稽查文书的，海关可以邀请见证人到场，说明情况，注明事由和日期，由见证人和至少两名海关稽查人员签名，把稽查文书留在被稽查人的生产经营场所。海关也可以把稽查文书留在被稽查人的生产经营场所，并采用拍照、录像等方式记录全过程，即视为被稽查人已经签收。

第三十条　被稽查人代表对相关证据材料不签章的，海关稽查人员应当在相关材料上予以注明，并由至少两名海关稽查人员签名。

海关实施查阅、复制、检查时，被稽查人代表不到场的，海关应当注明事由和日期，并由至少两名海关稽查人员签名。

第三十一条　本办法所规定的签章，是指被稽查人代表签名或者加盖被稽查人印章。

第三十二条　本办法所规定使用的稽查文书由海关总署另行公布。

第三十三条　本办法由海关总署负责解释。

第三十四条　本办法自 2016 年 11 月 1 日起实施。2000 年 1 月 11 日海关总署令第 79 号公布的《〈中华人民共和国海关稽查条例〉实施办法》同时废止。

中华人民共和国海关行政许可管理办法

海关总署令 2020 年第 246 号

（2020 年 12 月 22 日海关总署令第 246 号公布 自 2021 年 2 月 1 日起施行）

第一章 总 则

第一条 为了规范海关行政许可管理，保护公民、法人和其他组织的合法权益，维护公共利益和社会秩序，根据《中华人民共和国行政许可法》（以下简称《行政许可法》）、《中华人民共和国海关法》以及有关法律、行政法规的规定，制定本办法。

第二条 本办法所称的海关行政许可，是指海关根据公民、法人或者其他组织（以下简称申请人）的申请，经依法审查，准予其从事与海关监督管理相关的特定活动的行为。

第三条 海关行政许可的项目管理、实施程序、标准化管理、评价与监督，适用本办法。其他海关规章另有规定的，从其规定。

上级海关对下级海关的人事、财务、外事等事项的审批，海关对其他机关或者对其直接管理的事业单位的人事、财务、外事等事项的审批，不适用本办法。

第四条 海关总署统一管理全国海关行政许可工作。

各级海关应当在法定权限内，以本海关的名义统一实施海关行政许可。

海关内设机构和海关派出机构不得以自己的名义实施海关行政许可。

第五条 海关实施行政许可，应当遵循公开、公平、公正、非歧视的原则。

有关行政许可的规定应当公开。海关行政许可的实施和结果，除涉及国家秘密、商业秘密或者个人隐私的外，应当公开。

符合法定条件、标准的，申请人有依法取得海关行政许可的平等权利。

第六条 海关实施行政许可，应当遵循高效便民的原则，提高审批效率，推进审批服务便民化。

第七条 海关应当按照国家行政许可标准化建设相关规定，运用标准化原理、方法和技术，在法律、行政法规、国务院决定和海关规章规定的范围内，实施行政许可、规范行政许可管理。

第八条　公民、法人或者其他组织对海关实施行政许可，享有陈述权、申辩权；有权依法申请行政复议或者提起行政诉讼；其合法权益因海关违法实施行政许可受到损害的，有权依法要求赔偿。

第二章　行政许可项目管理

第九条　海关行政许可项目由法律、行政法规、国务院决定设定。

海关规章、规范性文件一律不得设定海关行政许可。

第十条　海关实施法律、行政法规和国务院决定设定的行政许可，需要对实施的程序、条件、期限等进行具体规定的，由海关总署依法制定海关规章作出规定。

海关总署可以根据法律、行政法规、国务院决定和海关规章的规定，以规范性文件的形式对海关行政许可实施过程中的具体问题进行明确。

对实施上位法设定的行政许可作出的具体规定，不得增设行政许可；对行政许可条件作出的具体规定，不得增设违反上位法的其他条件；对行政许可实施过程中具体问题进行明确的，不得增加海关权力、减损申请人合法权益、增加申请人义务。

第十一条　公民、法人或者其他组织发现海关规章以及规范性文件有违反《行政许可法》规定的，可以向海关总署或者各级海关反映；对规章以外的有关海关行政许可的规范性文件有异议的，在对不服海关行政许可具体行政行为申请复议时，可以一并申请审查。

第十二条　按照国务院行政审批制度改革相关要求，海关行政许可实施清单管理。未列入海关系统行政许可事项清单（以下简称清单）的事项不得实施行政许可。

法律、行政法规或者国务院决定设立、取消、下放海关行政许可的，海关总署应当及时调整清单。

第十三条　直属海关应当根据海关总署发布的清单编制、公布本关区负责实施的行政许可清单，并且实施动态管理。

第三章　行政许可实施程序

第一节　申请与受理

第十四条　公民、法人或者其他组织从事与海关监督管理相关的特定活动，依法需要取得海关行政许可的，应当向海关提出书面申请。

海关应当向申请人提供海关行政许可申请书格式文本，并且将法律、行政法规、海关规章规定的有关行政许可的事项、依据、条件、数量、程序、期限以及需要提交的全部材料的目录、申请书示范文本和填制说明在海关网上办理平台和办公场所公示。申请书格式文本中不得包含与申请海关行政许可事项没有直接关系的内容。

申请人可以委托代理人提出海关行政许可申请。依据法律、行政法规的规定，应当由申请人到海关办公场所提出行政许可申请的除外。

第十五条　申请人可以到海关行政许可受理窗口提出申请，也可以通过网上办理平台或者信函、传真、电子邮件等方式提出申请，并且对其提交材料的真实性、合法性和有效性负责。海关不得要求申请人提交与其申请的行政许可事项无关的技术资料和其他材料。

申请材料涉及商业秘密、未披露信息或者保密商务信息的，申请人应当以书面方式向海关提出保密要求，并且具体列明需要保密的内容。海关按照国家有关规定承担保密义务。

第十六条　海关对申请人提出的海关行政许可申请，应当根据下列情况分别作出处理：

（一）申请事项依法不需要取得海关行政许可的，应当即时告知申请人；

（二）申请事项依法不属于本海关职权范围的，应当即时作出不予受理的决定，并且告知申请人向其他海关或者有关行政机关申请；

（三）申请材料存在可以当场更正的错误的，应当允许申请人当场更正，由申请人在更正处签字或者盖章，并且注明更正日期，更正后申请材料齐全、符合法定形式的，应当予以受理；

（四）申请材料不齐全或者不符合法定形式的，应当当场或者在签收申请材料后五日内一次告知申请人需要补正的全部内容，逾期不告知的，自收到申请材料之日起即为受理；

（五）申请事项属于本海关职权范围，申请材料齐全、符合法定形式，或者申请人按照本海关的要求提交全部补正申请材料的，应当受理海关行政许可申请。

海关受理或者不予受理行政许可申请，或者告知申请人补正申请材料的，应当出具加盖本海关行政许可专用印章并且注明日期的书面凭证。

第十七条　除不予受理或者需要补正的情形外，海关行政许可受理窗口收到海关行政许可申请之日，即为受理海关行政许可申请之日；以信函申请的，海关收讫信函之日为受理海关行政许可申请之日；以网上办理平台或者传真、电子邮件提出申请的，申请材料送达网上办理平台或者海关指定的传真号码、电子邮件地址之日为受理海关行政许可申请之日。

申请人提交补正申请材料的，以海关收到全部补正申请材料之日为受理海关行政许可申请之日。

第二节 审查与决定

第十八条 海关应当对申请人提交的申请材料进行审查。

依法需要对申请材料的实质内容进行核实的，海关可以通过数据共享核实。需要现场核查的，应当指派不少于两名工作人员共同进行。核查人员应当根据核查的情况制作核查记录，并且由核查人员与被核查方共同签字确认。被核查方拒绝签字的，核查人员应当予以注明。

第十九条 申请人提交的申请材料齐全、符合法定形式，能够当场作出决定的，应当当场作出书面的海关行政许可决定。

当场作出海关行政许可决定的，应当当场制发加盖本海关印章并且注明日期的书面凭证，同时不再制发受理单。

第二十条 申请人的申请符合法定条件、标准的，应当依法作出准予海关行政许可的决定；申请人的申请不符合法定条件、标准的，应当依法作出不予海关行政许可的决定。作出准予或者不予海关行政许可的决定，应当出具加盖本海关印章并且注明日期的书面凭证。

依法作出不予海关行政许可决定的，应当说明理由并且告知申请人享有申请行政复议或者提起行政诉讼的权利。

第二十一条 海关作出的准予行政许可决定，应当予以公开，公众有权查阅。

未经申请人同意，海关及其工作人员、参与专家评审等的人员不得披露申请人提交的商业秘密、未披露信息或者保密商务信息，法律另有规定或者涉及国家安全、重大社会公共利益的除外。海关依法公开申请人前述信息的，允许申请人在合理期限内提出异议。

第二十二条 申请人在海关作出海关行政许可决定之前，可以向海关书面申请撤回海关行政许可申请。

第二十三条　海关作出准予海关行政许可的决定，需要颁发海关行政许可证件的，应当自作出决定之日起十日内向申请人颁发、送达加盖本海关印章的下列海关行政许可证件：

（一）许可证、执照或者其他许可证书；

（二）资格证、资质证或者其他合格证书；

（三）准予海关行政许可的批准文件或者证明文件；

（四）法律、行政法规规定的其他海关行政许可证件。

第二十四条　海关行政许可的适用范围没有地域限制的，申请人取得的海关行政许可在全关境范围内有效；海关行政许可的适用范围有地域限制的，海关作出的准予海关行政许可决定应当注明。

海关行政许可的适用有期限限制的，海关在作出准予海关行政许可的决定时，应当注明其有效期限。

第三节　变更与延续

第二十五条　被许可人要求变更海关行政许可事项的，应当依法向作出行政许可决定的海关提出变更申请。符合法定条件、标准的，海关应当予以变更。

第二十六条　被许可人需要延续依法取得的海关行政许可的有效期的，应当在该行政许可有效期届满三十日前向作出行政许可决定的海关提出申请。法律、行政法规、海关规章另有规定的除外。

海关应当在海关行政许可有效期届满前作出是否准予延续的决定；逾期未作决定的，视为准予延续。

被许可人因不可抗力未能在行政许可有效期届满三十日前提出申请，经海关审查认定申请材料齐全、符合法定形式的，也可以受理。

第二十七条　海关作出准予变更行政许可决定或者准予延续行政许可决定的，应当出具加盖本海关印章并且注明日期的书面凭证。海关依法不予办理海关行政许可变更手续、不予延续海关行政许可有效期的，应当说明理由。

第四节 听证与陈述申辩

第二十八条 法律、行政法规、海关规章规定实施海关行政许可应当听证的事项，或者海关认为需要听证的涉及公共利益的其他重大海关行政许可事项，海关应当向社会公告，并且举行听证。

海关行政许可直接涉及申请人与他人之间重大利益关系的，海关在作出海关行政许可决定前，应当告知申请人、利害关系人享有要求听证的权利。

海关应当根据听证笔录作出海关行政许可决定。

海关行政许可听证的具体办法由海关总署另行制定。

第二十九条 海关对行政许可申请进行审查时，发现行政许可事项直接关系他人重大利益的，应当告知申请人、利害关系人，申请人、利害关系人有权进行陈述和申辩。

能够确定具体利害关系人的，应当直接向有关利害关系人出具加盖本海关行政许可专用印章并且注明日期的书面凭证。利害关系人为不确定多数人的，可以公告告知。

告知利害关系人，应当同时随附申请人的申请书及申请材料，涉及国家秘密、商业秘密或者个人隐私的材料除外。

海关应当听取申请人、利害关系人的意见。申请人、利害关系人的陈述和申辩意见应当纳入海关行政许可审查范围。

第五节 期限

第三十条 除当场作出海关行政许可决定的，海关应当自受理海关行政许可申请之日起二十日内作出决定。二十日内不能作出决定的，经本海关负责人批准，可以延长十日，并且将延长期限的理由告知申请人。

法律、行政法规另有规定的，依照其规定。

第三十一条 海关行政许可采取联合办理的，办理的时间不得超过四十五日；四十五日内不能办结的，经海关总署批准，可以延长十五日，并且应当将延长期限的理由告知申请人。

第三十二条 依法应当先经下级海关审查后报上级海关决定的海关行政许可，下级海关应当根据法定条件和程序进行全面审查，并且于受理海关行政许可申请之日起二十日内审查完毕，将审查意见和全部申请材料直接报送上级海关。上级海关应当自收到下级海关报送的审查意见之日起二十日内作出决定。

法律、行政法规另有规定的，依照其规定。

第三十三条　海关作出行政许可决定，依照法律、行政法规需要听证、招标、拍卖、检验、检测、检疫、鉴定和专家评审的，所需时间不计算在本办法规定的期限内。海关应当将所需时间书面告知申请人。

第三十四条　由下级海关代收材料并且交由上级海关出具受理单的，所需时间应当计入海关行政许可办理时限。

第六节　退出程序

第三十五条　海关受理行政许可申请后，作出行政许可决定前，有下列情形之一的，应当终止办理行政许可：

（一）申请人撤回行政许可申请的；

（二）赋予公民、法人或者其他组织特定资格的行政许可，该公民死亡或者丧失行为能力，法人或者其他组织依法终止的；

（三）由于法律、行政法规调整，申请事项不再实施行政许可管理，或者根据国家有关规定暂停实施的；

（四）其他依法应当终止办理行政许可的。

海关终止办理行政许可的，应当出具加盖本海关行政许可专用印章并且注明日期的书面凭证。

第三十六条　有下列情形之一的，作出海关行政许可决定的海关或者其上级海关，根据利害关系人的请求或者依据职权，可以撤销海关行政许可：

（一）海关工作人员滥用职权、玩忽职守作出准予海关行政许可决定的；

（二）超越法定职权作出准予海关行政许可决定的；

（三）违反法定程序作出准予海关行政许可决定的；

（四）对不具备申请资格或者不符合法定条件的申请人准予海关行政许可的；

（五）依法可以撤销海关行政许可的其他情形。

被许可人以欺骗、贿赂等不正当手段取得海关行政许可的，应当予以撤销。

依照前两款的规定撤销海关行政许可，可能对公共利益造成重大损害的，不予撤销。

依照本条第一款的规定撤销行政许可，被许可人的合法权益受到损害的，海关应当依法给予赔偿。依照本条第二款的规定撤销行政许可的，被许可人基于行政许可取得的利益不受保护。

作出撤销行政许可决定的，应当出具加盖本海关印章并且注明日期的书面凭证。

第三十七条　海关不得擅自改变已生效的海关行政许可。

海关行政许可所依据的法律、行政法规、海关规章修改或者废止，或者准予海关行政许可所依据的客观情况发生重大变化，为了公共利益的需要，海关可以依法变更或者撤回已经生效的海关行政许可，由此给公民、法人或者其他组织造成财产损失的，应当依法给予补偿。

补偿程序和补偿金额由海关总署根据国家有关规定另行制定。

第三十八条　有下列情形之一的，准予行政许可的海关应当依法办理有关行政许可的注销手续：

（一）海关行政许可有效期届满未延续的；

（二）赋予公民特定资格的行政许可，该公民死亡或者丧失行为能力的；

（三）法人或者其他组织依法终止的；

（四）海关行政许可依法被撤销、撤回，或者行政许可证件依法被吊销的；

（五）因不可抗力导致行政许可事项无法实施的；

（六）法律、行政法规规定的应当注销海关行政许可的其他情形。

被许可人申请注销行政许可的，海关可以注销。

第七节　标准化管理

第三十九条　海关总署按照国务院行政许可标准化建设要求，推进行政许可标准化工作，编制行政许可事项受理单、服务指南和审查工作细则。

第四十条　海关总署建设海关行政许可网上办理平台，实行海关行政许可事项网上全流程办理。

各级海关应当鼓励并且引导申请人通过网上办理平台办理海关行政许可，及时指导现场提交申请材料的申请人现场进行网上办理。

第四十一条　各级海关设置专门的行政许可业务窗口，提供咨询服务以及办理向申请人颁发、邮寄行政许可证件或者相关法律文书等事务。

申请人自愿采用线下办理模式的，"一个窗口"可以受理，不得强制申请人进行网上办理。

第四章　评价与监督

第四十二条　海关可以对已设定的行政许可的实施情况及存在的必要性适时采取自我评价、申请人评价或者第三方评价等方式，实行满意度评价制度，听取意见和建议。

第四十三条　海关应当加强事中事后监管，通过核查反映被许可人从事海关行政许可事项活动情况的有关材料，履行监督检查责任。

海关可以对被许可人生产经营的产品依法进行抽样检查、检验、检测，对其生产经营场所依法进行实地检查。检查时，海关可以依法查阅或者要求被许可人报送有关材料，被许可人应当如实提供有关情况和材料。

海关依法对被许可人从事海关行政许可事项的活动进行监督检查时，应当将监督检查的情况和处理结果予以记录，由监督检查人员签字，并且归档。

公众有权查阅海关的监督检查记录，但是根据法律、行政法规不予公开或者可以不予公开的除外。

第四十四条　海关实施监督检查，不得妨碍被许可人正常的生产经营活动，不得索取或者收受被许可人的财物，不得谋取其他利益。

第四十五条　对被许可人在作出海关行政许可决定的海关管辖区域外违法从事海关行政许可事项活动的，违法行为发生地的海关应当依法将被许可人的违法事实、处理结果通报作出海关行政许可决定的海关。

第四十六条　公民、法人或者其他组织发现违法从事海关行政许可事项的活动，有权向海关举报，海关应当及时核实、处理。

第五章　法律责任

第四十七条　海关及海关工作人员违反有关规定的，按照《行政许可法》第七章的有关规定处理。

第四十八条　被许可人违反《行政许可法》及有关法律、行政法规、海关规章规定的，海关依法给予行政处罚；构成犯罪的，依法追究刑事责任。

第四十九条　行政许可申请人隐瞒有关情况或者提供虚假材料申请行政许可的，海关不予受理或者不予行政许可，并且依据《行政许可法》给予警告；行政许可申请属于直接关系公共安全、人身健康、生命财产安全事项的，申请人在一年内不得再次申请该行政许可。

第五十条 被许可人以欺骗、贿赂等不正当手段取得的行政许可属于直接关系公共安全、人身健康、生命财产安全事项的，申请人在三年内不得再次申请该行政许可。

第六章 附 则

第五十一条 本办法所称的书面凭证包括纸质和电子凭证。符合法定要求的电子凭证与纸质凭证具有同等法律效力。

第五十二条 除法律、行政法规另有规定外，海关实施行政许可，不得收取任何费用。

第五十三条 海关行政许可的过程应当有记录、可追溯，行政许可档案由海关行政许可实施机关按照档案管理的有关规定进行归档、管理。

第五十四条 本办法规定的海关实施行政许可的期限以工作日计算，不含法定节假日。

第五十五条 本办法由海关总署负责解释。

第五十六条 本办法自 2021 年 2 月 1 日起实施。2004 年 6 月 18 日海关总署令第 117 号公布、2014 年 3 月 13 日海关总署令第 218 号修改的《中华人民共和国海关实施〈中华人民共和国行政许可法〉办法》同时废止。

中华人民共和国海关行政裁定管理暂行办法

（2023 年 3 月修正，2023 年 4 月 15 日施行）

（2001 年 12 月 24 日海关总署令第 92 号发布 根据 2023 年 3 月 9 日海关总署令第 262 号《海关总署关于修改部分规章的决定》修正）

第一条　为便利对外贸易经营者办理海关手续，方便合法进出口，提高通关效率，根据《中华人民共和国海关法》的有关规定，特制定本办法。

第二条　海关行政裁定是指海关在货物实际进出口前，应对外贸易经营者的申请，依据有关海关法律、行政法规和规章，对与实际进出口活动有关的海关事务作出的具有普遍约束力的决定。

行政裁定由海关总署或总署授权机构作出，由海关总署统一对外公布。

行政裁定具有海关规章的同等效力。

第三条　本办法适用于以下海关事务：

（一）进出口商品的归类；

（二）进出口货物原产地的确定；

（三）禁止进出口措施和许可证件的适用；

（四）海关总署决定适用本办法的其他海关事务。

第四条　海关行政裁定的申请人应当是在海关备案的进出口货物经营单位。

申请人可以自行向海关提出申请，也可以委托他人向海关提出申请。

第五条　除特殊情况外，海关行政裁定的申请人，应当在货物拟作进口或出口的 3 个月前向海关总署或者直属海关提交书面申请。

一份申请只应包含一项海关事务。申请人对多项海关事务申请行政裁定的，应当逐项提出。

申请人不得就同一项海关事务向两个或者两个以上海关提交行政裁定申请。

第六条　申请人应当按照海关要求填写行政裁定申请书（格式见附件），主要包括下列内容：

（一）申请人的基本情况；

（二）申请行政裁定的事项；

（三）申请行政裁定的货物的具体情况；

（四）预计进出口日期及进出口口岸；

（五）海关认为需要说明的其他情况。

第七条　申请人应当按照海关要求提供足以说明申请事项的资料，包括进出口合同或意向书的复印件、图片、说明书、分析报告等。

申请书所附文件如为外文，申请人应同时提供外文原件及中文译文。

申请书应当加盖申请人印章，所提供文件与申请书应当加盖骑缝章。

申请人委托他人申请的，应当提供授权委托书及代理人的身份证明。

第八条　海关认为必要时，可要求申请人提供货物样品。

第九条　申请人为申请行政裁定向海关提供的资料，如果涉及商业秘密，可以要求海关予以保密。除司法程序要求提供的以外，未经申请人同意，海关不应泄露。

申请人对所提供资料的保密要求，应当书面向海关提出，并具体列明需要保密的内容。

第十条　收到申请的直属海关应当按照本办法第六、七、八条规定对申请资料进行初审。对符合规定的申请，自接受申请之日起3个工作日内移送海关总署或总署授权机构。

申请资料不符合有关规定的，海关应当书面通知申请人在10个工作日内补正。申请人逾期不补正的，视为撤回申请。

第十一条　海关总署或授权机构应当自收到申请书之日起15个工作日内，审核决定是否受理该申请，并书面告知申请人。对不予受理的应当说明理由。

第十二条　有下列情形之一的，海关不予受理：

（一）申请不符合本办法第三、四、五条规定的；

（二）申请与实际进出口活动无关的；

（三）就相同海关事务，海关已经作出有效行政裁定或者其他明确规定的；

（四）经海关认定不予受理的其他情形。

第十三条　海关在受理申请后，作出行政裁定以前，可以要求申请人补充提供相关资料或货物样品。

申请人在规定期限内未能提供有效、完整的资料或样品，影响海关作出行政裁定的，海关可以终止审查。

申请人主动向海关提供新的资料或样品作为补充的，应当说明原因。海关审查决定是否采用。

海关接受补充材料的，根据补充的事实和资料为依据重新审查，作出行政裁定的期限自收到申请人补充材料之日起重新计算。

第十四条　申请人可以在海关作出行政裁定前以书面形式向海关申明撤回其申请。

第十五条　海关对申请人申请的海关事务应当根据有关事实和材料，依据有关法律、行政法规、规章进行审查并作出行政裁定。

审查过程中，海关可以征求申请人以及其他利害关系人的意见。

第十六条　海关应当自受理申请之日起 60 日内作出行政裁定。

海关作出的行政裁定应当书面通知申请人，并对外公布。

第十七条　海关作出的行政裁定自公布之日起在中华人民共和国关境内统一适用。

进口或者出口相同情形的货物，应当适用相同的行政裁定。

对于裁定生效前已经办理完毕裁定事项有关手续的进出口货物，不适用该裁定。

第十八条　海关作出行政裁定所依据的法律、行政法规及规章中的相关规定发生变化，影响行政裁定效力的，原行政裁定自动失效。

海关总署应当定期公布自动失效的行政裁定。

第十九条　有下列情形之一的，由海关总署撤销原行政裁定：

（一）原行政裁定错误的；

（二）因申请人提供的申请文件不准确或者不全面，造成原行政裁定需要撤销的；

（三）其他需要撤销的情形。

海关撤销行政裁定的，应当书面通知原申请人，并对外公布。撤销行政裁定的决定，自公布之日起生效。

经海关总署撤销的行政裁定对已经发生的进出口活动无溯及力。

第二十条　进出口活动的当事人对于海关作出的具体行政行为不服，并对该具体行政行为依据的行政裁定持有异议的，可以在对具体行政行为申请复议的同时一并提出对行政裁定的审查申请。复议海关受理该复议申请后应将其中对于行政裁定的审查申请移送海关总署，由总署作出审查决定。

第二十一条　行政裁定的申请人应对申请内容及所提供资料的真实性、完整性负责。

向海关隐瞒真实情况或提供虚假材料的，应当承担相应的法律责任。

第二十二条　本办法由海关总署负责解释。

第二十三条　本办法自 2002 年 1 月 1 日起实施。

中华人民共和国海关预裁定管理暂行办法

(2024 年修正，2024 年 12 月 1 日实施)

（2017 年 12 月 26 日海关总署令第 236 号公布，根据 2023 年 3 月 9 日海关总署令第 262 号《海关总署关于修改部分规章的决定》第一次修正 根据 2024 年 10 月 28 日海关总署令第 273 号《海关总署关于修改部分规章的决定》第二次修正）

第一条 为了促进贸易安全与便利，优化营商环境，增强企业对进出口贸易活动的可预期性，根据《中华人民共和国海关法》以及有关法律、行政法规和我国政府缔结或者加入的有关国际条约、协定的规定，制定本办法。

第二条 在货物实际进出口前，海关应申请人的申请，对其与实际进出口活动有关的海关事务作出预裁定，适用本办法。

第三条 在货物实际进出口前，申请人可以就下列海关事务申请预裁定：

（一）进出口货物的商品归类；

（二）进出口货物的原产地或者原产资格；

（三）进口货物计税价格相关要素、估价方法；

（四）海关总署规定的其他海关事务。

前款所称"计税价格相关要素"，包括特许权使用费、佣金、运保费、特殊关系，以及其他与确定计税价格有关的要素。

第四条 预裁定的申请人应当是与实际进出口活动有关，并且在海关备案记的对外贸易经营者。

第五条 申请人申请预裁定的，应当提交《中华人民共和国海关预裁定申请书》（以下简称《预裁定申请书》）以及海关要求的有关材料。材料为外文的，申请人应当同时提交符合海关要求的中文译本。

申请人应当对提交材料的真实性、准确性、完整性、规范性承担法律责任。

第六条 申请人需要海关为其保守商业秘密的，应当以书面方式向海关提出要求，并且列明具体内容。海关按照国家有关规定承担保密义务。

第七条 申请人应当在货物拟进出口3个月之前向其备案地直属海关提出预裁定申请。

特殊情况下，申请人确有正当理由的，可以在货物拟进出口前3个月内提出预裁定申请。

一份《预裁定申请书》应当仅包含一类海关事务。

第八条 海关应当自收到《预裁定申请书》以及相关材料之日起10日内审核决定是否受理该申请，制发《中华人民共和国海关预裁定申请受理决定书》或者《中华人民共和国海关预裁定申请不予受理决定书》。

申请材料不符合有关规定的，海关应当在决定是否受理前一次性告知申请人在规定期限内进行补正，制发《中华人民共和国海关预裁定申请补正通知书》。补正申请材料的期间，不计入本条第一款规定的期限内。

申请人未在规定期限内提交材料进行补正的，视为未提出预裁定申请。

海关自收到《预裁定申请书》以及相关材料之日起10日内未作出是否受理的决定，也没有一次性告知申请人进行补正的，自收到材料之日起即为受理。

第九条 有下列情形之一的，海关应当作出不予受理决定，并且说明理由：

（一）申请不符合本办法第三条、第四条、第五条或者第七条规定的；

（二）海关规章、海关总署公告已经对申请预裁定的海关事务有明确规定的；

（三）申请人就同一事项已经提出预裁定申请并且被受理的。

第十条 海关对申请人申请预裁定的海关事务应当依据有关法律、行政法规、海关规章以及海关总署公告作出预裁定决定，制发《中华人民共和国海关预裁定决定书》（以下简称《预裁定决定书》）。

作出预裁定决定过程中，海关可以要求申请人在规定期限内提交与申请海关事务有关的材料或者样品；申请人也可以向海关补充提交有关材料。

第十一条 海关应当自受理之日起60日内制发《预裁定决定书》。

《预裁定决定书》应当送达申请人，并且自送达之日起生效。

需要通过化验、检测、鉴定、专家论证或者其他方式确定有关情况的，所需时间不计入本条第一款规定的期限内。

第十二条 有下列情形之一的，海关可以终止预裁定，并且制发《中华人民共和国海关终止预裁定决定书》：

（一）申请人在预裁定决定作出前以书面方式向海关申明撤回其申请，海关同意撤回的；

（二）申请人未按照海关要求提供有关材料或者样品的；

（三）由于申请人原因致使预裁定决定未能在第十一条第一款规定的期限内作出的。

第十三条　预裁定决定有效期为 3 年。

预裁定决定所依据的法律、行政法规、海关规章以及海关总署公告相关规定发生变化，影响其效力的，预裁定决定自动失效。

申请人就海关对其作出的预裁定决定所涉及的事项，在有效期内不得再次申请预裁定。

第十四条　预裁定决定对于其生效前已经实际进出口的货物没有溯及力。

第十五条　申请人在预裁定决定有效期内进出口与预裁定决定列明情形相同的货物，应当按照预裁定决定申报，海关予以认可。

第十六条　已生效的预裁定决定有下列情形之一的，由海关予以撤销，并且通知申请人：

（一）因申请人提供的材料不真实、不准确、不完整，造成预裁定决定需要撤销的；

（二）预裁定决定错误的；

（三）其他需要撤销的情形。

撤销决定自作出之日起生效。依照前款第（一）项的规定撤销预裁定决定的，经撤销的预裁定决定自始无效。

第十七条　除涉及商业秘密的外，海关可以对外公开预裁定决定的内容。

第十八条　申请人对预裁定决定不服的，可以向海关总署申请行政复议；对复议决定不服的，可以依法向人民法院提起行政诉讼。

第十九条　申请人提供虚假材料或者隐瞒相关情况的，海关给予警告，可以处 1 万元以下罚款。

第二十条　本办法列明的法律文书，由海关总署另行制定格式文本并且发布。

本办法关于期限规定的"日"是指自然日。

第二十一条　本办法由海关总署负责解释。

第二十二条　本办法自 2018 年 2 月 1 日起施行。

中华人民共和国海关办理行政处罚案件程序规定

海关总署令 2021 年第 250 号

（2021 年 6 月 11 日海关总署令第 250 号公布，自 2021 年 7 月 15 日起实施）

第一章 总 则

第一条 为了规范海关办理行政处罚案件程序，保障和监督海关有效实施行政管理，保护公民、法人或者其他组织的合法权益，根据《中华人民共和国行政处罚法》《中华人民共和国行政强制法》《中华人民共和国海关法》《中华人民共和国海关行政处罚实施条例》（以下简称《海关行政处罚实施条例》）及有关法律、行政法规的规定，制定本规定。

第二条 海关办理行政处罚案件的程序适用本规定。

第三条 海关办理行政处罚案件应当遵循公正、公开的原则，坚持处罚与教育相结合。

第四条 海关办理行政处罚案件，在少数民族聚居或者多民族共同居住的地区，应当使用当地通用的语言进行查问和询问。

对不通晓当地通用语言文字的当事人及有关人员，应当为其提供翻译人员。

第五条 海关及其工作人员对实施行政处罚过程中知悉的国家秘密、商业秘密、海关工作秘密或者个人隐私，应当依法予以保密。

第二章 一般规定

第六条 海关行政处罚的立案依据、实施程序和救济渠道等信息应当公示。

第七条 海关应当依法以文字、音像等形式，对行政处罚的启动、调查取证、审核、决定、送达、执行等进行全过程记录，归档保存。

第八条 海关行政处罚应当由具有行政执法资格的海关执法人员（以下简称执法人员）实施。执法人员不得少于两人，法律另有规定的除外。

执法人员应当文明执法，尊重和保护当事人合法权益。

第九条 在案件办理过程中，当事人委托代理人的，应当提交授权委托书，载明委托人及其代理人的基本信息、委托事项及代理权限、代理权的起止日期、委托日期和委托人签名或者盖章。

委托人变更委托内容或者提前解除委托的，应当书面告知海关。

第十条　海关行政处罚由发现违法行为的海关管辖，也可以由违法行为发生地海关管辖。

两个以上海关都有管辖权的案件，由最先立案的海关管辖。

对管辖发生争议的，应当协商解决，协商不成的，报请共同的上一级海关指定管辖；也可以直接由共同的上一级海关指定管辖。

重大、复杂的案件，可以由海关总署指定管辖。

第十一条　海关发现的依法应当由其他行政机关或者司法机关处理的违法行为，应当制作案件移送函，及时将案件移送有关行政机关或者司法机关处理。

第十二条　执法人员有下列情形之一的，应当自行回避，当事人及其代理人有权申请其回避：

（一）是案件的当事人或者当事人的近亲属；

（二）本人或者其近亲属与案件有直接利害关系；

（三）与案件有其他关系，可能影响案件公正处理的。

第十三条　执法人员自行回避的，应当提出书面申请，并且说明理由，由海关负责人决定。

第十四条　当事人及其代理人要求执法人员回避的，应当提出申请，并且说明理由。当事人口头提出申请的，海关应当记录在案。

海关应当依法审查当事人的回避申请，并在三个工作日内由海关负责人作出决定，并且书面通知申请人。

海关驳回回避申请的，当事人及其代理人可以在收到书面通知后的三个工作日内向作出决定的海关申请复核一次；作出决定的海关应当在三个工作日内作出复核决定并且书面通知申请人。

第十五条　执法人员具有应当回避的情形，其本人没有申请回避，当事人及其代理人也没有申请其回避的，有权决定其回避的海关负责人可以指令其回避。

第十六条　在海关作出回避决定前，执法人员不停止办理行政处罚案件。在回避决定作出前，执法人员进行的与案件有关的活动是否有效，由作出回避决定的海关根据案件情况决定。

第十七条　听证主持人、记录员、检测、检验、检疫、技术鉴定人和翻译人员的回避，适用本规定第十二条至第十六条的规定。

第十八条　海关办理行政处罚案件的证据种类主要有：

（一）书证；

（二）物证；

（三）视听资料；

（四）电子数据；

（五）证人证言；

（六）当事人的陈述；

（七）鉴定意见；

（八）勘验笔录、现场笔录。

证据必须经查证属实，方可作为认定案件事实的根据。

以暴力、威胁、引诱、欺骗以及其他非法手段取得的证据，不得作为认定案件事实的根据。

第十九条　海关收集的物证、书证应当是原物、原件。收集原物、原件确有困难的，可以拍摄、复制足以反映原物、原件内容或者外形的照片、录像、复制件，并且可以指定或者委托有关单位或者个人对原物、原件予以妥善保管。

海关收集物证、书证的原物、原件的，应当开列清单，注明收集的日期，由有关单位或者个人确认后盖章或者签字。

海关收集由有关单位或者个人保管书证原件的复制件、影印件或者抄录件的，应当注明出处和收集时间，经提供单位或者个人核对无异后盖章或者签字。

海关收集由有关单位或者个人保管物证原物的照片、录像的，应当附有关制作过程及原物存放处的文字说明，并且由提供单位或者个人在文字说明上盖章或者签字。

提供单位或者个人拒绝盖章或者签字的，执法人员应当注明。

第二十条　海关收集电子数据或者录音、录像等视听资料，应当收集原始载体。

收集原始载体确有困难的，可以采取打印、拍照或者录像等方式固定相关证据，并附有关过程等情况的文字说明，由执法人员、电子数据持有人签名，持有人无法或者拒绝签名的，应当在文字说明中予以注明；也可以收集复制件，注明制作方法、制作时间、制作人、证明对象以及原始载体持有人或者存放处等，并且由有关单位或者个人确认后盖章或者签字。

海关对收集的电子数据或者录音、录像等视听资料的复制件可以进行证据转换，电子数据能转换为纸质资料的应当及时打印，录音资料应当附有声音内容的文字记录，并且由有关单位或者个人确认后盖章或者签字。

第二十一条　刑事案件转为行政处罚案件办理的，刑事案件办理过程中收集的证据材料，经依法收集、审查后，可以作为行政处罚案件定案的根据。

第二十二条　期间以时、日、月、年计算。期间开始的时和日，不计算在期间内。期间届满的最后一日是节假日的，以其后的第一个工作日为期间届满日期。

期间不包括在途时间，法定期满前交付邮寄的，不视为逾期。

第二十三条　当事人因不可抗拒的事由或者其他正当理由耽误期限的，在障碍消除后的十日内可以向海关申请顺延期限，是否准许，由海关决定。

第二十四条　海关法律文书的送达程序，《中华人民共和国行政处罚法》《中华人民共和国行政强制法》和本规定均未明确的，适用《中华人民共和国民事诉讼法》的相关规定。

第二十五条　经当事人或者其代理人书面同意，海关可以采用传真、电子邮件、移动通信、互联网通讯工具等方式送达行政处罚决定书等法律文书。

采取前款方式送达的，以传真、电子邮件、移动通信、互联网通讯工具等到达受送达人特定系统的日期为送达日期。

第二十六条　海关可以要求当事人或者其代理人书面确认法律文书送达地址。

当事人及其代理人提供的送达地址，应当包括邮政编码、详细地址以及受送达人的联系电话或者其确认的电子送达地址等。

海关应当书面告知送达地址确认书的填写要求和注意事项以及提供虚假地址或者提供地址不准确的法律后果，并且由当事人或者其代理人确认。

当事人变更送达地址，应当以书面方式告知海关。当事人未书面变更的，以其确认的地址为送达地址。

因当事人提供的送达地址不准确、送达地址变更未书面告知海关，导致法律文书未能被受送达人实际接收的，直接送达的，法律文书留在该地址之日为送达之日；邮寄送达的，法律文书被退回之日为送达之日。

第二十七条　海关邮寄送达法律文书的，应当附送达回证并且以送达回证上注明的收件日期为送达日期；送达回证没有寄回的，以挂号信回执、查询复单或者邮寄流程记录上注明的收件日期为送达日期。

第二十八条　海关依法公告送达法律文书的，应当将法律文书的正本张贴在海关公告栏内。行政处罚决定书公告送达的，还应当在报纸或者海关门户网站上刊登公告。

第三章　案件调查

第二十九条　除依法可以当场作出的行政处罚外，海关发现公民、法人或者其他组织有依法应当由海关给予行政处罚的行为的，必须全面、客观、公正地调查，收集有关证据；必要时，依照法律、行政法规的规定，可以进行检查。符合立案标准的，海关应当及时立案。

第三十条　执法人员在调查或者进行检查时，应当主动向当事人或者有关人员出示执法证件。

当事人或者有关人员有权要求执法人员出示执法证件。执法人员不出示执法证件的，当事人或者有关人员有权拒绝接受调查或者检查。

当事人或者有关人员对海关调查或者检查应当予以协助和配合，不得拒绝或者阻挠。

第三十一条　执法人员查问违法嫌疑人、询问证人应当个别进行，并且告知其依法享有的权利和作伪证应当承担的法律责任。

违法嫌疑人、证人应当如实陈述、提供证据。

第三十二条　执法人员查问违法嫌疑人，可以到其所在单位或者住所进行，也可以要求其到海关或者指定地点进行。

执法人员询问证人，可以到其所在单位、住所或者其提出的地点进行。必要时，也可以通知证人到海关或者指定地点进行。

第三十三条　查问、询问应当制作查问、询问笔录。

查问、询问笔录上所列项目，应当按照规定填写齐全，并且注明查问、询问开始和结束的时间；执法人员应当在查问、询问笔录上签字。

查问、询问笔录应当当场交给被查问人、被询问人核对或者向其宣读。被查问人、被询问人核对无误后，应当在查问、询问笔录上逐页签字或者捺指印，拒绝签字或者捺指印的，执法人员应当在查问、询问笔录上注明。如记录有误或者遗漏，应当允许被查问人、被询问人更正或者补充，并且在更正或者补充处签字或者捺指印。

第三十四条　查问、询问聋、哑人时，应当有通晓聋、哑手语的人作为翻译人员参加，并且在笔录上注明被查问人、被询问人的聋、哑情况。

查问、询问不通晓中国语言文字的外国人、无国籍人，应当为其提供翻译人员；被查问人、被询问人通晓中国语言文字不需要提供翻译人员的，应当出具书面声明，执法人员应当在查问、询问笔录中注明。

翻译人员的姓名、工作单位和职业应当在查问、询问笔录中注明。翻译人员应当在查问、询问笔录上签字。

第三十五条　海关首次查问违法嫌疑人、询问证人时，应当问明违法嫌疑人、证人的姓名、出生日期、户籍所在地、现住址、身份证件种类及号码、工作单位、文化程度，是否曾受过刑事处罚或者被行政机关给予行政处罚等情况；必要时，还应当问明家庭主要成员等情况。

违法嫌疑人或者证人不满十八周岁的，查问、询问时应当依法通知其法定代理人或者其成年家属、所在学校的代表等合适成年人到场，并且采取适当方式，在适当场所进行，保障未成年人的名誉权、隐私权和其他合法权益。

第三十六条　被查问人、被询问人要求自行提供书面陈述材料的，应当准许；必要时，执法人员也可以要求被查问人、被询问人自行书写陈述。

被查问人、被询问人自行提供书面陈述材料的，应当在陈述材料上签字并且注明书写陈述的时间、地点和陈述人等。执法人员收到书面陈述后，应当注明收到时间并且签字确认。

第三十七条　执法人员对违法嫌疑人、证人的陈述必须充分听取，并且如实记录。

第三十八条　执法人员依法检查运输工具和场所，查验货物、物品，应当制作检查、查验记录。

检查、查验记录应当由执法人员、当事人或者其代理人签字或者盖章；当事人或者其代理人不在场或者拒绝签字或者盖章的，执法人员应当在检查、查验记录上注明，并且由见证人签字或者盖章。

第三十九条　执法人员依法检查走私嫌疑人的身体，应当在隐蔽的场所或者非检查人员视线之外，由两名以上与被检查人同性别的执法人员执行，并且制作人身检查记录。

检查走私嫌疑人身体可以由医生协助进行，必要时可以前往医疗机构检查。

人身检查记录应当由执法人员、被检查人签字或者盖章；被检查人拒绝签字或者盖章的，执法人员应当在人身检查记录上注明。

第四十条　为查清事实或者固定证据，海关或者海关依法委托的机构可以提取样品。

提取样品时，当事人或者其代理人应当到场；当事人或者其代理人未到场的，海关应当邀请见证人到场。海关认为必要时，可以径行提取货样。

提取的样品应当予以加封确认，并且填制提取样品记录，由执法人员或者海关依法委托的机构人员、当事人或者其代理人、见证人签字或者盖章。

第四十一条　海关或者海关依法委托的机构提取的样品应当一式两份以上；样品份数及每份样品数量以能够满足案件办理需要为限。

第四十二条　为查清事实，需要对案件中专门事项进行检测、检验、检疫、技术鉴定的，应当由海关或者海关依法委托的机构实施。

第四十三条　检测、检验、检疫、技术鉴定结果应当载明委托人和委托事项、依据和结论，并且应当有检测、检验、检疫、技术鉴定人的签字和海关或者海关依法委托的机构的盖章。

检测、检验、检疫、技术鉴定的费用由海关承担。

第四十四条　检测、检验、检疫、技术鉴定结果应当告知当事人。

第四十五条　在调查走私案件时，执法人员查询案件涉嫌单位和涉嫌人员在金融机构、邮政企业的存款、汇款，应当经直属海关关长或者其授权的隶属海关关长批准。

执法人员查询时，应当主动向当事人或者有关人员出示执法证件和海关协助查询通知书。

第四十六条　海关实施扣留应当遵守下列规定：

（一）实施前须向海关负责人报告并经批准，但是根据《中华人民共和国海关法》第六条第四项实施的扣留，应当经直属海关关长或者其授权的隶属海关关长批准；

（二）由两名以上执法人员实施；

（三）出示执法证件；

（四）通知当事人到场；

（五）当场告知当事人采取扣留的理由、依据以及当事人依法享有的权利、救济途径；

（六）听取当事人的陈述和申辩；

（七）制作现场笔录；

（八）现场笔录由当事人和执法人员签名或者盖章，当事人拒绝的，在笔录中予以

注明;

（九）当事人不到场的，邀请见证人到场，由见证人和执法人员在现场笔录上签名或者盖章;

（十）法律、行政法规规定的其他程序。

海关依法扣留货物、物品、运输工具、其他财产及账册、单据等资料，可以加施海关封志。

第四十七条　海关依法扣留的货物、物品、运输工具，在人民法院判决或者海关行政处罚决定作出之前，不得处理。但是，危险品或者鲜活、易腐、易烂、易失效、易变质等不宜长期保存的货物、物品以及所有人申请先行变卖的货物、物品、运输工具，经直属海关关长或者其授权的隶属海关关长批准，可以先行依法变卖，变卖所得价款由海关保存;依照法律、行政法规的规定，应当采取退运、销毁、无害化处理等措施的货物、物品，可以依法先行处置。

海关在变卖前，应当通知先行变卖的货物、物品、运输工具的所有人。变卖前无法及时通知的，海关应当在货物、物品、运输工具变卖后，通知其所有人。

第四十八条　海关依法解除对货物、物品、运输工具、其他财产及有关账册、单据等资料的扣留，应当制发解除扣留通知书送达当事人。解除扣留通知书由执法人员、当事人或者其代理人签字或者盖章;当事人或者其代理人不在场，或者当事人、代理人拒绝签字或者盖章的，执法人员应当在解除扣留通知书上注明，并且由见证人签字或者盖章。

第四十九条　有违法嫌疑的货物、物品、运输工具应当或者已经被海关依法扣留的，当事人可以向海关提供担保，申请免予或者解除扣留。

有违法嫌疑的货物、物品、运输工具无法或者不便扣留的，当事人或者运输工具负责人应当向海关提供等值的担保。

第五十条　当事人或者运输工具负责人向海关提供担保时，执法人员应当制作收取担保凭单并送达当事人或者运输工具负责人，执法人员、当事人、运输工具负责人或者其代理人应当在收取担保凭单上签字或者盖章。

收取担保后，可以对涉案货物、物品、运输工具进行拍照或者录像存档。

第五十一条　海关依法解除担保的，应当制发解除担保通知书送达当事人或者运输工具负责人。解除担保通知书由执法人员及当事人、运输工具负责人或者其代理人签字或者盖章；当事人、运输工具负责人或者其代理人不在场或者拒绝签字或者盖章的，执法人员应当在解除担保通知书上注明。

第五十二条　海关依法对走私犯罪嫌疑人实施人身扣留，依照《中华人民共和国海关实施人身扣留规定》规定的程序办理。

第五十三条　经调查，行政处罚案件有下列情形之一的，海关可以终结调查并提出处理意见：

（一）违法事实清楚、法律手续完备、据以定性处罚的证据充分的；

（二）违法事实不能成立的；

（三）作为当事人的自然人死亡的；

（四）作为当事人的法人或者其他组织终止，无法人或者其他组织承受其权利义务，又无其他关系人可以追查的；

（五）案件已经移送其他行政机关或者司法机关的；

（六）其他依法应当终结调查的情形。

第四章　行政处理决定

第一节　行政处罚的适用

第五十四条　不满十四周岁的未成年人有违法行为的，不予行政处罚，但是应当责令其监护人加以管教；已满十四周岁不满十八周岁的未成年人有违法行为的，应当从轻或者减轻行政处罚。

第五十五条　精神病人、智力残疾人在不能辨认或者不能控制自己行为时有违法行为的，不予行政处罚，但是应当责令其监护人严加看管和治疗。间歇性精神病人在精神正常时有违法行为的，应当给予行政处罚。尚未完全丧失辨认或者控制自己行为能力的精神病人、智力残疾人有违法行为的，可以从轻或者减轻行政处罚。

第五十六条　违法行为轻微并及时改正，没有造成危害后果的，不予行政处罚。初次违法且危害后果轻微并及时改正的，可以不予行政处罚。

对当事人的违法行为依法不予行政处罚的，海关应当对当事人进行教育。

第五十七条　当事人有证据足以证明没有主观过错的，不予行政处罚。法律、行政法规另有规定的，从其规定。

第五十八条　当事人有下列情形之一，应当从轻或者减轻行政处罚：

（一）主动消除或者减轻违法行为危害后果的；

（二）受他人胁迫或者诱骗实施违法行为的；

（三）主动供述海关尚未掌握的违法行为的；

（四）配合海关查处违法行为有立功表现的；

（五）法律、行政法规、海关规章规定其他应当从轻或者减轻行政处罚的。

当事人积极配合海关调查且认错认罚的或者违法行为危害后果较轻的，可以从轻或者减轻处罚。

第五十九条　发生重大传染病疫情等突发事件，为了控制、减轻和消除突发事件引起的社会危害，海关对违反突发事件应对措施的行为，依法快速、从重处罚。

第六十条　违法行为在二年内未被发现的，不再给予行政处罚；涉及公民生命健康安全、金融安全且有危害后果的，上述期限延长至五年。法律另有规定的除外。

前款规定的期限，从违法行为发生之日起计算；违法行为有连续或者继续状态的，从行为终了之日起计算。

第六十一条　实施行政处罚，适用违法行为发生时的法律、行政法规、海关规章的规定。但是，作出行政处罚决定时，法律、行政法规、海关规章已被修改或者废止，且新的规定处罚较轻或者不认为是违法的，适用新的规定。

第六十二条　海关可以依法制定行政处罚裁量基准，规范行使行政处罚裁量权。行政处罚裁量基准应当向社会公布。

第二节　法制审核

第六十三条　海关对已经调查终结的行政处罚普通程序案件，应当由从事行政处罚决定法制审核的人员进行法制审核；未经法制审核或者审核未通过的，不得作出处理决定。但是依照本规定第六章第二节快速办理的案件除外。

海关初次从事行政处罚决定法制审核的人员，应当通过国家统一法律职业资格考试取得法律职业资格。

第六十四条　海关对行政处罚案件进行法制审核时，应当重点审核以下内容，并提出审核意见：

（一）执法主体是否合法；

（二）执法人员是否具备执法资格；

（三）执法程序是否合法；

（四）案件事实是否清楚，证据是否合法充分；

（五）适用法律、行政法规、海关规章等依据是否准确；

（六）自由裁量权行使是否适当；

（七）是否超越法定权限；

（八）法律文书是否完备、规范；

（九）违法行为是否依法应当移送其他行政机关或者司法机关处理。

第六十五条　经审核存在问题的，法制审核人员应当提出处理意见并退回调查部门。

仅存在本规定第六十四条第五项、第六项规定问题的，法制审核人员也可以直接提出处理意见，依照本章第三节、第四节规定作出处理决定。

第三节　告知、复核和听证

第六十六条　海关在作出行政处罚决定或者不予行政处罚决定前，应当告知当事人拟作出的行政处罚或者不予行政处罚内容及事实、理由、依据，并且告知当事人依法享有的陈述、申辩、要求听证等权利。

海关未依照前款规定履行告知义务，或者拒绝听取当事人的陈述、申辩，不得作出行政处罚决定或者不予行政处罚决定。

在履行告知义务时，海关应当制发行政处罚告知单或者不予行政处罚告知单，送达当事人。

第六十七条　当事人有权进行陈述和申辩。

除因不可抗力或者海关认可的其他正当理由外，当事人应当在收到行政处罚或者不予行政处罚告知单之日起五个工作日内提出书面陈述、申辩和要求听证。逾期视为放弃陈述、申辩和要求听证的权利。

当事人当场口头提出陈述、申辩或者要求听证的，海关应当制作书面记录，并且由当事人签字或者盖章确认。

当事人明确放弃陈述、申辩和听证权利的，海关可以直接作出行政处罚或者不予行政处罚决定。当事人放弃陈述、申辩和听证权利应当有书面记载，并且由当事人或者其代理人签字或者盖章确认。

第六十八条　海关必须充分听取当事人的陈述、申辩和听证意见，对当事人提出的事实、理由和证据，应当进行复核；当事人提出的事实、理由、证据或者意见成立的，海关应当采纳。

第六十九条　海关不得因当事人陈述、申辩、要求听证而给予更重的处罚，但是海关发现新的违法事实的除外。

第七十条　经复核后，变更原告知的行政处罚或者不予行政处罚内容及事实、理由、依据的，应当重新制发海关行政处罚告知单或者不予行政处罚告知单，并且依照本规定第六十六条至第六十九条的规定办理。

经复核后，维持原告知的行政处罚或者不予行政处罚内容及事实、理由、依据的，依照本章第四节的规定作出处理决定。

第四节　处理决定

第七十一条　海关负责人应当对行政处罚案件进行审查，根据不同情况，分别作出以下决定：

（一）确有应受行政处罚的违法行为的，根据情节轻重及具体情况，作出行政处罚决定；

（二）符合本规定第五十四条至第五十六条规定的不予行政处罚情形之一的，作出不予行政处罚决定；

（三）符合本规定第五十三条第二项规定的情形的，不予行政处罚，撤销案件；

（四）符合本规定第五十三条第三项、第四项规定的情形之一的，撤销案件；

（五）符合法定收缴条件的，予以收缴；

（六）应当由其他行政机关或者司法机关处理的，移送有关行政机关或者司法机关依法办理。

海关作出行政处罚决定，应当做到认定违法事实清楚，定案证据确凿充分，违法行为定性准确，适用法律正确，办案程序合法，处罚合理适当。

违法事实不清、证据不足的，不得给予行政处罚。

第七十二条　对情节复杂或者重大违法行为给予行政处罚，应当由海关负责人集体讨论决定。

第七十三条　海关依法作出行政处罚决定或者不予行政处罚决定的，应当制发行政处罚决定书或者不予行政处罚决定书。

第七十四条　行政处罚决定书应当载明以下内容：

（一）当事人的基本情况，包括当事人姓名或者名称、地址等；

（二）违反法律、行政法规、海关规章的事实和证据；

（三）行政处罚的种类和依据；

（四）行政处罚的履行方式和期限；

（五）申请行政复议或者提起行政诉讼的途径和期限；

（六）作出行政处罚决定的海关名称和作出决定的日期，并且加盖作出行政处罚决定海关的印章。

第七十五条　不予行政处罚决定书应当载明以下内容：

（一）当事人的基本情况，包括当事人姓名或者名称、地址等；

（二）违反法律、行政法规、海关规章的事实和证据；

（三）不予行政处罚的依据；

（四）申请行政复议或者提起行政诉讼的途径和期限；

（五）作出不予行政处罚决定的海关名称和作出决定的日期，并且加盖作出不予行政处罚决定海关的印章。

第七十六条　海关应当自行政处罚案件立案之日起六个月内作出行政处罚决定；确有必要的，经海关负责人批准可以延长期限，延长期限不得超过六个月。案情特别复杂或者有其他特殊情况，经延长期限仍不能作出处理决定的，应当由直属海关负责人集体讨论决定是否继续延长期限，决定继续延长期限的，应当同时确定延长的合理期限。

上述期间不包括公告、检测、检验、检疫、技术鉴定、复议、诉讼的期间。

在案件办理期间，发现当事人另有违法行为的，自发现之日起重新计算办案期限。

第七十七条　行政处罚决定书应当在宣告后当场交付当事人；当事人不在场的，海关应当在七个工作日内将行政处罚决定书送达当事人。

第七十八条　具有一定社会影响的行政处罚决定，海关应当依法公开。

公开的行政处罚决定被依法变更、撤销、确认违法或者确认无效的，海关应当在三个工作日内撤回行政处罚决定信息并公开说明理由。

第七十九条　海关依法收缴有关货物、物品、违法所得、运输工具、特制设备的，应当制作收缴清单并送达被收缴人。

走私违法事实基本清楚，但是当事人无法查清的案件，海关在制发收缴清单之前，应当制发收缴公告，公告期限为三个月，并且限令有关当事人在公告期限内到指定海关办理相关海关手续。公告期满后仍然没有当事人到海关办理相关海关手续的，海关可以依法予以收缴。

第八十条　收缴清单应当载明予以收缴的货物、物品、违法所得、运输工具、特制设备的名称、规格、数量或者重量等。有关货物、物品、运输工具、特制设备有重要、明显特征或者瑕疵的，执法人员应当在收缴清单中予以注明。

第八十一条　收缴清单由执法人员、被收缴人或者其代理人签字或者盖章。

被收缴人或者其代理人拒绝签字或者盖章，或者被收缴人无法查清但是有见证人在场的，应当由见证人签字或者盖章。

没有被收缴人签字或者盖章的，执法人员应当在收缴清单上注明原因。

海关对走私违法事实基本清楚，但是当事人无法查清的案件制发的收缴清单应当公告送达。

第五章　听证程序
第一节　一般规定

第八十二条　海关拟作出下列行政处罚决定，应当告知当事人有要求听证的权利，当事人要求听证的，海关应当组织听证：

（一）对公民处一万元以上罚款、对法人或者其他组织处十万元以上罚款；

（二）对公民处没收一万元以上违法所得、对法人或者其他组织处没收十万元以上违法所得；

（三）没收有关货物、物品、走私运输工具；

（四）降低资质等级、吊销许可证件；

（五）责令停产停业、责令关闭、限制从业；

（六）其他较重的行政处罚；

（七）法律、行政法规、海关规章规定的其他情形。

当事人不承担组织听证的费用。

第八十三条　听证由海关负责行政处罚案件法制审核的部门组织。

第八十四条　听证应当由海关指定的非本案调查人员主持。听证主持人履行下列职权：

（一）决定延期、中止听证；

（二）就案件的事实、拟作出行政处罚的依据与理由进行提问；

（三）要求听证参加人提供或者补充证据；

（四）主持听证程序并维持听证秩序，对违反听证纪律的行为予以制止；

（五）决定有关证人、检测、检验、检疫、技术鉴定人是否参加听证。

第八十五条　听证参加人包括当事人及其代理人、第三人及其代理人、案件调查人员；其他人员包括证人、翻译人员、检测、检验、检疫、技术鉴定人。

第八十六条　与案件处理结果有直接利害关系的公民、法人或者其他组织要求参加听证的，可以作为第三人参加听证；为查明案情，必要时，听证主持人也可以通知其参加听证。

第八十七条　当事人、第三人可以委托一至二名代理人参加听证。

第八十八条　案件调查人员是指海关负责行政处罚案件调查取证并参加听证的执法人员。

在听证过程中，案件调查人员陈述当事人违法的事实、证据、拟作出的行政处罚决定及其法律依据，并同当事人进行质证、辩论。

第八十九条　经听证主持人同意，当事人及其代理人、第三人及其代理人、案件调查人员可以要求证人、检测、检验、检疫、技术鉴定人参加听证，并在举行听证的一个工作日前提供相关人员的基本情况。

第二节　听证的申请与决定

第九十条　当事人要求听证的，应当在海关告知其听证权利之日起五个工作日内向海关提出。

第九十一条　海关决定组织听证的，应当自收到听证申请之日起二十个工作日以内举行听证，并在举行听证的七个工作日前将举行听证的时间、地点通知听证参加人和其他人员。

第九十二条　有下列情形之一的，海关应当作出不予听证的决定：

（一）申请人不是本案当事人或者其代理人；

（二）未在收到行政处罚告知单之日起五个工作日内要求听证的；

（三）不属于本规定第八十二条规定范围的。

决定不予听证的，海关应当在收到听证申请之日起三个工作日以内制作海关行政处罚不予听证通知书，并及时送达申请人。

第三节　听证的举行

第九十三条　听证参加人及其他人员应当遵守以下听证纪律：

（一）听证参加人及其他人员应当遵守听证秩序，经听证主持人同意后，才能进行陈述和辩论；

（二）旁听人员不得影响听证的正常进行；

（三）准备进行录音、录像、摄影和采访的，应当事先报经听证主持人批准。

第九十四条　听证应当按照下列程序进行：

（一）听证主持人核对当事人及其代理人、第三人及其代理人、案件调查人员的身份；

（二）听证主持人宣布听证参加人、翻译人员、检测、检验、检疫、技术鉴定人名单，询问当事人及其代理人、第三人及其代理人、案件调查人员是否申请回避；

（三）宣布听证纪律；

（四）听证主持人宣布听证开始并介绍案由；

（五）案件调查人员陈述当事人违法事实，出示相关证据，提出拟作出的行政处罚决定和依据；

（六）当事人及其代理人陈述、申辩，提出意见和主张；

（七）第三人及其代理人陈述，提出意见和主张；

（八）听证主持人就案件事实、证据、处罚依据进行提问；

（九）当事人及其代理人、第三人及其代理人、案件调查人员相互质证、辩论；

（十）当事人及其代理人、第三人及其代理人、案件调查人员作最后陈述；

（十一）宣布听证结束。

第九十五条　有下列情形之一的，应当延期举行听证：

（一）当事人或者其代理人因不可抗力或者有其他正当理由无法到场的；

（二）临时决定听证主持人、听证员或者记录员回避，不能当场确定更换人选的；

（三）作为当事人的法人或者其他组织有合并、分立或者其他资产重组情形，需要等待权利义务承受人的；

（四）其他依法应当延期举行听证的情形。

延期听证的原因消除后，由听证主持人重新确定举行听证的时间，并在举行听证的三个工作日前书面告知听证参加人及其他人员。

第九十六条　有下列情形之一的，应当中止举行听证：

（一）需要通知新的证人到场或者需要重新检测、检验、检疫、技术鉴定、补充证据的；

（二）当事人因不可抗力或者有其他正当理由暂时无法继续参加听证的；

（三）听证参加人及其他人员不遵守听证纪律，造成会场秩序混乱的；

（四）其他依法应当中止举行听证的情形。

中止听证的原因消除后，由听证主持人确定恢复举行听证的时间，并在举行听证的三个工作日前书面告知听证参加人及其他人员。

第九十七条　有下列情形之一的，应当终止举行听证：

（一）当事人及其代理人撤回听证申请的；

（二）当事人及其代理人无正当理由拒不出席听证的；

（三）当事人及其代理人未经许可中途退出听证的；

（四）当事人死亡或者作为当事人的法人、其他组织终止，没有权利义务承受人的；

（五）其他依法应当终止听证的情形。

第九十八条　听证应当制作笔录，听证笔录应当载明下列事项：

（一）案由；

（二）听证参加人及其他人员的姓名或者名称；

（三）听证主持人、听证员、记录员的姓名；

（四）举行听证的时间、地点和方式；

（五）案件调查人员提出的本案的事实、证据和拟作出的行政处罚决定及其依据；

（六）陈述、申辩和质证的内容；

（七）证人证言；

（八）按规定应当载明的其他事项。

第九十九条　听证笔录应当由听证参加人及其他人员确认无误后逐页进行签字或者盖章。对记录内容有异议的可以当场更正后签字或者盖章确认。

听证参加人及其他人员拒绝签字或者盖章的，由听证主持人在听证笔录上注明。

第一百条　听证结束后，海关应当根据听证笔录，依照本规定第六十八条至第七十二条的规定进行复核及作出决定。

第六章 简易程序和快速办理
第一节 简易程序

第一百零一条 违法事实确凿并有法定依据，对公民处以二百元以下、对法人或者其他组织处以三千元以下罚款或者警告的行政处罚的，海关可以适用简易程序当场作出行政处罚决定。

第一百零二条 执法人员当场作出行政处罚决定的，应当向当事人出示执法证件，填写预定格式、编有号码的行政处罚决定书，并当场交付当事人。当事人拒绝签收的，应当在行政处罚决定书上注明。

前款规定的行政处罚决定书应当载明当事人的违法行为，行政处罚的种类和依据、罚款数额、时间、地点，申请行政复议、提起行政诉讼的途径和期限以及海关名称，并由执法人员签名或者盖章。

执法人员当场作出的行政处罚决定，应当报所属海关备案。

第二节 快速办理

第一百零三条 对不适用简易程序，但是事实清楚，当事人书面申请、自愿认错认罚且有其他证据佐证的行政处罚案件，符合以下情形之一的，海关可以通过简化取证、审核、审批等环节，快速办理案件：

（一）适用《海关行政处罚实施条例》第十五条第一项、第二项规定进行处理的；

（二）报关企业、报关人员对委托人所提供情况的真实性未进行合理审查，或者因为工作疏忽致使发生《海关行政处罚实施条例》第十五条第一项、第二项规定情形的；

（三）适用《海关行政处罚实施条例》第二十条至第二十三条规定进行处理的；

（四）违反海关监管规定携带货币进出境的；

（五）旅检渠道查获走私货物、物品价值在五万元以下的；

（六）其他违反海关监管规定案件货物价值在五十万元以下或者物品价值在十万元以下，但是影响国家出口退税管理案件货物申报价格在五十万元以上的除外；

（七）法律、行政法规、海关规章规定处警告、最高罚款三万元以下的；

（八）海关总署规定的其他情形。

第一百零四条　快速办理行政处罚案件，当事人在自行书写材料或者查问笔录中承认违法事实、认错认罚，并有查验、检查记录、鉴定意见等关键证据能够相互印证的，海关可以不再开展其他调查取证工作。

使用执法记录仪等设备对当事人陈述或者海关查问过程进行录音录像的，录音录像可以替代当事人自行书写材料或者查问笔录。必要时，海关可以对录音录像的关键内容及其对应的时间段作文字说明。

第一百零五条　海关快速办理行政处罚案件的，应当在立案之日起七个工作日内制发行政处罚决定书或者不予行政处罚决定书。

第一百零六条　快速办理的行政处罚案件有下列情形之一的，海关应当依照本规定第三章至第五章的规定办理，并告知当事人：

（一）海关对当事人提出的陈述、申辩意见无法当场进行复核的；

（二）海关当场复核后，当事人对海关的复核意见仍然不服的；

（三）当事人要求听证的；

（四）海关认为违法事实需要进一步调查取证的；

（五）其他不宜适用快速办理的情形。

快速办理阶段依法收集的证据，可以作为定案的根据。

第七章　处理决定的执行

第一百零七条　海关作出行政处罚决定后，当事人应当在行政处罚决定书载明的期限内，予以履行。

海关作出罚款决定的，当事人应当自收到行政处罚决定书之日起十五日内，到指定的银行或者通过电子支付系统缴纳罚款。

第一百零八条　当事人确有经济困难向海关提出延期或者分期缴纳罚款的，应当以书面方式提出申请。

海关收到当事人延期、分期缴纳罚款的申请后，应当在十个工作日内作出是否准予延期、分期缴纳罚款的决定，并且制发通知书送达申请人。

第一百零九条　当事人逾期不履行行政处罚决定的，海关可以采取下列措施：

（一）到期不缴纳罚款的，每日按照罚款数额的百分之三加处罚款，加处罚款的数额不得超出罚款的数额；

（二）当事人逾期不履行海关的处罚决定又不申请复议或者向人民法院提起诉讼的，海关可以将其保证金抵缴或者将其被扣留的货物、物品、运输工具依法变价抵缴，也可以申请人民法院强制执行；

（三）根据法律规定，采取其他行政强制执行方式。

第一百一十条　受海关处罚的当事人或者其法定代表人、主要负责人在出境前未缴清罚款、违法所得和依法追缴的货物、物品、走私运输工具等值价款的，也未向海关提供相当于上述款项担保的，海关可以依法制作阻止出境协助函，通知出境管理机关阻止其出境。

阻止出境协助函应当随附行政处罚决定书等相关法律文书，并且载明被阻止出境人员的姓名、性别、出生日期、出入境证件种类和号码。被阻止出境人员是外国人、无国籍人员的，应当注明其英文姓名。

第一百一十一条　当事人或者其法定代表人、主要负责人缴清罚款、违法所得和依法追缴的货物、物品、走私运输工具等值价款的，或者向海关提供相当于上述款项担保的，海关应当及时制作解除阻止出境协助函通知出境管理机关。

第一百一十二条　将当事人的保证金抵缴或者将当事人被扣留的货物、物品、运输工具依法变价抵缴罚款之后仍然有剩余的，应当及时发还或者解除扣留、解除担保。

第一百一十三条　自海关送达解除扣留通知书之日起三个月内，当事人无正当理由未到海关办理有关货物、物品、运输工具或者其他财产的退还手续的，海关应当发布公告。

自公告发布之日起三十日内，当事人仍未办理退还手续的，海关可以依法将有关货物、物品、运输工具或者其他财产提取变卖，并且保留变卖价款。

变卖价款在扣除自海关送达解除扣留通知书之日起算的仓储等相关费用后，尚有余款的，自海关公告发布之日起一年内，当事人仍未办理退还手续的，海关应当将余款上缴国库。

未予变卖的货物、物品、运输工具或者其他财产，自海关公告发布之日起一年内，当事人仍未办理退还手续的，由海关依法处置。

第一百一十四条　自海关送达解除担保通知书之日起三个月内，当事人无正当理由未办理财产、权利退还手续的，海关应当发布公告。

自海关公告发布之日起一年内，当事人仍未办理退还手续的，海关应当将担保财产、权利依法变卖或者兑付后，上缴国库。

第一百一十五条　当事人实施违法行为后，发生企业分立、合并或者其他资产重组等情形，对当事人处以罚款、没收违法所得或者依法追缴货物、物品、走私运输工具等值价款的，应当以承受其权利义务的法人、组织作为被执行人。

第一百一十六条　当事人对行政处罚决定不服，申请行政复议或者提起行政诉讼的，行政处罚不停止执行，法律另有规定的除外。

当事人申请行政复议或者提起行政诉讼的，加处罚款的数额在行政复议或者行政诉讼期间不予计算。

第一百一十七条　有下列情形之一的，中止执行：

（一）处罚决定可能存在违法或者不当情况的；

（二）申请人民法院强制执行，人民法院裁定中止执行的；

（三）行政复议机关、人民法院认为需要中止执行的；

（四）海关认为需要中止执行的其他情形。

根据前款第一项情形中止执行的，应当经海关负责人批准。

中止执行的情形消失后，海关应当恢复执行。对没有明显社会危害，当事人确无能力履行，中止执行满三年未恢复执行的，海关不再执行。

第一百一十八条　有下列情形之一的，终结执行：

（一）据以执行的法律文书被撤销的；

（二）作为当事人的自然人死亡，无遗产可供执行，又无义务承受人的；

（三）作为当事人的法人或者其他组织被依法终止，无财产可供执行，又无义务承受人的；

（四）海关行政处罚决定履行期限届满超过二年，海关依法采取各种执行措施后仍无法执行完毕的，但是申请人民法院强制执行的除外；

（五）申请人民法院强制执行的，人民法院裁定中止执行后超过二年仍无法执行完毕的；

（六）申请人民法院强制执行后，人民法院裁定终结本次执行程序或者终结执行的；

（七）海关认为需要终结执行的其他情形。

第一百一十九条　海关申请人民法院强制执行，应当自当事人的法定起诉期限届满之日起三个月内提出。

海关批准延期、分期缴纳罚款的，申请人民法院强制执行的期限，自暂缓或者分期缴纳罚款期限结束之日起计算。

第八章 附 则

第一百二十条 执法人员玩忽职守、徇私舞弊、滥用职权、索取或者收受他人财物的，依法给予处分；构成犯罪的，依法追究刑事责任。

第一百二十一条 海关规章对办理行政处罚案件的程序有特别规定的，从其规定。

第一百二十二条 海关侦查走私犯罪公安机构办理治安管理处罚案件的程序依照《中华人民共和国治安管理处罚法》《公安机关办理行政案件程序规定》执行。

第一百二十三条 海关对外国人、无国籍人、外国法人或者其他组织给予行政处罚的，适用本规定。

第一百二十四条 本规定由海关总署负责解释。

第一百二十五条 本规定自 2021 年 7 月 15 日起施行。2006 年 1 月 26 日海关总署令第 145 号公布、根据 2014 年 3 月 13 日海关总署令第 218 号修改的《中华人民共和国海关行政处罚听证办法》，2007 年 3 月 2 日海关总署令第 159 号公布、根据 2014 年 3 月 13 日海关总署令第 218 号修改的《中华人民共和国海关办理行政处罚案件程序规定》，2010 年 3 月 1 日海关总署令第 188 号公布的《中华人民共和国海关办理行政处罚简单案件程序规定》同时废止。

残疾人专用品免征进口税收暂行规定

海关总署令 1997 年第 61 号

（1997 年 1 月 22 日国务院批准　1997 年 4 月 10 日海关总署令第 61 号发布　自发布之日起施行）

第一条　为了支持残疾人康复工作，有利于残疾人专用品进口，制定本规定。

第二条　进口下列残疾人专用品，免征进口关税和进口环节增值税、消费税：

（一）肢残者用的支辅具，假肢及其零部件，假眼，假鼻，内脏托带，矫形器，矫形鞋，非机动助行器，代步工具（不包括汽车、摩托车），生活自助具，特殊卫生用品；

（二）视力残疾者用的盲杖，导盲镜，助视器，盲人阅读器；

（三）语言、听力残疾者用的语言训练器；

（四）智力残疾者用的行为训练器，生活能力训练用品。

进口前款所列残疾人专用品，由纳税人直接在海关办理免税手续。

第三条　有关单位进口的国内不能生产的下列残疾人专用品，按隶属关系经民政部或者中国残疾人联合会批准，并报海关总署审核后，免征进口关税和进口环节增值税、消费税：

（一）残疾人康复及专用设备，包括床房监护设备、中心监护设备、生化分析仪和超声诊断仪；

（二）残疾人特殊教育设备和职业教育设备；

（三）残疾人职业能力评估测试设备；

（四）残疾人专用劳动设备和劳动保护设备；

（五）残疾人文体活动专用设备；

（六）假肢专用生产、装配、检测设备，包括假肢专用铣磨机、假肢专用真空成型机、假肢专用平板加热器和假肢综合检测仪；

（七）听力残疾者用的助听器。

第四条　本规定第三条规定的有关单位，是指：

（一）民政部直属企事业单位和省、自治区、直辖市民政部门所属福利机构、假肢厂和荣誉军人康复医院（包括各类革命伤残军人休养院、荣军医院和荣军康复医院）；

（二）中国残疾人联合会（中国残疾人福利基金会）直属事业单位和省、自治区、直辖市残疾人联合会（残疾人福利基金会）所属福利机构和康复机构。

第五条　依据本规定免税进口的残疾人专用品，不得擅自移作他用。

违反前款规定，将免税进口的物品擅自移作他用，构成走私罪的，依法追究刑事责任；尚不构成犯罪的，按走私行为或者违反海关监管规定的行为论处。

第六条　海关总署根据本规定制定实施办法。

第七条　本规定自发布之日起施行。

关于开展税收征管方式改革试点工作的公告

海关总署公告 2016 年第 62 号

（海关总署 2016 年 10 月 29 日发布，2016 年 11 月 1 日施行）

为进一步引导进出口企业、单位守法自律，体现"诚信守法便利、失信违法惩戒"，保障海关统一执法，提升通关便利化水平，海关总署决定开展税收征管方式改革试点工作。现将有关事项公告如下：

一、试点范围

在全国口岸海运、陆运、空运进口的《中华人民共和国进出口税则》（以下简称《税则》）第 80、81、82 章商品。

在上海口岸海运进口、向上海海关申报的《税则》第 84、85、90 章商品。

在上海口岸空运进口、向上海海关申报的《税则》第 84、85、90 章商品（限上海海关注册进出口企业、单位，不含快件）。

在北京、宁波口岸进口的《税则》第 84、85、90 章商品，分批纳入试点范围。

涉及公式定价、特案以及尚未实现电子联网的优惠贸易协定项下原产地证书或者原产地声明的，不纳入试点范围。

二、主要内容

（一）自主申报、自行缴税（自报自缴）。

进出口企业、单位在办理海关预录入时，应当如实、规范填报报关单各项目，利用预录入系统的海关计税（费）服务工具计算应缴纳的相关税费，并对系统显示的税费计算结果进行确认，连同报关单预录入内容一并提交海关。

进出口企业、单位在收到海关通关系统发送的回执后，自行办理相关税费缴纳手续；需要纸质税款缴款书的，可到申报地海关现场打印，该纸质税款缴款书上注明"自报自缴"字样，属于缴税凭证，不具有海关行政决定属性。

（二）税收要素审核后置。

货物放行后，海关对进出口企业、单位申报的价格、归类、原产地等税收要素进行抽查审核；特殊情况下，海关实施放行前的税收要素审核。相关进出口企业、单位应当根据海关要求，配合海关做好税收征管工作。

进出口企业、单位主动向海关书面报告其违反海关监管规定的行为并接受海关处理，经海关认定为主动披露的，海关应当从轻或者减轻处罚；违法行为轻微并及时纠正，没有造成危害后果的，不予行政处罚。对主动披露并补缴税款的，海关可以减免滞纳金。

本公告自 2016 年 11 月 1 日起施行。其中，《税则》第 84、85、90 章商品的试点自 2016 年 12 月 1 日起施行。

特此公告。

海关总署
2016 年 10 月 29 日

关于开展"两步申报"改革试点的公告

海关总署公告 2019 年第 127 号

（2019 年 7 月 31 日发布，2019 年 8 月 24 日实施）

为贯彻落实国务院"放管服"改革要求，进一步优化营商环境，促进贸易便利化，海关总署决定在部分海关开展进口货物"两步申报"改革试点。现就有关事项公告如下：

一、"两步申报"内容

在"两步申报"通关模式下，第一步，企业概要申报后经海关同意即可提离货物；第二步，企业在规定时间内完成完整申报。

（一）对应税货物，企业需提前向注册地直属海关关税职能部门提交税收担保备案申请；担保额度可根据企业税款缴纳情况循环使用。

（二）第一步概要申报。企业向海关申报进口货物是否属于禁限管制、是否依法需要检验或检疫（是否属法检目录内商品及法律法规规定需检验或检疫的商品）、是否需要缴纳税款。

不属于禁限管制且不属于依法需检验或检疫的，申报 9 个项目，并确认涉及物流的 2 个项目，应税的须选择符合要求的担保备案编号；属于禁限管制的需增加申报 2 个项目；依法需检验或检疫的需增加申报 5 个项目（详见附件 1）。

（三）第二步完整申报。企业自运输工具申报进境之日起 14 日内完成完整申报，办理缴纳税款等其他通关手续。税款缴库后，企业担保额度自动恢复。如概要申报时选择不需要缴纳税款，完整申报时经确认为需要缴纳税款的，企业应当按照进出口货物报关单撤销的相关规定办理。

（四）加工贸易和海关特殊监管区域内企业以及保税监管场所的货物申报在使用金关二期系统开展"两步申报"时，第一步概要申报环节不使用保税核注清单，第二步完整申报环节报关单按原有模式，由保税核注清单生成。

（五）报关单申报项目填制要求按照《海关总署关于修订〈中华人民共和国海关进出口货物报关单填制规范〉的公告》（海关总署公告 2019 年第 18 号）执行。

（六）启动"两步申报"试点同时保留现有申报模式，企业可自行选择上述二种模式之一进行申报。

二、试点海关范围

（一）满洲里海关隶属十八里海关；

（二）杭州海关隶属钱江海关驻下沙办事处、舟山海关；

（三）宁波海关隶属梅山海关；

（四）青岛海关隶属烟台海关驻港口办事处、驻机场办事处；

（五）深圳海关隶属深圳湾海关、蛇口海关；

（六）黄埔海关隶属新港海关、穗东海关。

三、"两步申报"试点条件

试点期间，适用"两步申报"需同时满足下列条件：

（一）境内收发货人信用等级是一般信用及以上的；

（二）经由试点海关实际进境货物的；

（三）涉及的监管证件已实现联网核查的（见附件2）。

转关业务暂不适用"两步申报"模式。

本公告自 2019 年 8 月 24 日起实施。

特此公告。

附件：

1. 概要申报项目 .docx（略）

2. 已实现联网的监管证件 .docx（略）

海关总署

2019 年 7 月 31 日

关于优化汇总征税制度的公告

海关总署公告 2017 年第 45 号

（2017 年 9 月 20 日发布，2017 年 9 月 21 日施行）

为进一步服务企业，压缩通关时间，海关总署决定进一步优化汇总征税制度。现将有关事项公告如下：

一、所有海关注册登记企业均可适用汇总征税模式（"失信企业"除外）。汇总征税企业是指进出口报关单上的收发货人。

二、有汇总征税需求的企业，向注册地直属海关关税职能部门（以下简称"属地关税职能部门"）提交税款总担保（以下简称"总担保"）备案申请，总担保应当依法以保函等海关认可的形式；保函受益人应包括企业注册地直属海关以及其他进出口地直属海关；担保范围为担保期限内企业进出口货物应缴纳的海关税款和滞纳金（保函格式见附件）；担保额度可根据企业税款缴纳情况循环使用。

三、企业申报时选择汇总征税模式的，一份报关单使用一个总担保备案编号。

四、无布控查验等海关要求事项的汇总征税报关单担保额度扣减成功，海关即放行。

五、汇总征税报关单采用有纸模式的，企业应在货物放行之日起 10 日内递交纸质报关单证，至当月底不足 10 日的，应在当月底前递交。

六、企业应于每月第 5 个工作日结束前，完成上月应纳税款的汇总电子支付。税款缴库后，企业担保额度自动恢复。

企业未按规定缴纳税款的，海关径行打印海关税款缴款书，交付或通知企业履行纳税义务；企业未在规定期限内缴税的，海关办理保证金转税手续或通知担保机构履行担保纳税义务。

七、企业办理汇总征税时，有滞报金等其他费用的，应在货物放行前缴清。

八、企业出现欠税风险的，进出口地直属海关暂停企业适用汇总征税；风险解除后，经注册地直属海关确认，恢复企业适用汇总征税。

九、担保机构是银行或其他非银行金融机构的，应符合以下条件：

（一）具有良好资信和较大资产规模；

（二）无滞压或延迟海关税款入库情事；

（三）承诺对担保期限内企业申报进出口货物应纳税款、滞纳金承担足额、及时汇总缴纳的保付责任；

（四）与海关建立保函真伪验核机制。

担保机构不具备资金偿付能力、拒不履行担保责任或不配合海关税收征管工作的，属地关税职能部门拒绝接受其保函。

十、企业信用状况被下调为失信企业或保函担保期限届满，属地关税职能部门确认企业已按期履行纳税义务的，可根据企业或担保机构申请退还保函正本。

十一、本公告自 2017 年 9 月 21 日起施行，海关总署 2015 年第 33 号公告同时废止。2017 年 9 月 21 日前海关已备案的汇总征税总担保保函继续有效。

特此公告。

附件：总担保保函格式 .doc（略）

海关总署

2017 年 9 月 20 日

关于明确进出口货物税款缴纳期限的公告

海关总署公告 2022 年第 61 号

（2022 年 7 月 15 日发布，2022 年 7 月 15 日施行）

为加强海关税收征管，进一步做好纳税服务，现将进出口货物税款缴纳有关事项公告如下：

一、海关制发税款缴纳通知并通过"单一窗口"和"互联网＋海关"平台推送至纳税义务人。

二、纳税义务人应当自海关税款缴纳通知制发之日起 15 日内依法缴纳税款；采用汇总征税模式的，纳税义务人应当自海关税款缴纳通知制发之日起 15 日内或次月第 5 个工作日结束前依法缴纳税款。未在上述期限内缴纳税款的，海关自缴款期限届满之日起至缴清税款之日止，按日加收滞纳税款万分之五的滞纳金。

三、纳税义务人自行打印的版式化《海关专用缴款书》，其"填发日期"为海关税款缴纳通知制发之日。

四、本公告自印发之日起施行。海关总署公告 2017 年第 45 号与本公告不一致的，以本公告为准。海关总署公告 2018 年第 117 号同时废止。

特此公告。

海关总署

2022 年 7 月 15 日

关于公式定价进口货物完税价格确定有关问题的公告

海关总署公告 2021 年第 44 号

（2021 年 6 月 18 日发布，2021 年 9 月 1 日实施）

为推进税收征管改革，提升通关便利化水平，根据《中华人民共和国进出口关税条例》《中华人民共和国海关进出口货物征税管理办法》《中华人民共和国海关审定进出口货物完税价格办法》（以下简称《审价办法》）和《中华人民共和国海关审定内销保税货物完税价格办法》（以下简称《内销保税货物审价办法》）的规定，现将公式定价进口货物完税价格确定的有关规定公告如下：

一、本公告所称的公式定价，是指在向中华人民共和国境内销售货物所签订的合同中，买卖双方未以具体明确的数值约定货物价格，而是以约定的定价公式确定货物结算价格的定价方式。

结算价格是指买方为购买该货物实付、应付的价款总额。

二、对同时符合下列条件的进口货物，以合同约定定价公式所确定的结算价格为基础确定完税价格：

（一）在货物运抵中华人民共和国境内前或保税货物内销前，买卖双方已书面约定定价公式；

（二）结算价格取决于买卖双方均无法控制的客观条件和因素；

（三）自货物申报进口之日起 6 个月内，能够根据合同约定的定价公式确定结算价格；

（四）结算价格符合《审价办法》中成交价格的有关规定。

三、纳税义务人应当在公式定价合同项下首批货物进口或内销前，向首批货物申报地海关或企业备案地海关提交《公式定价合同海关备案表》（详见附件 1，以下简称《备案表》），如实填写相关备案信息。海关自收齐《备案表》及相关材料之日起 3 个工作日内完成备案确认。

对于货物申报进口时或在"两步申报"通关模式下完整申报时能够确定货物结算价格的，纳税义务人无需向海关提交《备案表》。

四、纳税义务人申请备案需提供的材料包括：

（一）进口货物合同、协议（包括长期合同、总合同等）；

（二）定价公式的作价基础、计价期、结算期、折扣、成分含量、数量等影响价格的要素，以及进境关别、申报海关、批次和数量安排等情况说明；

（三）相关说明及其他有关资料。

五、纳税义务人申报进口公式定价货物，因故未能事先向海关备案的，应当在合同项下首批货物申报进口时补办备案手续。

六、经海关备案的公式定价合同发生变更的，纳税义务人应当在变更合同项下首批货物申报进口前，向原备案海关办理备案变更手续。

七、公式定价货物进口时结算价格不能确定，以暂定价格申报的，纳税义务人应当向海关办理税款担保。

八、纳税义务人申报进口货物时，应当根据实际情况填报报关单"公式定价确认""暂定价格确认"栏目，在报关单备注栏准确填写公式定价备案号，填制要求详见附件2。

九、自货物申报进口之日起6个月内不能确定结算价格的，海关根据《审价办法》《内销保税货物审价办法》的相关规定审查确定完税价格。经纳税义务人申请，申报地海关同意，可以延长结算期限至9个月。

十、纳税义务人应当在公式定价货物结算价格确定之日起30日内向海关提供确定结算价格的相关材料，办理报关单修改手续，包括将"暂定价格确认"调整为"否"以及其他相关申报项目调整等内容。同时，办理税款缴纳及其他海关手续。结算价格确定之日为卖方根据定价公式出具最终结算发票的日期。

十一、本公告自2021年9月1日起施行，海关总署公告2015年第15号同时废止，海关总署公告2019年第18号附件《中华人民共和国海关进出口货物报关单填制规范》中有关规定与本公告不符的，以本公告为准。

特此公告。

附件：

1. 公式定价合同海关备案表（样本）（略）

2. 报关单填制要求（略）

海关总署

2021年6月18日

667

关于加工贸易保税货物内销征收缓税利息适用利息率调整

海关总署公告 2009 年第 13 号

（2009 年 3 月 6 日发布，2009 年 3 月 6 日执行）

为稳步推进加工贸易转型升级，改善加工贸易发展环境，积极支持扩大内需，经国务院批准，现就加工贸易保税货物内销征收缓税利息适用利息率调整的有关问题公告如下：

一、缓税利息的利息率

加工贸易保税货物内销征收缓税利息适用的利息率暂由参照一年期贷款基准利率调整为参照中国人民银行公布的活期存款利率（以下简称"活期存款利率"）执行。

二、缓税利息的征收及计算公式

加工贸易缓税利息应根据填发海关税款缴款书时海关总署公布的最新缓税利息率按日征收。缓税利息计算公式如下：

应征缓税利息 ＝ 应征税额 × 计息期限 × 缓税利息率 / 360

本公告自发布之日起执行。《海关总署、财政部、商务部、人民银行、税务总局关于调整加工贸易商品内销征收缓税利息率有关问题的公告》（海关总署、财政部、商务部、人民银行、税务总局 2006 年第 52 号公告）同时废止。

特此公告。

海关总署

二〇〇九年三月六日

关于加工贸易保税货物内销缓税利息的征收和退还涉及的有关问题

海关总署公告 2009 年第 14 号

（2009 年 3 月 16 日发布，2009 年 3 月 16 日施行）

根据《中华人民共和国进出口关税条例》(国务院令第 392 号,以下简称《关税条例》)、《国务院办公厅转发国家经贸委等部门〈关于进一步完善加工贸易银行保证金台账制度的意见〉的通知》（国办发〔1999〕35 号）和海关总署 2009 年第 13 号公告等规定，现就加工贸易保税货物内销缓税利息的征收和退还涉及的有关问题公告如下：

一、加工贸易保税货物在规定的有效期限内（包括经批准延长的期限）全部出口的，由海关通知中国银行将保证金及其活期存款利息全部退还。

二、加工贸易保税料件或制成品内销的,海关除依法征收税款外,还应加征缓税利息。缓税利息具体征收办法如下：

（一）缓税利息的利率参照中国人民银行公布的活期存款利率执行，现为 0.36%。

海关将根据中国人民银行公布的活期存款利率即时调整并执行。

（二）利率的适用：

海关根据填发税款缴款书时的利率计征缓税利息。

（三）缓税利息的征收及计算公式：

加工贸易缓税利息应根据填发海关税款缴款书时海关总署调整的最新缓税利息率按日征收。缓税利息计算公式如下：

应征缓税利息 = 应征税额 × 计息期限 × 缓税利息率 / 360

（四）计息期限的确定：

1. 加工贸易保税料件或制成品经批准内销的，缓税利息计息期限的起始日期为内销料件或制成品所对应的加工贸易合同项下首批料件进口之日；加工贸易 E 类电子帐册项下的料件或制成品内销时，起始日期为内销料件或制成品所对应电子帐册的最近一次核销之日（若没有核销日期的，则为电子帐册的首批料件进口之日）。

对上述货物征收缓税利息的终止日期为海关填发税款缴款书之日。

2. 加工贸易保税料件或制成品未经批准擅自内销，违反海关监管规定的，缓税利息计息期限的起始日期为内销料件或制成品所对应的加工贸易合同项下首批料件进口之日；若内销涉及多本合同，且内销料件或制成品与合同无法一一对应的，则计息的起始日期为最近一本合同项下首批料件进口之日；若加工贸易 E 类电子帐册项下的料件或制成品擅自内销的，则计息的起始日期为内销料件或制成品所对应电子帐册的最近一次核销之日（若没有核销日期的，则为电子帐册的首批料件进口之日）；按照前述方法仍无法确定计息的起始日期的，则不再征收缓税利息。

违规内销计息的终止日期为保税料件或制成品内销之日。内销之日无法确定的，终止日期为海关发现之日。

加工贸易保税料件或制成品等违规内销的，还应根据《关税条例》的有关规定按海关总署 2004 年第 39 号公告第二条的规定征收滞纳金。

加工贸易保税货物需要后续补税，但海关未按违规处理的，缓税利息计息的起止日期比照上述规定办理。

3. 加工贸易边角料、剩余料件、残次品、副产品和受灾保税货物等内销需征收缓税利息的，亦应比照上述规定办理。

（五）对于实行保证金台账实转（包括税款保付保函）管理的加工贸易手册项下的保税货物，在办理内销征税手续时，如果海关征收的缓税利息大于对应台账保证金的利息，应由中国银行在海关税款缴款书上签注后退单，由海关重新开具两份缴款书，一份将台账保证金利息全额转为缓税利息，另一份将台账保证金利息不足部分单开海关税款缴款书，企业另行缴纳。

三、经审核准予内销的，海关应当做出准予内销的决定，签发《加工贸易货物内销征税联系单》并批注相关意见，同时，选择征收缓税利息的适用利率种类为"活期存款"，交经营企业办理通关手续。

经营企业凭《加工贸易货物内销征税联系单》纸质或电子数据办理通关手续。在填制内销报关单时，企业需在备注栏注明"活期"字样。

海关核对《加工贸易货物内销征税联系单》纸质或电子数据内容和内销报关单数据

内容并确认无误后，按现行有关规定办理内销货物审单、征税、放行等海关手续。

四、本公告自发布之日起施行，海关总署 2006 年第 53 号公告同时废止。

特此公告。

海关总署

二〇〇九年三月十六日

关于加工贸易集中办理内销征税手续的公告

海关总署公告 2013 年第 70 号

（2013 年月 12 月 16 日发布，2013 年月 12 月 16 日实施）

为支持加工贸易转型升级，引导企业更好地面向国际国内两个市场，延长加工贸易国内产业链，海关在前期试点的基础上，决定对全国 B 类及以上加工贸易企业全面推广实施内销集中办理纳税手续措施。根据《中华人民共和国海关对加工贸易货物监管办法》（海关总署令第 113 号，经海关总署令第 168、195 号修订）及其他有关规定，现就有关事项公告如下：

一、加工贸易内销集中征税是指符合条件的加工贸易企业先行内销加工贸易保税货物，再集中向主管海关办理内销纳税手续。

海关特殊监管区域内企业（H 账册企业）、区外联网监管企业（E 账册企业）按各自原有规定办理内销集中纳税手续，区外非联网监管的 B 类及以上企业按本公告办理内销集中纳税手续。

二、企业采用集中纳税模式办理内销手续，需事先向海关提交《集中办理内销纳税手续情况表》（见附件 1）备案，并按规定提供相应担保。

三、企业有下列情形之一的，海关不予办理：

（一）涉嫌走私、违规已被海关立案调查、侦查，案件未审结的；

（二）有逾期未报核加工贸易手册的；

（三）因为管理混乱被海关要求整改，在整改期内的。

四、企业办理内销集中纳税，应按以下要求向海关提供担保：

AA、A 类企业无需提供担保，B 类企业需提供有效担保，可采用海关保证金或有效期内银行保函两种形式；

B 类企业保证金（保函）金额 = 企业计划月内销纳税金额 × 50%

其中，企业计划月内销纳税金额 = 企业计划月内销货物金额 × 企业申请时汇率 × 综合税率（22%）

B 类企业有下列情形之一的，或主管海关有理由认为企业存在较高风险的，海关可视风险程度要求企业缴纳相当于企业月计划内销纳税金额的全额保证金（保函）：

（一）租赁厂房或者设备的；

（二）加工贸易手册两次或者两次以上延期的。

五、企业在备案环节已缴纳保证金，且已缴纳保证金金额超过上述第四条计算的保证金应缴金额的，无需重复缴纳；但若在企业内销集中征税期间，在备案环节缴纳保证金金额的手册已核销结案、备案环节征收的保证金已退还导致保证金金额不足时，应补缴相应保证金或变更保函金额；

企业月度内销纳税金额超出申请的月计划内销纳税金额时，应在额度超出前到主管海关补缴相应保证金或变更保函金额。

六、企业内销加工贸易货物后，须在当月月底前向主管海关集中办理《加工贸易内销征税联系单》，且不得超过手册有效期。

七、已适用内销集中纳税的加工贸易企业，有下列情形之一的，终止适用内销集中纳税：

（一）企业涉嫌走私、违规，被海关立案调查、侦查，案件未审结的；

（二）企业一年内月实际内销征税金额超过月计划纳税金额两次及以上，未及时到海关办理相应手续的；

（三）企业内销加工贸易货物后，未经海关批准不在规定时间内向主管海关办理集中申报手续的；

（四）企业先行内销加工贸易货物后无法按规定提交商务主管部门《加工贸易保税进口料件内销批准证》及其他许可证件的；

（五）企业手册到期未及时办理报核手续的；

（六）因管理混乱被海关要求整改的；

（七）企业被降为 C、D 类的；

（八）企业自主申请终止资格的。

企业终止内销集中征税，海关应在企业履行完纳税手续后为其办理保证金退还手续。

八、采用内销集中纳税的企业应及时填写《集中办理内销纳税手续发货记录单》（详见附件2），并在上述第六条规定的时间内，按规定凭商务主管部门《加工贸易保税进口料件内销批准证》办理内销申报手续。

九、加工贸易企业内销商品中如涉及许可证件管理的商品，应当取得相应许可证件后，向海关办理内销集中申报手续。

十、已取消商务主管部门《加工贸易保税进口料件内销征税批准证》审批省份的企业，办理内销集中申报手续时，不再收取《加工贸易保税进口料件内销征税批准证》。

十一、本办法自 2014 年 1 月 1 日起实施。

特此公告。

海关总署

2013 年 12 月 16 日

关于全面推广加工贸易边角废料内销网上公开拍卖共管机制的公告

海关总署公告2018年第218号

（2018年12月29日发布，2018年12月29日实施）

为维护公平、公正、公开的加工贸易边角废料内销交易秩序，推进内销便利化，为企业减负增效，海关总署决定在前期试点的基础上全面推广加工贸易边角废料内销网上公开拍卖共管机制。根据《中华人民共和国海关法》及有关法律、行政法规的规定，现就相关事项公告如下：

一、加工贸易边角废料内销网上公开拍卖共管机制是指经海关允许，加工贸易企业通过与海关联网的拍卖平台，委托具有法定资质的拍卖机构依法公开拍卖加工贸易边角废料，海关和相关主管部门共同对该交易行为实施管理。

二、本公告所称边角废料，包括加工贸易边角料、副产品和按照规定需要以残留价值征税的受灾保税货物，以及海关特殊监管区域内企业保税加工过程中产生的边角料、废品、残次品和副产品等保税货物。

三、对以网上公开拍卖方式内销的边角废料，海关以拍卖价格为基础审查确定完税价格。

四、同一批边角废料流拍3次以上、每次拍卖公告期不少于3日，且其中1次为无保留价竞价的，加工贸易企业可凭不再销售的书面承诺及有关流拍材料等资料，按规定直接向海关申请办理核销手续。

五、上海、南京、郑州、黄埔、重庆关区企业，可继续按原试点模式开展相关工作。

本公告自发布之日起实施。

特此公告。

海关总署

2018年12月29日

关于推广加工贸易料件内销征税"自报自缴"的公告

海关总署公告 2018 年第 196 号

（2018 年 12 月 13 日发布，2019 年 1 月 1 日施行）

为推进税收征管改革，提升通关便利化水平，海关总署决定推广加工贸易料件内销征税自主申报、自行缴税。现将有关事项公告如下：

进出口企业、单位在办理加工贸易料件内销征税预录入时，选择"自报自缴"后，无需再录入"料件首次进口日期"，利用预录入系统的海关计税（费）服务工具计算应缴纳的相关税费，并对系统显示的税费计算结果进行确认，连同报关单预录入内容一并提交海关。

本公告自 2019 年 1 月 1 日起施行。

特此公告。

海关总署

2018 年 12 月 13 日

关于调整加工贸易内销申报纳税办理时限的公告

海关总署公告 2020 年第 78 号

（2020 年 7 月 1 日发布，2020 年 7 月 1 日实施）

为落实党中央、国务院关于统筹推进新冠肺炎疫情防控和经济社会发展工作的决策部署，做好"六稳"工作、落实"六保"任务，支持加工贸易企业开拓国内市场，根据国务院有关部署要求，进一步放宽加工贸易内销申报纳税办理时限：

一、对符合条件按月办理内销申报纳税手续的海关特殊监管区域外加工贸易企业，在不超过手册有效期或账册核销截止日期的前提下，最迟可在季度结束后 15 天内完成申报纳税手续。

二、海关特殊监管区域内加工贸易企业，采用"分送集报"方式办理出区进入中华人民共和国关境内（海关特殊监管区域外）手续的，在不超过账册核销截止日期的前提下，最迟可在季度结束后 15 天内完成申报纳税手续，或按照现行规定进行申报纳税。

三、按季度申报纳税不得跨年操作，企业需在每年 4 月 15 日、7 月 15 日、10 月 15 日、12 月 31 日前进行申报。

本公告自发布之日起实施。

特此公告。

海关总署

2020 年 7 月 1 日

关于试行开展对美加征关税商品排除工作的公告

税委会公告 2019 年第 2 号

（2019 年 5 月 13 日发布）

根据《中华人民共和国海关法》《中华人民共和国对外贸易法》《中华人民共和国进出口关税条例》等有关法律法规规定，国务院关税税则委员会决定，试行开展对美加征关税商品排除工作，根据我国利益相关方的申请，将部分符合条件的商品排除出对美加征关税范围，采取暂不加征关税、具备退还税款条件的退还已加征关税税款等排除措施。对美加征关税商品排除工作试行办法见附件。

附件：对美加征关税商品排除工作试行办法（略）

国务院关税税则委员会

2019 年 5 月 13 日

关于开展对美加征关税商品市场化采购排除工作的公告

税委会公告 2020 年第 2 号

（2020 年 2 月 17 日发布）

为更好满足我国消费者日益增长的需要，加快受理企业排除申请，根据《中华人民共和国海关法》、《中华人民共和国对外贸易法》、《中华人民共和国进出口关税条例》等有关法律法规规定，国务院关税税则委员会决定，开展对美加征关税商品市场化采购排除工作，根据相关中国境内企业的申请，对符合条件、按市场化和商业化原则自美采购的进口商品，在一定期限内不再加征我对美 301 措施反制关税。具体事项如下：

一、申请主体

申请主体为拟签订合同自美采购并进口相关商品的中国境内企业。

二、可申请排除的商品范围

可申请排除商品清单为部分我已公布实施且未停止或未暂停加征对美 301 措施反制关税的商品，见附件。对清单外商品，申请主体可提出增列排除商品的申请。对已出台和今后经批准出台的进口减免税政策项下自美进口商品，以及快件渠道进口商品，自动予以排除并免于申请。纳入对美加征关税商品排除清单、在排除期限内的商品，也无需进行申请。

三、申请方式和时间

申请主体应通过排除申报系统（财政部关税政策研究中心），按要求填报并提交市场化采购排除申请。排除申报系统于 2020 年 3 月 2 日起接受申请。

四、申请填报要求

申请主体应根据上述网址关于排除申请的具体说明和要求，完整填写申请排除商品税则号列、采购计划金额等排除申请信息，以作为审核参考。申请增列排除商品的，还需填报加征关税对申请主体影响等必要说明。

申请主体应对填报信息的真实性负责，经核查发现填报虚假信息的，不考虑相关申请主体该项及后续若干批次的市场化采购排除申请。申请主体填报信息仅限于对美加征关税商品排除工作使用，未经申请主体同意不会向第三方公开，但法律法规和国家另有规定除外。

五、申请结果及采购实施

国务院关税税则委员会将根据申请主体填报信息，结合第一、二批对美加征关税商品排除申请情况，组织对有效申请逐一进行审核，并通过排除申报系统等方式，及时将排除申请结果通知申请主体。相关申请主体，自核准之日起一年内，进口核准金额范围内的商品不再加征我对美301措施反制关税；超出部分不予排除，需自行负担加征关税。核准前已加征的关税税款不予退还。对在进口合同中明确规定且数量在10%（含）以内的溢装商品，也适用上述排除措施。检验检疫等其他进口监管事项按现行规定执行。

申请主体需根据相关说明和要求，及时上传成交信息。经核准的采购计划，当月未成交部分在月底自动失效；超出当月采购计划的成交，需在规定时间内追加排除申请，经国务院关税税则委员会核准后予以排除。申请主体应在进口报关前，根据拟报关信息，通过排除申报系统提交自我声明并领取排除编号。国务院关税税则委员会在自我声明提交后3个工作日内予以核准，由排除申报系统生成排除编号。申请主体在报关单上填写排除编号，按海关规定办理报关手续。

附件：可申请排除商品清单（略）

国务院关税税则委员会

2020年2月17日

关于对美加征关税商品市场化采购排除通关事项的公告

海关总署公告 2020 年第 36 号

（2020 年 2 月 24 日发布，2020 年 3 月 2 日实施）

根据《中华人民共和国海关法》《中华人民共和国进出口关税条例》等法律法规，现就对美加征关税商品市场化采购排除（以下简称市场化排除）的进口通关手续事宜公告如下：

一、实施日期

自 2020 年 3 月 2 日起，海关接受市场化排除报关单进口申报。

二、报关单填报规范

已获得市场化排除编号的收货人，申报排除商品时应当在报关单"随附单证及编号"项下的"单证代码"栏选择反制措施排除代码"0"，并在"单证编号"栏输入 18 位排除编号，相关商品将不再加征对美 301 措施反制关税。

收货人申报时未填写排除编号的，相关报关单商品如涉及加征对美 301 措施反制关税，将实施加征关税。

三、自动排除事项

符合减免税政策的原产于美国的进口商品，收货人申报时应当在报关单备案号栏中填报海关出具的《海关进出口货物征免税证明》编号，将自动排除加征对美 301 措施反制关税。

低值货物类快件（C 类快件）中原产于美国的进口商品，将自动排除加征对美 301 措施反制关税。

已实施且在有效期内的其他排除措施仍按照现行规定办理通关手续，将自动排除加征对美 301 措施反制关税，无需填报排除编号。

四、关于担保等相关事宜

收货人自 2020 年 3 月 2 日起申报进口涉及加征对美 301 措施反制关税商品，如未取得排除编号，可以就此向海关申请凭税款担保先予放行货物。其他放行后向海关申请适用市场化排除措施的，海关不予受理，所征税款不予调整。

2020 年 3 月 2 日（含）后申报进口且符合减免税政策的原产于美国的商品，如此前出具的《海关进出口货物征免税证明》（简称《征免税证明》）已包含加征对美 301 措施反制关税的，减免税申请人可以向主管海关申请变更《征免税证明》。

通关中如遇问题，可拨打海关服务热线 12360 进行咨询。

特此公告。

海关总署

2020 年 2 月 24 日

关于跨境电子商务零售进出口商品有关监管事宜的公告

海关总署公告 2018 年第 194 号

（2018 年 12 月 10 日发布，2019 年 1 月 1 日施行）

为做好跨境电子商务零售进出口商品监管工作，促进跨境电子商务健康有序发展，根据《中华人民共和国海关法》、《中华人民共和国进出境动植物检疫法》、《中华人民共和国进出口商品检验法》、《中华人民共和国电子商务法》等法律法规和《商务部 发展改革委 财政部 海关总署 税务总局 市场监管总局关于完善跨境电子商务零售进口监管有关工作的通知》（商财发〔2018〕486 号）等国家有关跨境电子商务零售进出口相关政策规定，现就海关监管事宜公告如下：

一、适用范围

（一）跨境电子商务企业、消费者（订购人）通过跨境电子商务交易平台实现零售进出口商品交易，并根据海关要求传输相关交易电子数据的，按照本公告接受海关监管。

二、企业管理

（二）跨境电子商务平台企业、物流企业、支付企业等参与跨境电子商务零售进口业务的企业，应当依据海关报关单位注册登记管理相关规定，向所在地海关办理注册登记；境外跨境电子商务企业应委托境内代理人（以下称跨境电子商务企业境内代理人）向该代理人所在地海关办理注册登记。

跨境电子商务企业、物流企业等参与跨境电子商务零售出口业务的企业，应当向所在地海关办理信息登记；如需办理报关业务，向所在地海关办理注册登记。

物流企业应获得国家邮政管理部门颁发的《快递业务经营许可证》。直购进口模式下，物流企业应为邮政企业或者已向海关办理代理报关登记手续的进出境快件运营人。

支付企业为银行机构的，应具备银保监会或者原银监会颁发的《金融许可证》；支付企业为非银行支付机构的，应具备中国人民银行颁发的《支付业务许可证》，支付业务范围应当包括"互联网支付"。

（三）参与跨境电子商务零售进出口业务并在海关注册登记的企业，纳入海关信用管理，海关根据信用等级实施差异化的通关管理措施。

三、通关管理

（四）对跨境电子商务直购进口商品及适用"网购保税进口"（监管方式代码1210）进口政策的商品，按照个人自用进境物品监管，不执行有关商品首次进口许可批件、注册或备案要求。但对相关部门明令暂停进口的疫区商品和对出现重大质量安全风险的商品启动风险应急处置时除外。

适用"网购保税进口 A"（监管方式代码 1239）进口政策的商品，按《跨境电子商务零售进口商品清单（2018 版）》尾注中的监管要求执行。

（五）海关对跨境电子商务零售进出口商品及其装载容器、包装物按照相关法律法规实施检疫，并根据相关规定实施必要的监管措施。

（六）跨境电子商务零售进口商品申报前，跨境电子商务平台企业或跨境电子商务企业境内代理人、支付企业、物流企业应当分别通过国际贸易"单一窗口"或跨境电子商务通关服务平台向海关传输交易、支付、物流等电子信息，并对数据真实性承担相应责任。

直购进口模式下，邮政企业、进出境快件运营人可以接受跨境电子商务平台企业或跨境电子商务企业境内代理人、支付企业的委托，在承诺承担相应法律责任的前提下，向海关传输交易、支付等电子信息。

（七）跨境电子商务零售出口商品申报前，跨境电子商务企业或其代理人、物流企业应当分别通过国际贸易"单一窗口"或跨境电子商务通关服务平台向海关传输交易、收款、物流等电子信息，并对数据真实性承担相应法律责任。

（八）跨境电子商务零售商品进口时，跨境电子商务企业境内代理人或其委托的报关企业应提交《中华人民共和国海关跨境电子商务零售进出口商品申报清单》（以下简称《申报清单》），采取"清单核放"方式办理报关手续。

跨境电子商务零售商品出口时，跨境电子商务企业或其代理人应提交《申报清单》，采取"清单核放、汇总申报"方式办理报关手续；跨境电子商务综合试验区内符合条件的跨境电子商务零售商品出口，可采取"清单核放、汇总统计"方式办理报关手续。

《申报清单》与《中华人民共和国海关进（出）口货物报关单》具有同等法律效力。

按照上述第（六）至（八）条要求传输、提交的电子信息应施加电子签名。

（九）开展跨境电子商务零售进口业务的跨境电子商务平台企业、跨境电子商务企业境内代理人应对交易真实性和消费者（订购人）身份信息真实性进行审核，并承担相应责任；身份信息未经国家主管部门或其授权的机构认证的，订购人与支付人应当为同一人。

（十）跨境电子商务零售商品出口后，跨境电子商务企业或其代理人应当于每月15日前（当月15日是法定节假日或者法定休息日的，顺延至其后的第一个工作日），将上月结关的《申报清单》依据清单表头同一收发货人、同一运输方式、同一生产销售单位、同一运抵国、同一出境关别，以及清单表体同一最终目的国、同一10位海关商品编码、同一币制的规则进行归并，汇总形成《中华人民共和国海关出口货物报关单》向海关申报。

允许以"清单核放、汇总统计"方式办理报关手续的，不再汇总形成《中华人民共和国海关出口货物报关单》。

（十一）《申报清单》的修改或者撤销，参照海关《中华人民共和国海关进（出）口货物报关单》修改或者撤销有关规定办理。

除特殊情况外，《申报清单》、《中华人民共和国海关进（出）口货物报关单》应当采取通关无纸化作业方式进行申报。

四、税收征管

（十二）对跨境电子商务零售进口商品，海关按照国家关于跨境电子商务零售进口税收政策征收关税和进口环节增值税、消费税，完税价格为实际交易价格，包括商品零售价格、运费和保险费。

（十三）跨境电子商务零售进口商品消费者（订购人）为纳税义务人。在海关注册登记的跨境电子商务平台企业、物流企业或申报企业作为税款的代收代缴义务人，代为履行纳税义务，并承担相应的补税义务及相关法律责任。

（十四）代收代缴义务人应当如实、准确向海关申报跨境电子商务零售进口商品的商品名称、规格型号、税则号列、实际交易价格及相关费用等税收征管要素。

跨境电子商务零售进口商品的申报币制为人民币。

（十五）为审核确定跨境电子商务零售进口商品的归类、完税价格等，海关可以要求代收代缴义务人按照有关规定进行补充申报。

（十六）海关对符合监管规定的跨境电子商务零售进口商品按时段汇总计征税款，代收代缴义务人应当依法向海关提交足额有效的税款担保。

海关放行后30日内未发生退货或修撤单的，代收代缴义务人在放行后第31日至第45日内向海关办理纳税手续。

五、场所管理

（十七）跨境电子商务零售进出口商品监管作业场所必须符合海关相关规定。跨境电子商务监管作业场所经营人、仓储企业应当建立符合海关监管要求的计算机管理系统，并按照海关要求交换电子数据。其中开展跨境电子商务直购进口或一般出口业务的监管作业场所应按照快递类或者邮递类海关监管作业场所规范设置。

（十八）跨境电子商务网购保税进口业务应当在海关特殊监管区域或保税物流中心（B型）内开展。除另有规定外，参照本公告规定监管。

六、检疫、查验和物流管理

（十九）对需在进境口岸实施的检疫及检疫处理工作，应在完成后方可运至跨境电子商务监管作业场所。

（二十）网购保税进口业务：一线入区时以报关单方式进行申报，海关可以采取视频监控、联网核查、实地巡查、库存核对等方式加强对网购保税进口商品的实货监管。

（二十一）海关实施查验时，跨境电子商务企业或其代理人、跨境电子商务监管作业场所经营人、仓储企业应当按照有关规定提供便利，配合海关查验。

（二十二）跨境电子商务零售进出口商品可采用"跨境电商"模式进行转关。其中，跨境电子商务综合试验区所在地海关可将转关商品品名以总运单形式录入"跨境电子商务商品一批"，并需随附转关商品详细电子清单。

（二十三）网购保税进口商品可在海关特殊监管区域或保税物流中心（B型）间流转，按有关规定办理流转手续。以"网购保税进口"（监管方式代码1210）海关监管方式进境的商品，不得转入适用"网购保税进口A"（监管方式代码1239）的城市继续开展跨境电子商务零售进口业务。网购保税进口商品可在同一区域（中心）内的企业间进行流转。

七、退货管理

（二十四）在跨境电子商务零售进口模式下，允许跨境电子商务企业境内代理人或其委托的报关企业申请退货，退回的商品应当符合二次销售要求并在海关放行之日起30日内以原状运抵原监管作业场所，相应税款不予征收，并调整个人年度交易累计金额。

在跨境电子商务零售出口模式下，退回的商品按照有关规定办理有关手续。

（二十五）对超过保质期或有效期、商品或包装损毁、不符合我国有关监管政策等不适合境内销售的跨境电子商务零售进口商品，以及海关责令退运的跨境电子商务零售进口商品，按照有关规定退运出境或销毁。

（三十二）本公告自 2019 年 1 月 1 日起施行，施行时间以海关接受《申报清单》申报时间为准，未尽事宜按海关有关规定办理。海关总署公告 2016 年第 26 号同时废止。

境内跨境电子商务企业已签订销售合同的，其跨境电子商务零售进口业务的开展可延长至 2019 年 3 月 31 日。

特此公告。

海关总署

2018 年 12 月 10 日

关于跨境电子商务零售进出口商品有关监管事宜的公告

海关总署公告 2016 年第 26 号

（2016 年 4 月 6 日发布，2016 年 4 月 6 日施行）

为做好跨境电子商务零售进出口商品监管工作，促进电子商务健康有序发展，根据《海关法》和国家有关政策规定，以及《财政部　海关总署　国家税务总局关于跨境电子商务零售进口税收政策的通知》（财关税〔2016〕18 号）、《财政部等 11 个部门关于公布跨境电子商务零售进口商品清单的公告》（2016 年第 40 号）的有关规定，现就相关海关监管问题公告如下：

一、适用范围

（一）电子商务企业、个人通过电子商务交易平台实现零售进出口商品交易，并根据海关要求传输相关交易电子数据的，按照本公告接受海关监管。

二、企业管理

（二）参与跨境电子商务业务的企业应当事先向所在地海关提交以下材料：

1. 企业法人营业执照副本复印件；

2. 组织机构代码证书副本复印件（以统一社会信用代码注册的企业不需要提供）；

3. 企业情况登记表，具体包括企业组织机构代码或统一社会信用代码、中文名称、工商注册地址、营业执照注册号，法定代表人（负责人）、身份证件类型、身份证件号码、海关联系人、移动电话、固定电话，跨境电子商务网站网址等。

企业按照前款规定提交复印件的，应当同时向海关交验原件。

如需向海关办理报关业务，应当按照海关对报关单位注册登记管理的相关规定办理注册登记。

三、通关管理

（三）跨境电子商务零售进口商品申报前，电子商务企业或电子商务交易平台企业、支付企业、物流企业应当分别通过跨境电子商务通关服务平台（以下简称服务平台）如实向海关传输交易、支付、物流等电子信息。

进出境快件运营人、邮政企业可以受电子商务企业、支付企业委托，在书面承诺对

传输数据真实性承担相应法律责任的前提下，向海关传输交易、支付等电子信息。

（四）跨境电子商务零售出口商品申报前，电子商务企业或其代理人、物流企业应当分别通过服务平台如实向海关传输交易、收款、物流等电子信息。

（五）电子商务企业或其代理人应提交《中华人民共和国海关跨境电子商务零售进出口商品申报清单》（以下简称《申报清单》），出口采取"清单核放、汇总申报"方式办理报关手续，进口采取"清单核放"方式办理报关手续。

《申报清单》与《中华人民共和国海关进（出）口货物报关单》具有同等法律效力，相关数据填制要求详见附件1、附件2。

（六）电子商务企业应当对购买跨境电子商务零售进口商品的个人（订购人）身份信息进行核实，并向海关提供由国家主管部门认证的身份有效信息。无法提供或者无法核实订购人身份信息的，订购人与支付人应当为同一人。

（七）跨境电子商务零售商品出口后，电子商务企业或其代理人应当于每月10日前（当月10日是法定节假日或者法定休息日的，顺延至其后的第一个工作日，第12月的清单汇总应当于当月最后一个工作日前完成），将上月（12月为当月）结关的《申报清单》依据清单表头同一收发货人、同一运输方式、同一运抵国、同一出境口岸，以及清单表体同一10位海关商品编码、同一申报计量单位、同一币制规则进行归并，汇总形成《中华人民共和国海关出口货物报关单》向海关申报。

（八）除特殊情况外，《申报清单》、《中华人民共和国海关进（出）口货物报关单》应当采取通关无纸化作业方式进行申报。

《申报清单》的修改或者撤销，参照海关《中华人民共和国海关进（出）口货物报关单》修改或者撤销有关规定办理。

四、税收征管

（九）根据《财政部　海关总署　国家税务总局关于跨境电子商务零售进口税收政策的通知》（财关税〔2016〕18号）的有关规定，跨境电子商务零售进口商品按照货物征收关税和进口环节增值税、消费税，完税价格为实际交易价格，包括商品零售价格、运费和保险费。

（十）订购人为纳税义务人。在海关注册登记的电子商务企业、电子商务交易平台企业或物流企业作为税款的代收代缴义务人，代为履行纳税义务。

（十一）代收代缴义务人应当如实、准确向海关申报跨境电子商务零售进口商品的商品名称、规格型号、税则号列、实际交易价格及相关费用等税收征管要素。

跨境电子商务零售进口商品的申报币制为人民币。

（十二）为审核确定跨境电子商务零售进口商品的归类、完税价格等，海关可以要求代收代缴义务人按照有关规定进行补充申报。

（十三）海关对满足监管规定的跨境电子商务零售进口商品按时段汇总计征税款，代收代缴义务人应当依法向海关提交足额有效的税款担保。

海关放行后 30 日内未发生退货或修撤单的，代收代缴义务人在放行后第 31 日至第 45 日内向海关办理纳税手续。

五、物流监控

（十四）跨境电子商务零售进出口商品监管场所必须符合海关相关规定。

监管场所经营人、仓储企业应当建立符合海关监管要求的计算机管理系统，并按照海关要求交换电子数据。

（十五）跨境电子商务零售进出口商品的查验、放行均应当在监管场所内实施。

（十六）海关实施查验时，电子商务企业或其代理人、监管场所经营人、仓储企业应当按照有关规定提供便利，配合海关查验。

（十七）电子商务企业或其代理人、物流企业、监管场所经营人、仓储企业发现涉嫌违规或走私行为的，应当及时主动报告海关。

六、退货管理

（十八）在跨境电子商务零售进口模式下，允许电子商务企业或其代理人申请退货，退回的商品应当在海关放行之日起 30 日内原状运抵原监管场所，相应税款不予征收，并调整个人年度交易累计金额。

在跨境电子商务零售出口模式下，退回的商品按照现行规定办理有关手续。

七、其他事项

（十九）在海关注册登记的电子商务企业、电子商务交易平台企业、支付企业、物流企业等应当接受海关后续管理。

（二十）本公告有关用语的含义：

"参与跨境电子商务业务的企业"是指参与跨境电子商务业务的电子商务企业、电子商务交易平台企业、支付企业、物流企业等。

"电子商务企业"是指通过自建或者利用第三方电子商务交、易平台开展跨境电子商务业务的企业。

"电子商务交易平台企业"是指提供电子商务进出口商品交易、支付、配送服务的平台提供企业。

"电子商务通关服务平台"是指由电子口岸搭建，实现企业、海关以及相关管理部门之间数据交换与信息共享的平台。

（二十一）以保税模式从事跨境电子商务零售进口业务的，应当在海关特殊监管区域和保税物流中心（B 型）内开展，除另有规定外，参照本公告规定监管。本公告自 2016 年 4 月 8 日起施行，施行时间以海关接受《申报清单》申报时间为准，未尽事宜按海关现行规定办理。

自本公告施行之日起，海关总署公告 2014 年第 56 号同时废止。

特此公告。

附件：1.中华人民共和国跨境电子商务零售进口商品申报清单数据（略）

2.中华人民共和国跨境电子商务零售出口商品申报清单数据（略）

海关总署

2016 年 4 月 6 日

关于调整进口减免税货物监管年限的公告

海关总署公告 2017 年第 51 号

（2017 年 10 月 24 日发布，2017 年 10 月 24 日施行）

为支持企业技术改造，加快设备更新，推动产业升级，海关总署决定调整进口减免税货物的监管年限。现将有关事项公告如下：

进口减免税货物的监管年限为：

（一）船舶、飞机：8 年；

（二）机动车辆：6 年；

（三）其他货物：3 年。

监管年限自货物进口放行之日起计算。

本公告自发布之日起施行。

特此公告。

海关总署

2017 年 10 月 24 日

慈善捐赠物资免征进口税收暂行办法

财政部 海关总署 国家税务总局公告 2015 年第 102 号

（2015 年 12 月 23 日发布，2016 年 4 月 1 日实施）

第一条 为促进慈善事业的健康发展，支持慈善事业发挥扶贫济困积极作用，规范对慈善事业捐赠物资的进口管理，根据《中华人民共和国公益事业捐赠法》、《中华人民共和国海关法》和《中华人民共和国进出口关税条例》等有关规定，制定本办法。

第二条 对境外捐赠人无偿向受赠人捐赠的直接用于慈善事业的物资，免征进口关税和进口环节增值税。

第三条 本办法所称慈善事业是指非营利的慈善救助等社会慈善和福利事业，包括以捐赠财产方式自愿开展的下列慈善活动：

（一）扶贫济困，扶助老幼病残等困难群体；

（二）促进教育、科学、文化、卫生、体育等事业的发展；

（三）防治污染和其他公害，保护和改善环境；

（四）符合社会公共利益的其他慈善活动。

第四条 本办法所称境外捐赠人是指中华人民共和国关境外的自然人、法人或者其他组织。

第五条 本办法所称受赠人是指：

（一）国务院有关部门和各省、自治区、直辖市人民政府。

（二）中国红十字会总会、中华全国妇女联合会、中国残疾人联合会、中华慈善总会、中国初级卫生保健基金会、中国宋庆龄基金会和中国癌症基金会。

（三）经民政部或省级民政部门登记注册且被评定为 5A 级的以人道救助和发展慈善事业为宗旨的社会团体或基金会。民政部或省级民政部门负责出具证明有关社会团体或基金会符合本办法规定的受赠人条件的文件。

第六条 本办法所称用于慈善事业的物资是指：

（一）衣服、被褥、鞋帽、帐篷、手套、睡袋、毛毯及其他生活必需用品等。

（二）食品类及饮用水（调味品、水产品、水果、饮料、烟酒等除外）。

（三）医疗类包括医疗药品、医疗器械、医疗书籍和资料。其中，对于医疗药品及医疗器械捐赠进口，按照相关部门有关规定执行。

（四）直接用于公共图书馆、公共博物馆、各类职业学校、高中、初中、小学、幼儿园教育的教学仪器、教材、图书、资料和一般学习用品。其中，教学仪器是指专用于教学的检验、观察、计量、演示用的仪器和器具；一般学习用品是指用于各类职业学校、高中、初中、小学、幼儿园教学和学生专用的文具、教具、体育用品、婴幼儿玩具、标本、模型、切片、各类学习软件、实验室用器皿和试剂、学生校服（含鞋帽）和书包等。

（五）直接用于环境保护的专用仪器。包括环保系统专用的空气质量与污染源废气监测仪器及治理设备、环境水质与污水监测仪器及治理设备、环境污染事故应急监测仪器、固体废物监测仪器及处置设备、辐射防护与电磁辐射监测仪器及设备、生态保护监测仪器及设备、噪声及振动监测仪器和实验室通用分析仪器及设备。

（六）经国务院批准的其他直接用于慈善事业的物资。

本办法所称用于慈善事业的物资不包括国家明令停止减免进口税收的特定商品以及汽车、生产性设备、生产性原材料及半成品等。捐赠物资应为未经使用的物品（其中，食品类及饮用水、医疗药品应在保质期内），在捐赠物资内不得夹带危害环境、公共卫生和社会道德及进行政治渗透等违禁物品。

第七条　国际和外国医疗机构在我国从事慈善和人道医疗救助活动，供免费使用的医疗药品和器械及在治疗过程中使用的消耗性的医用卫生材料比照本办法执行。

第八条　符合本办法规定的进口捐赠物资，由受赠人向海关申请办理减免税手续，海关按规定进行审核确认。经审核同意免税进口的捐赠物资，由海关按规定进行监管。

第九条　进口的捐赠物资按国家规定属于配额、特定登记和进口许可证管理的商品的，受赠人应当向有关部门申请配额、登记证明和进口许可证，海关凭证验放。

第十条　经审核同意免税进口的捐赠物资，依照《中华人民共和国公益事业捐赠法》第三章有关条款进行使用和管理。

第十一条　免税进口的捐赠物资，未经海关审核同意，不得擅自转让、抵押、质押、移作他用或者进行其他处置。如有违反，按国家有关法律、法规和海关相关管理规定处理。

第十二条 本办法由财政部会同海关总署、国家税务总局解释。

第十三条 海关总署根据本办法制定具体实施办法。

第十四条 本办法自 2016 年 4 月 1 日起施行,《财政部 国家税务总局 海关总署关于发布〈扶贫、慈善性捐赠物资免征进口税收暂行办法〉的通知》(财税〔2000〕152 号)同时废止。

关于处理主动披露违规行为有关事项的公告

海关总署公告 2023 年第 127 号

（2023 年 10 月 8 日，2023 年 10 月 11 日实施）

为进一步优化营商环境，促进外贸高质量发展，根据《中华人民共和国海关法》《中华人民共和国行政处罚法》《中华人民共和国海关稽查条例》等有关法律法规规章的规定，现就处理进出口企业、单位在海关发现前主动披露违反海关规定的行为且及时改正的有关事项公告如下：

一、进出口企业、单位主动披露违反海关规定的行为，有下列情形之一的，不予行政处罚：

（一）自涉税违规行为发生之日起六个月以内向海关主动披露的。

（二）自涉税违规行为发生之日起超过六个月但在两年以内向海关主动披露，漏缴、少缴税款占应缴纳税款比例 30% 以下的，或者漏缴、少缴税款在人民币 100 万元以下的。

（三）影响国家出口退税管理的：

1. 自违规行为发生之日起六个月以内向海关主动披露的；

2. 自违规行为发生之日起超过六个月但在两年以内向海关主动披露，影响国家出口退税管理且可能多退税款占应退税款的 30% 以下，或者可能多退税款在人民币 100 万元以下的。

（四）加工贸易企业因工艺改进、使用非保税料件比例申报不准确等原因导致实际单耗低于已申报单耗，且因此产生的剩余料件、半制成品、制成品尚未处置的，或者已通过加工贸易方式复出口的。

（五）适用《中华人民共和国海关行政处罚实施条例》第十五条第（一）项规定，及时改正没有造成危害后果的：

1. 违法违规行为发生当月最后一日 24 点前，向海关主动披露且影响统计人民币总值 1000 万元以下的；

2. 违法违规行为发生当月最后一日 24 点后 3 个自然月内，向海关主动披露且影响统计人民币总值 500 万元以下的。

（六）适用《中华人民共和国海关行政处罚实施条例》第十五条第（二）项规定处理的。

（七）适用《中华人民共和国海关行政处罚实施条例》第十八条规定处理，未影响国家有关进出境的禁止性管理、出口退税管理、税款征收和许可证件管理的违反海关规定行为的。

（八）进出口企业、单位违反海关检验检疫业务规定的行为，且能够及时办理海关手续，未造成危害后果的（见附件1）。但涉及检疫类事项，以及检验类涉及安全、环保、卫生类事项的除外。

二、进出口企业、单位主动向海关书面报告其涉税违规行为并及时改正，经海关认定为主动披露的，进出口企业、单位可依法向海关申请减免税款滞纳金。符合规定的，海关予以减免。

三、进出口企业、单位主动披露且被海关处以警告或者100万元以下罚款的行为，不列入海关认定企业信用状况的记录。高级认证企业主动披露违反海关规定行为的，海关立案调查期间不暂停对该企业适用相应管理措施。但检验类涉及安全、环保、卫生类事项的除外。

四、进出口企业、单位对同一违反海关规定行为（指性质相同且违反同一法律条文同一款项规定的行为）一年内（连续12个月）第二次及以上向海关主动披露的，不予适用本公告有关规定。

涉及权利人对被授权人基于同一货物进行的一次或多次权利许可，进出口企业、单位再次向海关主动披露的，不予适用本公告有关规定。

五、进出口企业、单位向海关主动披露的，需填制《主动披露报告表》（见附件2），并随附账簿、单证等材料，向报关地、实际进出口地或注册地海关报告。

本公告有效期自2023年10月11日起至2025年10月10日。海关总署公告2022年第54号同时废止。

特此公告。

海关总署

2023年10月8日

中华人民共和国海关行政处罚裁量基准（一）

海关总署公告 2023 年第 182 号

（2023 年 12 月 11 日发布，2024 年 1 月 1 日施行）

第一章 总 则

第一条 为依法办理海关行政处罚案件，规范行使海关行政处罚裁量权，保护公民、法人或者其他组织的合法权益，根据《中华人民共和国行政处罚法》（以下简称《行政处罚法》）、《中华人民共和国海关法》（以下简称《海关法》）、《中华人民共和国固体废物污染环境防治法》（以下简称《固体废物防治法》）、《中华人民共和国海关行政处罚实施条例》（以下简称《海关行政处罚实施条例》）、《中华人民共和国海关办理行政处罚案件程序规定》（以下简称《程序规定》）以及有关法律、行政法规、海关规章的规定，制定本裁量基准。

第二条 本裁量基准适用于依照《海关法》《固体废物防治法》《海关行政处罚实施条例》以及有关法律、行政法规、海关规章规定处理的海关行政处罚案件，但是海关检验检疫行政处罚案件和知识产权海关保护行政处罚案件除外。

第三条 海关实施行政处罚应当以事实为依据，以法律为准绳，作出的处理决定应当与违法行为的事实、性质、情节以及社会危害程度相当。

第四条 对于两个以上当事人共同实施的违法行为，应当区分情节以及责任，按照海关裁量基准规定的裁量阶次以及量罚标准，分别给予行政处罚。

第五条 当事人的同一违法行为同时具有多个不同处罚情节的，应当综合全案情况，按照本裁量基准第三条规定的原则作出处理决定。

第二章 裁量阶次

第六条 本裁量基准设定不予行政处罚、减轻行政处罚、从轻行政处罚、一般行政处罚以及从重行政处罚五种裁量阶次。

不具有不予行政处罚、减轻行政处罚、从轻行政处罚以及从重行政处罚情形的，按一般行政处罚规定量罚。

第七条 当事人有下列情形之一的，不予行政处罚：

（一）不满十四周岁的未成年人有违法行为的；

（二）精神病人、智力残疾人在不能辨认或者不能控制自己行为时有违法行为的；

（三）当事人有证据足以证明没有主观过错的。法律、行政法规另有规定的，从其规定；

（四）违法行为在二年内未被发现的；涉及公民生命健康安全、金融安全且有危害后果的，上述期限延长至五年。法律另有规定的除外；

（五）符合《海关行政处罚"轻微违法免罚"事项清单（一）》（详见附件1）规定的，或者其他违法行为轻微并及时改正，没有造成危害后果的；

（六）其他依法应当不予行政处罚的。

符合《海关行政处罚"初次违法免罚"事项清单（一）》（详见附件2）规定，或者其他初次违法且危害后果轻微并及时改正的，可以不予行政处罚。

第八条 当事人有下列情形之一的，减轻行政处罚：

（一）已满十四周岁不满十六周岁的未成年人有违法行为的；

（二）尚未完全丧失辨认或者控制自己行为能力的精神病人、智力残疾人有违法行为的；

（三）受他人胁迫或者诱骗实施违法行为的；

（四）主动供述海关尚未掌握的违法行为的；

（五）配合海关查处违法行为有立功表现的；

（六）在海关发现违法行为之前，主动消除或者减轻危害后果的；

（七）违法行为危害后果较轻，符合下列情形之一的：

1. 影响国家许可证件管理，但是没有影响国家有关进出境的限制性管理的；

2. 影响国家税款征收，漏缴税款占应缴纳税款比例不满百分之十，且单位漏缴税款不满二十五万元或者个人漏缴税款不满五万元的；

3. 影响国家出口退税管理，可能多退税款占申报价格比例百分之十以下的；

4. 依据《海关行政处罚实施条例》第十八条第一款规定处理，但是没有影响国家有关进出境的禁止性或者限制性管理、税款征收、外汇管理、出口退税管理的；

（八）依据《固体废物防治法》第一百一十五条、第一百一十六条规定处理的固体废物违法输入境内案件，符合下列情形之一的：

1．固体废物数量在三吨以下或者危险废物数量在三百千克以下属于零星、少量，当事人能够将固体废物退运出境的；

2．当事人在海关责令退运后二个月以内将固体废物退运出境的；

（九）其他依法应当减轻行政处罚的。

第九条 当事人有下列情形之一的，从轻行政处罚：

（一）已满十六周岁未满十八周岁的未成年人有违法行为的；

（二）配合海关查处违法行为，且认错认罚的；

（三）在海关发现违法行为之后，主动消除或者减轻危害后果的；

（四）违法行为危害后果较轻，符合下列情形之一的：

1．影响国家税款征收，漏缴税款占应缴纳税款比例百分之十以上百分之二十以下，且单位漏缴税款二十五万以上五十万元以下或者个人漏缴税款五万元以上十万元以下的；

2．首次进境或者首次出境的当事人，违反海关监管规定携带物品的，但是走私行为或者携带国家禁止进出境物品的情形除外；

（五）依据《固体废物防治法》第一百一十五条、第一百一十六条规定处理的固体废物违法输入境内案件，当事人在海关责令退运二个月后四个月以内将固体废物退运出境的；

（六）其他依法应当从轻行政处罚的。

第十条 当事人有下列情形之一的，从重行政处罚：

（一）使用特制设备、夹层、暗格实施走私的；

（二）因走私被判处刑罚或者被海关行政处罚后在二年内又实施走私行为的；

（三）因违反海关监管规定被海关行政处罚后在一年内又实施同一违反海关监管规定的行为的；

（四）以暴力、威胁以及提供虚假陈述、伪造、隐匿、销毁证据材料等方式抗拒、阻碍海关执法的；

（五）违法行为性质恶劣的；

（六）依据《固体废物防治法》第一百一十五条、第一百一十六条规定处理的固体废物违法输入境内案件，符合下列情形之一的：

1．当事人在海关责令退运后拒不退运的；

2．违法输入境内的固体废物数量达到二百吨以上或者危险废物数量达到二十吨以上的；

3．固体废物已输入境内并造成环境污染的；

（七）其他依法应当从重行政处罚的。

第三章 量罚标准

第十一条 走私行为案件，没收走私货物、物品及违法所得，可以并处罚款。专门用于走私的运输工具或者用于掩护走私的货物、物品，二年内三次以上用于走私的运输工具或者用于掩护走私的货物、物品，应当予以没收。有关走私货物、物品、走私运输工具无法或者不便没收的，应当追缴上述货物、物品、走私运输工具的等值价款。

伪瞒报价格、数量偷逃应纳税款但未逃避许可证件管理的走私行为，走私货物、物品为伪瞒报部分所对应的货物、物品，不包括已如实申报的未伪瞒报部分的货物、物品。

具有从重行政处罚情形的走私行为，应当依法并处罚款。

第十二条 以违法货物价值为罚基处罚的违反海关监管规定案件，按照以下规定量罚：

（一）减轻行政处罚的，处违法货物价值不满百分之五的罚款；

（二）从轻行政处罚的，处违法货物价值百分之五以上不满百分之十的罚款；

（三）一般行政处罚的，处违法货物价值百分之十以上不满百分之十五的罚款；

（四）从重行政处罚的，处违法货物价值百分之十五以上百分之三十以下的罚款。

第十三条 以违法物品价值为罚基处罚的违反海关监管规定案件，按照以下规定量罚：

（一）减轻行政处罚的，处违法物品价值不满百分之三的罚款；

（二）从轻行政处罚的，处违法物品价值百分之三以上不满百分之六的罚款；

（三）一般行政处罚的，处违法物品价值百分之六以上不满百分之十的罚款；

（四）从重行政处罚的，处违法物品价值百分之十以上百分之二十以下的罚款。

第十四条 以漏缴税款为罚基处罚的违反海关监管规定案件，按照以下规定量罚：

（一）减轻行政处罚的，处漏缴税款不满百分之三十的罚款；

（二）从轻行政处罚的，处漏缴税款百分之三十以上不满百分之六十的罚款；

（三）一般行政处罚的，处漏缴税款百分之六十以上不满一倍的罚款；

（四）从重行政处罚的，处漏缴税款一倍以上二倍以下的罚款。

第十五条 依据《海关行政处罚实施条例》第十七条规定处理的案件，根据违法行为导致的不同危害后果，可以按照本裁量基准对《海关行政处罚实施条例》第十五条第一项至五项规定的违法行为量罚标准处理，但是罚款金额最高应当在违法货物价值的百分之十以下。

第十六条 申报不实影响国家出口退税管理的案件，应当综合考虑申报不实部分货物的价格、出口退税率等因素，按照本裁量基准第三条规定的原则作出处理决定。

第十七条 依据《固体废物防治法》第一百一十五条、第一百一十六条规定处理的固体废物违法输入境内案件，按照以下规定量罚：

（一）减轻行政处罚的，处不满五十万元的罚款；

（二）从轻行政处罚的，处五十万元以上不满一百万元的罚款；

（三）一般行政处罚的，处一百万元以上不满二百五十万元的罚款；

（四）从重行政处罚的，处二百五十万元以上五百万元以下的罚款。

第十八条 简易程序和快速办理行政处罚案件，按照《海关简易程序和快速办理行政处罚案件裁量基准（一）》（详见附件3）的规定量罚；《海关简易程序和快速办理行政处罚案件裁量基准（一）》中未作规定的，按照本裁量基准的有关规定处理。

第四章　附　则

第十九条 本裁量基准中下列用语的含义：

认错认罚，是指当事人自愿如实供述自己的违法行为，对海关认定的违法事实没有异议，书面表示愿意接受海关处罚。

配合海关查处违法行为，是指当事人为海关查处有关违法行为提供协助以利于查明案情并作出处理，且依法向海关提供相应担保的。

立功表现，是指检举、提供海关未掌握的应当由海关处理的他人违法行为或者违法案件线索，经查证属实的。

罚基，是指用以计算罚款金额的基数。

适用《海关行政处罚实施条例》第十五条第一项、第二项规定处罚的违法货物价值，是指实际进出口货物价值。其中数量或者价格申报不实的，违法货物价值是指申报货物价值与实际货物价值差额部分。

第二十条 本裁量基准中，"以上、以下、以内"均包括本数在内，"不满"不包括本数在内。

第二十一条 本裁量基准由海关总署负责解释。

第二十二条 本裁量基准自 2024 年 1 月 1 日起实施。

附件：1. 海关行政处罚"轻微违法免罚"事项清单（一）.doc（略）

2. 海关行政处罚"初次违法免罚"事项清单（一）.doc（略）

3. 海关简易程序和快速办理行政处罚案件裁量基准（一）.docx（略）

中华人民共和国海关行政处罚裁量基准（二）

海关总署公告 2023 年第 187 号

（2023 年 12 月 22 日发布，2024 年 1 月 1 日施行）

第一章 总 则

第一条 为了依法办理海关检验检疫行政处罚案件，规范行使海关行政处罚裁量权，保护公民、法人或者其他组织的合法权益，根据《中华人民共和国行政处罚法》《中华人民共和国海关法》《中华人民共和国国境卫生检疫法》《中华人民共和国进出境动植物检疫法》《中华人民共和国食品安全法》《中华人民共和国进出口商品检验法》以及有关法律、行政法规、海关规章的规定，制定本裁量基准。

第二条 本裁量基准适用于根据《中华人民共和国行政处罚法》《中华人民共和国国境卫生检疫法》《中华人民共和国进出境动植物检疫法》《中华人民共和国食品安全法》《中华人民共和国进出口商品检验法》以及有关法律、行政法规、海关规章规定办理的海关检验检疫行政处罚案件。

第三条 检验检疫行政处罚裁量应当以事实为依据，以法律为准绳，作出的处理决定应当与违法行为的事实、性质、情节以及社会危害程度相当。

第四条 对于两个以上当事人共同实施的违法行为，应当区分情节以及责任，按照海关裁量基准规定的裁量阶次以及量罚标准，分别给予行政处罚。

第五条 当事人的同一个违法行为具有多个裁量情节，或者按照本裁量基准第三章所确定的裁量结果明显过罚不当的，应当综合全案情况，按照本裁量基准第三条规定处理。

第二章 裁量阶次

第六条 本裁量基准设定不予行政处罚、减轻行政处罚、从轻行政处罚、一般行政处罚以及从重行政处罚五种裁量阶次。

不具有不予行政处罚、减轻行政处罚、从轻行政处罚以及从重行政处罚情形的，属于一般行政处罚情形。

第七条 当事人有下列情形之一的，不予行政处罚：

（一）不满十四周岁的未成年人有违法行为的；

（二）精神病人、智力残疾人在不能辨认或者不能控制自己行为时有违法行为的；

（三）违法行为在二年内未被发现的；涉及公民生命健康安全、金融安全且有危害后果的，上述期限延长至五年。法律另有规定的除外；

（四）当事人有证据足以证明没有主观过错的。法律、行政法规另有规定的，从其规定；

（五）符合《海关行政处罚"轻微违法免罚"事项清单（二）》（见附件1）规定，或者其他违法行为轻微并及时改正，没有造成危害后果的；

（六）其他依法应当不予行政处罚的情形。

初次违法且危害后果轻微并及时改正的，可以不予行政处罚。

第八条 当事人有下列情形之一的，应当从轻或者减轻行政处罚：

（一）已满十四周岁不满十八周岁的未成年人有违法行为的；

（二）主动消除或者减轻违法行为危害后果的；

（三）受他人胁迫或者诱骗实施违法行为的；

（四）主动供述海关尚未掌握的违法行为的；

（五）配合海关查处违法行为有立功表现的；

（六）其他依法应当从轻或者减轻行政处罚的。

第九条 当事人有下列情形之一的，可以从轻或者减轻行政处罚：

（一）尚未完全丧失辨认或者控制自己行为能力的精神病人、智力残疾人有违法行为的；

（二）当事人积极配合海关查处违法行为且认错认罚的；

（三）违法行为危害后果较轻的；

（四）其他依法可以从轻或者减轻行政处罚的。

第十条 当事人有下列情形之一的，从重行政处罚：

（一）影响国家对外贸易关系或者损害国家声誉的；

（二）造成疫情疫病、食品安全事故、质量安全事故、生物安全事故或者生态环境安全事故的；

（三）以暴力、威胁、制造虚假材料、提供虚假陈述、虚构事实，或者隐匿、伪造、变造、销毁证据等方式，抗拒、阻碍、逃避海关执法的；

（四）以拒绝调查、拒绝整改等方式不配合海关执法的；

（五）因违反检验检疫监管规定被行政处罚后，一年内又实施同一违反检验检疫监管规定的行为的；

（六）发生重大传染病疫情、动植物疫情等突发事件时，违反国家对突发事件的应对措施的；

（七）其他依法应当从重行政处罚的情形。

前款所列情形属于违法行为构成要件的，不再适用该情形对当事人从重行政处罚。

第三章　量罚标准

第十一条　检验检疫行政处罚依照《海关检验检疫行政处罚常见案件裁量基准》（见附件2，以下简称《常见案件裁量基准》）的规定裁量。

《常见案件裁量基准》未作规定的，依照有关法律、行政法规、海关规章和本裁量基准第十三条的规定裁量。

第十二条　适用简易程序和快速办理的案件，按照《海关简易程序和快速办理行政处罚常见案件裁量基准（二）》（见附件3，以下简称《简快案件裁量基准（二）》）的规定裁量；未作规定的，按照本裁量基准第十一条的规定处理。

第十三条　对当事人给予罚款行政处罚的，除《常见案件裁量基准》《简快案件裁量基准（二）》有明确规定的以外，按照以下标准计算罚款：

（一）从轻行政处罚的，罚款下限为法定最低倍数/比例/数额（含本数），罚款上限为"法定最低倍数/比例/数额+（法定最高倍数/比例/数额－法定最低倍数/比例/数额）×30%"（不含本数）；

（二）一般行政处罚的，罚款下限为从轻行政处罚的上限（含本数），罚款上限为"法定最高倍数/比例/数额－（法定最高倍数/比例/数额－法定最低倍数/比例/数额）×50%"（不含本数）；

（三）从重行政处罚的，罚款下限为一般行政处罚的上限（含本数），罚款上限为法定最高倍数/比例/数额（含本数）。

罚则仅规定最高罚款倍数/比例/数额的，最低罚款倍数/比例/数额以零计算。

第四章 附 则

第十四条 本裁量基准下列用语的含义：

认错认罚，指当事人自愿如实供述自己的违法行为，对海关认定的违法事实没有异议，书面表示愿意接受海关行政处罚。

配合海关查处违法行为，指当事人为海关查处有关违法行为提供协助以利于查明案情并作出处理，且依法向海关提供相应担保或者根据海关要求进行技术处理、销毁、退回、退货、检疫处理等处理的。

立功表现，指检举、提供海关未掌握的应当由海关处理的他人违法行为或者违法案件线索，经查证属实的。

第十五条 本裁量基准中，"以上""以下"均包括本数，"不满"不包括本数。

第十六条 本裁量基准由海关总署负责解释。

第十七条 本裁量基准自 2024 年 1 月 1 日起施行。

附件：1. 海关行政处罚"轻微违法免罚"事项清单（二）.docx（略）

2. 海关检验检疫行政处罚常见案件裁量基准.docx（略）

3. 海关简易程序和快速办理行政处罚常见案件裁量基准

（二）.docx（略）

附录3 《关税法》条文分类解读援引案例表

案例	页码	本书章节	关联条款
典型案例1：闵某等人购买信息走私奶粉案	1	第一章 跨境电商扣缴义务人及零售进口的责任义务	第三条 从事跨境电子商务零售进口的电子商务平台经营者、物流企业和报关企业，以及法律、行政法规规定负有代扣代缴、代收代缴关税税款义务的单位和个人，是关税的扣缴义务人。
典型案例2：不缴、少缴税款案	7		
典型案例3：通过跨境电商平台走私普通货物、物品案	14		
典型案例4：李某诉公开原产地证明信息案	29	第二章 商业秘密保护	第八条 海关及其工作人员对在履行职责中知悉的纳税人、扣缴义务人的商业秘密、个人隐私、个人信息，应当依法予以保密，不得泄露或者非法向他人提供。
典型案例5：邢某、GH公司被指控侵犯G公司商业秘密案	35		
典型案例6：进口韩国产烷烃溶剂商品编码案	47	第三章 商品归类	第九条 关税税目由税则号列和目录条文等组成。关税税目适用规则包括归类规则等。进出口货物的商品归类，应当按照《税则》规定的目录条文和归类总规则、类注、章注、子目注释、本国子目注释，以及其他归类注释确定，并归入相应的税则号列。根据实际需要，国务院关税税则委员会可以提出调整关税税目及其适用规则的建议，报国务院批准后发布执行。
典型案例7：M公司进口PVC印花彩膜案	52		

案例	页码	本书章节	关联条款
典型案例8：R公司错误参考预裁定导致商品编号申报不实处罚案	62		
典型案例9：Y公司进口天然橡胶胶乳申报不实案	64		
典型案例10：某包芯线公司归类申报不实判刑案	71		
典型案例11：中国某企业从日本进口无纺布原产地确认案例	87	第四章 原产地与关税税率的适用	第十条　进口关税设置最惠国税率、协定税率、特惠税率、普通税率。 出口关税设置出口税率。 对实行关税配额管理的进出口货物，设置关税配额税率。 对进出口货物在一定期限内可以实行暂定税率。 第十一条　关税税率的适用应当符合相应的原产地规则。 第十二条　原产于共同适用最惠国待遇条款的世界贸易组织成员的进口货物，原产于与中华人民共和国缔结或者共同参加含有相互给予最惠国待遇条款的国际条约、协定的国家或者地区的进口货物，以及原产于中华人民共和国境内的进口货物，适用最惠国税率。 原产于与中华人民共和国缔结或者共同参加含有关税优惠条款的国际条约、协定的国家或者地区且符合国际条约、协定有关规定的进口货物，适用协定税率。 原产于中华人民共和国给予特殊关税优惠安排的国家或者地区且符合国家原产地管理规定的进口货物，适用特惠税率。 原产于本条第一款至第三款规定以外的国家或者地区的进口货物，以及原产地不明的进口货物，适用普通税率。
典型案例12：中国某企业生产木制装饰线条原产地确认案例	88		

案例	页码	本书章节	关联条款
典型案例13：中国某企业生产有机水溶肥料原产地确认案例	91		
典型案例14：某企业委托某快递公司申报进口光缆连接器案	93		
典型案例15：某公司伪报多晶硅原产地进口案	94		
典型案例16：深圳某公司进口冷水机关税计算案例	95	第四章第三节多种关税税率的适用	第十三条 适用最惠国税率的进口货物有暂定税率的，适用暂定税率。适用协定税率的进口货物有暂定税率的，从低适用税率；其最惠国税率低于协定税率且无暂定税率的，适用最惠国税率。适用特惠税率的进口货物有暂定税率的，从低适用税率。适用普通税率的进口货物，不适用暂定税率。适用出口税率的出口货物有暂定税率的，适用暂定税率。
典型案例17：进口韩国毛制男士大衣税率适用判断案例	99		
典型案例18：涉嫌走私坚果案	100		
典型案例19：绕关走私大米案	101		
典型案例20：低报价格走私大米案	102		
典型案例21：海上走私柴油案	104		
典型案例22：保税料件内销价格、对美加征关税排除编号申报不实案	130	第五章保税货物	第三十六条 保税货物复运出境的，免征关税；不复运出境转为内销的，按照规定征收关税。加工贸易保税进口料件或者其制成品内销的，除按照规定征收关税外，还应当征收缓税利息。第二十一条 有下列情形之一的，应当适用纳税人、扣缴义务人办理纳税手续之日实施的税率：（一）保税货物不复运出境，转为内销；（二）减免税货物经批准转让、移作他用或者进行其他处置；（三）暂时进境货物不复运出境或者暂时出境货物不复运进境；（四）租赁进口货物留购或者分期缴纳税款。

案例	页码	本书章节	关联条款
典型案例 23：未按期办理保税料件内销补税手续案	137		
典型案例 24：保税成品出口监管方式申报不实案	140		
典型案例 25：边角料内销价格申报不实案	143		
典型案例 26：边角料内销未按期办理内销补税手续案	147		
典型案例 27：残次品未税先销案	149		
典型案例 28：擅自销售保税副产品案	151		
典型案例 29：擅自转让海关监管期内减免税设备案	172	第六章 减免税货物	第三十五条 减免税货物应当依法办理手续。需由海关监管使用的减免税货物应当接受海关监管，在监管年限内转让、移作他用或者进行其他处置，按照国家有关规定需要补税的，应当补缴关税。对需由海关监管使用的减免税进境物品，参照前款规定执行。第二十一条 有下列情形之一的，应当适用纳税人、扣缴义务人办理纳税手续之日实施的税率：（一）保税货物不复运出境，转为内销；（二）减免税货物经批准转让、移作他用或者进行其他处置；（三）暂时进境货物不复运出境或者暂时出境货物不复运进境；（四）租赁进口货物留购或者分期缴纳税款。
典型案例 30：将减免税设备移作他用案	174		
典型案例 31：减免税设备代加工案	176		
典型案例 32：减免税设备擅自融资租赁案	178		
典型案例 33：减免税设备擅自抵押案	180		

案例	页码	本书章节	关联条款
典型案例34：某化工品涉及特许权使用费案	191		第二十四条 ……进口货物的成交价格，是指卖方向中华人民共和国境内销售该货物时买方为进口该货物向卖方实付、应付的，并按照本法第二十五条、第二十六条规定调整后的价款总额，包括直接支付的价款和间接支付的价款。
典型案例35：某医院招投标案	194		
典型案例36：境内某能源公司采购案	195		
典型案例37：跨国公司境内子公司进口机器零部件案	196	第七章 成交价格及其条件	进口货物的成交价格应当符合下列条件：（一）对买方处置或者使用该货物不予限制，但法律、行政法规规定的限制、对货物转售地域的限制和对货物价格无实质性影响的限制除外；（二）该货物的成交价格没有因搭售或者其他因素的影响而无法确定；（三）卖方不得从买方直接或者间接获得因该货物进口后转售、处置或者使用而产生的任何收益，或者虽有收益但能够按照本法第二十五条、第二十六条的规定进行调整；（四）买卖双方没有特殊关系，或者虽有特殊关系但未对成交价格产生影响。 第二十九条 出口货物的计税价格以该货物的成交价格以及该货物运至中华人民共和国境内输出地点装载前的运输及其相关费用、保险费为基础确定。出口货物的成交价格，是指该货物出口时卖方为出口该货物应当向买方直接收取和间接收取的价款总额。出口关税不计入计税价格。

案例	页码	本书章节	关联条款
典型案例38：上海A公司从欧洲进口洋酒案	198		
典型案例39：进口机器含支付培训课程案例	199		
典型案例40：A公司据与境外卖方（关联方）议定的货物交易价格向海关申报案	200		
典型案例41：A公司采购返点案	203		
典型案例42：无成交价格的货物最终选用倒扣法估价案	206		
典型案例43：A公司向境外卖方提供无息借款以底价进口农产品案	208		
典型案例44：A公司低报零部件估价补税400多万案	213		
典型案例45：A公司特殊关系没有影响成交价格案	214		
典型案例46：大型铝材生产企业实际收汇大于申报金额案	216		
典型案例47：出口铝锭价格长期不变案	218		
典型案例48：某跨国公司子公司进口知名品牌服装鞋帽对外支付品牌使用费案	221	第八章 价格项目调整	第二十四条 进口货物的计税价格以成交价格以及该货物运抵中华人民共和国境内输入地点起卸前的运输及其相关费用、保险费为基础确定…… 第二十五条 进口货物的下列费用应当计入计税价格： （一）由买方负担的购货佣金以外的佣金和经纪费； （二）由买方负担的与该货物视为一体的容器的费用；

案例	页码	本书章节	关联条款
典型案例 49：A 公司进口货物因不符合成交价格条件转入估价磋商案	222		（三）由买方负担的包装材料费用和包装劳务费用；
典型案例 50：某天然气进口公司漏报运输相关费用案	224		（四）与该货物的生产和向中华人民共和国境内销售有关的，由买方以免费或者以低于成本的方式提供并可以按适当比例分摊的料件、工具、模具、消耗材料及类似货物的价款，以及在中华人民共和国境外开发、设计等相关服务的费用；
典型案例 51：某能源进口公司进口天然气漏报保险费案	225		
典型案例 52：包装费补税案	239		
典型案例 53：专利购买费分摊案	241		
典型案例 54：某国内车企实物协助案	243		（五）作为该货物向中华人民共和国境内销售的条件，买方必须支付的、与该货物有关的特许权使用费；
典型案例 55：免费提供专利案	245		
典型案例 56：境内设计机构的开发费用计入协助费案	246		
典型案例 57：A 公司进口二手设备的商标权案	248		（六）卖方直接或者间接从买方获得的该货物进口后转售、处置或者使用的收益。
典型案例 58：A 公司向美国公司购买某项专利权利案	249		第二十六条　进口时在货物的价款中列明的下列费用、税收，不计入该货物的计税价格：
典型案例 59：进口商向制造商购买录有一场音乐表演的唱片案	250		（一）厂房、机械、设备等货物进口后进行建设、安装、装配、维修和技术服务的费用，但保修费用除外； （二）进口货物运抵中华人民共和国境内输入地点起卸后的运输及其相关费用、保险费； （三）进口关税及国内税收。 第二十六条　进口时在货物的价款中列明的下列费用、税收，不计入该货物的计税价格： （一）厂房、机械、设备等货物进口后进行建设、安装、装配、维修和技术服务的费用，但保修费用除外；

案例	页码	本书章节	关联条款
典型案例 60: A 公司进口被要求投入品牌宣传费案	251		（二）进口货物运抵中华人民共和国境内输入地点起卸后的运输及其相关费用、保险费；
典型案例 61：化妆品境内分装、定型后再贴标销售案	254		（三）进口关税及国内税收。第二十九条 出口货物的计税价格以该货物的成交价格以及该货物运至中华人民共和国境内输出地点装载前的运输及其相关费用、保险费为基础确定………
典型案例 62：B 公司与美国某木材出口商协商设计合作方案	258		出口关税不计入计税价格。
典型案例 63：某企业量化国内国际运费案	260		
典型案例 64: 深圳市某医疗设备公司走私案	262		
典型案例 65：倒扣法确认进口货物价格案例	268	第九章 海关估价	第二十七条 进口货物的成交价格不符合本法第二十四条第三款规定条件，或者成交价格不能确定的，海关经了解有关情况，并与纳税人进行价格磋商后，依次以下列价格估定该货物的计税价格：（一）与该货物同时或者大约同时向中华人民共和国境内销售的相同货物的成交价格；（二）与该货物同时或者大约同时向中华人民共和国境内销售的类似货物的成交价格；（三）与该货物进口的同时或者大约同时，将该进口货物、相同或者类似进口货物在中华人民共和国境内第一级销售环节销售给无特殊关系买方最大销售总量的单位价格，但应当扣除本法第二十八条规定的项目；

案例	页码	本书章节	关联条款
典型案例66：使用其他合理方法确认进口货物价格	275		（四）按照下列各项总和计算的价格：生产该货物所使用的料件成本和加工费用，向中华人民共和国境内销售同等级或者同种类货物通常的利润和一般费用，该货物运抵中华人民共和国境内输入地点起卸前的运输及其相关费用、保险费；
典型案例67：特殊关系定价案例	286		
典型案例68：汽车行业特许权案例	290		
典型案例69：模具费案例	296		
典型案例70：运费案例	298		
典型案例71：委托研发，通过境内公司转支付案例	299		
典型案例72：协助费案例	301		（五）以合理方法估定的价格。纳税人可以向海关提供有关资料，申请调整前款第三项和第四项的适用次序。
典型案例73：芯片设计行业设计服务费案例	305		第三十条 出口货物的成交价格不能确定的，海关经了解有关情况，并与纳税人进行价格磋商后，依次以下列价格估定该货物的计税价格： （一）与该货物同时或者大约同时向同一国家或者地区出口的相同货物的成交价格； （二）与该货物同时或者大约同时向同一国家或者地区出口的类似货物的成交价格； （三）按照下列各项总和计算的价格：中华人民共和国境内生产相同或者类似货物的料件成本、加工费用，通常的利润和一般费用，境内发生的运输及其相关费用、保险费； （四）以合理方法估定的价格。

案例	页码	本书章节	关联条款
典型案例74：S海关与B公司应税货物强制执行案	308	第十章 应税货物强制措施的执行	第四十四条 进出口货物的纳税人在规定的纳税期限内有转移、藏匿其应税货物以及其他财产的明显迹象，或者存在其他可能导致无法缴纳税款风险的，海关可以责令其提供担保；纳税人不提供担保的，经直属海关关长或者其授权的隶属海关关长批准，海关可以实施下列强制措施： （一）书面通知银行业金融机构冻结纳税人金额相当于应纳税款的存款、汇款； （二）查封、扣押纳税人价值相当于应纳税款的货物或者其他财产。 纳税人在规定的纳税期限内缴纳税款的，海关应当立即解除强制措施。 第五十条 纳税人、扣缴义务人未按照规定的期限缴纳或者解缴税款的，由海关责令其限期缴纳；逾期仍未缴纳且无正当理由的，经直属海关关长或者其授权的隶属海关关长批准，海关可以实施下列强制执行措施： （一）书面通知银行业金融机构划拨纳税人、扣缴义务人金额相当于应纳税款的存款、汇款；

案例	页码	本书章节	关联条款
			（二）查封、扣押纳税人、扣缴义务人价值相当于应纳税款的货物或者其他财产，依法拍卖或者变卖所查封、扣押的货物或者其他财产，以拍卖或者变卖所得抵缴税款，剩余部分退还纳税人、扣缴义务人。
典型案例75：L公司进口芯片电性参数测试仪强制执行案	315		海关实施强制执行时，对未缴纳的滞纳金同时强制执行。
典型案例76：L公司涉案货物被拍卖案	320		
典型案例77：进口螺柱焊机补税案	326	第十一章 海关补征追征税款的期限	第四十五条 自纳税人、扣缴义务人缴纳税款或者货物放行之日起三年内，海关有权对纳税人、扣缴义务人的应纳税额进行确认。海关确认的应纳税额与纳税人、扣缴义务人申报的税额不一致的，海关应当向纳税人、扣缴义务人出具税额确认书。纳税人、扣缴义务人应当按照税额确认书载明的应纳税额，在海关规定的期限内补缴税款或者办理退税手续。经海关确认应纳税额后需要补缴税款但未在规定的期限内补缴的，自规定的期限届满之日起，按日加收滞纳税款万分之五的滞纳金。第四十六条 因纳税人、扣缴义务人违反规定造成少征或者漏征税款的，海关可以自缴纳税款或者货物放行之日起三年内追征税款，并自缴纳税款或者货物放行之日起，按日加收少征或者漏征税款万分之五的滞纳金。

案例	页码	本书章节	关联条款
典型案例78：H公司内销补缴税款案	334		第四十七条 对走私行为，海关追征税款、滞纳金的，不受前条规定期限的限制，并有权核定应纳税额。 第四十八条 海关发现海关监管货物因纳税人、扣缴义务人违反规定造成少征或者漏征税款的，应当自纳税人、扣缴义务人应缴纳税款之日起三年内追征税款，并自应缴纳税款之日起按日加收少征或者漏征税款万分之五的滞纳金。
典型案例79：吸收合并解决B公司扩大生产及A公司退出需求案	352	第十二章 企业合并、分立、解散	第五十七条 未履行纳税义务的纳税人有合并、分立情形的，在合并、分立前，应当向海关报告，依法缴清税款、滞纳金或者提供担保。纳税人合并时未缴清税款、滞纳金或者未提供担保的，由合并后的法人或者非法人组织继续履行未履行的纳税义务；纳税人分立时未缴清税款、滞纳金或者未提供担保的，分立后的法人或者非法人组织对未履行的纳税义务承担连带责任。 纳税人在减免税货物、保税货物监管期间，有合并、分立或者其他资产重组情形的，应当向海关报告；按照规定需要缴税的，应当依法缴清税款、滞纳金或者提供担保；按照规定可以继续享受减免税、保税的，应当向海关办理变更纳税人的手续。

案例	页码	本书章节	关联条款
典型案例80：M公司技改重组案	353		纳税人未履行纳税义务或者在减免税货物、保税货物监管期间，有解散、破产或者其他依法终止经营情形的，应当在清算前向海关报告。海关应当依法清缴税款、滞纳金。
典型案例81：外资企业清算案	355		第五十八条　海关征收的税款优先于无担保债权，法律另有规定的除外。
典型案例82：五矿申请扣押"海芝"轮案	359		纳税人欠缴税款发生在纳税人以其财产设定抵押、质押之前的，税款应当先于抵押权、质权执行。 第六十二条　有下列情形之一的，由海关给予警告；情节严重的，处三万元以下的罚款： （一）未履行纳税义务的纳税人有合并、分立情形，在合并、分立前，未向海关报告； （二）纳税人在减免税货物、保税货物监管期间，有合并、分立或者其他资产重组情形，未向海关报告； （三）纳税人未履行纳税义务或者在减免税货物、保税货物监管期间，有解散、破产或者其他依法终止经营情形，未在清算前向海关报告。
典型案例83：无法进行量化分摊特许权使用费增加成本案例	367	第十三章 主动披露	国务院令2016年第670号、海关总署令2016年第230号、海关总署公告2016年第61号、海关总署公告2024年第64号、海关总署公告2023年第127号
典型案例84：A公司采纳第三方机构主动披露免于处罚案	368		
典型案例85：第三方出具专项审核报告降低海关处罚案例	369		